# Springer-Lehrbuch

Thomas Zerres

# Bürgerliches Recht

Eine Einführung in das Zivilrecht und
die Grundzüge des Zivilprozessrechts

8. Auflage

 Springer

Thomas Zerres
Hochschule Konstanz (HTWG)
Konstanz
Deutschland

ISSN 0937-7433
Springer-Lehrbuch
ISBN 978-3-662-49026-6          ISBN 978-3-662-49027-3 (eBook)
DOI 10.1007/978-3-662-49027-3

Die Deutsche Nationalbibliothek verzeichnet diese Publikation in der Deutschen Nationalbibliografie;
detaillierte bibliografische Daten sind im Internet über http://dnb.d-nb.de abrufbar.

Springer

Gedruckt auf säurefreiem und chlorfrei gebleichtem Papier

Springer Berlin Heidelberg ist Teil der Fachverlagsgruppe Springer Science+Business Media
(www.springer.com)

# Vorwort zur achten Auflage

Dieses Lehrbuch wurde, unter Beibehaltung der bewährten Konzeption, vollständig auf Änderungsbedarf überprüft, überarbeitet und aktualisiert. Der Verfasser bedankt sich weiterhin für Anregungen und Kritik zu diesem Buch (thomas.zerres@htwg-konstanz.de).

Konstanz, November 2015                                               Thomas Zerres

# Vorwort zur ersten Auflage

Die vorliegende Veröffentlichung ist als ein einführendes Lehrbuch in das Bürgerliche Recht konzipiert. Es wendet sich in erster Linie an Studierende von Universitäten, die sich bei Studienbeginn mit dem Bürgerlichen Recht befassen bzw. die sich im späteren Verlauf ihres Studiums einen wiederholenden grundlegenden Überblick verschaffen wollen. Weitere Zielgruppe sind Studierende von Fachhochschulen, Berufsakademien und anderen Bildungseinrichtungen, die sich während ihres Studiums mit dem Bürgerlichen Recht zu befassen haben.

Um dieser Intention gerecht werden zu können, beschränkt sich das Buch im Wesentlichen auf den Inhalt der ersten drei Bücher des Bürgerlichen Gesetzbuches, den Allgemeinen Teil, das (Allgemeine und Besondere) Schuldrecht sowie das Sachenrecht. Vervollständigt wird diese Einführung in das materielle Zivilrecht durch einen abschließenden Überblick in die Grundlagen des Zivilprozessrechts.

Das Buch basiert auf Lehrveranstaltungen, die der Verfasser an verschiedenen Bildungseinrichtungen abgehalten hat. Vor dem Hintergrund seiner Tätigkeit als Rechtsanwalt hat sich der Verfasser um eine größtmögliche Praxisnähe bemüht, die ihren Ausdruck in erster Linie in einer Veranschaulichung der theoretischen Grundlagen durch eine Vielzahl von Beispielen findet.

Der Verfasser möchte an dieser Stelle Herrn Rechtsanwalt Andreas Jänsch für umfangreiche Anregungen und Kritik zu diesem Buch danken.

Frankfurt, Juli 1993                                                      Thomas Zerres

# Inhaltsverzeichnis

# Abkürzungsverzeichnis

| | |
|---|---|
| a. A. | anderer Ansicht |
| a. a. O | am angegebenen Ort |
| ABlEG | Amtsblatt der Europäischen Gemeinschaften |
| AEUV | Vertrag über die Arbeitsweise der Europäischen Union |
| AG | Aktiengesellschaft |
| AGB | Allgemeine Geschäftsbedingungen |
| AGB-Richtlinie | EG-Richtlinie über missbräuchliche Klauseln in Verbraucherverträgen |
| AGG | Allgemeines Gleichbehandlungsgesetz |
| Art. | Artikel |
| AT | Allgemeiner Teil |
| Aufl. | Auflage |
| BAG | Bundesarbeitsgericht |
| BB | Betriebs-Berater |
| BGB | Bürgerliches Gesetzbuch |
| BGBl | Bundesgesetzblatt |
| BGH | Bundesgerichtshof |
| BGHZ | Entscheidungen des Bundesgerichtshofes in Zivilsachen |
| BT | Besonderer Teil |
| BVerfG | Bundesverfassungsgericht |
| BVerfGE | Entscheidungen des Bundesverfassungsgerichts |
| bzw. | beziehungsweise |
| ca. | circa |
| cic | culpa in contrahendo |
| CISG | Convention on Contracts for the International Sale of Goods (UN-Kaufrecht) |
| DB | Der Betrieb |
| EG | Europäische Gemeinschaft |
| e. G. | eingetragene Genossenschaft |
| EGBGB | Einführungsgesetz zum Bürgerlichen Gesetzbuch |
| EU | Europäische Union |
| EuGH | Gerichtshof der Europäischen Union |

| | |
|---|---|
| EuGVVO | EG-Verordnung Nr. 44/2001 über die gerichtliche Zuständigkeit und Anerkennung und Vollstreckung von Entscheidungen in Zivil- und Handelssachen |
| EUV | Vertrag über die Europäische Union |
| EuZW | Europäische Zeitschrift für Wirtschaftsrecht |
| e. V. | eingetragener Verein |
| FamFG | Gesetz über das Verfahren in Familiensachen und in den Angelegenheiten der freiwilligen Gerichtsbarkeit |
| f., ff., | folgend, folgende |
| GbR | Gesellschaft bürgerlichen Rechts |
| GewO | Gewerbeordnung |
| GG | Grundgesetz |
| GmbH | Gesellschaft mit beschränkter Haftung |
| GmbHG | Gesetz betreffend die Gesellschaften mit beschränkter Haftung |
| GoA | Geschäftsführung ohne Auftrag |
| GVG | Gerichtsverfassungsgesetz |
| GWB | Gesetz gegen Wettbewerbsbeschränkungen |
| HGB | Handelsgesetzbuch |
| h. M. | herrschende Meinung |
| Hs. | Halbsatz |
| i S. v. | im Sinne von |
| i. S. d. | im Sinne des |
| i. V. m. | in Verbindung mit |
| Incoterms | International Commercial Terms |
| JA | Juristische Arbeitsblätter |
| Jura | Juristische Ausbildung |
| JuS | Juristische Schulung |
| JZ | Juristenzeitung |
| KG | Kammergericht |
| KG | Kommanditgesellschaft |
| KGaA | Kommanditgesellschaft auf Aktien |
| KOM | Drucksachen der Europäischen Kommission |
| LG | Landgericht |
| MDR | Monatsschrift für deutsches Recht |
| m. w. N. | mit weiteren Nachweisen |
| NJW | Neue Juristische Wochenschrift |
| NJW-RR | NJW-Rechtsprechungs-Report (Zivilrecht) |
| OLG | Oberlandesgericht |
| PECL | Principles of European Contract Law |
| ProdhaftG | Produkthaftungsgesetz |
| RG | Reichsgericht |
| RL | Richtlinie (EU) |
| Rn/Rz | Randnummer/Randzeichen |
| Rspr. | Rechtsprechung |
| S. | Seite |

| | |
|---|---|
| st. Rspr. | ständige Rechtsprechung |
| StGB | Strafgesetzbuch |
| str. | streitig |
| StVG | Straßenverkehrsgesetz |
| StVO | Straßenverkehrsordnung |
| sog. | sogenannt/sogenannte/sogenannter |
| u. a. | unter anderem |
| u. U. | unter Umständen |
| UKlaG | Unterlassungsklagengesetz |
| UWG | Gesetz gegen den unlauteren Wettbewerb |
| VerbrKfRL | Verbrauchsgüterkaufrichtlinie |
| VerbrRRL | Verbraucherrechterichtlinie |
| vgl. | vergleiche |
| VOB | Verdingungsordnung für Bauleistungen |
| VO | Verordnung (EU) |
| z. B. | zum Beispiel |
| ZGS | Zeitschrift für das gesamte Schuldrecht |
| ZIP | Zeitschrift für Wirtschaftsrecht |
| zit. | zitiert |

# Abbildungsverzeichnis

# Einführung

1

## 1.1 Juristische Arbeitsmethodik

### 1.1.1 Juristische Tätigkeiten

Juristische Tätigkeiten sind grundsätzlich vielfältig. Mit Blick auf das Zivilrecht lassen sich dabei drei Schwerpunkte unterscheiden. Eine Form ist die **streitentscheidende** Tätigkeit durch Zivilrichter. Hier geht es überwiegend darum, einen Streit zwischen zwei Parteien über einen vom Kläger in der Klage erhobenen Anspruch gegen den Beklagten (§ 253 Abs. 2 Nr. 2 ZPO) zu entscheiden. Ein den Anspruch beschreibender Klageantrag könnte z. B. lauten, den Beklagten zur Zahlung einer Geldsumme in Höhe von 1000 € oder zur Herausgabe einer bestimmten Sache zu verurteilen. Regelmäßig werden im Rahmen der juristischen Ausbildung Aufgaben in der Form gestellt, dass es zu entscheiden gilt, ob ein Anspruch besteht bzw. wer Recht hat.

Bevor es zu einem Rechtsstreit kommt, gilt es, **streitvorbereitend** den Sachverhalt zu analysieren und auf mögliche Ansprüche zu prüfen und aufzubereiten. Hier sind die gestellten Fragen breiter ausgerichtet. Sie lauten z. B.: „Was kann A von B verlangen?" oder „Was ist A zu empfehlen". Man spricht hierbei von **Anwaltsklausuren**. Es geht hier also um die Prüfung, ob die Ansprüche begründet sind, jedoch sind diese – im Gegensatz zur „Richterklausur" – nicht vorgegeben, sondern müssen erst gefunden werden.

In der Praxis ist die **streitvermeidende** Tätigkeit von großer Bedeutung, da ein Rechtsstreit lange dauern und hohe Kosten verursachen kann und nicht unbedingt das erwünschte Ergebnis bringt. Regelmäßig obliegt die streitvermeidende Tätigkeit den Notaren, den in der Wirtschaft angestellten Juristen (Syndici) sowie vor allem auch den rechtsberatend tätigen Rechtsanwälten. Als derart zu gestaltende Rechtsgeschäfte kommen insbesondere Verträge und Testamente in Betracht, aber auch Allgemeine Geschäftsbedingungen als Vorstufe zu den Verträgen. Die Arbeitsmethode ist dabei die gleiche wie bei der rechtlichen Beurteilung bereits eingetretener Ereignisse. Bei der Prüfung nur geplanter Vorgänge kann die gestellte Aufgabe

© Springer-Verlag Berlin Heidelberg 2016
T. Zerres, *Bürgerliches Recht,* Springer-Lehrbuch, DOI 10.1007/978-3-662-49027-3_1

allerdings umfassender ausfallen und sich zugleich auf die Klärung der Frage beziehen, welches Verhalten dem Ratsuchenden aus rechtlicher Sicht zu empfehlen ist.

Nicht einem bestimmten Juristenberuf zuordnen lässt sich die sogenannte **Themen- oder Aufsatzklausur**. Diese können als Hausarbeiten gestellt werden. Sie kommen allerdings – zumindest in der Juristenausbildung – häufiger als Referate im Rahmen von Seminaren vor. Hochschullehrer, Richter und sonstige Praktiker veröffentlichen darin regelmäßig ihre Analysen oder Meinungen zu speziellen Themen in ausgewählten Fachzeitschriften.[1]

Im Vordergrund steht im Folgenden die streitentscheidende Tätigkeit, bei der es um die Prüfung konkreter Ansprüche geht. Diese im Folgenden darzustellende **Arbeitsmethodik** lässt sich auch auf die streitvorbereitende Tätigkeit übertragen.

## 1.1.2 Erfordernis einer speziellen Arbeitstechnik

Wer eine juristische Fallbearbeitung vornimmt, wird üblicherweise zunächst von der „Gesetzesflut" erschlagen. Ob es sich um Studierende der Rechtswissenschaften oder anderer Fachrichtungen handelt, jeder steht vor dem Problem: „**Wie bearbeite ich den Fall?**". Im juristischen Sprachgebrauch versteht man unter einem „Fall" oder „Sachverhalt" einen tatsächlichen oder erdachten Geschehensablauf, den es rechtlich zu beurteilen gilt. Eine „Patentlösung" für dieses Problem gibt es nicht, da die individuellen Arbeitsweisen verschieden sind. So ist nicht jeder Ansatz für jeden gleich gut geeignet. Es besteht aber die Möglichkeit, durch Disziplin und eine gewisse Arbeitstechnik jeden Fall auf annehmbare Weise zu lösen. warum nur auf „annehmbare" Weise? wird verständlicherweise gefragt. Die Antwort ist, dass es im Prinzip kein „richtig" oder „falsch" gibt, sondern bei korrekter Gesetzesanwendung stets ein „richtiges" Ergebnis einer Begutachtung herauskommt.

Die **Begutachtung** eines juristischen Sachverhalts ist die Basis für eine weitere Verwertung der Ausarbeitungen. Unabhängig davon, ob es sich um eine streitentscheidende Tätigkeit oder um eine streitvorbereitende bzw. eine streitvermeidende Tätigkeit handelt, beginnt man mit der Begutachtung des betreffenden Sachverhaltes. Ob die/der Betreffende dabei schriftliche Aufzeichnungen vornimmt oder die Begutachtung „im Kopf" ausführt, ist unerheblich.

Die Erstellung eines Gutachtens setzt voraus, dass man den Aufbau in Grundstrukturen kennt. Die **Arbeitsmethodik** ist dabei von großer Bedeutung. Mit einer speziellen Arbeitsmethodik gelingt es dem Juristen, sich auch auf unbekannten Rechtsgebieten zurechtzufinden, mit denen er mitunter in der Praxis konfrontiert wird. Der juristische Laie, der diese spezielle Gutachtentechnik nicht beherrscht, ist deshalb in der Lösungsfindung eines Problems hoffnungslos unterlegen. Er verliert Zeit und es besteht für ihn die Gefahr, wichtige Dinge zu übersehen. Es kommt deshalb letztlich nicht auf die speziellen Einzelkenntnisse an, die jemand besitzt, sondern auf den Umgang mit den Gesetzen, der durch ständiges Training geschult

---

[1] Hierzu ausführlich *Medicus/Petersen*, BR-GW, § 1 I.

und automatisiert werden muss. Die einzelnen Arbeitsschritte werden im Folgenden dargestellt.

### 1.1.3  Arbeitsschritte

Die juristische Arbeitsmethodik beginnt damit, sich zunächst ein genaues Bild davon zu machen, um was es in dem zu bearbeitenden Fall geht. Der **erste Schritt** ist also das „**Erfassen des Sachverhalts**".[2] Dies stellt sich in der **Praxis** oftmals als schwierig dar, weil die Beteiligten ihre subjektiven Eindrücke mit einbringen oder schlichtweg lügen. Kommt eine Einigung zwischen den Beteiligten nicht zustande, wird dieser Konflikt regelmäßig vor einem Gericht ausgetragen werden müssen. Hier steht nun der Richter, dem die Akte zugeteilt worden ist, vor dem Problem unterschiedlicher Behauptungen und Rechtsansichten. Er hat jetzt die Möglichkeit, eine „Beweisaufnahme" durchzuführen, um „Licht in das Dunkel der Angelegenheit" zu bringen. Wie eine derartige Beweisaufnahme zu erfolgen hat, bestimmt sich nach der Zivilprozessordnung. So kann eine Beweiserhebung durch Urkunden, Sachverständige, Inaugenscheinnahme (durch den Richter), Zeugen oder – unter bestimmten Voraussetzungen – durch Parteivernehmung (des Gegners) erfolgen. Zu beachten ist, dass Kläger und Beklagter als Partei nicht zugleich ihre eigenen Zeugen sein können. Im **Studium** hat man es dagegen, z. B. bei Klausuren und Hausarbeiten, mit einem feststehenden – frei erfundenen oder tatsächlichen (i. d. R. auf Grundlage von Gerichtsentscheidungen) Geschehnissen nachgebildeten – Sachverhalten zu tun, so wie er sich (vielleicht) nach einer Beweisaufnahme auch dem Zivilrichter darstellt. Dieser im Wege einer Beweiswürdigung „festgestellte" (besser: „angenommene") Sachverhalt wird sodann einer Anspruchsnorm unterworfen. Im Studium steht daher die rechtliche Überprüfung im Vordergrund, anhand deren die rechtliche Bewertung trainiert werden soll.

Es muss demzufolge bei der Rechtsanwendung zwischen dem (Lebens-) Sachverhalt und dem Tatbestand (als Summe aller Merkmale, von deren Verwirklichung eine bestimmte Rechtsfolge abhängig gemacht ist) und der Rechtsfolge selbst unterschieden werden. Ein Rechtssatz besteht regelmäßig aus Tatbestand und Rechtsfolge. Zur Feststellung, ob die begehrte Rechtsfolge eintritt, ist zu prüfen, ob der konkrete Sachverhalt den Tatbestand der (in Betracht gezogenen) Rechtsvorschrift verwirklicht, d. h. ob alle in der Rechtsvorschrift genannten Voraussetzungen für den Eintritt der Rechtsfolge erfüllt sind. Diesen Vorgang, d. h. die Unterordnung eines bestimmten Sachverhalts unter den Tatbestand einer Norm, bezeichnet man als Subsumtion.[3]

Da die Tatsachen feststehen, steht die rechtliche Prüfung im Vordergrund. Dies gelingt umso besser, je gründlicher man den Sachverhalt studiert und sich die Einzelheiten eingeprägt hat, denn der gesamte Sachverhalt muss grundsätzlich juris-

---

[2] *Musielak/Hau*, § 1, Rn. 11 ff. zu diesem und weiteren Arbeitsschritten.

[3] *Musielak/Hau*, § 1, Rn. 27; *Köhler*, BGB AT, Anhang: Technik der Fallbearbeitung mit Hinweis auf § 4 Rn. 3.

tisch ausgewertet werden. Die gedankliche Erfassung des (unstreitigen) Sachverhalts wird durch eine grafische Darstellung erleichtert, in der die beteiligten Personen und die Beziehungen, in denen sie zueinander stehen, mit einer Zeichnung festgehalten und mitgeteilte Daten aufgeschrieben werden können. Dies bietet sich insbesondere bei umfangreicheren Sachverhalten zur Ordnung der ersten „Gedankenblitze" an, wenn vor allem mehrere Personen beteiligt sind. Es kommt vor, dass sich bereits an dieser Stelle bestimmte Rechtsprobleme aufdrängen. Hier besteht jedoch die Gefahr, dass der Sachverhalt so verändert wird, dass dieser auf die bekannten Rechtsprobleme passt.

Steht ein bestimmter Lebenssachverhalt fest, ist der **zweite Schritt** das „**Erfassen der Fallfrage**". Das Erfassen der Fallfrage ist der nächste wichtige Punkt auf dem Weg zu einer gelungenen Arbeitsmethodik. Unter der Fallfrage ist die juristische Problemstellung zu verstehen. Diese besteht im Wesentlichen darin, die bestimmten Ansprüche und Rechte zu erkennen. Es muss also je nach Fallfrage geklärt werden, wer gegen wen Ansprüche geltend macht.

---

**Beispiele**

Der Verkäufer verlangt vom Käufer die Bezahlung des Kaufpreises; der Eigentümer verlangt von dem Besitzer die Herausgabe einer ihm gehörenden Sache; ein Hauseigentümer verlangt seinem Nachbarn Unterlassung des verursachten Lärms; der geschädigte Unfallgegner verlangt vom Unfallverursacher Schadensersatz.

---

Dem Zivilrichter stellt sich diese Frage in Form des Klageantrags. Der Rechtsanwalt muss sich dagegen mit bestimmten (möglichen) Ansprüchen auseinandersetzen. Der Studierende hat sich demgegenüber i. d. R. mit einer konkreten Fallfrage zu beschäftigen. Ist bei der Fallbearbeitung die Fallfrage konkret gestellt, z. B. „Kann A von B die Herausgabe einer Sache verlangen?", sind auch nur die in Frage kommenden Herausgabeansprüche zu prüfen. Ist die Fallfrage allgemeiner gehalten, z. B. „Was kann A von B verlangen?", so ist zunächst zu prüfen, welche wirtschaftlichen Ziele A gegenüber dem B verfolgen kann. Sodann konkretisiert man diese Ziele zu Rechtsfolgen, für die dann schließlich die passende Anspruchsnorm gefunden werden muss. Bei allgemeinen Fragen, wie z. B. „Wie ist die Rechtslage?", muss die Lösung zunächst durch eine Aufgliederung in Zwei-Personen-Verhältnisse vorbereitet werden. Im Anschluss daran ist zu fragen, welche im Sachverhalt genannte Person von einer anderen überhaupt etwas verlangen kann, d. h. es sind alle in Betracht kommenden Ansprüche zu prüfen. Werden die Rechtsverhältnisse im Sachverhalt bereits umrissen, wie z. B. „A verlangt von B die Kaufsache.", dann ist die Rechtslagenfrage so weit einzuschränken. Steht vor der Frage nach der Rechtslage eine konkretere Fragestellung, wie z. B. „Kann A von B Zahlung verlangen?", dann handelt es sich bei der Frage nach der Rechtslage nur um ein (überflüssiges) Anhängsel.[4] Des Weiteren ist zu prüfen, wer als Anspruchsgegner

---

[4] *Brox/Walker*, BGB AT, Rn. 833 ff. zur Methode der Fallbearbeitung.

für das entsprechende Begehren in Betracht kommt. Im Anschluss daran gilt es eine Rechtsvorschrift zu finden, die das Begehren deckt. Diese Einzelschritte lassen sich in einem Satz zusammenfassen, der als Prämisse für diese Prüfung dient: **Wer will was von wem woraus**?

Über das „woraus" kommt der Jurist nun zum **dritten Schritt**, nämlich zum „**Auffinden der einschlägigen Rechtsnorm**". Unter der „einschlägigen Rechtsnorm" ist die Anspruchsgrundlage zu verstehen, d. h. eine Rechtsnorm, die geeignet ist, das aus dem Sachverhalt ermittelte Begehren zu stützen. Eine **Anspruchsgrundlage** (Anspruchsnorm) ist jede Norm, die zum Ausdruck bringt, dass jemand unter bestimmten Voraussetzungen von einem anderen ein Tun oder Unterlassen verlangen kann (vgl. die Legaldefinition des Begriffs „Anspruch" in § 194 Abs. 1 BGB). Eine solche Norm enthält i. d. R. die Worte „kann verlangen" (z. B. § 985 BGB) oder „ist verpflichtet" (z. B. § 433 Abs. 2 BGB, § 812 Abs. 1 S. 1 BGB). Diese Vorschriften umschreiben zunächst die Voraussetzungen des Anspruchs (= Tatbestand) und knüpfen daran eine Rechtsfolge.

Nicht jede Norm im BGB ist allerdings eine Anspruchsgrundlage. Es gibt Normen, die Definitionen (z. B. § 90 BGB) oder Verweisungen auf andere Rechtsvorschriften (z. B. §§ 437, 634 BGB) enthalten oder bestimmen, dass eine Person etwas tun kann, etwa Gestaltungsrechte auszuüben, z. B. eine Anfechtung nach § 119 Abs. 1 BGB zu erklären.

### 1.1.4 Erstellung des Gutachtens

Mit dem Aufsuchen der entscheidungserheblichen Rechtsvorschriften beginnt die rechtliche Bewertung des Falles, also das eigentliche **juristische Gutachten**.[5]

Im Rahmen der Fallbearbeitung ist das Gutachten (gedanklich) in vier Stufen zu gliedern:

* Fragesatz,
* Voraussetzungssatz (mit Definitionssatz),
* Subsumtionssatz und
* Folgesatz.

In einem juristischen Gutachten wird somit von der Fragestellung ausgegangen und Schritt für Schritt bis zur Lösungsfindung vorgegangen. Die vier Stufen des **Gutachtenstils** sind dabei nicht als isolierte Stufen zu betrachten, sondern sie gehen ineinander über. Vermeiden sollte man also die einzelnen Stufen „abgehackt" darzustellen. Sprachlich gelungener ist es, wenn eine Sach- und Sinnverbindung die Stufen miteinander verknüpft. Das gelingt z. B., wenn man ein Wort, das erläutert oder definiert werden soll (am besten ein Hauptwort oder ein Verb) herausgreift und im nächsten Satz verwendet. So entsteht eine (Satz-) Kette, die den Leser leitet.

---

[5] *Musielak/Hau*, § 1, Rn. 33 ff.

Der Aufbau eines juristischen Gutachtens entspricht allgemeinen Grundsätzen wissenschaftlichen Arbeitens. Nach der Aufstellung einer Hypothese (in Form der Fallfrage, z. B. „K könnte von V Übereignung der Kaufsache nach § 433 Abs. 1 S. 1 BGB verlangen"), in der festgelegt wird, was es rechtlich zu prüfen gilt, steht im Mittelpunkt eines derartigen Gutachtens die rechtliche Untersuchung, die mit einem Ergebnis abschließt. Die Lösung gilt es schrittweise zu erarbeiten. Sind alle Tatbestandsvoraussetzungen erfüllt, dann tritt die entsprechende Rechtsfolge ein; anderenfalls ist der Anspruch nicht gegeben. Im Fall des § 433 BGB ist die Sache verhältnismäßig einfach, denn hier gibt es nur eine Voraussetzung, und zwar das Vorliegen eines wirksamen Kaufvertrages. Tatbestandsmerkmale bedürfen mitunter einer Definition. Bei der weiteren Prüfung ist dann ein Vergleich der abstrakt formulierten gesetzlichen Tatbestände und dem konkreten Sachverhalt vorzunehmen, also die bereits erwähnte sog. Subsumtion vorzunehmen. Bei komplizierteren Tatbestandsmerkmalen zeigt sich, dass es sich hier um eine wertende Entscheidung handelt.

Die Arbeit mit dem Gesetz beinhaltet somit das Auffinden von Anspruchsgrundlagen, das „Herauslesen" der tatbestandlichen Voraussetzungen (ggf. mit näherer Erläuterung bzw. Definition) und der Verknüpfung von abstrakten Gesetzestexten mit dem konkreten vorliegenden Sachverhalt. Nach der Prüfung der Tatbestandsmerkmale wird das Ergebnis als Folgesatz formuliert (vgl. eingehender zur Arbeitsmethodik unter 1.6. an einem Beispiel).

Das Gutachten unterscheidet sich von einem Gerichtsurteil sowohl im Aufbau als auch im Stil der Darstellung; regelmäßig hat der Richter, bevor er das Urteil verfasst, den Sachverhalt (wenn auch nur „im Kopf") im Gutachtenstil geprüft. Ein richterliches Urteil gliedert sich in zwei Abschnitte: Die Sachverhaltsdarstellung, im Urteil (verwirrenderweise) als „Tatbestand" bezeichnet und Entscheidungsgründe. Das Urteil wird im „Urteilsstil" verfasst. Der Urteilsstil unterscheidet sich von dem Gutachtenstil im Wesentlichen in der gedanklichen Reihenfolge. Der **Urteilsstil** nimmt eine Feststellung vorweg, um sie anschließend zu begründen, während der Gutachtenstil „abtastend" alle in Betracht kommenden Möglichkeiten überprüft.[6] Der Urteilsstil ist zweistufig. Er besteht aus Ergebnis (bzw. Entscheidung) und Begründung. Beide Stufen sind durch Worte verbunden wie z. B. „denn", „weil", „da".[7]

Wie findet man aber nun eine Anspruchsnorm, die eine mögliche Rechtsgrundlage für den zur Entscheidung stehenden Anspruch sein kann? Eine Möglichkeit wäre, sämtliche Gesetze in der Hoffnung durchzusehen, eine zutreffende Bestimmung zu finden. Diese „Methodik" ist eigentlich keine Methodik und auch äußerst zeitintensiv. Eine weitere Möglichkeit, die ebenfalls keiner besonderen geistigen Anstrengung bedarf, ist das Auswendiglernen aller (oder der wichtigsten) Anspruchsnormen im BGB. Diese Vorgehensweise ist zeitraubend und überdies unzuverlässig, da sie sich nur auf gesetzlich normierte Anspruchsgrundlagen im BGB beschränkt. Letztlich bleibt eine Methode, die sich an dem viel zitierten Satz orientiert, wonach ein Jurist nichts auswendig zu lernen braucht; er muss nur wissen, „wo etwas steht".

---

[6] Vgl. zum Gutachtenstil nachfolgend unter 1.6.

[7] Zur juristischen Arbeitmethodik und der Differenzierung zwischen Gutachten- und Urteilsstil *Wörlen/Metzler-Müller*, BGB AT, Rn. 132 m. w. N.

Diese Aussage ist zwar übertrieben, bringt aber die Sache auf den Punkt. Nicht das sture Auswendiglernen ist gefragt, sondern das flexible Reagieren auf verschiedene Fallkonstellationen, zumal auch Fälle in Betracht kommen können, die gerade nicht mit den gängigen Anspruchsgrundlagen zu lösen sind.

Deshalb ist der sicherste und schnellste Weg zum Auffinden einer Anspruchsgrundlage oder einer bestimmten Norm zunächst ein gründliches Studium des Gesetzes und dessen innere Zusammenhänge sowie ein regelmäßiges Training „am Fall". Kennt man den Aufbau der Gesetze und die entsprechenden Querverbindungen, findet man i. d. R. die für die Falllösung entscheidenden Paragrafen. Im Folgenden soll daher der Aufbau des deutschen Rechtssystems in vereinfachter Form vorgestellt werden.

## 1.1.5 Übersicht über das deutsche Rechtssystem

### 1.1.5.1 Privatrecht – Öffentliches Recht

Das **Rechtssystem in der Bundesrepublik Deutschland** besteht aus einer Vielzahl, teilweise sehr unterschiedlicher, oftmals dabei auch nicht immer ganz eindeutig voneinander abgrenzbarer Rechtsgebiete. Herkömmlicherweise wird in der deutschen Rechtsordnung zwischen öffentlichem Recht und Privatrecht unterschieden. Diese Unterscheidung beruht auf der Differenzierung zwischen dem ius publicum und dem ius privatum im römischen Recht, von dem wesentliche Teile in das Bürgerliche Gesetzbuch Eingang gefunden haben.[8] Die nachstehende Übersicht zeigt dies in Grundzügen auf (Abb. 1.1).

Zum **Privatrecht** zählen alle Normen, die die Rechtsbeziehungen der Bürger und der auf einem freiwilligen Zusammenschluss beruhenden privatrechtlichen Vereinigungen, z. B. in Form der Vereine oder Gesellschaften, regeln. Durch sie wird im Wesentlichen festgelegt, welche Freiheiten, Rechte, Pflichten und Risiken die Menschen im Verhältnis zueinander haben. Das Privatrecht ist typischerweise durch eine Gleichordnung der am Rechtsverhältnis beteiligten Personen gekennzeichnet. Kennzeichnend für das Privatrecht ist die **Entscheidungsfreiheit** der handelnden Personen (**Privatautonomie**). Typische Handlungsform ist der **Vertrag**.

Im Gegensatz zum Privatrecht umfasst das **Öffentliche Recht** die Normen, die die staatliche Organisation und das hoheitliche Handeln des Staates betreffen. Dieses Handeln kann in Form von Befehl und Zwang (Ausübung hoheitlicher Gewalt), z. B. dem Bürger – etwa durch Einkommensteuerbescheide oder Bauabrissverfügungen – Beschränkungen und Verpflichtungen auferlegen oder als Daseinsvorsorge (schlichte oder fördernde Hoheitsverwaltung) erfolgen.[9] Wesentliches Merkmal für das öffentliche Recht ist die Bindung des hoheitlichen Handelns an „Gesetz und Recht" (Art. 20 Abs. 3 GG). Es umfasst also die Rechtsnormen, die die Rechtsbeziehungen des Staates, in Deutschland also des Bundes und der Länder, und der mit sog. hoheitlicher Gewalt ausgestatteten Körperschaften oder Anstalten im Verhältnis zueinander sowie darüber hinaus auch zu den ihrer Hoheitsgewalt unterworfenen Personen regeln. Das Öffentliche Recht ist im Prinzip durch ein „Über-

---

[8] *Wolf/Neuner*, BGB AT, § 2.
[9] *Köhler*, BGB AT, § 2, Rn. 3 ff.

| Privatrecht | Öffentliches Recht |
|---|---|
| **Bürgerliches Gesetzbuch (BGB)** | Europarecht |
| Allgemeiner Teil | Staats- und Verfassungsrecht |
| Schuldrecht | |
| Sachenrecht | Völkerrecht |
| Familienrecht | |
| Erbrecht | |
| **Einige Nebengesetze** | Verwaltungsrecht |
| **zum BGB** | Polizei- und Ordnungsrecht |
| WEG | Baurecht |
| AGG | Kommunalrecht |
| LPartG | Gewerberecht |
| StVG | Subventionsrecht |
| ProdHaftG | |
| UKlaG | |
| **Sonderprivatrechte** | Steuer- und Abgabenrecht |
| Handelsrecht | |
| Arbeitsrecht | Sozialrecht |
| Gesellschaftsrecht | |
| Wettbewerbsrecht und | Strafrecht |
| gewerblicher | |
| Rechtsschutz | Prozessrechte |

**Abb. 1.1** Übersicht über das deutsche Rechtssystem (vereinfacht)

und Unterordnungsverhältnis" des einen – des Staates – gegenüber dem anderen – dem Bürger – gekennzeichnet. Typische Handlungsform im öffentlichen Recht ist grundsätzlich die einseitig verbindliche Regelung durch Rechtsverordnung oder **Verwaltungsakt**, z. B. wenn die Bauaufsichtsbehörde eine Abrissverfügung wegen „Schwarzbauens" erlässt. Diese anschauliche, aber vereinfachende Darstellung als „Über- und Unterordnungsverhältnis" berücksichtigt allerdings nicht die Fälle, in denen der Staat fiskalisch, d. h. privatrechtlich, tätig wird. Hierunter fallen in erster Linie die sog. Beschaffungsgeschäfte (z. B. der Einkauf von Büromaterial oder das Anmieten von Räumen) sowie die Fälle im Rahmen der Leistungsverwaltung. Hierzu zählen u. a. die Gewährung finanzieller Leistungen in Form von Subventionen, Sozialhilfe und Ausbildungsförderung sowie vor allem die Bereitstellung von Einrichtungen, die die Bevölkerung mit lebenswichtigen Gütern versorgen („Daseinsvorsorge"), z. B. die Versorgung mit Wasser, Energie, Fernwärme, Verkehrsbetriebe, Abwasserbetriebe, Abfallbeseitigung, Gesundheitsvorsorge, Krankenhäuser sowie Errichtung und Unterhaltung von Ausbildungsstätten (z. B. Schulen), kulturellen Einrichtungen (z. B. Bücherei) oder Sportanlagen. Im Rahmen der Leistungsverwaltung kann der Staat auch durch zivilrechtliche Handlungsformen tätig werden. Nach der heute herrschenden modifizierten Subjektstheorie ist eine Norm dem öffentlichen Recht zuzuordnen, wenn an dem zu beurteilenden Rechtsverhältnis ein Träger hoheitlicher Gewalt gerade in dieser Eigenschaft beteiligt ist.[10]

---

[10] BGHZ 102, 280 (283); *Medicus*, BGB AT, Rn. 10; ders, BR, § 1 I; Palandt/*Sprau*, Einl., Rn. 2 ff.

Die Unterscheidung bestimmt über das anzuwendende materielle Recht und über die gerichtsverfassungsrechtlichen Zuständigkeiten. Ist die Tätigkeit privatrechtlich zu qualifizieren, gelten das BGB oder die einschlägigen privatrechtlichen Sondergesetze. Handelt es sich um eine öffentlich-rechtliche Streitigkeit, sind das VwVfG oder die sonstigen einschlägigen Normen des öffentlichen Rechts anzuwenden. Eine genaue Trennung zwischen dem öffentlichen Recht und dem Privatrecht ist in der Praxis jedoch nicht immer gegeben. Mitunter kann ein Sachverhalt sowohl von privatrechtlichen als auch öffentlich-rechtlichen Vorschriften tangiert werden,[11] so etwa ein Grundstückskaufvertrag, dessen Wirksamkeit in zahlreichen Fällen von einer staatlichen Genehmigung abhängt.

---

**Beispiel**

Ein Unternehmer errichtet ohne Genehmigung der zuständigen Behörde eine umweltbelastende Anlage. In diesem Fall können die durch die Immissionen beeinträchtigten Nachbarn privatrechtliche Abwehr- und Schadensersatzansprüche gegen den Unternehmer geltend machen. Es kann aber auch die entsprechende Behörde mit öffentlich-rechtlichen Sanktionen, z. B. mit einer Beseitigungs- oder Unterlassungsverfügung (i. d. R. ein Verwaltungsakt gem. § 35 VwVfG, der das typische und häufigste Handlungsmittel der öffentlichen Verwaltung darstellt), gegen den Unternehmer vorgehen. Für die Klagen der Nachbarn sind die ordentlichen Gerichte (in Zivilsachen: AG, LG, OLG und BGH) und für die Klage des Unternehmers auf Aufhebung der belastenden Verfügung die Verwaltungsgerichte zuständig.

---

Im Folgenden geht es darum, die wichtigsten Rechtsquellen des Privatrechts darzustellen.

### 1.1.5.2 Rechtsquellen des Privatrechts

Unter einer Rechtsquelle versteht man die Entstehungsursachen der Rechtsnormen, zugleich aber auch die durch die Entstehungsursachen gekennzeichneten Erscheinungsformen des Rechts. Dementsprechend erfolgt eine Unterteilung des Rechts in gesetztes Recht und Gewohnheitsrecht, das beides vom BGB als Gesetz bezeichnet wird.

Das **Grundgesetz**[12] ist für das Privatrecht – neben dem **Europarecht**[13] – die **ranghöchste Rechtsquelle**. Der Gesetzgeber ist bei der Rechtsetzung im Privatrecht an die in Art. 1 bis 19 GG niedergelegten Grundrechte und die Staatszielbestimmungen gebunden.

Das „gesetzte" Recht ist das von den staatlichen oder staatlich ermächtigten Organen geschaffene Recht. Es umfasst Gesetze, Rechtsverordnungen und Satzungen.

---

[11] *Köhler*, BGB AT, § 2, Rn. 13 ff. zum Zusammenwirken von Privatrecht und Öffentlichem Recht.

[12] Vgl. im Folgenden unter 1.5.

[13] Vgl. im Folgenden unter 1.3; zum Anwendungsvorrang vgl. EuGH, NJW 1964, 2371; NJW 1999, 2355; Palandt/*Sprau*, Einl., Rn. 18, 26 ff.

Das **Gesetz** (im formellen Sinne) wird durch den Gesetzgeber (Legislative) er-
lassen.[14] Die Zuständigkeiten und das Zustandekommen sind auf Bundesebene im
Grundgesetz (Art. 20 Abs. 2, 70 ff. GG) und auf Länderebene in den jeweiligen
Landesverfassungen geregelt. **Staatsverträge**, die ordnungsgemäß ratifiziert wor-
den sind, stehen einem formellen Gesetz im Rang gleich, z. B. die Europäische
Konvention zum Schutz der Menschenrechte und Grundfreiheiten (EMRK), die
durch Zustimmungsgesetz zu innerstaatlichem Recht im Range eines einfachen
Bundesgesetzes geworden ist.

**Rechtsverordnungen** sind die von einer Stelle der Exekutive auf Grund einer
gesetzlichen Ermächtigung erlassenen Rechtsnormen (Art. 80 Abs. 1 GG). Sie stehen im Rang unter dem (formellen) Gesetz, d. h. sie dürfen nicht gegen gesetzliche
Vorschriften verstoßen. Das Privatrecht besteht weitgehend aus Gesetzen im formellen Sinne, wobei Rechtverordnungen zunehmend an Bedeutung erlangen. Eine
bekannte Rechtsverordnung ist die auf dem Straßenverkehrsgesetz (StVG) beruhende Straßenverkehrsordnung (StVO), in der Einzelheiten über den Verkehr von
Kraftfahrzeugen auf öffentlichen Wegen und Plätzen geregelt sind; sie wurde erlassen vom Bundesminister für Verkehr mit Zustimmung des Bundesrates aufgrund
der Ermächtigungsnorm des § 6 StVG.

Die **Satzung** wird von Kommunen und nichtstaatlichen Verbänden auf Grund
einer ihnen durch Gesetz verliehenen Rechtssetzungsbefugnis erlassen, z. B. Ge-
meindesatzungen oder Satzungen öffentlich-rechtlicher Körperschaften (z. B. die
Handwerksordnung der Handwerkskammer).[15] Auch der normative Teil eines Ta-
rifvertrages ist Gesetz im materiellen Sinne und gehört damit begrifflich zu den
autonomen Satzungen.[16] Von diesen Normen sind die Satzungen privater Verbände
bzw. Vereine zu unterscheiden, die keine Rechtsnormen darstellen, sondern privat-
autonome Regelungen.[17]

**Gewohnheitsrecht** entsteht dagegen durch eine lang andauernde Übung, die
von den beteiligten Rechtskreisen als rechtsverbindlich anerkannt worden ist;[18]
es muss also eine einheitlich herrschende Rechtsüberzeugung vorliegen („opinio
necessitatis"). Heute entsteht Gewohnheitsrecht praktisch nur noch durch Richterrecht. Der Richter ist dazu berufen, das Recht anzuwenden und damit zugleich
fortzubilden. Eine richterliche Entscheidung entfaltet jedoch grundsätzlich – anders als etwa im angloamerikanischen Rechtskreis – keine bindende Wirkung für
die anderen Rechtsanwender. Ein Gericht ist nicht an die Rechtsauffassung gebunden, die es selbst oder ein anderes Gericht in vergleichbaren Fällen vertreten hat.
Hält das Gericht eine Rechtsauffassung für unrichtig, kann es davon abweichen.[19]
Auch höchstrichterliche Entscheidungen sind Gesetzen nicht gleichzusetzen und
entfalten damit auch keine vergleichbare Rechtsbindung; sie haben Gültigkeit nur

---

[14] *Wörlen/Metzler-Müller*, BGB AT, Rn. 7 ff. zum Gesetzgebungsverfahren (Übersicht).
[15] Palandt/*Sprau*, Einl., Rn. 21 ff.
[16] BAG, NJW 1985, 1238.
[17] Palandt/*Ellenberger*, § 25 BGB, Rn. 3.
[18] BVerfGE 28, 21, 28; BGHZ 37, 219, 222.
[19] BGHZ 59, 343; 69, 323.

für den entschiedenen Fall.[20] Die fachliche Autorität und die Wahrscheinlichkeit, dass (zukünftig) dieses Gericht und die nachgeordneten Gerichte in entsprechender Weise entscheiden, verleihen ihren Entscheidungen allerdings eine besonders große praktische Bedeutung. Aus einer st. Rspr. kann zunächst ohne weiteres noch kein Gewohnheitsrecht abgeleitet werden. Aus höchstrichterlichen Entscheidungen erwächst zunächst das sog. **Richterrecht**, das eine Quelle für die Bildung von Gewohnheitsrecht werden kann. Viele Rechtsinstitute, die die Rspr. unter Billigung der Rechtslehre in Fortentwicklung des BGB geschaffen hat, sind heute Gewohnheitsrecht, weil die beteiligten Kreise sie akzeptiert haben und danach verfahren, z. B. Rechtssätze zum allgemeinen Persönlichkeitsrecht oder zur Sicherungsübereignung. Mit dem Schuldrechtsmodernisierungsgesetz sind seinerzeit zahlreiche gewohnheitsrechtliche Rechtsinstitute, insbesondere die cic (heute: § 311 Abs. 2 BGB), die pFV (heute: § 280 Abs. 1 BGB) oder die Grundsätze zum Wegfall der Geschäftsgrundlage (heute: § 313 BGB) in das BGB implementiert worden.

Keine Rechtsnorm ist die **Verkehrssitte** (unter Kaufleuten „Handelsbrauch"). Es handelt sich um eine im Verkehr der beteiligten Rechtskreise herrschende tatsächliche Übung. Ihrer Struktur nach ist die Verkehrssitte eine Norm. Im Unterschied zum Gewohnheitsrecht sehen die Beteiligten sie aber nicht unmittelbar als rechtsverbindlich an. Sie ist also keine Rechtsnorm.[21] Rechtsfolgen ergeben sich aus ihr nur insoweit, als das Recht auf sie Bezug nimmt. Nach den §§ 157, 242 BGB ist sie bei der Auslegung von Rechtsgeschäften und der Abwicklung von Schuldverhältnissen zu berücksichtigen. Eine Verkehrssitte kann, wenn die Überzeugung der Beteiligten von ihrer Rechtsverbindlichkeit hinzutritt, regelmäßig durch Richterrecht vermittelt, zum Gewohnheitsrecht erstarken. Die Verkehrssitte muss nicht notwendig eine allgemeine sein, sondern kann sich auch auf einen beruflich oder räumlich begrenzten Bevölkerungskreis beziehen. Verkehrssitten unter Kaufleuten bezeichnet man als **Handelsbrauch** (§ 346 HGB). Hierzu zählen etwa die Grundsätze zum **kaufmännischen Bestätigungsschreiben**. Die Regel, dass der Inhalt eines kaufmännischen Bestätigungsschreibens Vertragsinhalt wird, wenn der Empfänger nicht unverzüglich widerspricht[22], ist von einem bloßen Handelsbrauch heute zum Gewohnheitsrecht geworden.[23]

**Technische Normen** und berufliche Verhaltensregeln, z. B. DIN-Normen oder Regeln der ärztlichen Kunst, haben keine normative Geltung, da sie nicht von einem zur Rechtssetzung befugten Organ erlassen worden sind; diese können aber durch Verweisungen in gesetzlichen Vorschriften mittelbar den Rang einer Rechtsnorm erhalten.[24]

---

[20] BGHZ 132, 119, 129.

[21] Palandt/*Sprau*, Einl., Rn. 23 ff.

[22] BGH, NJW 1974, 991.

[23] *Köhler*, BGB AT, § 8, Rn. 31 m. w. N.

[24] Palandt/*Sprau*, Einl., Rn. 24.

## 1.2 Grundstruktur des Bürgerlichen Gesetzbuches

### 1.2.1 Bürgerliches Gesetzbuch als „Kern" des Privatrechts

Das **Bürgerliche Gesetzbuch (BGB)** wird durch einige **Nebengesetze**, z. B. das Wohnungseigentumsgesetz (WEG), das Produkthaftungsgesetz (ProdhaftG), das Lebenspartnerschaftsgesetz (LPartG), das StraßenverkehrsG (StVG) oder das Allgemeine Gleichbehandlungsgesetz (AGG) ergänzt. Es stellt damit den Kern des Privatrechts dar, dessen Regeln insoweit Anwendung finden, als sie nicht durch Sondervorschriften ergänzt oder abgeändert werden. Darüber hinaus enthält das Privatrecht einige **Sondergebiete**, zu denen u. a. das Handelsrecht, das Gesellschaftsrecht, das Wettbewerbsrecht, der gewerbliche Rechtsschutz und schließlich das Arbeitsrecht gezählt werden. Diese privatrechtlichen Sondergebiete beziehen sich auf einzelne Berufsgruppen oder Lebensbereiche, die wegen ihrer Komplexität besonderer und eingehender Regelung bedürfen. Historisch betrachtet haben sie sich aus dem Bürgerlichen Gesetzbuch als Reaktion auf die wirtschaftlichen, sozialen und technischen Wandlungsprozesse in Deutschland herausentwickelt. So wird z. B. das Handelsrecht als ein Sonderrecht für Kaufleute angesehen oder das Arbeitsrecht als Sonderrecht für Arbeitsverhältnisse.

### 1.2.2 Historische Grundlagen

Das **Bürgerliche Gesetzbuch** trat am 1. Januar 1900 in Kraft. Es bildete den vorläufigen Abschluss einer Vereinheitlichung des Bürgerlichen Rechts in Deutschland. Bis zu diesem Zeitpunkt gab es mehrere, zum Teil unterschiedliche landesrechtliche Kodifikationen, so z. B. für alle linksrheinischen Staaten den Code Civil von 1804, für Preußen das Preußische Allgemeine Landrecht von 1794, für Bayern den Codex Maximilianeus Bavaricus Civilis und für Baden das Badische Landrecht von 1809. Lediglich auf dem Gebiet des Handels- und Wechselrechts bestanden schon einheitliche Rechtsvorschriften in Form der Allgemeinen Deutschen Wechselordnung von 1848 und des Allgemeinen Deutschen Handelsgesetzbuches von 1861. Der Weg zu einer Rechtsvereinheitlichung auf dem Gebiet des Bürgerlichen Rechts wurde erst durch den Zusammenschluss der deutschen (Klein-) Staaten zum Deutschen Reich im Jahr 1871 möglich. Während das Strafrecht mit der Schaffung eines einheitlichen Reichsstrafgesetzbuchs bereits im gleichen Jahr eine Rechtsgrundlage fand, dauerte es dann doch noch fast 30 Jahre bis zum Inkrafttreten des BGB. Inhalt und Grundprinzipien des BGB spiegeln die herrschenden politischen, wirtschaftlichen und sozialen Anschauungen des 19. Jahrhunderts wider. Im Vordergrund stand ein extremer Liberalismus, zu verstehen als Reaktion auf die erst nach Jahrhunderten überwundenen ständischen und obrigkeitlichen Beschränkungen. Man versuchte, die Freiheit und Gleichheit auch im bürgerlichen Gesetz zu sichern. Das BGB geht daher von einer Rechtsgleichheit aller Bürger aus und gewährleistet in weitem Umfang **Privatautonomie**. Ausdruck dafür ist etwa die Vertragsfreiheit oder die Eigentumsfreiheit. Als geeignete Handlungsform zur Verwirklichung der grundsätzlichen Privatautonomie wird von der Rechtsordnung der **Vertrag** zur Verfügung gestellt. Der einzelne Bürger sollte grundsätzlich darin frei sein, ob, mit wem und mit welchem Inhalt er Verträge schließt. Beschränkungen der Privatautonomie findet man kaum. Die Verfasser des BGB gingen davon aus, dass alle Privatpersonen im Rechtsverkehr chancengleich seien und dass sich durch die Privatautonomie stets ein gerechter Ausgleich zwischen den unterschiedlichen Interessen erzielen lässt. „Wer würde denn schon einen für sich nachteiligen Vertrag schließen"? Eine derartige extrem liberale Konzeption wurde jedoch den drängenden Fragen, die die wirtschaftlichen und sozialen Probleme der Industrialisierung aufwarfen, nicht gerecht. Es blieb unberücksichtigt, dass eine Vertragspartei, die (ökonomisch) mächtiger als eine andere ist, diese Vertragsfreiheit missbrauchen kann.

So waren Arbeitgeber und Arbeitnehmer, aber auch Produzent und Konsument nicht chancengleich. Durch Schutzvorschriften im Bereich des Dienstvertragsrechts oder durch die Schaffung des Abzahlungsgesetzes von 1894, das den besonderen Umständen beim Ratenkauf Rechnung tragen sollte, versuchte man zwar diesen Problemen zu begegnen, doch war insgesamt das BGB nach *Otto von Gierke* „nur mit einem Tropfen sozialistischen Öls gesalbt". Den sozialen Missständen wurde erst später – in der Weimarer Zeit – durch Schaffung von zahlreichen Schutzvorschriften zugunsten der Arbeitnehmer weitgehend Rechnung getragen. Dies geschah etwa in der Form einer Tarifvertragsordnung, einer Arbeitszeitordnung und eines Betriebsrätegesetzes, die die Verfügungsgewalt der Arbeitgeber als alleiniger „Herr im Haus" beschränken sollten. Es lassen sich hier die ersten Grundstrukturen unseres heutigen Arbeitsrechtes erkennen.

Das BGB stellt die Grundlage aller privatrechtlichen Vorschriften dar. Viele Regelungen der sog. Nebengesetze ebenso wie der „Sonderprivatrechte" sind oftmals ohne die Vorschriften des BGB nicht zu verstehen, dessen Grundstrukturen – aufgeteilt in fünf Bücher – im Folgenden vorgestellt werden.

### 1.2.3 Aufbau

Der **Allgemeine Teil des BGB** (§§ 1 bis 240 BGB) enthält die allgemeinen Regeln für das gesamte Bürgerliche Recht; zunächst – der römisch-rechtlichen Einteilung personae, res und actiones folgend – Vorschriften über natürliche und juristische Personen, Sachen und Rechtsgeschäfte, also z. B. über Willenserklärung, Verträge und Stellvertretung. Hieran schließen sich dann unter anderem Vorschriften über Fristen und (Anspruchs-) Verjährung an. Mit der mathematischen Methode „etwas vor die Klammer zu ziehen" (Klammertechnik) möchte der Gesetzgeber erreichen, Wiederholungen zu vermeiden und die Systematik zu fördern. Dieses logische Aufbauprinzip, dem Besonderen das Allgemeine voranzustellen, wird besonders deutlich durch die Voranstellung des Allgemeinen Teils vor die übrigen Bücher des BGB. Diese Technik durchzieht aber auch die anderen Bücher, ja sogar den Allgemeinen Teil selbst. Der Nachteil dieser Regelungstechnik besteht darin, dass zur Beurteilung eines Rechtsverhältnisses Normen aus ganz verschiedenen Bereichen heranzuziehen sind, deren Zusammenhang oft nur schwer zu verstehen ist.

Das zweite Buch des BGB, das **Schuldrecht** (§§ 241 bis 853 BGB), behandelt vertragliche und gesetzliche Schuldverhältnisse. Es regelt die Rechtsverhältnisse zwischen „Gläubiger" und „Schuldner" und gliedert sich seinerseits wieder in einen Allgemeinen und einen Besonderen Teil. Im Allgemeinen Teil des Schuldrechts sind die Vorschriften enthalten, die auf alle Schuldverhältnisse Anwendung finden. Es geht u. a. um die Frage, welche Rechte und Pflichten zwischen den Beteiligten an einem Schuldverhältnis, insbesondere zwischen Vertragsparteien bestehen und welche Folgen es hat, wenn eine der Parteien ihren Verpflichtungen nicht nachkommt, sei es, dass die Leistungserbringung verspätet oder schlecht erfolgt oder gar unmöglich geworden ist. Eine Ausnahme bilden die Sonderregeln für vertragliche Schuldverhältnisse im 3. Abschnitt des Allgemeinen Teils. Im Besonderen Teil des Schuldrechts sind die am häufigsten vorkommenden Schuldverhältnisse, z. B. Kauf-, Miet- oder Werkvertrag neben den gesetzlichen Schuldverhältnissen normiert. Zu beachten ist, dass diese gesetzlich vorgegebenen Normierungen von den Vertragsparteien weitgehend abgeändert oder ergänzt werden können („Grundsatz der Vertragsfreiheit"), soweit nicht spezielle zwingende Regelungen, z. B. verbraucherschützende Vorschriften oder Schutzvorschriften zugunsten des Wohnungsmieters, bestehen. Als Beleg für die grundsätzliche Dispositivität der schuldrechtlichen Normen lassen sich die in vielen Branchen verwendeten Allgemeinen Geschäftsbedingungen (besser bekannt als das „Kleingedruckte", i. d. R. auf der Rückseite eines Vertragsformulars) anführen. Mit dem Schuldrechtsmodernisierungsgesetz[25] wurde das Recht der kauf- und werkvertraglichen Mängelhaftung tiefgreifend reformiert und das Verjährungs- und Leistungsstörungsrecht neu konzipiert. Zusätzlich wurden die – regelmäßig als Umsetzung von EG-Richtlinien außerhalb des BGB in Nebengesetzen normierten – Verbraucherschutzbestimmungen in das BGB integriert und die von der Rspr. ausgeformten Rechtsinstitute kodifiziert, wie etwa die culpa in contrahendo in § 311 Abs. 2 BGB, der Vertrag mit Schutzwirkung zugunsten Dritter in § 311 Abs. 3 BGB und die Störung der Geschäftsgrundlage in § 313 BGB. Im Bereich des Verbraucherschutzes erfolgte mit Inkrafttreten des Gesetzes zur Umsetzung der EU-Verbraucherrechterichtlinie (VerbrRRL) 2011/83/EU im Juni 2014 eine umfassende Neugestaltung der bisherigen Haustür- und Fernabsatzgeschäfte und des Widerrufrechtes (vgl. §§ 312 ff., 355 ff. BGB). Weitere verbraucherschützende Regeln im BGB betreffen u. a. das Recht der Allgemeinen Geschäftsbedingungen (§§ 305 ff., 310 BGB), den Verbrauchsgüterkauf (§§ 474 ff. BGB), den Verbraucherdarlehensvertrag (§§ 491 ff. BGB) einschließlich der Finanzierungshilfen und Ratenlieferungsverträge zwischen einem Unternehmer (§ 14 BGB) und einem Verbraucher (§ 13 BGB), den Pauschalreisevertrag (§§ 651a ff. BGB) und den Zahlungsdienstevertrag (§§ 675c ff. BGB).

Das Dritte Buch des BGB, das **Sachenrecht** (§§ 854 bis 1296 BGB), regelt die Rechtsbeziehungen von Personen zu Sachen oder Rechten. Es geht also um Fragen des Besitzes, des Eigentums, des Pfandrechts (sowie der Sicherungsübereignung) und der Grundpfandrechte. Während **Besitz** juristisch dabei die tatsächliche Sachherrschaft über eine Sache meint (so wird beispielsweise der Dieb einer

---

[25] Vgl. hierzu Palandt/*Sprau*, Einl. Rn. 10a m. w. N.

Sache ihr Besitzer), bedeutet **Eigentum** die rechtliche Sachherrschaft. Hinsichtlich der (möglichen) Rechte, die eine Person an Sachen haben kann, unterscheidet das Gesetz zwischen dem Eigentum als dem unbeschränkt dinglichen Recht an einer Sache und den beschränkt dinglichen Rechten, zu denen in erster Linie Pfandrechte und Grundpfandrechte gezählt werden. Grundpfandrechten (z. B. Hypothek oder Grundschuld) kommt vor allem bei der Kreditsicherung eine hohe wirtschaftliche Bedeutung zu. Im Rahmen der Kreditsicherung wurde den Bedürfnissen der Wirtschaft vor allem mit der Ausformung eines „Anwartschaftsrechts" beim Kauf unter Eigentumsvorbehalt und mit der Anerkennung der „Sicherungsübereignung" sowie sonstiger Formen dinglicher Sicherheiten Rechnung getragen. Mit dem Wohnungseigentumsgesetz wurde breiten Bevölkerungsgruppen der Erwerb eigener Wohnungen ermöglicht.

Das vierte Buch des BGB, das **Familienrecht** (§§ 1297 bis 1921 BGB), enthält im Wesentlichen Vorschriften zu den familiären Beziehungen. Es beschäftigt sich mit den Fragen der Ehe sowie mit den nach der Ehescheidung auftretenden Fragen des Unterhalts und des Versorgungsausgleichs. Daneben klärt das Familienrecht verwandtschaftliche Rechtsbeziehungen, insbesondere das Verhältnis Eltern und Kind, die Stellung des nichtehelichen Kindes, die Adoption und die Betreuung. Das Familienrecht wurde seit dem Inkrafttreten des BGB mehrfach geändert, um den Bemühungen, eine Gleichstellung von Mann und Frau zu erreichen, Rechnung zu tragen (Art. 3 Abs. 2 GG). So hob erst 1957 das Gleichberechtigungsgesetz den § 1354 BGB auf, in dem, auf alten patriarchalisch-konservativen Vorstellungen beruhend, dem Mann die Entscheidung in allen, das gemeinschaftliche eheliche Leben betreffenden Angelegenheiten sowie die elterliche Gewalt über die Kinder zuerkannt worden war. Auch der Verfassungsauftrag zur Gleichstellung von ehelichen und nichtehelichen Kindern (Art. 6 Abs. 5 GG) wurde (in mehreren Schritten) erfüllt. Das Ehe- und Kindschaftsrecht wurde zeitgemäß, zuletzt 1998, umfassend reformiert. In den §§ 1591 ff. BGB wurde gemäß des Verfassungsauftrages (Art. 6 Abs. 5 GG) insbesondere die statusrechtliche Diskriminierung des nichtehelichen Kindes nach und nach abgebaut (vgl. §§ 1615 ff. BGB); sukzessive wurde auch die volle erbrechtliche Gleichstellung von ehelichen und nichtehelichen Kindern verwirklicht. Durch das Lebenspartnerschaftsgesetz wurde die Lebenspartnerschaft als rechtlich anerkannte Form des Zusammenlebens von Personen gleichen Geschlechts geschaffen. Die Rechtsstellung behinderter Menschen und psychisch kranker Menschen wurde u. a. durch Abschaffung der Entmündigung und Ersetzung der Vormundschaft und Gebrechlichkeitspflegschaft durch das Rechtsinstitut der Betreuung verbessert.

Das fünfte Buch des BGB, das **Erbrecht** (§§ 1922 bis 2385 BGB), regelt die vermögensrechtlichen Folgen beim Tod einer Person, d. h. die Erbfolge auf Grund des Gesetzes, durch Testament oder durch Erbvertrag, in deren Rahmen in Form eines Vermächtnisses auch Nichterben bedacht werden können. Die gesetzliche Erbfolge bedeutet, dass zunächst der Ehegatte und die unmittelbaren Verwandten in erster Linie, d. h. die Kinder, erben. Die weitere Erbfolge bestimmt sich nach dem Gesetz. Der Erblasser kann durch Testament die gesetzliche Erbfolge ausschließen. Setzt er andere Personen als seine unmittelbaren Angehörigen als Erben ein, so behalten

diese dennoch grundsätzlich ihren Pflichtteilsanspruch, der die Hälfte des gesetzlichen Erbteils ausmacht. Im Gegensatz zum Testament ist der Erbvertrag, mit dem
der Erblasser ebenfalls die gesetzliche Erbfolge ausschließen kann, nicht frei wi-
derruflich. Will der Erblasser einem Freund einen Gegenstand aus seinem Nachlass, z. B. ein Bild, zuwenden, muss er ihm durch Testament oder Erbvertrag ein
Vermächtnis aussetzen. Der Vermächtnisnehmer wird dann zwar nicht Erbe, kann
aber von dem/den Erben Übereignung der Sache bzw. Zahlung des Geldbetrags
verlangen. Das Vermögen des Erblassers geht grundsätzlich als Ganzes auf den/die
Erben über (Grundsatz der Universalsukzession). Allerdings haften die Erben auch
für Nachlassverbindlichkeiten des Erblassers (§ 1967 BGB), und zwar auch mit
eigenem, nicht ererbtem Vermögen. Will der Erbe dem entgehen, so kann er (innerhalb einer bestimmten Frist) die Erbschaft ausschlagen (§ 1942 ff. BGB) oder durch
bestimmte Maßnahmen die Haftung begrenzen (§§ 1975 ff. BGB). Der Erblasser
kann durch Anordnung einer Testamentsvollstreckung auf das Schicksal seines Vermögens nach seinem Tod Einfluss nehmen (§§ 2197 ff. BGB).

### 1.2.4 Räumlicher Geltungsbereich

Das BGB ist grundsätzlich auf alle bürgerlichrechtlichen Streitigkeiten anwendbar.
In räumlicher Hinsicht kann die Anwendung des deutschen Bürgerlichen Rechts
zweifelhaft sein, wenn der Sachverhalt eine **Auslandsberührung** aufweist, z. B.
wenn eine Vertragspartei ihren Sitz in im Ausland hat oder ausländischer Staats-
angehöriger ist oder wenn der Vertrag im Ausland geschlossen wird. Ob und inwieweit in solchen Fällen die Normen des deutschen oder des ausländischen Rechts
zur Anwendung kommen, bestimmt sich nach den Normen des **Internationalen
Privatrechts (IPR)**. In einem zum BGB ergangenen Einführungsgesetz (EGBGB)
sind neben Übergangsvorschriften, die das Verhältnis des BGB zu den Landes-
gesetzen oder den zeitlichen Geltungsbereich betreffen, auch das **Internationale
Privatrecht** (IPR) geregelt, dass das Verhältnis des deutschen zum ausländischen
Recht beinhaltet. Das IPR enthält also Kollisionsnormen, die das anzuwendende
Recht, das sogenannte Sachstatut festlegen. Die Bezeichnung „Internationales Privatrecht" ist dabei insoweit missverständlich, als es sich in vielen Bereichen (noch)
um ein einzelstaatliches Recht handelt, das sich von dem Recht anderer Staaten
unterscheidet. Das deutsche IPR ist im Wesentlichen in den Art. 3-46c EGBGB geregelt. Das deutsche IPR tritt allerdings hinter dem vorrangigen **IPR der Europäischen Union** zurück. So hat die EU mittlerweile eine Vielzahl an Kollisionsnormen
geschaffen. So wurde u. a. durch die sog. Rom I und Rom II-Verordnungen eine
Vereinheitlichung im Bereich der vertraglichen und außervertraglichen Haftung geschaffen. So gilt etwa bei schuldrechtlichen Verträgen nach Art. 3 I Rom I-VO (und
Art. 27 I EGBGB) der Grundsatz der freien Rechtswahl, d. h. die Parteien können
festlegen, welches Recht für den Vertrag gelten soll, z. B. das deutsche oder fran-
zösische Recht. Dieser Grundsatz unterliegt einer Einschränkung. Die Rechtswahl

darf nicht dazu führen, dass zwingende Vorschriften zum Schutz des Verbrauchers und des Arbeitnehmers umgangen werden (Art. 6, 8 Rom I-VO (Art. 29, 29a, 30 EGBGB)). Haben die Parteien keine Rechtswahl getroffen, so gilt nach Art. 4 Rom I-VO (Art. 28 I EGBGB) für einen Vertrag das Recht des Staates, mit dem er die engsten Verbindungen aufweist. Mittlerweile sind nun die Rom III-V-Verordnungen betreffend das Familien- und Erbrecht hinzu gekommen.[26]

## 1.3  Einfluss des Europäischen Rechts

Das Bürgerliche Recht wird in seiner weiteren Entwicklung zunehmend durch das Recht der Europäischen Union (früher: Europäische Gemeinschaft) beeinflusst. Zu den Zielen der **Europäischen Union (EU)** gehört die Angleichung der Rechtsvorschriften in den Mitgliedsstaaten, soweit es für das Funktionieren bzw. zur Aufrechterhaltung des Binnenmarktes erforderlich ist. Die Angleichung soll den Austausch von Waren innerhalb der EU erleichtern und einen Binnenmarkt schaffen.[27] Zu den wesentlichen Rechtsquellen zählen der Vertrag über die Europäische Union (EUV) und vor allem der Vertrag über die Arbeitsweise der Europäischen Union (AEUV); letzterer ersetzt den bis dahin geltenden EG-Vertrag (**Primärrecht**). Wesentlicher Bestandteil des AEUV sind die Grundfreiheiten. Hierzu zählen die Warenverkehrsfreiheit, Dienstleistungsfreiheit, Freizügigkeit des Personenverkehrs sowie die Freiheit des Kapital- und Zahlungsverkehrs (Art. 26 Abs. 2 AEUV).

Neben diesen Grundfreiheiten wird das Bürgerliche Recht vor allem durch das **Sekundärrecht** beeinflusst. Unter sekundärem Gemeinschaftsrecht versteht man das von den Organen der EU auf der Grundlage der Gründungsverträge geschaffene Recht. Dem europäischen Gesetzgeber stehen als Mittel der **Rechtsangleichung** („Harmonisierung") im Wesentlichen die Verordnung und die Richtlinie zur Verfügung. Die **Verordnung(VO)** gilt gem. Art. 288 Abs. 2 AEUV in jedem Mitgliedsstaat unmittelbar und bedarf keines weiteren Umsetzungsakts. Es handelt sich im Prinzip um ein „Europäisches Gesetz". Die Rechtssetzung durch Verordnung spielt als Instrument zur Harmonisierung zivilrechtlicher Regelungen praktisch keine Rolle; von größerer Bedeutung ist sie z. B. im Sozialrecht, im Arbeitsschutzrecht, im Straßenverkehrsrecht und im Gesellschaftsrecht; ein prominentes Beispiel im Gesellschaftsrecht ist neben der VO über die Europäische Wirtschaftliche Interessenvereinigung (EWIV) als erste supranationale Rechtsform die Verordnung über die Europäische Aktiengesellschaft (Societas Europaea); letztere wird durch die Richtlinie über die Arbeitnehmerbeteiligung ergänzt.

Das wichtigste Instrument zur Harmonisierung im Bürgerlichen Recht ist die **Richtlinie**. Es handelt sich hierbei um einen verbindlichen Rechtsakt der EU, der an die Mitgliedsstaaten gerichtet ist. Sie enthält eine verbindliche „Zielvorgabe" mit der Verpflichtung, diesen Inhalt innerhalb einer gesetzten Frist (i. d. R. innerhalb

---

[26] *Köhler*, BGB AT, § 3, Rn. 47.

[27] *Wolf/Neuner*, BGB AT, § 9, Rn. 17 ff., § 5, Rn. 26 ff. zum Vorrang des Unionsrechts; vgl. *Köhler*, BGB AT, § 3, Rn. 37.

von drei Jahren) in das nationales Recht umzusetzen (Art. 288 Abs. 3 AEUV). Im Gegensatz zur Verordnung entfaltet sie zunächst keine unmittelbare innerstaatliche Wirkung. Dem Gesetzgeber eines Mitgliedsstaates steht es danach frei, ob er die Vorgaben der Richtlinie in ein bereits bestehendes Gesetz einfügt oder ein eigenständiges Gesetz verabschiedet, wobei er grundsätzlich nicht an bestimmte Formulierungen in der Richtlinie gebunden ist.

Im Bereich des Bürgerlichen Rechts hatten und haben die Richtlinien der EU vor allem das Ziel einer Rechtsangleichung im **Verbraucherschutz**. Maßgeblich beeinflusst durch das EU-Recht wurden das Kaufrecht (§§ 434 ff., 475 ff. BGB), das Darlehensrecht (§§ 491 ff. BGB), das Reisevertragsrecht (§§ 651a ff. BGB), das private Bankrecht (§§ 675c ff. BGB) und das Recht der Allgemeinen Geschäftsbedingungen (ABG-Gesetz, heute: §§ 305 ff. BGB; der prozessuale Teil ist dagegen in den §§ 1 ff. UKlaG enthalten). 2014 führte die Umsetzung der EU-Verbraucherrechterichtlinie von 2011, die die bis dahin bestehende Haustürwiderrufs- und Fernabsatzrichtlinie ersetzte, zu umfassenden Änderungen im Bereich des zivilrechtlichen Vertriebsrechts (vgl. §§ 312 ff., 355 ff. BGB).

Zahlreiche Regelungen im BGB beruhen damit auf europarechtlichen Vorgaben. Würde nun die Auslegung des nationalen Rechts, welches auf entsprechenden Richtlinien beruht, den Gerichten in den Mitgliedsstaaten überlassen bleiben, bestünde dort die Gefahr einer unterschiedlichen Auslegung. Damit könnte das Ziel einer Harmonisierung gefährdet werden. Daher ist das auf einer Richtlinie beruhende nationale Recht soweit als möglich im Lichte des Wortlauts und Zwecks der Richtlinie auszulegen. Im Konfliktfall hat daher eine **richtlinienkonforme Auslegung** zu erfolgen.

Die Richtlinie kann jedoch ihrerseits auslegungsbedürftig sein. Damit hier eine einheitliche Interpretation erreicht werden kann, gibt es das sog. **Vorabentscheidungsverfahren** durch den Europäischen Gerichtshof (EuGH). Das bedeutet, dass in einem Rechtsstreit die nationalen Gerichte dem EuGH eine Frage vorlegen können (Art. 267 Abs. 2 AEUV) bzw. müssen (Art. 267 Abs. 3 AEUV). Eine Vorlagepflicht entfällt dann, wenn nur eine Auslegung ohne Zweifel möglich ist (*acte-claire*-Doktrin) oder die vorzulegende Frage bereits vom EuGH in einem anderen Verfahren beantwortet worden ist. Auf Grund der Entscheidung des EuGH kann das nationale Gericht die streitentscheidende Norm richtlinienkonform auslegen und den Rechtsstreit durch ein Urteil abschließen. Das nationale Gericht kann den EuGH dagegen nicht fragen, wie die innerstaatliche Norm auszulegen ist, da der EuGH gem. Art. 267 Abs. 1 AEUV nur die Kompetenz besitzt, Gemeinschaftsrecht auszulegen und nicht auch die nationalen Vorschriften.

In der Diskussion steht die Schaffung eines **Europäischen Zivilgesetzbuchs**. Das Europäische Parlament hat 1989 und 1994 die Organe der EG aufgefordert, mit der Vorbereitung für ein Europäisches Zivilgesetzbuch zu beginnen. Vorarbeiten sind im Gange. Geplant ist die Einführung eines Gemeinsamen Europäischen Kaufrechts – GEKR (Common European Sales Law – CESL), das im Unterschied zu dem nur zwischen Unternehmern anwendbaren CISG vornehmlich zwischen Unternehmern als Verkäufer und Verbrauchern Anwendung finden soll. Die Europäische Kommission hat im Jahr 2011 einen Vorschlag für eine Verordnung über ein Gemeinsames Europäisches Kaufrecht (vom 11.10.2011, KOM(2011)635) vorgelegt. Anders als das CISG soll es jedoch nur aufgrund einer Rechtswahl Anwendung finden („opt-in-Modell"). Allerdings ist dieser Vorschlag politisch als auch in der Wissenschaft sehr umstritten (vgl. hierzu die Beiträge in der AcP 212 (2012), S. 647–852), so dass die Umsetzung offen ist. Für ein darüber hinausgehendes umfassendes Europäisches Zivilgesetzbuch, welches auch das Familien- und Erbrecht umfasst, hat die EU (noch) keine Gesetzgebungskompetenz.[28] Bis zu einer Ersetzung der nationalen Zivilrechtsordnungen durch ein einheitliches Zivilgesetzbuch werden sicherlich noch Jahre vergehen.

## 1.4  Sonderprivatrechte

Zum Bereich des Privatrechts zählen auch die anfangs erwähnten **Sonderprivatrechte**, vor allem das Handelsrecht, das Arbeitsrecht, das Gesellschaftsrecht, das Wertpapierrecht, das Urheberrecht, die gesamten gewerblichen Schutzrechte sowie das Wettbewerbsrecht.

Das **Handelsrecht** ist im Wesentlichen im Handelsgesetzbuch (HGB) normiert und enthält als Sonderrecht der Kaufleute Vorschriften, die den besonderen Bedürfnissen des Handelsverkehrs nach schneller und problemloser Abwicklung der Rechtsgeschäfte, nach Rechtsklarheit und Rechtssicherheit sowie nach Vertrauensschutz Rechnung tragen. Die Regelungen im BGB, die auch Handelsgeschäfte betreffen, werden im HGB teilweise modifiziert, aber auch ergänzt. So ist z. B. die Vollmacht durch Erteilung der handelsrechtlichen Prokura (§§ 48 ff. HGB) äußerst weitreichend. Weiterhin bedarf eine Bürgschaftserklärung keiner Schriftform (§ 350 HGB). Unter bestimmten Voraussetzungen gilt Schweigen als Zustimmung, insbesondere nach § 362 HGB im Falle des Schweigens auf ein Geschäftsbesorgungsangebot oder im Falle des Schweigens auf ein „kaufmännischen Bestätigungsschreiben" (§ 346 HGB). Auch muss sich der Kaufmann sofort melden, wenn etwa Gekauftes nicht in Ordnung ist (§ 377 HGB). Letzteres führt in der Praxis häufig zu Irrtümern und Missverständnissen. Zwar verjähren die Ansprüche eines Käufers nach dem Gesetz, wenn die Sache mangelhaft ist, in zwei Jahren ab Ablieferung (§ 438 Abs. 1 Nr. 3 BGB). Beim beiderseitigen Handelskauf, der vorliegt, wenn beide Vertragsparteien Kaufleute sind, trifft den Käufer dagegen eine unverzügliche Untersuchungs- und Rügepflicht (§ 377 HGB). Kommt er dieser Obliegenheit nicht nach, läuft er Gefahr, seine Gewährleistungsrechte – unabhängig von Verjährungsfristen – zu verlieren.

Das **Arbeitsrecht** stellt das Sonderrecht der Arbeitsverhältnisse dar. Als Arbeitsverhältnis bezeichnet man dabei das Vertragsverhältnis zwischen Arbeitgeber und Arbeitnehmer. Arbeitgeber ist, wer mindestens einen Arbeitnehmer beschäftigt. Wer Arbeitnehmer ist, ist rechtlich nicht eindeutig definiert, sondern anhand von mehreren Kriterien zu ermitteln. Als Anhaltspunkt kann die Definition in § 5 Arbeitsgerichtsgesetz dienen. Arbeitnehmer ist danach, wer in einem Arbeitsverhältnis zu

---

[28] Hierzu Palandt/*Sprau*, Einl. Rn. 33 m. w. N.; *Köhler*, BGB AT, § 3, Rn. 43.

einem anderen steht und für diesen abhängige, weisungsgebundene Arbeit leistet. Für Personengruppen wie Beamte, Richter oder Soldaten, die in einem öffentlich-rechtlichen Treueverhältnis zum Staat stehen, gelten spezielle Regelungen, z. B. Bundes- oder Landesbeamtengesetze. Ein Arbeitsverhältnis wird durch einen privatrechtlichen Vertrag, einen Dienstvertrag, begründet. Rechtliche Grundlage sind zunächst die §§ 611 bis 630 BGB, die im BGB diesbezüglich das komplexe Verhältnis zwischen Arbeitgeber und Arbeitnehmer regeln und einen Ausgleich der Interessengegensätze schaffen sollen. Da dies nur schwer möglich ist, wurden im Laufe der Zeit vom Gesetzgeber, insbesondere zum Schutz der „wirtschaftlich und sozial unterlegenen" Arbeitnehmer zahlreiche Schutzvorschriften geschaffen, so z. B. das Kündigungsschutzgesetz, das Arbeitszeitgesetz, das Mutterschutzgesetz, das Bundesurlaubsgesetz oder das im SGB IX geregelte Schwerbehindertenrecht. Das heutige Arbeitsrecht ist also außerhalb des BGB entwickelt worden. Im Gegensatz zu diesem gibt es kein einheitliches Arbeitsgesetzbuch. Zum Zeitpunkt des Inkrafttretens des BGB gab es nur wenige Schutzvorschriften. So wurde z. B. erst im Jahre 1891 ein Arbeitsschutzgesetz geschaffen, das die Sonntagsruhe anordnete und die tägliche Arbeitszeit für Frauen auf 11 h beschränkte. Im Laufe der Zeit sind die arbeitsrechtlichen Vorschriften sowie die Rspr. besonders auf dem gesetzlich nicht normierten Feld des kollektiven Arbeitsrechts, d. h. der Rechtsbeziehungen zwischen Arbeitgeberverbänden und Gewerkschaften, immer zahlreicher geworden, bis es sich zu einem eigenen komplexen Rechtsgebiet entwickelt hatte. Es besteht eine besondere Gerichtsbarkeit, die Arbeitsgerichtsbarkeit. Verfahren sollen hier schneller und kostensparender durchgeführt werden als vor den Zivilgerichten.

Das **Gesellschaftsrecht** umfasst grundsätzlich das Recht der Personengesellschaften und der Kapitalgesellschaften. Diese Vorschriften sind teilweise im BGB (vgl. §§ 705 ff. BGB, Gesellschaft bürgerlichen Rechts = GbR) und im HGB (§§ 105 ff. HGB, Offene Handelsgesellschaft = OHG und §§ 161 ff. HGB, Kommanditgesellschaft = KG und §§ 230 ff. HGB, stille Gesellschaft) enthalten, teilweise auch in anderen Gesetzen. So sind z. B. die Gesellschaft mit beschränkter Haftung (GmbH) und die Aktiengesellschaft (AG) in eigenen Gesetzen geregelt, im GmbH-Gesetz und im Aktiengesetz. Im Rahmen der letzten Gesetzesreform 2009 wurde u. a. die – vor allem für Existenzgründer interessante – Unternehmergesellschaft (UG), eine im GmbH-Gesetz geregelte Variante der GmbH, geschaffen, bei der (theoretisch) 1 € Stammkapital zur Gründung ausreicht. Sowohl die GmbH als auch die AG gehören zu den sog. Kapitalgesellschaften, deren Hauptmerkmale die eigene Rechtspersönlichkeit und die Beschränkung der Haftung auf das Gesellschaftsvermögen sind. Die Gesellschafter haften hier im Gegensatz zu den Personengesellschaften nicht mit ihrem Privatvermögen.

Zu den Sonderprivatrechten gehört auch das **Wertpapierrecht**, das in mehreren Gesetzen geregelt ist, neben dem BGB und teilweise dem HGB insbesondere im Wechsel- und im Scheckgesetz. Wertpapiere, wie Aktien, Wechsel oder auch Schuldverschreibungen sind Urkunden, deren Besitz zur Ausübung des in ihnen verbrieften Rechts erforderlich ist. Im Prinzip werden also Geldforderungen verbrieft und damit verkehrsfähig gemacht. „Das Recht aus dem Papier folgt dem Recht am Papier".

Das **Urheberrecht** wird in einem eigenen Gesetz, dem Urhebergesetz geregelt. Schutzgegenstand sind Werke wissenschaftlichen, literarischen und künstlerischen Kulturschaffens, wie etwa Romane und Musikkompositionen, aber auch Computerprogramme. Dem Urheber wird ein eigentumsähnliches Recht an seinem Werk gewährt, das ihm alle gegenwärtigen und zukünftigen Verwendungsmöglichkeiten einräumt. Das Urheberrecht ist vererblich. Es kann nicht unter lebenden Personen übertragen werden, allerdings können Nutzungsrechte (Lizenzen) eingeräumt werden.

Zu den **gewerblichen Schutzrechten** zählt man insbesondere das Patentrecht, das Gebrauchsmusterrecht, das Designrecht, das Markenrecht und teilweise auch das Wettbewerbsrecht. Das Patentrecht, gesetzlich vornehmlich im Patentgesetz geregelt, schützt Erfindungen; es kann sich dabei um Produktinnovationen wie auch um Prozessinnovationen handeln. Das Vorliegen der Voraussetzungen eines „Patents" wird im Rahmen eines Anmeldeverfahrens vor dem Deutschen Patent- und Markenamt in München, bei dem die sog. Patentrolle (Patentregister) geführt wird, von sachverständigen Technikern geprüft. Das Patent ist veräußerlich und vererblich. Eine Besonderheit kann sich ergeben, wenn ein Arbeitnehmer eine Erfindung macht, die entweder zu seinem Tätigkeitsbereich gehört oder die maßgeblich auf den an seinem Arbeitsplatz gewonnenen Erfahrungen beruht. In diesem Fall verpflichtet ihn das Arbeitnehmererfindungsgesetz, diese seinem Arbeitgeber gegen Zahlung einer entsprechenden Vergütung zur Verfügung zu stellen. Das Gebrauchsmustergesetz schützt ebenfalls technische Erfindungen, enthält aber geringere Voraussetzungen und hat dementsprechend einen geringeren Schutzumfang. Es erfolgt eine Eintragung in die sog. Gebrauchsmusterrolle, die ebenfalls beim Deutschen Patent- und Markenamt in München geführt wird. Das Designgesetz schützt die ästhetischen Gestaltungsformen eines Gegenstands, wie etwa eines Schmuckstücks oder auch das Design einer Tapete. Von großer Bedeutung ist das Markenrecht, vor allem geregelt im Markengesetz. Es schützt den Markennamen einer Ware, der aus einem Wort (z. B. Mercedes) und/oder einem Zeichen (z. B. dem „Stern") bestehen kann. Der Schutz setzt grundsätzlich die Eintragung in das Markenregister des Deutschen Patent- und Markenamtes voraus. Gegen diejenigen, die die ausschließlichen Nutzungsrechte der Inhaber der Schutzrechte oder Lizenznehmer verletzen, kann ein Unterlassungsanspruch und ein Schadensersatzanspruch geltend gemacht werden. In einigen Fällen kann sich derjenige, der ein gewerbliches Schutzrecht vorsätzlich verletzt, sogar strafbar machen.

Das **Wettbewerbsrecht**, gesetzlich geregelt einmal im Gesetz gegen Wettbewerbsbeschränkungen (GWB) sowie im Gesetz gegen den unlauteren Wettbewerb (UWG) soll den freien Wettbewerb schützen. Während das GWB die Sicherung der Existenz eines freien Wettbewerbs zum Ziel hat (z. B. durch ein Verbot von bestimmten Monopolstellungen oder Kartellbildungen) dient das UWG dazu, die Qualität des Wettbewerbs zu sichern, vor allem durch Schutzvorschriften gegen unlautere Wettbewerbspraktiken, wie z. B. in Bezug auf irreführende oder belästigende Werbung.

## 1.5 Öffentliches Recht

Zu den wichtigsten Bereichen des Öffentlichen Rechts zählt in erster Linie das **Verfassungsrecht**. Das Verfassungsrecht ist im Wesentlichen im Grundgesetz (GG) normiert. Das Grundgesetz von 1949 ist die Verfassung der Bundesrepublik Deutschland und steht damit im Rang über den übrigen Gesetzen. Um den provisorischen Charakter des damals neu geschaffenen westdeutschen Teilstaates zum Ausdruck zu bringen, wählte man die Bezeichnung „Grundgesetz" statt „Verfassung". Das Grundgesetz wurde ohne Volksabstimmung erlassen. Vor allem nach dem Beitritt der ehemaligen DDR kommt dem Grundgesetz uneingeschränkter Verfassungscharakter zu. Das GG regelt die rechtliche und politische Grundordnung der Bundesrepublik Deutschland. Um ihre überragende Bedeutung für das staatliche Leben zu betonen, wurden die Grundrechte in den Artikeln 1 bis 19 GG an den Anfang gestellt. Sie sind – im Gegensatz noch zur Weimarer Verfassung – keine Programmsätze, d. h. gesetzliche Bestimmungen ohne unmittelbare Verbindlichkeit, sondern binden nach Art. 1 Abs. 3 GG Gesetzgebung, vollziehende Gewalt und Rspr. Wird ein Bürger beispielsweise durch hoheitliches Handeln in seinen Grundrechten verletzt, dann besteht für ihn die Möglichkeit, nach Erschöpfung des Rechtsweges mit einer Verfassungsbeschwerde vor dem Bundesverfassungsgericht in Karlsruhe diese Verletzung zu rügen. Auch das BGB ist durch die im Grundgesetz enthaltenen Grundsätze und Wertordnungen in Bezug auf seine Fortgeltung, Auslegung und Fortbildung geprägt.[29] Das Grundgesetz bestätigte im Wesentlichen die vorgefundene Ordnung des BGB; so blieb die Vertragsfreiheit, das freie Eigentum und das Erbrecht erhalten, allerdings mit einer Betonung der sozialen Pflichtbindung („Eigentum verpflichtet"). So haben sich als unvereinbar mit der Werteordnung des Grundgesetzes die zahlreichen patriarchalischen und konservativen Regelungen des Ehe- und Familienrechts erwiesen.[30] Ansonsten erfolgte die Orientierung des BGB am Grundgesetz im Wege der verfassungskonformen Auslegung. Vor allem die Generalklauseln und unbestimmten Rechtsbegriffe erfuhren von den Wertungen des Grundgesetzes eine inhaltliche Konkretisierung und inhaltliche Neubestimmung („mittelbare Drittwirkung von Grundrechten"). Bei Gesetzeslücken wird der Richter als befugt angesehen, durch richterliche Rechtsfortbildung die Wertordnungen des Grundgesetzes rechtsschöpferisch zu verwirklichen.[31]

Zum Öffentlichen Recht zählt weiterhin das **Verwaltungsrecht**, das die Aufgaben und Kompetenzen der öffentlichen Verwaltung in den verschiedenen Lebensbereichen regelt. Hierzu zählen im Wesentlichen das Polizeirecht, das (öffentliche) Baurecht, das Kommunalrecht, das Gewerberecht und das Subventionsrecht.

Weitere wichtige Rechtsgebiete des Öffentlichen Rechts sind außerdem das **Steuer- und Abgabenrecht**, das Art und Umfang der Besteuerung der Bürger und Unternehmen regelt, das **Sozialrecht**, das die soziale Sicherung des Bürgers zum Gegenstand hat sowie das gesamte **Prozessrecht**, das die gerichtlichen Verfahren

---

[29] *Wolf/Neuner*, BGB AT, § 9, Rn. 14 ff.

[30] BVerfGE 72, 155.

[31] Vgl. *Köhler*, BGB AT, § 3, Rn. 33, § 4, Rn. 22 ff.

zur Durchsetzung des „materiellen Rechts" regelt. Zu erwähnen sei letztlich noch das **Völkerrecht**, das die Beziehung der Staaten untereinander regelt und das **Kirchenrecht**, das die Beziehungen zwischen Staat und Kirche zum Gegenstand hat.

Das **Strafrecht** stellt bestimmte sozialschädliche Verhaltensweisen unter Strafe. Es wird mittlerweile neben dem Privatrecht und dem Öffentlichen Recht als ein eigener Rechtsbereich angesehen. Bei hinreichenden Verdachtsmomenten erhebt die Staatsanwaltschaft Klage (diese wird als „Anklage" bezeichnet) beim zuständigen Gericht der ordentlichen Gerichtsbarkeit. Das Strafrecht ist in seinem Kern im Strafgesetzbuch (StGB) geregelt. Es wird aber durch Hinzufügen von zahlreichen Einzeltatbeständen in Nebengesetzen ergänzt. Zu diesen Nebengesetzen zählen u. a. das AktG, das GmbH-Gesetz, das Betäubungsmittelgesetz und die Steuergesetze. Einzelne Nebengesetze enthalten ausschließlich Strafgesetze, wie z. B. das Wehrstrafgesetz und das Wirtschaftsstrafgesetz (sog. „Nebenstrafrecht").

## 1.6 Grundlagen der Anspruchsprüfung

### 1.6.1 Gutachtenstil am Beispiel

An einem einfachen Beispiel soll nun die Anwendung der einschlägigen Rechtsnorm sowie die Erstellung eines Gutachtens[32] (in verkürzter Form) dargestellt werden.

---

**Beispiel**

S zerkratzt mutwillig den Lack am Kfz des G. G verlangt von S Schadensersatz. Zu Recht?

---

Hier handelt es sich um eine privatrechtliche Streitigkeit. Als Anspruchsgrundlage kommt § 823 Abs. 1 BGB in Betracht. § 823 Abs. 1 BGB ist die Rechtsnorm, die den geltend gemachten Anspruch zu begründen vermag, wenn die Voraussetzungen im konkreten Fall erfüllt sind.

1. Schritt
   Der **Fragesatz** formuliert genau die durch das Gutachten zu beantwortende Frage, d. h. also bei Anspruchsklausuren die Frage nach der möglichen Anspruchsgrundlage. Wichtig ist, dass der Fragesatz stets eine anspruchsbegründende Norm enthält. Dieser könnte wie folgt lauten:

▶    G könnte gegen S einen Anspruch auf Schadensersatz nach § 823 Abs. 1 BGB haben.

---

[32] Anschaulich *Musielak/Hau*, § 1, Rn. 33 ff. zum Gutachtenstil, Rn. 38 ff. mit Falllösungsmuster; *Eltzschig/Wenzel*, S. 2 ff.; *Brox/Walker*, BGB AT, Rn. 833 ff. zur Methode der Fallbearbeitung.

2. Schritt

Der **Voraussetzungssatz** stellt fest, welche Voraussetzungen diese Anspruchsnorm hat. Er ist seiner Natur nach abstrakt, geht also noch nicht auf den konkreten Sachverhalt ein, sondern benennt nur die abstrakten gesetzlichen Voraussetzungen für die zu findende Antwort. In der Regel handelt es sich bei den Voraussetzungen um unbestimmte Rechtsbegriffe, die, bevor eine Subsumtion erfolgen kann, erst definiert werden müssen. Der Definitionssatz ist dann sozusagen der zweite Teil des Voraussetzungssatzes.

▶  Erste Voraussetzung für einen Schadensersatzanspruch aus § 823 Abs. 1 BGB ist, dass eine Rechtsgut- bzw. Rechtsverletzung vorliegt. Als verletztes Rechtsgut kommt hier das Eigentum des G (§ 903 BGB) in Betracht. Eine Eigentumsverletzung bedeutet eine Einwirkung auf eine Sache in der Weise, dass ein adäquater Schaden eintritt, insbesondere durch Zerstörung, Beschädigung oder Entziehung der Sache.

3. Schritt

Im **Subsumtionssatz** wird geprüft, ob jede einzelne Voraussetzung in dem zu überprüfenden Fall gegeben ist. Im Gegensatz zum Voraussetzungssatz ist der Subsumtionssatz also konkret, das bedeutet, dass man „prüft", ob jedes einzelne Tatbestandsmerkmal der Rechtsvorschrift durch die Einzelheiten des Sachverhalts ausgefüllt ist.

▶  Durch das Zerkratzen des Autolacks hat S das Fahrzeug des G beschädigt und damit dessen Eigentum verletzt.

Im Folgenden wären nun die übrigen Tatbestandsvoraussetzungen des § 823 Abs. 1 BGB in dieser Form zu prüfen.

4. Schritt

Der **Folgesatz** ergibt sich somit aus der Durchführung der (vollständig durchgeführten) Subsumtion. Er enthält die genaue Antwort auf den Fragesatz und soll dabei möglichst die im Fragesatz gebrauchte Formulierung in der Aussageform wiederholen. Dieser könnte, sofern sämtliche Voraussetzungen erfüllt sind, wie folgt lauten:

▶  Demnach hat G gegen den S einen Anspruch auf Schadensersatz aus § 823 Abs. 1 BGB.

## 1.6.2  Anwendung und Auslegung des Privatrechts

Mit der Subsumtion, d. h. mit der Anwendung der Vorschrift bzw. der einzelnen Tatbestandsmerkmale auf den zu beurteilenden Fall, kann man nun zu dem Ergebnis kommen, dass

- der Sachverhalt erfüllt ist.
- der Sachverhalt den Tatbestand nicht eindeutig erfüllt, so dass durch **Auslegung** der Sinn des Gesetzes zu ermitteln ist.
- der Sachverhalt von keinem Tatbestand erfasst wird, so dass eine mögliche Regelungslücke im Wege der **Analogie** oder auch im Wege der **Rechtsfortbildung** geschlossen werden muss.[33]

Bei der Gesetzesauslegung kommt es – jedenfalls bei älteren Gesetzen – grundsätzlich nicht (vorrangig) auf den Willen des historischen Gesetzgebers an, sondern auf den im Zeitpunkt der Gesetzesanwendung maßgebenden Sinn des Gesetzes.[34] Der Rechtsanwender darf sich also nicht ausschließlich an den Regelungsabsichten des historischen Gesetzgebers orientieren, sondern muss auch die zwischenzeitliche Entwicklung von Gesetzgebung, Rspr. und Wissenschaft sowie die geänderten politischen, wirtschaftlichen und sozialen Verhältnisse berücksichtigen.[35] Als **Auslegungsmethoden** kommen im Einzelnen in Betracht:

- Sprachlich-grammatische Auslegung,
- historische Auslegung,
- systematische Auslegung und die
- teleologische Auslegung.

Ausgangspunkt der Auslegung ist die Bedeutung des Wortes, die sog. sprachlich-grammatische **Auslegung**. Enthält das Gesetz für den Ausdruck eine gesetzliche Festlegung, ist diese maßgebend (z. B. § 121 Abs. 1 BGB „unverzüglich"). Sie setzt ansonsten am Gesetzeswortlaut an und fragt nach dem **Wortsinn**, wie er sich aus dem allgemeinen und speziell dem juristischen Sprachgebrauch und den Regeln der Grammatik ergibt. Der noch mögliche Wortsinn legt zugleich die Grenzen einer zulässigen Auslegung fest, jenseits derer die Lückenfüllung oder die Rechtsfortbildung beginnt. Die **systematische Auslegung** fragt nach dem **Sinnzusammenhang** in den der Rechtssatz oder der einzelne Rechtsbegriff hineingestellt wird. Sie ist insbesondere bei einem systematisch aufgebauten Gesetz wie dem BGB hilfreich.[36] Im Rahmen der **historischen Auslegung** ist nach den Vorstellungen des (historischen) Gesetzgebers bei Erlass des Gesetzes zu fragen. Hier ist auf die **Entstehungsgeschichte** des Gesetzes, insbesondere Gesetzesmaterialien, zurückzugreifen. Diese sind nicht bindend, können aber zur Verdeutlichung des Gesetzeszwecks hilfreich sein. Von großer Bedeutung ist die **teleologische Auslegung**, die sich am Gesetzeszweck (**ratio legis**) orientiert. Dahinter steht die Erwägung, dass das Gesetz eine gerechte und sachgemäße Regelung, insbesondere einen angemessenen Interes-

---

[33] *Wolf/Neuner*, BGB AT, § 4, Rn. 32 ff.

[34] BVerfGE 11, 126, 130.

[35] Zur Entwicklung der Anwendung und Auslegung privatrechtlicher Normen, insbesondere zur Begriffsjurisprudenz, Interessenjurisprudenz und der heute überwiegend vertretenen Wertungsjurisprudenz vgl. Palandt/*Sprau*, Einl., Rn. 34 ff.

[36] *Köhler*, BGB AT, § 4, Rn. 16 ff.

senausgleich bewirken soll. Bei neuen Rechtsproblemen lassen sich aus der Entstehungsgeschichte i. d. R. keine bzw. nur wenige Anhaltspunkte entnehmen. Als „ratio legis" ist das maßgebend, was vernünftigerweise mit der Regelung bezweckt sein kann. Das Ziel der teleologischen Auslegung ist es daher, ungerechte und sachwidrige Ergebnisse zu vermeiden. Die vorgenannten Auslegungsmethoden stehen zueinander im Verhältnis der wechselseitigen Ergänzung[37] wobei der teleologischen Auslegung besondere Bedeutung zukommt.[38] Je nachdem, ob ein Begriff weit oder eng auszulegen ist, spricht man von **extensiver** oder **restriktiver Auslegung**.

Im Rahmen der Auslegung muss sich der Rechtsanwender an übergeordneten Prinzipien orientieren. Lässt ein Gesetz mehrere Interpretationsmöglichkeiten zu, ist diejenige vorzugswürdig, die der Wertentscheidung der Verfassung als dem ranghöheren Recht besser entspricht (**verfassungskonforme Auslegung**).[39] Bei Gesetzen, mit denen eine Richtlinie der EU in nationales Recht umgesetzt worden ist, ist die Auslegung vorzuziehen, die dem Inhalt der Richtlinie in der ihr vom EuGH nach Art. 267 AEUV gegebenen Auslegung entspricht (**richtlinienkonforme Auslegung**).[40]

Kein Gesetzgeber kann alle künftigen Fälle voraussehen. Jedes Gesetz ist wegen der Vielgestaltigkeit der Lebenssachverhalte und ihres ständigen Wandels lückenhaft. So darf der Richter eine Entscheidung nicht mit der Begründung verweigern, das Gesetz enthalte für den zu entscheidenden Fall keine Regelung. Die auch nach einer Auslegung verbleibenden „Gesetzeslücken" sind dabei aus den Grundprinzipien des Gesetzes heraus auszufüllen. Hierbei handelt es nicht mehr um Gesetzesauslegung, sondern um Rechtsfortbildung, wenn auch die Grenzen fließend sind. Die **Rechtsfortbildung** ist damit nicht nur ein Recht des Richters, sondern auch seine Pflicht.[41] Enthält ein Gesetz für einen bestimmten Fall keine Regelung, wohl aber für einen ähnlichen Fall, entspricht es dem Gebot der Gleichbehandlung, diese Regelung auf den zu entscheidenden Fall zu erstrecken. Dieses Verfahren nennt man **Analogie**. Eine Analogie setzt das Bestehen einer „planwidrigen Unvollständigkeit" des Gesetzes und die Gleichheit der Interessenlage voraus.[42] Sinn und Zweck der Norm müssen eine analoge Anwendung gebieten. Im Strafrecht ist eine Analogie zuungunsten des Täters unzulässig (Art. 103 Abs. 2 GG). Anstelle der Analogie ist ein Umkehrschluss (**argumentum e contrario**) vorzunehmen, wenn das Gesetz bewusst eine Rechtsfrage nicht in einem bestimmten Sinne behandelt hat. Die **teleologische Reduktion** hat (ähnlich wie die restriktive Auslegung) das Ziel, den Anwendungsbereich einer Norm einzuschränken. Während sich die restriktive Auslegung unter mehreren möglichen Wortinterpretationen für die engere entscheidet, setzt sich die teleologische Reduktion mit dem Wortlaut in Widerspruch. Diese Norm soll nach ihrem Sinn und Zweck her nicht angewandt werden, obwohl sie

---

[37] BVerfGE 11, 130.

[38] Palandt/*Sprau*, Einl., Rn. 46 ff. m. w. N.

[39] BVerfG, NJW 1986, 1054; BGHZ 101, 24, 27.

[40] *Köhler*, BGB AT, § 4, Rn. 21.

[41] Palandt/*Sprau*, Einl., Rn. 46 ff., 57 ff.

[42] BGH, NJW 1981, 1726, 1727.

nach ihrem Wortlaut zutrifft. Restriktive Auslegung und teleologische Reduktion verhalten sich ebenso zueinander wie extensive Auslegung und Analogie.

---

**Beispiel**

Die Vorschrift des § 181 BGB normiert das Verbot des Insichgeschäfts. Der Zweck dieser Regelung besteht in dem Schutz des Vertretenen, da die Gefahr besteht, dass der Vertreter seine Interessen über die des Vertretenen stellt. Eine teleologische Reduktion ist in dem Fall vorzunehmen, wenn es sich um Rechtsgeschäfte handelt, die dem Vertretenen lediglich einen „rechtlichen Vorteil" bringen, etwa eine Schenkung. Die Anwendung des § 181 BGB würde z. B. das lebensfremde Ergebnis zur Folge haben, dass Eltern ihren geschäftsunfähigen Kindern nur noch unter Hinzuziehung eines Ergänzungspflegers etwas schenken können.

---

Die Kompetenz der Rspr. geht sogar über die Lückenfüllung hinaus. Nach Art. 20 Abs. 3 GG besteht eine Bindung an „Gesetz und Recht". Das Recht umfasst mehr als die Summe der Gesetze. Sie erfasst die Rechtsprinzipien, die aus der verfassungsgemäßen Rechtsordnung als Ganzes fließen und gegenüber dem geschriebenen Recht als Korrektiv wirken können. Der Richter darf sich danach über das Gesetz hinwegsetzen, wenn das „Recht" es erfordert.[43] Dies ist jedoch die Ausnahme, da die Bindung des Richters an das Gesetz unverzichtbarer Bestandteil des Rechtsstaatsprinzips ist. So gewährt die Rspr. bei bestimmten Verletzungen des „allgemeinen Persönlichkeitsrechts" Schadensersatz in Geld (trotz des entgegenstehenden § 253 Abs. 2 BGB).[44]

### 1.6.3 Anspruchsprüfungsschema mit Erläuterungen

**(a) Ansprüche aus Vertrag**
  **(aa) Primärvertragliche Ansprüche**
  – Ansprüche auf Vertragserfüllung (§§ 433 Abs. 1, 2, 488 Abs. 1, 516, 535 Abs. 1 S. 1, Abs. 2, 631 Abs. 1 BGB)
  – Allgemein (§§ 241 Abs. 1, 311 Abs. 1 BGB)

  **(bb) Sekundärvertragliche Ansprüche**
  **(1) Rückgewähr erbrachter vertraglich geschuldeter Leistungen**
  – Vereinbarter Rücktritt (§ 346 BGB)
  – Rücktritt wegen nicht oder nicht vertragsgemäß erbrachter Leistung (§§ 323, 346 BGB)
  – Widerruf (§ 355 Abs. 3 BGB)

---

[43] BVerfG, NJW 1973, 1221, 1225.
[44] BGHZ 143, 214, 218; *Köhler*, BGB AT, § 4, Rn. 25 m. w. N.

**(2) Anspruch auf Schadensersatz**
- Schadensersatz wegen Pflichtverletzung (§ 280 Abs. 1 BGB)
- Schadensersatz statt der Leistung wegen nicht oder nicht wie geschuldet erbrachter Leistungen (§§ 280 Abs. 1, 3, 281 BGB)
- Schadensersatz neben der Leistung wegen Verletzung einer Nebenpflicht (§§ 241 Abs. 2, 280 Abs. 1, 3, 282 BGB)
- Schadensersatz statt der Leistung bei Ausschluss der Leistungspflicht (§§ 280 Abs. 1, 3, 283 BGB)
- Schadensersatz wegen Verzögerung der Leistung (§§ 280 Abs. 1, 2, 286 BGB)
- Schadensersatz statt der Leistung bei vor Vertragsabschluss bestehendem Leistungshindernis (§ 311a Abs. 2 BGB)

**(b) Ansprüche aus vertragsähnlichen Rechtsverhältnissen**
- Vertreter ohne Vertretungsmacht (§ 179 BGB)
- Ersatz des Vertrauensschadens (wegen Anfechtung, § 122 BGB)
- Verschulden bei Vertragsverhandlungen = culpa in contrahendo (§§ 280 Abs. 1, 311 Abs. 2, 241 Abs. 2 BGB)

**(c) Dingliche (= sachenrechtliche) Ansprüche**
- Herausgabeanspruch des Eigentümers gegen den (unrechtmäßigen) Besitzer (§ 985 BGB)
- Beseitigungs- und Unterlassungsansprüche aus Eigentum (§ 1004 BGB)
- Herausgabe des Besitzes (§§ 861, 1007 BGB)
- Grundbuchberichtigungsanspruch (§ 894 BGB)
- Anspruch auf Duldung der Zwangsvollstreckung (§ 1147 BGB)

**(d) Ansprüche aus Eigentümer-Besitzer Verhältnis**
- Schadensersatz (§§ 989 bis 992 BGB)
- Herausgabe von Nutzungen (§§ 987, 988 BGB)
- Ersatz von Verwendungen (§§ 994 bis 1003 BGB)

**(e) Ansprüche aus Geschäftsführung ohne Auftrag (§§ 677 bis 683 BGB)**
- Anspruch auf Aufwendungsersatz (§§ 670, 683 S. 1 BGB)
- Herausgabeanspruch (§§ 667, 681 S. 2 BGB)
- Schadensersatz (§ 678 BGB oder § 280 BGB)

**(f) Ansprüche aus ungerechtfertigter Bereicherung (§§ 812 ff. BGB)**
- Wegen Bereicherung durch Leistung (§§ 812 I 1, 817 S. 1 BGB)
- Wegen Bereicherung in sonstiger Weise (§§ 812 Abs. 1 S. 2, 816 Abs. 1, 2, 822 BGB)

**(g) Ansprüche aus unerlaubter Handlung**
- Verletzung eines absoluten Rechts (§ 823 Abs. 1 BGB)
- Verstoß gegen ein Schutzgesetz (§ 823 Abs. 2 BGB)
- Vorsätzliche sittenwidrige Schädigung (§ 826 BGB)
- Haftung für Verrichtungsgehilfen (§ 831 BGB)

**(h) Ansprüche aus Gefährdungshaftung**
- Gastwirt (§ 701 BGB)
- Tierhalter (§ 833 Abs. 1 S. 1 BGB)
- Eisenbahn (§ 1 Haftpflichtgesetz)
- Kfz-Halter (§ 7 StVG)
- Fehlerhafte Produkte (§ 1 ProdhaftG)

**(i) Spezielle Anspruchsgrundlagen**
- Aus familienrechtlichen Sonderbeziehungen
- Aus erbrechtlichen Sonderbeziehungen

Mitunter können **mehrere Anspruchsgrundlagen** für ein und dasselbe Begehren (Schadensersatz oder Herausgabe einer Sache) in Betracht kommen, die in einem Gutachten zu erörtern sind (**Anspruchskonkurrenz**). Die Möglichkeit des Anspruchstellers, sich auf mehrere Anspruchsgrundlagen berufen zu können, kann aus Beweisgründen mitunter prozessentscheidend sein. Die Reihenfolge ihrer Prüfung richtet sich teilweise nach der gesetzlichen Regelung, teilweise sind lediglich Zweckmäßigkeitserwägungen maßgebend.

Aus Zweckmäßigkeitsgründen sind „**vertragliche Anspruchsgrundlagen**" vorrangig zu prüfen. Der Vertrag kann die Grundlage bilden, die auf alle anderen Ansprüche Auswirkungen hat.

Gegenüber den Ansprüchen aus Geschäftsführung ohne Auftrag ist der Vertrag eine Vorfrage, weil § 677 BGB fordert, dass der Geschäftsführer das Geschäft im Verhältnis zum Geschäftsherrn unbeauftragt oder sonst unberechtigt geführt hat. Das wäre dann nicht der Fall, wenn ein wirksamer Vertrag (z. B. Auftrag) oder ein gesetzliches Schuldverhältnis (z. B. elterliche Vermögensfürsorge) vorliegt.

Gegenüber dem Anspruch aus § 985 BGB (Herausgabeanspruch) sind Verträge vorrangig, weil sie ein Recht zum Besitz i. S. v. § 986 BGB darstellen können (z. B. Mietvertrag, Leihvertrag) und damit auch die Folgeansprüche aus dem Eigentümer-Besitzer-Verhältnis der §§ 987 ff. BGB ausschließen.

Gegenüber Ansprüchen aus Delikt (§§ 823 ff. BGB) können vertragliche Beziehungen das Maß des Verschuldens nicht unerheblich beeinflussen, z. B. wenn V eine Sache des Z unentgeltlich verwahrt und diese infolge leichter Fahrlässigkeit beschädigt. Auf Grund der vertraglichen Beziehung käme man zu einem milderen Haftungsmaßstab (§§ 690, 277 BGB, keine Haftung für leichte Fahrlässigkeit), der auch Auswirkungen auf den deliktischen Anspruch aus § 823 Abs. 1 BGB hat. Würde man mit § 823 Abs. 1 BGB beginnen, wären im Rahmen des Tatbestandsmerkmals des „Verschuldens" die vertraglichen Ansprüche mit zu behandeln. Man würde also bei diesem Anspruch bereits alles prüfen, was der Fall überhaupt enthält, was zur Übersichtlichkeit sicherlich nicht beiträgt.

Vertragliche Ansprüche können auch einen Rechtfertigungsgrund bilden; so sind z. B. gem. § 538 BGB die durch vertragsgemäßen Gebrauch herbeigeführten Verschlechterungen der Mietsache vom Mieter nicht zu vertreten.

Gegenüber Ansprüchen aus Bereicherungsrecht (§§ 812 ff. BGB) ist die Bedeutung des Vorrangs von vertraglichen Ansprüchen besonders deutlich. Der Vertrag kann den Rechtsgrund für eine Vermögensverschiebung darstellen.

Im Anschluss an die primärvertraglichen Ansprüche (Vertragserfüllungsansprüche) und **sekundärvertraglichen Ansprüche** (Schadensersatz; Aufwendungsersatz, Rücktritt) sind eventuelle Schadensersatzansprüche aus rechtsgeschäftlichen Schuldverhältnissen zu prüfen.

Diese Ansprüche sind vor den Ansprüchen aus Delikt zu untersuchen, weil sie zum einen den vertraglichen Ansprüchen nahe stehen, zum anderen mit einer milderen Haftung aus dem beabsichtigten (aber nicht zustande gekommenen) Vertrag den deliktischen Haftungsmaßstab beeinflussen könnten.

An nächster Position sind die Ansprüche aus **Geschäftsführung ohne Auftrag** zu prüfen, denn die „berechtigte Geschäftsführung" hat ähnliche Wirkungen wie ein Vertrag. Sie kann ein Rechtfertigungsgrund sein oder ein Recht zum Besitz geben. Durch § 680 BGB wird auch der deliktische Haftungsmaßstab beeinflusst. Im Verhältnis zum Bereicherungsanspruch kann die Geschäftsführung ohne Auftrag einen Rechtsgrund für die Vermögensverschiebung darstellen.

Die nächste Station in der Prüfungsreihenfolge sind die „**dinglichen Ansprüche**". Diese Anspruchsgrundlagen haben mit den dinglichen Rechten zu tun. Dingliche Rechte sind Herrschaftsrechte einer Person über einen Gegenstand mit Zuordnungsfunktion. Hinsichtlich des Umfangs und der Zuordnung bestehen zwei Möglichkeiten. Die umfassendste Zuordnung und damit ein grundsätzlich unbeschränktes Herrschaftsrecht begründet das Eigentum (§ 903 BGB). Eine teilweise Zuordnung und damit ein gegenständlich beschränktes Herrschaftsrecht begründen die beschränkt dinglichen Rechte, wie z. B. die Pfandrechte bzw. Grundpfandrechte (zur Verwertung) oder der Nießbrauch (zur Nutzung). Die dinglichen Ansprüche – vor allem die §§ 985, 2018 BGB – enthalten hinsichtlich Schadensersatz und Ersatz von Nutzungen gegenüber den §§ 812 ff., 823 ff. BGB spezielle Regelungen.

Übrig bleiben die Ansprüche aus **Delikt**, zu denen im weitesten Sinne auch die Ansprüche aus Gefährdungshaftung zu zählen sind sowie die Ansprüche aus **ungerechtfertigter Bereicherung**. Zwischen diesen beiden Anspruchsformen gibt es kein Rangverhältnis, da sie sich gegenseitig nicht beeinflussen.

### 1.6.4 Anspruch entstanden – Anspruch erloschen – Anspruch durchsetzbar

Steht fest, dass die anspruchsbegründenden Voraussetzungen vorliegen, dann ist in einem weiteren Arbeitsschritt zu prüfen, ob der Anspruch möglicherweise gar nicht wirksam entstanden ist oder nachträglich erloschen ist.

Hierher gehört die Prüfung, ob dem Anspruch **rechtshindernde Einwendungen** entgegenstehen; diese hindern bereits die Entstehung des Anspruchs, z. B. die §§ 104 ff. BGB (Geschäftsunfähigkeit), §§ 125 ff. BGB (Formmangel), § 134 BGB (Verstoß gegen ein gesetzliches Verbot), § 138 BGB (Sittenwidrigkeit) oder die §§ 119, 142 BGB (Anfechtung wegen Irrtums). Die **rechtsvernichtende Einwen-**

**dung** bewirkt dagegen die (nachträgliche) Vernichtung eines einmal wirksam entstandenen Anspruchs, z. B. § 362 BGB (Erfüllung), § 372 BGB (Hinterlegung), § 389 BGB (Aufrechnung) oder § 275 BGB (Unmöglichkeit).

Gegen einen Anspruch kann auch eine **Einrede** bestehen, wenn dem Schuldner ein **Leistungsverweigerungsrecht** zusteht. Der Schuldner kann dieses Recht geltend machen, er muss es aber nicht. Macht er davon Gebrauch, geht der Anspruch nicht unter. Im Unterschied zur Einwendung wird der Anspruch nur in seiner Durchsetzbarkeit gehemmt. Man unterscheidet Einreden, die die Durchsetzbarkeit des Anspruchs auf Dauer ausschließen (sog. **dauernde bzw. peremtorische** Einrede) und solche, die die Durchsetzbarkeit des Anspruchs nur aufschieben (sog. **aufschiebende bzw. dilatorische** Einrede). Zu den dauernden Einreden zählen z. B. die Einrede der Verjährung (§ 214 BGB) und die Mängeleinrede (§ 438 Abs. 4 BGB). Zu den Einreden, die hingegen die Geltendmachung eines Anspruchs nur aufschieben, zählen u. a. die Einrede des Zurückbehaltungsrechts (§ 273 BGB), § 320 BGB (Einrede des nicht erfüllten Vertrages) oder § 275 Abs. 2 und 3 BGB (Einrede der Unverhältnismäßigkeit bzw. Unzumutbarkeit)[45], die Einrede der Vorausklage des Bürgen (§ 771 BGB)[46] sowie die Dreimonatseinrede des Erben (§ 2014 BGB).

Der Unterschied zwischen Einwendung und Einrede kommt zum Tragen, wenn der Anspruch durch Klage geltend gemacht wird. Der Anspruchsgegner, im Prozess der „Beklagte", kann zunächst den Anspruch bestreiten. Dies hat zur Folge, dass der Kläger die vorgetragenen Tatsachen, z. B. einen Vertragsabschluss, beweisen muss. Kann er dies nicht, wird die Klage abgewiesen. Der Beklagte kann aber seinerseits auch selbst Tatsachen vorbringen, etwa die Erfüllung oder Verjährung. Dieses Vorbringen bezeichnet man als **Einrede im prozessrechtlichen Sinne**. Die Einrede im prozessrechtlichen Sinne bezieht sich also auf die Einwendungen und Einreden im materiellrechtlichen Sinne. Die vorgenannten (rechtshindernden und rechtsvernichtenden) Einwendungen sind im Gegensatz zu den (aufschiebenden und dauernden) Einreden im Prozess **von Amts wegen** zu berücksichtigen. Von Amts wegen heißt, dass sie nur dann zu berücksichtigen sind, wenn sie sich aus dem unstreitigen oder bewiesenen Tatsachenvortrag der Parteien ergeben. Von sich aus darf der Richter sie nicht berücksichtigen.[47] Einreden entfalten demgegenüber nur dann eine Rechtswirkung, wenn der Beklagte dieses Recht (im Prozess) geltend macht.

---

[45] Vgl. zur Anspruchsprüfung *Medicus/Petersen*, BR, § 1 I; *Brox/Walker*, BGB AT, Rn. 836 ff., 855 ff. zur Prüfung des einzelnen Anspruchs; ebenso *Körber*, JuS 2008, 289 ff.

[46] Nach § 771 BGB kann der Bürge die Befriedigung des Gläubigers verweigern, solange nicht der Gläubiger eine Zwangsvollstreckung gegen den Hauptschuldner ohne Erfolg versucht hat; daher wird in der Praxis (i. d. R. von den Banken) vom Bürgen eine selbstschuldnerische Bürgschaft (vgl. § 773 Abs. 1 Nr. 1 BGB) verlangt, d. h. er verzichtet hier auf die Einrede der Vorausklage; vgl. § 349 HGB, nach dem einem Kaufmann eine Einrede der Vorausklage nicht zusteht.

[47] *Köhler*, BGB AT, § 18, Rn. 17.

### 1.6.5   Grenzen des Anspruchsaufbaus

Bezieht sich die Fallfrage auf die **dingliche Rechtslage**, so z. B. „Wer ist Eigentümer?" oder „Ist das Grundbuch richtig?", ist anhand eines feststehenden zeitlichen Ausgangspunktes dieser Fall zu prüfen (**historischer Aufbau**). Von dort aus werden dann die dinglichen Veränderungen der Rechtslage in ihrem zeitlichen Ablauf dargestellt. Zu prüfen ist aber auch hier nur, was für den Fall relevant ist.

Mitunter kann auch eine **prozessuale Vorfrage** im Sachverhalt enthalten sein. Die Zulässigkeit einer Klage ist regelmäßig vor der Begründetheit zu prüfen. In Klausuren kann mitunter auch die Frage nach der Zulässigkeit des eingeschlagenen Rechtsweges sowie der sachlichen und örtlichen Zuständigkeit des angerufenen Gerichts gestellt werden. Schwerpunktmäßig geht es jedoch grundsätzlich um die Begründetheit der Klage, d. h. um die vorher dargestellte Anspruchsprüfung. Dies gilt auch dann, wenn nach dem Erlass eines Versäumnisurteils gefragt wird, da es in diesem Fall nur auf die vom Kläger vorgetragenen Tatsachen ankommt und im Gutachtenstil nur zu prüfen ist, ob diese den geltend gemachten Anspruch rechtfertigen können.

Bei einer „**Anwaltsklausur**" (im Gegensatz zur üblichen „Richterklausur") wird keine richterliche Entscheidung verlangt, sondern es wird danach gefragt, was ein Anwalt empfehlen oder unternehmen wird. Diese Klausuren sind besonders gekennzeichnet durch Fragen, wie z. B. „Was kann A von B verlangen?" oder „Was ist B zu raten?" Letztlich geht es auch um die Begründetheit der Anträge, doch sind diese – anders als bei Richterklausuren – nicht vorgegeben, sondern müssen entwickelt werden.[48]

### 1.6.6   Kurze Regeln zur Fallbearbeitung

**Vorbereitung**
* Sachverhalt gründlich lesen und genau auf Fragestellung achten,
* Anfertigung einer Skizze,
* Entwicklung eines Lösungskonzepts,
* Ausreichend Zeit für die Niederschrift einplanen.

**Aufbau und Anfertigung der Niederschrift**
* Anspruchsgrundlagen jeweils einzeln und systematisch prüfen,
* Wesentliches vom Unwesentlichen unterscheiden,
* Rechtsnormen korrekt zitieren,
* Verfassen der Lösung im „Gutachtenstil",
* Bemühen um klar formulierte (nicht zu lange) Sätze,
* Ergebniskontrolle in Bezug auf den Aspekt der „Vernunft".[49]

---

[48] Vgl. zu den Grenzen des Anspruchsaufbaus *Medicus/Petersen*, BR, § 2, Rn. 18 ff.

[49] Zu den Regeln *Köhler*, BGB AT, Anhang: Rn. 1 ff.

## 2.1 Rechtssubjekte und Rechtsobjekte

### 2.1.1 Rechtssubjekte

Rechtssubjekte, also Träger von Rechten und Pflichten, sind nach dem BGB nur natürliche und juristische Personen sowie (teil-)rechtsfähige Personengesellschaften.

Natürliche Person ist der Mensch. Die §§ 1 bis 14 BGB enthalten grundsätzliche Regelungen zur Rechtsstellung des Menschen. Unter **Rechtsfähigkeit** versteht man ganz allgemein die Fähigkeit, Träger von Rechten und Pflichten sein zu können, z. B. Eigentümer einer Sache, Inhaber eines Rechts oder Erbe eines Vermögens. Nach § 1 BGB ist jeder Mensch rechtsfähig, unabhängig von Geschlecht, Rasse oder Herkunft. Dahinter steht der Gedanke der Freiheit und Gleichheit aller Menschen im Privatrecht als Ergebnis einer langen geschichtlichen Entwicklung. Die Rechtsfähigkeit des Menschen beginnt mit der **Vollendung der Geburt** (§ 1 BGB). Hierzu sind der vollständige Austritt aus dem Mutterleib und danach Lebenszeichen erforderlich. Das ungeborene Kind (Leibesfrucht, nasciturus) ist also nicht rechtsfähig. In bestimmten Fällen wird es zu seinem Schutz für den Fall der (späteren) Lebendgeburt vielfach so behandelt, als ob es schon geboren wäre (§§ 844 Abs. 2, 1708, 1774 S. 2, 1923 Abs. 2 BGB). Die Rechtsfähigkeit endet mit dem **Tod** des Menschen, wobei nicht der Atem- oder Herztod, sondern der Hirntod maßgebend ist. Mit diesem Zeitpunkt geht das Vermögen (und die Schulden) des Erblassers als Ganzes auf den/die Erben über (§§ 1922, 1967 BGB). Höchstpersönliche Rechte, wie z. B. die Mitgliedschaft in einem Verein (§ 38 BGB), erlöschen mit dem Tod. Das prozessuale Gegenstück zur Rechtsfähigkeit ist die Fähigkeit, im Zivilprozess Partei (Kläger oder Beklagter) zu sein. **Parteifähig** ist, wer rechtsfähig ist (§ 50 Abs. 1 ZPO), also die natürlichen und juristischen Personen sowie einige Personenvereinigungen.

Die Rechtsfähigkeit ist zu unterscheiden von der **Handlungsfähigkeit** als der Fähigkeit zu rechtlich relevantem Verhalten. Unter diesem Begriff werden die **Ge-**

© Springer-Verlag Berlin Heidelberg 2016
T. Zerres, *Bürgerliches Recht,* Springer-Lehrbuch, DOI 10.1007/978-3-662-49027-3_2

schäftsfähigkeit (§§ 104 ff. BGB) und die **Deliktsfähigkeit** (§§ 827 ff. BGB) zusammengefasst.

**Geschäftsfähigkeit** ist dabei die Fähigkeit, wirksam Rechtsgeschäfte vornehmen zu können (vgl. §§ 104 ff. BGB). Bei den Vorschriften zur Geschäftsfähigkeit handelt es sich im Wesentlichen um Schutzvorschriften für bestimmte Personengruppen, bei denen der Gesetzgeber davon ausgeht, dass sie (noch) nicht über die geistige Reife und Einsichtsfähigkeit verfügen. So sind z. B. rechtsgeschäftliche Erklärungen von Kindern unter sieben Jahren generell nichtig und solche von beschränkt geschäftsfähigen Personen zwischen 7 bis 18 Jahren schwebend unwirksam. Dies hat zur Folge, dass die Wirksamkeit oder Nichtigkeit abhängig ist von der Genehmigung oder Verweigerung der Eltern. Das prozessuale Gegenstück zur Geschäftsfähigkeit ist die Fähigkeit, wirksam Prozesshandlungen vornehmen zu können. **Prozessfähig** ist, wer sich durch Verträge wirksam verpflichten kann (§ 52 Abs. 1 ZPO).

Unter **Deliktsfähigkeit** versteht man die Fähigkeit sich durch schuldhaftes Verhalten haftbar machen zu können (§§ 827, 828, ferner § 276 Abs. 1 S. 2 BGB).

Den Menschen gleichgestellt sind Personenvereinigungen, die als **juristische Personen** bezeichnet werden. Juristische Personen werden mitunter als „Kunstschöpfungen der Rechtsordnung" bezeichnet, denn die Gleichstellung mit den Menschen hat vor allem rechtstechnische Bedeutung. Mit der Zuerkennung der Rechtspersönlichkeit für Personenvereinigungen soll das organisierte und zweckgerichtete Handeln (bei hoher Mitgliederzahl besonders deutlich erkennbar) im Rechtsverkehr erleichtert werden. Außerdem wird damit eine Vermögens- und Haftungstrennung ermöglicht.

Zu unterscheiden sind juristische Personen des Privatrechts und juristische Personen des öffentlichen Rechts. Zu den juristischen Personen des öffentlichen Rechts zählen die Körperschaften, Anstalten und Stiftungen des öffentlichen Rechts. Das BGB regelt nur in § 89 BGB die Haftung seiner Organe. Sie erfüllen typischerweise Aufgaben der unmittelbaren oder mittelbaren Staatsverwaltung. Sie entstehen, soweit sie nicht schon gewohnheitsrechtlich anerkannt sind, durch einen hoheitlichen Akt, i. d. R durch Gesetz oder Verwaltungsakt. Körperschaften zeichnen sich dadurch aus, dass sie Mitglieder haben und durch ein Leistungsorgan nach außen handeln. Man unterscheidet zwischen Gebietskörperschaften (Bund, Länder und Gemeinden) und sonstigen Körperschaften (z. B. Rechtsanwalts- und Ärztekammern). Die Stiftungen des öffentlichen Rechts (z. B. Stiftung preußischer Kulturbesitz) erfüllen einen bestimmten Stiftungszweck. Die Anstalten (z. B. Rundfunkanstalten, Sparkassen) dienen der Erfüllung einer bestimmten öffentlichen Aufgabe.[1]

Zu den juristischen Personen des Privatrechts zählen z. B. Verein (§ 21 BGB), GmbH (§ 13 Abs. 1 GmbHG), AG (§ 1 Abs. 1 AktG), KGaA (§ 278 AktG), Genossenschaft (§ 17 GenG), Stiftungen des Privatrechts (§ 80 BGB), Versicherungsverein auf Gegenseitigkeit (§ 15 VAG) und die Europäische Aktiengesellschaft (Societas Europea = SE). Sie dienen typischerweise privaten Zwecken und entste-

---

[1] *Köhler*, BGB AT, § 21, Rn. 2 ff., insbesondere Rn. 8 ff. zum Verein; *Brox/Walker*, BGB AT, § 34 zur juristischen Person.

hen grundsätzlich durch einen privatrechtlichen Gründungsakt, i. d. R durch einen Gründungsvertrag. Sie bedürfen zu ihrer Entstehung weiterhin entweder einer staatlichen Konzession, wie z. B. der wirtschaftliche Verein, Stiftung, oder bestimmter gesetzlicher Mindestvoraussetzungen, bei deren Erfüllung eine Eintragung in ein öffentliches Register (z. B. Handelsregister) erfolgt.

Das BGB regelt zwei Erscheinungsformen der juristischen Person, und zwar den Verein (§§ 21 ff. BGB) und die Stiftung (§§ 80 ff. BGB), eine mit Rechtsfähigkeit ausgestattete Vermögensmasse. Juristische Personen können als solche nicht handeln, sondern benötigen „Organe", um handlungsfähig zu sein. Entsprechende Gesetze, etwa das Aktiengesetz oder das Genossenschaftsgesetz bestimmen, welche Organe (z. B. ein Vorstand) für eine bestimmte Personenvereinigung vorhanden sein müssen und wie sie handeln können.

---

**Beispiel**

Ein Tennisclub wird als Verein gegründet und in das Vereinsregister eingetragen. Damit ist er als Verein eine juristische Person (§ 21 BGB). Kauft der Vorstand für den Tennisclub ein Grundstück, so ist der Verein im Grundbuch als Eigentümer einzutragen und nicht etwa der Vorstand oder die einzelnen Mitglieder. Vertragspartner ist nur der Verein, vertreten durch den Vorstand (§ 26 BGB). Für die Zahlung des Kaufpreises haftet demzufolge nur der Tennisclub mit seinem Vereinsvermögen, nicht dagegen die Mitglieder mit ihrem Privatvermögen.

---

Keine juristischen Personen sind die Handelsgesellschaften (OHG, KG). Ihnen ist jedoch kraft Gesetz Teilrechtsfähigkeit zuerkannt. Der nach außen auftretenden Gesellschaft bürgerlichen Rechts hat die Rspr.[2] eine Teilrechtsfähigkeit zuerkannt (Abb. 2.1).

## 2.1.2  Rechtsobjekte

Von den Rechtssubjekten sind die Rechtsobjekte zu unterscheiden. **Rechtsobjekte** sind Gegenstände (Sachen und Rechte), die von den Rechtssubjekten beherrscht werden.[3] Rechtsobjekte untergliedert man in körperliche und unkörperliche Gegenstände. Zu den körperlichen Gegenständen zählen die beweglichen und die unbeweglichen Sachen. **Sachen** i. S. d. § 90 BGB sind nur körperliche Gegenstände. Ein Gegenstand ist dann „körperlich", wenn er sinnlich wahrnehmbar, räumlich abgegrenzt und tatsächlich beherrschbar ist. Maßgebend ist die Verkehrsanschauung, d. h. im Prinzip alles, was greifbar ist, z. B. Pflanzen, nicht dagegen elektrischer Strom oder Wärme; Computersoftware ist dann eine Sache, wenn sie auf einem Datenträger gespeichert ist. **Tiere** sind keine Sachen. Sie werden durch besondere

---

[2] Vgl. BGH, BB 2001, 374; NJW 2003, 1803; *Köhler*, BGB AT, § 7 m. w. N.

[3] *Brox/Walker*, BGB AT, Rn. 776.

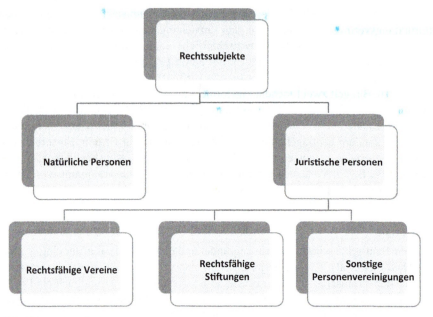

**Abb. 2.1**  Rechtssubjekte

Gesetze geschützt. Auf sie sind allerdings die für Sachen geltenden Vorschriften entsprechend anzuwenden, soweit nicht etwas anderes bestimmt ist (§ 90a S. 2 BGB).

So kann beispielsweise ein Erblasser nicht wirksam sein Vermögen seinem Hund testamentarisch vererben, der aus juristischer Sicht einer Sache gleichgestellt und damit nicht rechtsfähig ist.

**Bewegliche Sachen** (Mobilien, Fahrnis) sind alle Sachen, die weder Grundstück noch Grundstücksbestandteil sind, z. B. ein PKW oder ein PC. Unter einer **unbeweglichen Sache** oder **Grundstück** (Immobilien, Liegenschaften) ist ein abgegrenzter Teil der Erdoberfläche, der im Grundbuch eingetragen ist, zu verstehen. Zum Grundstück gehören auch die so genannten wesentlichen Bestandteile, z. B. darauf errichtete Gebäude (§ 94 BGB). Um den Rechtsverkehr über Grund und Boden zu ermöglichen und überschaubar zu machen, ist eine Aufteilung in einzelne Grundstücke (= Immobilien) und ihre Registrierung im Grundbuch (vgl. § 3 GBO) erfolgt. Die Unterscheidung zwischen beweglichen und unbeweglichen Sachen ist besonders bedeutsam bei Verpflichtungsgeschäften (vgl. § 311b Abs. 1 BGB), bei Verfügungen (vgl. §§ 929 ff. BGB für bewegliche Sachen, §§ 873 ff. BGB für Grundstücke) oder in der Zwangsvollstreckung (vgl. §§ 803 ff. ZPO für bewegliche Sachen, §§ 864 ff. ZPO für Grundstücke).

Bei beweglichen Sachen spielt im Gesetz weiterhin noch die Unterscheidung zwischen vertretbaren Sachen und unvertretbaren Sachen eine Rolle. **Vertretbare Sachen** sind bewegliche Sachen, die im Verkehr nach Zahl, Maß oder Gewicht bestimmt werden (§ 91 BGB). Es gelten für sie, da sie wirtschaftlich untereinander austauschbar sind, einige Sonderreglungen (vgl. §§ 607, 651, 700, 706, 783 BGB), etwa Naturprodukte (z. B. Kartoffeln, Wein), Geld und Wertpapiere oder fabrikneue serienmäßig hergestellte Industrieprodukte. Zu unterscheiden ist die vertretbare Sache von der Gattungssache, für die ebenfalls Sonderregeln gelten (§ 243 BGB). Während sich die Vertretbarkeit nach der Verkehrsanschauung bestimmt, beurteilt sich die Gattungszugehörigkeit nach der Bestimmung durch die Parteien; häufig fallen beide Begriffe zusammen. **Nicht vertretbare Sachen** sind demgegenüber nach bestimmten Wünschen eines Bestellers angefertigte Produkte, die nicht oder nur schwer anderweitig absetzbar sind.

Rechtsobjekte können aber auch absolute und relative **Rechte** sein. Während **absolute Rechte** dadurch gekennzeichnet sind, dass sie jedermann gegenüber wirken, z. B. Eigentum oder Urheberrecht, besteht dagegen bei **relativen Rechten** eine Wirksamkeit nur zwischen bestimmten Personen, z. B. bei einer Kaufpreis- oder Werklohnforderung.

Im Hinblick auf die korrekte Terminologie ist zu beachten, dass bei Sachen der Berechtigte Eigentümer, bei Rechten Rechtsinhaber oder Gläubiger genannt wird.

## 2.2   Grundbegriffe der Rechtsgeschäftslehre

### 2.2.1   Rechtsgeschäft

#### 2.2.1.1   Begriff und Bedeutung

Das BGB enthält in den §§ 104 bis 185 BGB allgemeine Regelungen für Rechtsgeschäfte. Die Grundelemente der Rechtsgeschäftslehre sind das **Rechtsgeschäft**, die **Willenserklärung** und der **Vertrag** (Abb. 2.2).

**Abb. 2.2** Rechtsgeschäfte

Ausgangspunkt ist der Begriff des Rechtsgeschäfts als Mittel zur Gestaltung von Rechtsverhältnissen in Selbstbestimmung und Selbstverantwortung. Unter einem Rechtsgeschäft versteht man einen Akt, der auf die Herbeiführung einer Rechtsfolge gerichtet ist und diese Rechtsfolge, soweit von der Rechtsordnung anerkannt, auch herbeiführt.[4] Grundelement eines jeden Rechtsgeschäfts ist die Willenserklärung. Ob eine Willenserklärung bereits zur Begründung einer Rechtsfolge ausreicht oder ob zwei oder mehrere Willenserklärungen vorliegen müssen, hängt davon ab, um welche Art von Rechtsgeschäft es sich handelt. Man unterscheidet zwischen ein- und mehrseitigen Rechtsgeschäften. Einseitig ist ein Rechtsgeschäft, das den Willen nur einer Partei verwirklicht, z. B. Testament, Kündigung, Rücktritt oder Anfechtung; das Testament als streng einseitiges Rechtsgeschäft bedarf auch nicht des Zugangs bei einem Erklärungsempfänger. Mehrseitig ist ein Rechtsgeschäft, an dem notwendigerweise mehrere Personen mitwirken müssen. Hauptfall ist der Vertrag, d. h. das Rechtsgeschäft, das aus mindestens zwei übereinstimmenden Willenserklärungen besteht, z. B. Kaufvertrag, Mietvertrag, Werkvertrag oder Gesellschaftsvertrag. Ein anderes mehrseitiges Rechtsgeschäft ist der Beschluss als Akt der Willensäußerung eines Personenverbandes (Verein, Gesellschaft), der aus einzelnen gleichgerichteten Willenserklärungen der Verbandsmitglieder besteht. Setzt die Beschlussfassung eine Mehrheitsentscheidung voraus, werden durch einen Mehrheitsbeschluss auch diejenigen gebunden, die dagegen gestimmt haben.

## 2.2.2  Verpflichtungs- und Verfügungsgeschäft

Verpflichtungs- und Verfügungsgeschäfte sind grundsätzlich getrennt zu betrachten. Das Verpflichtungsgeschäft ist ein Rechtsgeschäft, durch das sich jemand zu einer Leistung verpflichtet. Ein typisches Beispiel für ein Verpflichtungsgeschäft ist der Kaufvertrag (§ 433 BGB). Von diesem Verpflichtungsgeschäft ist die Erfüllung zu unterscheiden. Die Erfüllung kann in einer rein tatsächlichen Handlung bestehen, z. B. in der Leistung von Diensten aufgrund eines Dienstvertrages. Richtet sich die Verpflichtung, wie z. B. beim Kauf einer Sache, auf Verschaffung des Eigentums, muss zur Erfüllung ein weiteres Rechtsgeschäfts vorgenommen werden, nämlich die Übereignung der Kaufsache (§§ 929 ff. BGB). Der Kaufvertrag ändert also an der Eigentumssituation an der Sache nichts. Erst die Übereignung bewirkt also den Eigentumsübergang. Die Übereignung stellt im rechtlichen Sinne eine Verfügung dar. Ein Verfügungsgeschäft ist ein Rechtsgeschäft, das unmittelbar auf ein bestehendes Recht einwirkt, sei es durch Übertragung, Aufhebung, Inhaltsänderung oder Belastung.[5] Neben der Übereignung einer beweglichen Sache (§§ 929 ff. BGB) oder eines Grundstücks (§§ 873, 925 BGB) zählen die Abtretung einer Forderung (§ 398 BGB), die Verpfändung einer Sache (§ 1205 BGB) oder die Bestellung eines Nießbrauchs (§ 1030 BGB) zu den typischen Verfügungsgeschäften. Verpflichtungs- und Verfügungsgeschäft sind grundsätzlich voneinander

---

[4] *Köhler*, BGB AT, § 5, Rn. 5 m. w. N.
[5] BGHZ 101, 24, 26.

zu trennen (**Trennungsprinzip**), d. h. es handelt sich um zwei verschiedene Rechtsgeschäfte, deren Wirksamkeit gesondert zu prüfen ist.

Kauft beispielsweise Käufer K von Verkäufer V eine Sache, dann werden, ohne dass sich beide dessen bewusst sind, mindestens drei Verträge begründet: ein Kaufvertrag, ein Übereignungsvertrag hinsichtlich der Sache und ein Übereignungsvertrag hinsichtlich des Geldes. Der Kaufvertrag ist dabei (nur) die schuldrechtliche Verpflichtung für die Vertragsparteien, das Eigentum an der Sache und an dem Geld zu übertragen. Unabhängig davon ist die Eigentumsübertragung als eigenständiger Vertrag vorgesehen; bei beweglichen Sachen erfolgt eine Übereignung nach den §§ 929 ff. BGB.

Das Trennungsprinzip ist eine wesentliche Voraussetzung des Abstraktionsprinzips. Das **Abstraktionsprinzip** besagt nicht nur, dass zwischen den Verpflichtungsgeschäften und Verfügungsgeschäften zu trennen ist, sondern darüber hinausgehend, dass das Verfügungsgeschäft in seinem rechtlichen Bestand von der Wirksamkeit oder Unwirksamkeit des Verpflichtungsgeschäfts unabhängig ist.[6] Ist das Verpflichtungsgeschäft (z. B. Kaufvertrag) unwirksam, das Verfügungsgeschäft (Übereignung der Kaufsache) dagegen wirksam, so bedeutet das, dass die Verfügung ohne eine entsprechende Verpflichtung vorgenommen wurde. Es ist in einem solchen Fall denkbar, dass das Verpflichtungsgeschäft nachträglich, unter Vermeidung des ursprünglichen Wirksamkeitsmangels, wirksam durchgeführt wird. Ist dies aber nicht möglich, wäre es aber nicht sachgerecht, wenn es bei dem bestehenden Rechtszustand bliebe. In diesem Fall hat derjenige, der die nicht geschuldete Leistung erbracht hat, ein schutzwürdiges Interesse daran, seine Leistung zurückzubekommen. Einen Ausgleich verschaffen hier die Regeln zur ungerechtfertigten Bereicherung nach den §§ 812 ff. BGB, speziell nach § 812 Abs. 1 S. 1 Alt. 1 BGB. Der fehlende rechtliche Grund liegt darin, dass es an einer rechtlichen Verpflichtung zur Übertragung des Eigentums fehlte, d. h. es fehlte das Kausalgeschäft (*causa* i. S. d. des rechtlichen Grundes).[7] Das Bereicherungsrecht ist im Prinzip das schuldrechtliche Korrektiv zum Abstraktionsprinzip.

### 2.2.3 Willenserklärung

#### 2.2.3.1 Begriff und Bestandteile

Das Gesetz verwendet den Begriff **Willenserklärung** an mehreren Stellen (§§ 105 ff., 107, 116 ff., 130 ff. BGB), ohne ihn zu definieren. Die Willenserklärung ist ein Kernelement des Rechtsgeschäfts und lässt sich definieren als jede Willensäußerung einer Person, die unmittelbar auf den Eintritt einer privatrechtlichen

---

[6] Vgl. zum Trennungs- und Abstraktionsprinzip BGH, NJW 2005, 415; Palandt/*Ellenberger*, Überbl. v. §§ 104, BGB, Rn. 22 ff.; *Köhler*, BGB AT, § 5 Rn. 14.

[7] *Köhler*, BGB AT, § 5, Rn. 14 ff.; zu beachten ist, dass es auch abstrakte Verpflichtungsgeschäfte gibt, z. B. das Schuldversprechen (§ 780 BGB) und das Schuldanerkenntnis (§ 781 BGB); ihrer Erteilung liegt wiederum ein anderes Verpflichtungsgeschäft (Kausalgeschäft) zugrunde.

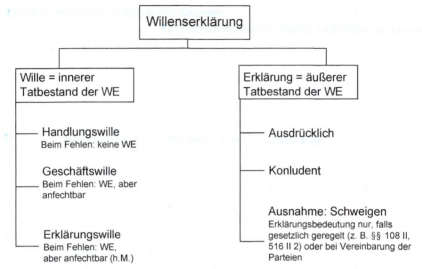

**Abb. 2.3**  Willenserklärung

Rechtsfolge gerichtet ist und diese Rechtsfolge auch herbeiführt, soweit sie von der Rechtsordnung anerkannt ist.[8]

Die Willenserklärung setzt sich – wie sich bereits aus dem Wort ableiten lässt – aus zwei Elementen zusammen, ohne dass diese jedoch getrennt nebeneinander stehen; vielmehr bilden diese Elemente eine Willenseinheit. Auf der einen Seite steht die objektive Erklärung (äußerer Tatbestand) und auf der anderen Seite der subjektive Wille (innerer Tatbestand) (Abb. 2.3).

Unverzichtbare Voraussetzung für das Vorliegen einer Willenserklärung ist auf der einen Seite zunächst die **Erklärung**. Was nicht nach außen erklärt wurde, ist für die Rechtsordnung grundsätzlich ohne Bedeutung. Schwierig kann im Einzelfall die Abgrenzung zu einer rechtlich unverbindlichen Gefälligkeitszusage sein, wie sie im täglichen Leben vorkommt. Dabei kann jedes äußerlich erkennbare Verhalten, sei es **ausdrücklich**, d. h. mündlich oder schriftlich, z. B. mittels Brief, Fax, als „elektronische" Willenserklärung per Mausklick im Internet oder als E-Mail[9] oder **konkludent** in Betracht kommen. Unter einem konkludenten oder auch schlüssigen Verhalten versteht man ein Verhalten, aus dem mittelbar auf einen bestimmten rechtlich erheblichen Willen zu schließen ist.

---

**Beispiele**

Die Inanspruchnahme einer entgeltlich angebotenen Leistung, z. B. das Besteigen einer Straßenbahn oder das Befahren einer mautpflichtigen Straße, lässt auf den Willen zum Vertragsabschluss schließen; der Auszug des Mieters aus den ge-

---

[8] BGH, NJW 2001, 289, 290; Palandt/*Ellenberger*, Einf. v. § 116 BGB, Rn. 1.

[9] BGH, NJW 2002, 363, 364.

mieteten Geschäftsräumen unter Rücksendung der Schlüssel lässt auf den Willen zur Kündigung schließen; bloßes Kopfnicken beim Zeitungskauf lässt auf den Willen zum Kauf schließen.

Grundsätzlich macht es keinen Unterschied, ob der Wille ausdrücklich oder konkludent zum Ausdruck gebracht wird. Schlüssiges Verhalten reicht jedoch dann nicht aus, wenn durch Gesetz oder Rechtsgeschäft für die Willenserklärung eine bestimmte Form vorgesehen ist, z. B. Schriftform, Textform oder notarielle Beurkundung. Werden rechtsgeschäftliche Erklärungen von **automatisierten Datenverarbeitungsanlagen** hergestellt, handelt es sich um echte Willenserklärungen. Der Grund besteht darin, dass dahinter der Wille des Betreibers der Anlage steht, da die Anlage selbst keine autonomen Entscheidungen trifft. Die Regeln über Willenserklärungen und Rechtsgeschäfte sind daher unter Berücksichtigung der Besonderheiten der Herstellung solcher Erklärungen anwendbar. Willenserklärungen können auch **online,** nämlich durch elektronische Übermittlung einer Datei im Internet, abgegeben und wirksam werden.[10]

Die **subjektive Seite** einer Willenserklärung ist dagegen komplexer. Dieser Teil gliedert sich in einen **Handlungswillen**, ein **Erklärungsbewusstsein** und einen **Geschäftswillen.** Unbedingte Voraussetzung für das Vorliegen einer Willenserklärung ist, dass der Erklärende einen **Handlungswillen** hatte. Mit Handlungswillen ist nur der bewusste Willensakt gemeint. Liegt bereits kein gewolltes Handeln vor, z. B. bei Reflexbewegungen, Bewegungen im Schlaf oder in Hypnose, dann liegt auch keine Willenserklärung vor. Umstritten ist, ob ein **Erklärungsbewusstsein** für das Vorliegen einer Willenserklärung gegeben sein muss. Hierbei geht es um das Bewusstsein des Handelnden, dass seine Handlung irgendeine rechtserhebliche Erklärung darstellt. Das Erklärungsbewusstsein, d. h. das Bewusstsein nach außen etwas rechtlich Erhebliches zu erklären, wird heute nicht mehr als notwendiger Bestandteil einer Willenserklärung angesehen. Die h. M. stellt auf die Interessen des Erklärungsempfängers ab und lässt den Vertrauensschutz darüber entscheiden, ob ein bestimmtes Verhalten als Willenserklärung gewertet wird. So liegt bei fehlendem Erklärungsbewusstsein eine Willenserklärung auch dann vor, wenn der Erklärende bei Anwendung der im Verkehr erforderlichen Sorgfalt hätte erkennen können, dass seine Erklärung als Willenserklärung aufgefasst wird.[11] Den Schulfall bildet diesbezüglich (noch immer) die „**Trierer Weinversteigerung**".

---

**Beispiel**

E betritt eine Kellerwirtschaft in Trier, in der gerade eine Weinversteigerung stattfindet, ohne dass er dies zur Kenntnis genommen hat. Er hebt die Hand zur Begrüßung eines Freundes. In diesem Moment erhält E den Zuschlag, weil der

---

[10] BGH, NJW 2005, 53, 54; Palandt/*Ellenberger*, § 156 BGB, Rn. 3 zur „Internet-Auktion", die keine Versteigerung im Rechtssinne darstellt; *Köhler*, BGB AT, § 6, Rn. 8, 8a.
[11] BGHZ 91, 324; BGH, 149, 129, 136, NJW 2002, 3629; 2005, 2620, 2621; *Wolf/Neuner*, BGB AT, § 32, Rn. 23 ff.

Versteigerer dieses als Gebotsabgabe auffasst. Der Kaufvertrag ist damit zustande gekommen. Obwohl sich E noch nicht einmal bewusst war, rechtsgeschäftlich zu handeln, wurde seine Handlung als Willenserklärung beurteilt. E muss also unverzüglich die Anfechtung erklären, um sich von dem Vertrag lösen zu können. Allerdings hat er in diesem Fall dem anderen Teil dessen Vertrauensschaden zu ersetzen (vgl. §§ 119 ff. BGB).

Unter einem **Geschäftswillen** ist der Wille zu verstehen, eine konkrete inhaltliche Rechtsfolge herbeizuführen, also das „bestimmte" Rechtsgeschäft vorzunehmen. Der Geschäftswille ist kein notwendiger Bestandteil einer Willenserklärung. Bei dessen Fehlen, z. B. wenn ein Scheckaussteller versehentlich einen höheren Betrag einsetzt, kommt eine Anfechtung wegen Irrtums gem. §§ 119 ff. BGB in Betracht.

### 2.2.3.2   Schweigen als Willenserklärung

Grundsätzlich wird im Bürgerlichen Recht ein **Schweigen** nicht als Willenserklärung angesehen. Ausnahmsweise hat das Schweigen die Wirkung einer Willenserklärung, wenn die Parteien es vorher vereinbart haben oder das Gesetz an das Schweigen besondere Rechtsfolgen knüpft.[12] Als Ablehnung wird Schweigen in den §§ 108 Abs. 2 S. 2, 177 Abs. 2 S. 2 BGB gewertet; als Zustimmung wird es etwa in den Fällen der §§ 455 S. 2, 516 Abs. 2 S. 2, 545 BGB gewertet. Schweigen gilt u. a. auch dann als Willenserklärung, wenn der Schweigende nach Treu und Glauben gem. § 242 BGB zu einer Erklärung verpflichtet war.[13] Die Sonderregelung des § 241a BGB stellt klar, dass im Falle der Zusendung unbestellter Waren durch einen Unternehmer an einen Verbraucher ein Anspruch nicht begründet wird, d. h. er hat weder einen vertraglichen noch einen gesetzlichen Anspruch auf Rücksendung. Dies gilt grundsätzlich auch dann, wenn es sich bei dem Empfänger nicht um einen Verbraucher handelt.

Im **Handelsverkehr,** d. h. bei den Rechtsgeschäften unter Beteiligung von Kaufleuten i. S. v. §§ 1 ff. HGB gilt im Hinblick auf eine schnelle Verständigung und zügige Abwicklung von Rechtsgeschäften das Schweigen auf ein Geschäftsbesorgungsangebot (§ 362 HGB) als Annahmeerklärung. Mittlerweile gewohnheitsrechtlich anerkannt ist, dass das Schweigen auf ein **kaufmännisches Bestätigungsschreiben (§ 346 HGB)** unter bestimmten Voraussetzungen als Zustimmung zu einem Vertrag angesehen wird. Wird ein Vertrag mündlich oder telefonisch abgeschlossen, entsteht mangels sicherer Grundlage mitunter Streit darüber, ob und mit welchem Inhalt ein Vertrag zustande gekommen ist. Um diese Unsicherheit zu beseitigen, ist es im Geschäftsverkehr zwischen Unternehmen üblich, durch eine schriftliche Bestätigung das Zustandekommen und den Inhalt des Vertrages zu dokumentieren. Der Empfänger muss bei einer abweichenden Bestätigung unverzüglich widersprechen; anderenfalls wird die Bestätigung als Zustimmung angesehen. Die Rspr. hat bestimmte Voraussetzungen entwickelt, bei deren Vorliegen von einem kaufmännischen Bestä-

---

[12] *Köhler*, BGB AT, § 6, Rn. 5 ff.
[13] Palandt/*Ellenberger*, Einf. v. § 116 BGB, Rn. 9 ff.

tigungsschreiben ausgegangen werden kann.[14] Die **Anwendbarkeit der Grundsätze** zum kaufmännischen Bestätigungsschreiben setzt zunächst voraus, dass es sich um **Kaufleute bzw. um vergleichbar am Geschäftsverkehr teilnehmende Personen** handelt.[15] Weiterhin muss es sich um ein **echtes Bestätigungsschreiben** handeln. Dieses liegt vor, wenn **bereits mündliche bzw. fernmündliche Vertragsverhandlungen** stattgefunden haben und der wesentliche Vertragsinhalt enthalten ist; dies ist eine Frage der Auslegung im Einzelfall. In der Praxis stellt sich das Problem der Abgrenzung zur (bloßen) **Auftragsbestätigung, die nicht das Zustandekommen eines Vertrages bestätigen, sondern den Vertrag erst zustande bringen soll**, also die Annahme eines Angebots darstellt.[16] Der Absender muss redlich gewesen sein. Eine Einbeziehung von Allgemeinen Geschäftsbedingungen bei Branchenüblichkeit ist zulässig sowie eine Ergänzung in unwesentlichen Nebenpunkten. Die **Absendung des Schreibens muss unmittelbar nach den Verhandlungen** erfolgt sein. Da keine besondere Form vorgeschrieben ist, kann dies auch per Fax oder E-Mail erfolgen.[17] Erforderlich ist, dass die **Absendung alsbald erfolgt und dem Empfänger zugegangen** ist. Letztlich darf das Schreiben **keine wesentliche Abweichung enthalten und kein unmittelbarer Widerspruch des Empfängers vorliegen.** Die **Rechtsfolge** besteht darin, dass dem Schweigen konstitutive Bedeutung zukommt und der Vertrag im Interesse der Rechtssicherheit als so abgeschlossen gilt, **wie er im Bestätigungsschreiben formuliert ist.** In der Praxis besteht das Problem vor allem im „tatsächlichen" Bereich, d. h. bei der Frage, ob (überhaupt) ein kaufmännisches Bestätigungsschreiben vorliegt. Der „Clou" des **kaufmännischen Bestätigungsschreibens besteht also darin, dass die mündlichen Absprachen grundsätzlich verdrängt werden können.**

### 2.2.3.3 Wirksamwerden einer Willenserklärung

Wann eine **Willenserklärung wirksam** wird, ist im BGB nur unvollständig geregelt (§§ 130 bis 132 BGB). Empfangsbedürftige Willenserklärungen werden mit „**Abgabe**" und „**Zugang**" wirksam. Empfangsbedürftig ist eine Willenserklärung, die an **einen bestimmten Adressaten gerichtet ist.** Nicht empfangsbedürftige Willenserklärungen sind die Ausnahme und werden bereits **mit der Abgabe wirksam** (Abb. 2.4).

Die Willenserklärung wird nicht wirksam, wenn dem Empfänger vorher oder gleichzeitig ein **Widerruf** zugeht (§ 130 Abs. 1 S. 2 BGB). Nach § 130 Abs. 2 BGB ist es im Übrigen **ohne Einfluss, wenn der Erklärende nach der Abgabe der Willenserklärung stirbt oder geschäftsunfähig wird.** Nach § 153 BGB kommt aber ein Vertrag dann nicht zustande, wenn „ein anderer Wille des Antragenden anzunehmen ist"; dabei kommt es auf dessen hypothetischen Willen an.

**Nicht empfangsbedürftige Willenserklärungen** sind Willenserklärungen, die **nicht an eine andere Person gerichtet sind.** Hier genügt regelmäßig die **Abgabe** einer solchen **Erklärung.** Sie ist abgegeben (und damit wirksam), wenn der Erklä-

---

[14] BGH, ZGS 2011, 177; NJW 2007, 987; NJW 1974, 991; *Köhler*, BGB AT, § 8 Rn. 30 ff.

[15] BGH, ZGS 2011, 177.

[16] BGH, NJW 1974, 991; JZ 1977, 603; eine abweichende Auftragsbestätigung bedeutet eine Ablehnung, verbunden mit einem neuen Angebot (§ 150 Abs. 2 BGB).

[17] OLG Hamm, NJW 1994, 3172.

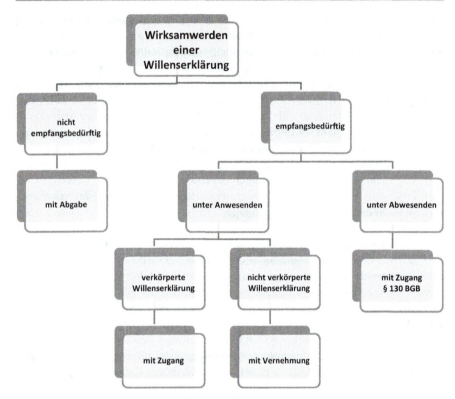

**Abb. 2.4**  Wirksamwerden einer Willenserklärung

rende seinen Willen erkennbar endgültig geäußert hat.[18] Nichtempfangsbedürftige Willenserklärungen sind etwa die Auslobung (§ 657 BGB), die Eigentumsaufgabe (§ 959 BGB) oder das Testament (§ 2247 BGB). Eine **empfangsbedürftige Willenserklärung** ist **abgegeben** (aber noch nicht wirksam), wenn der Erklärende seinen Willen in Richtung auf den Empfänger geäußert hat.[19] Gleichzustellen ist der Fall, wenn der Erklärende die Willenserklärung unabsichtlich, aber fahrlässig in den Verkehr bringt, z. B. eine versehentlich abgeschickte E-Mail oder ein von einem Unternehmer vorsorglich vorbereitetes Vertragsangebot, das von einem Mitarbeiter des Sekretariats versehentlich abgeschickt wird.[20]

Im Einzelnen ist zu unterscheiden zwischen Erklärungen unter Abwesenden und unter Anwesenden. Damit eine empfangsbedürftige **Willenserklärung unter Abwesenden** Rechtsfolgen auslöst, bedarf sie des **Zugangs** an den Erklärungsempfänger (§ 130 Abs. 1 BGB). Mit „Abwesenheit" ist das Fehlen eines unmittelbaren Kontakts zwischen dem Erklärenden und dem Empfänger gemeint. Es besteht dann ein zeitlicher Abstand zwischen der Abgabe der Erklärung, insbesondere der Ab-

---

[18] Palandt/*Ellenberger*, § 130 BGB, Rn. 1.

[19] BGH, NJW 1979, 2032, 2033; Palandt/*Ellenberger*, § 130 BGB, Rn. 4.

[20] BGHZ 65, 13, 14; Palandt/*Ellenberger*, § 130 BGB, Rn. 4.

sendung eines Briefes, eines Fax, einer E-Mail oder einer Nachricht auf dem Anrufbeantworter, und der Kenntnisnahme durch den Empfänger. Es stellt sich somit
die Frage, in welchem Zeitpunkt eine Erklärung wirksam wird. Der Begriff des
**Zugangs** wird im Gesetz nicht definiert. Nach h. M. ist eine Erklärung aber zugegangen, wenn sie so in den **Machtbereich des Empfängers** gelangt ist, dass
dieser Kenntnis nehmen kann und nach der Verkehrsanschauung unter normalen
Umständen mit der Kenntnisnahme zu rechnen ist.[21] Zum Machtbereich des Empfängers zählen vor allem die Wohnung oder die Geschäftsräume, aber auch die von
ihm zur Entgegennahme von Erklärungen bereitgehaltenen Einrichtungen, wie z. B.
Briefkasten, Postfach, Anrufbeantworter, Faxgerät oder E-Mail-Mailbox. Ob eine
Möglichkeit der Kenntnisnahme besteht, ist unter Zugrundelegung „gewöhnlicher
Verhältnisse" zu beurteilen. Auf Hindernisse im Bereich des Empfängers kann dieser sich nicht berufen, da er diesen durch geeignete Vorkehrungen begegnen kann
und muss. Unerheblich ist, ob der Empfänger tatsächlich Kenntnis nehmen will
oder kann. Zugang tritt also auch ein, wenn der Empfänger wegen Urlaub, Krankheit, Haft oder sonstiger Ortsabwesenheit nicht in der Lage ist, von dem Inhalt der
Erklärung Kenntnis zu nehmen.[22] Wusste der Erklärende z. B. von der Ortsabwesenheit und kannte er die aktuelle Anschrift, kann er sich auf den Zugang nur dann
berufen, wenn er die Erklärung an den Aufenthaltsort des Empfängers gesandt hat.[23]

*Einzelfälle*

- Der Einwurf eines **Briefes** in den Briefkasten gelangt in den Machtbereich des
  Empfängers. Zeitlich kommt es darauf an, wann normalerweise mit der Leerung
  des Briefkastens zu rechnen ist. Beim Einwurf vor der üblichen Leerungszeit
  geht er noch an demselben Tag zu; beim Einwurf zur Nachtzeit geht dieser nach
  der Verkehrsanschauung erst am nächsten Morgen bzw. mit Wiederbeginn der
  Geschäftsstunden zu.[24] Zugang ist zu bejahen, wenn der Brief vor 18.00 Uhr
  eingeworfen wird; nicht aber an Sonn- und Feiertagen; bei einem Geschäfts-
  adressaten erfolgt Zugang am nächsten Geschäftstag (häufig nicht am Samstag).
  Wird ein Brief in ein Postfach eingelagert bzw. bei postlagernder Sendungen ist
  auf den üblichen Abholtermin abzustellen.
- Kann der **Einschreibebrief** wegen Abwesenheit des Empfängers nicht zugestellt werden, ist er dann nicht zugegangen, wenn der Postbote einen Benach-
  richtigungszettel hinterlässt; Zugang tritt nach der Rspr. Erst dann ein, wenn das
  Schreiben abgeholt wurde; davon zu unterscheiden ist aber die Frage, ob sich der
  Adressat, der das Schreiben nicht abholt, nach Treu und Glauben so behandeln
  lassen muss, als wäre es ihm rechtzeitig zugegangen, insbesondere dann, wenn
  dieser mit rechtserheblichen Erklärungen rechnen musste.[25] **Einwurfeinschrei-**

---

[21] BGH, NJW 2011, 872, 873; 2004, 1320; BGHZ 137,205, 208; Palandt/*Ellenberger*, § 130 BGB,
Rn. 5; *Wolf/Neuner*, BGB AT, § 33, Rn. 21 ff.

[22] BGH, NJW 2004, 1320; BAG 1993, 1093, 1095.

[23] Palandt/*Ellenberger*, § 130 BGB, Rn. 5.

[24] BGH, VersR 1994, 586, Palandt/*Ellenberger*, § 130 BGB, Rn. 6.

[25] BGHZ 67, 271; 137, 205, 208.

**ben**, die dem Absender den Nachweis des Zeitpunkts des Zugangs ermöglichen sollen, gehen wie normale Briefe zu[26]; dagegen begründet das **Einschreiben mit Rückschein** eine tatsächliche Vermutung, dass der Brief an dem im Rückschein genannten Datum zugegangen ist.

- **E-Mails** gelangen in den Machtbereich des Empfängers, wenn sie abrufbereit in die Mailbox („elektronischer Briefkasten") gelangt sind. In Bezug auf die Möglichkeit zur Kenntnisnahme ist darauf abzustellen, wann üblicherweise mit Abruf und Kenntnisnahme zu rechnen ist. Beim Eingang zur Nachtzeit ist Zugang am folgenden Tag anzunehmen. Im Geschäftsverkehr kommt es darauf an, ob die E-Mail zu den üblichen Geschäftszeiten eingegangen ist; zu beachten ist hier § 312j Abs. 1 S. 2 BGB; bei privaten E-Mailadressen wird auf die für den Briefverkehr entwickelten Grundsätze abgestellt.[27]

- Beim **Telefax** tritt Zugang mit Abschluss des Druckvorgangs beim Empfangsgerät des Empfängers ein[28] und wenn Kenntnisnahme durch den Empfänger nach dem gewöhnlichen Lauf der Dinge auch zu erwarten ist, d. h. bei Privatanschlüssen am Tag des Ausdrucks, bei Geschäftsanschlüssen zu den üblichen Bürozeiten.

- **Angebot im Internet:** Handelt es sich nur um eine Aufforderung zur Abgabe eines Angebots (Regelfall), enthält die Bestellung des Kunden durch „Mausklick" das Angebot, das dem Internet-Anbieter dann zugeht, wenn er die Bestellung unter gewöhnlichen Umständen abrufen kann (i. d. R während der üblichen Geschäftszeiten); entsprechendes gilt für die Annahmeerklärung des Internet-Anbieters („Empfangsbestätigung"). Im Fall des Absatzvertrages im elektronischen Rechtsverkehr ist dies in § 312i Abs. 1 S. 2 BGB gesetzlich geregelt.

Wird eine empfangsbedürftige **Willenserklärung gegenüber Anwesenden** abgegeben, so ist die Zugangskomponente nochmals zu unterscheiden, je nachdem, ob es sich um eine körperliche oder nicht körperliche Erklärung handelt. Hinsichtlich einer verkörperten Erklärung ist die Sache einfach. Händigt der Erklärende dem Empfänger die körperliche Willenserklärung aus, so ist diese nach § 130 BGB analog zugegangen. Schwierigkeiten können beim Zugang von nicht körperlichen Erklärungen vorkommen. Mündliche bzw. telefonische (vgl. § 147 Abs. 1 S. 2 BGB) Erklärungen werden nur wirksam, wenn sie der Empfänger wirklich verstanden hat; Sprachunkenntnis und Schwerhörigkeit gehen zu Lasten des Erklärenden („Vernehmungstheorie").[29] Jedoch sollen dem Erklärenden nicht alle Vernehmungsrisiken aufgebürdet werden. Die Erklärung ist wirksam, wenn für den Erklärenden vernünftigerweise keine Zweifel bestehen konnten, dass der Empfänger seine Erklärung vollständig und richtig verstanden hat.[30]

---

[26] Palandt/*Ellenberger*, § 130 BGB, Rn. 7 m. w. N.

[27] Palandt/*Ellenberger*, § 130 BGB, Rn. 7a; *Brox/Walker*, BGB AT, Rn. 150b; etwas differenzierter *Rüthers/Stadler*, § 17, Rn. 48.

[28] BGH, NJW 2004, 1320.

[29] Palandt/*Ellenberger*, § 130 BGB, Rn. 14 m. w. N.

[30] *Wolf/Neuner*, BGB AT, § 33, Rn. 34; *Jacoby/von Hinden*, § 130 BGB, Rn. 5.

Für den **Beweis des Zugangs** gilt der Grundsatz, dass der Erklärende den Zugang und ggf. den Zeitpunkt zu beweisen hat.[31] Der Nachweis der Abgabe reicht dazu nicht aus. Der Erklärende muss also, wenn er „sicher gehen will", eine Form der Übermittlung wählen, die er auch beweisen kann, z. B. durch persönlichen Einwurf eines Kündigungsschreibens in den Hausbriefkasten des Vermieters vor Zeugen, durch die Überbringung eines Kündigungsschreibens an einen Arbeitnehmer. In Betracht kommt auch die Zustellung durch Einschaltung eines Gerichtsvollziehers.

Wird die Erklärung nicht an den Empfänger, sondern an eine auf der Empfängerseite eingeschaltete **Mittelsperson** gerichtet, ist zu unterscheiden, ob es sich dabei um einen Vertreter oder um einen Boten handelt. Im Falle der **Stellvertretung** gem. §§ 164 ff. BGB gilt das „Repräsentationsprinzip", d. h. es treten die gleichen Wirkungen ein, als ob der Empfänger selbst die Erklärung entgegengenommen hätte (§ 164 Abs. 3 BGB). Handelt es sich um einen Boten, so kommt es darauf an, ob er für den Erklärenden (Erklärungsbote) oder für den Empfänger (Empfangsbote) tätig wird. Das Risiko, dass die Erklärung nicht oder nicht richtig oder nicht rechtzeitig an den Empfänger weitergeleitet wird, trägt im ersten Fall der Erklärende, im zweiten Fall der Empfänger. **Erklärungsbote** ist derjenige, wer vom Erklärenden mit der Übermittlung der Erklärung an den Empfänger beauftragt wurde. **Empfangsbote** ist derjenige, der nach der Verkehrsanschauung zur Entgegennahme von Erklärungen ermächtigt ist, z. B. der Ehegatte oder andere Familienangehörige oder bei Unternehmen die (kaufmännischen) Angestellten, sofern diese nicht bereits Vertreter sind. Erfolgt die Abgabe der Erklärung also einer anderen Person gegenüber, die nicht „Vertreter" ist, aber zur Sphäre des Empfängers gehört, z. B. ein Familienangehöriger, dann kommt es darauf an, ob der Erklärende darauf vertrauen darf, dass diese Person zur Weiterleitung von Erklärungen geeignet und befugt ist. Darf er darauf vertrauen (was bei erwachsenen Familienangehörigen und sonstigen Angestellten i. d. R der Fall sein dürfte), dann ist die Erklärung in dem Zeitpunkt zugegangen, zu dem regelmäßig die Weitergabe an den Empfänger zu erwarten ist; das Risiko der Weiterleitung liegt also auf Seiten des Empfängers. Durfte der Erklärende nicht darauf vertrauen, dass die Person geeignet und befugt war, z. B. bei Kindern, dann ist die Erklärung mit Entgegennahme durch diese Person dem Empfänger noch nicht zugegangen. Das Risiko der Übermittlung trägt dann der Erklärende; es handelt sich hier um einen Erklärungsboten. Diese Darstellung mit den unterschiedlichen Rechtsfolgen mag kompliziert sein. Man sollte jedoch – um sich das Verständnis zu erleichtern – stets den zu Anfang erwähnten Grundsatz im Auge behalten, dass die Erklärung wirksam wird, wenn man nach der Verkehrsanschauung mit der Kenntnisnahme rechnen darf. Für den Fall der Einschaltung einer „Mittelsperson" bedeutet dies, ob im Einzelfall mit einer zuverlässigen Weiterleitung der Erklärung zu rechnen ist oder nicht; ist das nicht der Fall, muss der Übermittler als Erklärungsbote angesehen werden.

Ebenfalls gesetzlich nicht geregelt sind die Fälle, in denen die Willenserklärung wegen eines Verhaltens des Empfängers diesem nicht oder nur verspätet zugeht.

---

[31] BGHZ 70, 234; 101, 55.

Auch hier kann eine Lösung nur unter Abwägung der beiderseitigen Interessen gefunden werden. Welche Rechtsfolgen Zugangshindernisse auslösen, bestimmt sich danach, ob eine Annahmeverweigerung des Empfängers bzw. seines Vertreters vorliegt oder der Zugang anderweitig verhindert wird. Beruht das Zugangshindernis auf einer Annahmeverweigerung, so ist zu differenzieren. Je nachdem, welche Gründe dazu führen, unterscheidet man zwischen berechtigter und unberechtigter Annahmeverweigerung. Die **berechtigte Annahmeverweigerung** geht zu Lasten des Absenders. Jeden einzelnen Fall der berechtigten Verweigerung aufzuzählen, würde hier zu weit führen. Beispielhaft erwähnt sei hier nur die fehlende oder unzureichende Frankierung oder die fehlende Anschrift. Eine **unberechtigte Annahmeverweigerung** geht dagegen zu Lasten des Erklärungsempfängers. Hier muss sich der Adressat nach § 242 BGB so behandeln lassen, als sei ihm die Erklärung rechtzeitig zugegangen (**Zugangsfiktion**). In den Fällen der **sonstigen Zugangsverhinderung** kann nach § 242 BGB eine Erklärung dann als rechtzeitig zugegangen gelten, wenn der Empfänger eine Obliegenheitsverletzung begangen hat und der Erklärende alles Erforderliche und Zumutbare für einen ordnungsgemäßen und rechtzeitigen Zugang getan hat. Hat die Erklärung den Adressaten nicht erreicht, muss der Erklärende einen erneuten Zustellversuch unternehmen.[32] So muss der Erklärende, der ein Einschreiben mit Rückschein versandte, Nachforschungen über den Grund des Fehlschlagens der Zustellung anstellen, wenn aus dem Rückschein zu ersehen ist, dass diese missglückte und ggf. einen neuen Versuch starten.[33]

Kann der Erklärende den Zugang nicht mit gewöhnlichen Mitteln herbeiführen, bleibt ihm die Möglichkeit der Zustellung durch den Gerichtsvollzieher (§ 132 Abs. 1 BGB); sie erfolgt nach den Regeln der ZPO. Weigert sich z. B. der Mieter, das Kündigungsschreiben entgegenzunehmen bzw. verschließt er die Wohnung oder montiert er den Briefkasten ab, kann der Vermieter einen Gerichtsvollzieher beauftragen, der dann nach §§ 191 ff. ZPO das Schreiben zustellt.

Kennt der Erklärende den Empfänger oder seinen Aufenthaltsort nicht, so kann er nach § 132 Abs. 2 BGB die Erklärung **öffentlich zustellen** lassen. Das Verfahren richtet sich nach den §§ 185 ff. ZPO.

### 2.2.3.4   Auslegung einer Willenserklärung

Die Sprache ist nicht immer ein zuverlässiges Ausdrucksmittel. Selbst ein scheinbar eindeutiges Wort kann je nach Situation, auf die es bezogen ist, einen anderen Sinn haben. Nicht selten sind Äußerungen auch wegen sprachlicher Ungewandtheit oder Nachlässigkeit von vornherein unklar formuliert. Willenserklärungen bedürfen daher der Auslegung. **Auslegung** bedeutet Sinnermittlung. Im Bereich des Privatrechts ist zwischen der Gesetzesauslegung und der Rechtsgeschäftsauslegung zu unterscheiden. Während es bei der Gesetzesauslegung darum geht, den rechtlich relevanten Sinn von Rechtsnormen zu erfassen, ist es Aufgabe der Rechtsgeschäftsauslegung, die rechtsgeschäftliche Bedeutung privaten Handelns zu ermitteln.

---

[32] BGHZ 137, 205, 209.
[33] BGH, NJW 1983, 929, 931.

**Beispiel „Hämmchen-Fall"**

G ist auf Geschäftsreise und möchte in einem typischen Altstadt-Restaurant in Köln zu Mittag essen. Sie bestellt die Spezialität des Hauses, die als „Hämmchen" bezeichnet wird in dem Glauben, es handele sich hierbei um ihr Lieblingsgericht Hammelbraten. Tatsächlich handelt es sich um Schweinshaxe. Ist ein Vertrag über Hammelbraten oder Schweinshaxe zustande gekommen?

Das BGB enthält in §§ 133, 157 BGB zwei **Auslegungsregeln**. Die Vorschrift des § 157 BGB gilt jedoch nach ihrem Wortlaut nur für Verträge. Sie wird aber nach allgemeiner Ansicht auch auf die Erklärungen des einzelnen Vertragspartners angewendet, ebenso wie § 133 BGB auf Verträge angewendet wird. Danach ist eine Erklärung so auszulegen, wie Treu und Glauben mit Rücksicht auf die Verkehrssitte es erfordern.

Ausgangspunkt der von Rspr. und Lehre entwickelten Auslegungsregeln ist der konkrete Wortlaut der Erklärung bzw. das konkrete Verhalten des Erklärenden. Es ist der „**wirkliche Wille**" herauszufinden. Lediglich bei nicht empfangsbedürftigen Willenserklärungen, z. B. einem Testament, sind der Wille des Erklärenden sowie die außerhalb der Erklärung liegenden Umstände im Falle einer Auslegung maßgeblich („**natürliche Auslegung**"). Es fehlt hier an einem Erklärungsgegner, dessen Interessen zu berücksichtigen wären. Bei den meisten Rechtsgeschäften kommt es neben den Interessen des Erklärenden auch auf die Interessen des Empfängers an. So wäre es bei empfangsbedürftigen Willenserklärungen (z. B. Kündigungserklärungen, Vertragsangeboten, Vertragsannahmen) für den Erklärungsempfänger unzumutbar, wenn man ausschließlich auf den wirklichen Willen des Erklärenden abstellen würde. Es kann allerdings auch nicht der Inhalt zugrunde gelegt werden, den der jeweilige Erklärungsempfänger verstanden hat. Um einen gerechten Ausgleich der beiderseitigen Interessen zu erreichen, wird das Verhalten des Erklärenden zwar vom Erklärungsempfänger aus betrachtet, da die Erklärung auch an ihn gerichtet war, aber vom Standpunkt eines objektiven Beobachters aus, der alle Umstände kennt, die dem Erklärungsempfänger erkennbar waren. Dies wird als eine **Auslegung nach dem objektiven Empfängerhorizont** bezeichnet („**normative Auslegung**"). Es sind dabei sämtliche Umstände als Auslegungsmittel heranzuziehen, die der Adressat kannte oder doch kennen musste, selbst wenn sie der Allgemeinheit unbekannt gewesen sind; von Relevanz sind dabei etwa die Vertragsverhandlungen, der Geschäftszweck und die Interessenlage.[34]

**Beispiel**

Die Leiterin einer Schule unterschrieb eine von einem Vertreter ausgefüllte Bestellung über „25 Gros Rollen Toilettenpapier, die Rolle zu 1000 Blatt". Sie wusste nicht, dass „Gros" so viel wie 12 Dutzend (144 Stück) bedeutet, nahm vielmehr an, lediglich 25 große Rollen Toilettenpapier bestellt zu haben. Die Bezeichnung „Gros" ist zwar veraltet, gehört aber noch zum allgemeinen Sprach-

---

[34] BGH, NJW 2013, 598, 599 (zur Online-Flugbuchung); 2008, 2702, 2704; 1984, 721.

gebrauch. Unter Berücksichtigung der gesamten Umstände ergibt die Auslegung ihrer Erklärung eine Bestellung von 3600 Stück. Sie kann ihre Erklärung jedoch wegen Inhaltsirrtums nach § 119 Abs. 1 BGB anfechten.[35]

Die Auslegung schließt die Prüfung mit ein, **ob** überhaupt **ein rechtsgeschäftliches Handeln vorliegt**.[36] Die Abgrenzung einer (rechtlich bindenden) Willenserklärung von einer rechtlich unverbindlichen **Gefälligkeitszusage** hat im Wege einer Auslegung nach Treu und Glauben unter Berücksichtigung der Verkehrssitte (§§ 153, 157 BGB) zu erfolgen. Es sind hierbei die gesamten Umstände, insbesondere die zugrundeliegende wirtschaftliche und soziale Situation zu berücksichtigen.[37] Ein Rechtsbindungswille ist anzunehmen, wenn erkennbar ist, dass für den Empfänger der Zusage wesentliche Interessen wirtschaftlicher Art auf dem Spiel stehen und er sich auf die Zusage verlässt oder wenn der Zusagende an der Angelegenheit ein rechtliches oder wirtschaftliches Interesse hat. Ist dies nicht der Fall, kann ein Rechtsbindungswille nur unter besonderen Umständen angenommen werden.[38] Ein Rechtsbindungswille fehlt i. d. R bei Zusagen im rein gesellschaftlichen Bereich (z. B. einer Einladung zu einem Essen) oder ähnlichen Vorgängen. Diese Gefälligkeiten bewirken keine rechtlichen Verpflichtungen – allenfalls moralische – und können ohne Verpflichtung zu einer Schadensersatzleistung widerrufen werden. Auch bei anderen Gefälligkeiten des täglichen Lebens wird ein Wille zu einer rechtlichen Bindung i. d. R nicht vorliegen.

**Keine Willenserklärungen** sind im Übrigen Schaufensterauslagen, Zeitungsinserate, Werbeanzeigen, Speisekarten in einem Restaurant oder Angebote auf Websites im Internet; anders ist es dagegen bei Warenautomaten. Bei diesen Verlautbarungen an die Allgemeinheit fehlt erkennbar ein Geschäftswille. In diesen Fällen kann man davon ausgehen, dass der „Erklärende" noch kein wirksames Angebot auf Abschluss eines Vertrages abgeben möchte, um frei über Annahme und Ablehnung entscheiden zu können; anderenfalls müsste der Händler die Ware dem Kunden sofort aushändigen und bei mehreren Kunden wäre unklar, ob und mit wem ein Vertrag zustande gekommen ist. Man spricht hier von einer **Aufforderung zur Abgabe eines Angebots** oder „**invitatio ad offerendum**".[39]

Lässt sich bei mehrdeutigen oder widersprüchlichen Willenserklärungen ein übereinstimmender Wille der Parteien feststellen, so ist dieser allein rechtlich maßgeblich, unabhängig davon, ob die Parteien irrtümlich oder absichtlich eine falsche Bezeichnung verwendet haben. Das wirklich Gewollte hat Vorrang vor einer absichtlichen oder irrtümlichen Falschbezeichnung („falsa demonstratio non nocet").[40]

---

[35] LG Hanau, NJW 1979, 721 „Toilettenpapier-Fall".

[36] BGH, NJW 1986, 3131, 3132.

[37] BGH, NJW 1985, 313.

[38] BGH, NJW 1992, 498.

[39] *Brox/Walker*, BGB AT, Rn. 165a; Palandt/*Ellenberger*, § 145 BGB, Rn. 2 m. w. N.

[40] *Jacoby/von Hinden*, § 133 BGB, Rn. 3 m. w. N.

---

**Beispiel**

K kauft von V „Haaksjöringsköd", das auf den Dampfer Jessica verladen wird. Beide Parteien gingen davon aus, dass die mit „Haaksjöringsköd" (norwegisch: Haifischfleisch) bezeichnete Ware Walfischfleisch sei, während es tatsächlich Haifischfleisch ist. Der Vertragsgegenstand ist damit Walfischfleisch.[41]

In dem „Hämmchen-Fall" war die Erklärung der Geschäftsreisenden als Bestellung von Schweinshaxe zu verstehen. In diesem Fall ist davon auszugehen, dass auf der Speisekarte die Gerichte unter der Bezeichnung angeboten werden, wie sie in der Kölner Mundart verwendet werden, vor allem dann, wenn es sich um besonders hervorgehobene Spezialitäten des Hauses handelt. Eine andere Interpretation käme nur dann in Betracht, wenn die Begleitumstände den Schluss auf einen anderen Inhalt zulassen würden. Hätte G mit der Bedienung vor der Bestellung ein längeres Gespräch geführt, aus dem deutlich hervorgegangen wäre, dass sie ortsfremd ist und gerne Hammelbraten essen würde, dann könnte die Bedienung – falls G schließlich „Hämmchen" bestellte – nicht davon ausgehen, dass sie tatsächlich das Gericht bestellen wollte. Ihre Erklärung wäre dann zumindest zweideutig. Die Bedienung müsste sich daher um weitere Aufklärung bemühen, was G wirklich will.

Mitunter stellt sich im Konfliktfall heraus, dass der Vertrag „unvollständig" ist, d. h. dass es an einer entsprechenden vertraglichen Vereinbarung fehlt, da dieser Aspekt von den Parteien zum Zeitpunkt des Vertragsabschlusses nicht bedacht worden ist. Grundsätzlich geht dispositives Recht vor, da es ansonsten seine Funktion nicht erfüllen kann. Haben z. B. die Kaufvertragsparteien keine Regelung für den Fall getroffen, dass die Sache mangelhaft ist, greifen die §§ 434 ff. BGB; es fehlt somit an einer Lücke". Zur Lückenfüllung ist § 157 BGB zu beachten. Maßgebend ist, was die Parteien nach Treu und Glauben, d. h. als redliche Geschäftspartner, vereinbart hätten, wenn ihnen die Vertragslücke bewusst gewesen wäre (sog. **hypothetischer Parteiwille**). Es handelt sich um ein „Zu-Ende-Denken" der vertraglichen Interessenbewertung, also um eine Ausdehnung dieser Bewertung auf nicht geregelte Punkte.

---

**Beispiel**

Der praktische Arzt Dr. A in K tauschte mit dem praktischen Arzt Dr. B in M die Praxis. Die beiden Orte liegen ca. 150 km voneinander entfernt. Nachdem Dr. B mit der Praxis in K keinen Erfolg hatte, kehrte er einige Monate später nach M zurück und eröffnete in unmittelbarer Nähe seiner alten Praxis eine neue Praxis. Ein großer Teil seiner alten Patienten kehrte zu ihm zurück. Dr. A verklagte Dr. B auf Unterlassung.[42]

---

[41] RGZ 99, 147- Haaksjöringsköd; dieser Fall dient auch als Beispiel für den subjektiven Fehlerbegriff im Rahmen der kaufrechtlichen Sachmängelhaftung.
[42] BGHZ 16, 71 ff. – „Ärztepraxistausch-Fall".

In diesem Beispiel besteht eine Vertragslücke, weil die Parteien den Fall der Rückkehr in den räumlichen Bereich der alten Praxis nicht in Betracht gezogen haben. Dieser Punkt hätte aber geregelt werden müssen, da bei einer Arztpraxis damit gerechnet werden kann, dass die langjährigen Patienten zu ihrem Arzt zurückkehren würden, wenn dieser nach kurzer Zeit wiederkäme. Das Offenlassen dieses Punktes bedeutet eine schwere Gefährdung des Vertragszwecks. Zur Schließung dieser Vertragslücke führt der Bundesgerichtshof aus: „…, dass die Parteien bei verständiger Würdigung des mit dem Praxistausch verfolgten Zweckes dann, wenn sie die Rückkehr eines Vertragsteils innerhalb einer gewissen Zeit (etwa zwei bis drei Jahre) seit Vollzug des Praxistausches vorausbedacht hätten, für diesen Fall ein entsprechendes Rückkehrverbot vereinbart haben würden. Denn während eines solchen Zeitraumes ist es dem Übernehmer einer Praxis regelmäßig nicht möglich, seine Beziehungen zu den bisher von seinem Vorgänger betreuten Patienten so zu festigen, dass er durch dessen Rückkehr keine wesentliche Einbuße mehr erfahren würde. In diesem Umfang ist mithin ein Rückkehrverbot jedenfalls als Vertragsinhalt zu betrachten".[43]

## 2.3  Vertrag

### 2.3.1  Begriff und Bedeutung

Der **Vertrag** ist eine der wichtigsten Gestaltungsformen, durch die eine Person durch eigenen Willensentschluss gemeinsam mit einer anderen Person Rechtsverhältnisse begründen und inhaltlich gestalten kann, ohne staatliche Stellen hinzuziehen zu müssen. Der Vertrag ist ein Rechtsgeschäft, das aus mindestens zwei (oder mehreren) übereinstimmenden Willenserklärungen besteht und zwischen den Parteien eine rechtlich bindende Regelung begründet.[44] Er kommt zustande durch **Angebot** (Antrag, Offerte) und **Annahme** (§ 151 Abs. 1 BGB), die zu einer **Einigung** führen. Im Rahmen privatautonomer Gestaltung von Rechtsverhältnissen hat ein Vertragsabschluss zwei Aufgaben: Zum einen wird durch ihn festgestellt, ob und mit wem es zur Begründung oder Änderung von Rechtsverhältnissen kommt, zum anderen wird ausgehandelt und bindend geregelt, welchen Inhalt dieses Rechtsverhältnis haben soll. So soll grundsätzlich der Einzelne selbst darüber entscheiden, ob und mit wem er ein Miet- oder Arbeitsverhältnis eingeht oder beendet, ob er ein Haus kauft oder verkauft, bei wem er seine Lebensmittel bezieht oder an wen er sein Vermögen vererbt.

Im Privatrecht kommen Verträge in allen Rechtsgebieten vor. Im **Schuldrecht**, dem Hauptverbreitungsgebiet des Vertrages, unterscheidet man einseitig verpflichtende Verträge (z. B. Schenkung oder Bürgschaft), unvollkommen zweiseitig verpflichtende Verträge (z. B. Leihe oder Auftrag) und vollkommen zweiseitig verpflichtende Verträge (z. B. Kauf-, Miet- oder Werkvertrag). Ein mehrseitiges

---

[43] BGHZ 16, 71 ff.

[44] Palandt/*Ellenberger*, Einf. v. § 145 BGB, Rn. 1.

Rechtsgeschäft ist der **Beschluss** als Akt der Willensäußerung eines Personen-
verbands (Verein oder Gesellschaft). Er besteht aus einzelnen gleichgerichteten
Willenserklärungen der Verbandsmitglieder. Gilt etwa für die Beschlussfassung
das Mehrheitsprinzip, werden durch den mehrheitlich gefassten Beschluss auch
die gebunden, die dagegen gestimmt oder sich der Stimme enthalten haben. Im
**Sachenrecht** werden durch Verträge dingliche Rechte, d. h. Rechte von Personen
an Sachen begründet, übertragen oder abgeändert, z. B. bei der Eigentumsübertragung oder der Bestellung eines Grundpfandrechts. Im **Familienrecht** beziehen
sich Verträge auf vermögensrechtliche Verhältnisse zwischen Angehörigen (z. B.
Güterrechts- und Unterhaltsverträge); auch die Eheschließung ist ein Vertrag. Im
**Erbrecht** sind in diesem Zusammenhang der Erbvertrag und der Erbverzicht zu
nennen. Auch im **Öffentlichen Recht** können Rechtsverhältnisse durch Vertrag begründet, geändert oder aufgehoben werden. Derartige Verwaltungsverträge (= öffentlich-rechtliche Verträge gem. § 54 VwVfG) haben in der Praxis erheblich an
Bedeutung gewonnen. So kann die öffentliche Verwaltung in bestimmten Fällen
ihre Anordnungen dadurch vollziehen, in dem sie mit dem Bürger einen Vertrag
schließt, z. B. einen „Baudispensvertrag".

## 2.3.2  Zustandekommen

Das **Angebot** muss den ernstlichen und endgültigen Willen zum Vertragsabschluss
erkennen lassen. Das Angebot muss dabei alle für den Vertragsabschluss wesentlichen Punkte enthalten, so dass die Annahme durch ein bloßes „Ja" oder durch
konkludentes Verhalten angenommen werden kann.[45] Zu den wesentlichen Punkten
zählen die Individualisierung der Vertragsparteien, der Vertragsgegenstand und die
Gegenleistung. Die Individualisierung des Vertragspartners kann in bestimmten
Fällen entbehrlich sein und zwar dann, wenn dem Anbietenden die Person des
Vertragspartners gleichgültig sein kann. Ist ein Angebot lediglich an die Allgemeinheit gerichtet (**ad incertas personas**), kann trotzdem ein bindendes Angebot gewollt sein, was allerdings im Einzelfall durch Auslegung zu ermitteln ist. Der Wille
zu einer rechtlichen Bindung fehlt bei den Aufforderungen zur Abgabe eines Angebots (**invitatio ad offerendum**), z. B. bei einer Schaufensterauslage, bei Katalogen,
Zeitungsanzeigen, Preislisten oder grundsätzlich bei Angeboten im Internet. Dagegen beinhaltet das Aufstellen eines Warenautomaten ein Angebot zum Abschluss
eines Kaufvertrages unter dem Vorbehalt, dass der Vorrat reicht und dass der Automat ordnungsgemäß funktioniert. Funktioniert der Automat nicht, hat der Kunde
einen Anspruch aus § 812 Abs. 1 S. 1 BGB auf Rückgewähr des Geldes, nicht aber
auf Leistung.[46]

Bei Selbstbedienungstankstellen macht der Betreiber der Tankstelle das Angebot. Es ist verkörpert in der betriebsbereiten Zapfsäule und gerichtet auf den
Abschluss eines Kaufvertrags über die vom Kunden zu bestimmende Menge an

---

[45] Palandt/*Ellenberger*, § 145 BGB, Rn. 1.
[46] BGH, NJW 2002, 363, 364; Erman/*Armbrüster*, § 145 BGB, Rn. 4.

Treibstoff zum angegebenen Preis. Die Annahme erfolgt konkludent durch den das Tanken; der Kaufvertrag ist mit Abschluss des Tankvorgangs zustande gekommen. Bei Selbstbedienungsläden geht das Angebot vom Kunden aus (nicht vom Unternehmer, der die Ware auslegt), der die Ware an der Kasse vorlegt; die Registrierung des Rechnungsbetrags stellt dann die Annahme dar. Bei der **Versteigerung** geht das Kaufangebot vom Bieter aus; die Annahme erfolgt durch den Zuschlag (§ 156 S. 1 BGB).[47] **Internet-Versteigerungen** sind mangels Zuschlag keine Versteigerungen i. S. d. § 156 BGB; es bekommt derjenige die Ware, der innerhalb einer bestimmten Laufzeit das höchste Gebot abgibt. Hier kann aber bereits der Internettext nach den AGB des Auktionshauses ein Angebot des Einlieferers darstellen.[48]

Ein Vertragsangebot ist für den Erklärenden **grundsätzlich bindend**. Da nach § 130 Abs. 1 S. 2 BGB ein Widerruf nur bis zum Zugang möglich ist, bedeutet das, dass ein späterer Widerruf ausgeschlossen ist.

Die Bindungswirkung kann aber durch entsprechende Vorbehalte, wie z. B. „unverbindlich", „Angebot freibleibend" oder „ohne obligo" ausgeschlossen werden.[49] Damit ist regelmäßig gemeint, dass der Antragende sich vorbehält, nach Zugang der Annahmeerklärung zu widersprechen, so dass kein Vertrag zustande kommt. In diesem Fall muss er allerdings unverzüglich reagieren, wenn er den Vertrag nicht will. Die genannten Klauseln könnten aber auch als Vertragsinhalt gewollt sein, die den Antragenden berechtigen, sich von dem Vertrag durch Rücktritt (§§ 346 ff. BGB) lösen zu können.

Das Angebot **erlischt** nach § 146 BGB, wenn es entweder abgelehnt oder nicht rechtzeitig (§§ 147 bis 149 BGB) angenommen wird. Die Ablehnung ist eine empfangsbedürftige Willenserklärung. Ist keine Annahmefrist (§ 148 BGB) gesetzt, muss zwischen dem Angebot an einen Anwesenden und an einen Abwesenden unterschieden werden. Ein Vertragsangebot gegenüber einem Anwesenden kann nur sofort angenommen werden (§ 147 Abs. 1 BGB). Dies gilt auch für „von einem mittels Fernsprecher oder sonstigen technischen Einrichtung" von Person zu Person gemachten Angebot (§ 147 Abs. 1 S. 2 BGB). Mit einer sonstigen technischen Einrichtung sind u. a. Videokonferenzen und Chatrooms gemeint (simultaner Austausch von Botschaften über das Internet), nicht dagegen die E-Mail (§ 147 Abs. 1 S. 2 BGB). Ein **schriftliches Vertragsangebot** kann dagegen je nach den Umständen des Einzelfalles auch einige Zeit später angenommen werden (§ 147 Abs. 2 BGB). Dann bestimmt sich der Zeitpunkt danach, wann mit dem Eingang der Antwort unter gewöhnlichen Umständen zu rechnen ist. Der Antragende muss dabei die regelmäßige Dauer der Beförderung des Angebots zum Empfänger, eine angemessene Überlegungsfrist und die regelmäßige Dauer der Beförderung der Antwort einkalkulieren. Der Absender kann davon ausgehen, dass der andere dasselbe Kommunikationsmedium nutzt. So darf z. B. bei einem Angebot per Fax oder E-Mail mit kurzer Überlegungsfrist und rascher Antwort gerechnet werden.

---

[47] Vgl. *Köhler*, BGB AT, § 8, Rn. 11 ff.

[48] BGH, NJW 2002, 363; *Schmidt*, Rn. 610; *ders.* zum Sonderfall Internethandel vgl. Rn. 564b.

[49] *Köhler*, BGB AT, § 8, Rn. 13; *Brox/Walker*, BGB AT, Rn. 170.

Das BGB enthält eine Reihe von verschiedenen verbraucherschützenden **Widerrufsrechten**, deren Voraussetzungen im Rahmen der Vorschriften über die jeweiligen Verbraucherverträge, d. h. bei Verträgen zwischen einem Verbraucher (§ 13 BGB9 und einem Unternehmer (§ 14 BGB), geregelt sind. So wird z. B. einem Verbraucher, der einen Darlehensvertrag abschließt (§§ 491 ff. BGB), nach § 495 BGB ein innerhalb einer bestimmten Frist auszuübendes Widerrufsrecht zuerkannt. Weitere Widerrufsrechte finden sich in den § 312g Abs. 1 BGB für Verträge, die außerhalb von Geschäftsräumen geschlossen werden (§ 312b BGB) und für Fernabsatzverträge (§ 312c BGB), in § 485 Abs. 1 BGB (Teilzeit-Wohnrechteverträge) oder in § 510 Abs. 2 BGB (Ratenlieferungsverträge). Der Verbraucher kann bei Vorliegen der Voraussetzungen sein Widerrufsrecht nach § 355 BGB ausüben. In den §§ 355 bis 361 BGB sind die Ausübung des Widerrufsrechts und Rechtsfolgen einheitlich geregelt.

Die **Annahme** ist – ebenso wie das Angebot – eine empfangsbedürftige Willenserklärung. Sie ist das vorbehaltlose Einverständnis mit dem Angebot. Hieraus erklärt sich auch die Regelung des § 150 Abs. 2 BGB. Danach gilt eine verspätete Annahme oder die Annahme unter Einschränkungen, Erweiterungen und sonstigen Änderungen als Ablehnung, verbunden mit einem neuen Angebot. Dieses neue Angebot kann angenommen werden, um einen Vertrag zu begründen. In bestimmten Fällen ist die Erklärung der Annahme gegenüber dem Antragenden nach § 151 S. 1 BGB entbehrlich, wenn eine solche nach der Verkehrssitte nicht mehr zu erwarten ist. § 151 BGB sieht von einem Zugang ab und lässt eine nach außen deutlich erkennbar auf einen Annahmewillen schließende „**Willensbetätigung**" genügen. So kommen z. B. bei einer schriftlichen Warenbestellung der Kaufvertrag mit dem Absenden der bestellten Ware oder der Garantievertrag zwischen Hersteller und Endkunde durch Aushändigung der Garantiekarte zustande.[50] Bei **Internet-Auktionen**, die keine Auktionen im Rechtssinne darstellen, kann die Annahme vorweg, nämlich als Zustimmung zu dem höchsten Gebot, das innerhalb des Auktionszeitraums abgegeben wird, erklärt werden.[51]

Bei **Massenverträgen**, z. B. Beförderungsverträgen im öffentlichen Personenverkehr oder bei der Inanspruchnahme der Leistungen von Energieversorgungsunternehmen wird teilweise die Auffassung vertreten, dass vertragliche Beziehungen nicht durch Angebot und Annahme, sondern allein auf Grund der tatsächlichen Inanspruchnahme der Leistung zustande kommen (unabhängig von einem rechtsgeschäftlichen Willen). Danach soll bereits ein bestimmtes „sozialtypisches Verhalten", z. B. das Besteigen der S-Bahn das Schuldverhältnis („faktischer Vertrag") begründen. Diese Auffassung hat der BGH noch in dem berühmten „Parkplatz-Fall"[52] vertreten. Eine Autofahrerin parkte auf einem „entgeltpflichtigen" Parkplatz (mit Sondernutzungsrecht eines Bewachungsunternehmens) am Rathausmarkt in Hamburg und verweigerte die Gebührenzahlung mit der Begründung, dass das Parken nach wie vor zum Gemeingebrauch gehöre. Nach Ansicht des BGH war die Auto-

---

[50] BGH, NJW 2004, 287, 288; *Köhler*, BGB AT, § 8, Rn. 22.

[51] BGH, NJW 2002, 363, 364; *Köhler*, BGB AT, § 8, Rn. 60 m. w. N.

[52] BGHZ 21, 319 ff. *Brox/Walker*, SchuldR AT, § 4, Rn. 73 ff.

fahrerin zur Zahlung des Parkplatzentgeltes aufgrund eines zustande gekommenen „faktischen Vertrages" verpflichtet. Inzwischen wird diese „Lehre vom faktischen Vertrag" einhellig abgelehnt.[53] Zum einen können Schwierigkeiten bei der Frage des Minderjährigenschutzes auftreten. So wäre ein Minderjähriger, der ohne Wissen seiner Eltern in eine Straßenbahn steigt, nach der Lehre vom faktischen Vertrag zur Zahlung des Entgeltes verpflichtet, was einen Verstoß gegen den Minderjährigenschutz des BGB bedeutet.[54] Zum anderen lassen sich sachgerechte Ergebnisse mit der herkömmlichen Dogmatik lösen. So liegt bei der Inanspruchnahme der Leistung i. d. R eine konkludente, nicht empfangsbedürftige Willenserklärung vor; ein Widerspruch ist bei Inanspruchnahme der Leistung unbeachtlich. Die Partei muss die objektive Erklärungsbedeutung gegen sich gelten lassen (**protestatio facto contraria non valet**).[55] Dagegen kommt bei einem Minderjährigen ein Bereicherungsanspruch aus §§ 812 ff. BGB und ggf. ein Schadensersatzanspruch in Betracht (§§ 823, 828 Abs. 3, 829 BGB), wenn keine (konkludent mögliche) Einwilligung oder Generaleinwilligung des gesetzlichen Vertreters anzunehmen ist. Es besteht grundsätzlich keine Verpflichtung zur Annahme eines Angebots. Dies folgt aus dem Grundsatz der Abschlussfreiheit als Teil der Vertragsfreiheit, die Gegenstand des folgenden Abschnitts ist.

### 2.3.3 Grundsatz der Vertragsfreiheit

Die Vertragsfreiheit, d. h. die Freiheit des Einzelnen, seine Lebensverhältnisse durch Vertrag eigenverantwortlich zu gestalten, ist die Haupterscheinungsform der **Privatautonomie**. Sie gehört zu den grundlegenden Prinzipien unserer Rechtsordnung und ist als Teil des Rechts auf freie Entfaltung der Persönlichkeit (Art. 2 Abs. 1 GG) verfassungsrechtlich gewährleistet[56], unterliegt aber den Schranken einer verfassungsmäßigen Ordnung.[57] Der Einzelne kann danach frei entscheiden, ob und mit wem er einen Vertrag schließt (Abschlussfreiheit) und welchen Inhalt der Vertrag haben soll (Inhaltsfreiheit).

Ein wesentlicher Bestandteil des **Grundsatzes der Vertragsfreiheit** ist die **Abschlussfreiheit**. Darunter versteht man die Freiheit, ein Vertragsangebot anzunehmen oder abzulehnen. In bestimmten Fällen schützt das Gesetz den rechtsgeschäftlich Handelnden, wenn er dessen Risiken nicht oder nicht ausreichend einschätzen kann, etwa durch Vorschriften über die Geschäftsfähigkeit (§§ 104 bis 113 BGB), die Willensmängel (§§ 116 bis 124 BGB) und die Form des Rechtsgeschäfts (§§ 125 ff. BGB; z. B. § 311b Abs. 1, § 766 BGB). Hinzu kommen die Widerrufsrechte bei bestimmten Verbraucherverträgen, z. B. § 312g Abs. 1 BGB für Verträge, die außer-

---

[53] *Medicus*, BGB AT, Rn. 248 m. w. N; *Wolf/Neuner*, § 37, Rn. 47.

[54] *Jacoby/von Hinden*, vor § 145 BGB, Rn. 2.

[55] BGHZ 95, 393, 399; *Medicus*, BGB AT, Rn. 250; *Wolf/Neuner*, § 37, Rn. 47 (mit Hinweis auf § 116 BGB); abweichend *Köhler*, BGB AT, § 8, Rn. 29.

[56] BVerfG NJW 1994, 36, 38.

[57] BVerfGE 12, 347; Palandt/*Ellenberger*, Einf. v. § 145 BGB, Rn. 7 m. w. N.

halb von Geschäftsräumen geschlossen werden (§ 312b BGB) und für Fernabsatzverträge (§ 312c BGB). Die negative Abschlussfreiheit einer Person, nämlich die
Freiheit, einen Vertragsabschluss zu verweigern, muss eingeschränkt werden, wenn
ein Dritter auf die Leistung dieser Person angewiesen ist und ihr die Erbringung
der Leistung zumutbar ist. Die Einschränkung der Privatautonomie erfolgt insoweit
durch Auferlegung eines Kontrahierungszwangs. Unter einem **Kontrahierungszwang (Abschlusszwang)** versteht man die kraft Gesetzes bestehende Verpflichtung, mit einem anderen einen von diesem gewünschten Vertrag zu schließen. Der
Kontrahierungszwang betrifft insbesondere Verkehrs- und Versorgungsbetriebe mit
einem öffentlichen Versorgungsauftrag (§ 20 EnWG, § 22 PBefG, § 3 EVO, § 21
Abs. 2 LuftVG, §§ 48, 49 BRAO).[58] Ein Kontrahierungszwang besteht unabhängig
von einer Monopolstellung aufgrund übergeordneter Ziele für Kfz- Haftpflichtversicherer (§ 5 Abs. 2 PflVG) oder für die privaten Krankenversicherer (§ 193 Abs. 5
VVG). Darüber hinaus unterliegen einem mittelbaren Abschlusszwang Betriebe mit
monopolartiger Stellung im Bereich der Daseinsvorsorge gegenüber den Endver-
brauchern, sofern die Ablehnung eines Vertragsabschlusses eine vorsätzliche sittenwidrige Schädigung nach § 826 BGB darstellt.[59] Soweit es um die Rechtsbeziehung
von Unternehmen geht, hat das kartellrechtliche Diskriminierungsverbot (§§ 19, 20
GWB) die Regelung des § 826 BGB verdrängt. Marktbeherrschende Unternehmen
unterliegen nach dem Gesetz gegen Wettbewerbsbeschränkungen ebenfalls einem
Abschlusszwang, soweit eine Ablehnung oder Lieferverweigerung gegen das kartellrechtliche Diskriminierungsverbot verstößt.[60]

---

**Beispiel**

L war in Deutschland alleiniger Lieferant von „Rossignol"-Skier. Er stellte die
Belieferung des großen Sportfachgeschäfts S ein, weil es die Skier unter dem ge-
wünschten Endverkaufspreis weiterverkaufte und damit „Unruhe" in den Markt
brachte. S erhob Klage auf Weiterbelieferung, weil es die Marke Rossignol im
Sortiment führen musste, um konkurrenzfähig zu bleiben. S war insoweit von
L abhängig. Die Liefersperre war auch sachlich nicht gerechtfertigt, weil der
Wiederverkäufer in seiner Preisgestaltung frei sein soll. L war daher zur Weiter-
belieferung verpflichtet.[61]

---

Inwieweit darüber hinaus eine Verpflichtung zum Vertragsabschluss besteht, hängt
im Einzelfall davon ab, ob es sich um Güter- oder Dienstleistungen von lebenswich-
tiger Bedeutung handelt (u. U. auch kulturelle Angebote) und für den Kunden keine
zumutbare Ausweichmöglichkeit besteht, insbesondere bei einer Monopolstellung.

---

[58] *Jacoby/von Hinden*, vor § 145 BGB, Rn. 3.
[59] BGH, NJW 1990, 761; *Köhler*, BGB AT, § 8, Rn. 46; *Jacoby/von Hinden*, vor § 145 BGB, Rn. 3.
[60] Palandt/*Ellenberger*, Einf. v. § 145 BGB, Rn. 9; *Köhler*, BGB AT, § 8, Rn. 47.
[61] BGH, NJW 1976, 801 – „Rossignol-Fall"; *Köhler*, BGB AT, § 8, Rn. 44 ff.

Die **Abschlussfreiheit** wird weiterhin durch das **Allgemeine Gleichbehandlungsgesetz (AGG) beschränkt.** Danach ist eine Benachteiligung aus Gründen der Rasse, wegen der ethnischen Herkunft, des Geschlechts, der Religion oder Weltanschauung, einer Behinderung, des Alters und der sexuellen Identität (im Arbeits- und Zivilrecht) in unterschiedlichem Umfang verboten (§§ 1, 2 Abs. 1 Nr. 1, 8 AGG). Dies gilt u. a. für die Einstellung von Arbeitnehmern und für Verträge über die Versorgung mit Gütern und Dienstleistungen (einschließlich Vermietung von Wohnraum), die öffentlich angeboten werden. Deshalb dürfen Arbeitgeber nicht mehr frei entscheiden, ob sie nur eine Frau, einen Mann, einen jüngeren oder älteren Bewerber, einen deutschen oder ausländischen Bewerber beschäftigen. So dürfen Anbieter von Waren (z. B. Kaufhäuser) oder Dienstleistungen (z. B. Restaurants oder Bars), Vermieter (z. B. Großvermieter, Hotels) und Versicherungsgesellschaften ihr Angebot nicht auf deutsche Käufer, Besucher, Mieter oder Versicherungsnehmer beschränken. In den §§ 8 bis 10, 20 AGG sind Ausnahmetatbestände vorgesehen. Die Auswahl des Vertragspartners ist etwa dann zulässig, wenn sie durch das Vorliegen eines sachlichen Grundes gerechtfertigt ist; soweit zwischen den Vertragspartnern ein besonderes Nähe- oder Vertrauensverhältnis besteht, gilt das Diskriminierungsverbot ebenfalls nicht. Bei einem Verstoß gegen das zivilrechtliche Benachteiligungsverbot (§ 19 AGG) hat der Benachteiligte einen Beseitigungsanspruch nach § 21 Abs. 1 S. 1 AGG und bei Wiederholungsgefahr nach § 21 Abs. 1 S. 2 AGG einen Unterlassungsanspruch. Zudem kann er Schadensersatzanspruch nach § 21 Abs. 2 S. 1 AGG verlangen, es sei denn, der Benachteiligende hat die Pflichtverletzung nicht zu vertreten. Bei immateriellen Schäden besteht zudem nach § 21 Abs. 2 S. 3 AGG ein Anspruch angemessene Entschädigung. Ausnahmsweise kann der Benachteiligte einen Vertragsabschluss verlangen, wenn es ohne den Verstoß zum Vertragsabschluss gekommen wäre; das OLG Stuttgart sprach einem farbigen Jugendlichen, der wegen seiner Hautfarbe von einem Türsteher einer Diskothek abgewiesen wurde, einen Entschädigungsanspruch (900 €) zu.[62] Im Arbeitsrecht schließt § 15 Abs. 6 AGG einen Anspruch auf Begründung eines Beschäftigungs- oder Ausbildungsverhältnisses eindeutig aus; der Betroffene ist also auf Schadensersatzansprüche verwiesen.

Das Prinzip der **Inhaltsfreiheit** beinhaltet das Recht, vom Gesetz abzuweichen und sogar andere – gesetzlich nicht normierte – Vertragstypen zu wählen bzw. Vertragstypen miteinander zu kombinieren (z. B. Leasingvertrag, Franchisevertrag). Besitzt der Handelnde eine intellektuelle und/oder wirtschaftliche Überlegenheit, dann ist das Verhandlungsgleichgewicht gestört, so dass der Vertragspartner schutzwürdig ist. Zu den Schutzvorschriften zählen im Allgemeinen Teil des BGB die Regelungen, die auf alle Verträge anwendbar sind, vor allem die §§ 134, 138 BGB. Im Bereich des **Schuldrechts** sind die meisten Regelungen dispositiv, d. h. sie finden Anwendung, soweit sie von den Parteien nicht ausgeschlossen oder abgeändert werden. Wenn allerdings ein typisches Verhandlungsungleichgewicht vorliegt, enthält das Gesetz zwingende, d. h. nicht vertraglich abänderbare Vorschriften, etwa im Bereich des Wohnungsmietrechts, im Reiserecht (§§ 651a ff. BGB), im Recht

---

[62] OLG Stuttgart, NJW 2012, 1085.

der Allgemeinen Geschäftsbedingungen (vgl. §§ 305 ff. BGB) oder beim Verbraucherkaufvertrag (§§ 474 ff. BGB).[63] Das **Sachenrecht** regelt im Unterschied zum Schuldrecht nicht die obligatorischen Rechte und Pflichten zwischen Personen, sondern es betrifft die Rechtsbeziehung von Personen an Sachen. Diese Rechte sind „absolut", d. h. sie wirken gegenüber jedermann. Deshalb muss auch verständlicherweise durch das Gesetz dafür Sorge getragen werden, dass diese Rechte auch von jedermann zu erkennen sind. Um dies zu gewährleisten, lässt das Gesetz bei sachenrechtlichen Verträgen nur eine Auswahl zwischen bestimmten, scharf umrissenen dinglichen Rechten, wie vor allem dem Eigentumsrecht, zu. Es besteht also Typenzwang („numerus clausus des Sachenrechts"). Auch die Übertragung solcher Rechte ist festgelegt. So ist z. B. die Übertragung von Eigentum an beweglichen Sachen nur in den vom Gesetz in den §§ 929 bis 931 BGB bereitgestellten Formen möglich. Im Interesse des Rechtsverkehrs an einer leichteren Überprüfbarkeit der Eigentumsverhältnisse ist eine Abweichung hiervon nicht möglich. Die Inhaltsfreiheit ist ebenso im **Familienrecht** erheblich eingeschränkt. Auch im **Erbrecht**, das die vermögensrechtlichen Folgen beim Tod einer Person regelt, bestehen größtenteils zwingende Rechtsvorschriften, z. B. in Bezug auf die Erbfolge im Falle eines Testaments oder Erbvertrags.

Im vorhergehenden Abschnitt wurden die Anforderungen an das Vorliegen einer Willenserklärung und die Voraussetzungen für das Zustandekommen eines Vertrages behandelt. Im nächsten Abschnitt geht es um die rechtlichen Folgen, wenn die Abgabe von Willenserklärungen durch Willensmängel beeinflusst ist.

### 2.3.4 Dissens

Stimmen Angebot und Annahme überein, kommt – wie oben erwähnt – ein Vertrag zustande; dagegen hindert eine Nichtübereinstimmung (Dissens) den Vertragsabschluss. Kennzeichnend für einen Dissens ist, dass die bereits einer Auslegung unterzogenen **Erklärungen nicht übereinstimmen**. Während bei einem Irrtum eine Inkongruenz von Wille und Erklärung vorliegt (die abgegebenen Erklärungen sich aber decken), besteht beim Dissens eine Inkongruenz von beiden Erklärungen. So kann etwa ein Irrtum auch bei einer nicht empfangsbedürftigen Willenserklärung möglich sein, während ein Dissens nur beim Vertragsabschluss auftritt.

Ergibt die Auslegung (§§ 133, 157 BGB), dass sich die Parteien nicht oder nicht vollständig geeinigt haben, liegt ein **Einigungsmangel (Dissens)** vor. Je nachdem, ob dies den Parteien bewusst war oder nicht, unterscheidet man zwischen einem offenen oder versteckten Dissens. Auf dieser Unterscheidung beruhen die Auslegungsregeln der § 154 BGB (offener Dissens) und § 155 BGB (versteckter Dissens).

Haben sich die Parteien noch nicht über die unverzichtbaren („wesentlichen") Vertragspunkte (*essentialia negotii*) geeinigt, ist kein Vertrag zustande gekommen, z. B. wenn die Parteien unterschiedliche Vorstellungen über den Kaufpreis haben. Anders ist es, wenn es sich um einen bloßen Nebenpunkt handelt und im Übrigen

---

[63] Vgl. Palandt/*Ellenberger*, Einf. v. § 145 BGB, Rn. 13 ff.

Einigkeit besteht. Ob eine vertragliche Bindung gewollt ist, wenn noch mehrere Punkte ungeregelt blieben, ist durch Auslegung zu ermitteln. Nach der Auslegungsregel in § 154 Abs. 1 BGB gilt im Zweifel der Vertrag als nicht geschlossen.

Beim „**versteckten Dissens**" (§ 155 BGB) nimmt dagegen mindestens eine Vertragspartei eine solche Einigung an. Hinsichtlich der Rechtsfolgen ist zu unterscheiden: Betrifft der Dissens wesentliche Vertragsbestandteile, so ist kein Vertrag zustande gekommen. Zu einem solchen Mißverständnis es dann kommen, wenn die Parteien objektiv mehrdeutige Erklärungen abgeben. Schulbeispiel ist der sog. Dollar-Fall, wenn bei der Festsetzung des Kaufpreises sowohl amerikanische als auch kanadische Dollar gemeint sein konnten. Betrifft der Vertrag lediglich Nebenpunkte, so findet die Auslegungsregel des § 155 BGB Anwendung. Es gilt das Vereinbarte, sofern anzunehmen ist, dass die Parteien den Vertrag auch ohne Bestimmung über diesen Punkt geschlossen haben würden.

Im folgenden Abschnitt geht es um die Teilnahme von nicht oder nicht voll geschäftsfähigen Personen am Rechtsverkehr. Hierzu zählen insbesondere die Rechtsgeschäfte von Minderjährigen.

## 2.4  Wirksamkeitsvoraussetzungen des Rechtsgeschäfts

### 2.4.1  Geschäftsfähigkeit

Die **Geschäftsfähigkeit** ist die Fähigkeit, Willenserklärungen wirksam abgeben und entgegennehmen und somit am Rechtsverkehr teilnehmen zu können. Die Privatautonomie ermöglicht es dem Einzelnen, Rechtsgeschäfte nach seinem Willen abzuschließen. Dies ist aber nur dann sinnvoll, wenn der Handelnde die Folgen seiner rechtsgeschäftlichen Erklärungen verstehen kann; er muss deshalb ein Mindestmaß an Einsichts- und Urteilsfähigkeit besitzen, also geschäftsfähig sein. Das Gesetz sagt im Interesse des Rechtsverkehrs nicht positiv, wer geschäftsfähig ist, sondern bestimmt nur, wann eine Person **geschäftsunfähig** ist. Es wird die fehlende Geschäftsfähigkeit von Altersstufen und von einer Störung der geistigen Gesundheit abhängig gemacht. Die §§ 104 ff. BGB enthalten Schutzvorschriften zugunsten des Minderjährigen und der anderen in den Paragraphen genannten Personen. Danach sind die Willenserklärungen von Minderjährigen unter 7 Jahren nichtig (§§ 104 Nr. 1, 105 BGB). So kann z. B. ein sechsjähriges Kind, da es rechtsfähig ist, Eigentümer eines Grundstücks sein, jedoch nicht wirksam Rechtsgeschäfte tätigen, selbst wenn es sich um den Kauf eines Spielzeugautos handelt. Für bestimmte familien- und erbrechtliche Rechtsgeschäfte bestehen Sonderregeln, so etwa hinsichtlich der Ehefähigkeit (§§ 1303 ff. BGB) und der Testierfähigkeit (§ 2229 BGB). Nichtig sind ebenso Willenserklärungen von Personen, die sich in einem, die freie Willensbestimmung ausschließenden Zustand krankhafter Störung der Geistestätigkeit befinden, sofern nicht der Zustand seiner Natur nach vorübergehend, z. B. aufgrund von Volltrunkenheit, ist (§§ 104 Nr. 2, 105 BGB); die Willenserklärung eines Volltrunkenen ist nach § 105 Abs. 2 BGB („vorübergehende Störung der Geistestätigkeit") nichtig; im Einzelfall kann die Feststellung der Trunkenheit schwierig sein; derjenige, der sich auf die Nichtigkeit aus diesem Grunde beruft, ist dafür beweispflichtig; verbleiben ernsthafte Zweifel, ist der Beweis nicht geführt.[64] Die krankhafte Störung der Geistestätigkeit kann auf einen bestimmten Lebensbereich beschränkt sein, z. B. bei krankhafter Querulanz in Rechtsstreitigkeiten (während für die übrigen Bereiche Geschäftsfähigkeit gegeben ist).

Soweit ein Volljähriger aufgrund einer psychischen Krankheit oder einer körperlichen, geistigen oder seelischen Behinderung ganz oder teilweise seine Angelegenheiten nicht mehr selbst besorgen kann, kann das Vormundschaftsgericht auf seinen Antrag oder von Amts wegen für ihn einen **Betreuer** (§ 1896 Abs. 1 BGB) bestellen, allerdings nur für die Aufgabenkreise, in denen eine Betreuung erforderlich ist (§ 1903 Abs. 2 BGB). Dieser hat die Stellung eines gesetzlichen Vertreters. Falls erforderlich, kann das Gericht einen Einwilligungsvorbehalt anordnen.

Nach § 105a BGB ist das von einem Geschäftsunfähigen getätigte Geschäft ausnahmsweise wirksam, wenn es sich um ein solches des täglichen Lebens handelt, das mit geringwertigen Mitteln bewirkt werden kann und sobald Leistung und Gegenleistung bewirkt sind. Sinn und Zweck dieser Regelung ist die Stärkung der Eigenverantwortlichkeit des Geschäftsunfähigen und die Förderung seiner sozialen Emanzipation, nicht dagegen die Sicherheit des Rechtsverkehrs. Etwas anderes gilt nach § 105a S. 2 BGB bei einer erheblichen Gefahr für die Person oder das Vermögen des Geschäftsunfähigen.

Minderjährige zwischen 7 und 18 Jahren sind **beschränkt geschäftsfähig** (§ 106 BB). Die Rechtsgeschäfte des beschränkt Geschäftsfähigen sind im Gegensatz zu denen des Geschäftsunfähigen nicht unheilbar nichtig, sondern **schwebend unwirksam**. Das bedeutet, dass sie von der Einwilligung oder Genehmigung des gesetzlichen Vertreters abhängig sind, wenn es sich um eine Willenserklärung handelt, durch die er nicht lediglich einen rechtlichen Vorteil erlangt (§ 107 BGB). Bei der beschränkten Geschäftsfähigkeit ist daher zu unterscheiden zwischen zustimmungsbedürftigen und nicht zustimmungsbedürftigen Rechtsgeschäften. Hinsichtlich der Frage, ob ein Rechtsgeschäft für einen Minderjährigen „lediglich rechtlich vorteilhaft" und damit nicht zustimmungsbedürftig ist, kommt es allein auf die rechtlichen Folgen für den Minderjährigen an, nicht dagegen auf eine wirtschaftliche Betrachtungsweise. Zustimmungsfrei sind zunächst solche Rechtsgeschäfte, an denen der Minderjährige als Vertreter beteiligt ist („rechtlich neutrales Geschäft").

Ein zustimmungsbedürftiges Rechtsgeschäft liegt immer dann vor, wenn der Minderjährige eine rechtliche Verpflichtung eingeht. Unerheblich ist, ob es sich aus wirtschaftlicher Sicht um ein günstiges Geschäft handelt; für die Frage der Zustimmungsbedürftigkeit reicht allein die rechtliche Verpflichtung. Ein Verpflichtungsgeschäft ist nur dann zustimmungsfrei, wenn der Minderjährige daraus nur einen Anspruch erwirbt, selbst aber keine Verpflichtung eingeht, z. B. bei der Schenkung (§ 518 BGB). Bringt das Verfügungsgeschäft, d. h. das Rechtsgeschäft, das auf ein bestehendes Recht unmittelbar einwirkt, insbesondere durch eine Übertragung oder Aufhebung eines Rechts, für den Minderjährigen einen Rechtsverlust, z. B. eine Kaufpreiszahlung, ist das Geschäft zustimmungsbedürftig. Bringt die Verfügung

---

[64] Vgl. BGH, NJW 1991, 852; i. d. R ab 3 Promille.

für den Minderjährigen einen Rechtserwerb oder einen sonstigen rechtlichen Vorteil mit sich, z. B. bei einem Kauf der Eigentumserwerb durch den Vertragspartner, ist sie zustimmungsfrei. Stellt sich z. B. im Falle eines Kaufvertrages heraus, dass die Zustimmung der Eltern als gesetzliche Vertreter nicht vorliegt, ist zunächst der Kaufvertrag als Verpflichtungsgeschäft zustimmungspflichtig; entsprechendes gilt für die Übereignung des Geldes, da sie für den Minderjährigen einen rechtlichen Nachteil bedeutet. Dagegen ist die Übereignung der Sache an ihn zustimmungsfrei und damit wirksam. Außer Betracht bleibt hier zunächst, dass er die Sache im Falle der Unwirksamkeit des Kaufvertrages, wenn die Eltern die Genehmigung verweigern sollen, zurückgeben muss. Die Herausgabepflicht richtet sich dann nach §§ 812 ff. BGB, wobei er durch § 818 Abs. 3 BGB vor einer Beeinträchtigung seines sonstigen Vermögens geschützt wird. Schwierig ist die Beurteilung von Grundstücksschenkungen. Auch hier ist zwischen Verpflichtungs- und Verfügungsgeschäften zu trennen.[65] Während das Schenkungsversprechen lediglich rechtlich vorteilhaft und damit zustimmungsfrei ist, kommt es bei der Verfügung, d. h. der Übereignung durch Auflassung (§ 925 BGB) und Eintragung (§ 873 BGB) darauf an, ob der Minderjährige für die mit dem Erwerb verbundenen Verpflichtungen nicht nur dinglich, sondern auch persönlich mit seinem Vermögen haftet. Selbst im letzteren Fall soll – unter Berücksichtigung des Schutzzwecks des § 107 BGB – kein rechtlicher Nachteil gegeben sein, wenn sie ihrer abstrakten Natur nach typischerweise keine Gefährdung des Vermögens des Minderjährigen mit sich bringen. Das ist dann anzunehmen, wenn die Belastungen i. d. R aus den laufenden Erträgen des Grundstücks gedeckt werden können, z. B. Grundsteuern[66], nicht dagegen bei Belastungen mit Erschließungsbeiträgen oder vermieteten bzw. verpachteten Grundstücken.[67] Ist Zustimmungsbedürftigkeit gegeben, führt dies bei einer Grundstücksschenkung der Eltern an ihre Kinder dazu, dass ein **Ergänzungspfleger** eingeschaltet werden muss (§ 1909 BGB). Die Eltern können ihr Kind bei der Annahme des Übereignungsangebots wegen des Verbots des Selbstkontrahierens (§ 181 BGB) nicht wirksam vertreten und sind demzufolge auch von der Erteilung der Einwilligung ausgeschlossen.[68]

Ein Minderjähriger kann nach h. M. eine ihm geschuldete Leistung nur dann wirksam als Erfüllung nach § 362 Abs. 1 BGB annehmen mit der Folge, dass sein Anspruch auf diese Leistung erlischt, wenn der gesetzliche Vertreter zustimmt, da der Untergang der Leistungsverpflichtung für den beschränkt Geschäftsfähigen rechtlich nachteilig wäre.[69]

Sofern eine **Einwilligung** des gesetzlichen Vertreters (§ 107 BGB) zu einem Rechtsgeschäft des Minderjährigen vorliegt, kann der „beschränkt Geschäftsfähige" das Rechtsgeschäft wirksam tätigen. Die Einwilligung kann sich auf ein bestimmtes Geschäft, z. B. den Kauf eines Fahrrades, oder auf eine ganze Reihe von

---

[65] BGH, NJW 2010, 3643; 2005, 415, 417; vgl. anschaulich *Schmidt*, Rn. 977 ff.

[66] BGHZ 161, 170, 179.

[67] BGH, NJW 2005, 1430, 1431.

[68] *Köhler*, BGB AT, § 10, Rn. 16 ff. m. w. N.

[69] *Köhler*, BGB AT, § 10, Rn. 18.

– zunächst nicht bestimmten – Rechtsgeschäften beziehen. Letzteres ist etwa der Fall, wenn die Eltern dem Minderjährigen die Erlaubnis zu einer Ferienreise gegeben haben; in diesem Fall bezieht sich die Einwilligung auf alle mit der Reise zusammenhängenden Geschäfte, z. B. Kauf von Speisen und Getränken, Buchung von Zimmern, Kauf von Fahrkarten.

Das Gesetz enthält darüber hinaus bestimmte Einwilligungstatbestände in den §§ 110, 112 und 113 BGB. In den Fällen der §§ 112, 113 BGB ist der Minderjährige für die genannten Bereiche (§ 112 BGB, Betreiben eines Erwerbsgeschäfts; § 113 BGB, „Dienst- und Arbeitsverhältnis") unbeschränkt geschäftsfähig. § 110 BGB ist ein Sonderfall der Einwilligung. Danach ist ein von einem Minderjährigen geschlossener Vertrag als von Anfang an wirksam anzusehen, wenn der Minderjährige die vertragsgemäße Leistung mit Mitteln bewirkt, die ihm zu diesem Zweck oder zu freier Verfügung von dem Vertreter oder mit dessen Zustimmung von einem Dritten überlassen worden sind („**Taschengeldparagraph**"). § 110 BGB bedeutet zunächst jedoch keine Generaleinwilligung in alle Geschäfte, die mit den überlassenen Mitteln zu erfüllen sind (Auslegung). Dies würde einen Vertrag, den ein Minderjähriger geschlossen hat, sofort wirksam werden lassen, ohne Rücksicht darauf, ob er den Vertrag noch erfüllen kann oder nicht. Vielmehr ist die Überlassung von Mitteln im Allgemeinen lediglich als Zustimmung zu den Kausalgeschäften, die der Minderjährige mit diesen Mitteln tatsächlich erfüllt, zu werten, z. B. nicht Verträge, durch die sich der Minderjährige zu Ratenzahlungen verpflichtet. Das Kausalgeschäft (z. B. Kaufvertrag) soll nicht bereits mit seinem Abschluss, sondern erst mit der Erfüllung, dann allerdings rückwirkend (ex tunc), wirksam werden.[70] Der Ratenkauf wäre erst mit Zahlung der letzten Rate wirksam. Die Zustimmung erfasst auch das Erfüllungsgeschäft, da sonst der Minderjährige nicht wirksam erfüllen könnte. Das von dem Minderjährigen abgeschlossene Kausalgeschäft (z. B. Kaufvertrag) muss sich im Rahmen der vom gesetzlichen Vertreter gesetzten Grenzen halten. Die Reichweite dieser Einwilligung ist durch Auslegung zu ermitteln. Auch ein „zur freien Verfügung" überlassenes Taschengeld deckt im Zweifel nur Geschäfte, die sich mit dem erzieherischen Zweck des Taschengeldes vereinbaren lassen, z. B. nicht etwa der Kauf pornographischer Literatur. Ob der Minderjährige über Gegenstände, die er mit dem „Taschengeld" erworben hat (Surrogate), frei verfügen darf, ist ebenfalls eine Auslegungsfrage. Sie ist bei geringwertigen Gegenständen i. d. R zu bejahen, bei hochwertigen dagegen nicht. Kauft sich der Minderjährige von seinem Taschengeld ein Los für 2 € und gewinnt damit 4000 €, darf er von dem Gewinn kein Auto kaufen.[71] § 110 BGB schafft damit keinen zusätzlichen Tatbestand des Wirksamwerdens, sondern stellt nur eine Auslegungsregel dar.

---

[70] *Jacoby/von Hinden*, § 110 BGB, Rn. 1; *Köhler*, BGB AT, § 10, Rn. 25.
[71] RGZ 74, 234; *Jacoby/von Hinden*, § 110 BGB, Rn. 2.

## 2.4.2  Formvorschriften

Das BGB geht vom **Grundsatz der Formfreiheit** aus. Dieser Grundsatz bedeutet, dass die von den Personen getätigten Rechtsgeschäfte „formlos", d. h. ohne Beachtung einer vom Gesetz oder vertraglich vereinbarten Form gültig sind. Die Anordnung von Formvorschriften hat mehrere Funktionen:

- Beweisfunktion,
- Warnfunktion,
- Belehrungsfunktion sowie
- Kontrollfunktion.

Ist vom Gesetz die Einhaltung einer bestimmten Form vorgeschrieben, so ist das Rechtsgeschäft im Falle der Nichteinhaltung gem. § 125 S. 1 BGB grundsätzlich **nichtig**. Bei vollzogenen Arbeits- oder Gesellschaftsverträgen wirkt die Geltendmachung der Formnichtigkeit nur ex nunc. Soll ein formbedürftiges Rechtsgeschäft von einem Stellvertreter vorgenommen werden, so bedarf die Bevollmächtigung zu diesem Geschäft grundsätzlich nicht der Form. Das Gericht hat die Formnichtigkeit von Amts wegen zu beachten. Bei der Nichtbeachtung der durch Rechtsgeschäft bestimmten Form (§ 125 S. 2 BGB) hat dies nur im Zweifel gleichfalls die Nichtigkeit zur Folge. Die Tragweite der Nichteinhaltung ist durch Auslegung zu ermitteln. Soll die vereinbarte Form lediglich der Beweissicherung oder Klarstellung dienen (und nicht als Wirksamkeitsvoraussetzung), ist das Rechtsgeschäft auch bei Nichteinhaltung der Form wirksam.[72]

**Schriftform** (§§ 126 BGB) bedeutet, dass die Erklärung schriftlich (nicht unbedingt handschriftlich) aufgesetzt und diese Urkunde von dem Aussteller „eigenhändig" zu unterzeichnen ist; eine Unterzeichnung durch einen Stellvertreter ist zulässig, der seine Vertreterstellung deutlich macht. Im Allgemeinen Teil des BGB ist Schriftform vorgesehen in den §§ 32 Abs. 2, 37 Abs. 1, 81 Abs. 1, 111 S. 2 BGB, im Schuldrecht in den §§ 368, 409, 410, 416 Abs. 2, 550, 623, 761, 766, 780, 781, 793 BGB und im Sachenrecht in § 1154 BGB. Das Schriftformerfordernis erfüllt vier Funktionen, und zwar Abschluss-, Identitäts-, Echtheits-, und Warnfunktion. Es ist nicht erfüllt bei einem Faksimilestempel oder der Übersendung eines Fax; so befindet sich zwar beim Fax die Unterschrift auf der Originalurkunde, diese ist jedoch nicht zugegangen und damit nicht wirksam.[73]

Mit der **elektronischen Form** (§ 126a BGB) kann nach § 126 Abs. 3 BGB die schriftliche Form grundsätzlich ersetzt werden, wenn hierüber zwischen den Parteien Einverständnis besteht.[74] Soll nach § 126a BGB die gesetzlich vorgeschriebene Schriftform durch die elektronische Form ersetzt werden, so muss der Aussteller

---

[72] Palandt/*Ellenberger*, § 125 BGB, Rn. 12.

[73] Vgl. BGH, NJW 1993, 1126; z. B. bei einer Bürgschaftserklärung per Fax; vgl. auch OLG München, NJW 2012, 3584; danach fehlt es bei einer Unterschrift auf einem Schreibtablett (Unterschriftenpad) mangels schriftlicher Verkörperung der Erklärung an einer Urkunde.

[74] Hierzu Palandt/*Ellenberger*, § 126a BGB, Rn. 6; *Brox/Walker*, BGB AT, Rn. 304a.

der Erklärung dieser seinen Namen zufügen und das elektronische Dokument mit einer qualifizierten elektronischen Signatur gem. § 2 Nr. 2 und 3 Signaturgesetz (SigG) versehen (§ 126a Abs. 1 BGB). Elektronische Signaturen sind Daten in elektronischer Form, die anderen elektronischen Daten beigefügt oder logisch mit ihnen verknüpft sind und zur Authentifizierung dienen. Als qualifiziert werden sie dann bezeichnet, wenn sie auf einem Zertifikat beruhen, das von einer qualifizierten Einrichtung (§ 2 Nr. 7 SigG) ausgestellt wurde, und mit einer sicheren Signaturerstellungseinheit erstellt wurde (§ 2 Nr. 10 SigG). Bei Verträgen müssen die Parteien jeweils ein den gesamten Vertragstext enthaltendes gleichlautendes Dokument mit ihrer elektronischen Signatur versehen (§ 126a Abs. 2 BGB); es genügt nicht, dass jede Partei nur ihre eigenen Angebots- bzw. Annahmeerklärungen signiert. Einzelheiten zu den Anforderungen an Zertifizierungsanbieter und zu den Sicherheitsvorkehrungen bei der Bereitstellung von Signaturschlüsseln regelt die Signatur-Verordnung (SigV). Eine E-Mail oder De-Mail erfüllen nur die Voraussetzungen der Textform. Die elektronische Form ist für eine Reihe an Rechtshandlungen ausgeschlossen, bei denen der Schutz vor Übereilung im Vordergrund steht, z. B. § 623 BGB („Kündigung" oder „Aufhebung" eines Arbeitsverhältnisses), § 630 BGB (Zeugniserteilung), § 766 S. 2 BGB (Bürgschaft), § 780 BGB (Schuldversprechen), § 781 BGB (Schuldanerkenntnis). § 126a BGB gilt im Zweifel auch im Falle einer gewillkürten Schriftform, jedoch sind die Voraussetzungen gem. § 127 Abs. 3 BGB weniger streng.

Die in § 126b BGB geregelte **Textform** soll dem Bedürfnis nach zunehmender Automatisierung Rechnung tragen. Es handelt sich um eine gegenüber der Schriftform erleichterte Form, bei der eine eigenhändige Unterschrift oder eine qualifizierte elektronische Signatur entbehrlich ist.

§ 126b BGB ist mit Umsetzung der VerbrRRL geändert und terminologisch angepasst worden. Nach der Regelung muss, wenn das Gesetz Textform vorschreibt, eine lesbare Erklärung, in der die Person des Erklärenden genannt ist, auf einem dauerhaften Datenträger abgegeben werden. Ein dauerhafter Datenträger ist jedes Medium, das es dem Empfänger ermöglicht, eine auf dem Datenträger befindliche, an ihn persönlich gerichtete Erklärung so aufzubewahren oder zu speichern, dass sie ihm während eines für ihren Zweck angemessenen Zeitraum zugänglich ist sowie auch geeignet ist, die Erklärung unverändert wiederzugeben. Derzeit erfüllen diese Voraussetzungen Papier, USB-Stick, CD-ROM, Speicherkarten, Festplatten und auch E-Mails (unabhängig davon, ob tatsächlich ein Ausdruck erfolgt) sowie ein Computerfax.

Die Textform kommt in den Fällen in Betracht, in denen sie im Gesetz ausdrücklich zugelassen ist (z. B. die Ausübung des Widerrufsrechts (§ 355 Abs. 1 S. 2 BGB) oder das Mieterhöhungsverlangen (§ 558a Abs. 1 BGB).[75]

Die **öffentliche Beglaubigung** (§ 129 BGB) ist in §§ 39, 40 BeurkundungsG näher geregelt. Sie bedeutet, dass die Echtheit der Unterschrift oder des Handzeichens von einem Notar beglaubigt wird. Der Notar bestätigt, dass die Unterschrift von der Person herrührt, die die Erklärung abgegeben hat. Die Beglaubigung erbringt nach

---

[75] Palandt/*Ellenberger*, § 126b BGB, Rn. 2 zum Anwendungsbereich.

§ 415 ZPO Beweis nur für die Echtheit der Unterschrift; er bezieht sich nicht auf den Inhalt der Urkunde. Sie ist z. B. vorgesehen für Anmeldungen zur Eintragung ins Handelsregister (§ 12 HGB) oder ins Vereinsregister (§ 77 BGB), für Erklärungen gegenüber dem Grundbuchamt (§ 29 Abs. 1 GBO), für die Erbschaftsausschlagung (§ 1945 BGB) oder bei der Ausstellung einer Urkunde über die Forderungsabtretung (§§ 403, 1154 BGB).

**Notarielle Beurkundung** (§§ 127a, 128 BGB) ist als strengstes Formerfordernis vorgesehen für besonders wichtige Rechtsgeschäfte. Hierzu zählen z. B. der Vertrag über die Veräußerung oder den Erwerb eines Grundstücks (§ 311b Abs. 1 BGB), der Erbverzichtsvertrag (§ 2348 BGB), der Erbschaftskauf (§ 2371 BGB), der Gründungsvertrag zur Errichtung einer GmbH (§ 2 GmbHG) oder das Schenkungsversprechen (§ 518 Abs. 1 BGB). Vereinzelt wird die gleichzeitige Anwesenheit der Beteiligten bei der Beurkundung verlangt, z. B. bei der Auflassung (§ 925 BGB), beim Ehevertrag (§ 1410 BGB) und beim Erbvertrag (§ 2276 BGB). Der Ablauf ist im **BeurkundungsG** geregelt. Die Erklärung wird nach vorangegangener Beratung durch den Notar diesem gegenüber abgegeben, von diesem niedergeschrieben, dem Erklärenden vorgelesen, von diesem genehmigt und unterschrieben sowie anschließend auch von dem Notar unterzeichnet. Die Beurkundung erbringt nach § 415 ZPO Beweis für die Abgabe der Erklärungen, nicht aber für deren inhaltliche Richtigkeit.

Wollen die Parteien die Rechtswirkungen eines formnichtigen Vertrages, müssen sie dieses unter Beachtung der Form abschließen (§ 141 BGB).

In bestimmten Fällen ist eine **Heilung des Formmangels** vorgesehen, so etwa durch Erfüllung des Schenkungsversprechens (§ 518 Abs. 2 BGB), durch Bewirken der versprochenen Leistung bei der Bürgschaft (§ 766 S. 3 BGB) und durch Auflassung und Eintragung bei der Grundstücksveräußerung bzw. beim Grundstückserwerb (§ 311b S. 2 BGB).

### 2.4.3 Inhaltliche Schranken

Nach dem Grundsatz der Privatautonomie ist der Einzelne frei darin, mit welchem Inhalt er ein Rechtsgeschäft vornimmt. Diese Inhalts- und Gestaltungsfreiheit ist jedoch im Interesse einer Vertragspartei oder der Allgemeinheit nicht uneingeschränkt gewährleistet. In diesem Abschnitt werden diese inhaltlichen Schranken, speziell der Verstoß gegen ein gesetzliches Verbot (§ 134 BGB) und das sittenwidrige Rechtsgeschäft (§ 138 BGB) näher dargestellt.

#### 2.4.3.1 Verstoß gegen ein gesetzliches Verbot

Rechtsgeschäfte müssen einen zulässigen Inhalt haben, um eine rechtliche Wirksamkeit entfalten zu können. Nach § 134 BGB ist ein Rechtsgeschäft, das gegen ein **gesetzliches Verbot** verstößt, nichtig, wenn sich aus dem Gesetz nichts anderes ergibt. Es muss also ein **Verbotsgesetz** vorliegen. Ob eine Rechtsnorm ein gesetzliches Verbot enthält und im Falle eines Verstoßes zur Nichtigkeit des Rechtsgeschäfts führt, lässt sich aus § 134 BGB nicht entnehmen. Hier ist im Wege der

Auslegung nach dem Sinn und Zweck der Gesetzesvorschrift zu ermitteln, ob die Nichtigkeit des Rechtsgeschäfts vorliegt.[76]

Durch § 134 BGB soll ein rechtswidriger Leistungsaustausch zwischen den Parteien verhindert werden. Richtet sich das Verbot nur gegen die äußeren Umstände, beispielsweise gegen den Ort, die Zeit oder die Art und Weise der Vornahme des Rechtsgeschäfts (**Ordnungsvorschrift**), so ist dieses grundsätzlich wirksam. Wird z. B. gegen das Ladenschlussgesetz verstoßen, indem nach Ladenschluss eine Sache verkauft wird, so bleibt das abgeschlossene Rechtsgeschäft wirksam, da der Sinn und Zweck des Gesetzes vor allem im Arbeitnehmerschutz besteht. Entscheidend ist aber stets der Schutzzweck des jeweiligen Gesetzes. Trifft das Verbot den Regelungsgehalt, d. h. den Inhalt des Rechtsgeschäfts, so ist dieses regelmäßig nichtig. Insbesondere bei einem Verstoß beider Parteien gegen ein **Inhaltsverbot** wird es grundsätzlich mit dem Sinn und Zweck der Norm unvereinbar sein, den wirtschaftlichen Erfolg des verbotenen Geschäfts hinzunehmen. Ein wesentliches Indiz für ein gesetzliches Verbot ist es insoweit, wenn das Verhalten für beide Beteiligten mit Strafe oder Bußgeld sanktioniert ist. Ein Verstoß gegen ein gesetzliches Verbot liegt z. B. vor bei Hehlergeschäften und bei einem Verstoß gegen das Schwarzarbeitsgesetz; im Falle der Schwarzarbeit bestehen mangels eines wirksamen Vertrages keine Mängelansprüche des Bestellers.[77] Wendet sich das Verbot demgegenüber nur gegen das Verhalten einer Partei, so ist besonders zu prüfen, ob das Rechtsgeschäft im Interesse der redlichen Partei nicht doch wirksam sein soll. Verträge, bei deren Abschluss nur eine der Parteien ein gesetzliches Verbot verletzt, sind regelmäßig gültig; so ist ein Werkvertrag auch dann wirksam, wenn der Bauhandwerker pflichtwidrig nicht in die Handwerksrolle eingetragen ist.[78] Einseitige Verbotsverstöße führen nur dann zur Nichtigkeit, wenn es mit dem Zweck des Verbotsgesetzes unvereinbar wäre, die durch das Rechtsgeschäft getroffene rechtliche Regelung bestehen zu lassen.[79] Ein Verstoß gegen ein gesetzliches Verbot liegt z. B. vor bei einem Verstoß gegen das Rechtsdienstleistungsgesetz oder das Jugendarbeitsschutzgesetz.[80]

### 2.4.3.2 Sittenwidrigkeit

Nach § 138 BGB sind Rechtsgeschäfte, die gegen die „**guten Sitten**" verstoßen, nichtig. Was dazu gehört, ist in Anlehnung an die Entstehungsgeschichte und die Rspr. nach dem „Rechts- und Anstandsgefühl aller billig und gerecht Denkenden" zu bestimmen.[81] Ein Verstoß hiergegen ist als sittenwidrig zu betrachten. Anknüpfungspunkt ist dabei nicht die „Sitte" oder „Sittlichkeit", sondern die bestehende Rechtsoder Sozialmoral in der Gemeinschaft oder der beteiligten Gruppe. Es ist

---

[76] *Brox/Walker*, BGB AT, Rn. 320.

[77] BGHZ 111, 308, 312 – „Schwarzarbeiter-Fall"; Palandt/*Ellenberger*, § 134 BGB, Rn. 22 ff.; *Köhler*, BGB AT, § 13, Rn. 12; *Schmidt*, Rn. 1169 ff.

[78] BGH, NJW 1984, 230.

[79] BGH, NJW 1991, 2955, 2956.

[80] Vgl. *Köhler*, BGB AT, § 13, Rn. 12a; *Brox/Walker*, BGB AT, Rn. 321 ff.

[81] BGH, NJW 1999, 2266, 2267; BGHZ 10, 228, 232; RGZ 80, 219.

hierbei auf die Auffassung eines „anständigen Durchschnittsmenschen" abzustellen.[82] Die Sittenwidrigkeit setzt einmal objektiv voraus, dass ein Sittenverstoß vorliegt. Zum anderen ist subjektiv erforderlich, dass der Handelnde die Umstände kennt, aus denen sich die Sittenwidrigkeit ergibt. Es ist nicht erforderlich, dass der Handelnde selbst sein Handeln für sittenwidrig hält. Die Rechtsfolge der Nichtigkeit bezieht sich grundsätzlich nur auf das Verpflichtungsgeschäft; das Verfügungsgeschäft ist wertneutral, da es lediglich auf eine Änderung der Güterzuordnung abzielt.

Aufgrund dieser abstrakten Anknüpfungspunkte ist die Frage, wann die Voraussetzungen des § 138 BGB vorliegen, nicht einfach zu beantworten. Zur Vereinfachung kann man **Fallgruppen** bilden.

So kann in der ersten Fallgruppe die Sittenwidrigkeit in dem bewusst schädigenden Verhalten eines Vertragspartners liegen. Das ist neben dem Anwendungsbereich des § 138 Abs. 2 BGB (Wucher oder wirtschaftliche Knebelung) vor allem dann der Fall, wenn der Vertragspartner seine Machtposition bewusst missbraucht, z. B. indem er sich übermäßig hohe Zinsen oder andere Sicherheiten für einen Kredit geben lässt (z. B. langfristige Bierlieferungsverträge, Bürgschaften vermögensloser Familienangehöriger). Aber auch Abwerbungsversuche mit Angestellten fremder Unternehmen können sittenwidrig sein, wenn der Angestellte dadurch zum Vertragsbruch gegenüber seinem derzeitigen Arbeitgeber verleitet wird; des Weiteren sind alle Schmiergeldversprechen sittenwidrig.[83] Andere Fälle beziehen sich darauf, dass beide Vertragsparteien bewusst einen Dritten schädigen oder gegen gewisse „ungeschriebene Gesetze" der Gesellschaft verstoßen. Zu denken ist in diesem Zusammenhang an die Verträge, die auf eine Belohnung oder Förderung der Unzucht gerichtet sind. Die Beurteilung von Verträgen, welche die Sexualmoral berühren, hat sich allerdings in den vergangenen Jahren gewandelt. So werden nunmehr Verträge über Telefonsex und Verträge mit Prostituierten nicht als sittenwidrig angesehen. Prostituierten steht kraft ausdrücklicher gesetzlicher Regelung (§ 1 Abs. 1 ProstG) eine wirksame Entgeltforderung zu, wenn sie „sexuelle Handlungen gegen ein vorher vereinbartes Entgelt vorgenommen" haben.[84]

## 2.5   Willensmängel

### 2.5.1   Einführung

Die Frage nach Willensmängeln stellt sich erst, wenn die Mindestvoraussetzungen einer Willenserklärung vorliegen. Nach ganz h. M. liegt eine Willenserklärung auch

---

[82] *Brox/Walker*, BGB AT, Rn. 329.

[83] Vgl. auch die Einzelfälle bei Palandt/*Ellenberger*, § 138 BGB, Rn. 24 ff.; anschaulich auch *Kindl/Feuerborn*, § 6, Rn. 39 ff; vgl. *Brox/Walker*, BGB AT, Rn. 329 zum sittenwidrigen Leihmuttervertrag, wenn das Kind zur „Handelsware" degradiert wird und dem Verbot durch das AdoptionsvermittlungsG.

[84] BGH, NJW 2008, 140.

dann vor, wenn der Erklärende zwar kein Erklärungsbewusstsein hatte, aber bei gehöriger Sorgfalt hätte erkennen und vermeiden können, dass seine Äußerung nach Treu und Glauben und der Verkehrssitte als Willenserklärung aufgefasst werden durfte und wenn der Empfänger sie auch tatsächlich so verstanden hat.[85] Der Geschäftswille, d. h. der Wille, das bestimmte Geschäft zu tätigen, ist für das Vorliegen einer Willenserklärung ohne Bedeutung. Fehlt dieser, dann wurde objektiv etwas anderes erklärt als subjektiv gewollt war; diese Inkongruenz kann unter Umständen zur Anfechtbarkeit führen. Solche Irrtümer lassen, wie sich aus §§ 119 ff. BGB ergibt, die Erklärung unberührt, berechtigen aber zur Anfechtung. Bei Willensmängeln wird unterschieden zwischen **bewusstem** und **unbewusstem Auseinanderfallen von Wille und Erklärung**.

### 2.5.2 Bewusstes Auseinanderfallen von Wille und Erklärung

Die Fälle des **bewussten Auseinanderfallens** von Wille und Erklärung sind in den §§ 116 bis 118 BGB gesetzlich geregelt. Kennzeichen dieser Willensmängel ist, dass der Erklärende bewusst etwas anderes äußert, als er tatsächlich will. Das Gesetz behandelt den geheimen Vorbehalt (§ 116 BGB), das Scheingeschäft (§ 117 BGB) und die Scherzerklärung (§ 118 BGB).

Ein **geheimer Vorbehalt** (§ 116 BGB) liegt vor, wenn der Erklärende eine Willenserklärung abgibt und sich insgeheim vorbehält, das Erklärte nicht zu wollen. Der Erklärende wird an seiner Erklärung festgehalten (§ 116 S. 1 BGB). Das Schutzinteresse des vertrauenden Vertragspartners geht vor, da dieser den Vorbehalt nicht kennt. Die Lage ändert sich jedoch, wenn dieser den Vorbehalt erkennt. Dann ist er auch nicht mehr schutzwürdig und kann den Erklärenden nicht mehr an der Erklärung festhalten. Dies hat zur Folge, dass der geheime Vorbehalt nichtig ist (§ 116 S. 2 BGB). Der geheime Vorbehalt unterscheidet sich von der Scherzerklärung nach § 118 BGB dadurch, dass der Erklärende in diesem Fall hofft, dass der Mangel an Ernsthaftigkeit erkannt wird.

---

**Beispiel**

K möchte auf einer Kunstauktion ein ganz bestimmtes Bild ersteigern. Um ihn zu ärgern, gibt sein Nachbar Z gleich zu Beginn der Versteigerung ein hohes Gebot ab, obwohl er selbst keine Kaufabsicht hatte. Z erhält der Zuschlag und ist an die Erklärung gebunden.

---

Beim **Scheingeschäft** werden Willenserklärungen mit dem Einverständnis des Erklärungsempfängers nur zum Schein abgegeben. Der Rechtsbindungswille fehlt, da die damit verbundenen Rechtsfolgen nicht gewollt sind.[86] Diese Willenserklärung ist nach § 117 S. 1 BGB nichtig. Nicht selten soll mit einem Scheingeschäft

---

[85] BGH, NJW 2010, 861; 2005, 2620, 2621; *Köhler*, BGB AT, § 7, Rn. 5.
[86] BGH, NJW 2011, 2785; 1980, 1572.

ein anderes, wirklich gewolltes, Rechtsgeschäft verdeckt werden und dadurch ein Dritter getäuscht werden. Nach § 117 Abs. 2 BGB finden in diesem Fall die für das verdeckte Rechtsgeschäft geltenden Vorschriften Anwendung, wobei seine Wirksamkeitsvoraussetzungen (Form, behördliche Genehmigung) vorliegen müssen. Wird etwa bei einem Grundstückskaufvertrag, um Grunderwerbssteuer und Beurkundungskosten zu sparen, ein niedrigerer Kaufpreis als der vereinbarte beurkundet (**Schwarzkauf**), so ist der beurkundete Vertrag gem. § 117 Abs. 1 BGB nichtig, der vereinbarte wegen §§ 311b Abs. 1 S. 1, 125 BGB ebenfalls. Der Vertrag kann jedoch durch Auflassung und Eintragung wirksam werden (§ 311b Abs. 1 S. 2 BGB).[87]

Das Scheingeschäft ist von den **Treuhand-, Strohmann- und Umgehungsgeschäften** zu unterscheiden. Nach h. M. greift § 117 Abs. 1 BGB in diesen Fällen nicht ein, da diese Rechtsgeschäfte, z. B. Übertragung von Forderungen zu treuen Händen, Lohnschiebungsverträge nicht nur zum Schein, sondern ernsthaft gewollt sind, wenn auch nicht mit allen Konsequenzen.[88]

Nach § 118 BGB ist eine nicht ernstlich gemeinte Willenserklärung, die in der Erwartung abgegeben wird, dass „der Mangel an Ernsthaftigkeit nicht verkannt werde", nichtig (**Scherzerklärung**). Jedoch hat er einem gutgläubigen Erklärungsempfänger den Vertrauensschaden zu ersetzen (§ 122 Abs. 1 BGB). Erkennt der Erklärende, dass der andere die Erklärung ernst nimmt, ist er nach Treu und Glauben gehalten, ihn über die fehlende Ernsthaftigkeit aufzuklären (§ 121 Abs. 1 BGB analog). Dieser Anspruch ist dann ausgeschlossen, wenn der Erklärungsempfänger die Nichternsthaftigkeit kennt oder die fehlende Ernsthaftigkeit infolge (leichter) Fahrlässigkeit nicht erkannt hat. In diesen Fällen fehlt es an einem Vertrauensschutz (§ 122 Abs. 2 BGB). Die praktische Bedeutung des § 118 BGB ist eher gering, denn in den meisten Fällen wird der Erklärungsempfänger die Nichternsthaftigkeit gleich erkennen.

### 2.5.3    Unbewusstes Auseinanderfallen von Wille und Erklärung

#### 2.5.3.1    Anfechtungsgründe

Das unbewusste Auseinanderfallen von Wille und Erklärung beruht auf einem **Irrtum** des Erklärenden. In diesen Fällen ist die Willenserklärung nicht von vornherein nichtig, sondern das Gesetz gewährt in bestimmten Fällen ein Anfechtungsrecht. Dadurch erhält der Anfechtungsberechtigte die Möglichkeit zur Vernichtung des ungewollten Rechtsgeschäfts. Nach dem Gesetz berechtigen nur die in den §§ 119 ff. BGB aufgezählten Irrtumsformen zur Anfechtung. Es wäre allerdings mit den Interessen des Geschäftsverkehrs nicht vereinbar, wenn man jeden Irrtum für beachtlich ansehen würde. Dies hätte eine erhebliche Rechtsunsicherheit zur Folge, da sich niemand mehr auf die Verbindlichkeit der von anderen abgegebenen Erklärungen

---

[87] BGH, NJW 1991, 1958.

[88] *Köhler*, BGB AT, § 7, Rn. 10 ff.

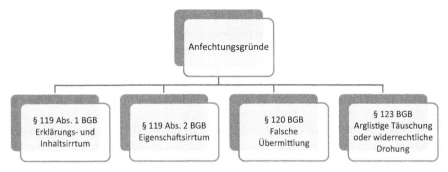

**Abb. 2.5** Anfechtungsgründe

verlassen könnte. Eine Anfechtung setzt deshalb das Vorliegen eines bestimmten Anfechtungsgrundes und eine Anfechtungserklärung voraus (Abb. 2.5).

Ein Anfechtungsgrund liegt nach § 119 Abs. 1, 1. Alt. BGB vor, wenn der Erklärende bei der Abgabe der Willenserklärung über deren Inhalt im Irrtum war („**Inhaltsirrtum**"). Hier liegt ein Irrtum über die Bedeutung der abgegebenen Erklärung vor. Der Erklärende „weiß zwar, was er sagt, aber er weiß nicht, was er damit sagt", d. h. er irrt sich über die Bedeutung seiner Erklärung.[89]

---

**Beispiele**

1. A bestellt bei einem Zeitschriftenverlag die Zeitschrift „Pig International" in der Annahme, es handele sich um ein Pornomagazin. Als die Zeitschrift bei ihm eintrifft, stellt er enttäuscht fest, dass es sich um eine Fachzeitschrift des Internationalen Schweinezüchterverbands handelt.
2. Die Leiterin einer Schule unterschrieb eine von einem Vertreter ausgefüllte Bestellung über „25 Gros Rollen Toilettenpapier, die Rolle zu 1000 Blatt". Sie wusste nicht, dass „Gros" 12 Dutzend (144 Stück) bedeutet, nahm vielmehr an, lediglich 25 große Rollen Toilettenpapier bestellt zu haben. Die Bezeichnung „Gros" ist zwar veraltet, gehört aber noch zum allgemeinen Sprachgebrauch. Unter Berücksichtigung der gesamten Umstände ergibt die Auslegung ihrer Erklärung eine Bestellung von 3600 Stück. Sie kann ihre Erklärung jedoch wegen Inhaltsirrtums nach § 119 Abs. 1 BGB anfechten.[90]

---

Nach § 119 Abs. 1, 2. Alt. BGB ist auch derjenige zur Anfechtung berechtigt, der bei Abgabe der Willenserklärung „eine Erklärung dieses Inhalts überhaupt nicht abgeben wollte". Der Erklärende „will nicht das, was er sagt". Man bezeichnet diese Irrtumsform auch als „**Erklärungsirrtum**". Dieser liegt vor bei einem Versprechen, Verschreiben oder Vertippen des Erklärenden. Nach § 120 BGB sind auch solche

---

[89] BGH, NJW 1995, 190, 191.
[90] LG Hanau, NJW 1979, 721; vgl. zur „Auslegung von Willenserklärung" vorhergehend unter 2.2.4.

Willenserklärungen anfechtbar, „welche durch die zur Übermittlung verwendete Person oder Einrichtung unrichtig übermittelt worden sind" (**Übermittlungsfehler**). Es handelt um eine besondere Form des Erklärungsirrtums. Erfasst wird von dieser Vorschrift nicht nur die unrichtige Übermittlung an den richtigen Empfänger, sondern auch die richtige Übermittlung an den falschen Empfänger.[91] § 120 BGB gilt nur für den Erklärungsboten, nicht für den Vertreter, der eine eigene Erklärung abgibt; für Willensmängel des Vertreters gilt § 166 BGB. Nimmt dagegen ein Empfangsbote eine Willenserklärung entgegen und informiert dieser den Empfänger falsch, so ist dies dessen Risiko. Unterläuft dem Sekretariat des A bei der Übermittlung eines Vertragsangebots ein Fehler, kann A nach § 120 BGB anfechten.

Grundsätzlich unbeachtlich ist der **Motivirrtum**. Es geht um Fälle, die das Motiv für die Abgabe der Erklärung betreffen („warum eine Willenserklärung abgegeben worden ist"). Enttäuschte Erwartungen können grundsätzlich eine Anfechtung nicht rechtfertigen. Es decken sich Wille und Erklärung, aber der Wille wurde auf einer fehlerhaften Grundlage gebildet. Kauft z. B. der Bräutigam beim Juwelier die Eheringe oder kauft sich die Braut in einer Boutique ein schickes Kleid für die Hochzeit und findet diese nicht statt, berechtigt das entfallene Motiv nicht zur Anfechtung. Für den Geschäftsgegner ist das Motiv regelmäßig ohne Bedeutung, es sei denn, es wurde ausdrücklich zum Inhalt des Vertrages gemacht.

Der **Kalkulationsirrtum**, bei dem der Erklärende in seiner Kalkulation einen Posten übersieht oder sich verrechnet (z. B. der Verkäufer irrt sich über Menge, Größe, Gewicht, Einstandspreis), ist jedenfalls dann ein unbeachtlicher **Motivirrtum**, wenn dem Geschäftspartner nur das Ergebnis der Berechnung mitgeteilt wird, nicht aber die Kalkulation im Einzelnen vorgelegt wird. Eine Anfechtung nach § 119 Abs. 2 BGB scheidet aus, da der Wert einer Sache keine verkehrswesentliche Eigenschaft ist. Der Anbieter trägt also das Risiko, dass seine Kalkulation zutrifft. Unbeachtlich ist, ob der Geschäftsgegner den Irrtum hätte erkennen können oder sogar positiv kannte.[92] Im Einzelfall kann der Ausschluss der Anfechtung ruinöse Folgen haben. Die Rspr. greift im Einzelfall mit § 242 BGB korrigierend ein, indem sie eine unzulässige Rechtsausübung annimmt, wenn der Geschäftsgegner ein Angebot akzeptiert und Vertragsdurchführung verlangt, obwohl er den Irrtum kannte bzw. sich die Kenntnis geradezu aufdrängen musste und die Vertragsdurchführung für den Anbieter schlechthin unzumutbar ist.[93] Ein **Rechtsfolgenirrtum**, d. h. ein Irrtum über die Rechtsfolgen, die seine Erklärung auslöst, ist ebenfalls grundsätzlich unbeachtlich.[94]

Einen weiteren Anfechtungsgrund stellt § 119 Abs. 2 BGB dar. Dieser betrifft den Irrtum über Eigenschaften einer Person oder einer Sache, die im Verkehr als wesentlich angesehen werden („**Eigenschaftsirrtum**"). Diese Irrtumsform ist dem Inhaltsirrtum nach dem Gesetz gleichgestellt und berechtigt daher ebenfalls zur An-

---

[91] *Köhler*, BGB AT, § 7, Rn. 22.

[92] BGHZ 139, 177, 181 ff.; *Köhler*, BGB AT, § 7, Rn. 25 mit Hinweis auf die *„falsa demonstratio non nocet"* im „Rubel-Fall" von RGZ 105, 406.

[93] BGHZ 139, 177, 181 ff.; *Köhler*, BGB AT, § 7, Rn. 25.

[94] *Jacoby/von Hinden*, § 119 BGB, Rn. 15.

fechtung. „**Eigenschaften einer Sache**" i. S. d. Vorschrift sind alle tatsächlichen und rechtlichen Verhältnisse, die infolge von Beschaffenheit und Dauer für die Brauchbarkeit und den Wert der Sache von Einfluss sind,[95] d. h. **alle wertbildenden Faktoren**, z. B. Urheberschaft eines Gemäldes[96], Bebaubarkeit eines Grundstücks, Leistungsfähigkeit einer Maschine, Goldgehalt einer Münze oder das Alter eines Gebrauchtwagens. Der Begriff „Sache" ist weit auszulegen und umfasst nicht nur körperliche Gegenstände (§ 90 BGB), sondern auch unkörperliche Gegenstände, insbesondere Rechte. Nicht zu den Eigenschaften zählt daher der Preis (= Wert) einer Sache, da dieser erst durch äußere Umstände bestimmt wird.[97] **Eigenschaften einer Person** sind Merkmale, die ihr für eine gewisse Zeit anhaften oder sie charakterisieren,[98] z. B. Kreditwürdigkeit, Zahlungsfähigkeit, Vorstrafen oder Gesundheitszustand. **Verkehrswesentlich** sind nach der Rspr. nur solche Eigenschaften, die von dem Erklärenden in irgendeiner Weise erkennbar dem Vertrag zugrunde gelegt worden sind, ohne dass er sie geradezu zum Inhalt seiner Erklärung gemacht haben muss.[99]

Die Anfechtung ist auch gegenüber dem Anfechtungsgegner zu **erklären** (vgl. §§ 142, 143 BGB). Sie muss nach § 121 BGB „ohne schuldhaftes Zögern" (**unverzüglich**) erfolgen, nachdem der Anfechtungsberechtigte von dem Anfechtungsgrund Kenntnis erlangt hat. Der Begriff „unverzüglich" wird im Gesetz an mehreren Stellen (z. B. § 377 HGB) verwendet, wobei stets die Legaldefinition in § 121 BGB maßgebend ist. Dem Erklärenden steht eine angemessene Überlegungsfrist zu. So kann je nach Sachlage auch die Einholung von juristischer Beratung noch als unverzüglich gelten. Unabhängig davon ist eine Anfechtung nach § 121 Abs. 2 BGB ausgeschlossen, wenn seit der Abgabe der Willenserklärung 10 Jahre vergangen sind. Nach § 122 BGB ist der Anfechtende dem Vertragspartner zum Schadensersatz verpflichtet; seine Ersatzpflicht ist aber begrenzt. Er hat lediglich den Schaden zu ersetzen, der dadurch entstanden ist, dass der andere auf die Gültigkeit des Vertrages vertraut hat (**Vertrauensschaden**), d. h. er muss ihn so stellen, als wäre vom Vertrag nie die Rede gewesen.[100]

Wird ein anfechtbares Rechtsgeschäft angefochten, ist es gem. § 142 BGB als von Anfang an (**ex-tunc**) nichtig anzusehen. Die Parteien sind dann verpflichtet, die bereits empfangenen Leistungen zurückzugewähren (§ 812 Abs. 1 S. 1 BGB). In bestimmten Fällen ist die Anfechtung eingeschränkt oder ausgeschlossen.

### 2.5.3.2 Einschränkungen und Ausschluss der Anfechtung

Die rückwirkende Nichtigkeit führt bei Dauerschuldverhältnissen, z. B. **Arbeits- und Gesellschaftsverträgen**, die bereits in Vollzug gesetzt worden sind, zu Abwicklungsproblemen. Wird ein Arbeitsvertrag wirksam angefochten, entstehen

---

[95] BGH, NJW 2001, 226, 227; RGZ 64, 269.

[96] BGH, NJW 1988, 2597, 2599.

[97] Palandt/*Ellenberger*, § 119 BGB, Rn. 26.

[98] BGH, NJW 1992, 1222.

[99] BGH, NJW 2001, 226, 227; RGZ 64, 269.

[100] BGH, NJW 1984, 1950.

nämlich gegenseitige Leistungspflichten, die einer Rückabwicklung nicht zugänglich sind.

So kann der Arbeitnehmer seine bereits erbrachte Arbeitsleistung nicht zurückfordern. Ansprüche des Arbeitnehmers auf Arbeitsentgelt, auf Kranken-, Unfalloder Rentenleistungen gegenüber den Sozialversicherungsträgern, auf Urlaub und auf ein Zeugnis aus dem Arbeitsverhältnis würden rückwirkend vernichtet werden, falls die Nichtigkeit im Anfechtungsfall auf den Zeitpunkt des Vertragsabschlusses zurückwirken würde. Der Arbeitgeber hat auch Beiträge zur Sozialversicherung abgeführt. Der Anfechtung soll damit die gleiche Wirkung wie einer Kündigung zukommen, d. h. nur mit **ex-nunc-Wirkung**. Entsprechendes gilt für den Gesellschaftsvertrag, nachdem eine Gesellschaft im Rechts- und Wirtschaftsverkehr ihre Tätigkeit aufgenommen hat. Die Anfechtung ist hier aus Gründen des Gläubigerschutzes und dem Schutz der Mitgesellschafter auf die Möglichkeit zur Kündigung reduziert. Die früher vertretene Lehre von den faktischen Vertragsverhältnissen ist abzulehnen; heute finden die Grundsätze über die **fehlerhafte Gesellschaft** Anwendung.[101]

Die Vorschrift des § 119 Abs. 2 BGB ist nach h. M. ausgeschlossen, soweit für den Erklärenden gleichzeitig wegen des Fehlens dieser Eigenschaft die Sachmängelrechte (Kauf-, Miet-, Werk- und Reisevertrag) in Betracht kommen.[102] Weist z. B. eine gekaufte Sache Mängel auf, so stehen dem Käufer ab Gefahrübergang (§ 446 BGB, i. d. R mit Übergabe) die Rechte aus § 437 BGB zu. Hierzu zählt der (vorrangige) Nacherfüllungsanspruch, das Rücktritts- und Minderungsrecht sowie u. U. ein Anspruch auf Schadensersatz. Hier könnte theoretisch auch ein Irrtum des Käufers über die Mangelfreiheit vorliegen. Das **Sachmängelrecht** geht jedoch der Anfechtung nach § 119 Abs. 2 BGB als **lex specialis** vor. Der Grund besteht im Wesentlichen in den unterschiedlichen Verjährungsfristen. Während die Verjährung bei den beweglichen Sachen grundsätzlich zwei Jahre beträgt (§ 438 Abs. 1 Nr. 3 BGB), unterliegen die Ansprüche aus der Anfechtung der regelmäßigen (subjektiven) dreijährigen Verjährungsfrist.

### 2.5.4  Arglistige Täuschung und widerrechtliche Drohung

Das Gesetz stellt in § 123 BGB zum Schutz der rechtsgeschäftlichen Entschließungsfreiheit zwei Tatbestände unzulässiger Willensbeeinflussung auf, zum einen die Beeinflussung durch arglistige Täuschung, zum anderen durch widerrechtliche Drohung (§ 123 BGB). Der Unterschied zu den bisher erörterten Tatbeständen besteht darin, dass in diesen Fällen eine unzulässige Beeinflussung der Willensbildung vorliegt. Bei der widerrechtlichen Drohung liegt auch kein Irrtum des Erklärenden vor. Diese Vorschrift hat den Zweck, die Freiheit der Willensbildung zu schützen. Eine Anfechtung binnen eines Jahres nach Entdeckung des Irrtums oder

---

[101] BGHZ 63, 369, 376; *Brox/Walker*, SchuldR AT, § 4, Rn. 72.

[102] BGHZ 78, 218; *Kindl/Feuerborn*, § 9, Rn. 18 m. w. N.

Beendigung der Zwangslage erklärt werden kann und schließlich kein Vertrauensschaden zu ersetzen ist.

Die **arglistige Täuschung** ähnelt dem strafrechtlichen Betrugstatbestand (§ 263 StGB). Das Hauptmerkmal besteht im „Hervorrufen oder Aufrechterhalten eines Irrtums durch Vorspiegelung oder Unterdrückung von Tatsachen", z. B. wenn ein Verkäufer eines Kfz wider besseres Wissen die Unfallfreiheit oder einen falschen Kilometerstand behauptet.[103] Durch die Täuschungshandlung muss der Getäuschte zur Abgabe er Erklärung veranlasst worden sein. Dies ist gegeben, wenn der Getäuschte diese Erklärung bei verständiger Würdigung der Sachlage nicht oder nicht mit diesem Inhalt abgegeben hätte. Die **Täuschungshandlung** kann auch in einem **Unterlassen** begangen werden, sofern eine Rechtspflicht zur Aufklärung des anderen Teils besteht. Dies ist dann der Fall, wenn das Schweigen den Grundsätzen von Treu und Glauben (§ 242 BGB) widerspricht und der andere Teil nach der Verkehrsanschauung eine Aufklärung erwarten durfte[104] oder dem Vertragspartner ein erheblicher wirtschaftlicher Nachteil entstehen könnte.[105] Eine Rechtspflicht, Tatsachen mitzuteilen, besteht immer dann, wenn danach gefragt wird. **Arglistig** ist eine Täuschung, wenn sie in dem Bewusstsein vorgenommen wird, dass der Getäuschte durch sie zur Abgabe einer Willenserklärung bestimmt wird, die er ohne die Täuschung nicht oder nicht so abgegeben hätte.[106] Eine Bereicherungsabsicht oder ein besonders hinterhältiges Verhalten sind dabei nicht erforderlich; ebenso wenig muss die Täuschung zu einer Vermögensschädigung geführt haben.

**Beispiele**

1. Der Verkäufer eines Gebrauchtwagens unterlässt den Hinweis auf einen nicht unerheblichen Verkehrsunfall, obwohl er hierzu verpflichtet gewesen wäre.[107]
2. Der Verkäufer eines Hausgrundstücks verschweigt, dass das Grundstück zur Straßenerweiterung in Anspruch genommen werden soll.
3. Der Versicherungsnehmer verschweigt wesentliche Vorerkrankungen beim Abschluss einer Lebensversicherung.[108]

Die Frage muss allerdings **zulässig** sein. Das ist sie z. B. nicht, wenn sie die Privatsphäre des Vertragspartners betrifft und kein sachlicher Zusammenhang mit dem vorgesehenen Vertrag besteht. Die unzulässige Frage darf falsch beantwortet werden. In der Praxis ist dieser Aspekt vor allem bei Bewerbungsgesprächen, in denen es um die Begründung eines Arbeitsverhältnisses geht, von Bedeutung. Das Fragerecht des Arbeitgebers reicht nur so weit, wie es das konkrete Arbeitsverhältnis betrifft und die konkrete Eignung des Bewerbers bzw. der Bewerberin im Hinblick auf

---

[103] *Jacoby/von Hinden*, § 123 BGB, Rn. 4.

[104] BGH, NJW 2001, 64; *Köhler*, BGB AT, § 7, Rn. 40.

[105] BGH, NJW 2010; 3362.

[106] BGH, NJW 2008, 644, 648; 1971, 1795, 1800.

[107] BGH, NJW 1968, 436, 437.

[108] Palandt/*Ellenberger*, § 123 BGB, Rn. 5 ff. mit Beispielen aus der Praxis.

die Erbringung der Arbeitsleistung erfordert. Unzulässig ist bei einer Frau etwa die Frage nach einer Schwangerschaft. Mangels Widerrechtlichkeit kann der Arbeitgeber auch bei falscher Beantwortung der Frage den Vertragsabschluss nicht nachträglich nach § 123 Abs. 1 BGB anfechten.

Hat nicht der Erklärungsempfänger, sondern ein Dritter die Täuschung verübt, ist nach § 123 Abs. 2 BGB die Anfechtung nur zulässig, wenn dieser die Täuschung kannte oder kennen musste. Entscheidend ist hierbei, wer Dritter ist. Der Begriff des „Dritten" ist umstritten. Die Rspr.[109] entscheidet im Einzelfall nach Billigkeit und Interessenlage. „Dritter" ist nicht, wer auf Seiten des Erklärungsempfängers steht und am Geschäftsabschluss mitgewirkt hat. Sein Verhalten muss sich der Erklärungsempfänger wie eigenes zurechnen lassen, so dass bereits die Anfechtung nach § 123 Abs. 1 BGB eingreift. Unstreitig ist nicht Dritter der Vertreter und andere vom Erklärungsgegner eingesetzte Verhandlungsführer oder Verhandlungsgehilfen; Dritter ist dagegen etwa der bloße Vermittler des Erklärungsempfängers.

Wer zur Abgabe einer Willenserklärung durch eine **widerrechtliche Drohung** bestimmt worden ist, kann diese Erklärung ebenfalls anfechten. Dies setzt das Vorliegen einer Drohung voraus, die rechtswidrig und ursächlich für die Abgabe der Erklärung gewesen ist. Unter **Drohung** versteht man das Inaussichtstellen eines empfindlichen Übels, auf dessen Eintritt der Handelnde glaubt einwirken zu können.[110] Das „Übel" braucht nicht besonders schwerwiegend zu sein oder den Erklärenden selbst zu treffen. Erforderlich ist lediglich, dass die Ankündigung beim Bedrohten eine subjektive Zwangslage auslöst. Sie ist widerrechtlich, wenn entweder das Mittel oder der Zweck für sich gesehen oder der Einsatz des Mittels zum verfolgten Zweck widerrechtlich ist. Zweifelsfrei **widerrechtlich** sind Drohungen mit einem rechtswidrigen Mittel (z. B. mit Verprügeln oder der gewaltsamen Wegnahme einer Sache) oder eine Drohung zur Erreichung eines rechtswidrigen Zwecks (z. B. zur Herausgabe von Rauschgift). Zweifelhaft ist dagegen, wann sich eine Widerrechtlichkeit aus der **Zweck-Mittel-Relation** ergibt, also wann selbst ein erlaubtes Mittel (z. B. eine Strafanzeige) für einen erlaubten Zweck (z. B. zur Entschädigung des Drohenden) nicht angedroht werden darf.[111] Droht z. B. das Unfallopfer noch am Unfallort dem Verursacher, er werde ihn wegen einer vor drei Monaten begangenen Fahrerflucht (§ 142 StGB – Unerlaubtes Entfernen am Unfallort) anzeigen, wenn er nicht am Unfallort ein Schuldanerkenntnis abgibt, dann sind zwar beide Zwecke für sich genommen (Verlangen eines Schuldanerkenntnisses, Anzeige wegen Unfallflucht), nicht rechtswidrig, aber in dieser Kombination. Die Drohung mit der Strafanzeige wegen Fahrerflucht hat mit dem jetzigen Schaden gar nichts zu tun. Der Unfallverursacher könnte sein Schuldanerkenntnis nachträglich wegen widerrechtlicher Drohung anfechten.

Die Anfechtung wegen arglistiger Täuschung und widerrechtlicher Drohung kann nach § 124 BGB nur binnen Jahresfrist erfolgen, wobei die Frist im Falle der Täuschung dann beginnt, sobald der Erklärende von der Täuschung Kenntnis

---

[109] BGHZ 33, 302; 47, 224, 227; BGH, NJW 1996, 1051.
[110] BGH, NJW 2005, 2766, 2769; 1988, 2599.
[111] *Schmidt*, Rn. 1440 ff.

erlangt hat und im Falle der Drohung, in welchem die Zwangslage aufhört.[112] Die Anfechtung ist ausgeschlossen, wenn seit der Abgabe der Willenserklärung zehn Jahre verstrichen sind (§ 124 Abs. 3 BGB).

## 2.6 Zustimmungsbedürftige, bedingte und befristete Rechtsgeschäfte

Regelmäßig tritt die Wirksamkeit eines Rechtsgeschäfts mit dessen Abschluss ein, das bedeutet „sofort". Die Wirksamkeit kann allerdings von den Parteien durch Vereinbarung von zusätzlichen Voraussetzungen abhängig gemacht werden. Dazu gehören die Fälle, in denen die Zustimmung eines Dritten erforderlich ist, um dessen Mitwirkung am Rechtsgeschäft sicherzustellen. Dazu gehören weiterhin die Bedingung oder Befristung, mit denen die Parteien Vorsorge für ungewisse Ereignisse treffen können.

### 2.6.1 Zustimmungsbedürftige Rechtsgeschäfte

Bei bestimmten Rechtsgeschäften sieht das Gesetz zu ihrer Wirksamkeit die **Zustimmung** eines Dritten vor. Die Zustimmung erfolgt durch eine empfangsbedürftige Willenserklärung. Die vorherige Zustimmung wird als **Einwilligung** bezeichnet (Legaldefinition in § 183 BGB). Die Einwilligung kann vom Einwilligenden gem. § 183 S. 1 BGB bis zur Vornahme des zustimmungsbedürftigen Rechtsgeschäfts grundsätzlich frei widerrufen werden. Die nachträgliche Zustimmung wird als **Genehmigung** bezeichnet (Legaldefinition in § 184 Abs. 1 BGB). Die Genehmigung wirkt, soweit nichts anderes bestimmt ist, auf den Zeitpunkt der Vornahme des Rechtsgeschäfts zurück. Durch diese Rückwirkung wird erreicht, dass das zustimmungsbedürftige Geschäft so behandelt wird, als wäre der Mangel der Zustimmung überhaupt nicht vorhanden; im Gegensatz zur Einwilligung ist die Genehmigung im Interesse der Sicherheit des Rechtsverkehrs unwiderruflich.[113]

Hierzu zählen vor allem die Rechtsgeschäfte, die unmittelbar die Interessen des Dritten betreffen. So bedürfen die Rechtsgeschäfte, die ein Vertreter ohne Vertretungsmacht getätigt hat, nach § 177 BGB der Genehmigung des Vertretenen. Die (befreiende) Schuldübernahme zwischen Alt- und Neuschuldner gem. § 415 BGB muss vom Gläubiger genehmigt werden. Die Verfügung eines Ehegatten über sein Vermögen im Ganzen bedarf der Zustimmung des anderen Ehegatten (§§ 1365, 1369 BGB). Ein wichtiger Fall betrifft die – im Folgenden noch näher zu erörternde – Verfügung eines Nichtberechtigten (§ 185 BGB, vgl. auch § 362 Abs. 2 BGB). Trifft ein Nichtberechtigter im eigenen Namen eine Verfügung, so ist sie grundsätzlich unwirksam, sofern nicht die Grundsätze über den Gutglaubensschutz

---

[112] Palandt/*Ellenberger*, § 124 BGB, Rn. 2.
[113] *Köhler*, BGB AT, § 14, Rn. 2 ff.

(§§ 932 ff. BGB) eingreifen; niemand soll über den Kopf eines anderen hinweg über dessen Rechte verfügen können.

Für die anderen Rechtsgeschäfte ist charakteristisch, dass ein Dritter die Kontrolle über den Inhalt des Rechtsgeschäfts ausüben will. Dementsprechend bedürfen Rechtsgeschäfte von beschränkt Geschäftsfähigen nach den §§ 107 ff. BGB der Zustimmung des gesetzlichen Vertreters; der Minderjährige soll dadurch vor möglichen Nachteilen durch eigenes Handeln geschützt werden. Vom Zustimmungserfordernis nach dem BGB gibt es abweichende Regelungen für bestimmte Rechtsgeschäfte, z. B. Teilungsgenehmigungen nach §§ 19 ff. BauGB, behördlichen Genehmigungen; deren Voraussetzungen und Wirkungen bestimmen sich nach den öffentlich-rechtlichen Regelungen.

Die zweite Konstellation betrifft den Fall, wenn Rechtsgeschäfte in die Rechtssphäre Dritter eingreifen. Diese Konstellation ist weitaus häufiger. Hier kann die Wirksamkeit von derartigen Rechtsgeschäften (selbstverständlich) nur von der Zustimmung des betroffenen Dritten abhängig gemacht werden.

Besonders geregelt ist die **Verfügung eines Nichtberechtigten** in § 185 BGB. Verfügungen sind Rechtsgeschäfte, durch die bestehende Rechte mit unmittelbarer Wirkung aufgehoben, übertragen, belastet oder inhaltlich verändert werden. Trifft ein Nichtberechtigter im eigenen Namen eine Verfügung, so ist sie grundsätzlich unwirksam, es sei denn, es greifen die Vorschriften über den gutgläubigen Erwerb nach §§ 932 ff. BGB ein. Nach § 185 Abs. 1 BGB ist die Verfügung eines Nichtberechtigten jedoch von Anfang an wirksam, wenn sie mit Einwilligung des Berechtigten erfolgt. Solche Fallkonstellationen findet man im Handelsverkehr, wenn ein Lieferant Waren unter Eigentumsvorbehalt an den Händler liefert, die dieser an den Endabnehmer veräußern will. Der Lieferant bleibt zunächst durch den Eigentumsvorbehalt Eigentümer der Ware, auch wenn sich die Ware schon beim Händler befindet. Veräußert nun der Händler an den Endabnehmer, so verfügt er über das Eigentum des Lieferanten an der Ware als Nichtberechtigter. Er hat aber die Einwilligung des Lieferanten, der ja möchte, dass seine Ware verkauft wird, so dass das Rechtsgeschäft mit Zustimmung des Eigentümers stattgefunden hat. Regelmäßig ist die Verfügung über das Eigentum des Lieferanten mittels der Lieferbedingungen (Allgemeine Geschäftsbedingungen) gestattet. Der Eigentümer erklärt darin also seine Einwilligung. Eine Verfügung eines Nichtberechtigten wird gem. § 185 Abs. 2 BGB auch dann wirksam, wenn der Berechtigte sie (später) genehmigt.

---

**Beispiel**

Dieter (D) stiehlt Emil (E) ein Notebook. Er veräußert dieses zum Preis von 800 € an Kurt (K). E könnte gegen K Herausgabe des Notebooks nach § 985 BGB verlangen. E ist Eigentümer geblieben, da trotz guten Glaubens an gestohlenen Sachen kein Eigentumserwerb möglich ist (vgl. § 935 BGB). Regelmäßig wird aber K nicht mehr auffindbar sein, so dass schon aus diesem Grunde E ein Interesse daran haben könnte, statt der Herausgabe des gestohlenen Geräts von D die Herausgabe des erzielten Kaufpreises zu verlangen. Als Anspruchsgrundlage kommt § 816 Abs. 1 BGB in Betracht. Trifft danach ein Nichtberechtigter eine Verfügung über einen Gegenstand, die dem Berechtigten gegenüber wirksam ist, dann hat der Berechtigte Anspruch auf Herausgabe des erzielten Erlöses. In dem genannten Beispiel ist die Verfügung des D an K zwar unwirksam, jedoch kann E diese Verfügung genehmigen. Sie wird dann nach § 185 Abs. 2 BGB ihm gegenüber wirksam. E verliert damit rückwirkend (vgl. § 184 Abs. 1 BGB) das Eigentum durch Veräußerung des Nichtberechtigten D. Folglich liegen die Voraussetzungen des § 816 Abs. 1 BGB vor, so dass E gegen D einen Anspruch auf Herausgabe der erzielten 800 € hat (während ein Herausgabeanspruch gegen K kaum durchsetzbar wäre).

## 2.6.2  Bedingung

Mit einer Bedingung machen die Vertragsparteien die Wirksamkeit des Rechtsgeschäfts vom Eintritt eines **zukünftigen ungewissen Ereignisses** abhängig. Eine Bedingung wird meist aus dem Grund in ein Rechtsgeschäft aufgenommen, um bereits bei Abschluss des Geschäfts einen möglichen zukünftigen Umstand zu berücksichtigen und das Geschäft der künftigen Entwicklung anzupassen. Das BGB unterscheidet dabei zwei Arten der Bedingung, zum einen die **aufschiebende**, zum anderen die **auflösende Bedingung** (§ 158 BGB).

Bei der aufschiebenden Bedingung treten die gewollten Rechtswirkungen erst mit dem Eintritt der Bedingung, d. h. des zukünftig ungewissen Ereignisses ein. Bei der auflösenden Bedingung entfallen die Rechtswirkungen mit Eintritt der Bedingung.

Vereinbaren die Parteien beim Kauf unter **Eigentumsvorbehalt**, dass das Eigentum an der Sache erst bei Zahlung der letzten Rate übergehen soll, steht die Einigung über den Eigentumsübergang unter der aufschiebenden Bedingung der Zahlung der letzten Rate. Wird ein Rechtsgeschäft unter einer auflösenden Bedingung vorgenommen, so endet mit dem Eintritt der Bedingung die Wirkung des Rechtsgeschäfts. Vom Zeitpunkt des Bedingungseintritts an tritt der frühere Rechtszustand wieder ein (vgl. § 158 Abs. 2 BGB). Beispiel für eine auflösende Bedingung ist vor allem die **Sicherungsübereignung**. Hier erfolgt die Übereignung einer Sache zum Zweck der Kreditsicherung. Die Rückübertragung des Eigentums soll bei vollständiger Tilgung der Verbindlichkeit erfolgen.

In bestimmten Fällen ist allerdings aus Gründen der Rechtsklarheit und Rechtssicherheit die Vereinbarung einer Bedingung vom Gesetz **nicht gestattet**.

Hierzu zählen z. B. die Gestaltungsrechte (z. B. Kündigung, Anfechtung), da der Erklärungsempfänger wissen soll, woran er ist; bedingungsfeindlich sind ferner (statusbegründende) Rechtsgeschäfte im Familienrecht, etwa die Eheschließung gem. §§ 1303 ff. BGB, die Ehelicherklärung nach § 1724 BGB oder die Auflassung von Grundstücken (§ 925 BGB), da die Eintragung nicht von Ungewissheiten abhängen darf.

## 2.6.3  Befristung

Von einer **Befristung** spricht man, wenn für die Wirkungen einer rechtsgeschäftlichen Vereinbarung ein Anfangs- oder ein Endtermin vorgesehen sind. Im Unterschied zur Bedingung hängen die Rechtswirkungen von einem zukünftigen gewissen Ereignis ab. Nach § 163 BGB gelten die Vorschriften über die Bedingungen
(§§ 158 ff. BGB) grundsätzlich entsprechend.

**Exkurs: Berechnung von Fristen**
Die Frist ist ein abgegrenzter Zeitraum, der bestimmt ist oder jedenfalls bestimm-
bar ist. Sie können gesetzlich vorgegeben oder vertraglich vereinbar sein. Es kann
sich dabei um Wochenfristen (z. B. § 108 Abs. 2 S. 2 BGB), Monatsfristen (§ 548
BGB) oder Jahresfristen (§ 124 Abs. 1, 3 BGB) handeln. Für die Berechnung von
Fristen (Zeiträume) und Terminen (Zeitpunkten) enthält das BGB in den §§ 186
bis 193 BGB Bestimmungen, die als Auslegungsregeln zu verstehen sind. Aus dem
Standort im BGB ergibt sich, dass grundsätzlich alle Fristen des BGB nach diesen
Regeln zu berechnen sind. Zahlreiche andere Gesetze, z. B. § 222 Abs. 1 ZPO, § 31
VwVfG und § 57 Abs. 2 VwGO verweisen für die Berechnung der dort geregelten
prozessualen und verwaltungsrechtlichen Fristen unmittelbar oder mittelbar auf die
§§ 187 ff. BGB:
Bei der Berechnung der Frist wird der Anfangstag nicht mitgerechnet, wenn der
Beginn in diesen fällt; er wird mitgerechnet, wenn die Frist mit Tagesanfang be-
ginnt, oder wenn das Lebensalter berechnet wird (§ 187 Abs. 2 BGB).

---

**Beispiel**

Setzt z. B. K dem V am 15.3. eine Nachfrist von 3 Tagen, so wird der 15.3. nicht
mitgerechnet; die Frist läuft also am 18.3. um 24 Uhr ab. Anderes gilt, wenn M
eine Wohnung ab dem 1.5. mietet. Hier wird dieser Tag mitgezählt.

---

Eine nach Tagen bestimmte Frist endet mit dem Ablauf des letzten Tages der Frist
(§ 188 Abs. 1 BGB). Handelt es sich um eine nach Wochen oder Monaten bemes-
sene Frist, endet diese im Falle des § 187 Abs. 1 BGB mit dem Ablauf desjenigen
Tages der letzten Woche oder des letzten Monats, welcher durch seine Benennung
oder seine Zahl dem Tage entspricht, in den das Ereignis oder der Zeitpunkt fällt,
im Falle des § 187 Abs. 2 BGB mit dem Ablauf desjenigen Tages der letzten Woche
oder des letzten Monats, welcher dem Tag vorhergeht, der durch seine Benennung
oder seine Zahl dem Anfangstag der Frist entspricht. Fehlt bei einer nach Monaten
bestimmten Frist in dem letzten Monat der für ihren Ablauf maßgebende Tag, so endet die Frist mit dem Ablauf des letzten Tages des Monats. Bei Fristen wie Terminen
werden Samstag oder Sonntag oder ein anderer staatlich anerkannter Feiertag, wenn
auf ihn der letzte oder der bestimmte Tag fällt, nicht mitgerechnet; dann endet die
Frist am nächsten Werktag oder fällt der Termin auf ihn (§ 193 BGB).[114]

---

[114] *Köhler*, BGB AT, § 14, Rn. 24 zur Berechnung von Fristen und Terminen.

## 2.7 Stellvertretung

### 2.7.1 Bedeutung und Abgrenzungsfragen

Wer eine Willenserklärung abgibt, handelt regelmäßig für sich selbst. Es besteht aber ein praktisches Bedürfnis, dass jemand für einen anderen rechtsgeschäftlich handelt. Dies können tatsächliche Gründe (z. B. Abwesenheit, fehlende Sachkunde, Komplexität der Geschäftsvorgänge), aber auch rechtliche Gründe (z. B. Geschäftsunfähigkeit) sein, die den Abschluss durch **Stellvertreter** erforderlich machen. Vor allem (teil-)rechtsfähige Personengesellschaften (z. B. OHG, KG) oder juristische Personen (z. B. GmbH, AG) wären ohne die Möglichkeit der Stellvertretung nicht handlungsfähig. Stellvertretung bedeutet rechtsgeschäftliches Handeln anstelle eines anderen. Kennzeichnend für die Stellvertretung ist es, dass regelmäßig drei Beteiligte vorhanden sind. Dazu gehört ein Vertreter, der für einen anderen handelt, einen, für den der Vertreter die Willenserklärung abgibt (Vertretener) und einen Dritten (Geschäftspartner), der mit dem Vertreter das Rechtsgeschäft vornimmt (Abb. 2.6).

Die Rechtsbeziehung zwischen dem Vertretenen und dem Vertreter wird als **Innenverhältnis** bezeichnet. Zwischen beiden besteht i. d. R ein Dienstvertrag in Form eines Arbeitsvertrages oder im Falle der Unentgeltlichkeit ein Auftragsvertrag, woraus sich die Rechte und Pflichten des Vertreters ergeben. Im **Außenverhältnis** bewirkt die Vertretung Rechtsfolgen zwischen dem Vertretenen und dem Dritten, d. h. es kommt ein Vertrag zwischen dem Dritten und dem Vertretenen zustande.

Das BGB regelt in den §§ 164 ff. BGB nur die „offene" Stellvertretung, nicht dagegen die „**mittelbare**" (verdeckte) Stellvertretung. Die §§ 164 ff. BGB finden hier keine Anwendung.[115] Mittelbarer Stellvertreter ist, wer im eigenen Namen, aber für fremde Rechnung, d. h. im Auftrag eines anderen, tätig wird. Er wird selbst Vertragspartner, trägt aber nicht das wirtschaftliche Risiko. Der Ausgleich erfolgt dann über das Innenverhältnis. Im HGB sind zwei Anwendungsfälle der mittelba-

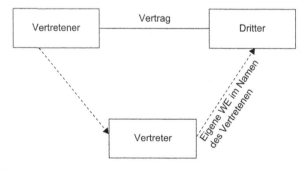

**Abb. 2.6** Stellvertretung

---

[115] Palandt/*Ellenberger*, Einf. v. § 164 BGB, Rn. 6.

ren Stellvertretung geregelt: das **Kommissionsgeschäft** gem. §§ 383 ff. HGB, das
heute noch im Kunsthandel, bei Warenimport und -exportgeschäften und im Wert-
papiergeschäft Bedeutung hat und das **Speditionsgeschäft** nach §§ 453 ff. HGB.
Eine weitere – der Stellvertretung ähnliche Erscheinungsform – ist das „**Treuhandverhältnis**". In diesem Fall hat der Eigentümer einer Sache bzw. der Inhaber
einer Forderung diesen Gegenstand (i. d. R langfristig) auf einen anderen dinglich
übertragen unter gleichzeitiger (schuldrechtlicher) Vereinbarung, dass dieser den
Gegenstand nur „zu treuen Händen" haben soll. Der Treuhänder tritt zur Ausübung
der ihm eingeräumten Rechte nicht als Vertreter, sondern im eigenen Namen auf,
mit der Einschränkung, die sich aus dem Innenverhältnis zum Treugeber ergibt.[116]

### 2.7.2  Voraussetzungen und Folgen

Die wirksame Stellvertretung setzt neben ihrer Zulässigkeit insbesondere voraus,
dass der Stellvertreter **im Namen des Vertretenen** handelt und entsprechende **Vertretungsmacht** besitzt (§§ 164 Abs. 1 S. 1 BGB).

Grundsätzlich ist die Stellvertretung bei jeder Willenserklärung zulässig. Unzulässig ist die Stellvertretung allerdings bei **höchstpersönlichen Rechtsgeschäften**, z. B. bei der Eheschließung (§§ 1303 ff. BGB) und der Testamentserrichtung
(§ 2064 BGB).

Der Stellvertreter ist abzugrenzen von einem **Boten**. Der Stellvertreter gibt eine
„eigene Willenserklärung" ab, während der Bote lediglich eine „fremde Willenserklärung" übermittelt oder sie für einen anderen entgegennimmt.[117] Ob eine Hilfsperson Stellvertreter oder Bote ist, hängt davon ab, wie sie auf Geheiß des Geschäftsherrn auftritt bzw. falls sie dies nicht tut, wie sie für den Dritten erkennbar
auftritt. Vereinfacht sagt der Vertreter sinngemäß: „Ich schließe das Geschäft im
Namen meines Auftraggebers"; der Bote sagt hingegen: „Mein Auftraggeber lässt
Ihnen sagen, dass er das Geschäft abschließt". Der Bote braucht nicht geschäftsfähig zu sein, da er lediglich eine fremde Willenserklärung übermittelt.[118]

Auf Seiten des Vertreters, der selbst **rechtsgeschäftlich** handelt, bedarf es (zumindest der beschränkten) Geschäftsfähigkeit; beschränkte Geschäftsfähigkeit
reicht aus, da die Rechtsfolgen der Willenserklärung nicht ihn, sondern den Vertretenen treffen und dadurch kein rechtlicher Nachteil für den Vertreter entsteht.
Übermittelt der Bote unbewusst falsch, so besteht zwar eine rechtliche Bindung,
jedoch kann die unrichtig überbrachte Willenserklärung gem. § 120 BGB angefochten werden; die bewusste Falschübermittlung durch den Boten bewirkt hingegen
keine rechtliche Bindung.[119] Demgegenüber gibt der Stellvertreter eine eigene Willenserklärung ab. Bei einer Anfechtung kommt es daher darauf an, ob er – und nicht
der Vertretene – sich in einem Irrtum befunden hat, der zur Anfechtung berechtigt

---

[116] *Köhler*, BGB AT, § 5, Rn. 18 ff.; § 11, Rn. 13 zu Treuhandgeschäften.

[117] *Brox/Walker*, BGB AT, Rn. 518; Palandt/*Ellenberger* Einf. v. § 164 BGB, Rn. 11.

[118] Merkvers: „Ist ein Kind auch noch so klein, Bote kann es immer sein".

[119] *Brox/Walker*, BGB AT, Rn. 521.

(§ 166 Abs. 1 BGB). Ausnahmsweise soll es bei einer rechtsgeschäftlich erteilten Vertretungsmacht auch auf die Person der Vertretenen ankommen, und zwar dann, wenn der Vertreter nach den Weisungen des Vertretenen gehandelt hat (§ 166 Abs. 2 BGB). Der Vollmachtgeber soll sich bezüglich der Umstände, die er selbst kannte, nicht auf die Unkenntnis des Vertreters berufen können.[120]

Der Vertreter muss weiterhin „**im fremden Namen**" auftreten, d. h. er muss den Willen, für einen anderen zu handeln, hinreichend deutlich zum Ausdruck bringen. Es gilt dabei das „**Offenkundigkeitsprinzip**". Es ist unerheblich, ob die Erklärung ausdrücklich im Namen des Vertretenen erfolgt (§ 164 Abs. 1 S. 1 BGB) oder ob die Umstände ergeben, dass sie in dessen Namen erfolgen soll (§ 164 Abs. 1 S. 2 BGB). Wird der Wille des Vertreters im fremden Namen zu handeln, nicht deutlich zum Ausdruck gebracht, treten die Rechtswirkungen für und gegen den Vertreter selbst ein (§ 164 Abs. 2 BGB). Es liegt dann ein **Eigengeschäft** vor, d. h. der „Vertreter" wird selbst verpflichtet.[121] Eine wichtige Durchbrechung des Offenkundigkeitsprinzips besteht im Familienrecht. Nach § 1357 Abs. 1 BGB vertritt ein Ehegatte den anderen Teil bei Geschäften zur angemessenen Deckung des Lebensbedarfs kraft Gesetzes (sog. **Schlüsselgewalt**).

Als eine Ausnahme von dem Offenkundigkeitsprinzip wird teilweise das „**Geschäft, für den, den es angeht**" angesehen. Hier macht der Vertreter nicht deutlich, dass er für einen anderen handelt. Das Offenkundigkeitsprinzip ist also nicht gewahrt. Allerdings besteht etwa bei den „Bargeschäften des täglichen Lebens", die sofort erfüllt werden, kein Interesse des Erklärungsgegners (dessen Interessen durch das Offenkundigkeitsprinzip geschützt werden sollen) daran, wer sein Geschäftspartner ist. Der Geschäftspartner überlässt es dem Handelnden, ob die Wirkungen bei sich oder bei dem Dritten eintreten sollen.[122]

Von dem Handeln in fremden Namen ist das „**Handeln unter fremden Namen**" zu unterscheiden. Das sind die Fälle, in denen jemand unter fremden Namen eine Willenserklärung abgibt. Diese Form der „Stellvertretung" wird gewählt von „Hochstaplern" oder denjenigen, die sich einen Scherz erlauben wollen. In rechtlicher Hinsicht sind zwei Unterscheidungen zu machen. Wird bei dem Erklärungsgegner kein Irrtum über die Person des Vertragspartners ausgelöst, weil ihm der Name des Handelnden gleichgültig ist, dann liegt ein **Eigengeschäft** des unter einem fremden Namen Auftretenden vor (**Namenstäuschung**). Möchte etwa ein berühmter Schauspieler im Hotel des H inkognito bleiben und unterzeichnet er deshalb unter fremden Namen, dann kommt der Hotelvertrag mit ihm und dem H zustande (und nicht mit dem, in dessen Namen er handelt). Kommt es dem Dritten dagegen entscheidend auf die Person des Vertragspartners an, liegt kein Eigengeschäft des Handelnden vor. Der schützenswerte Erklärungsempfänger, der das Geschäft mit dem wahren Namensträger abschließen wollte, wird hier über die Person getäuscht (**Identitätstäuschung**). Bestellt Müller im überfüllten Hotel des H ein Hotelzimmer im Namen des bekannten Schauspielers S, das daraufhin für ihn hergerichtet wird, dann liegt

---

[120] *Köhler*, BGB AT, § 11, Rn. 50.
[121] *Brox/Walker*, BGB AT, Rn. 525.
[122] BGH, NJW 1989, 164, 166.

ein **Fremdgeschäft** für den (wahren) Namensträger vor. Den wahren Namensträger dürfen aber aus dem Geschäft auch keine Rechtsfolgen treffen, es sei denn, wenn er mit dem Handeln des Handelnden einverstanden war (was i. d. R nicht anzunehmen ist). Die geschilderte Interessenlage entspricht derjenigen, als wenn jemand im fremden Namen ohne Vertretungsmacht gehandelt hätte. Es finden daher die Vorschriften der §§ **164 ff., 177 ff. BGB entsprechend Anwendung.** Genehmigt S den Hotelvertrag nicht (und bezieht das Zimmer selbst), so haftet Müller dem H aus § 179 BGB. Zu dieser Fallgruppe gehören auch die Fälle, in denen ein Dritter im digitalen Rechtsverkehr für den Anschlussinhaber handelt, z. B. das fremde e-bay Mitgliedskonto oder fremde Legitimationsdaten beim Online-Banking nutzt. In diesen Fällen liegt ein Fremdgeschäft für den wahren Namensträger vor, auf das die §§ 164 ff. BGB sowie die Grundsätze zur Duldungs- und Anscheinsvollmacht Anwendung finden.[123]

Die Wirkungen einer Stellvertretung treten nur ein, wenn der Vertreter **Vertretungsmacht** hat oder der Vertretene genehmigt (§ 177 BGB). Die Vertretungsmacht kann sich zum einen aus **Gesetz** ergeben. So ergibt sich die gesetzliche Vertretungsmacht der Eltern aus §§ 1626, 1629 Abs. 1 BGB; für den Vormund ergibt sich die Vertretungsmacht für das Mündel aus § 1793 BGB und die des Betreuers für den Betreuten aus § 1902 BGB. Dem gesetzlichen Vertreter verwandt ist die Vertretung juristischer Personen durch ihre Organe, z. B. für den Vorstand einer AG (§ 78 AktG), den Geschäftsführer einer GmbH (§ 35 GmbHG), für die Gesellschafter einer OHG oder für die Komplementäre einer KG aus den jeweiligen Gesetzen.[124] Organe juristischer Personen sind zwar keine Vertreter im eigentlichen Sinne, jedoch werden die Regeln über die Stellvertretung angewendet. Die Vertretungsmacht der gesetzlichen Vertreter ist grundsätzlich unbeschränkt; für bestimmte schwerwiegende Geschäfte ist die Genehmigung durch das Vormundschaftsgericht erforderlich (§§ 1643 ff., 1821 ff. BGB). Unbeschränkt ist auch die Vertretungsmacht der Organe juristischer Personen.

Vertretungsmacht kann auch durch Rechtsgeschäft erteilt werden. Diese rechtsgeschäftlich erteilte Vertretungsmacht heißt **Vollmacht** (§ 166 Abs. 2 BGB), die Gegenstand des folgenden Abschnitts ist.

### 2.7.3    Die Vollmacht

#### 2.7.3.1    Erteilung und Umfang

Die Erteilung der Vollmacht erfolgt nach § 167 Abs. 1 BGB „durch Erklärung gegenüber dem zu Bevollmächtigenden oder dem Dritten, dem gegenüber die Vertretung stattfinden soll" (§ 167 Abs. 1 BGB). Im ersten Fall spricht man von **Innenvollmacht**, im zweiten Fall von **Außenvollmacht**. Auf die Erteilung der Vollmacht finden die Vorschriften über Willenserklärungen (§§ 104 ff. BGB) Anwendung. Hat

---

[123] BGHZ 45, 193; *Jacoby/von Hinden*, § 164 BGB, Rn. 5 ff. mit Hinweis auf BGH, ZIP 2011, 1108 zur Nutzung eines fremden eBay-Mitgliedskontos; *Brox/Walker*, BGB AT, Rn. 528 ff. m. w. N.
[124] Palandt/*Ellenberger*, Einf. v. § 164 BGB, Rn. 5a.

der Vertreter im Namen und mit Vollmacht des Vertretenen gehandelt, so wirkt das Geschäft für und gegen diesen auch dann, wenn der Vertreter seine intern bestehenden Beschränkungen überschritten hat.

Der Erteilung der Vollmacht liegt i. d. R ein Rechtsverhältnis zwischen Vollmachtgeber und Bevollmächtigtem zugrunde. Diese Verbindung wird als **Innenverhältnis** bezeichnet. Es kann sich etwa um einen Auftragsvertrag (§ 662 BGB), einen Dienst- bzw. Arbeitsvertrag (§ 611 BGB) oder um einen Geschäftsbesorgungsvertrag (§ 675 BGB) handeln. Die Vollmacht betrifft demgegenüber das Außenverhältnis zwischen Vollmachtgeber und Dritten. Es geht um das rechtliche Können nach außen, während sich aus dem Innenverhältnis das rechtliche Dürfen ergibt, nämlich inwieweit der Bevollmächtigte von der Vollmacht Gebrauch machen darf. Das deutsche Recht abstrahiert die Bevollmächtigung als einseitiges Rechtsgeschäft von dem Vertragsverhältnis, das den Bevollmächtigten verpflichtet, für den Vollmachtgeber tätig zu werden (**Abstraktionsprinzip**). Maßgebend sind daher nur die Vollmacht und ihr Umfang. Die Folge ist, dass sich ein Mangel im Innenverhältnis nicht ohne weiteres auf die Vollmacht auswirkt; nur vereinzelt verknüpft das Gesetz Innenverhältnis und Vollmacht (§ 168 S. 1 BGB).

Aufgrund der rechtlichen Selbstständigkeit bedarf die Erteilung der Vollmacht nicht der Form, welche für das Rechtsgeschäft bestimmt ist, auf das sich die Vollmacht bezieht (§ 167 Abs. 2 BGB); im Einzelfall nimmt die Rspr. eine teleologische Reduktion vor, sofern es der Formzweck erfordert. So wird etwa beim Grundstückskaufvertrag, der nach § 311b Abs. 1 S. 1 BGB der notariellen Beurkundung bedarf, angenommen, dass auch die Vollmacht dieser Form bedarf, wenn sie „unwiderruflich" erteilt oder durch die Bevollmächtigung das Grundstücksgeschäft praktisch bindend vorgenommen wurde. Bei der Bürgschaft wird schriftliche Erteilung der Vollmacht verlangt, um den Schutzzweck des § 766 BGB nicht zu gefährden. Ausnahmsweise verlangt auch das Gesetz eine besondere Form, z. B. § 1945 Abs. 3 BGB für die Vollmacht zur Ausschlagung einer Erbschaft.[125]

Der **Umfang der Vollmacht** wird durch den Vollmachtgeber bestimmt. Bei Zweifeln muss der Inhalt der Erklärung durch **Auslegung** bestimmt werden. Es kommt also darauf an, wie der Erklärungsempfänger das Verhalten des Vollmachtgebers verstehen durfte. Bei der Innenvollmacht kommt es auf den Empfängerhorizont des Bevollmächtigten an; bei der Außenvollmacht oder einer zur Vorlage beim Geschäftsgegner bestimmten Vollmacht ist der Empfängerhorizont des Geschäftsgegners maßgebend.

---

**Beispiel**

A teilt dem Antiquitätenhändler B schriftlich mit, dass er in den folgenden Tagen den C vorbeischicken werde, der für ihn ein Gemälde kaufen solle. Daraufhin vereinbart A mit dem C, dass er kein Bild über 1500 € kaufen soll. C kauft bei B ein Bild für 2000 €. Der Umfang der Vollmacht bezog sich auf den Kauf eines

---

[125] Vgl. BGHZ 132, 119, 124; BGH, NJW 1998, 1857, 1858; *Köhler*, BGB AT, § 11, Rn. 27; *Brox/ Walker*, BGB AT, Rn. 544.

Gemäldes. Der Kauf ist daher wirksam zustande gekommen. Die interne Beschränkung hinsichtlich des Preises hat nur Auswirkungen auf die rechtlichen Beziehungen zwischen A und C. Unter Umständen käme ein Schadensersatzanspruch des A gegen den C wegen Vertragsverletzung in Betracht.

Durch Auslegung der (Haupt-)Vollmacht ist auch zu ermitteln, ob der Bevollmächtigte einem Dritten **Untervollmacht** erteilen darf.

Die Vollmacht kann für alle Arten von Rechtsgeschäften erteilt werden, indem der Vollmachtgeber Inhalt und Umfang der Vertretungsmacht festlegt. Dabei kann er zwischen mehreren Arten der Vollmacht wählen und zwar zwischen einer **Spezialvollmacht**, die sich nur auf das vorzunehmende Rechtsgeschäft beschränkt, einer **Gattungsvollmacht** (Artvollmacht), die sich auf eine ganze Gruppe bestimmter Rechtsgeschäfte bezieht sowie einer **Generalvollmacht**. In diesen Fällen bezieht sich die Vollmacht auf alle in Betracht kommenden Rechtsgeschäfte des Vollmachtgebers.

Um den besonderen Bedürfnissen im Handelsverkehr nach Rechtssicherheit und zügiger Abwicklung von Rechtsgeschäften gerecht zu werden, kennt das HGB drei Formen, in denen der Umfang der Vertretungsmacht gesetzlich vorbestimmt ist. Es handelt sich dabei um die **Prokura** (§§ 48 ff. HGB) und die **Handlungsvollmacht** (§ 54 HGB); die **Ladenvollmacht** (§ 56 HGB) ist – zum Schutz des Rechtsverkehrs – eine spezielle Form der Rechtsscheinvollmacht. Die nach dem Gesetz umfangreichste Vertretungsmacht hat der Prokurist. Er ist zu sämtlichen Geschäften bevollmächtigt, die zum Betrieb „irgendeines" Handelsgewerbes gehören. Die Prokura darf im Außenverhältnis, d. h. im Verhältnis zu Dritten, nicht beschränkt werden; nicht erfasst sind allerdings bestimmte Grundstücksgeschäfte (§ 49 Abs. 2 HGB) und Grundlagengeschäfte, z. B. Änderung des Geschäftsgegenstandes, Unterzeichnung der Bilanz oder Erteilung von Prokura.

---

**Beispiel**

Kaufmann K untersagt seinem Prokuristen P, Verträge über einen Betrag in Höhe von 5000 € hinaus abzuschließen. Trotzdem kauft P beim Kaufmann V Waren im Wert von über 7000 € ein. K ist zur Zahlung verpflichtet, da der Kaufvertrag zwischen K und V wirksam zustande gekommen ist. Die Beschränkung der Prokura im Innenverhältnis auf Vertragsabschlüsse bis zu 5000 € gilt nicht im Außenverhältnis, d. h. nicht gegen über V. P macht sich allerdings gegenüber K, da er sich über die internen Beschränkungen hinweggesetzt hat, u. U. schadenersatzpflichtig nach § 280 Abs. 1 BGB. Etwas anderes gilt, wenn V die interne Beschränkung gekannt hätte, dann würde das Rechtsgeschäft nicht gegenüber K wirken, da V in diesem Fall nicht schutzwürdig wäre.

---

Wegen der Abstraktheit der Vollmacht kann also ein Vertreter an sich wirksam Geschäfte tätigen, selbst wenn er dabei die (vertraglichen) Pflichten im Innenverhältnis verletzt. Dies ist wegen des weitreichenden Umfangs häufiger bei der Prokura der Fall. Die Wirksamkeit der Vertretungsmacht wird daher zum Schutz des Vertretenen bei schweren Missbräuchen eingeschränkt. Die Rspr. unterscheidet dabei zwei Fälle. Ein Rechtsgeschäft, bei dem der Vertreter mit dem Dritten bewusst zum Nachteil des Vertretenen handelt, ist sittenwidrig i. S. v. § 138 Abs. 1 BGB und daher nichtig („**Kollusion**"). Auch unterhalb der Schwelle eines kollusiven Zusammenwirkens ist der Vertretene, der das Risiko des Vollmachtmissbrauchs trägt, weiterhin dann geschützt, wenn der Vertreter von seiner Vertretungsmacht in erkennbar verdächtiger Weise – aus der Sicht eines objektiven Erklärungsempfängers – Gebrauch macht, so dass beim Dritten begründete Zweifel entstehen müssen, ob nicht ein Treueverstoß des Vertreters gegenüber dem Vertretenen vorliegt (**objektive Evidenz des Missbrauchs**).[126]

### 2.7.3.2 Erlöschen der Vollmacht

Das **Erlöschen der Vollmacht** richtet sich nach dem ihrer Erteilung zugrunde liegenden Rechtsverhältnis (§ 168 S. 1 BGB), sofern sich das Erlöschen nicht bereits aus ihrem Inhalt ergibt (z. B. bei Fristablauf oder Bedingungseintritt). Die Vollmacht kann auch durch Erledigung erlöschen. Ist beispielsweise der konkrete Auftrag durch den Vertreter ausgeführt worden, erlischt sie automatisch mit wirksamer Vornahme des Geschäfts. Die Vollmacht erlischt im Übrigen mit dem Tod oder dem Eintritt der Geschäftsunfähigkeit des Bevollmächtigten.

Unabhängig von dem Fortbestand des Innenverhältnisses kann die Vollmacht jederzeit widerrufen werden, sofern sich aus dem Innenverhältnis nichts anderes ergibt (§ 168 S. 2 BGB). Adressat dieser Willenserklärung kann sowohl der Vertreter als auch der Dritte sein (§§ 168 S. 3, 167 Abs. 1 BGB); bei Widerruf sind zum Schutz des Dritten die §§ 170 bis 173 BGB zu beachten. Die Vollmacht kann auch **unwiderruflich** erteilt werden. Wegen der damit verbundenen Beeinträchtigung des Vollmachtgebers ist eine unwiderrufliche Vollmacht nur zulässig, wenn ein berechtigtes Eigeninteresse des Vertreters am Gebrauch der Vollmacht vorliegt.[127] Taucht später ein wichtiger Grund für den Widerruf der Vollmacht auf, so kann sie ausnahmsweise widerrufen werden.[128] Über den Widerruf hinaus kann die Vollmacht auch durch **Anfechtung** beseitigt werden. Wird die Vollmacht wirksam angefochten, so hat der Vertreter ohne Vertretungsmacht gehandelt und haftet dem Dritten aus § 179 BGB und der Anfechtende dem Dritten aus § 122 BGB. Eine Anfechtbarkeit der Vollmacht ist nach Abschluss des Geschäfts mit einem Dritten ausgeschlossen, wenn die Grundsätze der Anscheinsvollmacht vorliegen.[129]

### 2.7.3.3 Vertreter ohne Vertretungsmacht

Handelt der Vertreter ohne Vertretungsmacht, ergibt sich eine Interessenkollision zwischen dem Vertrauensinteresse des Dritten und dem Schutzinteresse des Vertretenen. Diese Interessenkollision wird in den §§ 177 ff. BGB geregelt. Handelt der Vertreter ohne Vertretungsmacht, so gilt § 179 BGB. Der Vertrag ist in dem Fall

---

[126] BGH, NJW 1999, 2883; NJW 1994, 2082, 2083

[127] *Jacoby/von Hinden*, § 167 BGB, Rn. 5.

[128] BGH, NJW 1988, 2603.

[129] *Wolf/Neuner*, BGB AT, § 50, Rn. 23, 28.

**schwebend unwirksam** und kann vom Vertretenen genehmigt werden (§§ 177, 178, 184 BGB; wichtig: §§ 75h, 91a HGB). Wird die Genehmigung verweigert, so gilt § 179 BGB. Nach § 179 Abs. 1 BGB haftet der Vertreter, wenn er den Mangel der Vertretungsmacht kannte, dem Gegner nach dessen Wahl auf Erfüllung[130] oder auf Schadensersatz in Geld. Zu beachten ist, dass das Erfüllungsverlangen den Vertreter nicht zur Vertragspartei macht und ihm keinen Erfüllungsanspruch, aber die Rechte aus §§ 320 ff. BGB, gibt. Im letzteren Falle muss der Vertreter den Geschäftsgegner durch Geldzahlung so stellen, als wenn der Vertrag durch den Vertretenen ordnungsgemäß erfüllt worden wäre. Der Vertreter hat danach das Erfüllungsinteresse (positive Interesse) zu ersetzen, d. h. möglicherweise auch einen entgangenen Gewinn (§ 252 BGB). Sofern der Vertreter den Mangel der Vertretungsmacht allerdings nicht kannte, haftet er ohne Rücksicht auf Verschulden oder Nichtverschulden (nur) auf Ersatz des Vertrauensschadens (negatives Interesse). Das bedeutet, er hat den Gegner so zu stellen, als wäre vom Vertrag nie die Rede gewesen. Die Geltendmachung des Vertrauensschadens wird allerdings durch die Höhe des Erfüllungsinteresses beschränkt gem. § 179 Abs. 2 BGB. § 179 BGB stellt insoweit eine eigenständige Anspruchsgrundlage dar. Kannte der Dritte den Mangel der Vertretungsmacht oder musste er ihn kennen (vgl. Legaldefinition des § 122 Abs. 2 BGB), so entfällt der Anspruch. Eine Schadensteilung kommt gem. § 179 Abs. 3 S. 1 BGB nicht in Betracht. Der beschränkt geschäftsfähige Vertreter haftet überhaupt nicht aus § 179 BGB, wenn er nicht mit Zustimmung seines gesetzlichen Vertreters handelte (§ 179 Abs. 3, S. 2 BGB).

### 2.7.3.4  Grundsätze der Rechtsscheinvollmacht

Die Außenvollmacht kann auch durch Widerruf gegenüber dem zu Bevollmächtigten erlöschen (§ 168 S. 3 BGB). Davon weiß der Geschäftsgegner i. d. R nichts. Der Geschäftsgegner wird durch in den §§ 170 bis 172 BGB gesetzlich geregelten Fälle einer Rechtsscheinvollmacht in seinem Vertrauen auf den (Fort-) Bestand der erteilten Vollmacht geschützt, es sei denn, er kannte das Erlöschen der Vertretungsmacht bei der Vornahme des Rechtsgeschäftes oder hätte es kennen müssen (vgl. § 173 BGB). Die nicht (mehr) bestehende Vollmacht wird im Interesse eines gutgläubigen Dritten als fortbestehend angesehen. Der Vertretene hat hier in zurechenbarer Weise einen **Rechtsschein** für eine bestehende Vollmacht gesetzt. Es gibt drei gesetzlich geregelte Fälle einer Vollmacht kraft Rechtsschein: die Kundgabe durch besondere Mitteilung an den Dritten (§ 171 Abs. 1 1. Fall BGB), die Bekanntgabe durch öffentliche Bekanntmachung (§ 171 Abs. 1 2. Fall BGB) oder durch Aushändigung einer Vollmachturkunde durch den Vollmachtgeber an den Vertreter (§ 172 BGB). In diesen Fällen wirkt das Erlöschen gegenüber dem gutgläubigen Dritten erst, wenn der Vollmachtgeber die Vollmacht in derselben Form widerrufen oder die Vollmachturkunde eingezogen hat oder diese für kraftlos erklärt worden ist. Das Erlöschen einer Prokura muss sogar in das Handelsregister eingetragen werden (§ 53 HGB). Die §§ 170 ff. BGB gehen also davon aus, dass dem Dritten die Nachprüfbarkeit der Vollmacht nicht zuzumuten ist, wenn das Verhalten des Vertretenen nach der Verkehrsauffassung auf das Bestehen einer Vollmacht schließen lässt. Ein

---

[130] *Jacoby/von Hinden*, § 179 BGB, Rn. 3.

gutgläubiger Dritter wird danach so lange in seinem Vertrauen auf das Bestehen der Vollmacht geschützt, bis der durch die Mitteilung oder Bekanntmachung erzeugte Rechtsschein wieder beseitigt worden ist.

Die Rspr. hat weitergehend die Grundsätze über die **Duldungsvollmacht** und **Anscheinsvollmacht** entwickelt.

Eine **Duldungsvollmacht** liegt vor, wenn eine wirksame Bevollmächtigung fehlt, der Vertretene aber das Handeln des Vertreters kennt und duldet, der Vertragspartner aufgrund dessen davon ausgeht, dass Vollmacht erteilt worden ist und er das Fehlen einer Vollmacht weder kennt noch kennen muss.[131] Die Duldungsvollmacht unterscheidet sich von der stillschweigend erteilten Vollmacht durch den fehlenden Willen zur Vollmachtserteilung. Eine **Anscheinsvollmacht** liegt vor, wenn eine wirksame Bevollmächtigung fehlt, der gutgläubige Dritte aber aus den Umständen des Vertreterhandelns auf eine Bevollmächtigung schließen darf und der Vertretene das Handeln des Vertreters hätte erkennen und verhindern können.[132]

### 2.7.3.5 Verbot des Insichgeschäfts

Von einem Insichgeschäft spricht man, wenn der Vertreter ein Rechtsgeschäft mit sich selbst vornimmt. Dabei sind zwei Fallgestaltungen denkbar. Zum einen geht es um den Fall des Selbstkontrahierens, bei dem der Vertreter gleichzeitig sein eigener Geschäftsgegner ist, d. h. wenn er also im eigenen und im fremden Namen handelt.

> **Beispiele**
>
> V hat X Vollmacht erteilt, sein Auto nicht unter 3000 € zu verkaufen. X kauft das Auto für sich selbst (**Selbstkontrahieren**). Prokurist P gewährt sich im Namen seines Arbeitgebers eine Gehaltserhöhung.

Zum anderen gibt es den Fall der Mehrfachvertretung bzw. Doppelvertretung, bei dem der Vertreter zugleich Vertreter eines Dritten ist.

> **Beispiel**
>
> V hat X Vollmacht erteilt, sein Auto nicht unter 3000 € zu verkaufen und gleichzeitig eine Vollmacht von Y, ein Auto zu kaufen. X verkauft das Auto des V an Y (**Doppelvertretung**).

Der Zweck des § 181 BGB besteht in der Vermeidung von Interessenkollisionen. Nach § 181 BGB sind **Insichgeschäfte verboten**. Entgegen dem Gesetzeswortlaut führt ein Verstoß gegen § 181 BGB nicht zur Nichtigkeit, sondern (nur) zu einer **schwebenden Unwirksamkeit** mit der Folge, dass der Vertrag durch Genehmigung des Vertretenen bzw. der beiden Vertretenen voll wirksam gemacht werden

---

[131] BGH, NJW 2002, 2327; Palandt/*Ellenberger*, § 172 BGB, Rn. 8; *Köhler*, BGB AT, § 11, Rn. 43.
[132] BGH, NJW 2006, 1971; Palandt/*Ellenberger*, § 172 BGB, Rn. 11; *Köhler*, BGB AT, § 11, Rn. 44.

kann.[133] Ausnahmsweise ist ein Insichgeschäft gültig. Das Gesetz nennt zwei Fälle, zum einen, wenn das Selbstkontrahieren von dem Vertretenen gestattet worden ist (i. d. R durch folgende Formulierung „unter Befreiung von den Beschränkungen des § 181 BGB"), zum anderen, wenn das Rechtsgeschäft ausschließlich in dem Erfüllen einer Verbindlichkeit besteht, z. B. der Vertreter begleicht eine Schuld gegenüber dem Vertretenen durch Zahlung einer Geldsumme in die von ihm verwaltete Kasse des Vertretenen. § 181 BGB findet keine Anwendung auf Rechtsgeschäfte, durch die der Vertretene lediglich einen rechtlichen Vorteil erlangt i. S. v. § 107 BGB.[134]

## 2.8   Die Einrede der Verjährung

### 2.8.1   Begriff und Zweck

Verjährung bedeutet den Verlust der Durchsetzbarkeit eines Anspruchs durch Zeitablauf. Der Schuldner ist mit Eintritt der Verjährung berechtigt, die Leistung zu verweigern. Ihm steht die Einrede der Verjährung zu (§ 214 Abs. 1 BGB). Die Verjährung dient der Sicherheit des Rechtsverkehrs und des **Rechtsfriedens**.[135] Ansprüche, die über einen längeren Zeitraum hinweg nicht geltend gemacht worden sind, begründen für den Schuldner einen gewissen Vertrauensschutz, da er damit rechnen darf, in dieser Sache nicht mehr in Anspruch genommen zu werden. Je länger der Gläubiger mit seinem Anspruch wartet, desto schwieriger kann auch die Klärung der Beweislage sein. Daraus können Streitigkeiten entstehen und der Schuldner in Beweisschwierigkeiten geraten, z. B. durch Unauffindbarkeit einer Quittung oder durch den Tod eines Zeugen. Diese Probleme sollen mit den Verjährungsregeln vermieden werden, indem der Gläubiger gezwungen ist, seinen Anspruch in einer bestimmten Zeit geltend zu machen. Das Recht der Verjährung ist in den §§ 194 bis 218 BGB geregelt.

Der Verjährung unterliegen nur **Ansprüche** (§ 194 Abs. 1 BGB), nicht dagegen **Gestaltungsrechte**. Für diese kann es Ausschluss- bzw. Präklusionsfristen geben, nach deren Ablauf das Recht erlischt (z. B. §§ 122 Abs. 1, 124 BGB).[136]

### 2.8.2   Verjährungsfristen

Nach § 195 BGB beträgt die regelmäßige Verjährungsfrist **drei Jahre**. Diese Frist gilt für sämtliche Ansprüche, soweit nicht innerhalb des BGB oder anderer Gesetze besondere Fristen vorgesehen sind. Diese Frist gilt zum einen für alle vertraglichen Ansprüche, und zwar für die Ansprüche auf Leistung als auch auf Schadensersatz

---

[133] *Jacoby/von Hinden*, § 181 BGB, Rn. 4.
[134] BGHZ 59, 236; 94, 232, 235; *Brox/Walker*, BGB AT, Rn. 585 ff.
[135] *Brox/Walker*, BGB AT, Rn. 668.
[136] *Brox/Walker*, BGB AT, Rn. 667.

(§§ 280 ff. BGB), zum anderen für die Ansprüche aus gesetzlichen Schuldverhältnissen, etwa aus ungerechtfertigter Bereicherung nach §§ 812 ff. BGB, aus unerlaubter Handlung nach den §§ 823 ff. BGB oder aus Geschäftsführung ohne Auftrag (§§ 677 ff. BGB).

Nach § 196 BGB verjähren Ansprüche auf Übertragung des Eigentums an einem
Grundstück sowie auf Begründung, Übertragung oder Aufhebung eines Rechts an
einem Grundstück oder auf Änderung des Inhalts eines solchen Rechts sowie Ansprüche auf die Gegenleistung in **zehn Jahren**.

Nach § 197 Abs. 1 BGB verjähren in **dreißig Jahren**, sofern nicht ein anderes
bestimmt ist, Herausgabeansprüche aus Eigentum und anderen dinglichen Rechten,
familien- und erbrechtliche Ansprüche sowie die eben erwähnten titulierten Ansprüche.

**Besondere Verjährungsfristen** gelten im Gewährleistungsrecht in den §§ 438,
548, 634a, 651 g BGB. Diese Vorschriften sehen für Mängelansprüche eine kürzere,
objektiv zu bestimmende, Verjährungsfrist vor. Weist z. B. das verkaufte Auto einen
Mangel auf, so gilt nach § 438 Abs. 1 Nr. 3 BGB eine zweijährige Verjährungsfrist;
im Falle eines verkauften Mietshauses gilt nach § 438 Nr. 2a BGB eine fünfjährige
Verjährungsfrist; § 548 BGB betrifft Ersatz- und Verwendungsansprüche des Mieters, für die eine sechsmonatige Verjährungsfrist gilt.

### 2.8.3 Beginn der Verjährung

Die regelmäßige Verjährungsfrist beginnt nach § 199 Abs. 1 BGB mit dem Schluss
des Jahres zu laufen, also am 31.12. um 24.00 Uhr (**Jahresendverjährung**). Mit
dieser Regelung sollen Streitigkeiten über das genaue Datum der Kenntniserlangung vermieden und die Überwachung des Verjährungsablaufs erleichtert werden.
Nach § 199 Abs. 1 BGB setzt der **Beginn** der regelmäßigen Verjährung erstens voraus, dass der Anspruch entstanden ist und zweitens, dass der Gläubiger von den Anspruch begründenden Umständen und der Person des Schuldners **Kenntnis** erlangt
oder **ohne grobe Fahrlässigkeit** erlangen müsste. Entstanden ist ein Anspruch, sobald er geltend gemacht werden kann, also erst im Zeitpunkt der Fälligkeit.[137] Der
Gesetzgeber knüpft damit an ein **subjektives Merkmal** an.

Die kenntnisabhängige Regelverjährung wird in § 199 Abs. 2, 3 BGB durch
zwei verschiedene kenntnisunabhängige Verjährungsfristen ergänzt, deren Dauer
entweder zehn oder dreißig Jahre beträgt. Diese Höchstfristen sind als objektives
Korrektiv zu der auf dem subjektiven System beruhenden regelmäßigen Verjährung
zu verstehen.

Für Ansprüche, die nicht der regelmäßigen Verjährung unterliegen, beginnt die
Verjährungsfrist grundsätzlich mit der Entstehung des Anspruchs (§ 200 S. 1 Hs. 1
BGB). Titulierte Ansprüche (§ 197 Abs. 1 Nr. 3 bis 5 BGB) verjähren nach § 201
BGB dreißig Jahre nach dem Zeitpunkt der Rechtskraft der Entscheidung, der Er-

---

[137] BGHZ 113, 188, 193; *Brox/Walker*, BGB AT, Rn. 673.

richtung des vollstreckbaren Titels (d. h. vollstreckbare Urkunden) oder der Feststellung im Insolvenzverfahren.

## 2.8.4   Verjährungshindernisse

Dem normalen Ablauf der Verjährungsfrist können Hindernisse entgegenstehen, die eine Hemmung, Ablaufhemmung oder einen Neubeginn bewirken.

Die Verjährung beginnt erneut (**Neubeginn,** früher Unterbrechung genannt), wenn der Schuldner den Anspruch anerkennt oder eine gerichtliche oder behördliche Vollstreckungshandlung vorgenommen oder beantragt wird (§ 212 Abs. 1 BGB).

**Hemmung** bedeutet ein Anhalten der Verjährungsfrist. Nach dem Wegfall der Hemmung läuft die Verjährungsfrist weiter. Es wird also lediglich der Zeitraum der Hemmung in die Verjährungsfrist nicht eingerechnet. Die Verjährungsfrist wird z. B. gehemmt bei der **Aufnahme von Verhandlungen** zwischen Gläubiger und Schuldner über den Anspruch. Die Rspr. fasst den Begriff der Verhandlung sehr weit und lässt grundsätzlich jeden Meinungsaustausch über den Anspruch bzw. den anspruchsbegründenden Sachverhalt ausreichen.[138] Eine Hemmung wird ebenfalls erreicht durch **Rechtsverfolgung.** Dazu gehört jedoch noch nicht die bloße Mahnung. Die Rechtsverfolgungsmaßnahmen sind in § 204 Abs. 1 BGB aufgezählt. Hierzu zählen insbesondere die Erhebung einer Leistungs- oder Feststellungsklage (§ 204 Abs. 1 Nr. 1 ZPO), die Zustellung eines Mahnbescheides im Mahnverfahren (§§ 204 Abs. 1 Nr. 3 i. V. m. 693 Abs. 2 ZPO) oder die Zustellung des Antrags auf einstweilige Verfügung (§ 204 Abs. 1 Nr. 9 BGB).

Die **Ablaufhemmung** schiebt den Eintritt der Verjährung hinaus. Sie tritt ein bei Ansprüchen, die vorübergehend nicht geltend gemacht werden können. Die Verjährungsfrist läuft hier grundsätzlich weiter, jedoch tritt die Verjährung erst eine bestimmte Zeit nach Wegfall des Ablaufhemmungsgrundes ein, z. B. sechs Monate nach Eintritt der unbeschränkten Geschäftsfähigkeit (§ 210 BGB).

## 2.8.5   Wirkung der Verjährung

Nach Vollendung der Verjährung ist der Schuldner berechtigt, die Leistung zu verweigern (§ 214 Abs. 1 BGB). Die Verjährung führt zu einer **Einrede.**[139] Verklagt z. B. der Verkäufer einer Sache den Käufer auf Zahlung des Kaufpreises und erhebt der beklagte Käufer zu Recht die Einrede der Verjährung, wird die Klage wegen der dauernden Hemmung abgewiesen. Der verjährte Anspruch erlischt also nicht, sondern gibt dem Schuldner ein dauerndes Leistungsverweigerungsrecht. Leistet der Schuldner auf einen verjährten Anspruch, dann kann er das gleichwohl Geleistete nicht zurückfordern (§ 214 Abs. 2 BGB, § 813 Abs. 1 S. 2 BGB).[140]

---

[138] *Köhler*, BGB AT, § 18, Rn. 25 mit Hinweis auf BGH, NJW 2007, 587.

[139] *Wolf/Neuner*, BGB AT, § 22, Rn. 5; *Wörlen/Metzler-Müller*, BGB AT, Rn. 359.

[140] *Brox/Walker*, BGB AT, Rn. 679.

# Schuldrecht – Allgemeiner Teil

**3**

Das Schuldrecht regelt eine Vielzahl von Lebenssachverhalten, die vom Gesetz unter dem komplexen Begriff „Schuldverhältnis" zusammengefasst sind. Die Überschrift des zweiten Buches des BGB lautet dementsprechend „Recht der Schuldverhältnisse". Das Schuldrecht wird im zweiten Buch des BGB behandelt (§§ 241 bis 853 BGB). Die ersten sieben Abschnitte mit den §§ 241 bis 432 BGB bilden das Allgemeine Schuldrecht. Im achten Abschnitt – dem Besonderen Teil des Schuldrechts – hat der Gesetzgeber bestimmte, im praktischen Leben häufig vorkommende Schuldverhältnisse ausdrücklich geregelt (§§ 433 bis 853 BGB). Entsprechend der auch sonst zu beobachtenden Systematik des BGB sind die bei allen oder bei mehreren der einzelnen Schuldverhältnisse auftretenden Probleme im Allgemeinen Schuldrecht geregelt.

Der **Allgemeine Teil** des Schuldrechts enthält somit Regelungen, die sämtliche oder jedenfalls **mehrere Schuldverhältnisse** betreffen, **unabhängig** davon, ob sie durch **Rechtsgeschäft** oder **Gesetz** entstehen. Hierzu zählen etwa Vorschriften zur Begründung und Beendigung von Schuldverhältnissen, zu den unter Umständen auftretenden Leistungsstörungen und zur Übertragung von Forderungen. Sowohl auf der Gläubiger- als auch auf Schuldnerseite ist eine Beteiligung von mehreren Personen möglich. Dementsprechend enthält der Allgemeine Teil auch diesbezüglich Regelungen. Im ersten Abschnitt geht es zunächst um die Frage, was unter einem Schuldverhältnis zu verstehen ist.

## 3.1 Schuldverhältnis

### 3.1.1 Begriff

Das **Schuldverhältnis** ist ein Rechtsverhältnis, aufgrund dessen eine Person (= Gläubiger) berechtigt ist, von einer anderen Person (= Schuldner) eine Leistung zu fordern (§ 241 Abs. 1 S. 1 BGB), z. B. Übereignung der gekauften Sache oder

© Springer-Verlag Berlin Heidelberg 2016
T. Zerres, *Bürgerliches Recht,* Springer-Lehrbuch, DOI 10.1007/978-3-662-49027-3_3

Überlassung der gemieteten Sache zum Gebrauch. Die Leistung kann auch in einem Unterlassen bestehen (§ 241 Abs. 1 S. 2 BGB).

Zu beachten ist, dass bei einem gegenseitigen Vertrag (z. B. einem Kaufvertrag) beide Vertragspartner Gläubiger und Schuldner sind, und zwar Gläubiger im Hinblick auf die zu beanspruchende Leistung und Schuldner im Hinblick auf die zu erbringende Leistung. So ist z. B. der Verkäufer Gläubiger im Hinblick auf die Kaufpreiszahlung und Schuldner in Bezug auf die Erbringung der Sachleistung. Der Käufer ist demgegenüber Gläubiger im Hinblick auf die Sachleistung und Schuldner in Bezug auf die Kaufpreiszahlung. § 241 Abs. 2 BGB ergänzt, dass das Schuldverhältnis seinem Inhalt nach jeden Teil zur Rücksicht auf die Rechte, Rechtsgüter und Interessen des anderen Teils verpflichten kann. Aus § 311 Abs. 2 und 3 BGB folgt, dass sich das Schuldverhältnis auch auf solche Rücksichtnahmepflichten beschränken kann.[1]

Rechte und Pflichten entstehen grundsätzlich nur zwischen Gläubiger und Schuldner. Die Rechte zwischen Gläubiger und Schuldner bezeichnet man im Allgemeinen als „**relative Rechte**" (Relativität der Schuldverhältnisse). Das Recht des Gläubigers gegenüber dem Schuldner nennt man „Forderung" (oder „obligatorisches Recht"). Dritte können jedoch auf das Schuldverhältnis einwirken (z. B. §§ 267, 362 BGB), indem sie auf Gläubigerseite (§§ 398 ff. BGB) oder Schuldnerseite (§§ 414 ff. BGB) Partei des Schuldverhältnisses werden oder aus einem fremden Schuldverhältnis ein eigenes Forderungsrecht erwerben (Vertrag zugunsten Dritter, § 328 BGB).

Diese **Relativität des Schuldverhältnisses** ist der entscheidende **Unterschied** gegenüber den im Sachenrecht geregelten **dinglichen Rechten** (z. B. Eigentum). Dingliche Ansprüche begründen keine Ansprüche gegen einzelne Personen, sondern eine Herrschaftsmacht gegenüber Sachen, die von „jedermann" zu beachten ist.

Die **Funktion des Schuldrechts** besteht darin, dem Einzelnen rechtliche Mittel zur Verfügung zu stellen, damit er seine Interessen eigenverantwortlich verwirklichen kann. Das wichtige Mittel ist der Vertrag. Schuldrechtliche Verträge sind teilweise auf eine Veränderung der dinglichen Güterzuordnung gerichtet, z. B. der Kaufvertrag. Die Veränderung der dinglichen Güterzuordnung erfolgt jedoch mit den Gestaltungsmitteln des Sachenrechts, z. B. durch Übereignung (§§ 929 ff. BGB). Schuldrechtliche Verträge können aber auch die Erbringung einer Dienstleistung (z. B. Dienstvertrag), die Herstellung eines Werkes (Werkvertrag) oder die Überlassung einer Sache auf Zeit (Mietvertrag) zum Gegenstand haben. Darüber hinaus besteht die Funktion des Schuldrechts darin, den Einzelnen vor Eingriffen durch Dritte zu schützen und einen gerechten Ausgleich für entstandene Schäden (§§ 823 ff. BGB) und ungerechtfertigte Vermögensverschiebungen (§§ 812 ff. BGB) zu gewährleisten.[2] Die letzten Aufgaben werden vor allem durch die gesetzlichen Schuldverhältnisse wahrgenommen.

Die Bezeichnung „Schuldverhältnis" wird im BGB nicht einheitlich verwendet. Teilweise bezeichnet sie die Gesamtheit der Rechtsbeziehungen zwischen Gläu-

---

[1] *Looschelders*, SchuldR AT, § 1, Rn. 2.

[2] *Looschelders*, SchuldR AT, § 1, Rn. 6.

biger und Schuldner (Schuldverhältnis **im weiteren Sinne**), aus dem sich eine ganze Reihe von Einzelansprüchen ergeben können, teilweise aber auch nur die einzelne schuldrechtliche Forderung (Schuldverhältnis **im engeren Sinne**).[3] Bei den einzelnen Vorschriften muss daher im Wege der Auslegung geklärt werden, welches Verhältnis zugrunde liegt. Meistens ist das Schuldverhältnis im engeren Sinne gemeint. So beziehen sich z. B. die Regeln zur Unmöglichkeit (§ 275 BGB) und die Erlöschensgründe (§§ 362 ff. BGB) nur auf die einzelne Forderung, z. B. auf Zahlung des Kaufpreises in Höhe von 8000 € oder Zahlung des Mietzinses in Höhe von 1000 €, nicht auf die evtl. weitere Pflichten umfassende Sonderbeziehung zwischen Gläubiger und Schuldner; das Schuldverhältnis im weiteren Sinne ist in § 241 Abs. 2 BGB und § 273 Abs. 1 BGB gemeint.[4]

### 3.1.2 Rechtsgeschäftliche und gesetzliche Schuldverhältnisse

#### 3.1.2.1 Überblick

Schuldverhältnisse können durch Rechtsgeschäft oder kraft Gesetz entstehen; dementsprechend unterscheidet man zwischen **rechtsgeschäftlichen** bzw. **vertraglichen** und **gesetzlichen Schuldverhältnissen**. Erstere entstehen kraft Rechtsgeschäft, i. d. R. durch Vertrag (§ 311 Abs. 1 BGB), letztere entstehen unmittelbar kraft Gesetz ohne rechtsgeschäftliches Handeln, sondern durch Verwirklichung der zur Anspruchsbegründung normierten gesetzlichen Tatbestandsmerkmale.

Das Schuldrecht regelt **vier** wichtige **Gruppen** von **gesetzlichen Schuldverhältnissen**, nämlich die unerlaubte Handlung (§§ 823 ff. BGB), die ungerechtfertigte Bereicherung (§§ 812 ff. BGB), die Geschäftsführung ohne Auftrag (§§ 677 ff. BGB) und den geschäftlichen Kontakt (§ 311 Abs. 2 BGB); weiterhin gibt es noch Regelungen zur Haftung des Gastwirts (§§ 701 ff. BGB) und die Bruchteilsgemeinschaft (§§ 741 ff. BGB).[5] Außerhalb des Schuldrechts findet man Schuldverhältnisse im Sachenrecht insbesondere bei Ansprüchen aus dem Verhältnis zwischen „Eigentümer" und „Besitzer" (§§ 987 ff. BGB), zwischen Eigentümer und Finder (§§ 965 ff. BGB) oder im Familienrecht (z. B. Unterhaltsansprüche nach §§ 1601 ff. BGB).

Für die Fallbearbeitung ist zu beachten, dass sämtliche in Betracht kommenden Anspruchsgrundlagen zu prüfen sind. Dies gilt nicht nur für das Zusammentreffen von rechtsgeschäftlichen und gesetzlichen Schuldverhältnissen, sondern auch dann, wenn mehrere gesetzliche Schuldverhältnisse gegeben sind.

Gegenstand des folgenden Abschnitts sind die rechtsgeschäftlichen, vornehmlich vertraglichen Schuldverhältnisse. Die vier – im Schuldrecht geregelten – gesetzlichen Schuldverhältnisse werden vorab aus didaktischen Gründen kurz skizziert, da auf diese bereits im Rahmen der Behandlung der rechtsgeschäftlichen Schuldverhältnisse Bezug genommen wird (Abb. 3.1).

---

[3] *Medicus/Lorenz*, SchuldR I, Rn. 8.

[4] *Brox/Walker*, SchuldR AT, § 2, Rn. 1 ff.

[5] *Brox/Walker*, SchuldR AT, § 3, Rn. 10 bis 14.

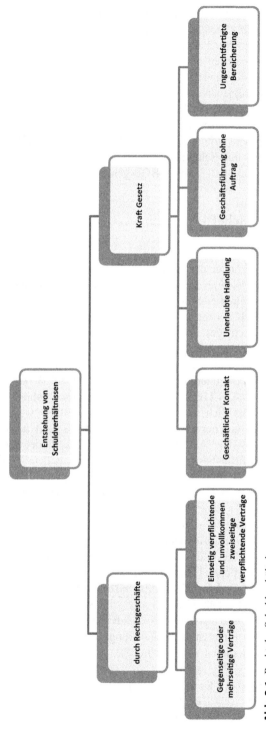

**Abb. 3.1**  Recht der Schuldverhältnisse

### 3.1.2.2 Rechtsgeschäftliche Schuldverhältnisse

Zur Begründung eines Schuldverhältnisses sowie zur Änderung des Inhalts eines Schuldverhältnisses ist ein Vertrag zwischen den Parteien erforderlich, soweit nicht das Gesetz ein anderes vorschreibt (§ 311 Abs. 1 BGB). Eine vertragliche Begründung eines Schuldverhältnisses setzt einander entsprechende Willenserklärungen voraus. Nach den Verpflichtungen, die sich aus dem Vertrag ergeben, kann man unterscheiden zwischen gegenseitigen Verträgen, unvollkommen zweiseitig verpflichtenden Verträgen und einseitig verpflichtenden Verträgen.

**Gegenseitige Verträge** zeichnen sich dadurch aus, dass beide Vertragsparteien gleichzeitig Gläubiger und Schuldner sind. Die Leistung erfolgt gerade deshalb, weil sich auch der andere zu einer Leistung verpflichtet. Man spricht auch von einer **synallagmatischen** Verknüpfung der gegenseitigen Verpflichtungen (sog. „**do ut des-Verhältnis**", d. h. „Ich gebe, damit du gibst"). Die Besonderheit dieser Verträge besteht in der gegenseitigen Abhängigkeit der beiderseitigen Hauptpflichten. Der eine Vertragsteil kann seine Leistung solange verweigern, bis der andere die Gegenleistung erbringt (§§ 320 bis 322 BGB). Leistet der eine Vertragsteil nicht oder nicht vertragsgemäß, so wird davon möglicherweise sein Anspruch auf die Gegenleistung beeinflusst.[6]

Da die Terminologie im Gesetz, insbesondere im Leistungsstörungsrecht (§§ 275 ff., 323 ff. BGB) hinsichtlich „Leistungspflicht" und „Gegenleistungspflicht" mitunter verwirrend sein kann, mag der folgende Hinweis eine Orientierungshilfe sein: Die Leistungspflicht bezieht sich grundsätzlich auf die vertragstypische Leistung (z. B. Übereignung der Kaufsache, § 433 Abs. 1 BGB; Überlassung der Mietsache, § 535 Abs. 1 BGB; Erstellung eines Werks, § 631 Abs. 1 S. 1 BGB). Die Gegenleistungspflicht ist demgegenüber regelmäßig auf eine Geldleistung gerichtet (vgl. § 433 Abs. 2, § 535 Abs. 2, § 631 Abs. 1 S. 1 BGB). Eine Ausnahme stellt der Tauschvertrag i. S. v. § 515 BGB dar, da hier beide Leistungen sog. Sachleistungen sind.

**Unvollkommen zweiseitig** verpflichtende Verträge liegen vor, wenn nur für eine Vertragspartei Leistungspflichten entstehen, u. U. auch eine Verpflichtung des anderen Vertragsteils gegeben sein kann, die aber nicht in einem Gegenseitigkeitsverhältnis steht.

---

**Beispiel**

So ist z. B. beim Auftrag gem. § 662 BGB nur der Beauftragte zum Tätigwerden verpflichtet. Entstehen im Einzelfall Aufwendungen, ist der Auftraggeber zum Ersatz verpflichtet (§ 670 BGB). Durch den Leihvertrag (§ 598 BGB) verpflichtet sich der Verleiher zur unentgeltlichen Gebrauchsüberlassung; im Einzelfall können sich Pflichten des Entleihers aus §§ 601 ff. BGB ergeben. Der Verwahrungsvertrag verpflichtet grundsätzlich nur den Verwahrer (§§ 688, 690 BGB); hat dieser jedoch Aufwendungen gehabt, ist der Hinterleger zum Ersatz verpflichtet.[7]

---

[6] *Brox/Walker*, SchuldR AT, § 3, Rn. 2 ff.
[7] *Brox/Walker*, SchuldR AT, § 3, Rn. 3.

„**Einseitig verpflichtende Verträge**" verpflichten nur eine Vertragspartei zu einer Leistung, z. B. ein Schenkungsversprechen (§ 518 BGB) oder ein Bürgschaftsvertrag (§ 765 BGB).

Ausnahmsweise entstehen Schuldverhältnisse durch ein **einseitiges Rechtsgeschäft**, z. B. bei der Auslobung nach § 657 BGB und beim Testament (§ 1937 BGB).

Ein Schuldverhältnis entsteht nicht durch die **Zusendung unbestellter Sachen** oder durch die Erbringung unbestellter sonstiger Leistungen. Liefert ein Unternehmer (§ 14 BGB) an einen Verbraucher (§ 13 BGB) bewegliche Sachen oder erbringt er ihm gegenüber Leistungen sonstiger Art (z. B. Dienstleistungen), ohne dass dem eine Bestellung zugrunde liegt, so liegt darin regelmäßig zwar ein Angebot auf Abschluss eines Vertrages. Ein rechtsgeschäftliches Schuldverhältnis entsteht allerdings erst mit der Annahme des Angebots.

§ 241a Abs. 1 BGB stellt klar, dass allein dadurch ein vertraglicher Anspruch nicht begründet wird. Es bedarf hierfür vielmehr noch einer Annahmeerklärung. Dies gilt nach der Neufassung 2014[8] auch in den Fällen, in denen der Unternehmer dem Verbraucher statt der bestellten eine andere, gleichwertige Leistung mit dem Hinweis anbietet, dass dieser zur Abnahme nicht verpflichtet sei und die Kosten der Rücksendung nicht tragen müsse. Unter Waren sind dabei solche beweglichen Sachen zu verstehen, die nicht aufgrund von Zwangsvollstreckungsmaßnahmen und anderen gerichtlichen Maßnahmen verkauft werden. Die Regelung kodifiziert einen allgemeinen Grundsatz des Vertragsrechts, dass durch bloßes Schweigen grundsätzlich kein Vertrag begründet wird.[9] Sie ist nicht zum Nachteil des Verbrauchers abdingbar und findet auch dann Anwendung, wenn seine Geltung durch anderweitige Gestaltungen umgangen werden sollen. Die systematische Einordnung im Allgemeinen Teil des Schuldrechts (statt im Allgemeinen Teil des BGB) lässt sich damit erklären, dass der Gesetzgeber auch gesetzliche Ansprüche ausschließen wollte.

§ 241a BGB schließt zunächst vertragliche und gesetzliche Ansprüche wie den Herausgabeanspruch nach § 985 BGB, den Anspruch aus § 812 BGB wegen ungerechtfertigter Bereicherung oder etwaiger Nutzungen i. S. v. § 100 BGB (§§ 987 ff., 818 ff. BGB) sowie auf Schadensersatz (§§ 989, 990 BGB oder §§ 311 Abs. 2, 280 BGB) aus. Der Verbraucher wird zwar nicht Eigentümer der Sache, kann aber mit dieser nach Belieben verfahren, es sei denn, dass die Leistung erkennbar nicht für den Empfänger bestimmt war oder in der irrtümlichen Annahme einer Bestellung erfolgte und der Empfänger dies erkannt hat oder bei der Anwendung der im Verkehr erforderlichen Sorgfalt hätte erkennen können (vgl. § 241a Abs. 2 BGB).[10] Nach § 241a Abs. 3 BGB darf von den Regelungen zum Nachteil des Verbrauchers nicht abgewichen werden.

Die Abgrenzung der „**Gefälligkeitsverträge**", z. B. Schenkung nach § 516 BGB; Leihe nach § 598 BGB, Auftrag nach § 662 BGB oder unentgeltliche Verwahrung

---

[8] Vgl. Fassung des § 241a BGB aufgrund des Gesetzes zur Umsetzung der Verbraucherrechterichtlinie und zur Änderung des Gesetzes zur Regelung der Wohnungsvermittlung vom 20.09.2013 (BGBl. I S. 3642) m. W. v. 13.06.2014.

[9] Vgl. zu den Ausnahmen unter 2.2.2.2.

[10] *Brox/Walker*, SchuldR AT, § 3, Rn. 7 ff.; *Looschelders*, SchuldR AT, § 5, Rn. 97 ff.

nach § 690 BGB von den **bloßen Gefälligkeitszusagen**, die aus Freundschaft, Ehre oder Anstand erfolgen (z. B. Einladungen zum Abendessen oder Gefälligkeiten des täglichen Lebens) und keine Leistungspflichten nach sich ziehen, richtet sich nach dem Rechtsbindungswillen. Die Abgrenzung ist von wesentlicher Bedeutung für Haftungsfragen, wenn Schäden entstanden sind. So ist die vertragliche Haftung i. d. R. umfassender und einfacher durchzusetzen als die deliktische Haftung nach §§ 823 ff. BGB. Entscheidend ist, wie ein objektiver Beobachter das Verhalten des Zusagenden unter Würdigung aller Umstände im Einzelfall werten musste.[11] Verneint wurde eine rechtliche Bindung etwa im Falle einer Lotto-Tippgemeinschaft, die Lottoscheine ausfüllt und einreicht[12] oder im Rahmen der Beaufsichtigung von Nachbarskindern.[13] Bei Gefälligkeitsfahrten, d. h. der Mitnahme von Personen im PKW, kann aufgrund der Unentgeltlichkeit nicht auf einen stillschweigenden Haftungsausschluss geschlossen werden. Hintergrund ist die Deckung durch eine bestehende Haftungsversicherung; der Fahrer hat die Möglichkeit, vor Fahrtbeginn einen Haftungsausschluss zu vereinbaren.[14] Ein eigenes wirtschaftliches Interesse des Gefälligen spricht für eine rechtsgeschäftliche Bindung, ein unverhältnismäßiges Haftungsrisiko gegen eine solche. Allerdings können trotz fehlender Hauptleistungspflicht Schutzpflichten i. S. v. § 241 Abs. 2 BGB bestehen, deren Verletzung Schadensersatzansprüche auslösen können. Hilft ein Transportunternehmer seinem Geschäftsfreund aus Gefälligkeit mit einem Fahrer aus, so ist er zwar nicht zur Überlassung, wohl aber zur sorgfältigen Auswahl verpflichtet.[15]

### 3.1.2.3 Gesetzliche Schuldverhältnisse

**Geschäftlicher Kontakt**
Nach § 311 Abs. 2 BGB entsteht durch das Gesetz ein Schuldverhältnis ohne primäre Leistungspflichten, aber mit Schutzpflichten nach § 241 Abs. 2 BGB durch:

- Aufnahme von Vertragsverhandlungen (Nr. 1)
- Anbahnung eines Vertrages mit Anvertrauen eigener Interessen (Nr. 2)
- ähnliche geschäftliche Kontakte (als Auffangtatbestand) (Nr. 3)

Verletzt einer der Beteiligten seine Pflichten aus § 241 Abs. 2 BGB, kann er über die Vorschriften des Deliktsrechts hinaus schadensersatzpflichtig sein, auch wenn es zu einem Vertragsabschluss noch nicht gekommen ist.[16] Die ursprünglich von der Rspr. und Lehre entwickelte Lehre zur Haftung wegen Verschuldens bei Vertragsverhandlungen (**culpa in contrahendo**) beruhte in erster Linie auf der Erwägung, dass die Haftung nach Deliktsrecht im vorvertraglichen Bereich nicht in allen Fäl-

---

[11] BGHZ 21, 102 (107); *Jacoby/von Hinden*, Vor § 241 BGB, Rn. 2.

[12] BGH, NJW 1974, 1705.

[13] BGH, NJW 1968, 1874.

[14] *Jacoby/von Hinden*, Vor § 241 BGB, Rn. 2; *Brox/Walker*, SchuldR AT, § 2, Rn. 30.

[15] BGHZ 21, 102; *Brox/Walker*, SchuldR AT, § 2, Rn. 30.

[16] *Brox/Walker*, SchuldR AT, § 3, Rn. 10 ff.; näher unter 3.5.

len geeignet ist und Schutzlücken aufweist, etwa bei der Exkulpationsmöglichkeit für Verrichtungsgehilfen nach § 831 BGB.[17]

---

**Beispiel**

„**Bananenschalen**"-**Fall**: K möchte im Kaufhaus des U einkaufen und rutscht auf einer Bananenschale aus, die der sonst zuverlässige Angestellte A dort liegen gelassen hat. Eine Haftung des U als Geschäftsherr nach § 831 Abs. 1 BGB greift wegen der Möglichkeit der Exkulpation nicht ein (§ 831 Abs. 1 S. 2 BGB). Vertragliche Ansprüche kommen nicht in Betracht. Es liegt jedoch bereits durch die Aufnahme des geschäftlichen Kontaktes ein Schuldverhältnis vor. U haftet aufgrund dessen dem K nach §§ 280 Abs. 1, 311 Abs. 2 Nr. 2, 241 Abs. 2 BGB i. V. m. § 278 BGB; U haftet für seinen Erfüllungsgehilfen A über §§ 276, 278 BGB.

---

### Geschäftsführung ohne Auftrag (GoA)

Dieses gesetzliche Schuldverhältnis entsteht nach § 677 BGB dadurch, dass jemand ein Geschäft für einen anderen besorgt, ohne dass zwischen den Beteiligten ein vertragliches (z. B. Auftragsvertrag nach § 662 BGB) oder sonstiges Rechtsverhältnis besteht. Der Begriff des Geschäfts ist dabei weit zu verstehen. Erfasst wird jede Tätigkeit, unabhängig davon, ob sie rechtsgeschäftlicher oder tatsächlicher Natur ist. Die Interessenlage bei der GoA ist ambivalent. Auf der einen Seite ist uneigennütziges Handeln für einen anderen wünschenswert und soll privilegiert werden (z. B. durch Aufwendungsersatz). Auf der anderen Seite soll der Geschäftsherr davor geschützt werden, dass andere sich ungewollt in seine Angelegenheiten einmischen. So hat z. B. der Geschäftsführer einen Anspruch auf Ersatz seiner Aufwendungen, wenn die Geschäftsführung dem Interesse und dem wirklichen Willen entspricht (§§ 677, 683, 670 BGB). Es handelt sich dabei z. B. um Maßnahmen zur Gefahrenabwehr, Bekämpfung von Bränden oder Beseitigung von Wasser- oder Bodenverschmutzungen; regelmäßig geht es daher bei der GoA um die Frage, ob und inwieweit Aufwendungs- oder Schadensersatzansprüche zwischen den Beteiligten bestehen.[18]

---

**Beispiel**

Ein Autofahrer bringt einen Schwerverletzten auf sein Bitten hin mit seinem PKW ins Krankenhaus. Er kann seine Aufwendungen (z. B. Kosten für Verbandsmaterial, Fahrtkosten, Reinigungskosten) nach § 670 BGB verlangen, da zwischen beiden ein Auftrag zustande gekommen ist. Ein Vertrag kommt aber nicht zustande, wenn der andere bewusstlos ist. Der Aufwendungsersatzanspruch ergibt sich hier aus dem gesetzlichen Schuldverhältnis der GoA (§ 683 BGB).[19]

---

[17] *Looschelders*, SchuldR AT, § 8, Rn. 141 ff.; *Brox/Walker*, SchuldR AT, § 5, Rn. 1.
[18] Vgl. zur Geschäftsführung ohne Auftrag Kap. 5.2.
[19] *Brox/Walker*, SchuldR AT, § 3, Rn. 14.

## Ungerechtfertigte Bereicherung

Die Regeln über die ungerechtfertigte Bereicherung (§§ 812 ff. BGB) haben den Zweck, **ungerechtfertigte Vermögensverschiebungen** auszugleichen. Es geht dabei zunächst um die Rückabwicklung nichtiger Verträge oder sonstiger fehlgeschlagener Zuwendungen. Das Bereicherungsrecht stellt insoweit ein notwendiges Korrektiv zum Trennungs- und Abstraktionsprinzip dar.

---

**Beispiel**

V hat K einen PC verkauft und übereignet. Später ficht K den Kaufvertrag erfolgreich wegen eines Irrtums nach § 119 Abs. 1 BGB an. Nach dem Trennungs- und Abstraktionsprinzip lässt die Anfechtung die Wirksamkeit der dinglichen Verträge, d. h. der Übereignung der Sache und des Geldes, unberührt. K kann daher Rückübereignung des Geldes, V die Rückübereignung des Geldes nach § 812 Abs. 1 S. 1 Alt. 1 BGB verlangen.

---

Das Bereicherungsrecht dient zum anderen aber auch der Rückgängigmachung von Vermögensverschiebungen, die nicht auf einer Leistung des Bereicherungsgläubigers (z. B. Vertragserfüllung) beruhen (Nichtleistungskondiktion). Bereicherungsansprüche können insbesondere dadurch entstehen, dass ein anderer (Bereicherungsschuldner) ohne Erlaubnis in die Rechte und Rechtsgüter des Bereicherungsgläubigers eingreift, diese geschützten Rechtspositionen zu eigenen Zwecken nutzt und hierdurch sein Vermögen auf dessen Kosten vermehrt (Eingriffskondiktion).[20] Wichtige Beispiele sind der Gebrauch, Verwertung oder Verbrauch einer fremden Sache. Häufig wird der Eingriff in fremde Rechtspositionen durch den Bereicherungsschuldner selbst vorgenommen, z. B. durch Eingriff in fremde Schutzrechte (z. B. Urheber- oder Markenrechte). Möglich sind aber auch Eingriffe Dritter oder Vermögensverschiebungen ohne menschliches Zutun (Bereicherung durch Naturereignisse) oder eine Bereicherung durch Vorgänge, an die das Gesetz eine Rechtsänderung knüpft (z. B. §§ 932 ff. BGB). Eine Spezialregelung der Bereicherung „in sonstiger Weise" ist § 816 BGB.

## Unerlaubte Handlung

Im Recht der unerlaubten Handlung geht es – im Unterschied zum Bereicherungsrecht – um den Ausgleich von Schäden. Bei den §§ 823 ff. BGB kommt es nicht darauf an, ob der Anspruchsgegner eine Vermögensmehrung oder einen Vorteil erfahren hat. Der Deliktschuldner haftet nicht, weil er einen Vorteil erlangt, sondern weil er einen anderen geschädigt hat, d. h. diesem einen „Nachteil" zugefügt hat.

Demgegenüber geht es bei den §§ 812 ff. BGB nicht um einen Schadensausgleich, d. h. um einen Ausgleich von Vermögensverlusten beim Gläubiger, sondern um den Ausgleich von Vermögenszuwächsen beim Schuldner. Ob der Anspruchsinhaber eine Vermögensminderung erlitten hat, ist unerheblich. Bezugspunkt für die Feststellung der Bereicherung ist also der bereicherte Schuldner.

---

[20] Vgl. BGHZ 107, 117 (120); zur ungerechtfertigten Bereicherung Kap. 5.3.

Die §§ 823 ff. BGB bestimmen eine Ersatzpflicht für Schäden, die vom Schädiger zurechenbar, rechtswidrig und schuldhaft verursacht worden sind, z. B. eine Körperverletzung oder eine Schädigung fremden Eigentums. Im Hinblick auf das Verschulden (§ 276 BGB), das grundsätzlich vom Geschädigten zu beweisen ist, wird in einigen Fällen zugunsten des Geschädigten eine Beweislastumkehr angenommen, z. B. im Falle des § 831 BGB.

Zu beachten ist, dass es im Rahmen des §§ 823 ff. BGB stets nur um den zivilrechtlichen Anspruch auf Schadensersatz geht. Die (eventuell gegebene) Strafbarkeit des Schädigers ist eine Frage, die nach den Regeln des Strafrechts zu beantworten ist. Die Verwirklichung eines Strafgesetzes kann im Rahmen der Haftung nach § 823 Abs. 2 BGB wegen Verletzung eines Schutzgesetzes relevant werden.

Neben der Haftung für rechtswidriges, schuldhaftes Verhalten kennt das Gesetz auch eine Haftung für Schäden, die durch rechtmäßige (nicht schuldhafte), aber für andere mit Gefahren verbundene Betätigung verursacht werden (**Gefährdungshaftung**). Wichtige Fälle sind etwa die Haftung des Kraftfahrzeughalters (§ 7 Abs. 1 StVG) oder des Bahnbetriebsunternehmers (§ 1 HaftpflichtG).[21]

### 3.1.3  Leistungspflichten und Schutzpflichten

Das Schuldverhältnis kann dem Schuldner eine Reihe von Pflichten auferlegen, die sich in verschiedene Kategorien einteilen lassen. Die Terminologie ist dabei nicht einheitlich. Teilweise wird zwischen Hauptpflichten und verschiedenen weiteren Verhaltens-, Neben-, Schutz- oder Sorgfaltspflichten unterschieden. Der Wortlaut des § 241 BGB und die Gesetzesbegründung legen es nahe, zwischen Leistungspflichten und Schutzpflichten zu differenzieren.

Unter **Leistungspflichten** sind diejenigen Pflichten des Schuldners zu verstehen, denen ein Forderungsrecht des Gläubigers entspricht (§ 241 Abs. 1 S. 1 BGB). Sie sind selbstständig einklagbar. In diesem Rahmen ist zu differenzieren zwischen Hauptleistungspflichten und Nebenleistungspflichten.

**Hauptleistungspflichten** sind diejenigen Leistungspflichten, die für das konkrete Schuldverhältnis wesentlich sind, ihm also sein Gepräge geben. Sie ergeben sich bei einem vertraglichen Schuldverhältnis aus der Vereinbarung der Parteien, ggf. i. V. m. der gesetzlichen Definitionsnorm für den jeweiligen Geschäftstyp; so ist z. B. beim Kaufvertrag der Verkäufer zur Übereignung der Sache in mangelfreiem Zustand und der Käufer zur Zahlung des Kaufpreises verpflichtet (§ 433 BGB). Bei gesetzlichen Schuldverhältnissen ergeben sich die Pflichten allein aus dem Gesetz, z. B. zur Zahlung von Schadensersatz (§ 823 Abs. 1 BGB). Bei einem **gegenseitigen Vertrag** stehen die Hauptleistungspflichten der beiden Teile in einem Gegenseitigkeitsverhältnis. Daran knüpfen die §§ 320 bis 322 BGB besondere Rechtsfolgen. Für das Rücktrittsrecht (§ 323 BGB) kommt es auf ein Gegenseitigkeitsverhältnis der verletzten Leistungspflichten dagegen nicht an.

---

[21] Vgl. zur unerlaubten Handlung und Gefährdungshaftung Kap. 5.4.

**Nebenleistungspflichten** sind alle anderen selbstständig einklagbaren Pflichten. Sie können auf die ordnungsgemäße Erbringung und Nutzung der eigenen Hauptleistung, d. h. auf das Erfüllungsinteresse des Gläubigers, gerichtet sein, aber auch einen anderen, selbstständigen Zweck verfolgen, z. B. den Schutz des Integritätsinteresses des Gläubigers. Ob und in welchem Umfang sie bestehen, hängt maßgebend vom konkreten Schuldverhältnis ab. Nebenleistungspflichten können vertraglich vereinbart werden. Ob das der Fall ist, ist ggf. durch Auslegung zu ermitteln (§§ 133, 157 BGB). Auch ohne eine spezielle Vereinbarung ergeben sie sich aus dem Grundsatz von Treu und Glauben nach § 242 BGB. Danach ist die Leistung so zu bewirken, wie Treu und Glauben mit Rücksicht auf die Verkehrssitte es erfordern. Einige Nebenleistungspflichten sind ausdrücklich gesetzlich normiert, z. B. in §§ 402, 617, 666 BGB. Bei den Pflichten nach § 402 BGB (Auskunftspflicht; Urkundenauslieferung) und § 666 BGB (Auskunfts- und Rechenschaftspflicht des Beauftragten) handelt es sich um (einklagbare) auf die Hauptleistung bezogene Nebenpflichten, während es sich bei der Pflicht des Dienstberechtigten (Arbeitgebers) zur Krankenfürsorge und zu Schutzmaßnahmen nach den §§ 617, 618 BGB um eine sonstige Nebenleistungspflicht handelt; entsprechendes gilt auch für die Abnahmepflicht des Käufers nach § 433 Abs. 2 BGB.

Die Unterscheidung zwischen Haupt- und Nebenleistungspflichten ist deshalb von Bedeutung, da nur auf die Hauptleistungspflichten die §§ 320 ff. BGB angewendet werden. Jedoch hat die Frage nach der Abgrenzung insoweit an Bedeutung verloren, als § 280 Abs. 1 BGB sowohl für die Verletzung von Haupt- als auch von Nebenleistungspflichten Grundlage für einen Schadensersatzanspruch ist.

Neben den Leistungspflichten gibt es noch eine weitere Pflichtenkategorie. Hierzu zählen die in § 241 Abs. 2 BGB normierten **Schutzpflichten**, d. h. insbesondere Verhaltens-, Sorgfalts- oder Auskunftspflichten. Sie werden teilweise als Nebenpflichten bezeichnet, sind jedoch zu unterscheiden von den oben erwähnten Nebenleistungspflichten. Diese Schutzpflichten richten sich auf die Beachtung derjenigen Rechtsgüter und Interessen des anderen Teils, die von der Leistung unabhängig sind. So soll z. B. der für die Renovierung der Zimmerwände bestellte Maler nicht bloß die Anstreicharbeiten ordentlich vornehmen, sondern auch Schäden am Inventar des Auftraggebers vermeiden. Diese Pflichten sind – anders als die Leistungspflichten – nicht selbstständig einklagbar, da der Begünstigte keinen Anspruch auf ihre Beachtung hat. Im Falle ihrer Verletzung können Schadensersatzansprüche (§§ 280 ff. BGB), in Ausnahmefällen auch ein Rücktrittsrecht (§ 324 BGB) in Betracht kommen.[22] Sie können – wie erwähnt – auch bereits bei Vertragsanbahnung oder ähnlicher geschäftlicher Kontakte entstehen.

Im Hinblick auf den Inhalt eines Schuldverhältnisses ist weiterhin zwischen **Primärpflichten** und **Sekundärpflichten** zu unterscheiden. Die Primärpflicht sagt uns, worauf die Verpflichtung des Schuldners ursprünglich gerichtet ist. Sie ergibt sich aus Rechtsgeschäft oder Gesetz. Sekundärpflichten ergeben sich nicht unmittelbar aus dem Schuldverhältnis, sondern folgen oft erst aus einer Störung primärer Pflichten. Die Sekundärpflichten können dann an die Stelle der gestörten Primär-

---

[22] *Brox/Walker*, SchuldR AT, § 2, Rn. 11 ff.

pflichten treten und ist meistens auf Geld gerichtet, z. B. beim Schadensersatz statt der Leistung (§§ 280 Abs. 3, 281 BGB) oder auch neben sie, z. B. im Falle des Anspruchs auf Ersatz des Verzögerungsschadens (§§ 280 Abs. 2, 286 BGB).[23]

---

**Beispiel**

K kauft von V ein Auto. Sollte V den Wagen bis zum 10. Juni liefern, so tritt – bei Verschulden des V – nach Ablauf dieses Tages neben die primäre Pflicht zur Lieferung (Übergabe und Übereignung) die sekundäre Pflicht auf Ersatz des Verzögerungsschadens (§§ 280 Abs. 2, 286 BGB). Wird der Wagen vor der Lieferung durch Verschulden des V zerstört, so ist dieser statt der Übereignung zum Schadensersatz verpflichtet (§§ 280 Abs. 1, 3, 283 BGB). Beschädigt der Maler in dem oben genannten Fall das Inventar des Auftraggebers, muss er diesem Schadensersatz aus § 280 Abs. 1 BGB wegen Verletzung der Pflichten nach § 241 Abs. 2 BGB zahlen.

---

Von den Leistungspflichten und Schutzpflichten sind die **Obliegenheiten** zu unterscheiden. Es handelt sich bei diesen nicht um Pflichten gegenüber der anderen Partei, sondern um „Pflichten gegen sich selbst"[24], d. h. die andere Partei kann sie nicht einklagen. Die Nichtbeachtung einer Obliegenheit führt nicht zum Entstehen von Sekundärpflichten, sondern bedeutet nur rechtliche Nachteile für die Partei, die sie nicht beachtet hat. So besteht z. B. bei einem Kaufvertrag, an dem auf beiden Seiten Kaufleute i. S. v. §§ 1 ff. HGB beteiligt sind (Handelskauf), für den Käufer die Obliegenheit zur unverzüglichen Mängelrüge (§ 377 HGB), wenn die Sache nicht in Ordnung ist. Beachtet der Käufer diese Obliegenheit nicht, kann das den Ausschluss seiner sämtlichen Sachmängelrechte (§§ 437 ff. BGB) zur Folge haben.[25]

### 3.1.4  Dauerschuldverhältnisse

Schuldverhältnisse sind häufig auf eine einmalige Leistung (z. B. Schenkung) oder Leistungsaustausch (z. B. Kaufvertrag) gerichtet. Es gibt aber auch Schuldverhältnisse, die sich über einen **längeren Zeitraum** erstrecken, wobei während dieses Zeitraums ständig neue Leistungs- und Schutzpflichten entstehen (Dauerschuldverhältnisse).[26] Ihr Inhalt kann darin bestehen zum einen in einer dauernden Leistung bestehen, aber auch in wiederkehrenden einzelnen Leistungen. Entscheidend ist, dass der Umfang der Gesamtleistung nicht von vornherein feststeht, sondern von der Länge und Laufzeit abhängig ist. In die erste Kategorie gehören insbesondere die Miet-, Pacht-, Leih- und Darlehensverträge, aber auch Arbeits- und Gesell-

---

[23] *Medicus/Petersen*, BR, Rn. 205 ff.; *Brox/Walker*, SchuldR AT, § 2, Rn. 15; *Kindl/Feuerborn*, § 20, Rn. 3.

[24] *Brox/Walker*, SchuldR AT, § 2, Rn. 16.

[25] *Brox/Walker*, SchuldR AT, § 2, Rn. 16.

[26] *Looschelders*, SchuldR AT, § 39, Rn. 788; *Kindl/Feuerborn*, § 18, Rn. 5 m. w. N.

schaftsverträge sowie die meisten Versicherungsverträge. Zur zweiten Kategorie gehören die Kaufverträge, bei denen die Liefermenge nach dem jeweiligen Bedarf des Abnehmers festgelegt wird (Sukzessivlieferungsverträge), z. B. Bierbezugsverträge zwischen Gastwirten und Brauereien, Zulieferverträge in der Industrie oder Bezugsverträge mit Versorgungsunternehmen. Nicht hierunter fallen Teil- oder Ratenlieferungsverträge, bei denen die Gesamtleistung von vorherein feststeht. Diese stellen als einheitlicher Kauf- oder Werkvertrag kein Dauerschuldverhältnis dar.[27]

Auf Grund der Dauerhaftigkeit der schuldrechtlichen Beziehungen sind die Regeln des allgemeinen Schuldrechts, die auf einen einmaligen Leistungsaustausch ausgerichtet sind, zu modifizieren. Dauerschuldverhältnisse begründen stärkere Rücksichtnahme- und Loyalitätspflichten als solche Geschäfte, die auf einen einmaligen Leistungsaustausch gerichtet sind. Sie können, wenn besondere vertragliche oder gesetzliche Regelungen (z. B. §§ 626, 723 Abs. 1 S. 2 BGB) fehlen, nach § 314 BGB aus wichtigem Grund gekündigt werden; ein Rücktritt kommt regelmäßig bei in Vollzug gesetzten Dauerschuldverhältnissen nicht in Betracht, weil eine Rückabwicklung aller bis dahin erbrachter Leistungen nicht möglich ist.

## 3.2   Inhalt der (rechtsgeschäftlichen) Schuldverhältnisse

Der Inhalt des einzelnen Schuldverhältnisses ergibt sich aus der getroffenen Vereinbarung oder unmittelbar aus dem Gesetz. Nur wenn der Inhalt ermittelt ist, kann die Frage nach dem Erlöschen beantwortet werden oder wenn eine Störung im Schuldverhältnis vorliegt, ob demzufolge eine Schadensersatzpflicht oder ein Rücktrittsrecht gegeben ist.

### 3.2.1   Bestimmung des Inhalts von Schuldverhältnissen

Damit ein wirksames vertragliches Schuldverhältnis vorliegt, muss der **Inhalt** der Leistungspflichten **bestimmt** oder zumindest **bestimmbar** sein. Die Parteien müssen zum einen überblicken können, worauf sie sich einlassen, zum anderen ist die Bestimmtheit der vertraglichen Leistungen aber auch für die Durchsetzung der vertraglichen Ansprüche erforderlich, weil der Schuldner nicht zu einer unbestimmten Leistung verurteilt werden kann und eine Zwangsvollstreckung nicht möglich ist.

Häufig sind schuldrechtliche Verpflichtungen nicht in allen Einzelheiten bestimmt, z. B. wenn Regelungen über Art, Gegenstand, Ort und Zeit der Leistung fehlen. Ein Schuldverhältnis ist aber trotzdem wirksam entstanden, wenn sich der Inhalt der Leistung ermitteln lässt, d. h. dieser bestimmbar ist. Soweit einzelne Inhalte nicht schon durch **zwingendes Recht** vorgegeben sind, bestehen zur Inhaltsbestimmung im Folgenden drei Anhaltspunkte.

---

[27] *Jacoby/von Hinden*, Vor § 241 BGB, Rn. 4.

### 3.2.1.1  Parteivereinbarung

Der Inhalt von Schuldverhältnissen ergibt sich bei Verträgen in erster Linie aus den getroffenen Vereinbarungen. Nach dem Grundsatz der **Inhaltsfreiheit**[28] können die Parteien vom Gesetz abweichen und sogar andere – gesetzlich nicht normierte – Vertragstypen wählen (z. B. Leasingvertrag) bzw. Vertragstypen miteinander kombinieren (z. B. Mietkauf). Die grundsätzliche Inhaltsfreiheit gilt auch für gesetzliche Schuldverhältnisse (vgl. § 311 Abs. 1 BGB), bei denen sich der ursprüngliche Inhalt aus dem Gesetz ergibt.

---

**Beispiel**

Hat S das Gemälde des G schuldhaft beschädigt, hat G gegen S einen Anspruch aus § 823 Abs. 1 BGB auf Schadensersatz. Der Inhalt des Anspruchs bestimmt sich nach §§ 249 ff. BGB. Da Naturalrestitution bei unvertretbaren Sachen (vgl. § 91 BGB) nicht in Betracht kommt, schuldet S Wertersatz nach § 251 Abs. 1 BGB. G kann mit S jedoch vereinbaren, dass dieser ihm stattdessen ein anderes Gemälde beschafft.

---

Die Parteien müssen den Inhalt dabei nicht ausdrücklich festlegen. Ausreichend ist es, wenn sich der Inhalt durch **Auslegung** ermitteln lässt, Regelungslücken können durch **ergänzende Vertragsauslegung** ausgefüllt werden. Es kommt darauf an, was die Parteien bei angemessener Abwägung ihrer Interessen nach Treu und Glauben redlicherweise vereinbart hätten, wenn der Fall von ihnen bedacht worden wäre (hypothetischer Parteiwille). Sofern dispositives Gesetzesrecht besteht, geht dieses der ergänzenden Vertragsauslegung vor.

Die Inhaltsfreiheit unterliegt ebenso wie Abschlussfreiheit einigen Beschränkungen. Neben den auf alle Verträge anwendbaren Vorschriften zur Sittenwidrigkeit (§ 138 BGB) und zu den Verstößen gegen gesetzliche Verbote (§ 134 BGB), erlangt § 242 BGB zunehmende Bedeutung, insbesondere bei der inhaltlichen Kontrolle von Verträgen mit gestörtem „Verhandlungsgleichgewicht".

Neben den allgemeinen Grenzen enthält das Schuldrecht für einzelne Bereiche zwingende Vorschriften, die auch durch individuelle Vereinbarungen nicht abänderbar sind. Diese Regelungen finden sich i. d. R. dort, wo ein typisches Verhandlungsungleichgewicht vorliegt, weil der Handelnde eine intellektuelle und/oder wirtschaftliche Überlegenheit besitzt und demzufolge der Vertragspartner schutzwürdig ist, etwa im Bereich des Wohnungsmietrechts, im Reiserecht (§§ 651a ff. BGB) oder beim Verbraucherkaufvertrag (vgl. §§ 475 ff. BGB).[29]

Außerhalb des Anwendungsbereichs zwingender Normen hat die Kontrolle vorformulierter Vertragsbedingungen (AGB) nach den §§ 305 ff. BGB große praktische Bedeutung. Maßstäbe sind das Leitbild des dispositiven Rechts sowie der Zweck des Vertrages. Nach dem Transparenzgebot des § 307 Abs. 1 S. 2 BGB kön-

---

[28] Vgl. hierzu Kap. 2.3.

[29] Palandt/*Ellenberger*, Einf. v. § 145 BGB, Rn. 13 ff. zu den Schranken inhaltlicher Gestaltungsfreiheit.

nen selbst Vereinbarungen über das Preis-/Leistungsverhältnis auf Klarheit und Verständlichkeit kontrolliert werden.[30]

#### 3.2.1.2  Bestimmung der Leistung durch eine Partei oder einen Dritten

Das Bestimmtheitserfordernis ist aber auch dann erfüllt, wenn die **Bestimmung einer Vertragspartei** (§§ 315, 316 BGB) oder einem Dritten (§§ 317 bis 319 BGB) als einseitiges Gestaltungsrecht obliegen soll. Erforderlich ist jedoch, dass sich die Parteien ausdrücklich oder konkludent darüber geeinigt haben, dass eine Bestimmung erfolgen soll und wem das Bestimmungsrecht zusteht.[31]

Ist einer Vertragspartei ein solches Leistungsbestimmungsrecht eingeräumt, ohne dass der Bestimmungsmaßstab festgelegt ist, hat § 315 BGB den weiteren Zweck, Richtlinien für die Ausübung des Bestimmungsrechts vorzugeben. Nach § 315 Abs. 1 BGB hat die Bestimmung der Leistung nach **billigem Ermessen** zu erfolgen. Insofern enthält § 315 BGB nur eine **Auslegungsregel** und lässt abweichende Vereinbarungen zu. Neben der Auslegungsregel in § 315 Abs. 1 BGB regelt § 315 Abs. 2 BGB die Ausübung des Bestimmungsrechts. Sofern die Ausübung durch Willenserklärung nach billigem Ermessen zu erfolgen hat, regelt § 315 Abs. 3 BGB die Rechtsfolgen einer fehlerhaften oder verzögerten Bestimmung. § 315 BGB will hier als weiteren Zweck die Kontrolle der Ermessensausübung durch das Gericht und die Ersetzung einer unbilligen Ermessensausübung durch eine im Wege des Urteils getroffene billige Ermessensentscheidung ermöglichen (§ 315 Abs. 3 S. 2 BGB). Das Gericht kontrolliert in diesen Fällen also die Billigkeit der privaten Ermessensentscheidung. Mit dieser **gerichtlichen Billigkeitskontrolle** schützt § 315 BGB den Vertragspartner des Bestimmungsberechtigten, typischerweise den sozial Schwächeren. Der Grund besteht darin, dass mangels Einigung über die „Leistung" die „Richtigkeitsgewähr" des Vertrages fehlt. § 315 BGB stellt in gewisser Hinsicht die **Grundnorm** zu §§ 316 bis 319 BGB dar, weil auf ihren Zwecken die anderen Normen aufbauen bzw. an sie anknüpfen. § 316 BGB setzt eine Unbestimmtheit der Leistung nach § 315 BGB voraus und enthält eine Auslegungsregel für den Bestimmungsberechtigten. Die §§ 317 bis 319 BGB gehen ebenfalls von der Unbestimmtheit des Leistungsinhalts aus, setzen aber im Unterschied zu §§ 315, 316 BGB voraus, dass das **Bestimmungsrecht** nicht von einer Vertragspartei, sondern **von einem Dritten ausgeübt** wird und modifizieren für diesen Fall die Grenzen der Ermessensausübung in § 319 BGB.

#### 3.2.1.3  Dispositives Gesetzesrecht

Haben die Parteien den Inhalt der Leistung weder selbst festgelegt noch der Bestimmung durch eine Partei überlassen, so gilt **dispositives Gesetzesrecht**. Das Schuldrecht enthält zahlreiche Vorschriften, welche die vertraglichen Vereinbarungen der Parteien ergänzen sollen. Einige Vorschriften gelten nur für bestimmte Vertragstypen, andere für sämtliche Schuldverträge oder zumindest mehrere Vertragstypen. Schließlich gibt es Vorschriften, die den Inhalt von Schuldverhältnissen allgemein

---

[30] *Looschelders*, SchuldR AT, § 16, Rn. 334 ff.
[31] RGZ 90, 28.

regeln. So kann etwa bei Dienst- und Arbeitsverträgen das Problem auftreten, dass die Parteien keine Vereinbarung über das „Ob" und die „Höhe der Vergütung" getroffen haben. Für diesen Fall enthält § 612 BGB ergänzende Regelungen. Bei sämtlichen Schuldverhältnissen kann sich die Frage stellen, an welchem Ort und zu welcher Zeit der Schuldner seine Leistung zu erbringen hat. Haben die Parteien hierzu keine Vereinbarung getroffen, so ist der Leistungsort nach §§ 269, 270 BGB, die Leistungszeit nach § 271 BGB zu bestimmen.

Die allgemeinen Vorschriften über den Inhalt von Schuldverhältnissen finden sich in den §§ 241 bis 274 BGB. Abgesehen von den §§ 241, 242 BGB lassen sich drei Themenkomplexe unterscheiden, der Gegenstand und Inhalt von Leistungspflichten (§§ 243 bis 265 BGB), die Modalitäten der Leistungserbringung (§§ 266 bis 272 BGB) sowie die Verknüpfung von Leistungspflichten durch das allgemeine Zurückbehaltungsrecht (§§ 373, 374 BGB), an dessen Stelle bei gegenseitigen Verträgen die Einrede des nichterfüllten Vertrages (§ 320 BGB) tritt. Die Leistungspflicht des Schuldners kann sich auf die Vornahme oder Unterlassung einer Handlung beziehen, z. B. beim Dienstvertrag. Häufig ist sie aber auf einen Gegenstand, also Sachen oder Rechte, bezogen.

Aus dem ersten Themenkomplex sollen im Folgenden die Gattungsschuld, die Geldschuld und die Wahlschuld, aus dem zweiten Themenkomplex vornehmlich Leistungsort und Leistungszeit und aus dem dritten Themenkomplex das Zurückbehaltungsrecht nach § 273 BGB sowie die Einrede des nichterfüllten Vertrages nach § 320 BGB näher betrachtet werden.

### 3.2.2 Gattungsschuld, Geldschuld und Wahlschuld

Eine besonders gesetzlich geregelte nachträgliche Leistungsbestimmung durch eine Partei liegt bei der Vereinbarung einer Gattungsschuld (§ 243 Abs. 1 BGB) oder Wahlschuld (§ 262 BGB) vor.[32] In diesen Fällen steht der Leistungsinhalt bei Vertragsabschluss noch nicht vollständig fest. Wollen sich die Parteien erst später über die Bestimmung des Leistungsinhalts einigen, liegt noch kein Vertrag vor.

Bei gegenstandsbezogenen Verträgen spielt die Unterscheidung zwischen Stück- und Gattungsschuld eine Rolle. Im Falle einer **Gattungsschuld** wird keine individuell bestimmte Sache (Spezies- oder Stückschuld), sondern nur eine Sache aus einer bestimmten Gattung, d. h. aus einer Sachgruppe mit gleichen Merkmalen (Gattungsmerkmalen), geschuldet. Die Merkmale der Gattung, aus der zu leisten ist, richten sich nach der Parteivereinbarung; je mehr Merkmale festgelegt sind, desto stärker ist der Umfang der Gattung, aus der die Leistung zu erfolgen hat, eingegrenzt.

---

**Beispiele**

Ein Neuwagen eines bestimmten Typs; 1 Zentner Kartoffeln einer bestimmten Sorte; 10 Flaschen Champagner einer bestimmten Marke; 50 Eichenholzbretter einer bestimmten Länge, Breite oder Stärke.

---

[32] *Looschelders*, SchuldR AT, § 13, Rn. 259 zu den Gegenständen der Leistungspflicht.

Der Schuldner hat dann einen Gegenstand von mittlerer Art und Güte gem. § 243 Abs. 1 BGB zu leisten, der die vereinbarten Merkmale der betreffenden Gattung aufweist; im Handelsverkehr bestimmt § 360 HGB, dass Handelsgut mittlerer Art und Güte zu leisten ist. Der Schuldner kann also die betreffenden Sachen auswählen, wobei auf einen Durchschnittsmaßstab abzustellen ist. Es darf weder unterdurchschnittliche Qualität sein noch braucht es herausragende Qualität zu sein (§ 243 Abs. 1 BGB). Im Falle der Lieferung von unterdurchschnittlicher Qualität erfüllt der Schuldner seine Leistung nicht. Im Falle der Gattungsschuld ist zu unterscheiden zwischen einer unbeschränkten und beschränkten Gattungsschuld. Bei der **unbeschränkten** Gattungsschuld besteht die Verpflichtung des Schuldners so lange, wie ein Gegenstand aus der Gattung überhaupt noch vorhanden ist. Die Leistungspflicht beschränkt sich dann nicht auf die in seinem Besitz befindlichen Sachen. Sie ist daher stets eine Beschaffungsschuld. Eine Beschränkung der Leistungspflicht könnte sich nur daraus ergeben, dass eine derartige Beschaffung im Einzelfall wegen außergewöhnlicher Leistungserschwernisse die dem Schuldner zumutbare Opfergrenze überschreiten würde und die ihm daher nach Treu und Glauben nicht zumutbar ist.[33] Eine **beschränkte** Gattungsschuld liegt dagegen vor, wenn sich aus der Auslegung des Vertrages ergibt, dass zwar der Gattung nach bestimmte Sachen geschuldet sind, die Leistung aber auf einen bestimmten Vorrat beschränkt bleiben soll. Man spricht in diesem Zusammenhang auch von einer **Vorratsschuld** z. B. Flaschenweine eines bestimmten Jahrgangs und Anbaugebietes oder 50 Zentner Hafer der diesjährigen Ernte.[34] Hiervon zu unterscheiden ist die **Stückschuld**, bei der der Schuldner eine konkrete, individuell bestimmte Sache zu leisten hat, z. B. ein bestimmter (besichtigter) Pkw oder ein bestimmtes Gemälde. Der Schuldner kann in diesem Fall grundsätzlich nur durch Lieferung dieser konkreten Sache seine Leistungspflicht erfüllen, der Gläubiger nur Lieferung dieser bestimmten Sache verlangen.

Die Gattungsschuld bezieht sich regelmäßig auf vertretbare Sachen i. S. v. § 91 BGB. Es handelt sich meistens um bewegliche Sachen, die nach der „Verkehrsauffassung" nicht durch individuelle Merkmale geprägt und daher ohne weiteres austauschbar sind. Während jedoch die Frage der Vertretbarkeit nach objektiven Kriterien bestimmt wird, richtet sich die Frage, ob eine Gattungs- oder Stückschuld vorliegt, nach der Vereinbarung der Vertragsparteien.

Der Schuldner einer Stückschuld wird von seiner Leistungspflicht frei, wenn sich das Leistungshindernis auf die konkret geschuldete Sache beschränkt (§ 275 BGB), z. B. wenn das verkaufte Bild (vor Übereignung) zerstört wird. Bei Gattungsschulden trägt dagegen regelmäßig der Schuldner ein **Beschaffungsrisiko** (§ 276 Abs. 1 S. 1 BGB). Obwohl die Vereinbarung einer Gattungsschuld trotz dieses Risikofaktors häufig vorkommt, ist dieses Risiko für den Schuldner dennoch kalkulierbar. Der Grund besteht darin, dass aus einer vereinbarten Gattungsschuld durch Vornahme bestimmter Handlungen eine „**Konkretisierung**" zu einer Stück-

---

[33] RGZ 102, 98, 100.
[34] Palandt/*Grüneberg*, § 243 BGB, Rn. 3; *Brox/Walker*, SchuldR AT, § 8, Rn. 1.

schuld erfolgt. Diese Umwandlung der Gattungsschuld in eine Stückschuld tritt ein, wenn der Schuldner das zur Leistung einer solchen Sache seinerseits Erforderliche getan hat (§ 243 Abs. 2 BGB). Wann dies der Fall ist, hängt davon ab, welche Leistungspflichten der Schuldner im Einzelfall zu erbringen hat. Die weiterhin erforderlichen Leistungsverpflichtungen sind je nach Schuldverhältnis verschieden. Es kommt also vor allem darauf an, ob der Schuldner verpflichtet ist, die Sache dem Gläubiger zu bringen (**Bringschuld**), an ihn zu senden (**Schickschuld**) oder nur zur Abholung bereit zu stellen (**Holschuld**). In dem zuletzt genannten Fall genügt es, wenn der Schuldner eine den Erfordernissen des Vertrages entsprechende Sache ausgewählt und ausgesondert hat und den Gläubiger benachrichtigt hat, dass die Sache zur Abholung bereitgestellt ist. Hat der Schuldner sämtliche jeweils geschuldete Leistungshandlungen erbracht und ist der Leistungsgegenstand im Rahmen der Vertragsabwicklung ohne Verschulden des Schuldners untergegangen, findet § 275 Abs. 1 BGB Anwendung, mit der Folge, dass der Schuldner infolge der Konkretisierung auf einen bestimmten Gegenstand von seiner Leistungspflicht frei wird.

Bei einer **Wahlschuld** werden mehrere Leistungen in der Weise geschuldet, dass nur die eine oder andere zu bewirken ist (§ 262 BGB). Im Gegensatz dazu bezieht sich die Gattungsschuld auf eine von mehreren gleichartigen Leistungsmöglichkeiten. Die Wahlschuld kann auf Rechtsgeschäft (z. B. der Verkäufer verpflichtet sich, die eine oder eine andere Sache zu liefern) oder Gesetz (z. B. § 179 Abs. 1 BGB) beruhen. Es kann sowohl dem Gläubiger als auch dem Schuldner eingeräumt werden. Die Wahl erfolgt durch Erklärung gegenüber dem anderen Teil (§ 263 Abs. 1 BGB) und hat zur Folge, dass die Leistung als von Anfang an geschuldet gilt (§ 263 Abs. 2 BGB).

Der häufigste Fall ist die Verpflichtung des Schuldners zur Geldleistung. Regelungen zu **Geldschulden** finden sich in den §§ 244 bis 248, 270, 272, 288, 291, 301 BGB. Regelmäßig ist ein bestimmter Geldbetrag geschuldet. Der Schuldner hat dem Gläubiger Zahlungsmittel in Höhe des Nennbetrages zu leisten (Nennwertprinzip). Die Geldschuld ist im Zweifel eine Geldsummenschuld, d. h. eine Geldentwertung geht zu Lasten des Gläubigers.[35] Eine Geldschuld kann entweder durch Übereignung von Bargeld nach §§ 929 ff. BGB beglichen werden oder bei Vereinbarung (i. d. R. durch Angabe der Kontoverbindung) durch die im Geschäftsverkehr übliche Zahlung mit **Buchgeld**, z. B. die Überweisung von einem Konto des Schuldners auf ein Konto des Gläubigers oder durch Einzahlung von Geld auf das Gläubigerkonto. Buchgeld ist keine körperliche Sache: Es handelt sich dabei um Geldforderungen gegen Kreditinstitute. Bei bargeldloser Zahlung vermittelt der Schuldner dem Gläubiger durch Überweisung, Kreditkarteneinsatz oder auf andere Weise einen Anspruch gegen ein Kreditinstitut; dieses kann seine Aufwendungen (ggf. durch Einschaltung weiterer Kreditinstitute) beim Schuldner liquidieren.[36]

---

[35] *Kindl/Feuerborn*, § 21, Rn. 8 anschaulich zur Geldschuld; *Brox/Walker*, SchuldR AT, § 9, Rn. 3 zu Wertsicherungsklauseln.

[36] *Looschelders*, SchuldR AT, § 13, Rn. 272.

Die Geldschuld ist nach h. M. keine Gattungsschuld, da die meisten Regelungen zu Gattungsschulden bei Geldschulden nicht passen.[37] So muss z. B. der Schuldner einer Geldschuld keine Geldscheine und Münzen mittlerer Art und Güte leisten, sondern schlicht eine bestimmte Geldsumme zahlen.[38] Auch der Gefahrübergang ist abweichend von § 243 Abs. 2 BGB in § 270 BGB geregelt. Leistungsort ist der Wohnsitz des Schuldners bzw. der Geschäftssitz. Der Schuldner muss jedoch im Zweifel das Geld auf seine Gefahr dem Gläubiger an dessen Wohnsitz übermitteln. Er trägt die Übermittlungsgefahr, nicht aber die Verzögerungsgefahr. Nach der Rspr. des EuGH ergibt die Auslegung der betreffenden Bestimmung der Zahlungsverzugsrichtlinie aus dem Jahr 2000, dass bei einer Zahlung durch Banküberweisung der geschuldete Betrag auf dem Konto des Gläubigers rechtzeitig gutgeschrieben sein muss, wenn das Entstehen von Verzugszinsen vermieden werden soll.[39] Kommt das Geld beim Gläubiger dagegen nicht an, muss er noch einmal leisten ("qualifizierte Schickschuld"). Bei einer Geldschuld besteht weiterhin die Besonderheit, dass der Schuldner sich grundsätzlich nicht auf Unmöglichkeit (§ 275 BGB) berufen kann. Er hat für seine finanzielle Leistungsfähigkeit uneingeschränkt ohne Verschulden einzustehen. Zahlungsunfähigkeit befreit ihn nicht von seiner Leistungsverpflichtung ("Geld hat man zu haben"). Diese unbedingte Einstandspflicht ergibt sich aus der Existenz der Insolvenzordnung und wird daher in den §§ 275, 276 BGB nicht gesondert erwähnt. Eine bestehende Zahlungsunfähigkeit ist ein anerkannter Eröffnungsgrund für das (Regel)Insolvenzverfahren oder Verbraucherinsolvenzverfahren.

Zinsen sind dagegen das Entgelt für eine Kapitalüberlassung, das nach Bruchteilen des überlassenen Kapitals und der Dauer der Überlassung berechnet wird. Die Errichtung von Zinsen kann gesetzlich angeordnet (§§ 288, 291 BGB) oder vertraglich vereinbart sein.[40]

### 3.2.3  Modalitäten der Leistung

Der richtige Schuldner muss dem richtigen Gläubiger die richtige Leistung am richtigen Ort erbringen. In diesem Fall erlischt das Schuldverhältnis durch Erfüllung. Fehlt eine dieser Voraussetzungen, kann der Gläubiger die Leistung ablehnen, ohne in Gläubigerverzug zu kommen.

Zur Leistung verpflichtet und berechtigt ist der **Schuldner**. Die Leistung kann, abgesehen von der höchstpersönlichen Leistung (§§ 613 S. 1, 664 Abs. 1 S. 1, 691, 713 BGB) auch durch einen Erfüllungsgehilfen (§ 278 BGB) oder einen Dritten (§§ 267 Abs. 1, 268 BGB) erbracht werden.

Die Leistung muss grundsätzlich **an den Gläubiger** bewirkt werden. Diese Leistung bringt das Schuldverhältnis zum Erlöschen (§ 362 Abs. 1 BGB) oder

---

[37] *Looschelders*, SchuldR AT, § 13, Rn. 270 m. w. N.

[38] *Brox/Walker*, SchuldR AT, § 9, Rn. 6.

[39] EuGH, NJW 2008, 1935 Nr. 32.

[40] *Brox/Walker*, SchuldR AT, § 9, Rn. 10.

führt bei ihrer Ablehnung zum Annahmeverzug (§§ 293 ff. BGB). Die Leistung an einen Nichtgläubiger ist immer dann gegenüber dem Gläubiger wirksam, wenn dieser sich damit einverstanden erklärt hat oder wenn er sie nachträglich genehmigt (§§ 362 Abs. 2, 185 BGB), denn in diesen Fällen ist der Gläubiger nicht schutzwürdig. Zum Schutz des Schuldners bestimmt das Gesetz an einigen Stellen, dass die Schuld ausnahmsweise auch bei Leistung an einen Dritten erlöschen soll, z. B. §§ 370, 407, 2367 BGB.

Regelmäßig werden die Vertragspartner eine **Leistungszeit** (= Fälligkeit) vereinbaren. Wurde von den Vertragsparteien in dieser Hinsicht keine Vereinbarung getroffen oder lässt sich die Zeit nicht aus den sonstigen Umständen entnehmen, dann greifen die gesetzlichen Bestimmungen ein. Nach § 271 Abs. 1 BGB ist die Leistung „sofort" zu bewirken und der Gläubiger kann sie auch sofort verlangen; spezielle abweichende Regelungen enthält das Dienstvertragsrecht in § 614 BGB oder das Werkvertragsrecht in § 641 BGB.

Nach § 271a BGB gelten Besonderheiten bei Parteivereinbarungen zur Leistungszeit. Diese Regelung dient der Umsetzung der EU-Zahlungsverzugsrichtlinie (2011/7/EU). Sie schränkt die Vertragsfreiheit bei der Vereinbarung über die Leistungszeit ein mit dem Ziel, die Zahlungsdisziplin zu verbessern und die Liquidität, Wettbewerbsfähigkeit und Wirtschaftlichkeit im unternehmerischen Rechtsverkehr zu erhöhen.[41]

Ist die Einhaltung der Leistungszeit für den Schuldner besonders wichtig, spricht man von sog. Fixgeschäften. Bei einem **absoluten Fixgeschäft** ist der Leistungszeitpunkt nach dem Sinn und Zweck des Vertrages und nach der Interessenlage der Vertragsparteien so wichtig, dass eine verspätete Leistung keine Erfüllung mehr darstellt (z. B. Blumenstrauß zur Hochzeit oder Beerdigung; Taxi zur Erreichung eines bestimmten Fluges); es gelten hier die §§ 275, 280, 283 BGB.[42] Bei einem **relativen Fixgeschäft** ist der Gläubiger (lediglich) berechtigt, nach § 323 Abs. 2 Nr. 2 BGB vom Vertrag (ohne Fristsetzung) zurückzutreten; welches von beiden vorliegt, ist Auslegungssache.

Nur die Leistung am richtigen Ort befreit den Schuldner von seiner Verbindlichkeit. Eine Leistung am falschen Ort berechtigt den Gläubiger zur Ablehnung; er kommt nicht in Annahmeverzug, der Schuldner jedoch in Schuldnerverzug. Als **Leistungsort** – im Gesetz auch als Erfüllungsort genannt – bezeichnet man den Ort, an dem der Schuldner die Leistungshandlung zu erbringen hat.[43] Davon zu unterscheiden ist der **Erfolgsort**, d. h. der Ort, an dem der Leistungserfolg eintritt. Beide können zusammentreffen (Holschuld, Bringschuld), aber auch auseinanderfallen (Schickschuld). Mit dem Leistungsort kann die Gemeinde oder die Stadt gemeint sein, aber auch die Wohnung oder das Geschäft des Schuldners in derselben Gemeinde (bei sog. Platzgeschäften). Es ist nicht erforderlich, dass dort auch die Erfüllung des Vertrages, der sog. Leistungserfolg, eintritt. Der Leistungsort hat nicht

---

[41] *Brox/Walker*, SchuldR AT, § 12, Rn. 22 ff. m. w. N.

[42] BGH, NJW 2009, 2743 (2744); *Kindl/Feuerborn*, § 22, Rn. 17.

[43] Palandt/*Grüneberg*, § 269 BGB, Rn. 1.

nur im materiellen Recht, sondern auch im Prozessrecht große Bedeutung. Nach § 29 ZPO ist für Streitigkeiten aus einem Vertragsverhältnis das Gericht örtlich zuständig, an dem die streitige Verpflichtung zu erfüllen ist.

Es wird zwischen folgenden Leistungsmodalitäten unterschieden, und zwar kann es sich um eine Hol-, Bring- oder Schickschuld handeln. Grundsätzlich ist jede Schuld eine **Holschuld**. Der Schuldner muss den Leistungsgegenstand aussondern und bereithalten und dem Gläubiger anbieten, wobei ein wörtliches Angebot gem. § 295 BGB ausreicht; Leistungs- und Erfolgsort sind am Wohnsitz des Schuldners (§ 269 BGB). Bei gewerblichen Verpflichtungen tritt an die Stelle des Wohnsitzes der Sitz der gewerblichen Niederlassung des Schuldners (§ 269 Abs. 2 BGB). Bei einer **Bringschuld** liegen der Erfüllungsort (= Leistungsort) und der Erfolgsort beim Gläubiger. Der Schuldner hat das seinerseits Erforderliche erst getan, wenn er dem Gläubiger den Leistungsgegenstand an dessen Wohnsitz oder seiner gewerblichen Niederlassung tatsächlich angeboten hat und zwar in der Weise, dass nur noch zwei Möglichkeiten in Betracht kommen: Entweder tritt Erfüllung ein (§ 362 BGB), wenn der Gläubiger annimmt) oder es kommt zu einem Annahmeverzug des Gläubigers (§§ 293, 294 BGB).

Bei der **Schickschuld** (z. B. Versendungskauf, Geldschuld) liegt der Erfüllungsort beim Schuldner, wobei die Ware vom Schuldner an einen anderen Ort verschickt werden soll. Erfüllungs- und Bestimmungsort fallen hier auseinander. Der Schuldner hat am Erfüllungsort den Leistungsgegenstand ordnungsgemäß zu verpacken und an eine sorgfältig ausgesuchte Transportperson (z. B. Spedition, Deutsche Post AG, Deutsche Bahn AG) zu übergeben.[44]

Eine Besonderheit gilt für den Fall, dass die Leistungspflicht in einer Geldzahlung besteht. **Geldschulden** sind eine besondere Form von Schickschulden (§ 270 Abs. 1, 2, 4 BGB), d. h. die Gefahr des Verlustes trägt der Schuldner, der in diesem Fall nochmal leisten muss.

Soweit keine zwingenden Gesetzesbestimmung (z. B. § 374 BGB) eingreifen, enthält § 269 BGB hinsichtlich der Bestimmung des Leistungsortes folgende Regelung. Zunächst ist von der Parteivereinbarung auszugehen; in zweiter Linie ist er „aus den Umständen", insbesondere aus der „Natur des Schuldverhältnisses" zu entnehmen. Es entscheidet die Verkehrssitte (§ 157 BGB) und bei Handelsgeschäften der Handelsbrauch (§ 346 HGB). Ansonsten ist am Wohnsitz des Schuldners zur Zeit der Entstehung des Schuldverhältnisses zu leisten (§ 269 Abs. 1 BGB).

So ist bei Ladengeschäften des täglichen Lebens der Laden einheitlicher Leistungsort für beide Vertragsparteien. Geschuldete Reparaturarbeiten an einem Gebäude sind naturgemäß dort zu erfüllen. Bei Warensendungen im Handelsverkehr handelt es sich grundsätzlich um Schickschulden. Verpflichtet sich der Verkäufer, z. B. Getränke oder Möbel innerhalb des Wohn- und Geschäftsortes selbst abzuliefern („Platzgeschäft"), so ist nach der Verkehrssitte eine Bringschuld anzunehmen.

---

[44] Palandt/*Grüneberg*, § 243 BGB, Rn. 5.

## 3.2.4    Leistungsverweigerungsrechte des Schuldners

### 3.2.4.1    Zurückbehaltungsrecht

Stehen dem Schuldner und dem Gläubiger aus demselben Rechtsverhältnis wechselseitig Forderungen zu, wäre es mit dem Grundsatz von Treu und Glauben (§ 242 BGB) nicht vereinbar, wenn der Gläubiger seine Leistung verlangen könnte, ohne seine eigene Leistung erbringen zu müssen. Hier greift das allgemeine Zurückbehaltungsrecht (§ 273 BGB). Das (allgemeine) **Zurückbehaltungsrecht** des § 273 BGB gewährt dem Schuldner ein Recht, seine Leistung zu verweigern, bis die ihm gebührende Leistung bewirkt ist. Es kann grundsätzlich gegenüber Leistungen aller Art geltend gemacht werden, d. h. auch gegenüber sachenrechtlichen, familien- oder erbrechtlichen Ansprüchen.[45]

Die zulässige Geltendmachung des Zurückbehaltungsrechts setzt zunächst eine **Gegenseitigkeit** voraus. Das bedeutet, dass der Gläubiger einen schuldrechtlichen oder sachenrechtlichen Anspruch geltend macht und der Schuldner einen Gegenanspruch hat. Nicht erforderlich ist die Gleichartigkeit. Bei gleichartigen Ansprüchen (z. B. Geldschulden) ist die Aufrechnung (§§ 387 ff. BGB) vorrangig. § 273 BGB gilt nicht für die in einem Austauschverhältnis stehenden Hauptleistungen bei gegenseitigen Verträgen; hier enthält § 320 BGB eine spezielle Regelung.

Weiterhin muss die Gegenforderung des Schuldners **fällig, vollwirksam und durchsetzbar** sein. Ist der Gegenanspruch noch nicht fällig, dann kann der Schuldner nicht zurückbehalten, sondern muss dann zu einem späteren Zeitpunkt seinen Anspruch geltend machen und notfalls Klage erheben. Diese Voraussetzung beinhaltet auch, dass dem Anspruch (des Schuldners) keine Einreden (des Gläubigers) entgegenstehen dürfen. Die Zurückbehaltung einer Leistung ist nach § 215 BGB auch mit einer bereits verjährten Gegenforderung möglich, wenn die Verjährung noch nicht eingetreten war, als der Anspruch des Gläubigers entstand, d. h. beide Forderungen sich einmal vollwirksam gegenüber gestanden haben.

Außerdem muss zwischen beiden Ansprüchen eine **Konnexität** bestehen. Unter Konnexität versteht man das Erfordernis, dass der Anspruch des Gläubigers und der Gegenanspruch des Schuldners auf **demselben rechtlichen Verhältnis** beruhen müssen. Es ist aber nicht erforderlich, dass die beiderseitigen Ansprüche in demselben Vertrag oder Schuldverhältnis ihre Grundlage haben. Nach der Rspr. soll es ausreichen, dass ein „einheitlicher Lebensvorgang" vorliegt, d. h. die beiden Ansprüche in einem „inneren, natürlichen bzw. wirtschaftlichen Zusammenhang" zueinander stehen. So besteht eine Konnexität beispielsweise bei Ansprüchen aus ständigen Geschäftsbeziehungen, sofern die verschiedenen Verträge wegen ihres zeitlichen oder sachlichen Zusammenhangs als eine natürliche Einheit erscheinen.[46]

Einen besonderen Fall der Konnexität regelt § 273 Abs. 2 BGB. Danach steht dem Besitzer einer Sache ein Zurückbehaltungsrecht gegenüber dem dinglichen Herausgabeanspruch zu, wenn er Verwendungen auf den Gegenstand gemacht hat

---

[45] Palandt/*Grüneberg*, § 273 BGB, Rn. 2.
[46] BGHZ 47, 157, 167; Palandt/*Grüneberg*, § 273 BGB, Rn. 9 ff. m. w. N.

oder wenn ihm durch diesen ein Schaden entstanden ist. So kann beispielsweise der Finder eines Hundes ein Zurückbehaltungsrecht gegenüber dem Herausgabeanspruch des Eigentümers wegen der Fütterungskosten (vgl. § 970 BGB) geltend machen. Dies gilt aber dann nicht, wenn der Herausgabepflichtige den Gegenstand durch eine vorsätzlich begangene unerlaubte Handlung (z. B. Diebstahl, Betrug) erlangt hat.

Demgegenüber setzt das kaufmännische Zurückbehaltungsrecht nach § 369 HGB, das auf die speziellen Anforderungen des kaufmännischen Rechtsverkehrs ausgerichtet ist und an die Voraussetzungen für ein Zurückbehaltungsrecht weniger Anforderungen knüpft sowie weitergehende Wirkungen hat als § 273 BGB, für Forderungen aus einem beiderseitigen Handelsgeschäft keine Konnexität voraus.

Schließlich darf die Ausübung des Zurückbehaltungsrechts nicht **ausgeschlossen** sein. Dieser Ausschluss kann einen vertraglichen oder gesetzlichen Grund haben.[47] In Allgemeinen Geschäftsbedingungen kann das Zurückbehaltungsrecht des Vertragspartners weder ausgeschlossen noch beschränkt werden (§ 309 Nr. 2b BGB). Das Zurückbehaltungsrecht ist im Übrigen ausgeschlossen kraft **gesetzlicher** Anordnung, aus der **Natur des Schuldverhältnisses** heraus oder wenn dies **rechtsmissbräuchlich** wäre.

---

**Beispiele**

1. So verbieten beispielsweise die §§ 570, 578, Abs. 1, 581 Abs. 2 BGB dem Mieter oder Pächter ein Zurückbehaltungsrecht gegen den auf Rückgabe seines Grundstücks klagenden Vermieter (Verpächter), denn bei Grundstücksmiet- oder -pachtverträgen steht der Gegenanspruch des Mieters (Pächters) in keinem Verhältnis zum Wert der Mietsache.
2. Die Vorschrift des § 175 BGB verbietet die Zurückbehaltung der Vollmachtsurkunde; diese ist nach Erlöschen der Vollmacht stets zurückzugeben, um einem Missbrauch vorzubeugen.

Eine Unzulässigkeit der Zurückbehaltung wegen Verstoß gegen den Grundsatz von Treu und Glauben ist nach den jeweiligen Umständen des Einzelfalls zu beurteilen. Hierzu zählen beispielsweise die Zurückbehaltung einer sehr wertvollen Leistung gegenüber einer relativ unbedeutenden Gegenforderung oder wenn der Zurückbehaltende seine Gegenforderung schon anderweitig (z. B. durch Bankbürgschaft) gesichert hat.[48]

Die Geltendmachung des Zurückbehaltungsrechts nach § 273 BGB bewirkt ein **Leistungsverweigerungsrecht** des Schuldners. Es ist als Einrede ausgestaltet, d. h. es wird im Prozess nicht von Amts wegen berücksichtigt, sondern nur dann, wenn es vom Schuldner geltend gemacht wird. Erhebt der Gläubiger Klage, dann führt die Ausübung des Zurückbehaltungsrechts nicht zur Abweisung der Klage, sondern zur Verurteilung Zug um Zug gegen Empfang der Gegenleistung (vgl. § 274 Abs. 1

---

[47] *Medicus/Lorenz*, SchuldR I, Rn. 229.
[48] *Medicus/Lorenz*, SchuldR I, Rn. 231.

BGB). Die Ausübung des Zurückbehaltungsrechts schließt Schadensersatzansprüche wegen Verzögerung der Leistung (§§ 280 Abs. 1, 3 281 BGB) oder Schuldnerverzug (§§ 280 Abs. 1, 2, 286 BGB) aus. Es kann durch Sicherheitsleistung (des Gläubigers) abgewendet werden (§ 273 Abs. 3 BGB).

### 3.2.4.2 Einrede des nichterfüllten Vertrages

Bei **gegenseitigen Verträgen** besteht zwischen den Hauptleistungspflichten ein besonders enger Zusammenhang. Dies beruht auf dem Umstand, dass die Hauptleistungspflichten in einem Gegenseitigkeitsverhältnis stehen, z. B. die Pflicht zur Übereignung und Übergabe der mangelfreien Sache zur Entgeltzahlungspflicht; man spricht insoweit auch von einer **synallagmatischen Verknüpfung** der Leistungspflichten.[49] Wegen der besonderen Abhängigkeit von Leistung und Gegenleistung soll gewährleistet sein, dass kein Vertragspartner die Leistung erbringen muss, ohne gleichzeitig die Gegenleistung zu erhalten. Ein Zurückbehaltungsrecht besonderer Art in Form einer **Einrede des nichterfüllten Vertrags** (§ 320 BGB) kann dem jeweiligen Schuldner in einem gegenseitigen Vertrag bezüglich der Leistungspflichten zustehen. Danach kann die Erfüllung der Leistung solange verweigert werden, bis der andere Teil die von ihm versprochene Leistung erbracht hat.

---

**Beispiele**

- Der Verkäufer kann die Auslieferung der Ware verweigern, solange der Käufer den Kaufpreis nicht entrichtet.
- Der Käufer kann die Einrede nach § 320 BGB auch geltend machen, wenn er ein Recht auf Nacherfüllung nach §§ 437 Nr. 1, 439 BGB hat, d. h. wenn der Käufer Beseitigung des Mangels oder Lieferung einer mangelfreien Sache verlangt. Nach h. M. handelt es sich um eine Modifikation des ursprünglichen Anspruchs auf mangelfreie Erfüllung (§ 433 Abs. 1 S. 2 BGB).[50] Soweit der Käufer noch nicht gezahlt hat, steht ihm also bis zur Vornahme der Nacherfüllung die Einrede des nicht erfüllten Vertrages zu.
- Der Mieter ist nicht zur Zahlung des Mietzinses verpflichtet, solange der Vermieter ihm nicht die gemietete Sache zum Gebrauch überlässt.

---

Die Einrede nach § 320 BGB kann allerdings von demjenigen nicht mehr erhoben werden, der zur **Vorleistung** verpflichtet ist, sei es aus Vertrag, kraft Gesetzes (z. B. §§ 556b, 587 Abs. 1, 614, 641 BGB) oder aus der Natur des Schuldverhältnisses heraus. Um die Vereinbarung einer „Vorleistung" handelt es sich z. B. beim Teilzahlungsgeschäft. Der Verkäufer einer Sache erklärt sich bereit, die Kaufsache sofort zu übergeben. Der Käufer erhält den Besitz (und eine Anwartschaft auf das Eigentum) sofort. Er braucht den Kaufpreis nur in Raten zu zahlen; auf § 320 BGB kann sich der Verkäufer nicht berufen. Der Verkäufer hat allerdings die Möglichkeit, sich durch Vereinbarung eines Eigentumsvorbehalts eine gewisse Sicherheit

---

[49] *Brox/Walker*, SchuldR AT, § 13 Rn. 14.

[50] *Looschelders*, SchuldR BT, § 4, Rn. 84 m. w. N.

zu verschaffen. Wird z. B. „Kasse gegen Faktura" oder „Zahlung (Kasse) gegen Dokumente" vereinbart, bedeutet das ebenfalls eine Vorleistungspflicht des Käufers.[51]

Zu beachten ist § 321 BGB, wenn sich die Vermögensverhältnisse des anderen Vertragspartners nach Vertragsabschluss wesentlich verschlechtern und dadurch der Gegenanspruch gefährdet ist.

Das Bestehen eines Leistungsverweigerungsrechts schließt einen Schuldnerverzug aus. Im Prozess wird die Einrede des nichterfüllten Vertrages nur berücksichtigt, wenn sich der Schuldner als Beklagter darauf beruft.[52] Wird die Einrede erhoben, führt dies nicht zur Klageabweisung, sondern zur Verurteilung Zug um Zug (§ 322 BGB). Der Gläubiger kann aus dem Urteil die Zwangsvollstreckung nur betreiben, wenn er dem Schuldner zugleich die Gegenleistung anbietet.[53]

## 3.3 Verbraucherschutz bei besonderen Vertriebsformen

### 3.3.1 Überblick über den Verbraucherschutz im BGB

Schließt ein Unternehmer (§ 14 BGB) mit einem Verbraucher (§ 13 BGB) einen Vertrag, dann ist der Verbraucher im Zweifel die unterlegene Partei, die es durch zahlreiche Vorschriften zu schützen gilt.[54]

Mit Wirkung zum 13.06.2014 trat das Gesetz zur Umsetzung der Verbraucherrechterichtlinie (VerbrRRL 2011/83/EU) und zur Änderung des Gesetzes zur Regelung der Wohnungsvermittlung in Kraft. Ziel des Gesetzes ist die Umstellung des deutschen Verbraucherschutzrechts vom europäischen Minimalstandard hin zu einer **Vollharmonisierung** im Geltungsbereich der Richtlinie.[55]

**Verbraucher** ist nach § 13 BGB jede natürliche Person, die ein Rechtsgeschäft zu Zwecken abschließt, die überwiegend weder ihrer gewerblichen noch ihrer selbstständigen beruflichen Tätigkeit zugerechnet werden können. Bei der Bestimmung der Verbrauchereigenschaft stellt die h. M. auf den objektiven Zweck des Rechtsgeschäfts ab[56], nicht auf die geschäftliche Erfahrung; eine Ausnahme stellt die spezielle Regelung für Darlehens- und ähnliche Verträge in § 512 BGB dar, z. B. bei Existenzgründungsdarlehen. Nach einer neueren Entscheidung des BGH folgt aus der negativen Formulierung des § 13 BGB, das rechtsgeschäftliches Handeln einer natürlichen Person grundsätzlich als Handeln eines Verbrauchers anzusehen ist.[57] Bei Verträgen mit **gemischter Zwecksetzung** („dual use") kommt es darauf

---

[51] Palandt/*Grüneberg*, § 320 BGB, Rn. 16.

[52] *Looschelders*, SchuldR AT, § 15, Rn. 307 ff.

[53] Palandt/*Grüneberg*, § 320 BGB, Rn. 12, 13.

[54] *Brox/Walker*, SchuldR AT, § 19 Rn. 1 ff.

[55] BGBl I, S. 3642; Palandt/*Grüneberg*, Vorb vor § 312 BGB, Rn. 3.

[56] BGHZ 162, 253.

[57] BGH, NJW 2009, 3780 (3781); vgl. Palandt/*Grüneberg*, § 312 BGB, Rn. 2.

an, welche Zwecksetzung überwiegt.[58] **Unternehmer** ist eine natürliche oder juristische Person oder eine rechtsfähige Personengesellschaft, die bei Abschluss eines Rechtsgeschäfts in Ausübung ihrer gewerblichen oder selbständigen beruflichen Tätigkeit handelt.

Die wesentlichen Instrumente des Verbraucherschutzes sind das **Widerrufsrecht** und die **Informationspflichten** seitens des gewerblichen Anbieters. Letztere stehen seit einiger Zeit in der Kritik, da sie ein solches Ausmaß angenommen haben, dass sie vom Verbraucher gar nicht mehr wahrgenommen bzw. verstanden werden können. Der umfangreiche Katalog an Informationspflichten ist systematisch nicht in das BGB aufgenommen worden, sondern, um eine leichtere Anpassung an sich häufig ändernde europäische Vorgaben zu ermöglichen, in das EGBGB.[59]

Zum Teil beziehen sich die verbraucherschützenden Regelungen auf **einzelne Vertragstypen** und sind insoweit im Besonderen Teil des Schuldrechts geregelt. Zu nennen sind insbesondere der Teilzeit-Wohnrechtevertrag (§§ 481 ff. BGB), der Verbraucherdarlehensvertrag (§§ 491 ff. BGB) sowie sonstige Finanzierungshilfen (§§ 506 ff. BGB), der Ratenlieferungsvertrag (§ 510 BGB) und der Verbrauchsgüterkaufvertrag (§§ 474 ff. BGB). Soweit es bei diesen Vertragstypen darum geht, dass dem Verbraucher ein Widerrufsrecht zusteht, sind allerdings für die Ausübung und die Rechtsfolgen die §§ 355 bis 357 BGB heranzuziehen.

Soweit der Verbraucherschutz alle oder jedenfalls mehrere Vertragstypen betrifft, ist er im Allgemeinen Schuldrecht geregelt. Zu den verbraucherschützenden Regelungen gehört § 310 Abs. 3 BGB, nach dem die **AGB-Kontrolle** zum Schutz des am Vertrag beteiligten Verbrauchers einen erweiterten Anwendungsbereich hat.[60]

Weiterhin enthalten die §§ 312 ff. BGB und §§ 355 ff. BGB verbraucherschützende Regelungen für den Verbraucher beim Vertragsabschluss. Speziell geht es um den **Verbraucherschutz bei besonderen Vertriebsformen**, also insbesondere um außerhalb von Geschäftsräumen geschlossene Verträge (§ 312b BGB) und Fernabsatzverträge (§ 312c ff. BGB). Der Gesetzgeber sieht einen Grund für ein Widerrufsrecht in der **Schutzwürdigkeit** des Verbrauchers. Die Gemeinsamkeit dieser Vertriebsformen besteht darin, dass die Verträge auf unübliche Weise, unter unüblichen Umständen oder an einem unüblichen Ort abgeschlossen oder angebahnt werden. So besteht bei einem Vertragsabschluss außerhalb von Geschäftsräumen die Gefahr, dass der Verbraucher überrascht und überrumpelt wird und einen Vertrag abschließt, den er vielleicht gar nicht abschließen wollte. Beim Fernabsatzvertrag kommt es beim Vertragsabschluss nicht zu einer physischen Begegnung zwischen Unternehmer und Verbraucher. Der Verbraucher hat hier regelmäßig keine Möglichkeit, die Ware vor Vertragsabschluss zu prüfen. Aus dem Grund sind die §§ 312b ff. BGB auch im Zusammenhang mit der Begründung von Schuldverhältnissen geregelt. Der Verbraucher soll vor Gefahren geschützt werden, die sich aus

---

[58] Ausführlicher *Looschelders*, SchuldR AT, § 41, Rn. 849 m. w. N. und mit Hinweis, dass bei einer Verteilung 50:50 der Betreffende als Verbraucher anzusehen ist.

[59] Hierzu *Rüthers/Stadler*, § 22, Rn. 1 m. w. N.

[60] Vgl. Kap. 4.8.; *Brox/Walker*, SchuldR AT, § 19 Rn. 2.

der ungewöhnlichen Situation bei Vertragsabschluss ergeben; sie sichern ihm dadurch die rechtsgeschäftliche Entscheidungsfreiheit.

In verschiedenen Bestimmungen zu Verbraucherverträgen, insbesondere in §§ 312g, 485, 495 Abs. 1, und § 510 Abs. 2 BGB finden sich Tatbestände, bei deren Vorliegen ein **Widerrufsrecht** besteht. Diese Tatbestände **verweisen auf § 355 BGB**, welcher grundlegend die Art und Weise der Ausübung des Widerrufs bestimmt. Die §§ 355 ff. BGB begründen also kein Widerrufsrecht, sondern setzen ein solches voraus. § 355 BGB wird jedoch durch die §§ 356 bis 356c BGB weiter konkretisiert, welche mit den besonderen Verbrauchervertragstypen (§§ 312g, 485, 495 Abs. 1, 510 Abs. 2 BGB) korrespondieren und speziellere Anforderungen – insbesondere Ausschlussfristen – für den jeweiligen Vertragstyp aufstellen. In den §§ 357 bis 357c BGB werden die Rechtsfolgen des Widerrufs – parallel zu § 356a bis § 356c BGB – für bestimmte Vertragstypen abschließend normiert. So ist für die besonderen Vertriebsformen (§§ 312b ff. BGB) das Widerrufsrecht in den §§ 355 und 356 BGB geregelt; die Rechtsfolge ergibt sich aus § 357 BGB. Bei Teilzeitwohnrechteverträgen ist das Widerrufsrecht in den §§ 355, 356a BGB und die Rechtsfolge in § 357b BGB enthalten. Bei Verbraucherdarlehensverträgen finden sich die Regelungen für das Widerrufsrecht in den §§ 355, 356b BGB, hinsichtlich der Rechtsfolge gilt § 357a Abs. 3 BGB. Bei Ratenlieferungsverträgen (§ 510 BGB) ist das Widerrufsrecht in den §§ 355, 356c BGB und die Rechtsfolge in § 357c BGB geregelt.

Weitere – nicht auf Verbraucherverträge beschränkte – Regelungen beziehen sich allgemein auf den **Kunden- und Verbraucherschutz im elektronischen Rechtsverkehr** (§ 312i bis 312k BGB). Bei diesen Regelungen kommt es dagegen weder auf das Vorliegen eines Verbrauchervertrages noch auf die Entgeltlichkeit an. Ein Widerrufsrecht besteht hier im Gegensatz zu den außerhalb von Geschäftsräumen geschlossenen Verträgen oder Fernabsatzverträgen grundsätzlich nicht, es sei denn, es liegen besondere Gründe vor, z. B. ein Anfechtungs- oder Rücktrittsrecht.

Einheitlich ist in § 312k BGB die **Unabdingbarkeit** der Regelungen dieses Abschnitts normiert (§ 312k Abs. 1 S. 1 BGB). Hinzu kommt das grundsätzliche **Verbot** bzw. die Unwirksamkeit vertraglicher Dispositionen oder sonstiger **Umgehungen** zu Lasten der Kunden (§ 312k Abs. 1 S. 2 BGB). Die Vorschriften dieses Untertitels finden danach, soweit nicht ein anderes bestimmt ist, auch Anwendung, wenn sie durch anderweitige Gestaltungen umgangen werden. Nach § 312k Abs. 2 BGB obliegt dem Unternehmer die Beweislast für die Erfüllung der Informationspflichten.

### 3.3.2  Besondere Pflichten und Grundsätze bei allen Verbraucherverträgen

Der **Verbrauchervertrag** ist in § 310 Abs. 3 BGB legal definiert als ein Vertrag zwischen einem Unternehmer und einem Verbraucher, die eine entgeltliche Leistung des Unternehmers zum Gegenstand haben.[61] § 312a BGB gilt danach unabhängig von der jeweiligen Vertriebsform grundsätzlich bei allen Verbraucherverträgen, soweit seine **Anwendbarkeit** nicht für einzelne Verträge in den § 312 Abs. 2 bis 6 BGB **eingeschränkt** ist, d. h. auch bei Ladengeschäften. Diese Einschränkungen beruhen zum großen Teil darauf, dass es für die genannten Verträge spezialgesetzlich geregelte Informationspflichten gibt, die es rechtfertigen, diese Verträge ganz oder teilweise vom Anwendungsbereich des § 312a BGB auszunehmen.[62] In diesen Fällen wird der Verbraucherschutz durch speziellere Normen ausreichend verwirklicht. § 312 BGB ist sehr komplex und unübersichtlich, so dass im Einzelfall genau zu prüfen ist, inwieweit die §§ 312 ff. BGB auf den infrage stehenden Vertrag anwendbar sind.

Wenn ein Unternehmer einen Verbraucher anruft, um mit ihm einen Vertrag zu schließen, muss er zu Beginn des Gesprächs seine Identität und den Zweck des Anrufs offenlegen (§ 312a Abs. 1 BGB). Vor dem Vertragsabschluss muss er dem Verbraucher über wesentliche Merkmale der Ware, den Preis, die Zahlungs- und Lieferbedingungen, das Bestehen von Mängelrechten und Garantien und ggf. über weitere Umstände informieren. Diese Informationen müssen in klarer und verständlicher Form gegeben werden (§ 312 Abs. 2, Art. 246 EGBGB). Für den stationären Handel ergeben sich die Informationspflichten aus § 312a Abs. 2 BGB mit Verweis auf Art. 246 EGBGB; ausgenommen sind die sog. Geschäfte des täglichen Lebens (Kauf von Lebensmitteln, Kleidung oder Friseurbesuch), die sofort erfüllt werden.

Bei einem Verstoß des Unternehmers gegen seine Informationspflichten kommt eine Schadensersatzhaftung des Unternehmers nach § 312a Abs. 2 i. V. m. §§ 280 Abs. 1, 241 Abs. 2, 311 Abs. 2 BGB in Betracht.

§ 312a Abs. 2 S. 2 bis Abs. 5 BGB enthalten besondere Voraussetzungen, nach denen der Unternehmer berechtigt ist, vom Verbraucher weitere Entgelte – zusätzlich zu dem Preis für die Hauptleistung – verlangen zu können. So soll er Fracht-, Liefer- und Versandkosten nur verlangen können, wenn er den Verbraucher darüber klar und ausdrücklich informiert hat (§ 312a Abs. 2 i. V. m. Art. 246 Abs. 1 Nr. 3 EGBGB.[63]

### 3.3.3  Außerhalb von Geschäftsräumen geschlossene Verträge und Fernabsatzverträge

#### 3.3.3.1  Außerhalb von Geschäftsräumen geschlossene Verträge

In § 312b Abs. 1 S. 1 Nr. 1 bis 4 BGB ist bestimmt, wann ein Außergeschäftsraumvertrag vorliegt.

§ 312b Abs. 1 S. 1 Nr. 1 BGB erfasst Verträge, die bei gleichzeitiger körperlicher Anwesenheit der Parteien an einem Ort geschlossen werden, der kein Geschäfts-

---

[61] *Looschelders*, SchuldR AT, § 41, Rn. 851 mit Hinweis auf eine weite Auslegung.

[62] Vgl. BT-DRs. 17/12637, S. 45; *Brox/Walker*, SchuldR AT, § 19 Rn. 3.

[63] *Brox/Walker*, SchuldR AT, § 19, Rn. 5 zu den Grenzen für die Vereinbarung von zusätzlichen Entgelten.

raum des Unternehmers ist. § 312b Abs. 2 BGB definiert den Begriff Geschäfts-
raum als unbewegliche Gewerberäume, in denen der Unternehmer seine Tätigkeit
dauerhaft ausübt und bewegliche Gewerberäume, wie z. B. Markt- und Messestän-
de sowie Verkaufswagen. Außerhalb von Geschäftsräumen erfasst insbesondere
Orte, wie z. B. die Privatwohnung, den Arbeitsplatz und allgemein zugängliche
Verkehrsflächen; insoweit fallen auch Partyverkäufe in Privatwohnungen und Ver-
tragsschlüsse in Hotels, Restaurants, Kurhäusern, Seniorenheimen, öffentlichen
Verkehrsmitteln oder sonst öffentlich zugänglichen Verkehrsflächen darunter. Ob
der Besuch des Unternehmers durch den Verbraucher bestellt wurde (und damit
keine Gefahr einer Überrumpelung bestand), ist nach neuer Rechtslage nicht mehr
entscheidend.[64] Der Anwendungsbereich ist bereits dadurch gegenüber den bisherigen „Haustürgeschäften" erweitert worden.

312b Abs. 1 S. 1 Nr. 2 BGB erweitert den Anwendungsbereich der Nr. 1 auf
Fälle, in denen der Vertrag zwar nicht in einer dieser Situationen abgeschlossen
worden ist, der Verbraucher allerdings diesen durch ein bindendes Angebot vorbereitet hat, den der Unternehmer aber erst später (und möglicherweise in seinen
Geschäftsräumen) annimmt. Für die Schutzbedürftigkeit des Verbrauchers ist es danach unerheblich, ob auch der Unternehmer seine Willenserklärung abgegeben hat.
Voraussetzung ist allerdings die körperliche Anwesenheit des Unternehmers (oder
seines Gehilfen).

§ 312b Abs. 1 S. 1 Nr. 3 BGB erfasst solche Situationen, in denen der Vertrag
zwar in den Geschäftsräumen des Unternehmers geschlossen wird, aber dadurch
angebahnt worden ist, dass der Verbraucher unmittelbar zuvor außerhalb der Geschäftsräume persönlich und individuell angesprochen wurde. Typische Beispiele
sind das Ansprechen des Verbrauchers auf öffentlich zugänglichen Plätzen (auch
durch Aushändigen eines Flugblattes); ausgenommen sind solche Fälle, in denen
der Vertragsabschluss erst zeitlich einige Zeit später erfolgt und dem Verbraucher
ausreichend Gelegenheit zur Überlegung und Prüfung blieb.

§ 312b Abs. 1 Nr. 4 BGB schützt den Verbraucher auch in den Fällen, in denen
der Vertrag auf einem Ausflug geschlossen wird, der vom Unternehmer mit seiner
Hilfe organisiert wurde, um beim Verbraucher für den Verkauf von Waren oder die
Erbringung von Dienstleistungen zu werben und mit ihm einen Vertrag abzuschließen. Typische Fälle sind die sog. „Kaffeefahrten". Die Schutzbedürftigkeit des Verbrauchers ergibt sich daraus, dass er durch die Verknüpfung von Verkaufsangeboten
mit einem Ausflug in eine freizeitlich unbeschwerte Stimmung versetzt wird und
er sich den Angeboten nur schwer entziehen kann. Die Vorschrift greift auch dann,
wenn der Vertragsabschluss erst in den Geschäftsräumen des Unternehmers erfolgt.

### 3.3.3.2 Fernabsatzverträge

Die Definition des Fernabsatzvertrages hat sich – im Vergleich zum früheren
„Haustürgeschäft" (heute: „Außergeschäftsraumvertrag") nur geringfügig verändert. Sowohl der Begriff des Fernabsatzvertrages (§ 312c Abs. 1 BGB) als auch der
des Fernkommunikationsmittels (§ 312c Abs. 2 BGB) sind nun legal definiert. Ent-

---

[64] Palandt/*Grüneberg*, § 312b BGB, Rn. 4.

scheidend für das Vorliegen eines Fernabsatzvertrages ist, dass die Vertragsparteien nicht gleichzeitig körperlich anwesend sind, sondern eben nur über Fernkommunikationsmittel kommunizieren. Unter einem **Fernabsatzvertrag** versteht man nach § 312b Abs. 1 BGB alle Verträge über die Lieferung von Waren oder über die Erbringung von Dienstleistungen einschließlich Finanzdienstleistungen, die zwischen einem Unternehmer und einem Verbraucher unter ausschließlicher Verwendung von Fernkommunikationsmitteln abgeschlossen werden, es sei denn, der Vertragsabschluss ist nicht im Rahmen eines für den Fernabsatz organisierten Geschäftssystems erfolgt. Diese Einschränkung hat den Zweck, zufällige oder gelegentliche Vertragsabschlüsse per Fernkommunikation (z. B. Telefon) vom Anwendungsbereich der § 312b ff. BGB auszunehmen. **Fernkommunikationsmittel** sind nach § 312c Abs. 2 BGB solche Kommunikationsmittel, die eine Vertragsanbahnung oder den Abschluss eines Vertrages „ohne gleichzeitige körperliche Anwesenheit der Vertragsparteien" ermöglichen, z. B. Briefe, Kataloge, Telefonanrufe, Telekopien, E-Mails, SMS sowie Rundfunk, Tele- und Mediendienste. Diese Vorschrift erfasst damit die klassischen Fernabsatzgeschäfte (z. B. Katalogbestellungen) als auch einen Großteil des elektronischen Geschäftsverkehrs und gilt für Teleshopping ebenso wie für Videotext, das Internet und andere Online-Medien.

### 3.3.3.3 Informationspflichten und Folgen ihrer Verletzung

Gemäß § 312d Abs. 1 S. 1 BGB ist der Unternehmer bei Verträgen gem. § 312b Abs. 1 BGB und § 312c Abs. 1 BGB verpflichtet, den Verbraucher nach Maßgabe des Art. 246a EGBGB zu informieren. Für Verträge über Finanzdienstleistungen gilt abweichend § 312d Abs. 2 BGB i. V. m. Art. 246b EGBGB.

Die einzelnen Informationspflichten sind in Art. 246a §§ 1 bis 4 EGBGB katalogartig aufgelistet. So hat der Unternehmer den Verbraucher vor Abschluss eines von § 312d BGB erfassten Vertrages u. a. über seine Identität und Anschrift, über wesentliche Merkmale der Ware und den Preis, über ggf. anfallende Liefer- und Versandkosten sowie über ein ggf. bestehendes Widerrufsrecht zu informieren.[65]

Nach § 312f BGB hat der Unternehmer den Verbraucher nach Vertragsabschluss eine Abschrift des Vertrages bzw. eine andere Bestätigung des Vertrages mit Angabe des Vertragsinhalts zu überlassen. Das dient dem Interesse des Verbrauchers an einer umfassenden Vertragsdokumentation.

Bei einem Verstoß des Unternehmers gegen seine (vorvertraglichen und nachvertraglichen) Informationspflichten kommt eine Schadensersatzhaftung nach §§ 311 Abs. 2, 241 Abs. 2, 280 Abs. 1 BGB sowie ein Rücktrittsrecht des Verbrauchers (§ 324 BGB) in Betracht.

Die Angaben, die der Unternehmer gegenüber dem Verbraucher zur Erfüllung seiner Informationspflicht macht, werden Vertragsbestandteil, es sei denn, die Parteien haben ausdrücklich etwas anderes vereinbart (§ 312d Abs. 1 BGB). Hat der Unternehmer den Verbraucher nicht über zusätzliche Kosten für Fracht und Lieferung informiert, hat er gegen ihn insoweit keine Ansprüche.

---

[65] *Looschelders*, SchuldR AT, § 42, Rn. 911; *Brox/Walker*, SchuldR AT, § 19 Rn. 16.

### 3.3.4 Widerrufsrecht

Nach 312g I BGB steht dem Verbraucher bei außerhalb von Geschäftsräumen ge-schlossenen Verträgen und bei Fernabsatzverträgen ein Widerrufsrecht nach § 355 BGB zu.

§ 312g Abs. 2 BGB enthält einen Katalog von Fällen, in welchen – vorbehalt-lich einer abweichenden Vereinbarung durch die Parteien – kein Widerrufsrecht besteht. Die einzelnen Ausnahmen sind wörtlich aus Art. 16 VerbrRRL übernom-men und teilweise unpräzise formuliert.[66] Es geht z. B. um Lieferungen, die nach speziellen Vorgaben des Verbrauchers angefertigt wurden, um schnell verderbliche Waren, um versiegelte Datenträger mit Ton- oder Videoaufnahmen oder Compu-tersoftware nach Entfernung der Versiegelung oder die Erbringung von Wett- und Lotteriedienstleistungen. Im Zweifel ist auch hier richtlinienkonform, d. h. ver-braucherfreundlich, auszulegen. Der Unternehmer trägt wegen § 312k Abs. 2 BGB die Beweislast für das Vorliegen einer Ausnahme. Dieser Ausnahmenkatalog gilt kumulativ mit den Bereichsausnahmen des § 312 Abs. 2, 5, 6 BGB. Nach § 312g Abs. 3 BGB besteht das Widerrufsrecht ferner nicht bei Verträgen, bei denen dem Verbraucher bereits aufgrund der §§ 495, 506 bis 510 BGB ein Widerrufsrecht nach § 355 BGB zusteht und nicht bei außerhalb von Geschäftsräumen geschlossenen Verträgen, bei denen dem Verbraucher bereits nach § 305 Abs. 1 bis 6 Kapitalanla-gegesetzbuch ein Widerrufsrecht zusteht.

Der Vertrag ist bis zur Ausübung des Widerrufsrechtes wirksam. Der Widerruf muss erklärt werden; dies kann auch mündlich erfolgen, ist aber aus Beweisgründen nicht zu empfehlen. Eine kommentarlose Rücksendung der Ware reicht jedenfalls nicht aus.

Die Widerrufsfrist beträgt für alle Widerrufsrechte 14 Tage (§ 355 Abs. 2 S. 1 BGB). Um dem Verbraucher die 14 Tage als Überlegungsfrist zu gewähren, ge-nügt zur Fristwahrung die rechtzeitige Absendung des Widerrufs (§ 355 Abs. 1 S. 5 BGB). Die Widerrufsfrist beginnt grundsätzlich mit Vertragsabschluss. Nach der Sonderreglung in § 356 Abs. 2 bis 5 BGB beginnt sie jedoch erst zu laufen, wenn der Verbraucher die Ware erhalten hat und auch erst dann, wenn er über das Wider-rufsrecht informiert wurde. Benutzt der Unternehmer für eine Widerrufsbelehrung das Muster, dann hat er dieses dem Verbraucher ausgefüllt in Textform zu übermit-teln (vgl. Art. 246a § 1 Abs. 2 S. 2 EGBGB).

Nach § 356 Abs. 3 S. 2 BGB erlischt das Widerrufsrecht außer bei Verträgen über Finanzdienstleistungen spätestens 12 Monate nach Ablauf der ursprünglichen Widerrufsfrist von 14 Tagen.

Die **Rechtsfolgen** des Widerrufs eines außerhalb von Geschäftsräumen ge-schlossenen Vertrages sowie bei Fernabsatzverträgen ergeben sich aus §§ 355 Abs. 3, 357 ff. BGB.

Nach § 355 Abs. 3 BGB sind der Verbraucher und Unternehmer nach Ausübung des Widerrufsrechtes an ihre auf den Abschluss gerichteten Erklärungen nicht mehr

---

[66] Palandt/*Grüneberg*, § 312g BGB, Rn. 3 mit Hinweis darauf, dass diese Ausnahmen ein Produkt intensiver Lobbyarbeit und unpräzise formuliert seien.

gebunden. Die Parteien sind danach verpflichtet, die **empfangenen Leistungen** un-verzüglich **zurückzugewähren** (§ 355 Abs. 3 S. 1 BGB). Bei dieser Norm handelt es sich um eine Anspruchsgrundlage für den Rückgewähranspruch.[67]

Die **Kosten** der Rücksendung trägt grundsätzlich der Verbraucher, wenn er vor-her hierüber von dem Unternehmer entsprechend informiert worden ist (Art. 246a § 1 Abs. 2 S. 1 Nr. 2 EGBGB). Der Verbraucher hat nach § 357 Abs. 7 BGB unter bestimmten Voraussetzungen Wertersatz zu leisten, z. B. bei einem Umgang mit der Ware, der für die Prüfung nicht notwendig war; die Beweislast hierfür trägt allerdings der Unternehmer. Ausgeschlossen ist damit eine Ersatzpflicht für die Wertminderung, die eine notwendige Beschaffenheits- bzw. Funktionsprüfung er-fordert. Nach § 357 Abs. 8 BGB hat der Verbraucher dem Unternehmer für erbrach-te Dienstleistungen Nutzungswertersatz nur dann zu leisten, wenn er vor Abgabe seiner Vertragserklärung auf diese Folge hingewiesen worden ist und er ausdrück-lich verlangt hat, dass der Unternehmer vor Ablauf der Widerrufsfrist mit der Aus-führung der Dienstleistung beginnt.

Weitergehende Ansprüche, z. B. aus §§ 280, 823, 812 BGB sind nach § 361 Abs. 1 BGB ausgeschlossen. Etwas anderes gilt allerdings für Schadensersatzan-sprüche des Verbrauchers gegen den Unternehmer aus Vertrag (§§ 280 Abs. 1, 311 Abs. 2 BGB), die unabhängig von seinem Widerrufsrecht bestehen.

In bestimmten Fällen wird der Verbraucher durch die Möglichkeit eines sog. **Widerrufs- und Einwendungsdurchgriffs** geschützt. Dies betrifft die sog. ver-bundenen Verträge. Es besteht hier die Gefahr, dass die Möglichkeit des Wider-rufs unterlaufen wird. Solche **verbundenen Geschäfte** liegen etwa dann vor, wenn ein Verbrauchervertrag über die Lieferung von Waren (z. B. Ratenkauf) oder die Erbringung einer anderen Leistung (z. B. Werk-, Dienst- oder Reisevertrag) und ein Darlehensvertrag (§ 488 BGB) so verbunden sind, dass das Darlehen der Fi-nanzierung dieses Vertrages dient und beide Verträge eine wirtschaftliche Einheit bilden (§ 358 Abs. 1 BGB). Hier kann es vorkommen, dass dem Verbraucher ein Widerruf des einen Geschäfts (z. B. des Kaufvertrages) nichts nützt, da er nach wie vor an den Darlehensvertrag gebunden ist und der nicht widerrufbar ist, da er nicht außerhalb von Geschäftsräumen abgeschlossen worden ist. Die §§ 358, 359 BGB enthalten diesbezüglich spezielle Regelungen in Bezug auf den Widerrufs- und Ein-wendungsdurchgriff.

### 3.3.5  Verträge im elektronischen Geschäftsverkehr

Im elektronischen Geschäftsverkehr bestehen die Gefahr von Eingabefehlern und das Bedürfnis der Kunden, vor Abgabe einer endgültigen Bestellung noch Berichti-gungen vornehmen zu können.

§ 312i BGB regelt die allgemeinen Pflichten des Unternehmers im elektro-nischen Rechtsverkehr. In § 312i Abs. 1 BGB ist der Begriff des elektronischen

---

[67] *Brox/Walker*, SchuldR AT, § 19 Rn. 35 ff.

Geschäftsverkehrs dadurch definiert, dass der Unternehmer sich zum Zwecke des Vertragsabschlusses über die Lieferung von Waren oder die Erbringung von Dienstleistungen der Telemedien bedient (zum Begriff Telemedien, vgl. § 1 TMG). Wichtigstes Beispiel ist die Bestellung von Waren oder Dienstleistungen im Internet; § 312j BGB regelt besondere Pflichten des Unternehmers beim elektronischen Geschäftsverkehr gegenüber Verbrauchern.

Der Unternehmer hat nach § 312i BGB dem Kunden (nicht nur Verbraucher) angemessene, wirksame und zugängliche technische Mittel zur Verfügung zu stellen, mit deren Hilfe der Kunde Eingabefehler vor Abgabe seiner auf den Vertragsschluss gerichteten Willenserklärung (Bestellung) erkennen und berichtigen kann. Ferner hat er dem Kunden bestimmte Informationen, die in Art. 246c EGBGB geregelt sind, z. B. technische Schritte, die zum Vertragsabschluss führen, klar und verständlich mitzuteilen (§ 312i Abs. 1 S. 1 Nr. 2 BGB). Den Zugang von dessen Bestellung hat er diesem unverzüglich auf elektronischem Wege zu bestätigen und die Möglichkeit zu verschaffen, die Vertragsbestimmungen einschließlich der einbezogenen Allgemeinen Geschäftsbedingungen bei Vertragsabschluss abzurufen und in wiedergabefähiger Form zu speichern (vgl. § 312i Abs. 1 S. 1 Nr. 3 und 4 BGB).

Ein Verstoß gegen diese Pflichten aus § 312i BGB können einen Schadenersatzanspruch nach §§ 311 Abs. 2 i. V. m. § 280 Abs. 1 BGB sowie ggf. Ansprüche nach dem UWG und dem UKlaG zur Folge haben.

Der speziellere Vorschrift des § 312j BGB sieht besondere Informationspflichten für Webseiten für den elektronischen Geschäftsverkehr mit Verbrauchern (Online-Shops) vor und erklärt in § 312j Abs. 2 BGB im Anwendungsbereich des § 312 Abs. 1 BGB („entgeltliche Leistung") die Belehrungspflichten des Art. 246a § 1 Abs. 1 Nr. 1, 4, 5, 11, 12 EGBGB ergänzend zu Art. 246c EGBGB für anwendbar. Ähnlich wie bei § 312i BGB kommen bei Verletzung dieser Pflichten Ansprüche aus §§ 311 Abs. 2, 241 Abs. 2, 280 Abs. 1 BGB sowie ggf. aus dem UWG und dem UKlaG in Betracht mit dem Unterschied, dass wegen § 312k Abs. 2 BGB eine Beweislastumkehr zugunsten des Verbrauchers besteht. Die vormals in § 312g Abs. 3 S. 1 und 2 BGB geregelte Ausdrücklichkeitsanforderung und die sog. „Button-Lösung" befindet sich nun – inhaltlich unverändert – in § 312j Abs. 3 S. 1 und 2 BGB. Ein konkludenter Abschluss von Verbraucherverträgen im Internet ist somit nicht möglich.

§ 312h BGB schützt den Verbraucher bei Dauerschuldverhältnissen, z. B. im Falle eines Wechsels des Telefonanbieters, durch Formerfordernisse und den Erhalt des Widerrufsrechts bei Nichtbelehrung.

## 3.4 Erlöschen der Schuldverhältnisse

### 3.4.1 Übersicht

Bei regulärem Verlauf des Schuldverhältnisses erlöschen die Leistungspflichten im Allgemeinen durch Erfüllung (§ 362 Abs. 1 BGB). Andere Erlöschensgründe sind die Hinterlegung (§§ 372 ff. BGB), die Aufrechnung (§§ 387 ff. BGB) und der Er-

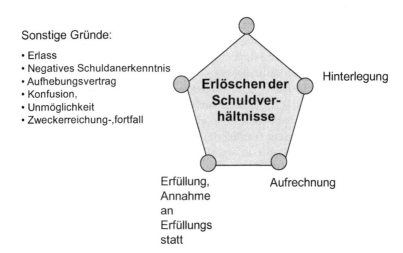

**Abb. 3.2** Erlöschen der Schuldverhältnisse

lass (§ 397 BGB). Eine Besonderheit besteht beim Rücktritt. Hier erlöschen zwar auch einzelne Rechte und Pflichten, aber nicht sämtliche Rechtsbeziehungen zwischen den Parteien. Die Kündigung führt dagegen – im Unterschied zu den oben genannten Erlöschensgründen – zum Erlöschen des Schuldverhältnisses als Ganzes (Abb. 3.2).

### 3.4.2  Erfüllung

#### 3.4.2.1  Voraussetzungen

Unter **Erfüllung** versteht man das **Herbeiführen des Leistungserfolges**, nicht die Vornahme der Leistungshandlung. Eine Erfüllungswirkung tritt nur dann ein, wenn der der richtige Schuldner dem richtigen Gläubiger die richtige Leistung am richtigen Ort erbringt (§ 362 Abs. 1 BGB). Ausreichend ist ein rein tatsächliches Handeln, z. B. wenn etwa ein Geschäftsunfähiger eine Dienst- oder Werkleistung erbracht hat.[68] Bei Geldschulden bewirkt die Übereignung der entsprechenden Münzen und Scheine Erfüllung, aber auch die Banküberweisung, wenn der Gläubiger – was im Geschäftsverkehr regelmäßig der Fall ist – sein Konto durch Aufdruck auf Briefen, Rechnungen oder ähnlich bekannt gegeben hat.[69] Erfüllungswirkung tritt erst dann ein, wenn der Betrag auf dem angegebenen Empfängerkonto gutgeschrieben wird.

Betrachtet man den Wortlaut des § 362 BGB, so fällt auf, dass der Schuldner nicht wörtlich erwähnt ist. Daraus ergibt sich, dass der Schuldner nicht unbedingt

---

[68] Palandt/*Grüneberg*, § 362 BGB, Rn. 1 m. w. N.

[69] OLG Frankfurt, NJW 1998, 387; Palandt/*Grüneberg*, § 362 BGB, Rn. 9.

persönlich leisten muss. Die Leistung kann auch von einem Dritten erbracht werden (§ 267 BGB). Der leistende Dritte muss aber dann, damit es zu einer Erfüllungswirkung führt, zum Ausdruck bringen, dass er eine fremde Schuld erfüllen will.

Regelmäßig muss die Leistung an den Gläubiger bewirkt werden.

§ 362 Abs. 2 BGB stellt klar, dass auch die Leistung an einen Dritten zur Erfüllung führen kann, wenn der Dritte nach § 185 BGB zur Entgegennahme der Leistung mit Wirkung für den Gläubiger ermächtigt ist; diese Ermächtigung kann rechtsgeschäftlich (auch nachträglich) erteilt werden oder sich aus dem Gesetz ergeben (§§ 1074, 1282 BGB). In bestimmten Fällen wird der gutgläubige Schuldner durch Leistung an einen Nichtberechtigten von seiner Pflicht frei (§§ 370, 407, 408, 893, 2367 BGB).

### 3.4.2.2 Wirkung der Erfüllung

Durch die Erfüllung erlischt nach § 362 BGB das Schuldverhältnis (im engeren Sinne), also der konkrete Anspruch. Als rechtsvernichtende Einwendung ist die Erfüllung von Amts wegen zu beachten. Für die Erfüllung enthält § 363 BGB eine **Beweislastbestimmung**, die dem Gläubiger, der die geschuldete Kaufsache entgegennimmt und verwendet oder veräußert, die Beweislast aufbürdet.

Der Gläubiger hat gegen Empfang der Leistung auf Verlangen eine **Quittung** zu erteilen (§ 368 S. 1 BGB), damit der Schuldner notfalls die Erfüllung beweisen kann. Ferner muss der Gläubiger einen möglicherweise ausgestellten **Schuldschein** zurückgeben (§ 371 BGB). Ist der Schuldner dem Gläubiger aus mehreren Schuldverhältnissen zu gleichartigen Leistungen (z. B. zur Zahlung) verpflichtet und reicht das von ihm Geleistete nicht zur Tilgung aus, stellt sich die Frage, welches Schuldverhältnis durch die Zahlung erlischt. Meistens besteht kein Zweifel zwischen den Parteien, welche Forderung nach dem Willen des Schuldners durch dessen Leistung getilgt werden soll. Liegt jedoch keine Vereinbarung vor, so hat der Schuldner das Recht, die Schuld zu bestimmen, die getilgt werden soll (§ 366 Abs. 1 BGB). Schwierig wird es dann, wenn der Schuldner auch keine „Zweckbestimmung" vorgenommen hat. Dann richtet sich die Tilgung nach der gesetzlichen Regel des § 366 Abs. 2 BGB. Es wird danach durch die Zahlung die

- zunächst fällige Schuld,
- unter mehreren fälligen die weniger sichere Schuld,
- unter mehreren gleich sicheren die dem Schuldner lästigere Schuld (z. B. bei mehreren Darlehensschulden die mit dem höheren Zinssatz),
- bei mehreren gleich lästigen die ältere Schuld und
- bei gleichem Alter jede Schuld verhältnismäßig getilgt.

### 3.4.3 Leistung an Erfüllungs statt

Das Erlöschen der Leistung erfordert grundsätzlich das Bewirken der geschuldeten Leistung. Nach § 364 Abs. 1 BGB erlischt die Leistungspflicht ausnahmsweise aber auch dann, wenn der Gläubiger eine andere als die geschuldete Sache, d. h. an **Erfüllungs statt**, annimmt. Im Gegensatz zur Erfüllung nach § 362 Abs. 1 BGB reicht das „reale Bewirken" der Leistung nicht aus, sondern erfordert eine **Vereinbarung**, dass eine andere Leistung an Erfüllungs statt gegeben und angenommen wird. Diese Vereinbarung über die Leistung an Erfüllungs statt bedeutet, dass der Schuldner eine Ersetzungsbefugnis erhält und der Gläubiger Vollrechtsinhaber des an Erfüllungs Statt geleisteten Gegenstandes wird. Diese muss nicht mit deren Erbringung zusammenfallen, sondern kann auch im Voraus getroffen werden. Ein typischer Fall ist die sog. Inzahlungnahme eines Gebrauchtwagens beim Kauf eines Neuwagens. Nach der Rspr. handelt es sich dabei um einen einheitlichen Kaufvertrag mit einer Ersetzungsbefugnis des Käufers.[70] Dem Käufer des Neuwagens wird bei Vertragsabschluss eine Ersetzungsbefugnis in der Form eingeräumt, dass er seinen alten PKW „in Zahlung geben" kann, um einen Teil des Kaufpreises zu begleichen. Aufgrund dieser Abrede schuldet der Käufer an sich den vollen Kaufpreis für den Neuwagen, jedoch kann er dem dem Verkäufer seinen alten PKW unter Anrechnung auf den Kaufpreis an Erfüllungs statt (§ 364 Abs. 1 BGB) überlassen.

---

**Beispiel**

Autohändler V verkauft K einen Neuwagen für 30.000 €. V erklärt sich bereit, den alten PKW des K für 5000 € in Zahlung zu nehmen. K ist zur Zahlung der 30.000 € verpflichtet, kann allerdings seinen Wagen dem V überlassen, so dass er nur 25.000 € zahlen muss. Kann K den Wagen allerdings nicht liefern, weil dieser etwa zerstört oder abhanden gekommen ist, dann besteht eine Pflicht zur Zahlung von 30.000 €.[71]

---

Weist die an Erfüllungs statt gegebene Sache Mängel auf, dann hat der Gläubiger die Rechtsstellung eines Käufers (§ 365 BGB). Er kann also in erster Linie Nacherfüllung verlangen. Nach erfolgloser Bestimmung einer Frist stehen ihm die weitergehenden Rechte zu, insbesondere Minderung oder Rücktritt. Im Falle des Rücktritts hat er nach h. M. lediglich einen Anspruch auf Wiederbegründung der ursprünglichen – nach § 364 Abs. 1 BGB – erloschenen Forderung.

Von der Leistung an Erfüllungs statt gem. § 364 Abs. 1 BGB ist die gesetzlich nicht eigenständig geregelte „**Leistung erfüllungshalber**" zu unterscheiden. Im ersten Fall bewirkt die Annahme einer anderen als der geschuldeten Sache das Erlöschen. Bei der Leistung erfüllungshalber soll trotz der Leistung das Schuldverhältnis mit etwaigen Sicherheiten bestehen bleiben. Der Gläubiger soll durch Verwertung des ihm erfüllungshalber geleisteten Gegenstandes befriedigt werden; erst dann erlischt die Schuld. Im Wege der Auslegung ist zu ermitteln, ob es sich um eine Leistung an Erfüllungs statt oder um eine Leistung erfüllungshalber handelt. § 364 Abs. 2 BGB enthält für den Fall eine gesetzliche Auslegungsregel in der Form, dass im Zweifel die bisherige Verbindlichkeit bestehen bleiben soll, wenn der Schuldner gegenüber dem Gläubiger neben der bereits bestehenden Verpflichtung eine neue Verbindlichkeit begründet. Die bereits bestehende Forderung, z. B. auf

---

[70] BGHZ 46, 338 (340); BGH, NJW 2008, 2028, 2029.
[71] BGHZ 89, 126 (129).

Zahlung des Kaufpreises, wird allerdings insoweit verändert, als der Gläubiger aus dieser Forderung so lange nicht vorgehen darf, als er Befriedigung aus der neu begründeten Verbindlichkeit erlangen kann. Es handelt sich damit um eine Stundung der ursprünglichen Forderung in Verbindung mit der treuhänderischen Überlassung eines anderen Gegenstandes, aufgrund derer der Gläubiger zu dessen Verwertung verpflichtet ist.[72] Eine typische Leistung erfüllungshalber ist die Hingabe eines Wechsels oder Schecks für eine – beispielsweise aus Kauf- oder Werkvertrag – bestehende Zahlungspflicht. Das Schuldverhältnis erlischt erst dann, wenn der Gläubiger bei Fälligkeit des Wechsels oder bei Einreichung des Schecks tatsächlich die Zahlung erhält.

Weitere Beispiele für Leistungen erfüllungshalber sind die Zahlungen mit der **ec-Karte** im POS-System oder mit der **Kreditkarte**. Bei elektronischer Zahlung mit Benutzung der PIN oder bei Zahlung mit der Geldkarte gibt die Bank während der Transaktion gegenüber dem Händler ein abstraktes Schuldversprechen ab oder garantiert die Zahlung, welches erfüllungshalber angenommen wird.[73] Die elektronische Zahlung durch POZ ohne Verwendung der PIN ist anders als die durch POS lediglich eine Sonderform des Lastschriftverfahrens. Bei Zahlung im Lastschriftverfahren genügt eine Gutschrift auf dem Gläubigerkonto nicht. Voraussetzung ist weiter, dass die Schuldnerbank das Konto des Schuldners wirksam belastet und der Gläubigerbank den Betrag gutgeschrieben hat. Bei der Zahlung mit **Kreditkarte** gelten ähnliche Grundsätze. Die kartenausgebende Bank (oder das Kreditkartenunternehmen) gibt bei der Transaktion gegenüber dem Händler bzw. Akzeptanzunternehmen ein **abstraktes Schuldversprechen** ab oder garantiert die Zahlung, wenn eine formell ordnungsgemäße Kartenzahlung vorliegt. Obwohl der Händler eine ähnliche Rechtsposition erlangt, wie im Falle der Banküberweisung nach endgültiger Gutschrift, nimmt die h. M. hier keine Erfüllung, sondern auch eine **Leistung erfüllungshalber** an.[74]

Neben der eigentlichen Leistungsbewirkung gibt es noch andere Tatbestände, die zur Beendigung des Schuldverhältnisses führen können. Diese folgenden Tatbestände werden auch als „**Erfüllungssurrogate**" bezeichnet.

### 3.4.4 Hinterlegung

Nimmt der Gläubiger die geschuldete Leistung nicht ab, so kann dennoch eine Erfüllungswirkung eintreten. Durch die Hinterlegung (beim Amtsgericht) nach § 372 BGB erhält der Schuldner die Möglichkeit, sich von einer Verbindlichkeit zu befreien, wenn er dazu aus Gründen, die aus dem Bereich des Gläubigers stammen, nicht oder nicht mit Sicherheit in der Lage wäre. Die einzelnen Voraussetzungen,

---

[72] Hierzu ausführlich *Looschelders*, SchuldR AT, § 17, Rn. 366.

[73] BGH, NJW-RR 2005, 1570; NJW-RR 2001, 1430; Palandt/*Grüneberg*, § 364, Rn. 6 m. w. N.; BaRoth/*Dennhardt*, § 362 BGB, Rn. 21 ff.

[74] BGH, NJW-RR 2005, 1570; Palandt/*Grüneberg*, § 364 BGB, Rn. 6 m. w. N.

unter denen der Schuldner eine Sache hinterlegen kann, ergeben sich aus den §§ 372 ff. BGB.

Ein Schwerpunkt der Prüfung, ob eine wirksame Hinterlegung vorliegt, betrifft die Frage, ob ein **Hinterlegungsgrund** vorliegt. Dieser liegt u. a. vor, wenn sich der Gläubiger im Annahmeverzug befindet (§ 372 S. 1 BGB). Der zweite Schwerpunkt ist die **Hinterlegungsfähigkeit** der Sachen. Hinterlegungsfähig sind nach § 372 S. 1 BGB nur Geld, Wertpapiere und sonstige Urkunden sowie Kostbarkeiten (z. B. Ring, Kette, Uhr oder Edelsteine). Die §§ 372 ff. BGB regeln die privatrechtliche Seite der Hinterlegung, nämlich die Voraussetzungen und Wirkungen, während sich das Verfahren heute nach den Hinterlegungsgesetzen der Bundesländer bestimmt, von denen die meisten weitgehend identisch sind.[75] Die Hinterlegung (bzw. nach § 375 BGB mit der Aufgabe bei der Post) wirkt, wenn das Rücknahmerecht des Schuldners nicht mehr besteht, wie die Erfüllung, **schuldbefreiend**.[76]

### 3.4.5  Aufrechnung

Schulden zwei Personen einander gleichartige Leistungen, insbesondere die Zahlung von Geld, wäre das wechselseitige Bewirken der Leistungen nach § 362 BGB nicht praktikabel. Hier ermöglicht die in den §§ 387 bis 396 BGB geregelte Aufrechnung die Möglichkeit einer vereinfachten Abwicklung. Sie hat eine doppelte Funktion. Zum einen gibt die Aufrechnung dem Erklärenden die Möglichkeit, die gegen ihn gerichtete Forderung zu erfüllen (**Tilgungsfunktion**); sie ist damit ein **Erfüllungssurrogat**. Zum anderen kann der Erklärende mit Hilfe der Aufrechnung aber auch seine eigene Forderung „eintreiben". Die Aufrechnung hat damit auch eine **Vollstreckungsfunktion**.[77] Letzteres ist besonders dann wichtig, wenn Zweifel bezüglich der Leistungsfähigkeit des Aufrechnungsgegners bestehen oder die eigene Forderung zwischenzeitlich verjährt ist.

Die Aufrechnung setzt das Vorliegen einer **Aufrechnungslage** voraus. Die einzelnen Elemente sind in § 387 BGB geregelt.

Zunächst müssen zwei Personen einander etwas schulden, d. h. jeder muss zugleich Schuldner und Gläubiger sein (§ 387 BGB; **Gegenseitigkeit**). Die Forderung, mit der aufgerechnet wird, heißt im Übrigen Gegenforderung. Die Forderung, gegen die aufgerechnet wird, wird als Hauptforderung bezeichnet.

Die geschuldeten Leistungen müssen dabei ihrem Gegenstand nach **gleichartig** sein; einfach ausgedrückt kann man Äpfel nicht mit Birnen aufrechnen. Der Hauptfall ist die Geldschuld. Es kann aber sein, dass sich beide Kartoffeln derselben Gattung schulden. Nicht erforderlich ist, dass die Forderungen in gleicher Höhe bestehen. Bei fehlender Gleichartigkeit ist nur die Geltendmachung eines Zurückbehaltungsrechtes (§ 273 BGB) möglich.

---

[75] *Brox/Walker*, SchuldR AT, § 15, Rn. 4 ff.; sie orientieren sich inhaltlich an der bis 2010 gültigen HinterlegungsO von 1937.

[76] *Brox/Walker*, SchuldR AT, § 15, Rn. 7 ff.

[77] *Kindl/Feuerborn*, § 24, Rn. 12.

Die **Gegenforderung** muss **vollwirksam** und **fällig** sein. Was noch nicht gefordert werden kann, kommt nicht für eine Aufrechnung in Betracht. Eine Forderung, der eine Einrede entgegensteht, kann nicht aufgerechnet werden (§ 390 BGB). Eine Ausnahme gilt für die Verjährung. Nach § 215 BGB bleibt die Aufrechnung möglich, wenn die Gegenforderung bei Eintritt der Aufrechnungslage noch nicht verjährt war. Die einmal entstandene Aufrechnungslage kann also nicht durch Verjährung verloren gehen.

Die Hauptforderung, gegen die aufgerechnet wird, muss wirksam und erfüllbar sein; fällig braucht sie nicht zu sein. Kann der Schuldner schon vor Fälligkeit erfüllen (§ 271 Abs. 2 BGB), so muss er auch in der Lage sein, seine Schuld vor Fälligkeit durch Aufrechnung mit einer Gegenforderung zu tilgen.

Die Aufrechnung muss gegenüber der anderen Person **erklärt werden** (§ 388 S. 1 BGB), wobei Bedingungen oder Zeitbestimmungen die Aufrechnung unwirksam werden lassen.

Nach § 389 BGB erlöschen die aufgerechneten Forderungen in dem Zeitpunkt, in dem sie zur Aufrechnung geeignet einander gegenüber gestanden haben. Damit stellt das Gesetz auf den Zeitpunkt der Aufrechnungslage ab, nicht auf den Zeitpunkt der Erklärung.

---

**Beispiel**

Mieter M hat den Mietvertrag mit Vermieter V zum 31.3. gekündigt und die Wohnung pünktlich zurückgegeben. Am 15.10. verlangt M von V Rückzahlung der Mietkaution (§ 551 BGB) in Höhe von 1000 €, die er bei Abschluss des Mietvertrages gezahlt hatte. V zahlt lediglich 125 €. Im Übrigen rechnet er mit einem Schadensersatzanspruch in Höhe von 875 € wegen Beschädigung des in der Wohnung verlegten Teppichbodens auf. Dem M stand zunächst ein Rückzahlungsanspruch von 1000 € zu. Dieser ist in Höhe von 125 € nach § 362 Abs. 1 BGB durch Erfüllung durch V erloschen. Der Anspruch könnte in Höhe von 875 € nach § 389 BGB durch Aufrechnung erloschen sein. Der Schadensersatzanspruch des V war jedoch nach § 548 BGB verjährt. Die Aufrechnung könnte daher nach § 390 BGB ausgeschlossen sein. Nach § 215 BGB bleibt die Aufrechnung möglich, wenn die Gegenforderung bei Eintritt der Aufrechnungslage noch nicht verjährt war. Die einmal entstandene Aufrechnungslage kann also nicht durch Verjährung verloren gehen. Die Aufrechnungslage ist mit Beendigung des Mietverhältnisses und Rückgabe der Wohnung entstanden. Zu diesem Zeitpunkt war der Schadensersatzanspruch des V noch nicht verjährt. Die Aufrechnung wird auch nicht dadurch ausgeschlossen, dass V die Kaution nicht innerhalb von sechs Monaten seit Beendigung des Mietverhältnisses abgerechnet hat. Der Rückzahlungsanspruch des M ist danach in Höhe von 875 € nach § 389 BGB erloschen.[78]

---

[78] Vgl. BGHZ 101, 244; *Looschelders*, SchuldR AT, § 18, Rn. 377.

Letztlich darf die Aufrechnung **nicht ausgeschlossen** sein.

Die Parteien können den Ausschluss der Aufrechnung **vertraglich** vereinbaren. Nach der Auslegungsregel des § 391 Abs. 2 BGB ist eine solche Vereinbarung im Zweifel anzunehmen, wenn Leistungszeit und Leistungsort der Hauptforderung vertraglich festgelegt und die Gegenforderung an einem anderen Ort zu erfüllen ist. In diesem Fall ist davon auszugehen, dass der Gläubiger auf die tatsächliche Leistung Wert legt. Ein Ausschluss kann auch durch AGB vereinbart werden. Im nichtunternehmerischen Geschäftsverkehr sind formularmäßige Aufrechnungsverbote aber nach § 309 Nr. 3 BGB unwirksam, wenn sie (auch) unbestrittene oder rechtskräftig festgestellte Forderungen erfassen; entsprechendes gilt über § 307 BGB auch im unternehmerischen Rechtsverkehr.[79] Der Aufrechnungsgegner kann auch nach Treu und Glauben (§ 242 BGB) gehindert sein, sich auf ein wirksam vereinbartes Aufrechnungsverbot zu berufen, etwa wenn sich seine Vermögensverhältnisse so verschlechtert haben, dass der andere Teil Gefahr läuft, seine Forderung nicht mehr durchsetzen zu können.[80]

**Gesetzliche Aufrechnungsverbote** finden sich in den §§ 392 bis 394 BGB. So ist z. B. nach § 393 BGB eine Aufrechnung nicht zulässig, wenn die Hauptforderung aus einer vorsätzlich begangenen unerlaubten Handlung stammt. Nach § 394 S. 1 BGB kann weiterhin nicht gegen eine unpfändbare Forderung aufgerechnet werden; welche Forderungen darunter fallen, bestimmt sich nach § 850 ZPO.

### 3.4.6  Sonstige Fälle des Erlöschens der Leistungspflicht

Das Erlöschen der Leistungspflicht durch **Erlass** ist in § 397 Abs. 1 BGB geregelt. Der Erlass setzt einen **Vertrag** zwischen Gläubiger und Schuldner über die Aufhebung der Forderung voraus. Ein einseitiger Verzicht ist dagegen nicht möglich. Der Erlassvertrag kann ausdrücklich oder konkludent geschlossen werden und bedarf keiner besonderen Form. Weil mit seinem Abschluss die Forderung erlischt, handelt es sich um einen Verfügungsvertrag. Damit bedarf er eines Kausalverhältnisses, das regelmäßig eine Schenkung sein dürfte. Zu beachten ist, dass der Erlass nur einzelne Forderungen zum Erlöschen bringen kann. Wollen die Parteien das ganze Schuldverhältnis („**Schuldverhältnis im weiteren Sinne**") zum Erlöschen bringen, kann dies nur durch einen **Aufhebungsvertrag** geschehen.

Auch das **negative Schuldanerkenntnis** bedarf eines Vertrages zwischen Gläubiger und Schuldner (§ 397 Abs. 2 BGB). Es handelt sich um ein Anerkenntnis des Gläubigers, dass das Schuldverhältnis nicht besteht. Das negative Schuldanerkenntnis ist eine besondere Form des Erlasses und bedarf ebenfalls keiner besonderen Form. Ein wichtiger Anwendungsfall ist die sog. Ausgleichsquittung im Arbeitsrecht, durch die ein Arbeitnehmer bei Beendigung des Arbeitsverhältnisses erklärt, dass er keine weiteren Ansprüche gegen den Arbeitgeber hat. Bei den „unverzichtbaren Ansprüchen" ist sowohl ein Erlass als auch ein negatives Schuldanerkenntnis

---

[79] Vgl. BGHZ 92, 312 (316); *Looschelders*, SchuldR AT, § 18, Rn. 382.

[80] *Looschelders*, SchuldR AT, § 18, Rn. 381 ff.

nicht zulässig. Verzichtsverbote sind vor allem im Arbeitsrecht enthalten (z. B. § 4 Abs. 4 TVG).

Die **Novation** (bzw. Schuldumwandlung) ist die Aufhebung des alten in Verbindung mit der Begründung eines neuen Schuldverhältnisses, z. B. wenn sich Verkäufer und Käufer darüber einig sind, dass die noch offene Kaufpreisforderung in ein langfristiges Darlehen umgewandelt werden soll; deren Zulässigkeit ergibt sich aus der Vertragsfreiheit (§ 311 Abs. 1 BGB). Regelmäßig wird es sich aber um einen **Abänderungsvertrag** handeln, da vor allem der Schuldner etwaige bestehende Einwendungen oder Einreden nicht verlieren möchte.

Auch eine **Konfusion** bringt ein Schuldverhältnis zum Erlöschen. Darunter versteht man den Fall, dass sich Forderung und Schuld in einer Person vereinigen, z. B. wenn A, der gegen seinen Sohn S eine Forderung von 5000 € hat, von S allein beerbt wird. Das sachenrechtliche Pendant dazu ist die **Konsolidation**. Hierbei vereinigen sich Berechtigung und Belastung in einer Person.

Die Leistungspflicht erlischt auch bei **Unmöglichkeit** (§ 275 BGB). Im Falle des Verschuldens der Unmöglichkeit können sekundärvertragliche Ansprüche, z. B. auf Schadensersatz, in Betracht kommen.

Der **Rücktritt** ist ein einseitiges Gestaltungsrecht und bedeutet die Rückgängigmachung eines Schuldverhältnisses durch eine empfangsbedürftige Willenserklärung. Durch die Ausübung des Rücktritts wird nicht das Schuldverhältnis als Ganzes rückwirkend (ex tunc) zum Erlöschen gebracht. Es bringt die noch bestehenden Verpflichtungen zum Erlöschen und es entsteht bezüglich der bereits erbrachten Leistungen für die Zukunft (ex nunc) ein sog. **Rückgewährschuldverhältnis** (vgl. §§ 346 ff. BGB). Die Rücktrittsregeln finden grundsätzlich auf vertragliche und gesetzliche Rücktrittsrechte Anwendung (§ 346 Abs. 1 BGB).

Bei **Dauerschuldverhältnissen**, z. B. Miet-, Pacht-, Leih- oder Dienstvertrag, tritt an die Stelle des Rücktritts i. d. R. die **Kündigung**. Sie ist im BGB nicht zusammenfassend geregelt, sondern bei den einzelnen Vertragstypen besonders ausgestaltet. Bei einer Kündigung ist zu unterscheiden zwischen einer ordentlichen Kündigung, die den Vertrag nach Ablauf der Kündigungsfrist beendet und der außerordentlichen (= fristlosen) Kündigung aus wichtigem Grund, die den Vertrag mit sofortiger Wirkung im Zeitpunkt des Zugangs der Kündigungserklärung beendet. Die **ordentliche Kündigung** kann entweder gesetzlich vorgesehen sein (z. B. §§ 542 Abs. 1, 568, 573 ff. BGB für das Mietverhältnis; §§ 620 Abs. 2, 621 ff. BGB für das Dienst- und Arbeitsverhältnis) oder vertraglich vereinbart sein. Die **außerordentliche Kündigung** von Dauerschuldverhältnissen ist entweder aufgrund von Spezialvorschriften (z. B. §§ 490, 543, 569, 626, 723 BGB) oder unter den Voraussetzungen des § 314 BGB möglich (z. B. Franchisevertrag, Verlagsvertrag);[81] sie kann nicht durch Parteivereinbarung ausgeschlossen werden. Voraussetzung ist, dass ein wichtiger Grund (§ 314 Abs. 1 S. 2 BGB) vorliegt, z. B. schwerwiegende Pflichtverletzungen. Die Kündigung beendet das Schuldverhältnis im Gegensatz zum Rücktritt nur für die Zukunft[82]; wird sie als sofortige Kündigung ausgespro-

---

[81] *Brox/Walker*, SchuldR AT, § 17, Rn. 19 ff. m. w. N.

[82] *Brox/Walker*, SchuldR AT, § 17, Rn. 25.

chen, tritt die Wirkung grundsätzlich sofort ein. Der Grund für die ex nunc Wirkung besteht darin, dass bei einem in Vollzug gesetzten Dauerschuldverhältnis eine Rückabwicklung der gegenseitig empfangenen Leistungen i. d. R. nicht durchführbar ist und darüber hinaus auch nicht im Interesse der Parteien sein dürfte.

## 3.5   Leistungsstörungen

### 3.5.1   Einleitung

Bisher wurde davon ausgegangen, dass das Schuldverhältnis ordnungsgemäß beendet wird, insbesondere die Leistung vereinbarungsgemäß erbracht wird. Es kann allerdings vorkommen, dass es im Rahmen der Durchführung zu Störungen kommt, z. B. wenn der Verkäufer die verkaufte Sache nicht (mehr) übereignen kann, seine Leistung zu spät erbringt oder wenn er eine mangelhafte Sache liefert oder eine sonstige Nebenpflicht verletzt. Es kann auch vorkommen, dass der Gläubiger mit der Annahme der Leistung in Verzug kommt, z. B. der Käufer die Sache nicht rechtzeitig abholt. In allen Fällen handelt es sich um **Leistungsstörungen**, die in den §§ 275 bis 292, §§ 323 bis 326 BGB weitgehend einheitlich geregelt sind (Abb. 3.3).

Es geht dabei um Leistungsstörungen wegen **Pflichtverletzung** (§ 280 Abs. 1 BGB). Bei Verträgen spricht das Gesetz spezieller davon, dass der Schuldner die fällige Leistung nicht oder nicht vertragsgemäß erbracht hat. Die Regelungen sind im Wesentlichen nach **Rechtsfolgen** strukturiert. Hierbei geht es vor allem um die Befreiung des Schuldners von seiner Primärleistungspflicht (§ 275 BGB), die Verpflichtung des Schuldners, statt oder neben der primär geschuldeten Leistung eine andere Leistung (hauptsächlich Schadensersatz) erbringen zu müssen (§§ 278 bis 292, 311a Abs. 2 S. 1 BGB) sowie die Möglichkeit einer Partei, von einem gegenseitigen Vertrag zurückzutreten (§§ 323 bis 326 BGB). Hierdurch werden die noch nicht erfüllten Leistungspflichten beseitigt; das schon Geleistete kann zurückverlangt werden (§§ 346 ff. BGB).[83]

**Abb. 3.3** Störung im Schuldverhältnis

---

[83] *Medicus/Petersen*, BR, Rn. 236.

| Schadensersatz wegen Pflichtverletzung | |
|---|---|
| **1. Schuldverhältnis** (§ 241 Abs. 1 BGB) | |
| **2. Pflichtverletzung:** Schlechtleistung, Nichtleistung (Verzögerung) Schutzpflichtverletzung, nachträgliche Unmöglichkeit | |
| **3. Vertreten müssen** (§§ 276,278 BGB) | |
| **4. Schaden** | |
| **5. Zusätzliche Voraussetzungen** 1. bei einfachem Schadensersatz (Mangelfolgeschaden) | Keine (§ 280 Abs. 1 BGB) |
| 2. bei Verzögerungsschaden | i. d. R. Mahnung (§§ 280 Abs. 2, 286 BGB) |
| 3. bei Schadensersatz statt der Leistung (§ 280 Abs. 3 BGB) a) Schlechtleistung | i. d. R. Fristsetzung (§ 281 BGB) |
| b) Nichtleistung (Verzögerung) | i. d. R. Fristsetzung (§ 281 BGB) |
| c) Schutzpflichtverletzung | Unzumutbarkeit (§ 282 BGB) |
| d) Nachträgliche Unmöglichkeit | i. d. R. keine (§ 283 BGB) |
| **6. Rechtsfolge:** Verpflichtung zur Leistung von Schadensersatz (§§ 249 ff. BGB) | |

**Abb. 3.4** Schadensersatz

Es bestehen allgemeine Vorschriften zum Schadens- und Aufwendungsersatzanspruch (§§ 280, 284 BGB) sowie zum Rücktritt (§§ 323 ff., 346 ff. BGB). Daneben gibt es besondere Vorschriften für die Unmöglichkeit (§§ 283, 326 BGB), den Schuldnerverzug (§§ 286 ff. BGB) und den Gläubigerverzug (§§ 293 ff. BGB) sowie zur Störung der Geschäftsgrundlage (§ 313 BGB). Im Besonderen Teil des Schuldrechts enthält das Gesetz darüber hinaus ergänzende Regelungen zu den Mängelrechten, z. B. §§ 437 ff. BGB für den Kaufvertrag, §§ 536 ff. BGB für den Mietvertrag und §§ 633 ff. BGB für den Werkvertrag sowie den § 651a ff. BGB für den Reisevertrag.

Ausgangspunkt im juristischen Gutachten ist die begehrte Rechtsfolge. Geht es um Schadensersatz, dann kommt es darauf an, ob der Gläubiger Schadensersatz „statt der Leistung", Ersatz von (reinen) Verzugsschäden, Schadensersatz „neben" der Leistung (d. h. Mangelfolgeschäden) oder Rückgewähransprüche nach einem Rücktritt geltend macht.

Für die Fallbearbeitung ist zu beachten, dass Ansprüche auf **Schadensersatz** nach den §§ 280 ff. BGB einheitlich strukturiert sind. Es ist daher nicht zu empfehlen, sich die Vielzahl an Aufbauschemata zu merken. Es ist ausreichend, sich die vier Voraussetzungen der zentralen Regelung des § 280 Abs. 1 BGB (Schuldverhältnis, Pflichtverletzung, Vertretenmüssen und Vorliegen eines Schadens, vgl. hierzu im Folgenden) zu merken und (nur) die jeweiligen Zusatzvoraussetzungen einzuprägen (Abb. 3.4).

Das Leistungsstörungsrecht regelt eine Vielzahl unterschiedlicher Fälle, in denen es bei der Abwicklung des Schuldverhältnisses zu Komplikationen kommen kann. Die gesetzlichen Regelungen sind daher sehr abstrakt. Es ist daher hilfreich, sich deutlich zu machen, um welche Art von Leistungsstörung es sich handelt. Die nachfolgende Darstellung **orientiert** sich daher aus didaktischen Gründen nicht primär an den Rechtsfolgen, sondern an der Art der Störung.

### 3.5.2  Unmöglichkeit

#### 3.5.2.1  Auswirkungen auf die primären Leistungspflichten
**Ausschluss der Leistungspflicht bei Unmöglichkeit (§ 275 Abs. 1 BGB)**

Kann der Schuldner die geschuldete Leistung nicht erbringen bzw. kann der Leistungserfolg nicht mehr eintreten, bezeichnet man dies als „**Unmöglichkeit**" (der Leistung). Die Vorschrift des § 275 Abs. 1 BGB regelt den **Ausschluss des Leistungsanspruchs** bei tatsächlicher oder rechtlicher Unmöglichkeit. Die Folge tritt ohne weiteres nach § 275 Abs. 1 BGB ein, wenn dem Schuldner die Leistung schlechthin unmöglich ist. In erster Linie geht es um Fallgestaltungen, bei denen der geschuldete Gegenstand von vornherein nicht existiert oder nach Vertragsabschluss zerstört wird, z. B. wenn der verkaufte Schrank verbrannt oder das verkaufte Pferd gestorben ist. Erfasst werden aber auch Verträge, die auf eine Leistung gerichtet sind, welche aus naturgesetzlichen Gründen nicht erbracht werden können, namentlich „abergläubische Verträge", die mit Hilfe übersinnlicher oder magischer Fähigkeiten erfüllt werden sollen.[84]

---

**Beispiel**

Astrologe A hat sich gegenüber F verpflichtet, deren ehemaligen Partner P mit parapsychologischen Mitteln so zu beeinflussen, dass P zu F zurückkehrt. Als P auch nach Ablauf der magischen 13. Woche nicht zu F zurückgekehrt ist, verweigert F die Zahlung des vereinbarten Entgelts. Die Leistungspflicht ist nach § 275 Abs. 1 BGB ausgeschlossen, da nach gesicherten naturwissenschaftlichen Erkenntnissen niemand eine andere Person mit parapsychologischen Mitteln zu einem bestimmten Verhalten beeinflussen kann. Nach § 326 Abs. 1 S. 1 BGB entfällt daher auch der Anspruch auf die Gegenleistung.[85]

---

Nach einer aktuelleren Entscheidung des BGH können allerdings solche Verträge, bei denen beide Parteien wissen, dass sie den Boden wissenschaftlich gesicherter Erkenntnisse verlassen, z. B. eine einvernehmliche Vertragsdurchführung bei Life-Coaching durch Kartenlegen, dahingehend ausgelegt werden, dass die Leistungspflichten nicht an dem Widerspruch zu den Naturgesetzen scheitern sollen.[86] Ein Zahlungsanspruch würde danach auch in dem oben genannten Beispiel zu bejahen sein.

Eine **rechtliche Unmöglichkeit** i. S. v. § 275 Abs. 1 BGB liegt vor, wenn der Anspruch aus rechtlichen Gründen nicht erfüllt werden kann. Repräsentativ ist der Fall, dass ein Werkunternehmer sich zur Errichtung eines Bauwerks verpflichtet, das nach baurechtlichen Vorschriften nicht genehmigungsfähig ist.[87] Rechtliche Unmöglichkeit liegt aber auch vor, wenn sich etwa der Verkäufer die geschulde-

---

[84] *Looschelders*, SchuldR AT, § 21, Rn. 417 m. w. N.

[85] LG Kassel, NJW 1985, 1642; *Looschelders*, SchuldR AT, § 21, Rn. 417.

[86] BGH, NJW 2011, 756; *Looschelders*, SchuldR AT, § 21, Rn. 417.

[87] OLG Köln, VersR 1997, 850; *Looschelders*, SchuldR AT, § 21, Rn. 422.

te Ware unter Verletzung eines Einfuhrverbotes verschaffen müsse. Ist der Vertrag bereits nach §§ 134, 138 BGB unwirksam, besteht für die Anwendung des § 275 Abs. 1 BGB kein Raum.[88]

§ 275 Abs. 1 BGB ist auch auf **Gattungsschulden** (§ 243 Abs. 1 BGB) anwendbar. In diesem Fall tritt echte Unmöglichkeit (§ 275 Abs. 1 BGB) dann nicht ein, solange noch Sachen aus der Gattung verfügbar sind. Dies ist erst dann der Fall, wenn die ganze Gattung untergeht, d. h. die Sache auf dem Markt nicht verfügbar ist. Wird die Beschaffung wesentlich erschwert, kommt § 275 Abs. 2 BGB in Betracht. Nach der Konkretisierung (§ 243 Abs. 2 BGB) ist die Leistungsgefahr nach den gleichen Grundsätzen wie bei einer Stückschuld zu beurteilen. In diesem Fall ist das Schuldverhältnis auf einen bestimmten Gegenstand **konkretisiert**. Eine Konkretisierung von einer Gattungsschuld zu einer Stückschuld tritt dann ein, wenn der Schuldner das zur Leistung einer solchen Sache seinerseits Erforderliche getan hat; welche Pflichten dies sind, hängt davon ab, ob es sich um eine Hol-, Schick- oder Bringschuld handelt.[89] Handelt es sich um eine **beschränkte Gattungsschuld**, d. h. haben die Parteien vereinbart, dass die geschuldete Leistung nur aus einem bestimmten Teil der Gattung zu erbringen ist, liegt Unmöglichkeit vor, wenn dieser Teil der Gattung nicht mehr verfügbar ist (**Vorratsschuld**). Ob es sich um eine normale oder beschränkte Gattungsschuld handelt, bestimmt sich – wenn es an konkreten Vereinbarungen fehlt – durch Auslegung.[90]

Bei „Gattungsschulden" geht auch bei Annahmeverzug des Gläubigers (§§ 293 ff. BGB; **Gläubigerverzug**) die Leistungsgefahr auf den Gläubiger über (vgl. § 300 Abs. 2 BGB), d. h. der Schuldner wird von seiner Leistungspflicht frei, wenn die Sache während dieses Zeitraums untergeht. Die **praktische Bedeutung** des § 300 Abs. 2 BGB ist relativ **gering**. Regelmäßig hat der Schuldner im Falle des Gläubigerverzugs „das zur Leistung einer solchen Sache seinerseits Erforderliche bereits getan", so dass nach § 243 Abs. 2 BGB bereits eine Konkretisierung der Gattungsschuld auf eine Stückschuld eingetreten ist. Seine Leistungspflicht beschränkt nur noch auf die von ihm ausgesonderte Sache mit der Folge, dass er im Falle der Unmöglichkeit von seiner Leistung frei wird (§ 275 BGB). **§ 300 Abs. 2 BGB** ist also nur für die Fälle von Bedeutung, in denen der Gläubiger in Annahmeverzug gerät, ohne dass zuvor eine Konkretisierung eingetreten ist sowie bei **Geldschulden**, da hier § 243 Abs. 2 BGB, der den § 300 Abs. 2 BGB sonst abdeckt, wegen § 270 Abs. 1 BGB nicht gilt.

---

**Beispiel**

1. Verkäufer V verpflichtet sich, an den Käufer K 10 t Sommerweizen „frei Haus" zu liefern, und zwar in Säcken, die der K vor der Anlieferung noch rechtzeitig dem V zu übergeben hat. Es handelt sich um eine Bringschuld. Kurz vor dem Liefertermin erklärt K eindeutig, dass er die Lieferung nicht annehmen

---

[88] *Looschelders*, SchuldR AT, § 21, Rn. 422.

[89] Vgl. unter Kap. 3.2.2.

[90] Palandt/*Grüneberg*, § 243 BGB, Rn. 3.

werde. V bietet seine Leistungsbereitschaft wörtlich an gem. § 295 BGB. Die Gefahr eines (möglichen zufälligen) Untergangs der Sache geht gem. § 300 Abs. 2 BGB auf K über. Es liegt hier noch immer eine Gattungsschuld vor, da der V die zur Konkretisierung erforderlichen Leistungshandlungen, nämlich das Abfüllen des Weizens in die vom Gläubiger K bereitzustellenden Säcke, (noch) nicht vorgenommen hat bzw. vornehmen konnte. Im Falle des Gläubigerverzugs hat der Schuldner nach § 304 BGB einen Anspruch auf Ersatz der Mehraufwendungen (z. B. Transportkosten). Weitere Folgen des Gläubigerverzugs enthalten die §§ 274 Abs. 2, 326 Abs. 2 S. 1, 372 S. 1, 642 bis 644 BGB.

---

**Beispiel**

2. S schuldet G den Betrag von 500 €. Er soll ihm das Geld vereinbarungsgemäß (vgl. § 299 BGB) am 5.5. gegen 18.00 Uhr bringen. Er trifft G jedoch nicht an. Auf dem Rückweg wird S das Geld gestohlen. Hier ist S nach § 300 Abs. 2 BGB frei geworden.

Auf die **Geldschuld** ist § 275 Abs. 1 BGB nicht anzuwenden. Wie sich aus der Existenz der Insolvenzordnung ergibt, führt die Zahlungsunfähigkeit nicht zum Ausschluss der Leistungspflicht wegen subjektiver Unmöglichkeit.[91]

Ist die Leistungshandlung weiterhin möglich, kann der Leistungserfolg aber aus bestimmten Gründen nicht mehr herbeigeführt werden, spricht man von einem **Zweckfortfall**, z. B. wenn ein Kinderarzt zur Behandlung eines Kindes, dass sich eine Erbse ins Ohr gesteckt hat, gerufen wird und die Erbse auf andere Weise bereits entfernt werden konnte. Die Regelung dieser Fälle bleibt – wie bisher – der Rspr. und Lit. überlassen, die beide grundsätzlich als Fälle der Unmöglichkeit ansehen; für die Gegenleistung gilt § 326 BGB.[92] Hiervon sind die Fälle der Zweckstörung zu unterscheiden. Wird z. B. der bestellte Hochzeitsanzug vom Bräutigam nicht mehr gebraucht, weil er sich mit seiner Braut zerstritten hat, dann liegt keine Unmöglichkeit vor. In Ausnahmefällen können solche Fälle nach den Grundsätzen über den Wegfall der Geschäftsgrundlage (§ 313 BGB) gelöst werden.

Eine Leistung kann in bestimmten Fällen auch durch **Zeitablauf** unmöglich werden, vor allem bei absoluten Fixgeschäften und zeitgebundenen Dauerschuldverhältnissen. Bei einer Terminüberschreitung kommt es für das Vorliegen einer Unmöglichkeit darauf an, ob das Gläubigerinteresse noch befriedigt werden kann. Grundsätzlich kommt ein Schuldner bei verspäteter Lieferung unter den Voraussetzungen des §§ 280 Abs. 2, 286 BGB in Verzug. Unmöglichkeit infolge Zeitablaufs ist jedoch dann gegeben, wenn die Leistung nicht mehr nachholbar ist (absolutes Fixgeschäft). Ein **absolutes Fixgeschäft** liegt vor, wenn die Einhaltung der Leistungszeit so wesentlich ist, dass die verspätete Leistung keine Erfüllung mehr dar-

---

[91] *Brox/Walker*, SchuldR AT, § 9, Rn. 9; „Geld hat man zu haben".

[92] Vgl. Palandt/*Grüneberg*, § 275 BGB, Rn. 18 ff. m. w. N.; vgl. *Looschelders*, SchuldR AT, § 21, Rn. 418 zur Zweckerreichung und Zweckfortfall.

stellt. Bei Fristüberschreitung kann der Leistungserfolg nicht mehr herbeigeführt werden, so dass Unmöglichkeit vorliegt.

---

**Beispiele**

Bestellung eines Taxis für einen bestimmten Zug; Verpflichtung eines Künstlers zur Mitwirkung an einem Konzert; Kauf eines Weihnachtsbaum, der nicht bis Weihnachten geliefert wird; keine Nachholbarkeit der geschuldeten Arbeitsleistung, wenn sie nicht in der Arbeitszeit ausgeführt werden konnte; Bestellung von Leistungen für eine bestimmte terminlich festliegende Veranstaltung.[93]

---

Kein Fall der Unmöglichkeit ist das **relative Fixgeschäft**. Hier bleibt die Leistung auch bei einer Terminüberschreitung möglich, dem Gläubiger ist jedoch die Einhaltung einer bestimmten Leistungszeit sehr wichtig. Durch Formulierungen, wie z. B. „fix, prompt, genau, spätestens", kann auf den Willen der Parteien zum Abschluss eines (relativen) Fixgeschäfts geschlossen werden. Der Gläubiger kann nach § 323 Abs. 2 Nr. 2 BGB ohne Fristsetzung vom Vertrag zurücktreten, wenn er den Fortbestand seines Leistungsinteresses im Vertrag an die Rechtzeitigkeit der Leistung gebunden hat; für den Handelskauf finden sich Sonderregeln zum relativen Fixgeschäft in § 376 HGB, der ebenfalls die Entbehrlichkeit der Fristsetzung vorsieht.

Wann ein absolutes oder relatives Fixgeschäft vorliegt, ist durch **Auslegung** zu ermitteln. Aus der Vereinbarung muss sich ergeben, dass das Geschäft mit der Einhaltung der Frist steht und fällt.[94]

§ 275 BGB erfasst auch die teilweise Unmöglichkeit. **Teilunmöglichkeit** setzt voraus, dass die Leistung teilbar ist. Die Rechtsfolgen treten dann grundsätzlich nur hinsichtlich des unmöglich gewordenen Teils ein. Hinsichtlich des noch möglichen Teils der Leistung bleibt der Schuldner weiter leistungspflichtig.

---

**Beispiel**

Von der geschuldeten antiken Sitzgruppe wird ein Sessel durch einen Brand zerstört. Dann beschränkt sich die Leistungspflicht auf den Rest. Der Gegenleistungsanspruch des Schuldners entfällt bei teilweiser Unmöglichkeit nur für den Teil, der nach § 275 BGB nicht erbracht werden muss. Hat der Gläubiger dagegen an der Teilleistung kein Interesse, kann er nach §§ 280 Abs. 1, 3, 283 S. 2 bzw. 311a Abs. 2 S. 3 i. V. m. § 281 Abs. 1 S. 2 BGB Schadensersatz statt der ganzen Leistung verlangen oder nach §§ 326 Abs. 5, 323 Abs. 5 S. 1 BGB vom ganzen Vertrag zurücktreten.

---

Wenn die Leistung möglich bleibt, aber nur mit unverhältnismäßigem oder unzumutbarem Aufwand erbracht werden kann, steht dem Schuldner nach § 275 Abs. 2 und 3 BGB eine Einrede zu; zu seinem Schutz besteht hier ein **Leistungsverweigerungsrecht**.

---

[93] Palandt/*Grüneberg*, § 271 BGB, Rn. 17.
[94] Palandt/*Grüneberg*, § 271 BGB, Rn. 18 und § 323 BGB, Rn. 20.

## Praktische Unmöglichkeit

§ 275 Abs. 2 BGB erfasst die sog. **faktische** oder **praktische Unmöglichkeit**. Dabei geht es um Fälle, in denen die Leistung zwar theoretisch möglich ist, sie aber von einem vernünftigen Vertragspartner nicht erwartet werden kann. Das Schulbeispiel ist der geschuldete Ring, der auf dem Meeresgrund liegt; hier erfordert die Erbringung der Leistung einen unzumutbaren Aufwand nach § 275 Abs. 2 BGB. Etwas praxisnäher dürfte der Fall sein, dass die verkaufte Segelyacht vor der Übergabe in einem Sturm sinkt und nur mit einem Aufwand gehoben werden kann, der den Wert der Yacht um das 40-fache übersteigt.[95] Während die Leistungspflicht nach § 275 Abs. 1 BGB automatisch erlischt, gewährt **§ 275 Abs. 2 BGB** (und **§ 275 Abs. 3 BGB**) eine **Einrede**. Welcher Aufwand dem Schuldner im Verhältnis zum Leistungsinteresse des Gläubigers zumutbar ist, lässt sich nicht abstrakt bestimmen. Notwendig ist eine **Interessenabwägung** im Einzelfall. Maßstab ist der Inhalt des Schuldverhältnisses und das Gebot von Treu und Glauben (§ 242 BGB). Als Leitprinzip gilt, dass der Ausschluss der Leistungspflicht nur ausnahmsweise gerechtfertigt sein kann. Nach § 275 Abs. 2 BGB muss der Schuldner größte Anstrengungen unternehmen, wenn er das Leistungshindernis zu vertreten hat. Hat der Verkäufer schuldhaft an einen Dritten veräußert, so reicht es für sich allein nicht, wenn der vom Dritten geforderte Preis den Marktpreis erheblich übersteigt.[96]

Anders ist die Rechtslage bei der sog. **wirtschaftlichen Unmöglichkeit**.

---

### Beispiel

Importeur Viktor (V) beliefert den Käufer Kurt (K) im Rahmen eines langfristigen Kaufvertrages mit Kupfer zu einem fest vereinbarten Kaufpreis. Infolge einer weltweiten Krise steigen die Kupferpreise so stark an, dass V für die Beschaffung des Kupfers das Dreifache des mit K vereinbarten Kaufpreises aufwenden muss. Könnte V wegen praktischer Unmöglichkeit nach § 275 Abs. 2 BGB von seiner Leistungspflicht frei geworden sein?

Fest steht, dass die Erfüllung des Kaufvertrages für V vollkommen uninteressant ist, da er im Ergebnis „drauf zahlt". Es handelt sich aber nicht um einen Fall des § 275 Abs. 2 BGB. Angenommen, der Kupferpreis wäre um 15 € pro Kilo gestiegen, dann hat sich zwar der Aufwand für V erhöht. Dies begründet aber noch kein grobes Missverhältnis zwischen dem Aufwand des Schuldners V und dem Leistungsinteresse des Gläubigers K. Denn das Leistungsinteresse des K hat sich ebenfalls um 15 € pro Kilo erhöht. Es hat sich somit nichts an dem Verhältnis zwischen Aufwand des Schuldners und Leistungsinteresse des Gläubigers geändert. Es handelt sich um Fälle der wirtschaftlichen Unmöglichkeit. Nach der h. M. wurde die **wirtschaftliche Unmöglichkeit**, bei der die Leistungserbringung unverhältnismäßige Aufwendungen erfordert, die eine für jeden Schuldner anzuerkennende Opfergrenze über-

---

[95] *Looschelders*, SchuldR AT, § 21, Rn. 434.

[96] Palandt/*Grüneberg*, § 275 BGB, Rn. 22 ff. m. w. N.; *Looschelders*, SchuldR AT, § 21, Rn. 436.

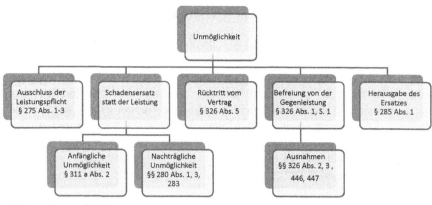

**Abb. 3.5** Unmöglichkeit

steigen, nach den Grundsätzen über die **Störung der Geschäftsgrundlage** (§ 313 BGB) behandelt.[97]

### Persönliche Unmöglichkeit

§ 275 Abs. 3 BGB regelt die **persönliche Unmöglichkeit**. Sie enthält eine Sonderregelung für den Fall, in denen der Schuldner die Leistung persönlich zu erbringen hat. In diesen Fällen sollen nicht nur objektive, sondern auch persönliche Umstände des Schuldners Berücksichtigung finden. Diese Vorschrift betrifft in erster Linie Dienst- oder Arbeitsverträge sowie Werkverträge. Dem Schuldner steht in diesen Fällen ein Leistungsverweigerungsrecht zu.

---

**Beispiele**

Ein ausländischer Arbeitnehmer wird zum Wehrdienst in sein Heimatland einberufen und muss bei Nichtbefolgung mit der Todesstrafe rechnen[98]; eine Sängerin weigert sich aufzutreten, weil ihr Kind lebensgefährlich erkrankt ist.

---

Erfasst werden sollen nach § 275 Abs. 3 BGB neben der notwendigen Versorgung von schwer erkrankten Angehörigen auch eigene dringende Arzttermine sowie die Ladung zu Behörden und Gerichtsterminen (Abb. 3.5).

### Anspruch auf das Surrogat (§ 285 Abs. 1 BGB)

Wenn der Schuldner nach § 275 BGB von seiner Leistungspflicht frei wird, soll er andererseits das nicht behalten dürfen, was er anstelle des geschuldeten Gegenstandes erlangt hat (sog. **stellvertretendes commodum**), z. B. einen Anspruch gegen

---

[97] *Kindl/Feuerborn*, § 27, Rn. 14, 15; *Jacoby/von Hinden*, § 275 BGB, Rn. 6; ders, § 313 BGB, Rn. 2.

[98] BAG, NJW 1983, 2782; heute wäre dieser Fall über § 275 Abs. 3 BGB zu behandeln gewesen.

die Versicherung oder die erhaltene Versicherungssumme für die (versicherte) untergegangene Sache.

§ 285 Abs. 1 BGB bestimmt, dass der Gläubiger Herausgabe des als Ersatz Empfangenen oder Abtretung des Herausgabeanspruches verlangen kann. Es handelt sich um einen Anspruch auf das Surrogat, nicht um einen Schadensersatzanspruch. Zum stellvertretenden commodum zählt nicht nur das, was der Schuldner anstelle der zerstörten oder gestohlenen Sache erlangt (**commodum ex re**), sondern auch das, was der Schuldner durch ein Rechtsgeschäft als Entgelt erzielt (**commodum ex negotiatione**).[99] Macht der Schuldner von seinem Recht nach § 285 Abs. 1 BGB Gebrauch, dann mindert sich sein Schaden, den er nach §§ 280 Abs. 1, 3, 283 BGB verlangen kann, um den Wert des Surrogats.

### Befreiung von der Gegenleistungspfllicht

Liegen die Voraussetzungen des § 275 Abs. 1 BGB vor oder verweigert der Schuldner nach § 275 Abs. 2 und 3 BGB die Leistung, so ist der Leistungsanspruch des Gläubigers ausgeschlossen. Soweit der Schuldner nach § 275 Abs. 1 BGB von seiner Leistungspflicht frei geworden ist, richtet sich bei einem **gegenseitigen Vertrag** das Schicksal der Gegenleistung (i. d. R. der Geldleistung) nach § 326 Abs. 1 BGB. Der Anspruch auf die Gegenleistung entfällt.

Nach § 326 Abs. 1 S. 2 BGB gilt § 326 Abs. 1 S. 1 BGB nicht, wenn der Schuldner im Falle der nicht vertragsgemäßen Leistung die Nacherfüllung nicht zu erbringen braucht. Damit ist der Fall des nicht behebbaren Leistungsmangels angesprochen. Der Gesetzgeber hat mit § 326 Abs. 1 S. 2 BGB klargestellt, dass die Schlechtleistung keine (qualitative) Teilleistung i. S. v. § 326 Abs. 1 S. 1 2. Hs. BGB darstellt. Damit wird verhindert, dass sich der Kaufpreis kraft Gesetz mindert und der Käufer daneben noch zum Rücktritt berechtigt ist. Beides würde der Wertung des § 441 BGB widersprechen. Der Käufer kann entweder die Kaufsache behalten und den Kaufpreis durch rechtsgestaltende Erklärung gem. §§ 437 Nr. 2, 441 BGB mindern oder nach §§ 437 Nr. 2, 326 Abs. 5, 323 Abs. 5 S. 2 BGB vom Kaufvertrag zurücktreten.[100]

Der Anspruch auf die Gegenleistung bleibt dann bestehen, wenn der Gläubiger für die Unmöglichkeit **allein oder überwiegend verantwortlich** ist (§ 326 Abs. 2 S. 1 1. Alt. BGB). Den Gläubiger trifft keine Pflicht, die Leistung nicht unmöglich zu machen. Es handelt sich um eine Obliegenheit, deren Verletzung dazu führt, dass der Gläubiger die Gegenleistung erbringen muss, ohne die Leistung zu erhalten. Beschädigt etwa der Käufer die gekaufte Sache vor Übergabe, so dass der Verkäufer seiner Erfüllungspflicht nicht mehr nachkommen kann, bleibt er zur Zahlung verpflichtet.

Der Anspruch auf die Gegenleistung bleibt auch dann bestehen, wenn die Unmöglichkeit zu einem Zeitpunkt eintritt, in dem sich der Gläubiger in Annahmeverzug befindet und der Schuldner für die Unmöglichkeit nicht verantwortlich ist (§ 326 Abs. 2 S. 1 2. Alt. BGB). Der **Annahme- bzw. Gläubigerverzug** ist in den

---

[99] *Brox/Walker*, SchuldR AT, § 22, Rn. 25.

[100] *Brox/Walker*, SchuldR AT, § 22, Rn. 36 mit Hinweis auf die entsprechenden Regelungen beim Werkvertrag in § 634 Nr. 3 i. V. m. §§ 636, 326 Abs. 5, 323 Abs. 5 S. 2 bzw. 638 BGB.

§§ 293 ff. BGB geregelt. Dazu muss der Schuldner die Leistung ordnungsgemäß, d. h. am rechten Ort, zur rechten Zeit und in der rechten Weise angeboten haben (§ 294 BGB).[101] Beim Gläubigerverzug geht es darum, dass der Gläubiger eine Mitwirkungshandlung (z. B. Annahme) unterlässt, die zur Folge hat, dass der Schuldner seine Leistung nicht mehr erbringen kann. Annahmeverzug setzt kein Verschulden des Gläubigers voraus.[102] Diese Mitwirkungshandlung ist keine Pflicht des Gläubigers, sondern eine **Obliegenheit**; anderenfalls läge bei Nichtannahme der Leistung kein Gläubiger-, sondern Schuldnerverzug vor.

Nach § 326 Abs. 3 BGB bleibt der Anspruch auf die Gegenleistung bestehen, wenn der Gläubiger nach § 285 BGB das **Surrogat**, z. B. die Abtretung eines Ersatzanspruchs oder die Herausgabe des Ersatzes, **verlangt**; in diesem Fall erhält er eine Leistung, die den Fortbestand des Gegenleistungsanspruchs rechtfertigt. Das Verlangen des Surrogats wäre dann sinnvoll, wenn es höher ist als die Gegenleistung.

---

**Beispiel**

V verkauft sein Haus, das hoch versichert war. Das Haus brennt nach Abschluss des Kaufvertrages vollständig ab. V erlangt in der Folge einen Anspruch gegen die Versicherung. In diesem Fall könnte K statt der Übereignung des Hauses die Abtretung des Anspruchs gegen die Versicherung verlangen (§§ 326 Abs. 3, 285 BGB).

---

Der Gegenleistungsanspruch bleibt weiterhin bestehen, wenn besondere **Gefahrtragungsregeln** eingreifen (vgl. §§ 446, 447, 615 S. 3, 644, 645 BGB).

### 3.5.2.2 Schadensersatz

**Voraussetzungen**

Wenn der Gläubiger die vereinbarte Leistung vom Schuldner wegen Unmöglichkeit nicht erhält und er (bei dessen Verschulden) Schadensersatz verlangt, handelt es sich stets um Schadensersatz statt der (unmöglichen) Leistung. Die Voraussetzungen hängen davon ab, ob das Leistungshindernis bereits bei Vertragsabschluss bestand oder nach Vertragsabschluss eingetreten ist.

War die Leistung bereits **bei Vertragsabschluss** unmöglich, spricht man von anfänglicher Unmöglichkeit. Handelt es sich um eine **anfängliche** (objektive und subjektive) **Unmöglichkeit**, ergeben sich die Voraussetzungen und Rechtsfolgen aus der speziellen Regelung des § 311a Abs. 2 BGB. Es muss danach

- ein Vertragsverhältnis vorliegen,
- der Schuldner muss von seiner Leistungspflicht nach § 275 BGB befreit sein,
- das Leistungshindernis muss bei Vertragsabschluss vorgelegen haben (z. B. das verkaufte Bild, das bereits vor Vertragsabschluss zerstört war) und es muss
- die Kenntnis oder fahrlässige Unkenntnis des Schuldners vom Leistungshindernis gegeben sein.

---

[101] RGZ 109, 324; *Brox/Walker*, SchuldR AT, § 26, Rn. 5.
[102] Palandt/*Grüneberg*, § 293 BGB, Rn. 10.

Nach § 311a Abs. 1 BGB steht es der Wirksamkeit eines Vertrages nicht entgegen, wenn der Schuldner nach § 275 Abs. 1 und 3 BGB nicht zu leisten braucht und das Leistungshindernis bereits bei Vertragsabschluss vorlag. Der Gläubiger kann grundsätzlich Schadensersatz statt der Leistung (vgl. § 283 BGB) oder Ersatz seiner vergeblichen Aufwendungen (§ 284 BGB) verlangen. Somit geht der Schadensersatzanspruch auf das positive und nicht nur das negative Interesse. Dies gilt nicht, wenn der Schuldner das Leistungshindernis bei Vertragsabschluss[103] nicht kannte und seine Unkenntnis auch nicht zu vertreten hat (§ 311a Abs. 2 BGB). Der Vorwurf des Verschuldens bezieht sich auf die Kenntnis oder das Kennenmüssen des Schuldners von der Unmöglichkeit (§ 311a Abs. 2 S. 2 BGB). Es handelt sich um eine – von § 280 BGB zu unterscheidende – **eigene Anspruchsgrundlage**.

Im Falle der **nachträglichen Unmöglichkeit** ergeben sich die Voraussetzungen für einen Anspruch auf Schadensersatz aus §§ 280 Abs. 1 und 3, 283 BGB. Voraussetzung ist

- das Vorliegen eines Schuldverhältnisses,
- eine Pflichtverletzung,
- ein Vertretenmüssen (des Schuldners),
- eine Befreiung des Schuldners von der Leistungspflicht nach § 275 BGB aufgrund eines nachvertragliches Leistungshindernisses.

Die Fristsetzung ist auch sachlichen Gründen entbehrlich, da sie sinnlos wäre. Dies ergibt sich rechtstechnisch auch daraus, dass § 283 S. 2 BGB gerade nicht auf § 281 Abs. 1 S. 1 BGB verweist.

Erfasst werden rechtsgeschäftliche und gesetzliche Schuldverhältnisse. Bei vertraglichen Schuldverhältnissen spielt es hier keine Rolle, ob es sich um gegenseitige Verträge handelt. Die Gegenseitigkeit ist nicht für den Schadensersatzanspruch, sondern nur für die Anwendung der §§ 320 ff. BGB von Bedeutung.

Die Pflichtverletzung bei der Unmöglichkeit besteht darin, die geschuldete Leistung nicht erbracht zu haben.[104]

Erforderlich ist weiterhin ein Vertretenmüssen des Schuldners. Regelmäßig geht es hier um das **Verschulden**. Das Verschulden bestimmt sich nach § 276 BGB, bei zurechenbarem Fremdhandeln über die §§ 278, 31 BGB. Der Schuldner hat nach § 276 Abs. 1 BGB Vorsatz und Fahrlässigkeit zu vertreten. Eine strengere oder mildere Haftung kann sich aus Gesetz oder Rechtsgeschäft ergeben.

In manchen Fällen ist der Schuldner kraft Gesetz von der Haftung für leichte Fahrlässigkeit befreit, z. B. haften der Schenker (§ 521 BGB), der Verleiher (§ 599 BGB), der Notgeschäftsführer (§ 680 BGB), der Finder (§ 968 BGB) sowie nach § 300 Abs. 1 BGB jeder Schuldner bei Gläubigerverzug (beachte auch § 277 BGB) nur für grobe Fahrlässigkeit. Diese liegt vor, wenn der Schuldner die im Verkehr erforderliche Sorgfalt in besonders schwerem Maße verletzt. Nach der von der Rspr. verwendeten Formel ist das der Fall, wenn einfachste Überlegungen nicht

---

[103] Vgl. zur Berechnung im Folgenden unter Kap. 5.2.2.2.

[104] *Brox/Walker*, SchuldR AT, § 22, Rn. 50 ff.

angestellt wurden und beachtet wurde, was im gegebenen Fall jedem einleuchten musste (z. B. kein Überholen bei dichtem Nebel).[105] Wer eine Sache unentgeltlich in Verwahrung nimmt, muss diese nicht sorgfältiger behandeln als seine eigenen Sachen. Nach § 690 BGB schuldet er nur die Sorgfalt, die er in eignen Angelegenheiten anzuwenden pflegt (vgl. auch §§ 708, 1359 BGB); nach § 277 BGB bleibt allerdings die Haftung für grobe Fahrlässigkeit bestehen. Eine schärfere Haftung kann sich dagegen aus § 287 S. 2 BGB ergeben, der bestimmt, dass der Schuldner auch für Zufall einstehen muss, wenn er sich im Verzug befindet. Ein abweichender Haftungsmaßstab kann sich auch aus dem Inhalt des Schuldverhältnisses ergeben. So hat ein Schuldner bei Geldschulden sein Unvermögen auch dann zu vertreten, wenn er unverschuldet in Geldnot geraten ist.

§ 276 Abs. 1 S. 1 BGB hebt beispielhaft die Übernahme einer Garantie oder eines Beschaffungsrisikos hervor. Ob eine solche **Garantie** übernommen wird und wie weit sie reicht, ist durch Auslegung zu ermitteln (§§ 133, 157 BGB). Die Garantie ist vor allem im Kaufrecht (sowie im Miet- und Werkvertragsrecht) von Bedeutung, wenn der Verkäufer das Vorhandensein einer bestimmten Eigenschaft der Kaufsache garantiert. Allgemeine Anpreisungen, z. B. erstklassig, spitze, sind nicht ausreichend. Sie liegt nur vor, wenn der Schuldner verspricht, verschuldensunabhängig für die mit dem Eintritt oder dem Ausbleiben eines bestimmten Umstandes verbundenen Folgen in jedem Fall einzustehen. Die Garantie ist von der einfachen Beschaffenheitsvereinbarung abzugrenzen. Ergibt die Auslegung die Übernahme einer Garantie, dann hat der Verkäufer das Fehlen der garantierten Eigenschaft auch dann zu vertreten, wenn ihn kein Verschulden trifft.

Die **Übernahme eines Beschaffungsrisikos** geschieht regelmäßig in den Fällen, in denen der Schuldner verspricht, eine am Markt erhältliche Gattungssache zu liefern. In diesem Fall hat der Schuldner grundsätzlich für seine Leistungspflicht so lange einzustehen, wie eine Beschaffung dieser Sachen am Markt möglich ist.

Das Verschulden wird durchgehend **vermutet** (§ 280 Abs. 1 S. 2 BGB). Die Behauptungs- und Beweislast liegt damit stets beim Schuldner, so dass dieser Umstände darzulegen und zu beweisen hat, nach denen die Pflichtverletzung nicht die Folge eines von ihm zu vertretenden Umstands ist.[106]

Der **Gläubigerverzug** führt als solcher für den Schuldner noch nicht zur Befreiung von der Leistungspflicht (Ausnahme: bei Hinterlegung nach § 372 BGB), bringt dem Schuldner aber eine **Haftungserleichterung** in der Hinsicht, dass nur noch für Vorsatz und grobe Fahrlässigkeit gehaftet wird (vgl. § 300 Abs. 1 BGB).

Erforderlich ist weiterhin eine Befreiung des Schuldners von der Leistungspflicht nach § 275 BGB, d. h. ein nachvertragliches Leistungshindernis. Nicht erforderlich ist, dass der Gläubiger dem Schuldner vor der Geltendmachung des Schadensersatzanspruches erfolglos eine Frist zur Leistung bestimmt hat. Der Grund besteht darin, dass eine solche Fristsetzung bei Unmöglichkeit sinnlos wäre.

---

[105] *Jacoby/von Hinden*, § 276 BGB, Rn. 6.

[106] *Medicus/Petersen*, BR, Rn. 241 mit Hinweis auf die Ausnahmeregelung der Beweislastregelung in § 619a BGB zugunsten des Arbeitnehmers.

**Inhalt**

Der Schadensersatz ist auf das **positive Interesse** (= **Erfüllungsinteresse**) gerichtet. Der Gläubiger kann verlangen, so gestellt zu werden, wie er bei ordnungsgemäßer Erfüllung gestanden hätte. Ersatzfähig ist also der Marktwert der ausgebliebenen Leistung. Aber auch die höheren Kosten für eine Ersatzbeschaffung sowie ein entgangener Gewinn aus einer geplanten Weiterveräußerung können ersetzt verlangt werden. Der Schuldner kann bei Lieferung einer mangelhaften Sache wählen, ob er den **kleinen Schadensersatzanspruch** geltend macht. In diesem Fall gibt er sich mit der erhaltenen Leistung zufrieden und beschränkt seinen Schadensersatz auf das Defizit, z. B. den Betrag, der für die Mangelbeseitigung erforderlich ist; in der Praxis entspricht dies häufig der Minderung. Der Gläubiger kann aber auch den **großen Schadensersatzanspruch** geltend machen, also vollen Wertersatz verlangen, insbesondere bei Nichterfüllung der Leistungspflicht. Das Gesetz spricht in diesem Fall von dem „**Schadensersatz statt der ganzen Leistung**". Der Schuldner ist dann aber zur Rückforderung des Geleisteten verpflichtet. Für Teilleistungen und mangelhafte Leistung wird der große Schadensersatzanspruch durch zusätzliche Voraussetzungen eingeschränkt. Voraussetzung ist nämlich, dass der Gläubiger an der Teilleistung kein Interesse hat (§ 281 Abs. 1 S. 2 BGB) oder das der unbehebbare Mangel der Leistung erheblich ist (§ 281 Abs. 1 S. 3 BGB). Diese zusätzliche Voraussetzung entspricht derjenigen des §§ 326 Abs. 5, 323 Abs. 5 BGB beim Rücktritt wegen einer teilweisen Unmöglichkeit oder eines unbehebbaren Leistungsmangels. Das ist konsequent, da sich der große Schadensersatzanspruch wie eine Kombination aus Rücktritt und Schadensersatz auswirkt. Macht der Gläubiger den großen Schadensersatzanspruch geltend, muss er nach §§ 283, 281 Abs. 5 BGB die bereits erhaltene Teilleistung nach den §§ 346 ff. BGB an den Schuldner zurückgegeben.[107]

Die Ermittlung des zu ersetzenden Schadens erfolgt bei gegenseitigen Verträgen wahlweise nach der Differenzmethode oder nach der Austausch- bzw. Surrogationsmethode. Auf jeden Fall kann der Schaden nach der **Differenzmethode** berechnet werden. Danach tritt der Schadensersatz an die Stelle von Leistung und Gegenleistung. Der Gläubiger ist nicht mehr zur Leistung verpflichtet (§ 326 Abs. 1 BGB). Sein ersatzfähiger Schaden besteht in der Differenz zwischen Leistung und Gegenleistung. Der Wert der unmöglich gewordenen Leistung und der Wert der nicht mehr zu erbringenden Gegenleistung sind also lediglich Rechnungsposten des einseitigen Schadensersatzanspruchs. Der Gläubiger kann seinen Schaden auch nach der **Austausch- bzw. Surrogationsmethode** berechnen. Danach erbringt er weiterhin seine Gegenleistung und verlangt Schadensersatz hinsichtlich der gesamten ausgebliebenen Leistung. Der Gläubiger wird (ausnahmsweise) diese Form wählen, wenn seine Gegenleistung nicht in Geld besteht und er diese los sein will.

---

**Beispiel**

G bestellt für einen Veranstaltungsraum 300 Stühle. Auf Grund eines Verschuldens auf Seiten des Verkäufers werden nur 150 Stühle geliefert. Der gleiche

---

[107] *Medicus/Petersen*, BR, Rn. 241 zum kleinen und großen Schadensersatzanspruch.

Stuhltyp ist nicht mehr lieferbar. G kommt es auf die einheitliche Bestuhlung an; die gelieferten 150 Stühle kann er nicht verwenden. G kann Schadensersatz statt der ganzen Leistung verlangen. Er ist dann verpflichtet, die gelieferten Stühle zurückzugeben.

Grundsätzlich hat der Gläubiger den Schaden **konkret** zu berechnen, d. h. er muss die Vermögenseinbußen im Einzelnen offen legen. Etwas anderes gilt unter Kaufleuten, wenn es um den Handel mit beweglichen Sachen geht. Es wird ihnen zugestanden, den Schaden auch abstrakt zu berechnen.

### 3.5.2.3 Aufwendungsersatz

Anstelle des Schadensersatzanspruchs statt der Leistung kann der Gläubiger auch **Aufwendungsersatz** nach § 284 BGB verlangen. Der Aufwendungsersatzanspruch ist keine spezielle Regelung im Recht der Unmöglichkeit, sondern kommt bei allen Schadensersatzansprüchen statt der Leistung in Betracht. Mit dieser Vorschrift sollen auch „vergebliche" bzw. „frustrierte" Aufwendungen geltend gemacht werden können. Es geht um Aufwendungen, die im Hinblick auf einen Vertragsabschluss gemacht worden sind, die aber vergeblich waren, weil der Vertrag nicht zustande kam. Aufwendungen sind alle freiwilligen Vermögensopfer. Hat z. B. der Gläubiger Aufwendungen gehabt, um den Vertrag abzuschließen, z. B. Beurkundungskosten, oder um den Vertragsgegenstand zu nutzen, z. B. Kosten zur Anfertigung eines Bilderrahmens für das gekaufte Gemälde, dann sind diese Aufwendungen für den Fall der Unmöglichkeit nutzlos. Diese Kosten für frustrierte Aufwendungen wären auch bei ordnungsgemäßer Vertragserfüllung angefallen und können daher nicht als Schadensersatz geltend gemacht werden.

Der Anspruch auf Aufwendungsersatz kann nur anstelle des Schadensersatzes statt der Leistung geltend gemacht werden, d. h. es müssen die Anspruchsvoraussetzungen für einen Schadensersatzanspruch vorliegen. Der Aufwendungsersatzanspruch kann vor allem dann relevant sein, wenn der Gläubiger nicht die Absicht hatte, durch das Geschäft einen Gewinn zu erzielen.[108]

Zudem muss der Gläubiger die Aufwendungen im Vertrauen auf den Erhalt der Leistung getätigt haben, wobei er nur solche Aufwendungen verlangen darf, die er billigerweise machen durfte. Er darf keine Aufwendungen tätigen, die voreilig sind oder aufgeschoben werden können. Andererseits darf der Gläubiger grundsätzlich auf die Vertragstreue des Schuldners vertrauen. Erst recht spielt es keine Rolle, ob die Aufwendungen überflüssig, überhöht oder luxuriös sind. Der Gläubiger ist in der Entscheidung in seinen eigenen Angelegenheiten frei. Extremfälle sind wohl über § 242 BGB zu lösen. Der Gläubiger kann danach Ersatz seiner nutzlosen Aufwendungen verlangen, wobei die Ersatzpflicht nur bei einem offensichtlichen Missverhältnis entfällt.

---

[108] *Kindl/Feuerborn*, § 27, Rn. 26 mit anschaulichem Beispiel.

**Beispiel**

G hat einen Hundewelpen gekauft, der ihm im Alter von 10 Wochen übergeben
werden soll. In der Zwischenzeit erwirbt G für seinen kleinen „Liebling" bereits teure Halsbänder, Körbchen und sonstige Ausstattungsgegenstände. Kann
der Hundewelpe durch ein Verschulden des Verkäufers nicht übergeben werden,
schuldet dieser Ersatz der entstandenen Kosten nach § 284 BGB.

### 3.5.2.4  Rücktritt

Der Gläubiger kann nach § 326 Abs. 5 BGB zurücktreten, wenn der Schuldner nach
§ 275 Abs. 1 bis 3 BGB nicht zu leisten braucht. Für den **Rücktritt** findet § 323
BGB mit der Maßgabe entsprechende Anwendung, dass die Fristsetzung entbehrlich ist (§ 326 Abs. 5 S. 2 BGB). Im Falle der **Unmöglichkeit** hat das Rücktrittsrecht
nur eine **geringe Bedeutung**, da der Gläubiger bei Ausschluss der Leistungspflicht
des Schuldners nach § 275 BGB bereits nach § 326 Abs. 1 S. 1 BGB von seiner
Gegenleistungspflicht befreit ist. Ist im Falle der **nicht vertragsgemäßen Leistung**
der Anspruch auf Nacherfüllung (§§ 437 Nr. 1, 439; §§ 634 Nr. 1, 635 BGB) nach
§ 275 Abs. 1 bis 3 BGB ausgeschlossen, dann gilt § 326 Abs. 1 S. 1 BGB nach § 326
Abs. 1 S. 2 BGB nicht. Der Gläubiger schuldet also trotz des nicht behebbaren Leistungsmangels die Gegenleistung. Er kann sich jedoch durch Rücktritt nach §§ 326
Abs. 5, 323 BGB von der Leistungspflicht befreien. Bei **Teilunmöglichkeit** entfällt
nach § 326 Abs. 1 S. 1 2. Hs. BGB auch der Anspruch auf die Gegenleistung nur
teilweise. Hier kann es sein, dass der Gläubiger an der Teilleistung kein Interesse
hat, z. B. wenn einige Briefmarken einer als Ganzes verkauften Sammlung zerstört
worden sind. In solchen Fällen kann er nach §§ 326 Abs. 5 BGB i. V. m. § 323
Abs. 5 S. 1 BGB vom ganzen Vertrag zurücktreten.

Kennt der Gläubiger den Grund der Nichtleistung nicht, dann kann er dem
Schuldner eine angemessene Nachfrist setzen und nach deren Ablauf vom Vertrag
zurücktreten. In der Praxis ist es gleich, ob sich der Rücktrittsgrund aus § 323 Abs. 1
BGB ergibt oder aus § 326 Abs. 5 BGB. Allenfalls könnte sich im Nachhinein die
Nachfristsetzung als überflüssig herausstellen.[109]

Der Rücktritt setzt **kein Verschulden** voraus.

Mit der **Rücktrittserklärung** (§ 349 BGB) erlöschen die beiderseitigen Leistungspflichten. Das Schuldverhältnis wandelt sich in ein Rückgewährschuldverhältnis (vgl. §§ 346 ff. BGB).

Der Rücktritt ist nach § 323 Abs. 6 BGB **ausgeschlossen**, wenn der Gläubiger
den Umstand, der ihn zum Rücktritt berechtigen würde, allein oder weit überwiegend zu verantworten hat oder wenn der Rücktrittsgrund während des Annahme-
verzugs eintritt.

---

[109] Zum Ganzen *Brox/Walker*, SchuldR AT, § 22, Rn. 81 ff.

### 3.5.3 Verzögerung der Leistung

#### 3.5.3.1 Voraussetzungen

Häufig kommt es zu der Situation, dass die vertraglich geschuldete Leistung nicht termingemäß erbracht wird, obwohl dies möglich gewesen wäre. Der Schuldner kommt grundsätzlich dann in **Verzug**, wenn er auf eine Mahnung des Gläubigers hin nicht leistet.

Der Schuldnerverzug nach den §§ 280 Abs. 1 und 2, 286 BGB setzt das Bestehen eines Schuldverhältnisses voraus. Die Forderung muss **wirksam** und **fällig** sein. Die Fälligkeit des Anspruchs bestimmt sich nach der Leistungszeit. Sie ist gegeben, wenn der Gläubiger die Leistung zu fordern berechtigt ist. Die Leistungszeit ergibt sich häufig aus der Parteivereinbarung. Liegt keine besondere Abrede vor, ist die Leistung nach § 271 BGB im Zweifel sofort fällig. Gesetzliche Sonderregeln für die Fälligkeit finden sich in den §§ 556b Abs. 1, 579 BGB für die Miete, in § 604 BGB für die Leihe, in § 488 Abs. 2 u. 3 BGB für das Gelddarlehen oder in § 641 BGB für den Werkvertrag. Dem Anspruch dürfen auch keine Einreden des Schuldners entgegenstehen. Hier kann der Gläubiger nicht erwarten, dass der Schuldner seinen Anspruch erfüllt. Die mangelnde Durchsetzbarkeit hindert den Verzugseintritt, auch wenn dies nicht explizit in § 286 Abs. 1 BGB erwähnt ist. Ob bereits das Bestehen einer Einrede oder deren Geltendmachung den Schuldnerverzug ausschließt, hängt davon ab, um welche Art von Einwand es sich handelt. So schließt z. B. wegen der gegenseitigen Abhängigkeit von Leistung und Gegenleistung nach h. M. das bloße objektive Bestehen der Einrede des § 320 BGB die Durchsetzbarkeit des Anspruchs und damit den Schuldnerverzug aus. Entsprechendes gilt für die Verjährungseinrede (§ 214 Abs. 1 BGB), die Mängeleinrede (§ 438 Abs. 4 S. 2 BGB), die Einrede der Vorausklage (§ 771 BGB), die Einrede der ungerechtfertigten Bereicherung (§ 821 BGB) und die Arglisteinrede (§ 853 BGB). Anders ist es bei dem Zurückbehaltungsrecht des § 273 BGB. Da der Gläubiger nicht in jedem Fall damit rechnen muss, dass der Schuldner ein Zurückbehaltungsrecht geltend machen wird, schließt daher allein das Bestehen eines Zurückbehaltungsrechts nach § 273 BGB den Eintritt des Verzugs nicht aus; diese Einrede muss daher hier geltend gemacht werden.[110]

Weiterhin muss eine Pflichtverletzung in Form der Leistungsverzögerung vorliegen. Diese liegt vor, wenn eine wirksame Leistungspflicht, die bei Fälligkeit trotz Möglichkeit der Leistung nicht geleistet wird. Hinzu kommen die zusätzlichen Voraussetzungen des § 286 BGB. Der Schutznerverzug erfordert eine **Mahnung**. (§ 286 Abs. 1 BGB). Eine Mahnung ist die an den Schuldner gerichtete eindeutige und bestimmte Aufforderung, die Leistung zu erbringen. Die Mahnung selbst ist keine Willenserklärung, sondern eine **rechtsgeschäftsähnliche Handlung**.[111] Sie ist formlos gültig. Auf sie finden die Vorschriften über Willenserklärungen entsprechend Anwendung.[112] Die Mahnung kann ausdrücklich oder konkludent erklärt werden. Die Mahnung kann erst **nach Eintritt der Fälligkeit** wirksam erklärt wer-

---

[110] Palandt/*Grüneberg*, § 286 BGB, Rn. 10 ff.

[111] Palandt/*Grüneberg*, § 286 BGB, Rn. 16.

[112] BGH, NJW 1987, 1546, 1547.

den. Eine vor Fälligkeit ausgesprochene Mahnung ist rechtlich ohne Bedeutung; sie erlangt auch nach Eintritt der Fälligkeit keine Wirksamkeit.[113] Nach h. M. kann die Mahnung aber mit der die Fälligkeit begründenden Handlung verbunden werden, z. B. in einem Schreiben.[114] Der Gläubiger muss zur Erbringung der vollen Leistung aufgefordert haben; hat er lediglich eine Teilleistung angemahnt, so hat das nur einen Verzug hinsichtlich der tatsächlich angeforderten Leistung zur Folge. Nach § 286 Abs. 1 S. 2 BGB steht die Erhebung einer Leistungsklage sowie die Zustellung eines Mahnbescheids der Mahnung gleich.

Nach § 286 Abs. 2 BGB ist die Mahnung in bestimmten Fällen **entbehrlich**. Eine Mahnung ist nicht erforderlich, wenn der Leistungszeitpunkt aus dem Vertrag heraus nach dem Kalender bestimmt ist, z. B. wenn der Schuldner zusagt, am 1.6. zu liefern, oder wenn sich der Zeitpunkt nach dem Kalender bestimmen lässt, z. B. 3 Tage nach Vertragsabschluss; nicht ausreichend ist die Anknüpfung an ein ungewisses Ereignis, z. B. 1 Woche nach Lieferung.[115] Nach § 286 Abs. 2 Nr. 2 BGB ist die Mahnung weiterhin entbehrlich, wenn der Leistung ein Ereignis, z. B. Kündigung, Lieferung oder Rechnungslegung, vorauszugehen hat und die Leistungszeit von dem Ereignis ab nach dem Kalender berechenbar ist. Die Mahnung ist ebenso entbehrlich bei einer ernsthaften und endgültigen Erfüllungsverweigerung (§ 286 Abs. 2 Nr. 3 BGB). In diesem Fall wäre eine Mahnung offensichtlich sinnlos. Nach § 286 Abs. 2 Nr. 4 BGB bedarf es keiner Mahnung, wenn besondere Umstände unter Abwägung der beiderseitigen Interessen den sofortigen Verzugseintritt rechtfertigen, z. B. im Falle der Selbstmahnung.

Sofern nach den vorgenannten Voraussetzungen noch kein Verzug eingetreten ist, kommt der **Schuldner einer Entgeltforderung** nach § 286 Abs. 3 S. 1 BGB spätestens 30 Tage nach Fälligkeit der Forderung und Zugang einer Rechnung oder einer gleichwertigen Zahlungsaufstellung in Verzug. Entgeltforderungen sind solche (Geld-)Forderungen, mit denen der Gläubiger das Entgelt für eine auf Grund eines gegenseitigen Vertrages erbrachte Leistung verlangt, d. h. für die Lieferung von Gütern oder Erbringung einer Dienstleistung, z. B. §§ 433 Abs. 2, 535 Abs. 2, 611 Abs. 1, 631 Abs. 1 BGB, nicht dagegen z. B. Schadensersatz- oder Bereicherungsansprüche.[116]

Diese Vorschrift stellt keine verdrängende Sonderregel zu § 286 Abs. 1 und 2 BGB dar, sondern ergänzt diese. Gegenüber Verbrauchern (§ 13 BGB) beginnt die 30-Tage-Frist nur dann zu laufen, wenn auf diese Folgen in der Rechnung oder Zahlungsaufstellung besonders hingewiesen worden ist.

Weitere Voraussetzung ist ein **Vertretenmüssen** der Nichtleistung bei Vorliegen der objektiven Voraussetzungen (§§ 286 Abs. 4, 280 Abs. 1 S. 2 BGB). Das bedeutet, dass der Schuldner den Umstand, der zum Ausbleiben der Leistung führt, vorsätzlich oder fahrlässig herbeigeführt hat (§§ 276, 278 BGB). Aus § 286 Abs. 4 BGB ergibt sich, dass der Schuldner die Beweislast für das Nichtvertretenmüssen trägt. Es ist daher grundsätzlich von einem Verschulden auszugehen, es sei denn,

---

[113] BGH, NJW-RR 1997, 622, 623.
[114] Palandt/*Grüneberg*, § 286 BGB, Rn. 16.
[115] *Brox/Walker*, SchuldR AT, § 23, Rn. 15.
[116] *Brox/Walker*, SchuldR AT, § 23, Rn. 19.

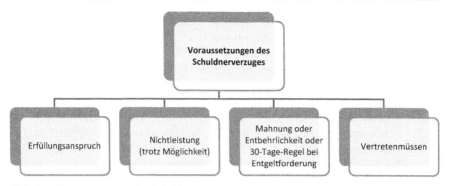

**Abb. 3.6** Voraussetzungen des Schuldnerverzuges

der Sachverhalt enthält Hinweise, die ein Verschulden ausschließen. So liegt kein Verschulden vor, wenn tatsächliche oder rechtliche Leistungshindernisse vorliegen, z. B. eine schwere Krankheit des Schuldners oder Einfuhrbeschränkungen. Während des Schuldnerverzugs ist die **Haftung** des Schuldners **verschärft**. Nach § 287 S. 1 BGB hat er jede Fahrlässigkeit zu vertreten, und zwar auch dann, wenn er nach allgemeinen Regeln nicht für jede Fahrlässigkeit (§§ 690, 708 BGB) haften würde. Nach § 287 S. 2 BGB haftet der Schuldner wegen der Leistung auch für Zufall, es sei denn, dass der Schaden auch bei rechtzeitiger Leistung eingetreten wäre.

Der Verzugseintritt und die Verzugsfolgen werden durch das Gesetz und nicht durch den Willen des mahnenden Gläubigers bestimmt. Die Rechtsfolgen treten auch dann ein, wenn der Gläubiger bei der Aufforderung zur Leistung gar nicht an den Verzug gedacht hat (Abb. 3.6).

### 3.5.3.2 Rechtsfolgen

#### Ersatz des Verspätungsschadens
Der Schuldnerverzug hat keine Auswirkungen auf den Erfüllungsanspruch. Diese Ansprüche treten vielmehr neben den Erfüllungsanspruch. Nach den §§ 280 Abs. 1 und 2, 286 BGB kann der Gläubiger Ersatz des **Verspätungs- bzw. Verzögerungsschadens** ersetzt verlangen. Es handelt sich dabei um den Schaden (neben der Leistung), der adäquat kausal durch den Verzug entstanden ist. Der Anspruch tritt neben den Erfüllungsanspruch. Der Gläubiger ist so zu stellen, wie er stehen würde, als wenn rechtzeitig erfüllt worden wäre.

---

**Beispiele**

Kosten der Rechtsverfolgung, die nach Eintritt des Verzugs entstanden sind (nicht hierzu zählen die Kosten der verzugsbegründenden Mahnung); Mietzahlungen für eine Ersatzwohnung infolge verspäteter Herstellung eines Wohnhauses; entgangener Gewinn (auch aus Spekulationsgeschäften); Kosten eines Inkassobüros (kann auch ein Kaufmann verlangen).[117]

---

[117] Palandt/*Grüneberg*, § 286 BGB, Rn. 45 ff.

In diesem Zusammenhang ist der Unterschied zur Anspruchsgrundlage der §§ 280 Abs. 1 und 2, 281 BGB zu beachten. Zu Abgrenzungsproblemen kann es dann kommen, wenn die Erbringung der Leistung während des Verzugs unmöglich wird oder wenn der Gläubiger dem säumigen Schuldner erfolglos eine Nachfrist setzt. In beiden Fällen kann der Gläubiger Schadensersatz statt der Leistung verlangen.

Bei **Geldschulden** kann der Schuldner **Verzugszinsen** verlangen (§ 288 Abs. 1 BGB). Es handelt sich hierbei um eine **eigenständige Anspruchsgrundlage**, die nicht in das System des Schadensersatzes bei Pflichtverletzungen integriert ist. Die weiteren Voraussetzungen – außer dem Vorliegen einer Geldschuld – ergeben sich aus § 286 BGB. Der Zinssatz beträgt 5 % über dem Basiszinssatz (§ 247 BGB), wenn an dem Rechtsgeschäft ein Verbraucher beteiligt ist (§ 288 Abs. 1 S. 2 BGB). Bei Rechtsgeschäften, an denen ein Verbraucher nicht beteiligt ist, beträgt der Zinssatz bei Entgeltforderungen 9 % über dem Basiszinssatz. Nach § 288 Abs. 3 BGB kann ein höherer Zinssatz verlangt werden, wenn er sich aus einem anderen Rechtsgrund, z. B. aus einer Parteivereinbarung, ergibt. Nach § 288 Abs. 4 BGB ist durch die Regelungen nicht ausgeschlossen, dass der Gläubiger einen weiteren Schaden geltend macht (z. B. bei Aufnahme eines Bankkredits in Höhe von 12 %). Nach § 288 Abs. 5 BGB soll der Gläubiger unter bestimmten Voraussetzungen für seine Beitreibungskosten als sonstigen Verzugsschaden eine Schadenspauschale in Höhe von 40 € verlangen. Nach § 288 Abs. 6 BGB ist eine im Voraus getroffene Vereinbarung, die den Anspruch eines Gläubigers einer Entgeltforderung auf Verzugszinsen ausschließt, unwirksam. Nachträgliche Vereinbarungen dieses Inhalts, z. B. im Rahmen eines Vergleichs, sind demgegenüber nicht ausgeschlossen.

### Schadensersatz statt der Leistung

Soweit der Gläubiger auf Grund der Verzögerung das Interesse an der Leistung verloren hat, kann er – wie im Falle der verschuldeten Unmöglichkeit – **Schadensersatz statt der Leistung** verlangen. Er verzichtet damit auf die primär geschuldete Leistung und liquidiert stattdessen sein positives Interesse.

Voraussetzung ist grundsätzlich auch hier das Vorliegen eines Schuldverhältnisses sowie die Pflichtverletzung, in diesem Fall in Form der Leistungsverzögerung.

Zusätzlich bedarf es einer **Fristsetzung** (§ 281 Abs. 1 S. 1 BGB). Mit der Fristsetzung soll der Erfüllungsanspruch gesichert werden. In der mit der Fristsetzung verbundenen Leistungsaufforderung ist zugleich auch eine Mahnung i. S. d. § 286 BGB zu sehen, so dass der nach §§ 280 Abs. 1, 3, 281 Abs. 1 S. 1 BGB schadensersatzpflichtige Schuldner sich jeweils auch im Verzug befindet; er haftet dann auch verschärft nach § 287 BGB. Die **Angemessenheit** der Frist bestimmt sich nach den Umständen des konkreten Vertrages. Dabei sind die Interessen beider Vertragsparteien zu berücksichtigen. Während das Interesse des Gläubigers darin besteht, möglichst kurzfristig Klarheit darüber zu erhalten, ob der Schuldner seine Leistung noch erbringt, soll dem Schuldner mit der Fristsetzung eine letzte Möglichkeit gegeben werden, die Leistung noch zu erbringen. Aus dem Grund muss die Frist so lang sein, dass der Schuldner in der Lage ist, die (begonnene) Leistung noch zu erbringen; sie muss aber auf der anderen Seite nicht so lang sein, dass der Schuldner die Möglichkeit hat, erst ab diesem Zeitpunkt mit der Leistungshandlung zu beginnen. Hat der

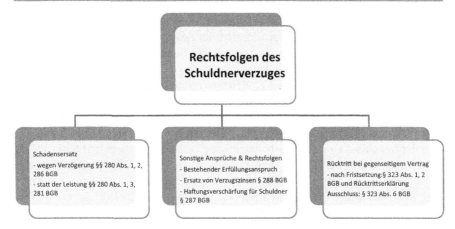

**Abb. 3.7** Rechtsfolgen des Schuldnerverzuges

Gläubiger eine zu kurze Nachfrist gesetzt, hat das zur Folge, dass eine angemessene Nachfrist in Lauf gesetzt wird.[118]

Die Fristsetzung ist **entbehrlich** nach § 281 Abs. 2 Alt. 1 BGB, wenn der Schuldner die Leistung ernsthaft und endgültig verweigert. An die Weigerung werden hohe Anforderungen gestellt. So muss erkennbar werden, dass es des Schuldners „letztes Wort" ist.[119] Die Fristsetzung ist weiterhin nach § 281 Abs. 2, Alt. 2 BGB entbehrlich, wenn besondere Umstände vorliegen, die unter Abwägung der beiderseitigen Interessen die sofortige Geltendmachung des Schadensersatzanspruchs rechtfertigen. Diese besonderen Umstände können in der besonderen Zeitbezogenheit der Leistung liegen. So ist z. B. bei „Just-in-Time"-Lieferverträgen ein Zulieferer verpflichtet, zu einem bestimmten Zeitpunkt zu liefern, damit die Produktion des Gläubigers nach Plan verlaufen kann.[120]

Weitere Voraussetzung ist, dass die **Fristsetzung ergebnislos** gewesen ist. Zur Einhaltung der Frist reicht es grundsätzlich aus, wenn der Schuldner die geschuldete Leistung vorgenommen hat.

Letztlich bedarf es eines **Vertretenmüssens**. Das bedeutet, dass der Schuldner die Nichtleistung trotz Möglichkeit der Leistung, Durchsetzbarkeit der Forderung und Fristsetzung zu vertreten hat. Dieses wird nach § 280 Abs. 1 S. 2 BGB vermutet. Es gilt entsprechendes wie beim Ersatz des reinen Verzögerungsschadens.

Durch den Schadensersatz statt der Leistung soll der Gläubiger so gestellt werden, wie er bei ordnungsgemäßer Erfüllung stehen würde. Ersetzt werden soll damit das positive Interesse. Der Anspruch auf die primäre Leistung erlischt, allerdings nicht schon mit Ablauf der gesetzten Frist, sondern erst mit der Forderung von Schadensersatz statt der Leistung (§ 281 Abs. 4 BGB). Das bedeutet, dass der Gläubiger nach Fristablauf noch Erfüllung verlangen könnte (Abb. 3.7).

---

[118] Palandt/*Grüneberg*, § 281 BGB, Rn. 10 m. w. N.

[119] BGH, NJW 1997, 51, 52; Palandt/*Grüneberg*, § 286 BGB, Rn. 24 m. w. N.

[120] *Brox/Walker*, § 23, Rn. 50 ff. zu den Rechtsfolgen.

**Weitere Ansprüche bzw. Rechte**

Anstelle des Schadensersatzanspruchs statt der Leistung kann der Gläubiger – wie erwähnt – auch **Aufwendungsersatz** nach § 284 BGB verlangen.

Will der Gläubiger auf Grund der Verzögerung von einem gegenseitigen Vertrag **zurücktreten**, ergeben sich die Voraussetzungen aus § 323 BGB. Der Gläubiger einer fälligen Leistung (Ausnahme: § 323 Abs. 4 BGB) muss dem Schuldner erfolglos eine angemessene Frist zur Leistung gesetzt haben. Sie soll dem Schuldner Gelegenheit zur Vertragserfüllung geben und braucht daher nicht so lang zu sein, dass der Schuldner eine noch nicht begonnene Leistung anfangen und fertig stellen kann. Ausnahmsweise ist eine Nachfrist entbehrlich nach § 323 Abs. 2 BGB, wenn der Schuldner endgültig die Leistung verweigert, bei einem relativen Fixgeschäft oder wenn besondere Umstände vorliegen.

Die Regelung in § 323 Abs. 2 BGB stimmt mit ihren Nummern 1 und 3 mit § 281 Abs. 2 BGB überein, in dem eine vergleichbare Regelung für den Schadensersatz getroffen worden ist.

Der **Rücktritt** ist nach § 323 Abs. 6 BGB **ausgeschlossen**, wenn der Gläubiger für den Umstand, der ihn zum Rücktritt berechtigen würde, allein oder überwiegend verantwortlich ist oder wenn er sich zu diesem Zeitpunkt in Annahmeverzug befindet. Ein Verschulden des Schuldners ist keine Voraussetzung.

Der Gläubiger hat ein **Wahlrecht**. Er kann erstens auf Erfüllung des Vertrages bestehen. Zweitens kann er auch zurücktreten und so das Vertragsverhältnis beenden. Drittens kann er aber auch Schadensersatz statt der Leistung verlangen. Viertens kann er Rücktritt und Schadensersatz statt der Leistung auch miteinander kombinieren (§ 325 BGB).

### 3.5.4   Schlechtleistung

### 3.5.4.1   Überblick

Statt Verzug und Unmöglichkeit gibt es weiterhin die Fälle, in denen der Schuldner seine Leistung nicht oder nicht wie geschuldet erbringt. Von einer **Schlechtleistung** spricht man, wenn die erbrachte Leistung ganz oder teilweise nicht der vereinbarten Qualität entspricht. Das Gesetz beschreibt die Schlechtleistung mit den Worten „Leistung… nicht wie geschuldet" (§ 281 Abs. 1 S. 1 BGB) oder „Leistung… nicht vertragsgemäß" (§ 323 Abs. 1 BGB). Unerheblich ist nach dem Gesetzeswortlaut, worin die Schlechterfüllung besteht. Sie kann auf einer Schlechterfüllung einer Hauptpflicht oder auf einer Verletzung einer Nebenleistungspflicht beruhen. Liegt ein Fall der „Schlechtleistung" vor, kann der Gläubiger unter den Voraussetzungen der §§ 280 Abs. 1, 3, 281 Abs. 1, 283, oder 311a BGB **Schadensersatz statt der (ganzen) Leistung** verlangen. Bei gegenseitigen Verträgen kann der Gläubiger auch nach Maßgabe der § 323 Abs. 1 oder § 326 Abs. 5 BGB vom Vertrag **zurücktreten**. § 325 BGB lässt eine Kumulierung von Rücktritt und Schadensersatz zu.

Zu beachten ist, dass das BGB hier keine einheitliche Terminologie verwendet. So ist z. B. in § 323 Abs. 1 BGB die Rede davon, dass der Schuldner die Leistung „nicht oder nicht vertragsgemäß" erbringt, während im Rahmen des Schadensersatzes von „Pflichtverletzung" gesprochen wird.

Die bedeutsamen Vertragstypen **Kaufvertrag** und **Werkvertrag** enthalten ein **besonderes Sachmängelrecht** (vgl. §§ 434 ff. BGB, §§ 633 ff. BGB), ohne aber dort eine abschließende eigenständige Regelung zu treffen. Die Mängelrechte des Käufers und des Werkbesteller ergeben sich vielmehr über die Verweisungsnormen (§ 437 BGB, § 634 BGB) aus dem allgemeinen Leistungsstörungsrecht. **Abschließende eigenständige Mängelrechte** enthalten dagegen der **Mietvertrag** (§§ 536 ff. BGB) und der **Reisevertrag** (§§ 651c ff. BGB).

In diesen Fällen kann wegen einer Schlechtleistung grundsätzlich nicht auf die allgemeinen Regeln, insbesondere auf die §§ 281 ff. BGB, 323 ff. BGB zurückgegriffen werden. Eine Ausnahme gilt nur dann, wenn Mängelansprüche bereits vor Gefahrübergang geltend gemacht werden, z. B. beim Mietvertrag vor Überlassung der Mietsache oder beim Reisevertrag vor Antritt der Reise; zu diesem Zeitpunkt greifen die besonderen Mängelrechte noch nicht ein.

Im Rahmen einer Schlechtleitung werden weiterhin die **Verletzung von leistungsbezogenen Nebenpflichten** erfasst (z. B. Beratungs-, Hinweis-, Aufklärungs- oder Verpackungspflichten).

Werden **Schutzpflichten** nach § 241 Abs. 2 BGB, also **nicht leistungsbezogene Nebenpflichten**, nicht beachtet, sind entstandene Schäden **unmittelbar nach § 280 Abs. 1 BGB** (ohne weitere Voraussetzungen) zu ersetzen.

### 3.5.4.2  Schadensersatz statt der (ganzen) Leistung

#### Voraussetzungen
**Voraussetzung** für einen Anspruch auf Schadensersatz statt der (ganzen) Leistung wegen einer Schlechtleistung nach §§ 280 Abs. 1 u. 3, 281 Abs. 1 BGB ist

* das Vorliegen eines Schuldverhältnisses,
* eine Pflichtverletzung in Form der Schlechtleistung,
* eine erfolglose Fristsetzung zur Nacherfüllung sowie
* ein Vertretenmüssen des Schuldners.

Wegen der Voraussetzungen kann grundsätzlich auf die vorhergehenden Ausführungen zur Unmöglichkeit und zum Schuldnerverzug verwiesen werden. Die Entbehrlichkeit der Fristsetzung ergibt sich neben den Voraussetzungen in § 281 Abs. 2 1. Alt. BGB aus §§ 440, 636 BGB.

Das **Vertretenmüssen**, das nach § 280 Abs. 1 S. 2 BGB vermutet wird, muss sich dabei auf die Pflichtverletzung und nicht auf den eingetretenen Schaden beziehen. Maßgeblicher Zeitpunkt für das Vertretenmüssen ist nach h. M. derjenige des Fristablaufs.[121] Selbst wenn den Verkäufer an der ursprünglichen Lieferung einer mangelhaften Sache kein Verschulden trifft, reicht die schuldhaft unterbliebene oder misslungene Nachbesserung für einen Schadensersatzanspruch aus. Für das schuldhafte Verhalten seiner „Hilfspersonen", d. h. der Personen, die zur Erfüllung des Vertrages eingesetzt werden, hat er nach § 278 BGB wie für eigenes Verschulden einzustehen.

---

[121] Palandt/*Grüneberg*, § 281 BGB, Rn. 16 m. w. N.

## Rechtsfolgen

Nach Fristablauf kann der Gläubiger Schadensersatz „statt der Leistung" verlangen. Der Erfüllungsanspruch erlischt nicht mit Fristablauf, sondern nach § 281 Abs. 4 BGB erst dann, wenn der Gläubiger Schadensersatz statt der Leistung verlangt oder den Rücktritt erklärt hat (§ 349 BGB).

Der Gläubiger ist wirtschaftlich so zu stellen, wie er bei ordnungsgemäßer Erfüllung gestanden hätte. Das bedeutet den Ersatz des sog. Mangelschadens. Für dessen Berechnung gibt es zwei Möglichkeiten. Beim „**kleinen Schadensersatz**" (§ 281 Abs. 1 S. 1 BGB) behält der Gläubiger die mangelhafte Leistung bzw. Sache und verlangt im Übrigen so gestellt zu werden, als ob ordnungsgemäß erfüllt worden wäre. Der Gläubiger kann also in erster Linie als Schaden die Differenz zwischen dem Wert der erbrachten mangelhaften Leistung bzw. Sache und dem Wert der Leistung bzw. der Sache in mangelfreiem Zustand verlangen. Der Gläubiger erhält über den Ersatz des reinen Minderwertes hinaus also über §§ 280 Abs. 1, 3, 281 BGB auch den unmittelbaren Vermögensschaden ersetzt.

Ist die Schlechterfüllung erheblich, kann der Gläubiger statt des kleinen Schadensersatzanspruchs auch den „**großen Schadensersatz**" (§ 281 Abs. 1 S. 3 BGB) geltend machen („Schadensersatz statt der ganzen Leistung"). Dies gilt auch bei einer quantitativ zu geringen Leistung, wenn die Zuweniglieferung erheblich ist (vgl. § 281 Abs. 1 S. 2 BGB). Bei Kauf- und Werkverträgen stellt die Zuweniglieferung jedoch keine Teilleistung i. S. v. § 281 Abs. 1 S. 2 BGB dar, sondern eine Schlechtleistung nach § 281 Abs. 1 S. 3 BGB (zur vergleichbaren Rücktrittsproblematik, vgl. § 323 Abs. 5 BGB). Wird die Leistung teilweise nicht erbracht, besteht ein Rücktrittsrecht nur bei Interessenwegfall (§ 323 Abs. 5 S. 1 BGB); entsprechendes gilt für den Schadensersatz statt der ganzen Leistung. Wird eine Leistung nicht vertragsgemäß erbracht, besteht ein Rücktrittsrecht dann nicht, wenn die Pflichtverletzung unerheblich ist (§ 323 Abs. 5 S. 2 BGB); entsprechendes gilt nach § 281 Abs. 1 S. 3 BGB für den Schadensersatz statt der ganzen Leistung. Sinn und Zweck dieser Regelungen ist es, dass ein Gläubiger wegen eines unerheblichen, d. h. ganz geringfügigen Mangels, keinen (großen) Schadensersatz geltend machen bzw. vom Vertrag zurücktreten soll (§ 323 Abs. 5 S. 2 BGB).

Führt die Schlechtleistung nicht nur zu einem Minderwert der Leistung, sondern zu einer Verletzung anderer Rechtsgüter des Gläubigers, kann dieser die daraus resultierenden **Mangelfolgeschäden** ersetzt verlangen. Hier handelt es sich dann nicht um einen Schadensersatz statt der Leistung, da eine Nachbesserung der Leistung diesen Mangelfolgeschaden nicht beseitigen würde. Diese Mangelfolgeschäden können sowohl unabhängig von der Mangelhaftigkeit der Hauptleistung eintreten oder aber eine Folge der Mangelhaftigkeit der Hauptleistung sein. Der Anspruch ergibt sich **direkt aus § 280 Abs. 1 BGB**. Dieser besteht neben dem Anspruch auf Erfüllung und dem Anspruch auf Schadensersatz statt der Leistung.

Bei Kauf-, Miet-, und Werkverträgen existiert jeweils ein spezielles Sachmängelrecht mit modifizierten Rechten. Soweit es allerdings um den Ersatz von Mangelfolgeschäden geht, kommt § 280 Abs. 1 BGB (§ 437 Nr. 3 BGB) unmittelbar zur Anwendung; spezielle Regeln zu Mangelfolgeschäden enthalten nur der Miet- und der Reisevertrag.

### 3.5.5 Verletzung von Schutzpflichten

#### 3.5.5.1 Schutzpflichten im Schuldverhältnis

Nach § 241 Abs. 2 BGB „kann" das Schuldverhältnis nach seinem Inhalt jeden Teil zur Rücksicht auf die Rechte, Rechtsgüter und Interessen des Anderen verpflichten. Die Verletzung einer solchen **Schutzpflicht aus § 241 Abs. 2 BGB** kann nach § 280 Abs. 1 BGB einen Schadensersatzanspruch begründen, der neben den Erfüllungsanspruch tritt; § 280 Abs. 1 BGB ist hier unmittelbar anwendbar.

---

**Beispiele**

Ein Verkäufer unterlässt eine Aufklärung über die spezielle Wartungsbedürftigkeit einer Zementwaage bei Frost; ein Handelsvertreter unterrichtet den Unternehmer nicht über seine Bedenken bzgl. der Kreditwürdigkeit eines Geschäftspartners; ein Architekt erkennt auf Grund seiner besonderen Sachkenntnis Falschberechnungen des Statikers und teilt diese dem Bauherrn nicht mit; ein Kellner schüttet einem Gast infolge einer Ungeschicklichkeit Bratensoße über den Anzug; ein Verkäufer unterlässt die Mitteilung an den Käufer über ein neues, verbessertes Produkt, dass er in Kürze auf den Markt bringt.[122]

---

Verletzt der Schuldner dagegen eine „leistungssichernde" Nebenpflicht (**Nebenleistungspflicht**) und hat dies zur Folge, dass er die ihm obliegende Leistung nicht vertragsgerecht erbringen kann, z. B. wenn der Verkäufer eine Gebrauchsanweisung nicht liefert und auch sonst nicht in der Lage ist, dem Käufer eine entsprechende Anleitung zu geben, kommt § 281 BGB zur Anwendung. Der Gläubiger kann Schadensersatz „statt der Leistung" nur unter diesen zusätzlichen Voraussetzungen geltend machen.

Bei Vorliegen der Voraussetzungen des § 280 Abs. 1 BGB hat der Gläubiger einen Anspruch auf Ersatz des durch die Pflichtverletzung entstandenen Schadens. Dieser Schaden, der an seinen Rechtsgütern entstanden ist (z. B. Köper, Gesundheit, Eigentum) ist – außer den genannten Voraussetzungen (1) Schuldverhältnis, 2) objektive Pflichtverletzung, 3) Vertretenmüssen) an keine weiteren Voraussetzungen mehr gebunden, weil es sich hier weder um einen durch Verzögerung noch durch Nichterfüllung entstandenen Schaden handelt.

**Ausnahmsweise** kann der Gläubiger **Schadensersatz statt der Leistung** verlangen (§§ 280 Abs. 1 u. 3, 282 BGB) oder vom Vertrag **zurücktreten** (§ 324 BGB), wenn dem Gläubiger die Leistung durch den Schuldner nicht mehr zuzumuten ist. Während § 282 BGB und § 324 BGB explizit die Verletzung einer Pflicht aus § 241 Abs. 2 BGB voraussetzen, erfasst § 280 Abs. 1 BGB als (alleinige) Anspruchsgrundlage alle Fälle, die nicht in §§ 281 bis 283, 311a BGB geregelt sind.

---

[122] Palandt/*Grüneberg*, § 280 BGB, Rn. 28 ff. m. w. N.

Maler M soll die Wohnung des T streichen. Bei der Ausführung richtet M aber
Verwüstungen an. T möchte die Arbeiten daher von einem anderen Maler durchführen lassen und die entsprechenden Mehrkosten ersetzt bekommen. Hier sind
die Pflichtverletzungen so erheblich, dass der Gläubiger T eine Möglichkeit erhalten soll, Schadensersatz statt der Leistung zu verlangen (§§ 280 Abs. 1, 282
BGB) oder vom Vertrag zurückzutreten (§ 324 BGB).

### 3.5.5.2 Schutzpflichtverletzungen im vorvertraglichen Schuldverhältnis

Die Verletzung von Schutzpflichten hat ähnliche Voraussetzungen und Rechtsfolgen wie diejenigen in einem rechtsgeschäftlichen Schuldverhältnis. Die Rspr.
hat im Laufe der Zeit zur sog. culpa in contrahendo (Verschulden bei Vertragsabschluss) Fallgruppen gebildet. Der Grund für die Schaffung vorvertraglicher Pflichten bestand darin, dass die deliktische Haftung im vorvertraglichen Bereich nicht
immer einen angemessenen Schutz des potentiellen Vertragspartners geboten hat.
So besteht im Deliktsrecht u. a. die Möglichkeit, sich für das schädigende Verhalten
von Verrichtungsgehilfen zu exkulpieren (§ 831 BGB), während im Rahmen eines
Schuldverhältnisses für das Verschulden eines Erfüllungsgehilfen (§ 278 BGB) wie
für das eigene ohne Entlastungsmöglichkeit einzustehen ist. Die Anerkennung vorvertraglicher Schutzpflichten beruht im Wesentlichen auf dem Vertrauensprinzip.[123]
Dieses besagt, dass mit der Aufnahme eines geschäftlichen Kontaktes bzw. mit der
Aufnahme von Vertragsverhandlungen die Erwartung begründet wird, dass jeder
auf die Rechte, Rechtsgüter und Interessen Dritter Rücksicht nehmen wird.

Ein Angestellter eines Kaufhauses hantierte so ungeschickt mit einer Linoleum-
rolle, dass ein Kunde verletzt worden war. Das schuldhafte Verhalten des Angestellten war über § 278 BGB dem Unternehmensinhaber zuzurechnen. Hintergrund dieser Entscheidung waren die „Härten" des Deliktsrechts in Bezug auf
die „Gehilfenhaftung" nach § 831 BGB. Im Rahmen einer vertragsähnlichen
Sonderverbindung, wie es die culpa in contrahendo darstellte, war § 278 BGB
anwendbar; einen Entlastungsbeweis sieht § 278 BGB nicht vor.[124]

§ 311 Abs. 2 BGB normiert die Voraussetzungen, unter denen ein vorvertragliches
Schuldverhältnis zwischen den Parteien eines in Aussicht stehenden, aber noch nicht
abgeschlossenen Vertrages zustande kommt. genommenen gesetzlich geregelt. In
§ 311 Abs. 2 Nr. 1 bis 3 BGB sind Fallgruppen aufgeführt, bei denen ein Schuldverhältnis mit Pflichten aus § 241 Abs. 2 BGB angenommen wird. Die Haftung für
Pflichtverletzungen ergibt sich aus dem allgemeinen Tatbestand des § 280 Abs. 1

---

[123] BGHZ 60, 221, 226.
[124] RGZ 78, 239 – „Linoleumrollen-Entscheidung".

BGB. Welche **Schutzpflichten** im vorvertraglichen Schuldverhältnis bestehen und wie weit diese Pflichten reichen, ist nicht gesetzlich geregelt, sondern richtet sich nach den Umständen des Einzelfalls. Da die Verweisung auf die Pflichten in § 241 Abs. 2 BGB nicht sehr aussagekräftig ist, muss man sich daher weiterhin an den von der Rspr. entwickelten Fallgruppen orientieren.

Wichtige **Fallgruppen**, bei denen an einen Anspruch aus §§ 311 Abs. 2, 241 Abs. 2, 280 Abs. 1 BGB zu denken ist, bilden Körper- und Eigentumsverletzungen im Vorfeld des Vertrages, der Abbruch von Vertragsverhandlungen als Vertrauensbruch sowie die Unwirksamkeit oder die nachteilige Gestaltung des Vertrages als Folge der Verletzung von Aufklärungspflichten.

Das gesetzliche Schuldverhältnis entsteht durch die **Aufnahme von Vertragsverhandlungen** (§ 311 Abs. 2 Nr. 1 BGB). Es wird eröffnet durch den Beginn der Verhandlungen und abgeschlossen mit deren Beendigung. Der Abbruch von Vertragsverhandlungen stellt nur dann die Verletzung vorvertraglicher Pflichten dar, wenn der Abbrechende bei seinem Partner das begründete Vertrauen geweckt hat, es werde zum Vertragsabschluss kommen.

§ 311 Abs. 2 Nr. 2 BGB verlegt die Entstehung des vorvertraglichen Schuldverhältnisses auf den Zeitpunkt der **Vertragsanbahnung** vor. In diesen Fällen laufen keine Vertragsverhandlungen, aber im Hinblick auf eine etwaige rechtsgeschäftliche Beziehung (und nicht etwa eines sozialen Kontaktes) entsteht die Möglichkeit zur Einwirkung auf Rechte, Rechtsgüter und Vermögensinteressen anderer Personen. Eine feste Kaufabsicht muss nicht vorliegen; es reicht ein Informationsbedürfnis auf Seiten des Kunden. Standardbeispiel ist das Betreten eines Kaufhauses (jedoch nicht zu geschäftsfremden Zwecken, z. B. Schutz vor Regen, Diebstahl etc.).[125]

Bei **ähnlichen geschäftlichen Kontakten** (§ 311 Abs. 2 Nr. 3 BGB) handelt es sich um einen Auffangtatbestand. Zu denken ist an Kontakte, bei denen noch kein Vertrag angebahnt wurde, aber vorbereitet werden soll.

Die **Art der Pflichten** wird in § 311 Abs. 2 Nr. 2 und 3 BGB nicht festgelegt, sondern auf § 241 Abs. 2 BGB verwiesen. Es handelt sich nicht um primäre Leistungspflichten, sondern um Schutzpflichten gegenüber den Rechten, Rechtsgütern und Interessen des anderen Teils. Häufig stehen Aufklärungspflichten in Rede. Ihre Verletzung kann zu einer Haftung aus § 280 Abs. 1 BGB führen, wenn dadurch der **Vertrag nicht zustande kommt**. Verschweigt ein Kontrahent etwa ein Form- oder Genehmigungserfordernis, so haftet er, wenn ihn hinsichtlich des Unwirksamkeitsgrundes eine Aufklärungspflicht traf. Das ist z. B. dann der Fall, wenn der Unwirksamkeitsgrund aus seiner Sphäre stammt oder er vertraglich zur Aufklärung verpflichtet war.

Andererseits kann die Verletzung von Aufklärungspflichten **auch bei einem wirksamen Vertrag** zu einer Haftung aus § 280 Abs. 1 BGB führen, wenn der Geschäftspartner bei ordnungsgemäßer Aufklärung den Vertrag nicht oder nicht so abgeschlossen hätte. Dies ist grundsätzlich zu bejahen, wenn es sich um wichtige Aspekte handelt, die für die Entscheidung des Vertragsabschlusses wesentlich sind und die der Vertragspartner nicht ohne weiteres feststellen kann; maßgebend sind

---

[125] *Jacoby/von Hinden*, § 311 BGB, Rn. 2.

die Umstände des Einzelfalls. Verschweigt der Verkäufer einen schweren Unfall, dann kann der Käufer nach §§ 280 Abs. 1, 241 Abs. 2, 311 Abs. 2 BGB Rückgängigmachung des Vertrages verlangen. Entsprechendes gilt, wenn der Autovermieter des Unfallgeschädigten, der ein Ersatzfahrzeug anmietet, nicht darauf hinweist, das die (gegnerische) Haftpflichtversicherung den angebotenen Tarif möglicherweise nicht in vollem Umfang erstattet.[126]

Das **Vertretenmüssen** erfordert Verschuldensfähigkeit sowie Vorsatz oder Fahrlässigkeit hinsichtlich der Pflichtverletzung, das sich nach §§ 276 bis 278 BGB richtet.

Die **Rechtsfolge** ist Schadensersatz nach §§ 280, 249 ff. BGB. Grundsätzlich bezieht sich der Anspruch auf das **Verletzungs- und Vertrauensinteresse.** Ausnahmsweise kann sich der Schadensersatzanspruch auch auf das Erfüllungsinteresse beziehen.

Das gesetzliche Schuldverhältnis kann § 311 Abs. 3 BGB auch zu **Dritten** entstehen, d. h. zu Personen, die nicht selbst Vertragspartei werden sollen. Diese Personen, die in den Schutzbereich mit einbezogen worden sind, können im Falle einer Verletzung Schadensersatz nach § 280 Abs. 1 BGB nach den Grundsätzen des Vertrages mit Schutzwirkung zugunsten Dritter herleiten.[127]

Für den umgekehrten Fall der **Haftung Dritter**, die zwar an der Vertragsanbahnung beteiligt sind, nicht aber selbst Vertragspartei werden sollten (z. B. Vertreter, Makler), jedoch „in besonderem Maße" Vertrauen für sich in Anspruch genommen und dadurch die Vertragspartei „erheblich" beeinflusst haben, gilt § 311 Abs. 3 S. 2 BGB; hier kann in Ausnahmefällen eine Haftung dieses Dritten in Betracht kommen. Auch die „**Sachwalterhaftung**" (z. B. Sachverständiger, sonstige Auskunftspersonen) lässt sich unter § 311 Abs. 3 BGB subsumieren.[128]

### 3.5.6  Störung der Geschäftsgrundlage

Es geht hier vereinfacht um solche Fälle, in denen ein Festhalten am Vertrag in seiner ursprünglichen Fassung für die eine Vertragspartei unzumutbar ist, weil sich wesentliche Umstände nach Vertragsabschluss geändert oder schon bei Vertragsabschluss nicht wie angenommen vorgelegen haben. Bei jedem Eingehen eines Schuldverhältnisses haben die Parteien bestimmte Vorstellungen, Erwartungen und Umstände als selbstverständlich angesehen. Fallen diese nachträglich weg oder ändern sich die Umstände, kann ein Festhalten am Vertrag in dieser Form für eine Partei unzumutbar sein. Die gesetzlichen Instrumentarien, z. B. Auslegung, Unmöglichkeit, Anfechtung, Rücktritt, Kündigung oder Schadensersatz reichen mitunter nicht aus, um eine interessengerechte Lösung zu erreichen. Ausnahmsweise soll der Grundsatz „pacta sunt servanda" aus Gründen der Billigkeit durchbrochen werden.

---

[126] BGHZ 168, 168; *Jacoby/von Hinden*, § 311 BGB, Rn. 3.

[127] Vgl. zum Vertrag mit Schutzwirkung zugunsten Dritter im Folgenden unter 3.7.

[128] BGHZ 168, 168; *Jacoby/von Hinden*, § 311 BGB, Rn. 8.

Zu erwähnen seien hierzu besonders die Entscheidungen des RG während der Zeit der Inflation nach dem ersten Weltkrieg. Durch extreme wirtschaftliche und politische Veränderungen, z. B. den massiven Geldwertverfall nach dem 1. Weltkrieg, geraten Leistung und Gegenleistung in ein grobes Missverhältnis.[129] Dabei ist allerdings zu beachten, dass die „normale Geldentwertung" nicht von der Geschäftsgrundlage erfasst wird.[130] Vor der Implementierung des § 313 BG im Rahmen der Schuldrechtsreform sind die Regeln über die Störung der Geschäftsgrundlage aus dem Grundsatz von Treu und Glauben (242 BGB) abgeleitet worden. Zu beachten ist allerdings, dass eine Berufung einer Partei auf eine Störung der Geschäftsgrundlage, um den Grundsatz „pacta sunt servanda" nicht auszuhöhlen, nur in Ausnahmefällen möglich ist und speziellere Regelungen, z. B. Rücktritts- und Kündigungsvorschriften, Sachmängelvorschriften oder Anfechtungsregeln Vorrang haben.

§ 313 Abs. 1 BGB enthält vier Voraussetzungen: 1) Es müssen sich nach Vertragsabschluss Umstände schwerwiegend verändert haben, 2) Diese Umstände müssen zur Grundlage des Vertrages (jedoch nicht Vertragsinhalt) geworden sein (war der Umstand Bedingung, Rechtsgrund, dann ist der Vertrag nicht wirksam), 3) Die Parteien hätten, wenn sie dies vorhergesehen hätten, den Vertrag nicht oder mit einem anderen Inhalt geschlossen, 4) Das Festhalten am Vertrag muss für eine Partei, insbesondere aufgrund der Einzelfallumstände und vertraglichen oder gesetzlichen Risikoverteilung unzumutbar sein.[131]

Bei Vorliegen der Voraussetzungen des § 313 BGB kann die benachteiligte Partei eine **Anpassung des Vertrages** verlangen oder sich vom Vertrag lösen. Nach § 313 Abs. 3 BGB kommt eine Aufhebung des Vertrages nur dann in Betracht, wenn eine Anpassung nicht möglich oder einem Teil nicht zumutbar ist. Notwendig für eine Aufhebung des Vertrages ist eine Rücktrittserklärung (§ 349 BGB). Die Rückabwicklung erfolgt grundsätzlich nach den §§ 346 ff. BGB. Bei Dauerschuldverhältnissen erfolgt eine Vertragsbeendigung durch Kündigung, z. B. nach § 314 BGB bei Vorliegen eines wichtigen Grundes.

Ein typischer Fall ist für die Anwendung dieser Grundsätze die **Äquivalenzstörung**. Beide Vertragsparteien gehen bei Vertragsschluss davon aus, dass beide Leistungen im Wesentlichen ausgewogen sind und auch bleiben. Verkauft z. B. V an K Whisky zu einem bestimmten Preis und erhöht sich in der Folgezeit die Whiskysteuer so erheblich, dass V von dem vereinbarten Preis nicht einmal die Steuer bezahlen kann, dann hat eine Vertragsanpassung nach § 313 BGB zu erfolgen.

Bei der Abgrenzung zur vorrangigen Unmöglichkeit ist zu beachten, dass nach § 275 Abs. 2 BGB gravierende Leistungshindernisse (Schulbeispiel: Ring auf dem Meeresgrund) zur Unmöglichkeit führen, während die **wirtschaftliche Unmöglichkeit**, bei der die Leistungshandlung wirtschaftlich nicht mehr zumutbar ist, unter § 313 Abs. 1 BGB fallen kann.

---

[129] RGZ 100, 129; *Jacoby/von Hinden*, § 313 BGB, Rn. 1.
[130] BGH, NJW 1959, 2203 – „Kaliabbau"-Fall.
[131] RGZ 100, 129; *Jacoby/von Hinden*, § 313 BGB, Rn. 2.

Abgrenzungsprobleme treten in den Fällen einer **Zweckstörung** auf. Kann die geschuldete Leistung nicht mehr erbracht werden, z. B. das freizuschleppende Schiff wird mit der Flut von selber frei (Zweckerreichung) oder es ist vorher gesunken (Zweckfortfall), liegt Unmöglichkeit vor. Eine Zweckstörung ist gegeben, wenn der Schuldner die Leistung zwar noch erbringen, der Gläubiger sie aber nicht gemäß dem im Vertrag bestimmten Zweck verwenden kann.

---

**Beispiel**

V vermietet seinen Fensterplatz an M zur Besichtigung eines festlichen Umzugs. Später stellt sich heraus, dass der Umzug nicht stattfindet. Das Stattfinden des festlichen Umzuges war hier Geschäftsgrundlage, da der Fensterplatz anderenfalls gar nicht gemietet worden wäre und auch nicht vermietbar gewesen wäre. Durch die Absage des Umzuges ist diese entfallen. Eine Anpassung des Vertrages kommt hier nicht in Betracht. M kann Rückzahlung des Mietzinses verlangen.[132]

---

Nach § 313 Abs. 2 BGB wird das Fehlen der subjektiven Geschäftsgrundlage dem Fehlen der objektiven Geschäftsgrundlage gleichgestellt. Dabei geht es um die Fälle des **gemeinsamen Motivirrtums**, etwa ein gemeinsamer Kalkulationsirrtum, z. B. über einen Umrechnungskurs.[133] Das RG behandelte den Irrtum über die Grundlagen des Geschäfts noch als Erklärungsirrtum. Weiterhin zählt hierzu ein Irrtum über den mit einem Pachtobjekt erzielbaren Umsatz oder über die öffentliche Förderung eines Bauvorhabens.[134]

---

## 3.6  Vertrag zugunsten Dritter

Vertragliche Leistungspflichten treffen grundsätzlich nur die Parteien des Vertrages. In bestimmten Fällen kann ein Bedürfnis bestehen, einem nicht am Vertrag beteiligten Dritten einen unmittelbaren Leistungsanspruch zu verschaffen, insbesondere bei Verträgen mit Vorsorgefunktion. In anderen Fällen steht der praktische Nutzen eines eigenen Forderungsrechts für den Dritten im Vordergrund.

Das BGB trägt diesem Bedürfnis mit dem echten **Vertrag zugunsten Dritter** Rechnung (§ 328 Abs. 1 BGB). Es geht dabei z. B. um Verträge, die der Arbeitgeber zur Altersvorsorge mit Betriebs- und Unterstützungskassen schließt, um Sparverträge zugunsten Dritter auf den Todesfall (§§ 488, 328, 331 BGB), um den Abschluss einer Lebensversicherung des Ehemannes zugunsten seiner Ehefrau oder um eine Herstellergarantie zugunsten des Endabnehmers im Liefervertrag mit dem Zwischenhändler. Es handelt sich hierbei um **keinen eigenständigen Vertragstyp**. Vielmehr kann er für alle Vertragstypen vereinbart werden, wo immer eine Leistung an einen Dritten erfolgen soll und der einen eigenen Anspruch erwerben soll. Der

---

[132] *Jacoby/von Hinden*, § 313 BGB, Rn. 4.
[133] RGZ 105, 406 – „Rubel-Fall".
[134] BGH, NJW-RR 1990, 601, 602.

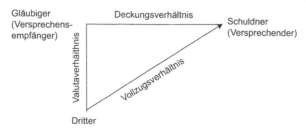

**Abb. 3.8** Vertrag zugunsten Dritter

Anspruch des Dritten ergibt sich aber niemals allein aus § 328 BGB, sondern stets nur im Zusammenhang mit einer Anspruchsgrundlage. Deshalb steht dieser Vertragstyp auch nicht im Besonderen Teil des Schuldrechts, sondern im Allgemeinen Teil unter dem Titel „Versprechen der Leistung an einen Dritten". Zu beachten ist, dass Verträge zu Lasten Dritter, d. h. Verträge, durch die gegen einen Dritten ein Anspruch begründet wird, nicht zulässig sind. Sie sind mit dem Grundsatz der Privatautonomie nicht vereinbar.[135]

Dem Dritten steht beim echten Vertrag zugunsten Dritter unmittelbar ein **eigener Anspruch** zu. Die drei beteiligten Personen werden als Versprechender (da dieser sich zu einer Leistung verpflichtet hat (Schuldner)), Versprechensempfänger (demgegenüber die Leistung versprochen wurde (Gläubiger)) und Dritter (an den die Leistung bewirkt werden soll) bezeichnet.

Das Schuldverhältnis zwischen dem Gläubiger und dem Schuldner, durch das der Leistungsanspruch des Dritten begründet wird, nennt man **Deckungsverhältnis**, weil dieses Rechtsverhältnis den Rechtsgrund für die Zuwendung des Schuldners an den Dritten darstellt, d. h. also diese Zuwendung im Prinzip rechtlich deckt. Das Schuldverhältnis zwischen dem Gläubiger und dem Dritten, durch das der Gläubiger seinerseits eine Verpflichtung gegenüber dem Dritten erfüllen oder ihm ein Geschenk machen will, wird als **Valutaverhältnis** bezeichnet, weil der Gläubiger den Vertrag zugunsten Dritter mit dem Schuldner schließt, um dadurch die Rechtsbeziehung mit dem Dritten zu valutieren; es gibt also Aufschluss darüber, warum der Gläubiger dem Dritten etwas zuwendet. Das Valutaverhältnis bildet im Verhältnis zwischen Gläubiger und Schuldner den Rechtsgrund (i. S. v. § 812 BGB) für das Behaltendürfen der Leistung des Schuldners.[136] Das Rechtsverhältnis zwischen Versprechendem und Drittem wird als **Vollzugsverhältnis** bezeichnet (Abb. 3.8).

---

**Beispiele**

1. G mietet für seine Tochter T, die im WiSe 2015/2016 in Frankfurt ein Studium aufnimmt, bei V eine Wohnung. G und V vereinbaren, dass G die Miete bezahlt und dass T von V zum vereinbarten Zeitpunkt die Überlassung der Wohnung verlangen kann. V ist T gegenüber nach §§ 535 Abs. 1, 328 Abs. 1

---

[135] Palandt/*Grüneberg*, Einf. v. § 328 BGB, Rn. 10.
[136] *Brox/Walker*, SchuldR AT, § 32, Rn. 7.

BGB zur Überlassung der Wohnung verpflichtet. Hierfür erhält er Deckung von G, der ihm gegenüber aus § 535 Abs. 2 BGB zur Zahlung des vereinbarten Mietzinses verpflichtet ist.

2. Eine Lebensversicherungsgesellschaft verpflichtet sich, an den hinterbliebenen Ehegatten eine bestimmte Summe zu zahlen. Der Grund für die Auszahlung der Versicherungssumme (Deckungsverhältnis) liegt in dem abgeschlossenen Versicherungsvertrag zwischen dem Versprechenden (Versicherungsgesellschaft) und dem Versprechensempfänger (derjenige, der die Versicherung zugunsten der Hinterbliebenen abgeschlossen hat).

Der Dritte muss sich von dem Versprechensempfänger nichts aufdrängen lassen. § 333 BGB bestimmt, dass der Dritte das Recht hat, das er ohne seine Zutun erworben hat, zurückweisen kann. Es gilt dann als nicht erworben. Dem Versprechenden soll dadurch kein Nachteil entstehen, dass er nicht an den Versprechensempfänger, d. h. seinen Vertragspartner, sondern an einen Dritten leistet. Nach § 334 BGB kann er daher dem Dritten gegenüber alle Einwendungen aus dem Deckungsverhältnis entgegenhalten, auf dem ja auch seine Verpflichtung beruht.

Man unterscheidet zwischen einem echten und einem unechten Vertrag zugunsten Dritter. Beim echten Vertrag zugunsten Dritter steht dem Dritten ein eigener Anspruch auf die Leistung gegen den Versprechenden zu. Im Falle eines **unechten Vertrages zugunsten Dritter** hat der Gläubiger den Schuldner lediglich nach §§ 362 Abs. 2, 185 BGB ermächtigt, an einen Dritten zu leisten. Die Verpflichtung des Schuldners, an den Dritten zu leisten, besteht nur gegenüber dem Versprechensempfänger. Der Dritte hat keinen eigenen Anspruch auf die Leistung, d. h. er kann von diesem die Leistung nicht fordern. Ob ein echter oder unechter Vertrag zugunsten Dritter vorliegt, bestimmt sich nach § 328 Abs. 2 BGB „aus den Umständen, insbesondere aus dem Zweck des Vertrages"; Auslegungshilfen ergeben sich aus den §§ 329 bis 331 BGB.

## 3.7  Schuldverhältnis mit Schutzwirkung zugunsten Dritter

Neben dem eigentlichen Vertrag zugunsten Dritter, der für den Dritten einen Anspruch auf die (Haupt-)Leistung begründet, hat die Rspr. als eine besondere Form den „Vertrag mit Schutzwirkung zugunsten Dritter" entwickelt. Der Anspruch auf die Hauptleistung steht allein dem Gläubiger zu. Der Dritte ist jedoch insoweit in die vertraglichen Sorgfalts- und Obhutspflichten einbezogen, dass er bei deren Verletzung einen (vertraglichen) Schadensersatzanspruch geltend machen kann.[137]

Der Grund für die Schaffung des Vertrages mit Schutzwirkung zugunsten Dritter waren die Schwächen des Deliktsrechts, insbesondere die für einen Geschädigten unbefriedigende Regelung der Gehilfenhaftung. Im deliktischen Bereich kann bei der Gehilfenhaftung (§ 831 BGB) der sog. Exkulpationsbeweis geführt werden,

---

[137] BGH, NJW 2008, 2245; Palandt/*Grüneberg*, § 328 BGB, Rn. 13; *Medicus/Lorenz*, SchuldR I, Rn. 864 ff.

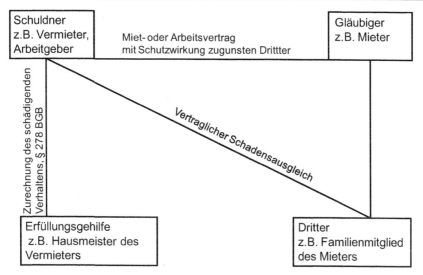

**Abb. 3.9** Vertrag mit Schutzwirkung zugunsten Dritter

während der Verletzte im Falle einer Verletzung vertraglicher Pflichten i. d. R. durch die Anwendung des § 278 BGB erheblich günstiger steht. Nach § 278 BGB ist im Falle der Einschaltung eines Erfüllungsgehilfen ein Exkulpationsnachweis ausgeschlossen; weitere Gründe sind die günstigere Beweislastverteilung und die Möglichkeit, auch Vermögensschäden ersetzt zu bekommen.

Rechtsgrundlage des Vertrages mit Schutzwirkung zugunsten Dritter ist nach der Rspr. eine ergänzende Vertragsauslegung, durch die festgestellt wird, ob und in welchem Umfang eine Schutzwirkung zugunsten des Dritten besteht.[138] Seit 2002 findet es in § 311 Abs. 3 BGB eine gesetzliche Grundlage (Abb. 3.9).[139]

Die Schutzwirkung zugunsten Dritter kann sich sowohl im vertraglichen als auch im vorvertraglichen Bereich, insbesondere während laufender Vertragsverhandlungen, stellen.[140] Diese Konstruktion darf allerdings nicht dazu führen, jedem Dritten, der durch eine Sorgfaltspflichtverletzung des Schuldners einen Schaden erlitten hat, einen Schadensersatzanspruch aus dem Vertrag zwischen dem Gläubiger und dem Schuldner zu gewähren. Dies würde die grundsätzliche Regelung missachten, dass eine vertragliche Haftung nur zwischen Gläubiger und Schuldner besteht, die durch den Vertrag miteinander verbunden sind. Außerdem würde der Unterschied zwischen mittelbarem und unmittelbarem Schaden unbeachtet bleiben. Die Einbeziehung Dritter in den Schutzbereich des Vertrages soll daher nur unter **bestimmten, engen Voraussetzungen** möglich sein.[141]

---

[138] BGH, NJW 2014, 2345; BGHZ 56, 273; Palandt/*Grüneberg*, § 328 BGB, Rn. 14; a. A. *Looschelders*, SchuldR AT, § 9, Rn. 160.

[139] BGH, NJW 2001, 3115 (3116); BGHZ 56, 269 (273); *Brox/Walker*, SchuldR AT, § 33, Rn. 6.

[140] BGHZ 66, 51 – „Gemüseblatt-Fall".

[141] *Brox/Walker*, SchuldR AT, § 33, Rn. 7.

**Voraussetzung** für das Vorliegen eines Vertrages mit Schutzwirkung zugunsten Dritter ist, dass zunächst eine „**besondere Leistungsnähe**" des Dritten gegeben ist. Das bedeutet, dass der Dritte den Gefahren der Sachleistung ebenso stark ausgesetzt ist wie der Gläubiger selbst. Diese Voraussetzung trifft bei Kindern zu, die ihre Eltern beim Einkauf begleiten („Gemüseblatt-Fall"), auf Angehörige des Mieters, die mit diesem in häuslicher Gemeinschaft leben (nicht dagegen Besucher und Gäste des Mieters) sowie auf Arbeitnehmer, die eine vom Arbeitgeber gemietete oder gekaufte Maschine bedienen.

Weiterhin muss ein **Schutzinteresse des Gläubigers** „gegenüber dem Dritten" bestehen. Die Rspr. hat ursprünglich eine Schutzwirkung zugunsten Dritter nur dann bejaht, wenn der Gläubiger für das „Wohl und Wehe" des Dritten mitverantwortlich ist, d. h. wenn er diesem Schutz und Fürsorge schuldet. Dementsprechend hat die Rspr. verlangt, dass zwischen dem Gläubiger und dem Dritten eine Rechtsbeziehung mit personenrechtlichem Einschlag bestehen soll, wie z. B. im Falle einer familienrechtlichen, arbeitsrechtlichen oder mietvertraglichen Beziehung. Inzwischen hat die Rspr. aber den Schutz des Dritten auch dann anerkannt, wenn die Leistung nach dem Vertragsinhalt bestimmungsgemäß dem Dritten zugutekommen soll.[142]

Die Einbeziehung des Dritten in den Schutzbereich des Vertrages muss für den Schuldner auch „**erkennbar**" gewesen sein[143], denn er muss wissen können, auf welches Risiko er sich einlässt. Er braucht allerdings den geschützten Personenkreis nicht zu kennen. Ausreichend ist, dass er diesen nach allgemeinen Merkmalen abgrenzen kann.

---

**Beispiele**

1. („Treppen-Fall")[144]: Vermieter V lässt das Treppengeländer des vermieteten Hauses vom Hausmeister H reparieren. Der sonst stets sehr zuverlässig arbeitende H verrichtet seine Arbeit unsachgemäß. Die 6-jährige Tochter T des Mieters M stürzt deshalb die Treppe hinunter und verletzt sich erheblich. T ist nicht Vertragspartei. Deliktische Ansprüche aus § 831 BGB scheitern an den Exkulpationsmöglichkeit des V. T ist allerdings in den Schutzbereich des Vertrages zwischen V und M einbezogen. Die bestimmungsgemäße Leistungsnähe besteht bei T als Tochter des Mieters M. T steht damit ein eigener vertraglicher Schadensersatzanspruch aus § 280 Abs. 1 BGB zu, wobei V für das Verschulden seines Erfüllungsgehilfen H unbedingt einzustehen hat.

2. („Gemüseblatt-Fall")[145]: Die 9-jährige Tochter T begleitet ihre Mutter M beim Einkaufen in das Lebensmittelgeschäft des V. Dort rutscht sie auf einem Gemüseblatt aus, das der bislang stets sehr sorgfältig arbeitende Angestellte A infolge von Fahrlässigkeit nicht entfernt hatte. T verletzt sich aufgrund des

---

[142] BGH, NJW-RR 2006, 611; BGHZ 128, 168, 173.

[143] Palandt/*Grüneberg*, § 328 BGB, Rn. 18 m. w. N.; *Medicus/Lorenz*, SchuldR I, Rn. 872.

[144] BGHZ 77, 116, 124; 49, 350, 353.

[145] BGHZ 66, 51, 124; 49, 350, 353.

Sturzes und muss ärztlich behandelt werden. Ebenso wie im „Treppen-Fall"
scheitern deliktische Ansprüche aus § 831 BGB an den Exkulpationsmöglichkeit des V. T ist allerdings auch hier in den Schutzbereich des Vertrages zwischen V und M einbezogen. Die bestimmungsgemäße Leistungsnähe besteht
bei T deshalb, weil sie ihre Mutter beim Einkauf begleitet hat. T steht damit
auch hier ein eigener vertraglicher Schadensersatzanspruch aus § 280 Abs. 1
BGB zu, wobei V für das Verschulden seines Erfüllungsgehilfen A (§ 278
BGB) unbedingt einzustehen hat.

Der Dritte muss **schutzbedürftig** sein. Daran fehlt es, wenn dem Dritten eigene
vertragliche Ansprüche – egal gegen wen – zustehen, die denselben oder zumindest
einen vergleichbaren Inhalt haben wie die Ansprüche, die ihm zustehen würden,
wenn er in den Schutzbereich einbezogen wäre.[146]

So kann aus dem Vertrag eines Händlers mit einem Hersteller keine besondere
Schutzpflicht zugunsten des Endverbrauchers hergeleitet werden. Die Probleme,
die bei der „Produzentenhaftung" entstehen, lassen sich nicht mit der Rechtsfigur
des Vertrages mit Schutzwirkung zugunsten Dritter lösen.[147] Ebenso ist der Untermieter nicht in den Schutzbereich des Vertrages zwischen Vermieter und Hauptmieter einbezogen. Da der Untermieter bei schädigenden Ereignissen einen eigenen Schadensersatzanspruch aus § 536a Abs. 1 BGB gegen seinen Vertragspartner
(Hauptmieter) hat, besteht kein Anlass, ihn unter dem Aspekt des Vertrages mit
Schutzwirkung zugunsten Dritter auch noch einen Schadensersatzanspruch gegen
den Vermieter aus § 536a BGB zu geben.[148]

Der Vertrag mit Schutzwirkung zugunsten Dritter ist von der Schadensliquida-
tion im Drittinteresse abzugrenzen. Tritt bei einer Vertragsverletzung ein Schaden
nicht bei dem Gläubiger, sondern (zufällig) bei einem Dritten ein, kann der Gläubiger ausnahmsweise diesen Schaden (für den Dritten) liquidieren (**Drittschadensliquidation**). Der Unterschied zum Vertrag mit Schutzwirkung zugunsten Dritter
besteht darin, dass bei der Drittschadensliquidation der Anspruch nicht zum Schaden, sondern der Schaden zum Anspruch gezogen wird, d. h. nicht der Dritte erwirbt
eine eigenen Schadensersatzanspruch, sondern der Gläubiger macht den Schadensersatzanspruch des Dritten geltend.[149] Die Drittschadensliquidation kommt in Betracht bei der obligatorischen Gefahrentlastung, z. B. beim Versendungskauf oder
Vermächtnis, bei Obhutsfällen sowie bei der mittelbaren Stellvertretung (z. B.
Kommissionsgeschäft). Kennzeichnend für die mittelbare Stellvertretung ist, dass
jemand im eigenen Namen für fremde Rechnung einen Vertrag schließt, z. B. beim
Kommissionsgeschäft. Verletzt der Vertragspartner den Vertrag, so tritt der Schaden
regelmäßig nicht bei dem mittelbaren Stellvertreter (z. B. Kommissionär), sondern

---

[146] BGH, NJW-RR 2011, 462 (463); *Brox/Walker*, SchuldR AT, § 33, Rn. 12; *Kindl/Feuerborn*,
§ 49, Rn. 20 ff.

[147] Palandt/*Grüneberg*, § 328 BGB, Rn. 17 ff. m. w. N.

[148] BGHZ 70, 327, 330; *Looschelders*, SchuldR AT, § 46, Rn. 1023 ff.

[149] *Brox/Walker*, SchuldR AT, § 33, Rn. 18.

beim Geschäftsherrn (z. B. Kommittent) ein. Nach der Rspr. ist es dem mittelbaren Stellvertreter erlaubt, den Schaden bei seinem Vertragspartner geltend zu machen.[150]

## 3.8  Gläubigerwechsel

### 3.8.1  Überblick

Im einfachsten Fall behält der Gläubiger die Forderung bis zur Fälligkeit und verlangt dann vom Schuldner Erfüllung. Es kann aber auch zu einem Wechsel der Inhaberschaft an der Forderung kommen, etwa dadurch, dass der Gläubiger die Forderung auf einen Dritten überträgt.

Forderungen sind im heutigen Wirtschaftsverkehr von großer Bedeutung. Dies zeigt sich u. a. an den vielfältigen Formen des Forderungskaufs („Factoring") sowie an dem verbreiteten Einsatz von Forderungen zu Sicherungszwecken („Sicherungszession"). So überträgt beim **Factoring-Vertrag** ein Gläubiger – zur Verbesserung seiner Liquidität – seine Außenstände gegen einen Kosten- und Bonitätsabschlag i. d. R. auf ein Kreditinstitut. Die **Sicherungsabtretung** (= Sicherungszession) einer Forderung hat gegenüber der Verpfändung einer Forderung den Vorteil, dass sie keine bonitätsschädigende Anzeige an den Schuldner erfordert (§ 1280 BGB). Zudem stellen Forderungen für die Gläubiger des Forderungsgläubigers ein potentielles Haftungsobjekt dar und können daher Gegenstand von Vollstreckungsmaßnahmen sein; einschlägige Regelungen finden sich in den §§ 828 ff. ZPO.

Das Gesetz kennt drei Formen des Gläubigerwechsels. Häufigster Fall ist die Übertragung durch Rechtsgeschäft. In den §§ 398 ff. BGB ist der **Forderungsübergang durch Rechtsgeschäft (Abtretung)** geregelt.[151] Daneben ordnet das Gesetz an vielen Stellen einen Forderungsübergang an (**gesetzlicher Forderungsübergang – „cessio legis"**). Auf den gesetzlichen Forderungsübergang sind nach § 412 BGB die meisten Vorschriften über die Abtretung entsprechend anwendbar. Ein Gläubigerwechsel kann schließlich auch durch einen **staatlichen Hoheitsakt** eintreten, d. h. auf Grund öffentlich-rechtlicher Vorschriften. Zu denken ist vor allem an den (seltenen) Fall, dass eine im Wege der Zwangsvollstreckung gepfändete Forderung dem Vollstreckungsgläubiger an Zahlung statt überwiesen wird (§ 835 Abs. 1 2. Alt. ZPO). Nach § 835 Abs. 2 ZPO geht die Forderung mit der Überweisung auf den Vollstreckungsgläubiger über.

---

> **Beispiele**
>
> 1. Ersetzt z. B. ein Schadensversicherer dem Geschädigten seinen Schaden, so geht ein etwaiger Ersatzanspruch nach § 86 VVG auf den Versicherer über.
> 2. Gläubiger G hat gegen den Schuldner S eine Darlehensforderung, die durch eine Bürgschaft des Bürgen B gesichert wird. Nimmt G den B in Anspruch

---

[150] *Looschelders*, SchuldR AT, § 46, Rn. 1029 m. w. N.
[151] Hierzu im Folgenden unter 3.8.2.

und bezahlt er die Forderung, die G gegen den S hat, geht nach § 774 Abs. 1 BGB diese Forderung auf ihn über, d. h. B erhält – sozusagen als Ausgleich – die Darlehensforderung gegen S. Dasselbe Prinzip gilt bei anderen Sicherungsmitteln (z. B. § 1143 Abs. 1 S. 1 BGB). Ähnliches gilt auch im Verhältnis unter Gesamtschuldnern, wenn einer von ihnen die Leistung erbringt. Soweit der leistende Schuldner bei den übrigen Gesamtschuldnern Regress nehmen kann, geht die Forderung des Gläubigers nach § 426 Abs. 2 BGB auf ihn über.

### 3.8.2 Abtretung

Nach § 398 S. 1 BGB kann eine **Forderung** von einem Gläubiger durch **Vertrag** auf einen anderen (Neugläubiger) **übertragen** werden. Der „alte" Gläubiger wird als **Zedent**, der „neue" Gläubiger als **Zessionar** und die Forderungsabtretung an sich als **Zession** bezeichnet. Mit dem Abschluss des Vertrages übernimmt der neue Gläubiger die Position des bisherigen Gläubigers (§ 398 S. 2 BGB) (Abb. 3.10).

Durch eine Forderungsabtretung wird regelmäßig ein entsprechendes Kausalgeschäft erfüllt. In Betracht kommen hierbei Kauf, Schenkung, Auftrag, Geschäftsbesorgung oder sonstige Vereinbarungen. Die Abtretung ist als abstraktes **Verfügungsgeschäft** von dem zugrundeliegenden (schuldrechtlichen) Kausalgeschäft zu unterscheiden. Fehlt ein Kausalgeschäft oder ist es nichtig (z. B. ein Kaufvertrag nach einer Anfechtung wegen Irrtums nach §§ 119, 142 BGB), bleibt die Wirksamkeit der Abtretung unberührt. Jedoch steht in diesen Fällen dem bisherigen Gläubiger gegen den neuen ein Bereicherungsanspruch nach §§ 812 ff. BGB auf Rückabtretung der Forderung zu.

Voraussetzung einer Forderungsabtretung ist zunächst der Abschluss eines **Abtretungsvertrages**, in dem sich die Vertragsparteien über den Forderungsübergang einig sind. Ein Mitwirken des Schuldners, insbesondere seine Zustimmung, ist nicht erforderlich. Es ist noch nicht einmal erforderlich, dass er hiervon Kenntnis erlangt; man spricht dann von einer stillen Zession.

Er ist grundsätzlich **formlos** gültig. Eine Ausnahme enthält § 1154 BGB. Danach ist eine nach § 1154 Abs. 1 BGB für eine durch Hypothek gesicherte Forderung

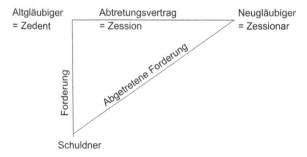

**Abb. 3.10** Forderungsabtretung

eine schriftliche Abtretungserklärung und die Übergabe des Hypothekenbriefes erforderlich.

Weiterhin ist Voraussetzung, dass der Zedent, also derjenige, der die Forderung überträgt, **Inhaber** der Forderung ist. Das bedeutet, dass die Forderung überhaupt wirksam bestehen muss und gerade dem Altgläubiger – und nicht einem Dritten – zustehen muss. Anders als bei Grundstücken und beweglichen Sachen (vgl. §§ 932 ff., 892 BGB) gibt es bei Forderungen keinen gutgläubigen Erwerb. Der Grund für den Ausschluss des gutgläubigen Erwerbs an Forderungen besteht darin, dass es an einem Kennzeichen fehlt, das – wie bei beweglichen Sachen der Besitz oder bei Grundstücken das Grundbuch – auf die Berechtigung des Verfügenden hinweist und damit einen Rechtsschein schafft, auf den der Gutgläubige vertrauen darf.

Von diesem Grundsatz macht **§ 405 BGB** eine Ausnahme, wenn die Forderung unter Vorlage einer Schuldurkunde abgetreten wird, die der Schuldner über ein Scheingeschäft (§ 117 BGB) ausgestellt hat. Die Urkunde schafft hier den erforderlichen Rechtsschein.

Weiterhin muss die Forderung, wie jeder Gegenstand einer Verfügung, **bestimmbar** sein. Die Forderung muss nach Inhalt, Höhe und Person des Schuldners bestimmt sein. Ausreichend ist nach der Rspr. allerdings, wenn die Bestimmbarkeit zu dem Zeitpunkt vorliegt, zu dem die Forderung auf den neuen Gläubiger übergehen soll. Danach können auch künftig entstehende Forderungen übertragen werden (sog. **Vorausabtretung**).[152] Diese Frage nach der Bestimmbarkeit ist vor allem bei der Globalzession und bei der Abtretung künftiger Forderungen im Rahmen des verlängerten Eigentumsvorbehaltes von Bedeutung. Schranken können sich hier aus § 138 BGB ergeben.[153]

Eine Forderungsabtretung ist **unzulässig**, wenn ein gesetzliches oder vertragliches **Abtretungsverbot** die Abtretbarkeit ausschließt. Ein gesetzliches Abtretungsverbot besteht bei unpfändbaren Forderungen (§ 400 BGB), wenn die Abtretung vertraglich ausgeschlossen war oder es zu einer Inhaltsänderung kommt (§ 399 BGB). Die Übertragbarkeit kann durch eine spezielle Regelungen, z. B. § 613a S. 2 BGB, ausgeschlossen sein.

Der Schuldner muss, da er an der Abtretung nicht beteiligt wird, geschützt werden. So kann er nach § 404 BGB dem neuen Gläubiger alle **Einwendungen** und **Einreden** entgegenhalten, die er auch gegenüber dem alten Gläubiger hätte geltend machen können. Weitere Schutzvorschriften enthalten die §§ 405 ff. BGB. Erfährt der Schuldner von der Abtretung nichts und leistet er an den alten Gläubiger, der nunmehr Nichtberechtigter ist, greift § 407 BGB ein. Der neue Gläubiger muss dann die Leistung des Schuldners gegen sich gelten lassen. Es ist also eine Erfüllung der Verbindlichkeit eingetreten; nach § 407 BGB gilt dies auch für jedes andere Rechtsgeschäft. Es tritt demnach eine für §§ 812 ff. BGB typische Bereicherungssituation auf, denn der bisherige Gläubiger erlangt etwas, was nicht ihm, sondern dem neuen Gläubiger zusteht. Diesen speziellen Fall regelt § 816 Abs. 2 BGB. Danach kann der der neue Gläubiger von dem bisherigen Gläubiger die Herausgabe des Erlangten verlangen.[154]

---

[152] BGH, NJW 1988, 3204.

[153] Vgl. BGH, WM 1990, 1326 zur „Knebelung".

[154] Anschaulich zur Forderungsabtretung *Kindl/Feuerborn*, § 50.

## 3.9 Schuldnerwechsel

Durch die Abtretung erfolgt ein Wechsel auf der Gläubigerseite. Der **Wechsel auf der Schuldnerseite** erfolgt durch eine **Schuldübernahme**. Die Schuldübernahme setzt eine Beteiligung des Gläubigers voraus, da diesem i. d. R. die Bonität seines Schuldners nicht gleichgültig sein dürfte. Nach § 414 BGB kann die Schuldübernahme durch einen Vertrag zwischen dem Gläubiger und dem Übernehmer (als „Neuschuldner") oder nach § 415 BGB durch einen Vertrag zwischen dem Neuschuldner und Altschuldner bewirkt werden; in diesem Fall hängt jedoch die Wirksamkeit von der Genehmigung des Gläubigers ab. Die befreiende Schuldübernahme ist im Einzelnen in den §§ 414 bis 418 ff. BGB geregelt.

Die Schuldübernahme gem. §§ 414, 415 BGB ist von der „gesetzlich nicht geregelten **Schuldmitübernahme**" (auch als Schuldbeitritt oder kumulative Schuldübernahme bezeichnet) zu unterscheiden. Bei der Schuldmitübernahme wird die Schuld in der Weise übernommen, dass der Übernehmer als Gesamtschuldner neben den bisherigen Schuldner in das Schuldverhältnis eintritt. Der Gläubiger erhält in diesem Fall einen zweiten Schuldner. In einigen Fällen entsteht ein Schuldbeitritt kraft Gesetz (vgl. § 613a BGB; § 25 HGB).

Im Gegensatz zur Schuldübernahme und zum Schuldbeitritt haftet der **Bürge** akzessorisch für die fremde Schuld des Hauptschuldners, während beim Schuldbeitritt der Beitretende die Schuld als eigene übernimmt. Die Gemeinsamkeit zwischen Schuldbeitritt und Bürgschaft besteht darin, dass dem Gläubiger eine zusätzliche Sicherheit gegen einen Mithaftenden verschafft wird. Bei der Abgrenzung ist zu prüfen, ob mit der Zusage eine selbstständige Schuld begründet werden sollte. Dies ist durch **Auslegung** unter Berücksichtigung der unterschiedlichen Interessen zu ermitteln. Nach der h. M. ist ein gewichtiges Indiz für einen formfreien Schuldbeitritt ein eigenes wirtschaftliches oder rechtliches Interesse des Übernehmers. Bei verbleibenden Zweifeln ist von einer Bürgschaft auszugehen. Nur wenn ein eigenes rechtliches oder wirtschaftliches Interesse vorliegt, kann aufgrund des Eigeninteresses auf die Warnfunktion des § 766 BGB verzichtet werden.[155]

Die Zulässigkeit des **Garantievertrages** ergibt sich aus dem Grundsatz der Vertragsfreiheit (§ 311 Abs. 1 BGB). Mit einem (**formfreien**) **Garantievertrag** verpflichtet sich der Dritte, unabhängig von dem Bestehen einer Verbindlichkeit, gegenüber dem Gläubiger für den **Eintritt eines bestimmten Erfolgs** einzustehen oder die Haftung für einen künftigen, noch nicht entstandenen Schaden zu übernehmen.[156]

## 3.10 Gläubigermehrheit und Schuldnermehrheit

Das Grundmodell des Schuldverhältnisses im BGB geht vom Zweipersonenverhältnis aus, d. h. das sich jeweils nur eine Person auf Schuldner- und Gläubigerseite befindet. Es können jedoch auf der Schuldnerseite, aber auch auf der (hier nicht zu

---

[155] BGH, NJW 1981, 47; *Brox/Walker* SchuldR BT, § 35 Rn. 22.
[156] BGH WM 1982, 632; NJW 1958, 1438.

behandelnden) Gläubigerseite mehrere Personen stehen. Die §§ 420 bis 432 BGB regeln (nicht vollständig) diese Fallkonstellationen der Schuldner- und Gläubigermehrheit. Zu den Schuldnermehrheiten zählen die Teilschuld (§ 420 1. Alt. BGB), die Gesamthandsschuld (§§ 421 bis 427, 431 BGB) und die gesetzlich nicht geregelte gemeinschaftliche Schuld.[157] Im Folgenden soll die Gesamtschuld als praktisch wichtigste Form der Schuldnermehrheit kurz skizziert werden.

Die **Gesamtschuld** (§§ 421 bis 427, 431 BGB) ist dadurch gekennzeichnet, dass jeder Schuldner zur Erbringung der ganzen Leistung aus einem Schuldverhältnis verpflichtet ist, der Gläubiger jedoch die Leistung nur einmal fordern darf (§ 421 S. 1 BGB).[158] Wird von einem Gesamtschuldner die ganze Leistung erbracht, dann wirkt diese Erfüllung durch einen Gesamtschuldner auch für die übrigen Schuldner (§ 422 Abs. 1 S. 1 BGB). Der Gläubiger erhält also die Leistung nur einmal. Der Ausgleich unter den Gesamtschuldnern ergibt sich aus der im Innenverhältnis bestehenden Abrede oder aus Gesetz (§ 426 BGB).

---

**Beispiel**

A und B übernehmen jeweils eine Bürgschaft gegenüber dem G für die Schuld des S in Höhe von 10.000 €. A und B haften nach § 769 BGB als Gesamtschuldner, sobald die Voraussetzungen für eine Inanspruchnahme als Bürgen gegeben sind. G kann dann wahlweise A oder B auf den vollen Betrag oder jeweils auf Teilbeträge in Anspruch nehmen, jedoch insgesamt nur einmal 10.000 € verlangen.

---

Die praktische Bedeutung der Gesamtschuld bedeutet für den Gläubiger eine starke Sicherung seines Anspruchs. Der Vorteil zeigt sich deutlich im Vergleich zur Teilschuld. Ist dort einer der Schuldner nicht liquide, so trägt der Gläubiger das Insolvenzrisiko. Bei der Gesamtschuld reicht es dem Gläubiger dagegen, wenn einer der Gesamtschuldner liquide ist; regelmäßig wird er sich den leistungsfähigsten Schuldner aussuchen. Das Insolvenzrisiko trägt damit der Gesamtschuldner, der einen eventuell gegebenen Rückgriffsanspruch nach § 426 BGB gegen seine Mitschuldner nicht durchsetzen kann.

Eine Gesamtschuld entsteht durch rechtsgeschäftliche Verpflichtungen, insbesondere wenn mehrere eine unteilbare Leistung schulden (z. B. Verpflichtung zur Erstellung eines Werks, Herausgabe einer bestimmten Sache) oder wenn es vom Gesetz angeordnet ist (z. B. §§ 830, 840 BGB). Nach § 427 BGB besteht im Falle einer **gemeinschaftlichen Leistungsverpflichtung** im Zweifel eine Gesamtschuld.

Während die §§ 422 bis 425 BGB das Außenverhältnis regeln, erfasst § 426 BGB das Innenverhältnis zwischen den einzelnen Gesamtschuldnern. Es geht hier darum, ob der vom Gläubiger in Anspruch genommene Schuldner endgültig mit der Leistungspflicht belastet werden soll. Der **Ausgleichsanspruch** nach § 426 Abs. 1 BGB gewährt dem in Anspruch genommenen Gesamtschuldner einen Ausgleichsan-

---

[157] Vgl. demgegenüber die drei gesetzlich geregelten Formen der Gläubigermehrheit (§§ 420 2. Alt., 428 bis 430, 432 BGB).

[158] BGHZ 65, 226; 26, 102.

spruch gegen die übrigen Schuldner, soweit er mehr als den auf ihn entfallenden Teil der Schuld getilgt hat. § 426 Abs. 1 BGB begründet ein Ausgleichsschuldverhältnis. § 426 Abs. 1 S. 1 BGB gibt einen selbstständigen Anspruch, der nach § 195 BGB in drei Jahren verjährt. Er kann von den übrigen Schuldnern nicht die volle Regresssumme verlangen, sondern nur den jeweiligen Anteil einfordern (**pro-rata-Haftung**).

---

**Beispiele**

1. Unterzeichnen beide Ehegatten einen Mietvertrag über die gemeinsame eheliche Wohnung, dann haften sie in Bezug auf die Ansprüche aus dem Mietverhältnis als Gesamtschuldner. Der Vermieter kann sich z. B. wegen der Mietzinszahlung über die volle Höhe sowohl an den Ehemann als auch an die Ehefrau halten.

2. Verletzen A und B den C bei einer Schlägerei, so ist jeder von ihnen nach §§ 823 Abs. 1, 830 BGB dem C zum Ersatz des ganzen Schadens verpflichtet. Nach § 840 Abs. 1 BGB haften sie als Gesamtschuldner. Soweit A dem C Schadensersatz leistet, wird B von seiner Verpflichtung gegenüber C frei. In diesem Fall steht jedoch A gegen B ein Ausgleichsanspruch nach § 426 Abs. 1 BGB zu. Ebenso kommt es zu einem gesetzlichen Forderungsübergang.

Befriedigt ein Gesamtschuldner den Gläubiger, so erlischt dessen Forderung entgegen § 362 BGB nicht.[159] Zur Stärkung der Rechtsstellung des ausgleichsberechtigten Gesamtschuldners (§ 426 Abs. 1 BGB) ordnet § 426 Abs. 2 BGB an, dass auf ihn die ursprüngliche Forderung übergeht, soweit er den Gläubiger befriedigt hat und von den übrigen Gesamtschuldnern Ausgleich verlangen kann (*cessio legis*); die Höhe des Anspruchs ist damit unmittelbar von der Höhe der jeweiligen Forderung aus § 426 Abs. 1 BGB abhängig. Mit diesem gesetzlichen Forderungsübergang bezweckt das Gesetz insbesondere, dass etwaige an der Gläubigerforderung bestehende Sicherungsrechte erhalten bleiben. Mit der Forderung gehen die für diese bestellten akzessorischen Sicherungsrechte, z. B. Bürgschaft, Pfandrecht, Hypothek) mit über (§ 412 BGB) und dienen letztlich der Sicherung des Rückgriffanspruches.[160]

---

**Beispiel**

Die Schuldner S 1, S 2, S 3 und S 4 schulden dem Gläubiger G als Gesamtschuldner 2400 €. Tilgt S 1 die Forderung des G in Höhe von 2400 €, steht ihm deshalb gegen S 2, S 3 und S 4 eine Ausgleichsforderung in Höhe von jeweils 600 € zu. In dieser Höhe, d. h. in Höhe von 1800 €, geht dann auch die ursprüngliche Forderung des G auf S 1 über. Die Mitschuldner haften – ebenso wie für die Forderung nach § 426 Abs. 1 BGB – nicht als Gesamtschuldner, sondern als Teilschuldner.

---

[159] BGH, NJW 1991, 97, 98.
[160] Ausführlich zur Gesamtschuld *Zerres*, Jura 2008, 726 bis 733.

# Besonderes Schuldrecht – Rechtsgeschäftliche Schuldverhältnisse

**4**

## 4.1 Übersicht über die wesentlichen Vertragsarten des Schuldrechts

Gegenstand des vorhergehenden Kapitels war das Allgemeine Schuldrecht, das in den ersten sieben Abschnitten des zweiten Buches des BGB geregelt ist. Die dort behandelten Vorschriften gelten nicht nur für ein bestimmtes Schuldverhältnis, sondern für alle oder jedenfalls für mehrere Arten von Schuldverhältnissen. Das **Besondere Schuldrecht** ist im achten Abschnitt mit den §§ 433 bis 853 BGB geregelt. Der Gesetzeber hat hier einige Typen von Schuldverhältnissen kodifiziert, die aus seiner Sicht besonders wichtig sind. Dabei kann – entsprechend den Entstehungsgründen – zwischen rechtsgeschäftlichen und gesetzlichen Schuldverhältnissen unterschieden werden. Gegenstand dieses Kapitels sind die rechtsgeschäftlichen Schuldverhältnisse, zu denen vor allem der Kaufvertrag, Mietvertrag, Darlehensvertrag, Dienstvertrag und Werkvertrag zählen. Die gesetzlichen Schuldverhältnisse, die Geschäftsführung ohne Auftrag, die ungerechtfertigte Bereicherung und die unerlaubte Handlung werden im folgenden Kapitel behandelt. Weitere bedeutende Schuldverhältnisse außerhalb des Schuldrechts sind etwa das Eigentümer-Besitzer-Verhältnis (§§ 987 ff. BGB) im Sachenrecht, die Unterhaltsansprüche nach §§ 1601 ff. BGB oder die Zugewinnausgleichsansprüche eines Ehegatten gegen den anderen im Familienrecht.

Im Rahmen der vertraglichen Schuldverhältnisse kann man sich bei der weiteren Systematisierung an der **Art der Leistung** orientieren, welche für das jeweilige Schuldverhältnis **charakteristisch** ist.[1]

Die erste Gruppe von Vertragstypen ist auf die **dauernde Übertragung** einer Sache, eines Rechts oder eines sonstigen Gegenstandes gerichtet. Man spricht hier auch von **Veräußerungsverträgen.** Zu den Veräußerungsverträgen zählen

---

[1] Vgl. *Looschelders*, SchuldR BT, Einleitung, Rn. 1 ff. zur Systematik des Besonderen Schuldrechts.

© Springer-Verlag Berlin Heidelberg 2016
T. Zerres, *Bürgerliches Recht,* Springer-Lehrbuch, DOI 10.1007/978-3-662-49027-3_4

der Kaufvertrag (§§ 433 bis 479 BGB), der Tauschvertrag (§ 480 BGB) und die Schenkung (§§ 516 bis 534 BGB). Typisch für den **Kaufvertrag** ist die entgeltliche Übertragung eines Gegenstandes auf Dauer. Im Unterschied dazu verpflichten sich die Parteien bei einem **Tausch** (§ 480 BGB) zum dauerhaften Austausch von Sachen oder Rechten; Besonderheiten ergeben sich hier bei der Minderung und beim Schadensersatz statt der Leistung. Bei der **Schenkung** (§§ 516 ff. BGB) erfolgt hingegen die Hingabe eines Gegenstands (Sache, Recht, Erlass von Schulden) auf Dauer ohne eine Gegenleistung (i. d. R. Entgelt). Der Teilzeit-Wohnrechtevertrag (§§ 481 bis 487 BGB), weil es sich weil es sich hier um eine besondere Ausprägung des Rechtskaufs handeln soll.

Bei der zweiten Gruppe geht es um die vorübergehende Überlassung eines Gegenstandes zum Gebrauch (**Überlassungsverträge**). Dazu gehören vor allem der **Mietvertrag** (§§ 535 bis 580a BGB), der die Überlassung einer Sache auf Zeit gegen Entgelt zum Gegenstand hat. Der **Pachtvertrag** (§§ 581 bis 597 BGB) beinhaltet die Überlassung einer Sache (auch Rechte oder Sachgesamtheiten) gegen Entgelt zum Gebrauch, mit der Berechtigung, die Früchte aus dem Gegenstand zu ziehen, z. B. Äpfel bei Grundstück mit Obstbäumen oder Kies aus Kiesgrube. Erfolgt die Überlassung einer (beweglichen oder unbeweglichen) Sache unentgeltlich zum Gebrauch für eine bestimmte oder unbestimmte Zeit, so spricht man von einem Leihvertrag (§§ 598 bis 606 BGB). Der **Leihvertrag** und der Schenkungsvertrag enthalten aufgrund ihrer Unentgeltlichkeit einige Besonderheiten, etwa im Hinblick auf die Haftung für Sachmängel, die nur eingeschränkt zur Anwendung kommt. Im täglichen Sprachgebrauch wird häufig (juristisch unkorrekt) von einem „Leihwagen" gesprochen, obwohl es sich hierbei um Miete handelt. Zu den Überlassungsverträgen zählt auch der **Gelddarlehensvertrag** nach §§ 488 ff. BGB. Durch den Gelddarlehensvertrag wird der Darlehensgeber verpflichtet, dem Darlehensnehmer einen Geldbetrag in der vereinbarten Höhe zur Verfügung zu stellen. Der Darlehensnehmer ist verpflichtet, einen geschuldeten Zins zu zahlen und bei Fälligkeit das geschuldete Darlehen zurückzuzahlen. Handelt es sich auf Seiten des Darlehensgebers um einen Unternehmer (§ 14 BGB) und auf Seiten des Darlehensnehmers um einen Verbraucher (§ 13 BGB), gelten zusätzlich besondere Vorschriften (vgl. §§ 491 ff. BGB; Verbraucherdarlehensvertrag). Hiervon zu unterscheiden ist der **Sachdarlehensvertrages** (§ 607 BGB). Durch einen Sachdarlehensvertrag wird der Darlehensgeber verpflichtet, dem Darlehensnehmer eine vereinbarte vertretbare Sache (§ 91 BGB) zu überlassen. Der Darlehensnehmer ist zur Zahlung eines Darlehensentgelts und bei Fälligkeit zur Rückerstattung von Sachen gleicher Art, Güte und Menge verpflichtet. Im Gegensatz zur Leihe muss nicht dieselbe Sache zurückgewährt werden, sondern eine andere gleiche Sache. Die zusätzliche Vereinbarung eines Entgelts kann, muss aber nicht getroffen werden.

---

**Beispiel**

A bittet seinen Wohnungsnachbarn, „er möge ihm doch fünf Eier leihen", da er einen Kuchen für eine Einladung backen möchte. In rechtlicher Hinsicht kommt hier ein sog. Sachdarlehensvertrag nach § 607 BGB zustande.

Zur dritten Gruppe gehören alle Verträge, die auf die Ausführung einer Tätigkeit gerichtet sind **(Tätigkeitsverträge)**. Hierzu zählt insbesondere der **Dienstvertrag** (§§ 611 bis 630 BGB) Typische Dienstverträge sind solche mit freien Mitarbeitern oder das Arbeitsverhältnis mit Angestellten. Ein dem Dienstvertrag ähnlicher Vertrag ist der seit 2013 gesetzlich geregelte **Behandlungsvertrages** (§§ 630a ff. BGB), bei dem es sich regelmäßig um einen Arztvertrag handelt. Demgegenüber wird beim **Werkvertrag** ein „Erfolg" gegen Entgelt geschuldet (§§ 631 ff. BGB), der im **Reisevertrag** (§§ 651a bis 651m BGB) eine besondere Ausprägung erfahren hat. Im Gegensatz zum Dienstvertrag steht beim Werkvertrag nicht die Leistung von „Diensten" im Vordergrund, sondern das Erreichen eines bestimmten „Erfolgs", z. B. der Bauplan beim Architektenvertrag, die Anfertigung einer Zahnprothese beim Zahnarztvertrag, das Bauwerk beim Bauunternehmervertrag oder die Reparatur bei einem Vertrag mit einem Handwerker. Eine besondere Ausprägung eines Werkvertrages ist der in den §§ 651a bis 651m geregelte **Reisevertrag**, durch den sich der eine Teil (Reiseveranstalter) zur Leistung einer Gesamtheit von Reiseleistungen (Reise) und der andere Teil (Reisende) zur Zahlung des Reisepreises verpflichtet. Zu nennen sind weiterhin der **Maklervertrag** (§§ 652 bis 656 BGB), die **Auslobung** (§§ 657 bis 661a BGB), der Auftrag und Geschäftsbesorgung (§§ 662 bis 676h BGB); in den §§ 655a bis 655e BGB ist weiterhin die **Darlehensvermittlung** geregelt. Verpflichtet sich etwa jemand mittels vertraglicher Absprache zum unentgeltlichen Tätigwerden, liegt ein **Auftrag** vor. In der Umgangssprache wird fälschlicherweise von einem Auftrag gesprochen, wenn damit die Übernahme einer entgeltlichen Tätigkeit gemeint ist. Auf einen Dienstvertrag oder Werkvertrag, der eine Geschäftsbesorgung zum Gegenstand hat, findet in weiten Teilen das Auftragsrecht Anwendung (§ 675 BGB). Der Begriff „Geschäftsbesorgung" ist allerdings enger auszulegen als in § 662 BGB „Geschäft zu besorgen". Es muss sich um eine „selbstständige Tätigkeit" wirtschaftlichen Charakters im Interesse eines anderen handeln, die innerhalb einer fremden wirtschaftlichen Interessensphäre wahrgenommen wird, z. B. das Mandat eines Rechtsanwalts oder Steuerberaters. Ohne diese Einschränkung wäre bei jedem Dienst- oder Werkvertrag auch Auftragsrecht anwendbar. Während die §§ 675 bis 675b BGB den **Geschäftsbesorgungsvertrag** mit einigen speziellen Ausformungen betreffen, beschäftigen sich die – in Umsetzung der Zahlungsdiensterichtlinie 2007/64/EG – in den §§ 675c bis 676c mit den Rechtsfragen des Zahlungsverkehrs; das Gesetz spricht von **Zahlungsdiensten**. Durch den **Verwahrungsvertrag** verpflichtet sich der Verwahrer, eine ihm vom Hinterleger übergebene Sache aufzubewahren (§§ 688 bis 700 BGB).

Die vierte Gruppe erfasst Verträge zur Sicherung und Feststellung von Forderungen **(Sicherungsverträge)**. Dazu gehören die Bürgschaft (§ 765 BGB), der Vergleich (§ 779 BGB) sowie Schuldversprechen und Schuldanerkenntnis (§§ 780 bis 782 BGB). Die **Bürgschaft** (§§ 765 bis 778 BGB) ist ein Vertrag, durch den sich der Bürge gegenüber dem Gläubiger eines Dritten verpflichtet, für die Erfüllung der Verbindlichkeit des Dritten einzustehen. Die Bürgschaft ist vor allem ein Mittel zur Kreditsicherung in Form eines Personalkredits. Der **Vergleich** ist ein gegenseitiger Vertrag, durch den der Streit oder die Ungewissheit der Parteien über ein Rechtsverhältnis im Wege des gegenseitigen Nachgebens beseitigt wird (§ 779 Abs. 1 BGB).

Die fünfte Gruppe erfasst die **Gesellschaft bürgerlichen Rechts** (§§ 705 bis 740 BGB) und die Gemeinschaft nach Bruchteilen (§§ 741 bis 758 BGB). Es handelt sich um Schuldverhältnisse, die durch das **Zusammenwirken mehrerer Personen** geprägt sind. Die Gemeinschaft nach Bruchteilen zählt allerdings nicht zu den vertraglichen, sondern zu den gesetzlichen Schuldverhältnissen, die insbesondere im Sachen-, Familien- und Erbrecht Bedeutung erlangt.[2]

Die sechste Gruppe erfasst **Verträge über ein Risiko.** Dazu gehören die Leibrente (§§ 759 bis 761 BGB), Spiel, Wette (§ 762 BGB), Lotterie- und Ausspielvertrag (§ 763 BGB) und der – außerhalb des BGB geregelte – im VVG geregelte praktisch bedeutsame **Versicherungsvertrag.**

Zu erwähnen seien letztlich noch die Anweisung (§§ 783 bis 792 BGB) und die Inhaberschuldverschreibung (§§ 793 bis 808 BGB), die dem **Wertpapierrecht** zugeordnet werden und dort in den entsprechenden Lehrbüchern auch behandelt werden.

Die Parteien können im Rahmen der **Privatautonomie** den Inhalt des Schuldverhältnisses frei festlegen. Die Vertragsparteien können von den gesetzlichen Regelungen abweichende Vereinbarungen treffen, sofern sie die Schranken der §§ 134, 138 BGB oder der §§ 305 ff. BGB nicht überschreiten. Ausnahmen von der grundsätzlichen Dispositivität der schuldrechtlichen Vorschriften bestehen bei den speziellen zwingenden verbraucherschützenden Vorschriften oder im Wohnungsmietrecht. Sie können also umfassend von den gesetzlichen Vertragstypen abweichen. Sie können den Vertrag aber auch so ausgestalten, dass er Elemente aus mehreren gesetzlich geregelten Vertragstypen enthält **(gemischter Vertrag)** oder überhaupt keinem Vertragstyp entspricht **(atypischer Vertrag).**

Bei gemischten Verträgen unterscheidet man noch zwischen **Typenkombinationsverträgen** (z. B. der Beherbungsvertrag,der sich aus des Miete (Hotelzimmer), Dienstvertrag (Service) sowie des Kauf- und Werkvertragsrechts (Essen…) zusammensetzt. Nach der h. M. werden diese Verträge nach der sog. Trennungstheorie behandelt, d. h. jede Leistung ist nach den Regeln des jeweiligen Vertragstyps zu beurteilen.[3] Werden die Leistungen miteinander verschmolzen **(Typenverschmelzungsverträge),** wie z. B. die gemischte Schenkung, bei der der Empfänger die Zuwendung teils unentgeltlich, teils entgeltlich erhält, tendiert die h. M. zur Einheits- und Absorptionstheorie. Maßgebend sollen danach grundsätzlich die Regeln des dominierenden Vertragstyps sein; die Elemente der übrigen Typen werden dann „absorbiert".[4] Zu den gemischten Verträgen zählen auch der Leasingvertrag oder der Factoringvertrag.

---

[2] Vgl. *Looschelders,* SchuldR BT, Einleitung, Rn. 6 m. w. N.

[3] Vgl. *Medicus/Lorenz,,* SchuldR II, Rn. 1078 ff.; *Looschelders,* SchuldR BT, Einleitung, Rn. 12 m. w. N. mit Hinweis dort auf § 45, Rn. 911 zum Beherbungsvertrag; vgl. auch Palandt/*Sprau,* Einf. v. § 701 BGB, Rn. 3; zum sog. Bierlieferungsvertrag, der eine Verpflichtung zum langfristigen und ausschließlichen Bezug von Bier von dem Vertragspartner beinhaltet und meistens kombiniert ist mit der Vergabe von Darlehen oder der Einräumung von sonstigen Vergünstigungen; letztlich stellt auch der Automatenaufstellvertrag eine Kombination von miet-, darlehens- und gesellschaftsrechtlichen Elementen dar.

[4] *Medicus/Lorenz*, SchuldR II, Rn. 1082 ff.

**Eigentumsübertragungs-verträge**
- Tausch
- Kauf
- Schenkung

**Risikoverträge**
- Leibrente
- Spiel und Wette

**Gemeinschaftsverträge**
- Gesellschaft bürgerlichen Rechts (GbR)
- Gemeinschaft

**Vertragstypen des BGB**

**Sicherungsverträge**
- Bürgschaft
- Schuldversprechen
- Schuldanerkenntnis
- Vergleich

**Gebrauchsüberlassungsverträge**
- Miete
- Pacht
- Leihe
- Darlehen und Finanzierungshilfen
- Teilzeitwohnrecht

**Tätigkeitsverträge**
- Dienstvertrag
- Werkvertrag
- Reisevertrag
- Maklervertrag
- Auftrag und Geschäftsbesorgung
- Verwahrung

**Abb. 4.1** Vertragstypen des BGB

**Atypische Verträge** lassen sich weder einem Vertragstyp zuordnen noch lassen sie sich als Kombination oder Mischung mehrerer Typen verstehen. Der Inhalt bestimmt sich nach den Parteivereinbarungen. Daneben sind die Vorschriften aus dem Allgemeinen Teil des BGB und aus dem Allgemeinen Schuldrecht anwendbar. Ein typisches Beispiel hierfür ist der **Garantievertrag** zur Sicherung von Forderungen (Abb. 4.1).[5]

## 4.2 Kaufvertrag

### 4.2.1 Grundlagen

#### 4.2.1.1 Begriff und Zustandekommen

Der Kaufvertrag zählt zu den am häufigsten vorkommenden Rechtsgeschäften. Dieser ist ein auf die dauernde **Überlassung einer Sache, eines Rechts oder** eines **„sonstigen Gegenstandes" gegen Entgelt** gerichteter, gegenseitiger schuldrechtlicher Vertrag.

Gegenstand eines Kaufvertrages nach § 433 Abs. 1 S. 1 BGB sind nach § 90 BGB zunächst alle **beweglichen und unbeweglichen Sachen** (Grundstücke). **Tiere** werden wie Sachen behandelt, soweit keine Sondervorschriften eingreifen (§ 90a BGB). Nach § 453 Abs. 1 BGB finden diese Vorschriften eine entsprechende Anwendung auf den Kauf von **Rechten und sonstigen Gegenständen.** Zu den

---

[5] *Medicus/Lorenz*, SchuldR II, Rn. 1087 ff.

Rechten zählen beschränkt dingliche Rechte, wie z. B. die Hypothek oder Grundschuld, Forderungen aus vertraglichen und gesetzlichen Schuldverhältnissen (z. B. Kaufpreisforderungen), immaterielle Rechte (z. B. Patent-, Verlags-, Firmen oder Markenrechte), Geschäftsanteile an einer GmbH oder Personengesellschaft sowie Aktien. Unter **„sonstigen Gegenständen"** versteht man alle verkehrsfähigen Güter.

---

**Beispiele**

Werbeideen, Know-how, Software, Gewinnchancen (etwa der Kauf eines Loses), technisches Know-how, Domainadressen, Strom, Fernwärme, Standardsoftware (z. B. Textverarbeitungsprogramm, Spieleprogramm; individuell erstellte Software wird dagegen als Werkvertrag qualifiziert); freiberufliche Praxen von Ärzten, Rechtsanwälten oder Steuerberatern und vor allem von Unternehmen als „Sachgesamtheit" (bestehend aus: Betriebsgrundstücke, Einrichtungen, Produktionsanlagen, gewerbliche Schutzrechte, good will etc.).[6]

---

§ 452 BGB erstreckt die Geltung des besonderen Kaufrechts für Immobilien (§§ 435 S. 2, 436, 442 Abs. 2, 448 Abs. 2 BGB) auch auf den **Schiffskauf.**

Der Kaufvertrag kommt durch **Angebot** und **Annahme** zustande. In Bezug auf das Zustandekommen sind die Bestimmungen im Allgemeinen Teil des BGB über den Vertrag (§§ 145 ff. BGB), Geschäftsfähigkeit (§§ 104 ff. BGB), Willenserklärung (§§ 116 ff. BGB) und Stellvertretung (§§ 164 ff. BGB) anwendbar.

Grundsätzlich ist ein Kaufvertrag **formfrei** wirksam. Grund hierfür ist vor allem eine Erleichterung des Warenumsatzes. In bestimmten Fällen ist vom Gesetzgeber die Einhaltung einer bestimmten Form vorgeschrieben. So ist z. B. eine notarielle Beurkundung erforderlich bei einem Kaufvertrag über ein Grundstück (§ 311b Abs. 1 BGB), beim Erbschaftskauf (§ 2371 BGB) oder nach § 15 GmbHG beim Vertrag zur Begründung einer Verpflichtung zur Abtretung eines GmbH-Anteils. In Bezug auf die Formvorschrift des § 311b Abs. 1 BGB ist zu beachten, dass der Formmangel nach § 311b S. 2 BGB durch Auflassung und Eintragung geheilt wird. Grundsätzlich bedarf die **Vollmacht** (des Vertreters) keiner Form. Beim Grundstückskaufvertrag, der nach § 311b Abs. 1 S. 1 BGB der notariellen Beurkundung bedarf, nimmt der BGH an, dass jedoch auch die Vollmacht dieser Form bedarf, wenn diese Vollmacht unwiderruflich erteilt wurde oder durch die Bevollmächtigung das Grundstücksgeschäft praktisch bindend vorgenommen wurde.[7]

### 4.2.1.2  Systematik des Kaufrechts

Die allgemeinen Fragen des Kaufrechts sind in den §§ 433 bis 453 BGB geregelt. Diese Vorschriften beziehen sich unmittelbar auf den Kauf von Sachen. Für den Kauf von Rechten und sonstigen Gegenständen verweist § 453 Abs. 1 BGB aber auf die Vorschriften zum Sachkauf. Für den Kauf von Tieren gelten die §§ 433 ff. BGB über § 90a S. 3 BGB entsprechend.

---

[6] Palandt/*Weidenkaff*, § 433 BGB, Rn. 8 ff.

[7] BGHZ 132, 119, 124; *Köhler*, BGB AT, § 11, Rn. 27 m. w. N.

Sind an dem Vertrag auf einer oder beiden Seiten Kaufleute i. S. d. §§ 1 bis 6 HGB beteiligt, sind die §§ 343 ff. HGB, speziell die besonderen Vorschriften zum **Handelskauf** (§§ 373 ff. HGB) zu beachten, die den besonderen Bedürfnissen des Handelsverkehrs Rechnung tragen.

Die §§ 454 bis 473 BGB enthalten Sondervorschriften für den Kauf auf Probe (§§ 454 bis 455 BGB), den Wiederkauf (§§ 456 bis 462 BGB) und den Vorkauf (§§ 463 bis 473 BGB).

Im Anschluss daran hat der Gesetzgeber Sonderregeln für den **Verbrauchsgüterkauf** normiert (§§ 474 bis 479 BGB). Die §§ 474 bis 479 BGB beruhen auf der **Verbrauchsgüterkaufrichtlinie (VerbrKfRL).** Der deutsche Gesetzgeber hat allerdings das gesamte Kaufrecht den Richtlinienvorgaben angepasst und in den §§ 474 bis 479 BGB nur ergänzende Sonderregeln eingeführt, die besonderen Schutzbedürfnis des Verbrauchers Rechnung tragen sollen. Diese (nicht gebotene) weitreichende Form der Umsetzung der VerbrKfRL hatte zur Folge, dass eine Vielzahl der Vorschriften des deutschen Kaufrechts, die in den Anwendungsbereich der Richtlinie fallen, auch außerhalb des Verbraucherkaufvertrages eine **richtlinienkonforme Auslegung** erfordern. Die Umsetzung der **Verbraucherrechte-Richtlinie** (RL 2011/83/EU) in das deutsche Recht hat auch zu Änderungen im Kaufrecht geführt, z. B. bei § 443 BGB. Zu beachten ist, dass diese Richtlinie im Gegensatz zu den vorhergehenden Richtlinien keine Mindest- sondern eine Vollharmonisierung vorsieht.[8]

Besteht die Gegenleistung nicht in der Zahlung einer Geldsumme, handelt es sich um einen **Tauschvertrag.** Unter einem Tauschvertrag versteht man einen gegenseitigen Vertrag, in dem sich die Parteien zum Austausch von Sachen und Rechten verpflichten. Dabei ist jeder Vertragspartner hinsichtlich seiner Leistung als Verkäufer, hinsichtlich der ihm gebührenden Leistung als Käufer anzusehen. Der Tauschvertrag ist in § 480 BGB durch eine schlichte Verweisung auf die §§ 433 ff. BGB geregelt. **Besonderheiten** ergeben sich für die Minderung und den Schadensersatz statt der Leistung, da an die Stelle der Kaufpreiszahlung die Leistung von Gegenständen tritt.[9]

### 4.2.1.3 Anwendung des Kaufrechts

§ 651 BGB erklärt für sämtliche Verträge, die eine Verpflichtung zur Lieferung herzustellender oder zu erzeugender beweglicher Sachen zum Gegenstand haben, das Kaufrecht für anwendbar. Handelt es sich um **vertretbare Sachen,** spricht man von einem Lieferungskauf. Unerheblich ist, ob die Lieferung des Stoffes, aus dem die Sache herzustellen ist, durch den Unternehmer oder Besteller erfolgt; zu beachten ist jedoch § 442 Abs. 1 S. 1 BGB, nach dem die Rechte des Bestellers ausgeschlossen sind, wenn der Mangel auf einen vom Besteller gelieferten Stoff zurückzuführen ist. Soweit **nicht vertretbare Sachen** in Rede stehen, also Dinge, die einen besonderen individuellen Charakter haben und vom Unternehmer nicht anders absetzbar sind, z. B. ein speziell angefertigter Maßanzug, ein Porträt oder ein angefertigter Reiseprospekt, findet also grundsätzlich das Kaufrecht Anwendung, z. B. in Bezug auf die Haftung für Mängel (§§ 434 ff. BGB). Die kaufrechtlichen Regeln werden aber

---

[8] Vgl. ausführlich *Looschelders*, SchuldR BT, § 2, Rn. 18, 18a m. w. N.
[9] *Brox/Walker*, SchuldR BT § 8, Rn. 1 ff.

in diesem Fall durch werkvertragliche Vorschriften ergänzt, z. B. über die in §§ 642, 643 BGB geregelten Folgen einer unterlassenen Mitwirkung des Bestellers oder über die in § 650 Abs. 2 BGB enthaltene Verpflichtung des Unternehmers, dem Besteller Anzeige zu erstatten, wenn er einen Kostenvoranschlag überschreitet. Dass nach § 651 S. 3 BGB an die Stelle der Abnahme der Zeitpunkt des Gefahrübergangs treten soll, ist etwa im Rahmen von § 645 BGB von Bedeutung.[10] Das Kaufrecht hat dadurch einen größeren Anwendungsbereich erlangt.

Das Werkvertragsrecht bleibt allerdings noch anwendbar für die Herstellung unbeweglicher Sachen (z. B. Hausbau), reine Reparaturarbeiten, die Herstellung unkörperlicher Werke (z. B. Erstellen von Gutachten) oder Transportleistungen.

### 4.2.2   Rechte und Pflichten der Vertragsparteien

#### 4.2.2.1   Hauptleistungspflichten des Verkäufers beim Sach- und Rechtskauf

Nach § 433 Abs. 1 BGB ist der Verkäufer einer Sache verpflichtet, dem Käufer die Sache zu übergeben und das Eigentum an der Sache zu verschaffen. In der Umgangssprache meint man mit einem „Kauf" sämtliche Vorgänge, angefangen von den Vertragsverhandlungen bis zur Vertragserfüllung. Aufgrund des Trennungs- und Abstraktionsprinzips[11] ist allerdings zwischen dem Kaufvertrag als schuldrechtlichem Verpflichtungsgeschäft und den Verfügungsgeschäften (Erfüllungsgeschäften), die in ihrer Wirksamkeit grundsätzlich voneinander unabhängig sind, zu unterscheiden.

Für die Wirksamkeit des Kaufvertrages ist es ohne Bedeutung, ob dem Verkäufer die Verschaffung des Eigentums möglich ist. Kann er es nicht verschaffen, weil er nicht Eigentümer der Sache oder sonst verfügungsbefugt ist und kommt auch ein gutgläubiger Erwerb nicht in Betracht, haftet er im Falle eines Verschuldens auf Schadensersatz wegen Nichterfüllung.

Der Verkäufer muss den Käufer zum Eigentümer der gekauften Sache machen. Übereignung bedeutet dabei die Verschaffung der rechtlichen Sachherrschaft über eine Sache (§ 903 BGB, Art. 14 GG). Der Verkäufer verschafft dem Käufer Eigentum, in dem er Handlungen vornimmt, die zum Eigentumserwerb führen. Diese sind je nach Kaufgegenstand unterschiedlich. Die Pflicht zur Verschaffung des Eigentums erfüllt der Verkäufer bei **beweglichen Sachen** durch Einigung und Übergabe nach den §§ 929 ff. BGB, wobei Übereignung und Übergabe nicht zeitgleich erfolgen müssen, wie im Falle des Eigentumsvorbehaltes deutlich wird (§ 449 BGB).[12] Die Pflicht zur Übergabe bedeutet, dass der Verkäufer (oder auf seine Veranlassung ein Dritter) dem Käufer den unmittelbaren Besitz an der Kaufsache verschafft. Dies ergibt sich aus § 854 BGB. Der Käufer muss die tatsächliche Sachherrschaft

---

[10] *Jacoby/von Hinden*, § 651 BGB, Rn. 1 ff.

[11] Vgl. zum Abstraktionsprinzip bereits unter Kap. 2.2.1.2.

[12] Vgl. zu den §§ 929 ff. in Kap. 6.6.1.

erlangen, wobei die Erlangung mittelbaren Besitzes gem. § 868 BGB ausreicht, z. B. eine Übereignung in Form der §§ 930, 931 BGB.[13]

Für die Übergabe eines Kfz reicht die Aushändigung des Fahrzeugs, z. B. durch Übergabe aller Schlüssel. Die Übergabe des Kfz-Scheins bewirkt dagegen keinen Übergang des Eigentums. Dieser ist kein Traditionspapier i. S. d. Handelsrechts, wie z. B. Ladescheine, die an die Stelle der Ware treten und übereignet werden. Es handelt sich um ein Papier i. S. d. § 952 BGB. Die Übergabe gehört jedoch zur Leistungspflicht des Verkäufers. Ohne Übergabe des Kfz-Briefes ist ein gutgläubiger Erwerb durch den Käufer ausgeschlossen.

Bei **Grundstücken** erfolgt der Eigentumswechsel nach den §§ 873, 925 BGB durch Abschluss eines nach § 925 Abs. 1 BGB formbedürftigen dinglichen Vertrages **(Auflassung)** und der **Eintragung** des Erwerbers in das Grundbuch (§§ 873, 925 BGB).[14]

Bei **Forderungen** erfolgt die Erfüllung durch **Abtretung** nach § 398 BGB; bei anderen **Rechten** (z. B. gewerbliche Schutzrechte, Anwartschaften, Erbbaurechte oder Gesellschaftsanteile) gelten über § 413 BGB die §§ 398 ff. BGB entsprechend mit der Maßgabe, dass spezielle Regelungen zu beachten sind, z. B. § 15 GmbHG, §§ 29, 31 ff. UrhG. So geht z. B. eine Hypothekenforderung, wenn es sich um eine Buchhypothek handelt, durch Einigung und Eintragung im Grundbuch über (§§ 873, 1154 Abs. 3 BGB). Zur Übertragung einer Briefhypothek sind eine schriftliche Abtretungserklärung und die Übergabe des Hypothekenbriefs erforderlich (§ 1154 Abs. 1, 2 BGB). Sonstige vermögenswerte Gegenstände, z. B. Know-how, Geschäftsgeheimnisse, überträgt der Verkäufer durch rein tatsächliche Handlungen, die dem Käufer eine entsprechende Rechtsposition verschaffen.

Der Verkäufer hat dem Käufer die Sache **frei von Sachmängeln** (z. B. PC mit defekter Festplatte, verdorbene Lebensmittel, Maschine mit einer geringeren Leistungsfähigkeit als vereinbart) zu verschaffen (§ 433 Abs. 1 S. 2 BGB). Der Verkäufer ist weiterhin verpflichtet, die Sache **frei von Rechtsmängeln** zu liefern. Dies ist der Fall, wenn Dritte in Bezug auf die Sache keine oder nur die im Kaufvertrag übernommenen Rechte gegen den Käufer geltend machen können (§ 435 Abs. 1 BGB). Beim **Rechtskauf** beinhaltet diese Pflicht, dass der Verkäufer das Recht mangelfrei verschafft. Diese Pflicht bezieht sich grundsätzlich nur auf die Freiheit von Rechtsmängeln; das verkaufte Recht als solches kann keinen Sachmangel haben. Für die Zahlungsfähigkeit des Schuldners einer verkauften Forderung wird, außer bei abweichender Vereinbarung, etwa der Übernahme einer entsprechenden Garantie, nicht gehaftet, da die Realisierung der Forderung bzw. die Werthaltigkeit des Rechts nicht zu dessen „gewöhnlicher Beschaffenheit" zählt.[15] Existiert das verkaufte Recht dagegen überhaupt nicht oder kann es nicht übertragen werden, liegt kein Mangel, sondern ein Fall der Unmöglichkeit vor, so dass sich die Rechtsfolgen nach den §§ 275, 280 ff., 311a, 326 BGB ergeben.

---

[13] *Brox/Walker*, SchuldR BT § 2, Rn. 6.

[14] Vgl. zu den §§ 873, 925 ff. in Kap. 6.2.

[15] *Jacoby/von Hinden*, § 453 BGB, Rn. 2.

Soweit ein Recht zum Besitz einer Sache berechtigt, muss der Verkäufer dem Käufer die Sache frei von Sach- und Rechtsmängeln zu übergeben (§ 453 Abs. 3 BGB, z. B. beim Erbbaurecht).[16] Da die Sach- und Rechtsmängelfreiheit somit zur (Haupt-)Leistungspflicht des Verkäufers gehört, ist die **Lieferung einer mangelhaften Sache** daher **keine Erfüllung** und berechtigt den Käufer zur Geltendmachung der Einrede des nicht erfüllten Vertrages (§ 320 BGB).

### 4.2.2.2  Neben(leistungs-)pflichten

Außer den genannten Hauptleistungspflichten können sich für den Verkäufer **leistungsbezogene Nebenpflichten** ergeben, die mit Hilfe ergänzender Vertragsauslegung unter Berücksichtigung des Grundsatzes von Treu und Glauben (§§ 133, 157, 242 BGB) konkretisiert werden, z. B. ordnungsgemäße Verpackung, ordnungsgemäße Versendung, ordnungsgemäße Instruktion (so etwa Übergabe einer Gebrauchsanleitung, Unterweisung in Handhabung und Wartung[17], Vorhalten von Ersatzteilen, Lieferung einer Betriebsanleitung, z. B. eines Benutzerhandbuchs beim Verkauf einer EDV-Anlage).[18] Von den leistungsbezogenen Nebenpflichten sind die **nicht leistungsbezogenen Nebenpflichten (Schutzpflichten)**, die für den Verkäufer die Pflicht beinhalten, dem Käufer keinen Schaden an sonstigen Rechtsgütern zuzufügen, zu unterscheiden. Diese Pflichten sind nur generalklauselartig in **§ 241 Abs. 2 BGB** erfasst und ergeben sich darüber hinaus aus Vertragsauslegung unter Berücksichtigung des Grundsatzes von Treu und Glauben (§§ 133, 157 BG, 242 BGB). Diese **Unterscheidung** ist **aus haftungsrechtlicher Sicht relevant.** So begründen die Verletzung nicht leistungsbezogener Nebenpflichten keinen Erfüllungsanspruch, sondern – im Falle ihrer Nichtbeachtung – nur einen Anspruch auf Ersatz des daraus resultierenden Schadens (§§ 241 Abs. 2, 280 Abs. 1 BGB; Ausnahme: §§ 282, 324 BGB).

### 4.2.2.3  Pflichten des Käufers

Nach § 433 Abs. 2 BGB ist der Käufer verpflichtet, dem Verkäufer den **vereinbarten Kaufpreis zu zahlen.** Die Zahlungspflicht besteht, wenn nichts anderes vereinbart ist, nach § 271 BGB mit Abschluss des Kaufvertrages. Der Käufer ist allerdings nicht vorleistungspflichtig, so dass ihm gegenüber dem Zahlungsanspruch des Verkäufers die Einrede des nicht erfüllten Vertrages zusteht. Der Kaufpreis ist grundsätzlich **in bar** zu zahlen. Der Käufer hat dem Verkäufer das Geld, also Geldscheine bzw. Geldstücke in der vereinbarten Höhe zu übereignen (§§ 929 ff. BGB). In der **Praxis** ist jedoch weitgehend die **bargeldlose Zahlung mit Buchgeld** weitgehend üblich. Buchgeld ist keine körperliche Sache. Es handelt sich um Geldforderungen gegen Kreditinstitute. Bei bargeldloser Zahlung vermittelt der Schuldner dem Gläubiger durch Überweisung, Kreditkarteneinsatz oder auf andere Weise einen Anspruch gegen ein Kreditinstitut. Da Geldschulden nach der h. M. grundsätzlich in bar zu erfüllen sind, braucht Buchgeld nur bei Vorliegen einer entsprechenden Vereinbarung angenommen werden. Der Verkäufer dokumentiert sein Einverständnis

---

[16] *Brox/Walker*, SchuldR BT § 2, Rn. 13.

[17] BGHZ 47, 312.

[18] *Brox/Walker*, SchuldR BT § 2, Rn. 15 m. w. N.

in der Angabe seiner Kontonummer auf der Rechnung oder der Auftragsbestätigung oder der Annahme von ec-Karten, Geld- oder Kreditkarten.[19] Eine Erfüllung tritt grundsätzlich erst mit der Gutschrift auf dem Konto des Verkäufers ein.

Die **Höhe des Kaufpreises** bestimmt sich nach der Vereinbarung. Eine Regelung, wie z. B. im Werkvertrag nach § 632 Abs. 1 und 2 BGB („taxmäßige" oder „übliche Vergütung"), existiert im Kaufrecht nicht.

Der Käufer ist nach § 433 Abs. 2 BGB weiterhin verpflichtet, die Sache abzunehmen. Unter **Abnahme** versteht man die tatsächliche Entgegennahme des Kaufgegenstandes, durch den der Verkäufer vom Besitz der Sache befreit wird.[20] Mit der Abnahme ist allerdings noch **keine Billigung** des Kaufgegenstandes verbunden. Die Abnahmepflicht ist **regelmäßig** eine **Nebenleistungspflicht,** es sei denn, sie wurde ausnahmsweise zur Hauptpflicht gemacht, z. B. wenn auf Seiten des Verkäufers – für den Käufer erkennbar – ein besonderes Bedürfnis an einer Abnahme (z. B. wegen Lagerräumung) bestand. Der Käufer kommt bei Nichtabnahme nicht nur in Annahmeverzug, sondern auch in Schuldnerverzug. Da jedoch auch Nebenleistungspflichten (ebenso wie Hauptleistungspflichten) eingeklagt werden können, ist der Verkäufer berechtigt, nach Fristsetzung Schadensersatz zu verlangen oder vom Kaufvertrag zurückzutreten. Weitere Nebenleistungspflichten des Käufers sind in den §§ 446 S. 2, 448 BGB geregelt. Darüber hinausgehende Pflichten des Käufers können sich aus dem jeweiligen Kaufvertrag ergeben. Neben den **Nebenleistungspflichten (§ 241 Abs. 1 BGB)** gibt es regelmäßig auch **Schutzpflichten (§ 241 Abs. 2 BGB).** Die Konkretisierung erfolgt auch hier mit Hilfe ergänzender Vertragsauslegung (§§ 133, 157 BGB) und des Grundsatzes von Treu und Glauben (§ 242 BGB).

### 4.2.3  Haftung des Verkäufers und des Käufers für Pflichtverletzungen

#### 4.2.3.1  Pflichtverletzungen des Verkäufers

Verletzt der Verkäufer seine Pflicht aus § 433 Abs. 1 S. 1 BGB zur Übergabe und Übereignung, bestimmen sich die Rechte des Käufers nach den Vorschriften des allgemeinen Leistungsstörungsrechts. Hat der Verkäufer jedoch seine Leistungspflicht nicht erbracht, steht dem Käufer das Recht zu, die Kaufpreiszahlung solange zu verweigern, bis der Verkäufer seine Verpflichtungen erfüllt (vgl. § 320 BGB). § 320 BGB greift allerdings nur dann ein, wenn die Leistungspflicht des Verkäufers noch fortbesteht, nicht dagegen, wenn sie nach § 275 BGB ausgeschlossen ist. Liegt eine **Unmöglichkeit** der Leistung vor, entfällt die Leistungspflicht des Verkäufers (§ 275 Abs. 1 BGB); auf der anderen Seite muss der Käufer auch keinen Kaufpreis zahlen (§ 326 Abs. 1 S. 1 BGB). Hat der Verkäufer die Unmöglichkeit bzw. die Unkenntnis des anfänglichen Leistungshindernisses zu vertreten, steht dem Käufer ein Anspruch auf Schadensersatz statt der Leistung (§§ 280 Abs. 1, 3, 283 bzw. 311a Abs. 2 BGB) oder Aufwendungsersatz (§ 284 BGB) zu. Handelt es sich um eine

---

[19] BGHZ 98, 24, 30; *Brox/Walker,* SchuldR BT, § 2, Rn. 18.
[20] Palandt/*Weidenkaff,* § 433 BGB, Rn. 43.

**Verzögerung** der Leistung, kann der Käufer nach §§ 280 Abs. 1, 2, 286 BGB Ersatz des Verzugsschadens verlangen. Darüber hinaus steht ihm das Recht zu, nach Fristsetzung vom Vertrag zurückzutreten (§ 323 BGB) und Schadensersatz statt der Leistung zu verlangen (§§ 280 Abs. 1, 3, 281 BGB).[21]

Hat der Verkäufer die Sache entgegen § 433 Abs. 1 S. 2 BGB **nicht frei von Sach- und Rechtsmängeln** verschafft, hat der Käufer zunächst einen Anspruch auf Lieferung eines mangelfreien Gegenstandes (§ 433 Abs. 1 S. 2 BGB). Einen mangelhaften Gegenstand muss er nicht abnehmen. Der Käufer kann also die Annahme verweigern, d. h. ihm steht nach § 320 BGB die Einrede des nicht erfüllten Vertrages zu, ohne in Annahmeverzug zu geraten (§ 293 BGB). Nimmt er ihn gleichwohl an, weil er die Mangelhaftigkeit nicht gleich bemerkt, so hat er die in § 437 BGB bezeichneten Rechte. § 437 BGB stellt keine Anspruchsgrundlage dar, sondern enthält eine Übersicht über die Rechte des Käufers im Sinne einer **Rechtsgrundverweisung** (auf das allgemeine Leistungsstörungsrecht).

Verletzt der Verkäufer **sonstige Pflichten,** gelten die Regeln des allgemeinen Leistungsstörungsrechts wieder unmittelbar. Im Falle der Verletzung **nicht leistungsbezogener Nebenpflichten** (Schutzpflichten nach § 241 Abs. 2 BGB) richten sich die Rechte des Käufers unmittelbar nach § 280 Abs. 1 BGB (u. U. sind auch §§ 282, 324 BGB anzuwenden). Geht es um die Verletzung leistungsbezogener Nebenpflichten, richten sich die Rechte des Käufers nach den §§ 280, Abs. 1, 3, 281 bzw. 323 BGB.

### 4.2.3.2 Pflichtverletzungen des Käufers

Die wesentliche Pflichtverletzung des Käufers ist die **Nichtzahlung** des Kaufpreises. Die Rechte des Verkäufers bestimmen sich, da bei Geldschulden § 275 BGB nicht anwendbar ist, nach den Regeln über die Verzögerung der Leistung. Der Verkäufer hat also einen Anspruch aus §§ 280 Abs. 1, 2, 286 BGB auf Ersatz des Verzugsschadens; weiterhin kann er nach §§ 280 Abs. 1, 3, 281 Schadensersatz statt der Leistung verlangen; während des **Verzugs** ist die Kaufpreisschuld nach Maßgabe des § 288 BGB zu verzinsen. Unter den Voraussetzungen des § 323 Abs. 1 BGB kann der Verkäufer auch von dem Vertrag zurücktreten. Entsprechendes gilt im Falle der Verletzung der **Abnahmepflicht.** Bei Nichtabnahme der Kaufsache befindet sich der Käufer gleichzeitig in Annahmeverzug. Damit geht auch die Gefahr des zufälligen Untergangs auf ihn über. Zudem greift zugunsten des Verkäufers die Haftungserleichterung. Im Falle der Verletzung sonstiger leistungsbezogener Nebenpflichten (§ 241 Abs. 1 BGB) oder (nicht leistungsbezogener) Schutzpflichten (§ 241 Abs. 2 BGB) bestimmen sich die Rechte des Verkäufers nach den §§ 280 ff. BGB und §§ 323 ff. BGB.

### 4.2.3.3 Gefahrtragung beim Kauf

Erfüllt der Verkäufer wegen Unmöglichkeit seiner Leistungspflicht nicht (§ 275 BGB), entfällt nach § 326 Abs. 1 BGB sein Anspruch auf die Kaufpreiszahlung. Der Käufer bleibt allerdings zur Kaufpreiszahlung verpflichtet, wenn er für den zur

---

[21] *Looschelders*, SchuldR BT, § 2, Rn. 29 m. w. N.

Unmöglichkeit führenden Umstand allein oder weit überwiegend verantwortlich ist (§ 326 Abs. 2 S. 1 Alt. 1 BGB) oder sich in Annahmeverzug befindet (§ 326 Abs. 2 S. 1 Alt. 2 BGB, vgl. aber § 446 S. 3 BGB). Ferner bleibt der Käufer zur Kaufpreiszahlung verpflichtet, wenn er nach § 285 BGB vom Verkäufer die Herausgabe des Ersatzgegenstandes oder die Abtretung des Ersatzanspruches verlangt, den der Verkäufer für den geschuldeten Kaufgegenstand erlangt hat (§ 326 Abs. 3 S. 1 BGB). Der Gegenleistungsanspruch bleibt dann weiter bestehen, wenn die Gegenleistungsgefahr bzw. Preisgefahr übergegangen ist. Im Kaufrecht regeln diesen Aspekt die speziellen Gefahrtragungsregeln (§§ 446, 447 BGB). Der Käufer bleibt in bestimmten Fällen zur Zahlung des Kaufpreises verpflichtet, ohne die Leistung zu erhalten.

Der Käufer bleibt zur Kaufpreiszahlung weiterhin verpflichtet, wenn die Übereignungspflicht des Verkäufers wegen zufälligen Untergangs der Kaufsache ausgeschlossen ist und dieser Umstand erst nach dem Zeitpunkt eingetreten ist, in dem die sog. Preisgefahr (= Gegenleistungsgefahr) schon auf den Käufer übergegangen ist.

Die Gegenleistungsgefahr bzw. Preisgefahr ist zu unterscheiden von der **Leistungsgefahr,** d. h. ob der Verkäufer (trotz des zufälligen Untergangs der Sache) weiterhin zur Leistung verpflichtet ist. Zu beachten ist, dass sich bei gegenseitigen Verträgen die Gegenleistung regelmäßig auf die Geldleistung und die (regelmäßig vertragstypische) Leistung auf die Sachleistung bezieht.

Der Zeitpunkt des Übergangs der Preisgefahr ist für den Kaufvertrag in den §§ 446, 447 BGB geregelt. Nach § 446 S. 1 BGB geht die Preisgefahr bereits mit der Übergabe der Sache über. § 446 BGB betrifft den Fall, dass die Sache zwar übergeben worden, d. h. Besitz übertragen worden ist, aber ein Eigentumsübergang noch nicht erfolgt ist, z. B. beim Kauf unter Eigentumsvorbehalt. Mit der Übertragung des vollständigen Eigentums hätte der Verkäufer den Kaufvertrag nämlich vollständig erfüllt und der Käufer hätte als Eigentümer (selbstverständlich) das Risiko des zufälligen Untergangs zu tragen; das Problem der Gefahrtragung stellt sich dann nicht. Sinn und Zweck dieser Vorschrift ist es, den Verkäufer zu schützen, der nach der Übergabe keine Möglichkeit mehr hat, Vorkehrungen gegen eine Gefährdung der Sache zu treffen. Ab Übergabe stehen dem Käufer auch die Nutzungen zu (§ 446 S. 2 BGB), so dass er auch das Risiko für Untergang und Verschlechterungen tragen soll.[22]

---

**Beispiel**

K kauft vom Antiquitätenhändler V eine wertvolle Vase. Da K die Vase nicht gleich voll bezahlen kann, behält sich V bei der Übergabe das Eigentum vor. Drei Tage später wird die Vase in der Wohnung des K durch einen Brand, der von niemandem zu vertreten war, vollständig zerstört. Der Verkäufer ist hier nach § 275 Abs. 1 BGB von seiner Leistungspflicht zur Verschaffung des Eigentums frei geworden. Grundsätzlich müsste er damit auch den Anspruch auf die

---

[22] *Brox/Walker*, SchuldR BT § 3, Rn. 14 ff. m. w. N.

Kaufpreiszahlung nach § 326 Abs. 1 BGB verlieren. Auf Grund der Sonderregelung in § 446 S. 1 BGB behält er aber den Anspruch auf die Kaufpreiszahlung, da die Gefahr mit der Übergabe auf den Käufer übergegangen ist.

Eine Besonderheit gilt auch beim **Versendungskauf** nach § 447 BGB. Versendet der Verkäufer die Sache an einen anderen Ort als den Erfüllungsort (= Leistungsort), geht die Gefahr nicht erst mit der Übergabe auf den Käufer über, sondern bereits dann, wenn der Verkäufer die verkaufte Sache an eine **ordnungsgemäß ausgesuchte Transportperson** (z. B. Spediteur, Frachtführer, Post, Bahn) übergeben hat.

Unter Erfüllungsort ist der Ort zu verstehen, an dem die Leistungshandlung des Schuldners, also hier des Verkäufers erbracht werden muss, z. B. bei einer Bringschuld ist der Wohnsitz des Käufers Erfüllungsort. Die Vereinbarung einer Schickschuld (beim Versendungskauf) ist bei der Verwendung von Klauseln wie „ab Werk" oder „ab Hafen" anzunehmen.

Die Gefahr, dass durch den Transport die Kaufsache untergeht oder beschädigt wird, soll nicht den Verkäufer, sondern den Käufer treffen, da der Transport nicht mehr zu seiner Pflicht und seinem Verantwortungsbereich gehört, sondern nur auf Verlangen des Käufers veranlasst wurde. Nach § 447 Abs. 1 BGB i. V. m. § 446 BGB geht allerdings nur die Gefahr des zufälligen Untergangs auf den Käufer über. Wie bei § 446 S. 1 BGB liegt dann kein Zufall vor, wenn den Verkäufer ein Verschulden trifft, z. B. bei unsachgemäßer Verpackung oder fehlerhafter Weisung an die Transportperson. In diesem Zusammenhang ist zu beachten, dass die (selbstständigen) Transportpersonen keine Erfüllungsgehilfen (§ 278 BGB) sind, deren Verhalten sich der Verkäufer wie ein eigenes zurechnen lassen muss. Wenn der Verkäufer, z. B. aus Gefälligkeit, den Transport durch eigene Angestellte durchführt, ist nach der h. M. § 447 BGB anwendbar, jedoch muss sich der Versender eine etwaige Pflichtverletzung über § 278 BGB zurechnen lassen.[23]

Die Vorschrift des § 447 BGB findet im Übrigen auch Anwendung, wenn die Versendung innerhalb derselben Stadt erfolgt (**„Platzgeschäft"**), da der Erfüllungsort die Niederlassung oder die Wohnung des Schuldners ist. Es ist kein nachvollziehbarer Grund ersichtlich, die Versendung innerhalb einer Großstadt anders zu behandeln als die Versendung in eine benachbarte Stadt.[24]

Verschuldet die Transportperson einen Schaden oder den Untergang der Sache, kann der Verkäufer wegen § 447 Abs. 1 BGB Zahlung des Kaufpreises verlangen. Der Käufer kann gegen die gewerblich tätige Transportperson nach § 421 Abs. 1 S. 2 HGB Ansprüche aus dem Frachtvertrag im eigenen Namen geltend machen. Im Übrigen ist er darauf angewiesen, seinen Schaden vom Verkäufer bei der Transportperson liquidieren zu lassen (**Drittschadensliquidation**).[25]

---

[23] *Jacoby/von Hinden,* § 447 BGB, Rn. 7 ff.

[24] *Brox/Walker,* SchuldR BT § 3, Rn. 23 m. w. N.

[25] *Jacoby/von Hinden,* § 447 BGB, Rn. 6; ders. anschaulich zur Drittschadensliquidation §§ 249 ff. BGB, Rn. 25 ff.

Handelt es sich um einen **Verbrauchsgüterkauf,** geht nach § 474 Abs. 2 BGB die Gefahr erst mit der Übergabe der Sache auf den Verbraucher über. Das Transportrisiko im Versandhandel soll damit nicht beim Verbraucher liegen.

### 4.2.4 Voraussetzungen der Sach- und Rechtsmängelhaftung

#### 4.2.4.1 Überblick

Zentrale **Voraussetzung** der kaufrechtlichen Mängelhaftung ist das **Vorliegen eines Sach- oder Rechtsmangels** (§ 433 Abs. 1 S. 2 BGB). Wann ein solcher Sach- oder Rechtsmangel vorliegt, wird in den §§ 434, 435 BGB näher bestimmt. Die weiteren Voraussetzungen der Gewährleistung hängen davon ab, welches Recht der Käufer geltend macht (vgl. § 437 BGB).

Auf der ersten Stufe steht ein verschuldensunabhängiger Anspruch des Käufers auf **Nacherfüllung** (§§ 437 Nr. 1, 439 BGB), d. h. auf Nachbesserung oder auf Ersatzlieferung. Ist die Nacherfüllung unmöglich, wird sie nicht innerhalb einer gesetzten Frist vorgenommen oder verweigert oder schlägt sie fehl, kommen auf zweiter Stufe entweder **Rücktritt** oder **Minderung** als **alternativ** nebeneinander stehende Gestaltungsrechte in Betracht (§ 437 Nr. 2 BGB). Der Anspruch auf **Schadensersatz** ist ebenfalls grundsätzlich nachrangig, sofern Schadensersatz statt der Leistung verlangt wird. Der Schadensersatz wegen einer Verletzung einer nicht leistungsbezogenen Nebenpflicht kann sofort geltend gemacht werden. Schadensersatz ist **neben Rücktritt** und **Minderung** (§§ 437 Nr. 2, 325 BGB) möglich. Alternativ zum „Schadensersatz statt der Leistung" kann der Käufer **alternativ** auch **Ersatz seiner vergeblichen Aufwendungen** verlangen (§§ 437 Abs. 3, 284 BGB).

#### 4.2.4.2 Begriff des Sachmangels (§ 434 BGB)

**Beschaffenheitsvereinbarung**

Die Vorschrift des § 434 BGB bestimmt im Einzelnen, wann die verkaufte Sache frei von Sachmängeln ist. Nach § 434 Abs. 1 S. 1 BGB ist die Sache frei von Sachmängeln, wenn sie im Zeitpunkt des Gefahrübergangs die vereinbarte Beschaffenheit aufweist. Der Begriff „Beschaffenheit" ist gesetzlich nicht definiert. Er umfasst in jedem Fall solche Eigenschaften, die der Kaufsache physisch anhaften. Erfasst werden nicht nur **Qualitätsmängel,** die auf der physischen Beschaffenheit der Kaufsache selbst beruhen (z. B. verdorbene Lebensmittel, körperlicher Defekt eines Tieres oder Hausschwamm), sondern weiterhin Umstandsmängel, die sich aus den **tatsächlichen, wirtschaftlichen oder rechtlichen Beziehungen** der Kaufsache zu ihrer Umwelt ergeben und die nach der Verkehrsanschauung für ihre Brauchbarkeit oder ihren Wert bedeutsam sind. Hierzu zählen z. B. Alter und Unfallfreiheit eines gebrauchten Kfz, die Lage eines Grundstücks (am See oder neben einer Kläranlage oder in der Einflugschneise eines Flughafens), die Unbebaubarkeit eines

Grundstücks wegen einer langfristigen Bausperre, die Herkunft einer Kaufsache (etwa der Wein aus der Toskana) oder die Urheberschaft eines Kunstwerks.[26]

§ 434 Abs. 1 S. 1 BGB geht von dem „**subjektiven Fehlerbegriff**" aus, in dem in erster Linie auf den Inhalt der getroffenen Vereinbarung abgestellt wird. Da die Parteien die Beschaffenheit konkret vereinbaren können, liegt ein Mangel dann vor, wenn die **Ist- Beschaffenheit von der Sollbeschaffenheit** abweicht.[27]

---

**Standardbeispiel**

V verkauft dem K eine Schiffsladung, wobei beide glauben, es handele sich um Walfischfleisch (Sollbeschaffenheit). Bei Ablieferung stellt sich aber heraus, dass es sich um Haifischfleisch (Ist-Beschaffenheit) handelt. Das bedeutet, dass ein Sachmangel vorliegt.[28]

---

Eine Beschaffenheitsvereinbarung ist insbesondere dann anzunehmen, wenn der Verkäufer bei Vertragsabschluss die Sache in einer bestimmten Weise beschrieben hat; eine Zusicherung, die ihrerseits eine Garantie (§ 443 BGB) begründen kann, ist nicht erforderlich.[29]

Vereinzelt ist eine Auslegung erforderlich. So bedeutet die Klausel „TÜV neu"[30], dass das Kfz bei Übergabe den für eine TÜV-Abnahme erforderlichen Zustand aufzuweisen hat. Die Klausel „werkstattgeprüft"[31] bedeutet, dass das Fahrzeug in einem funktionstüchtigen Zustand ist; nicht zwingend ist damit ein Austausch sämtlicher alter Teile gemeint.

Auch dann, wenn ein **Muster** oder eine **Probe** vor oder bei Vertragsabschluss nicht nur zu Werbezwecken vorgelegen hat, sondern zur Darstellung und Festlegung der Eigenschaften der Kaufsache, ist die Beschaffenheit der Probe bzw. des Musters als Beschaffenheit der verkauften Sache vereinbart worden. Eine Abweichung von dem Muster oder der Probe stellt dann einen Sachmangel dar.

### Nach dem Vertrag vorausgesetzte Verwendung

Ist keine ausdrückliche oder konkludente Beschaffenheitsvereinbarung getroffen worden, ist auf der nächsten Stufe darauf abzustellen, ob sich die Sache für die nach dem Vertrag vorausgesetzte Verwendung eignet (§ 434 Abs. 1 S. 2 Nr. 1 BGB). Der Gesetzgeber trägt dem Umstand Rechnung, dass die Parteien mitunter weniger auf einzelne Beschaffenheitsmerkmale achten als vielmehr darauf, ob die Sache für

---

[26] BGH, NJW 2013, 1671 (1672); *Jacoby/von Hinden,* § 434 BGB, Rn. 3; nicht zu den wertbildenden Faktoren als Beschaffenheitsmerkmale zählt der Wert der Sache selbst.

[27] BGH, NJW 2006, 434,435.

[28] Vgl. RGZ 99, 147 – „Haaksjöringsköd-Fall"; dieser Fall ist auch der Grundfall für eine falsa demonstratio non nocet, da Haaksjöringsköd tatsächlich Haifischfleisch heißt.

[29] BGH, NJW 2007, 1346; in bestimmten Fällen reicht der nicht ausgeräumte Verdacht einer Verseuchung bei Lebensmitteln, u. a. bejaht von BGHZ 52, 51, 54 ff. – „Argentinische Hasen".

[30] BGHZ 103, 275.

[31] BGHZ 87, 302, 306.

einen bestimmten Zweck einsetzbar ist. Erforderlich ist nach h. M. eine rechtsge-schäftliche **Vereinbarung, die auch konkludent** getroffen werden kann.[32] Gemeint sind Erwartungen, die im Vorfeld des Vertrages als selbstverständlich zugrunde ge-legt wurden, etwa als Ergebnis von Beratungsgesprächen.

> **Beispiel**
>
> Ein Malermeister erkundigt sich nach einem Klebstoff, der für die Befestigung von Styroporplatten an Decken geeignet ist. Der Verkäufer empfiehlt einen be-stimmten Klebstoff, den der Malermeister kauft, ohne dass der Verwendungs-zweck in einem Vertrag aufgenommen wurde. Die Styroporplatten halten nicht. Der Klebstoff weist damit einen Sachmangel auf, auch wenn er für andere (üb-lichere) Zwecke, an die der Hersteller gedacht hat, geeignet sein mag.

### Objektive Kriterien

Auf der nächsten Stufe kommt es, wenn also eine Vereinbarung der Parteien nicht festzustellen ist, auf **objektive Kriterien** an. § 434 Abs. 1 S. 2 Nr. 2 BGB bestimmt, dass die Sache fehlerfrei ist, wenn sie sich für die **gewöhnliche Verwendung** eig-net und diejenige **Beschaffenheit** aufweist, die bei Sachen der gleichen Art **üblich** ist und die der Käufer nach der Art der Sache erwarten kann. Maßgebend ist der Erwartungshorizont eines „Durchschnittskäufers".[33] Den Vergleichsmaßstab bilden dabei Sachen der gleichen Art. So bestehen insbesondere Unterschiede zwischen neuen und gebrauchten Gegenständen, zwischen Gebrauchsartikeln des täglichen Lebens und Luxusartikeln und zwischen einem Einsatz unter normalen oder ext-remen Bedingungen. Bei gebrauchten Sachen stellt der normale Verschleiß keinen Sachmangel dar. So ist z. B. bei Gebrauchtfahrzeugen darauf abzustellen, was von einem Fahrzeug des betreffenden Alters zu erwarten ist; übliche Verschleißerschei-nungen begründen keinen Sachmangel. Der Begriff der Erwartung ist normativ zu bestimmen, d. h. es kommt nicht auf die tatsächlichen Erwartungen des Käufers an, sondern darauf, welche Beschaffenheit er „erwarten kann".[34] Der Begriff der Erwartungen ist normativ zu bestimmen. Entscheidend sind also nicht die tatsächli-chen Erwartungen des Käufers, sondern welche Beschaffenheit der Käufer „erwar-ten kann". Für den **Tierkauf** hat der BGH deutlich gemacht, dass geringfügige Ab-weichungen von der „physiologischen Norm" auch dann keinen Mangel darstellen, wenn der Markt mit Preisnachlässen reagiert. Das Problem besteht darin, dass man bei Tieren die übliche Beschaffenheit schlecht durch einen Vergleich mit „Sachen der gleichen Art" feststellen kann. Da Lebewesen nicht immer dem „physiologi-schen Idealzustand" entsprechen, könne der Käufer ohne besondere Vereinbarung nicht erwarten, dass er Tiere mit „idealen" Eigenschaften erhält.[35]

---

[32] BaRoth/*Faust*, § 434 BGB, Rn. 48; *Looschelders*, SchuldR BT, § 3, Rn. 47; a. A. Palandt/*Wei-denkaff*, § 434 BGB, Rn. 20 mit geringeren Anforderungen.

[33] Palandt/*Weidenkaff* § 434 BGB, Rn. 30.

[34] BaRoth/*Faust*, § 434 BGB, Rn. 74; *Looschelders*, SchuldR BT, § 3, Rn. 49.

[35] BGH, NJW 2007, 1351, 1352; *Looschelders*, SchuldR BT, § 3, Rn. 49.

Darüber hinaus gehören nach § 434 Abs. 1 S. 3 BGB zur (üblichen) Beschaffenheit einer Sache auch die Eigenschaften, die der Käufer nach den **öffentlichen Äußerungen** des **Verkäufers,** des **Herstellers** (§ 4 ProdhaftG) oder eines Erfüllungsgehilfen insbesondere in der Werbung oder bei der Kennzeichnung über bestimmte Eigenschaften der Sache erwarten kann. Voraussetzung ist zunächst, dass es sich um öffentliche Äußerungen in der Werbung oder bei der Kennzeichnung handeln muss (z. B. Plakatwerbung, Werbeprospekte, Fernsehspots). Zudem ist erforderlich, dass der Sache bestimmte Eigenschaften zugesprochen werden. Grundsätzlich geht es um Werbeaussagen bzgl. der Haltbarkeit, Verträglichkeit, Wirkung oder des konkreten Nutzens eines Produkts. Der Gesetzgeber hat mit der Einbeziehung der öffentlichen Äußerungen in den Sachmangelbegriff den von der Rspr. eingeschlagenen Weg, z. B. fehlerhafte Angaben des Herstellers über den Kraftstoffverbrauch als Sachmangel zu werten, übernommen.[36]

---

**Beispiele**

1. K hat einem vom Hersteller X herausgegebenen Prospekt entnommen, dass ein dort beworbener Fahrradträger für den Transport von bis zu 4 Fahrrädern geeignet ist. In einem in einer Tageszeitung veröffentlichten Testbericht heißt es außerdem, der Träger sei auch für den Transport eines Surfbretts geeignet und zugelassen. Nach Abschluss des Kaufvertrages mit V stellt sich heraus, dass maximal drei Fahrräder transportiert werden können. Für den Transport von Surfbrettern ist der Träger weder geeignet noch zugelassen. Es handelt sich in beiden Fällen um öffentliche Äußerungen über die Kaufsache i. S. d. Vorschrift. Der Prospekt beinhaltet eine unrichtige Angabe des Herstellers X über die Beschaffenheit des Fahrradträgers, die geeignet war, die Kaufentscheidung zu beeinflussen. Da nur 3 statt 4 Fahrräder transportiert werden können, handelt es sich hier um einen Sachmangel. Entsprechendes gilt für die fehlende Eignung zum Transport eines Surfbretts. Hier handelt es sich ebenfalls um einen Sachmangel. Wenn dem Verkäufer ein Haftungsausschluss nicht gelingt, stehen dem Käufer seine Rechte nach § 437 BGB zu.

2. Vertragshändler V verkauft an Käufer K einen Neuwagen. Im Katalog wird der Benzinverbrauch mit 6,0 L pro 100 km angegeben. Nach der Übergabe stellt K fest, dass der durchschnittliche Benzinverbrauch 6,5 L pro 100 km beträgt. Hier liegt ein Sachmangel vor, da der tatsächliche Benzinverbrauch vom vereinbarten Benzinverbrauch abweicht. In Betracht kommt zunächst ein Anspruch auf Nacherfüllung nach §§ 439, 437 Nr. 1, 434 BGB. Nach fruchtlosem Ablauf der Frist könnte K den Kaufpreis mindern oder bei schuldhafter Vertragsverletzung Schadensersatz verlangen. Ausgeschlossen ist dagegen ein Rücktritt, da die Pflichtverletzung unerheblich ist. Der Rücktritt vom Vertrag ist nur bei erheblichen Mängeln möglich (§ 323 Abs. 5 S. 2 BGB). In Betracht kommt grundsätzlich eine Minderung nach §§ 437 Nr. 2, 2. Alt. 441 BGB, weil der Ausschlussgrund aus § 323 Abs. 5 S. 2 nach § 441 Abs. 1 S. 2 BGB keine Anwendung findet.

---

[36] BGHZ 132, 55.

Allgemein gehaltene Werbeaussagen, die also nur einen **reklameartigen Inhalt** aufweisen (und sich demzufolge nicht auf konkrete Eigenschaften der Sache beziehen), führen **nicht** zu einer **Haftung** des Verkäufers; entsprechendes gilt für „marktschreierische" Werbung mit ersichtlich nicht ernst gemeinten Anpreisungen, z. B. „das beste Auto seiner Klasse" oder „Red Bull verleiht Flügel".

Der Verkäufer kann sich von der **Haftung** nur **befreien,** wenn er die Äußerung **nicht kannte und auch nicht kennen musste** (§ 434 Abs. 1 S. 3 2. Hs 1. Fall BGB). Da von dem Verkäufer zu erwarten ist, dass er sich – soweit möglich und zumutbar – über fremde Werbung hinsichtlich der von ihm verkauften Produkte informiert und er für diesen Umstand beweispflichtig ist, dürfte angesichts der Verbreitung der Werbung über die Medien eine Haftungsbefreiung nur selten gelingen. Eine Haftungsbefreiung ist ferner dann gegeben, wenn sie im Zeitpunkt des Vertragsabschlusses **in gleichwertiger Weise berichtigt** war (§ 434 Abs. 1 S. 3 2. Hs. 2. Fall BGB) oder sie keinen Einfluss auf die Kaufentscheidung hatte (§ 434 Abs. 1 S. 3 2. Hs. 3. Alt. BGB). Die Berichtigung der unrichtigen Werbeaussage ist gleichwertig, wenn sie mit dem gleichen oder mit einem vergleichbaren Medium erfolgt. So kann z. B. eine groß angelegte fehlerhafte Plakatwerbung nicht durch eine Kleinanzeige in einer Tageszeitung korrigiert werden. Der Verkäufer hat darüber hinaus die Möglichkeit, die unrichtige Werbung im Verkaufsgespräch zu korrigieren und damit eine Beschaffenheitsvereinbarung zu treffen. In der Praxis besteht das Problem darin, dass der Verkäufer erhebliche Beweisprobleme haben dürfte und dass eine negative Wirkung von einer Richtigstellung der Herstellerwerbung gegenüber dem Kunden ausgeht (und dessen Kaufbereitschaft nicht gerade fördert).

**Montage und Montageanleitung**
Ein Sachmangel ist nach § 434 Abs. 2 S. 1 BGB weiterhin dann gegeben, wenn der Verkäufer die **vertraglich vereinbarte Montage,** d. h. den Zusammenbau der Sache, nicht sachgemäß durchführt. Die fehlerhafte Montage kann einmal zu einem Mangel der Kaufsache selbst führen.

---

**Beispiel**

V ist Inhaber eines Elektrogeschäfts. Er verkauft an K eine Waschmaschine und übernimmt die Installation. Auf Grund eines fehlerhaften Wasseranschlusses durch den Verkäufer dringt Wasser in Teile der Maschine (die eigentlich trocken bleiben sollten), so dass diese beschädigt wird.[37]

Sie kann aber auch dann einen Sachmangel begründen, wenn die Kaufsache selbst durch die Montage nicht beeinträchtigt wird, z. B. wenn der Verkäufer einer Einbauküche einzelne Schränke schief anbringt, ohne dass die vertraglich vorausgesetzte Verwendbarkeit leidet.[38] Voraussetzung ist jedenfalls, dass der Verkäufer im

---

[37] BT-Drs. 14/6040, S. 215; *Looschelders*, SchuldR BT, Rn. 50 ff.; BaRoth/*Faust*, § 434 BGB, Rn. 92.

[38] BT-Drs. 14/6040, S. 215.

Kaufvertrag die Montage vertraglich übernommen und durchgeführt hat. Soweit die Montage den Schwerpunkt der Leistung darstellt, wird man zur Anwendung des § 434 Abs. 2 S. 1 BGB über die Verweisungsregelung in § 651 BGB kommen. Dem Käufer kommen die Rechte aus dem Kaufvertrag zu, ohne dass es insoweit auf eine dogmatische Abgrenzung zwischen Kauf- und Werkvertrag ankommt. Ob die Montage sachgemäß durchgeführt worden ist, richtet sich nach den gleichen Kriterien wie die Vertragsmäßigkeit der Sache selbst, d. h. es kommt auf die Vereinbarung und vertraglich vorausgesetzte Verwendung an.

Nach der Regelung in § 434 Abs. 2 S. 2 BGB liegt ein Sachmangel auch dann vor, wenn die **Montageanleitung** mangelhaft ist. Prototyp für diese Regelung sind die – zunehmend häufiger vorkommenden – Kaufverträge über Möbel, die erst noch vom Käufer zusammengebaut werden, weil sie aus Kostengründen, z. B. durch Einsparen von Transport- und Montagekosten, in Einzelteilen geliefert werden; man spricht hier von der sog. **IKEA-Klausel.**[39] Diese Regelung ist zudem für den Rückgriff des Letztverkäufers gegen seinen Lieferanten bedeutsam.

Maßstab für die Beurteilung der Mangelhaftigkeit der Montageanleitung ist der durchschnittliche Kunde, wobei nicht auf einen statistischen Mittelwert abzustellen ist, sondern auf einen Laien, der gewisse Grundfertigkeiten mitbringt.[40] Fehlt die Anleitung, ist § 434 Abs. 2 S. 2 BGB entsprechend anzuwenden, da es keinen Unterschied macht, ob die Anleitung nicht vorhanden oder unbrauchbar ist.

Der Käufer kann zunächst Lieferung einer mangelfreien Montageanleitung verlangen. Ein Anspruch auf Lieferung einer neuen Sache mit fehlerfreier Montageanleitung gibt es nur dann, wenn die Kaufsache beim Zusammenbau beschädigt worden ist oder nicht mehr ohne weiteres demontiert werden kann.[41]

Der Verkäufer hat für die mangelhafte Montageanleitung dann **nicht einzustehen,** wenn sie sich **nicht ausgewirkt** hat (§ 434 Abs. 2 S. 2. 2. Hs. BGB), d. h. wenn es dem Käufer trotz dieses Mangels gelungen ist, die Sache fehlerfrei zu montieren. Das Gesetz will den Käufer somit nur dann schützen, wenn im konkreten Fall die Gebrauchstauglichkeit tatsächlich beeinträchtigt worden ist.

---

**Beispiel**

K kauft von V ein Kinderturngerät für den Garten zum Selbstaufbau. Da die Montageanleitung vom Schwedischen unvollständig und fehlerhaft ins Deutsche übersetzt wurde, ist sie unverständlich und damit mangelhaft. Trotzdem gelingt es K, der handwerklich geschickt ist, das Turngerät einwandfrei zusammenzubauen. K ist der Ansicht, dass das Turngerät mit einer unbrauchbaren Montageanleitung weniger wert ist. Ein angemessener Preis sei nicht zu erzielen, weil er im Falle eines Weiterverkaufs keine brauchbare Montageanleitung mitliefern könne. K verlangt die Rückgängigmachung vom Vertrag. K hat in diesem Fall

---

[39] *Medicus/Lorenz*, SchuldR II, Rn. 93; *Looschelders*, SchuldR BT, § 3, Rn. 60.

[40] *Looschelders*, SchuldR BT, § 3, Rn. 61.

[41] *Looschelders*, SchuldR BT, Rn. 64 mit Hinweis auf BGH, NJW 2014, 2351 und auf die Bodenfliesen-Rspr. des EuGH und BGH.

kein Recht zum Rücktritt nach §§ 323 Abs. 1, 437 Nr. 2 Alt. 1, 434 Abs. 2 S. 2 BGB, da kein Sachmangel vorliegt. Zwar ist die Montageanleitung unverständlich. Ein Sachmangel liegt jedoch nicht vor, weil er sich nicht ausgewirkt hat.

Nicht erwähnt in § 434 Abs. 2 BGB sind die **Bedienungs- und Gebrauchsanleitungen.** Diese können entweder eine Beschaffenheitsabweichung nach § 434 Abs. 1 BGB darstellen oder, falls man dies verneint, Schadensersatzansprüche nach § 280 Abs. 1 BGB wegen Schutzpflichtverletzungen auslösen.[42]

### Aliud und Zuweniglieferung

§ 434 Abs. 3 BGB stellt schließlich die Falschlieferung (aliud) und die Zuweniglieferung (minus) ausdrücklich einem Sachmangel gleich. Mit Falschlieferung ist nach überwiegender Ansicht sowohl das Qualifikationsaliud, d. h. Lieferung einer Sache durch den Gattungsschuldner, die einer anderen als der vereinbarten Gattung angehört wie auch das Identitätsaliud, also die Lieferung einer anderen Sache als der verkauften Speziessache.

---

### Beispiel

K bestellt bei V einen weißen Schrank. Geliefert wird ein brauner Schrank. Nach § 434 Abs. 3 BGB handelt es sich nicht um ein aliud, sondern um einen mangelhaften weißen Schrank, der zur Anwendung der Sachmängelrechte führt.

---

Bei der Lieferung eines **aliuds** bzw. einer **Zuweniglieferung** kommt es – wie auch bei den anderen Formen des Sachmangels – darauf an, ob der Käufer die mangelhafte Lieferung als Erfüllung gelten lässt. Erkennt er sogleich, dass ihm ein falscher Gegenstand oder dass ihm weniger als vertraglich vereinbart geliefert wurde und weist er daher die Lieferung zurück, so behält er seinen ursprünglichen Erfüllungsanspruch (§ 433 Abs. 1 BGB). Eine erkannte Zuweniglieferung kann er – falls nichts anderes vereinbart ist – nach § 266 BGB als unzulässige Teilleistung zurückweisen, so dass Nichterfüllung hinsichtlich der gesamten Verbindlichkeit gegeben ist. Da er zur Annahme nicht verpflichtet ist, gerät er nicht in Annahmeverzug (§ 293 BGB), so dass auch kein Gefahrübergang stattfindet. Entdeckt der Käufer die Zuweniglieferung erst nach Gefahrübergang, bestimmen sich die Rechte des Käufers grundsätzlich nach § 437 BGB.

Wurde bei einem Stückkauf ein sog. Identitätsaliud geliefert, also ein anderer Kaufgegenstand als der vereinbarte, so ist nach einer Ansicht § 434 Abs. 3 BGB nicht anwendbar. Danach behält der Käufer seinen primären Erfüllungsanspruch, der in drei Jahren verjährt. Die irrtümlich gelieferte Sache ist nach § 812 Abs. 1 S. 1 Alt. 1 BGB zurückzugeben. Nach der Gegenansicht gilt § 434 Abs. 3 BGB auch hier, so dass der Erfüllungsanspruch (§ 433 Abs. 1 BGB; § 195 BGB) durch einen Nacherfüllungsanspruch abgelöst wird, der nach § 438 BGB verjährt. Die Rückgabe der irrtümlich gelieferten Sache erfolgt dann nach § 439 Abs. 4 BGB. Macht der

---

[42] *Brox/Walker*, SchuldR BT, § 4, Rn. 25.

Käufer den Nacherfüllungsanspruch nicht geltend, etwa bei einem höherwertigen aliud, das er (verständlicherweise) gerne behalten möchte, ist er nach § 812 Abs. 1 S. 1 Alt. 1 BGB gegen Belieferung mit der verkauften Sache zur Rückgabe – nach § 273 Abs. 1 BGB Zug um Zug – verpflichtet.[43] Der Kaufvertrag kann nicht als rechtlicher Grund für den Erwerb angesehen werden, da § 434 Abs. 3 BGB dem Käufer keinen ungerechtfertigten Vermögensvorteil verschaffen soll.

**Zuviellieferungen** werden von § 434 Abs. 3 BGB nicht erfasst. Der Verkäufer kann das Zuviel Gelieferte als nicht geschuldet unter den Voraussetzungen des § 812 Abs. 1 S. 1 Alt. 1 BGB im Wege der Leistungskondiktion zurückfordern, es sei denn, die Parteien haben den ursprünglichen Kaufvertrag entsprechend erweitert. Auf der anderen Seite braucht der Käufer das Zuviel Geleistete nicht zu bezahlen und er kann vom Verkäufer die Rücknahme verlangen.[44]

### 4.2.4.3    Rechtsmangel

Nach § 435 S. 1 BGB liegt ein Rechtsmangel vor, wenn **Dritte** in Bezug auf die Kaufsache Rechte gegen den Käufer geltend machen können, die der Käufer im Kaufvertrag nicht übernommen hat. Einem Rechtsmangel steht es gleich, wenn im Grundbuch ein Recht eingetragen ist, das nicht besteht. Unter **Rechte Dritter** fallen zunächst die Belastungen der Kaufsache mit beschränkt dinglichen Rechten, z. B. Pfandrechte, Grundpfandrechte. Obligatorische Rechte kommen nur dann in Betracht, wenn sie dem Käufer entgegengehalten werden können (z. B. die Rechte des Mieters nach § 566 BGB).[45] Erfasst werden außerdem Immaterialgüter- und Persönlichkeitsrechte, wie z. B. das Recht am eigenen Bild.[46]

---

**Beispiele**

Das verkaufte Grundstück darf nicht mit einer Hypothek zugunsten eines Dritten belastet sein. Etwas anderes gilt – was vielfach in Grundstücksverträgen der Fall ist – wenn der Käufer vertraglich die auf dem Grundstück lastenden Hypotheken oder Grundschulden unter Anrechnung auf den Kaufpreis übernimmt. Die Existenz solcher „im Kaufvertrag übernommenen Rechte" stellt keinen Rechtsmangel dar.

---

Das fehlende Eigentum des Verkäufers stellt nach h. M. keinen Rechtsmangel dar. § 433 Abs. 1 BGB differenziert deutlich zwischen der Pflicht zur Eigentumsverschaffung und der Pflicht zur mangelfreien Leistung. Verletzt der Verkäufer eine Pflicht nach § 433 Abs. 1 S. 1 BGB, so handelt es sich um einen Fall der Nichterfüllung, auf den die Vorschriften des allgemeinen Leistungsstörungsrechts unmittelbar

---

[43] *Jacoby/von Hinden*, § 434 BGB, Rn. 11 m. w. N.

[44] *Brox/Walker*, SchuldR BT, § 4, Rn. 27 m. w. N..

[45] Palandt/*Weidenkaff*, § 435 BGB, Rn. 10.

[46] BGHZ 110, 196.

(§§ 280 ff., 311a Abs. 2, 323 ff. BGB) – und nicht über § 437 BGB –anzuwenden sind.[47]

Die **Rechtsfolgen** der Rechtsmängelhaftung entsprechen grundsätzlich denen der Sachmängelhaftung. Die Abgrenzung zum Sachmangel hängt davon ab, ob die Benutzungsbeschränkung an der Sachbeschaffenheit anknüpft. Inwieweit öffentlichrechtliche Beschränkungen als Rechtsmängel anzusehen sind, hat der Gesetzgeber offen gelassen.[48] § 436 Abs. 2 BGB stellt klar, dass öffentliche Abgaben und öffentliche Lasten beim Kauf von Grundstücken keine Rechtsmängel gem. § 453 BGB sind.

### 4.2.4.4 Gefahrübergang

Mit Gefahrübergang i. S. v. § 434 Abs. 1 S. 1 BGB ist der Übergang der Preisgefahr gemeint, der für den Kauf in §§ 446, 447 BGB geregelt ist. Danach ist der maßgebliche Zeitpunkt, in dem die Beschaffenheitsabweichung vorliegen muss, weder derjenige des Vertragsabschlusses noch derjenige der vollständigen Vertragserfüllung. Nach § 446 S. 1 BGB geht die Gefahr (Preisgefahr) der zufälligen Verschlechterung der Kaufsache mit der **Übergabe** über. Der Mangel muss zumindest im Keim vorhanden gewesen sein. § 446 S. 3 BGB bestimmt, dass der **Annahmeverzug** des Käufers der Übergabe gleichsteht. Bei Gattungsschulden ist auf den Zeitpunkt abzustellen, in welchem bei Mangelfreiheit die Konkretisierung eingetreten wäre. Beim Versendungskauf geht die Gefahr mit der Auslieferung an die Transportperson über; zu beachten ist die Ausnahme nach § 474 Abs. 2 BGB beim Verbrauchsgüterversendungskauf.

### 4.2.4.5 Beweislast

Die **Beweislast** für das Vorliegen eines Mangels ist nicht ausdrücklich geregelt. Es gelten diesbezüglich die von der Rspr. in Analogie zu § 363 BGB entwickelten Regeln. Die Beweislast für die Mängelfreiheit trifft bis zum Gefahrübergang den Verkäufer, nach Gefahrübergang den Käufer. Für den Verbrauchsgüterkauf gilt die Sonderregel des § 476 BGB. Für Garantiefälle ist die besondere Beweislastregel des § 443 Abs. 2 BGB zu beachten.

### 4.2.5 Rechte des Käufers wegen eines Mangels

### 4.2.5.1 Grundstruktur

Auf der ersten Stufe steht ein verschuldensunabhängiger Anspruch des Käufers auf **Nacherfüllung** (§§ 437 Nr. 1, 439 BGB), d. h. auf Nachbesserung oder auf Ersatzlieferung. Ist die Nacherfüllung unmöglich, wird sie nicht innerhalb einer gesetzten Frist vorgenommen oder verweigert oder schlägt sie fehl, kommen auf zweiter Stufe entweder **Rücktritt** oder **Minderung** (§ 437 Nr. 2 BGB) mit Verweis auf die §§ 440, 323, 326 Abs. 5, 441 BGB als alternativ nebeneinander stehende Gestaltungsrechte

---

[47] Palandt/*Weidenkaff*, § 435 BGB, Rn. 8.
[48] BT-Drs. 14/6040, S. 217.

in Betracht. Das Erfordernis der Fristsetzung ist ein wesentliches Strukturmerkmal des Leistungsstörungsrechts und sichert den Vorrang des Erfüllungsanspruchs. Der Vorrang der Nacherfüllung ergibt sich nicht ausdrücklich aus § 437 BGB, sondern erst aus einem Umkehrschluss zu den §§ 281, 323 Abs. 1, 441 Abs. 1 BGB. Damit erhält der Verkäufer gleichzeitig ein **Recht zur zweiten Andienung.** Neben Rücktritt und Minderung kann der Käufer **Schadensersatz** (§ 325 BGB) nach Maßgabe der §§ 440, 280, 281, 283, 311a verlangen (§ 437 Nr. 3 BGB). Der Anspruch auf Schadensersatz ist damit wie der Rücktritt grundsätzlich im allgemeinen Leistungsstörungsrecht geregelt, auf das in § 437 BGB diesbezüglich verwiesen wird. Diese Bestimmungen werden durch § 440 BGB geringfügig ergänzt. Auch der Schadensersatz ist, soweit er „statt der Leistung" verlangt wird, nachrangig. Für behebbare Mängel ist eine Fristsetzung erforderlich (vgl. §§ 281 Abs. 1 S. 1, 323 BGB). Ist die Leistung unmöglich (§ 275 BGB), ist eine Fristsetzung entbehrlich (§§ 280 Abs. 1, 281 Abs. 1 S. 1, 283 BGB).

Für das Verständnis des Sachmängelrechts ist es wichtig, dass § 275 BGB auch für die Pflicht zur mangelfreien Leistung gilt. Kann diese Pflicht nicht erfüllt werden, d. h. war die Nacherfüllung vergebens, handelt es sich um einen Fall der **sog. qualitativen Unmöglichkeit.** Es gelten die allgemeinen Voraussetzungen (§§ 283, 311a, 326 Abs. 5 BGB). Dabei ist es ohne Bedeutung, ob die Unmöglichkeit bereits bei Erbringung der ursprünglichen Leistung vorgelegen hat oder erst in Bezug auf die Nacherfüllung eingetreten ist. Entscheidend ist, dass der Mangel durch die Nacherfüllung nicht behoben werden kann.[49]

Im Rahmen der Schadensberechnung ist zu berücksichtigen, dass dasselbe Interesse nicht doppelt verlangt werden kann. Alternativ zum „Schadensersatz statt der Leistung" kann der Käufer auch **Ersatz seiner vergeblichen Aufwendungen** verlangen (§§ 437 Abs. 3, 284 BGB). Die Lieferung einer mangelhaften Sache ist eine Nichterfüllung der Verkäuferpflicht (§ 433 Abs. 1 S. 2 BGB) und diese Nichterfüllung ist zugleich auch eine **Pflichtverletzung** i. S. v. § 280 BGB bzw. eine **nicht vertragsgemäße Leistung** nach § 323 BGB.

Keine Bedeutung hat der Vorrang der Nacherfüllung für Schäden an sonstigen Rechtsgütern des Käufers (sog. **Mangelfolgeschäden).** Der Ersatzanspruch kann nach §§ 437 Nr. 3, 280 Abs. 1 BGB sofort geltend gemacht werden, ohne dass es auf die Differenzierung zwischen behebbaren und nicht behebbaren Mängeln ankommt (Abb. 4.2). Ist der Mangel von Anfang an unbehebbar, dann umfasst der Anspruch auf Schadensersatz statt der Leistung aus § 311a Abs. 2 BGB nach h. M. auch Folgeschäden[50].

### 4.2.5.2  Nacherfüllung

**Anspruch auf Nacherfüllung**

Der Anspruch auf Nacherfüllung, den § 437 Nr. 1 BGB dem Käufer gewährt und der in § 439 BGB im Einzelnen ausgestaltet ist, ist die logische Konsequenz der in § 433 Abs. 1 S. 2 BGB enthaltenen Verpflichtung des Verkäufers, die Sache

---

[49] *Looschelders,* SchuldR BT, § 4, Rn. 83.
[50] *Looschelders,* SchuldR BT, § 4, Rn. 83 m. w. N.

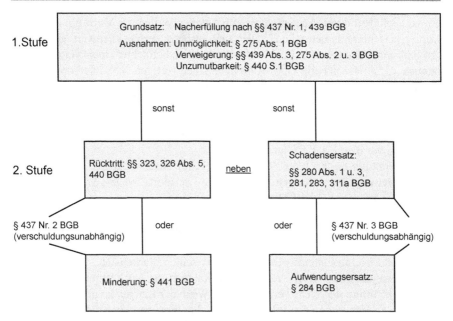

**Abb. 4.2** Struktur der Rechte des Käufers

mangelfrei zu liefern. Dieser ist – wie erwähnt – gegenüber einem Rücktritts- oder Minderungsbegehren grundsätzlich vorrangig. Er greift nach Gefahrübergang ein. Als Kehrseite des Nacherfüllungsanspruchs des Käufers lässt sich von einem „Recht zur zweiten Andienung" sprechen.[51] Es handelt sich hierbei um eine **modifizierte Form** des ursprünglichen Erfüllungsanspruchs auf mangelfreie Lieferung (§ 433 Abs. 1 S. 2 BGB). Der Anspruch setzt – ebenso wie der ursprüngliche Erfüllungsanspruch – **kein Verschulden** voraus. Der Nacherfüllungsanspruch beinhaltet zwei Varianten: die Nachbesserung („Beseitigung des Mangels") und die Ersatzlieferung („Lieferung einer mangelfreien Sache").

Nach § 439 BGB hat der Käufer (nicht der Verkäufer) ein **Wahlrecht** zwischen beiden Formen im Sinne einer elektiven Konkurrenz, d. h. der Käufer ist an eine einmal getroffene Wahl nicht nach § 263 Abs. 2 BGB gebunden, sondern kann bis zum Untergang des Anspruchs – in den Grenzen von Treu und Glauben – noch zur anderen Art der Nacherfüllung wechseln. Beim Werkvertragsrecht steht demgegenüber dem Unternehmer nach § 635 Abs. 1 BGB das Wahlrecht zu.

Bei der **Nachbesserung** ist der Verkäufer verpflichtet, den Mangel selbst oder durch einen Dritten zu beseitigen; gemeint ist damit die Reparatur der Sache. Wählt der Käufer **Nachlieferung,** so ist der Verkäufer zur Lieferung einer anderen mangelfreien Sache verpflichtet. Grundsätzlich macht es hier keinen Unterschied, ob es sich um eine Stückschuld oder Gattungsschuld handelt. Beim Gattungskauf muss also eine andere Sache aus der vereinbarten Gattung geleistet werden (§ 243 Abs. 1 BGB). Beim Stückkauf soll es auf die Ersetzbarkeit der Sache ankommen, die grundsätzlich vorliegt, wenn es eine gleichartige Sache gibt. Ob dies der Fall

---

51 BT-Drs. 14/6040, S. 86, 89, 220.

ist, ist nach dem durch Auslegung zu ermittelnden Willen der Vertragsparteien bei Vertragsabschluss zu beurteilen.[52] Dies kann insbesondere bei neuwertigen Sachen der Fall sein, bei denen der Stückkauf wirtschaftlich betrachtet einem Gattungskauf ähnlich ist, z. B. im Falle eines Kaufs eines neuwertigen Kfz, das vom Händler nur kurzzeitig zugelassen wird („Tageszulassungen"), um dem Kunden einen Preisnachlass einräumen zu können; dagegen liegt es wegen der vielfältigen Unterschiede im Abnutzungsgrad gebrauchter Kfz i. d. R. nahe, die Gleichartigkeit nach den Vorstellungen der Parteien zu verneinen, insbesondere wenn eine persönliche Besichtigung vor dem Kauf erfolgt ist.[53]

Der Verkäufer hat nach § 439 Abs. 2 BGB die zum Zwecke der Nacherfüllung **erforderlichen Aufwendungen,** insbesondere Transport-, Wege-, Arbeits- und Materialkosten zu tragen (§ 439 Abs. 2 BGB).

Der Umfang der Nacherfüllungspflicht wird insbesondere in den Fällen problematisch, in denen der Käufer die Kaufsache einbaut, z. B. Fliesen oder Parkett verlegt hat, bevor sich die Mangelhaftigkeit zeigt. Die Meinungen gehen hierzu in Rspr. und Lit. auseinander. Der BGH ist in seiner „Parkettstäbe-Entscheidung" davon ausgegangen, dass der Verkäufer im Rahmen der Nacherfüllung nicht zum **(Wieder-) Einbau** der Sache verpflichtet ist. Wenn der Einbau der gekauften (mangelhaften) Sache nicht zu den Pflichten des Verkäufers gehört habe, dann könne der Käufer – so der BGH – im Rahmen der Nacherfüllung auch nicht den Einbau der neuen Sache verlangen; dies sei nur unter den Voraussetzungen der §§ 437 Nr. 3, 280 Abs. 1, 3, 281 ff. BGB, also bei Vertretenmüssen, der Fall.[54] Umstritten war auch die Frage, ob der Verkäufer im Rahmen der Nacherfüllung für den **Ausbau** und Abtransport der mangelhaften Sache sorgen muss. Während ein Teil der Lit. und Rspr. eine solche Verpflichtung bejaht hat,[55] tendierte der BGH in seiner „Bodenfliesen-Entscheidung" zu der Gegenauffassung und legte daher auch diese Frage dem EuGH zur Vorabentscheidung (Art. 267 AEUV) vor.

---

**Beispiel**

„Bodenfliesen-Entscheidung":[56] K hatte beim Baustoffhändler V 45 qm polierte Bodenfliesen eines italienischen Herstellers gekauft. Der Kaufpreis betrug 1400 €. Nach Verlegung der Fliesen zeigten sich an der Oberfläche Schattierungen. Da die Beseitigung der Mängel durch Nachbesserung unmöglich war, verlangte K

---

[52] BGH, NJW 2006, 2839 m. w. N.; OLG Braunschweig, NJW 2003, 1053.

[53] BGHZ 168, 64; nach a. A. liegt hier ein Gattungskauf vor. Diese Ansicht verengt den Begriff des Stückkaufs auf die Fälle, in denen die Lieferung einer anderen Sache als der konkret vereinbarten vertragswidrig wäre, so dass bei dem so definierten Stückkauf kein Nacherfüllungsanspruch in Betracht kommen kann; zum Meinungsstand *Jacoby/von Hinden,* § 439 BGB, Rn. 3 m. w. N.

[54] BGHZ 177, 224, *Medicus/Lorenz,* SchuldR II, Rn. 132 zur Pflicht des Verkäufers zum Aus- und Wiedereinbau.

[55] OLG Köln, NJW-RR 2006, 677.

[56] BGH, NJW 2009, 1660, vgl. auch die Vorlage des AG Schorndorf (ZGS 2009, 525) beim EuGH zur Frage der Kostentragung für den Aus- und Wiedereinbau; hierzu anschaulich *Looschelders,* SchuldR BT, § 4, Rn. 90 ff.

die Lieferung mangelfreier Fliesen sowie den Ausbau der mangelhaften Fliesen. Der Anspruch für K für die Lieferung mangelfreier Fliesen ergab sich aus §§ 437 Nr. 1, 439 Abs. 1 Alt. 2 BGB. Fraglich ist aber, ob dieser Anspruch auch den Ausbau der mangelhaften Fliesen sowie die Wiederverlegung der mangelfreien Fliesen umfasste.

Der EuGH hat auf diese Vorlagen entschieden, dass der Verkäufer nach der VerbrKfRL im Rahmen der Nacherfüllung verpflichtet ist, entweder selbst den Ausbau der vertragswidrigen Sache vorzunehmen und die als Ersatz gelieferte Sache einzubauen oder die dafür erforderlichen Kosten zu tragen.[57] Das Urteil des EuGH erfordert eine richtlinienkonforme Auslegung, nach der die Nacherfüllungspflicht in den hier behandelten Fällen sowohl den Aus- als auch den Einbau erfasst. Nach erfolgloser Fristsetzung kann sich der Käufer im Falle einer „Selbstvornahme" auch die Kosten vom Verkäufer erstatten lassen. Die richtlinienkonforme Auslegung ist aber auf den Anwendungsbereich der Richtlinie und damit auf den Verbrauchsgüterkauf zu beschränken.[58]

Wird dies Ersatzfähigkeit bejaht, dann stellt sich im folgenden Schritt die Frage der Unverhältnismäßigkeit.

### Grenzen des Nacherfüllungsanspruchs

Der Anspruch auf Nacherfüllung ist nach § 275 Abs. 1 BGB ausgeschlossen, wenn die Nachlieferung und die Nachbesserung **unmöglich** sind. Der Unmöglichkeitstatbestand gilt allgemein, ohne dass er speziell in § 439 BGB noch mal hätte erwähnt werden müssen.

Der Ausschluss der Nacherfüllung nach § 275 Abs. 1 BGB („soweit") ist als Einwendung von Amts wegen zu beachten.

---

**Beispiel**

Käufer K stellt nach Kauf eines Gebrauchtwagens fest, dass es sich um einen Unfallwagen handelt, wovon der Verkäufer V keine Kenntnis hatte. Der Nacherfüllungsanspruch ist nach § 275 Abs. 1 BGB wegen Unmöglichkeit ausgeschlossen. Eine Ersatzlieferung scheidet aus, weil der individuell ausgesuchte Gebrauchtwagen eine nicht ersetzbare Stückschuld darstellt. Aber auch durch eine Reparatur lässt sich die „Unfallfreiheit" nicht mehr herbeiführen. K kann daher ohne Fristsetzung gem. §§ 437 Nr. 2, 434 Abs. 1 S. 1, 326 Abs. 5 BGB vom Vertrag zurücktreten.

---

In diesem Fall ist der Verkäufer von seiner Leistungspflicht frei. Dem Käufer bleiben die in § 437 Nr. 2 BGB genannten Rechte. Hat er den Mangel oder die Unmöglichkeit der Nacherfüllung zu vertreten, haftet er auf Schadensersatz.

---

[57] EuGH, Rs. C-65/09, C-87/09 (= EuZW 2011, 631).

[58] *Jacoby/von Hinden*, § 439 BGB, Rn. 9 m. w. N.; *Looschelders*, SchuldR BT, § 4, Rn. 90a.

Nach § 326 Abs. 1 S. 2 BGB gilt § 326 Abs. 1 S. 1 BGB nicht, wenn der Schuldner im Falle der nicht vertragsgemäßen Leistung die Nacherfüllung nach § 275 BGB nicht zu erbringen braucht. Der Gesetzgeber hat damit klargestellt, dass die Schlechtleistung keine (qualitative) Teilleistung nach § 326 Abs. 1 S. 1 Hs. 2 BGB ist. Damit wird verhindert, dass sich der Kaufpreis kraft Gesetzes mindert und der Käufer daneben noch zum Rücktritt berechtigt ist. Der Käufer kann danach entweder die Kaufsache behalten und den Kaufpreis durch rechtsgestaltende Erklärung mindern (§§ 437 Nr. 2, 441 BGB) oder nach § 437 Nr. 2 BGB (bzw. § 634 Nr. 3 BGB) i. V. m. § 326 Abs. 5 BGB vom Vertrag zurücktreten.

Ist dem Verkäufer nur die eine Form der Nacherfüllung unmöglich, schuldet der Verkäufer grundsätzlich weiterhin die andere Form der Nacherfüllung.

§ 439 Abs. 3 BGB stellt klar, dass der Verkäufer auch die in §§ 275 Abs. 2 und 3 BGB geregelten Leistungsverweigerungsrechte geltend machen kann.

Da jedoch § 439 Abs. 3 BGB das Erfordernis der praktischen Unmöglichkeiten abmildert, wird man – wenn danach praktische Unmöglichkeit gegeben ist – kaum auf § 275 Abs. 2 BGB zurückgreifen können.[59] Die persönliche Unmöglichkeit nach § 275 Abs. 3 BGB hat im Kaufrecht grundsätzlich keine Bedeutung, da der Nacherfüllungsanspruch regelmäßig keine höchstpersönliche Leistungspflicht darstellt.

§ 275 BGB kann auch bei Stückkäufen eingreifen, wenn es für die gekaufte Sache keinen gleichwertigen Ersatz gibt. Zu beachten ist, dass § 275 BGB nicht nur dann zur Anwendung kommt, wenn es sich um eine tatsächliche (oder auch rechtliche) Unmöglichkeit handelt (z. B. wenn der Kaufgegenstand vor Erfüllung zerstört worden ist). Sie hat vor allem dadurch Bedeutung erlangt, da sie auch für die Pflicht zur mangelfreien Leistung zur Anwendung kommt. Liefert der Verkäufer eine mangelhafte Sache und kann er seine Pflicht auch durch Nachbesserung oder Nachlieferung nicht erfüllen, handelt es sich der Sache nach auch um einen Fall der Unmöglichkeit (sog. **qualitative Unmöglichkeit**), so dass die allgemeinen Regeln über die Unmöglichkeit zur Anwendung kommen.

Unerheblich ist, ob die Unmöglichkeit schon die Erbringung der ursprünglich geschuldeten Leistung betroffen hat oder erst in Bezug auf die Nacherfüllung eingetreten ist. Entscheidend ist, dass der Mangel durch Nacherfüllung nicht behoben werden kann. Denn in diesem Fall muss eine Fristsetzung von vornherein ausscheiden.

Häufig kommt es maßgebend darauf an, ob der Verkäufer nach § 439 Abs. 3 S. 1 BGB die Nacherfüllung dann verweigern kann, wenn sie nur mit **unverhältnismäßigen Kosten** möglich ist. Es steht ihm, wie bei § 275 Abs. 2 und 3 BGB frei, ob er die in Frage stehende Art der Nacherfüllung mit überobligatorischem Aufwand durchführen möchte. § 439 Abs. 3 S. 2 BGB nennt einige Kriterien zur Präzisierung dieser Unverhältnismäßigkeit; es handelt sich hierbei um eine Einrede.[60] Zur Bestimmung der Unverhältnismäßigkeit ist eine Interessenabwägung erforderlich. Als Abwägungskriterien nennt § 439 Abs. 3 S. 2 BGB beispielhaft den Wert der Sache in mangelfreiem Zustand, die Bedeutung des Mangels sowie

---

[59] BGH, NJW 2005, 2852, 2855; *Brox/Walker*, SchuldR BT, § 4 Rn. 48; BT-Drs. 14/6040, S. 232.
[60] BaRoth/*Faust*, § 439 BGB, Rn. 35.

die Frage, ob auf die andere Art der Nacherfüllung ohne erhebliche Nachteile für den Käufer zurückzugriffen werden kann. Der Verkäufer darf also die gewählte Art der Nacherfüllung nicht schon deshalb verweigern, weil sie teurer ist als die andere Art der Nacherfüllung, denn dann würde das Wahlrecht des Käufers ad absurdum geführt. Bei geringwertigen Sachen des alltäglichen Lebens, z. B. bei einem fehlerhaften Druckmechanismus eines Kugelschreibers, einer Schraube mit Gewindefehler, einem defekten Toaster, einer billigen Armbanduhr für z. B. 10 € oder bei einer einfachen Luftmatratze aus dem Supermarkt wird eine Nachbesserung regelmäßig mit unverhältnismäßigen Aufwendungen verbunden sein, so dass nur eine Ersatzlieferung in Betracht kommt. Entsprechendes gilt bei allen anderen industriellen Massenprodukten, bei denen eine Ersatzlieferung aus der maschinellen Serienproduktion preiswert erfolgen kann. Umgekehrt kann bei höherwertigen Verbrauchsgütern die Ersatzlieferung einen unverhältnismäßigen Aufwand bedeuten, wenn z. B. ein Defekt an einem komplizierten technischen Gerät, etwa an einer Waschmaschine oder an einem Kfz, durch einfaches Auswechseln eines fehlerhaften Teils behoben werden kann.[61] Ebenso wie die Unmöglichkeit muss auch die Unverhältnismäßigkeit für jede Form der Nacherfüllung getrennt beurteilt werden. Die Unverhältnismäßigkeit ergibt sich dabei nicht nur aus einem Vergleich mit den Kosten für die andere Art der Nacherfüllung (**relative Unverhältnismäßigkeit**), sondern aus einem Vergleich zwischen den Nacherfüllungskosten und dem Interesse des Käufers (**absolute Unverhältnismäßigkeit**).[62] Betrifft das Leistungsverweigerungsrecht beide Formen der Nacherfüllung, so kann der Käufer die Gewährleistungsrechte auf der zweiten Stufe geltend machen.

Umstritten war bislang die Frage, ob das Leistungsverweigerungsrecht wegen absoluter Unverhältnismäßigkeit mit der VerbrKfRL vereinbar ist. Der BGH hat in der sog. Bodenfliesen-Entscheidung diese Frage dem EuGH vorgelegt.

---

**Beispiel**

„Bodenfliesen-Entscheidung":[63] Hier betrugen die Kosten für die neuen Fliesen ca. 1400 € und für den Ausbau der mangelhaften Fliesen ca. 2100 €. Die Kosten von ca. 3500 € überstiegen damit den Wert der mangelfreien Fliesen um erheblich mehr als 150 % und den mangelbedingten Minderwert der gelieferten Fliesen um deutlich mehr als 200 %. Geht man davon aus, dass der Anspruch auf Ersatzlieferung auch die Ausbaukosten umfasst, liegt ein Fall der absoluten Unverhältnismäßigkeit vor. Das Problem vergrößert sich, wenn man mit dem EuGH auch die Wiedereinbaukosten für die Ersatzsache in den Anspruch auf Ersatzlieferung einbezieht; im vorliegenden Fall wurden die Kosten für einen kompletten Austausch der eingebauten Fliesen mit 5830,57 € angegeben. Diese Mängelbeseitigungskosten hatte der BGH als absolut unverhältnismäßig angesehen.

---

[61] Vgk. BGH, NJW 2014, 213 (214); *Brox/Walker*, SchuldR BT, § 4 Rn. 45.

[62] Hierzu ausführlicher *Brox/Walker*, SchuldR BT, § 4 Rn. 45 mit Beispielen zur relativen und absoluten Unverhältnismäßigkeit.

[63] BGH, NJW 2009, 1660, vgl. auch die Vorlage des AG Schorndorf (ZGS 2009, 525) beim EuGH Frage der Kostentragung für den Aus- und Wiedereinbau.

Der EuGH ist hier zu dem Ergebnis gekommen, dass Art. 3 Abs. 3 VerbrKfRL den Ausschluss der Nacherfüllung nur in den Fällen der relativen Unverhältnismäßigkeit zulässt. Der Ausschluss der einzig möglichen und verbleibenden Art der Nacherfüllung wegen absoluter Unverhältnismäßigkeit (§ 439 Abs. 3 S. 3 2. Hs. BGB) ist beim Verbrauchsgüterkauf damit richtlinienwidrig; zulässig sei es aber, den Anspruch des Verbrauchers auf Ersatz der Ein- und Ausbaukosten auf einen angemessenen Betrag zu begrenzen.[64] Methodisch ist nach Ansicht des BGH zwar keine richtlinienkonforme Auslegung möglich, wohl aber eine richtlinienkonforme Rechtsfortbildung durch teleologische Reduktion.[65] In der Bodenfliesen-Entscheidung hat der BGH vor dem Hintergrund dieser EuGH-Rspr. den Anspruch des Käufers auf 600 € begrenzt, da er dies in Anbetracht der Bedeutung der Vertragswidrigkeit (optischer Mangel ohne Funktionsbeeinträchtigung) und des Wertes der mangelfreien Sache für angemessen hielt. Für Fälle außerhalb eines Verbrauchsgüterkaufs hat es der BGH dagegen konsequent abgelehnt, dem Käufer bei berechtigter Verweigerung der Nacherfüllung wegen Unverhältnismäßigkeit durch den Verkäufer den Ersatz der Mängelbeseitigungskosten im Wege des Schadensersatzes statt der Leistung zu gewähren.[66]

Anders als im Miet- und Werkvertragsrecht (§§ 536a, 637 BGB) besteht im Kaufrecht **kein Recht des Käufers zur Selbstvornahme** der Mängelbeseitigung. Kommt der Verkäufer aber seiner Pflicht zur Nacherfüllung trotz Fristsetzung oder in den Fällen der Entbehrlichkeit der Fristsetzung nicht nach, kann der Käufer den Mangel selbst oder durch einen Dritten beseitigen lassen und die notwendigen Kosten dafür im Rahmen des Schadensersatzes statt der Leistung (§§ 280 Abs. 1, 3 i. V. m. 281 oder 283 BGB) fordern. In jedem Fall muss dem Verkäufer vor der Selbstvornahme die Gelegenheit zur Nacherfüllung gegeben werden. Problematisch ist der Fall, wenn der Käufer keine Gelegenheit zur Nachbesserung gegeben hat. Nach h. M. führt dies grundsätzlich zum Verlust der Ansprüche aus § 437 BGB.[67] Die Nacherfüllung wird dadurch unmöglich (§ 275 Abs. 1 BGB). Dem Verkäufer wird dadurch das Recht zur zweiten Andienung genommen. Dementsprechend besteht auch kein Anspruch des Käufers auf Anrechnung oder Erstattung der vom Verkäufer ersparten Aufwendungen aus § 326 Abs. 2 S. 2, Abs. 4 BGB direkt oder analog, aus GoA oder aus §§ 812 ff. BGB. Möglich ist ein Anspruch auf Schadensersatz nach § 437 Nr. 3 im Falle des § 281 Abs. 2 Hs. 2 BGB, z. B. wenn eine Notmaßnahme zur Erhaltung des Kaufgegenstandes erforderlich ist, die der Verkäufer nicht rechtzeitig veranlassen könnte.[68]

---

[64] EuGH, NJW 2011, 2269 (2274); ausführlich *Looschelders*, SchuldR BT, § 4, Rn. 95.

[65] BGH, NJW 2012, 1073 (1076 ff.) = BGHZ 192 (148 (163 ff.) mit den Umsetzungen der Vorgaben des EuGH, ausführlich *Brox/Walker*, SchuldR BT, § 4 , Rn. 45 ff.

[66] BGHZ 200, 350 (356); vgl. BGH, NJW 2015, 468 (472) nimmt eine absolute Unverhältnismäßigkeit an, wenn die Kosten der Nacherfüllung den Verkehrswert eines Grundstücks in mangelfreien Zustand oder 200 % des mangelbedingten Minderwerts übersteigen; weitere Anhaltspunkte ergeben sich allerdings aus dem Umständen des Einzelfalls; *Bitter/Meid* (ZIP 2001, 2114 (2121) schlagen 150 % des Wertes oder 200 % des mangelbedingten Minderwertes vor.

[67] Palandt/*Weidenkaff*, § 437 BGB, Rn. 4a m. w. N.

[68] BGH, NJW 2005, 3211; Palandt/*Weidenkaff*, § 437 BGB, Rn. 4a m. w. N.

**Rückgewähr und Nutzungsersatz**

Verlangt der Käufer Nacherfüllung, so ist er nach § 439 Abs. 4 BGB zur **Rückgewähr** der zuvor gelieferten mangelhaften Sache nach Maßgabe der §§ 346 bis 348 BGB verpflichtet. Auf der Grundlage des § 346 Abs. 1 BGB hat der Käufer auch die gezogenen **Nutzungen,** insbesondere die Gebrauchsvorteile (§ 100 BGB) herauszugeben bzw. deren Wert zu ersetzen, vorausgesetzt, er konnte die Sache auch tatsächlich nutzen.[69] Der Grund besteht darin, dass der Käufer durch die Nachlieferung eine neue Sache erhält und es nicht einzusehen ist, dass er für die zwischenzeitliche Nutzung kein Entgelt zahlen müsse.[70] Beim **Verbrauchsgüterkauf** (§ 474 Abs. 1 BGB) hat der EuGH in einem Fall nach Vorlage durch den BGH festgestellt, dass die Pflicht des Verbrauchers zur Zahlung einer Nutzungsentschädigung mit den Vorgaben der VerbrKfRL nicht zu vereinbaren ist.[71] In diesem (alltäglichen) Fall ging es um den Kauf eines Backofens für 500 €, für den nach Rückgabe wegen Mangelhaftigkeit eine Nutzungsentschädigung von 69,07 € an Quelle zu zahlen gewesen wäre („so g. „Quelle-Herd"-Entscheidung). Die daraufhin geänderte Regelung des § 474 Abs. 2 BGB besagt, dass auf die in diesem Untertitel geregelten Kaufverträge die Regelung des § 439 Abs. 4 BGB mit der Maßgabe anzuwenden ist, dass Nutzungen nicht herauszugeben oder durch ihren Wert zu ersetzen sind.

### 4.2.5.3 Rücktritt

**Voraussetzungen**

Für den Rücktritt verweist § 437 Nr. 2 BGB auf die §§ 440, 323 und 326 Abs. 5 BGB. Voraussetzung für einen Rücktritt ist nach § 323 Abs. 1 BGB, dass ein **gegenseitiger Vertrag**, eine **nicht** oder **nicht vertragsgemäß** erbrachte Leistung sowie eine **angemessene Fristsetzung** und deren **erfolgloser Ablauf** vorliegen. Daraus ergibt sich ausdrücklich, dass das Rücktrittsrecht nachrangig zur Nacherfüllung ist. Beim Verbrauchsgüterkauf ist zu beachten, dass nach Art. 3 Abs. 5 VerbrKfRL für den Rücktritt und die Minderung ausreicht, dass der Verkäufer nicht innerhalb einer bestimmten Frist Abhilfe geschaffen hat. Eine Fristsetzung ist danach nicht erforderlich. Das Problem lässt sich durch eine richtlinienkonforme Auslegung lösen. Schafft der Verkäufer nicht innerhalb einer angemessenen Frist Abhilfe, obwohl der Käufer Nacherfüllung verlangt, ist eine Fristsetzung nach § 323 Abs. 2 Nr. 3 BGB entbehrlich.[72] Die Angemessenheit der Frist bestimmt sich im Einzelfall unter Berücksichtigung der Interessen beider Vertragsparteien. Ist die vom Käufer gesetzte Frist zu kurz bemessen, ist diese nicht wirkungslos, sondern es wird eine angemessene Frist in Gang gesetzt.[73] Einer Fristsetzung bedarf es nicht bei **nicht behebbaren Mängeln** nach § 326 Abs. 5 BGB. Kann der Mangel weder durch Nachlieferung noch durch Nachbesserung behoben werden, ist der Nacherfüllungsanspruch nach § 275 Abs. 1 BGB ausgeschlossen. Der Rücktritt richtet sich nach

---

[69] BT-Drs. 14/6040, S. 232.

[70] BT-Drs. 14/6040, S. 233.

[71] EuGH, Rs C 404/06, NJW 2008, 1433; BGH, NJW 2006, 3200; NJW 2009, 427.

[72] *Looschelders*, SchuldR BT, § 4 Rn. 101.

[73] *Looschelders*, SchuldR BT, § 4 Rn. 101.

§§ 437 Nr. 2 BGB, 326 Abs. 5 BGB. Da § 326 Abs. 5 BGB sowohl die anfängliche als auch die nachträgliche Unmöglichkeit erfasst, ist eine Differenzierung entbehrlich. Bei **behebbaren Mängeln** ist § 323 BGB maßgebend. **Entbehrlich** ist eine Nachfristsetzung im Falle einer ernsthaften und endgültigen (unberechtigten) Erfüllungsverweigerung (§ 323 Abs. 2 Nr. 1 BGB), bei einem relativen Fixgeschäft (§ 323 Abs. 2 Nr. 2 BGB, z. B. bei Vertragsformulierungen wie etwa „fix", „spätestens" oder „genau") und beim Vorliegen besonderer Umstände (§ 323 Abs. 2 Nr. 3 BGB), die unter Abwägung der beiderseitigen Interessen den sofortigen Rücktritt rechtfertigen, z. B. im Falle des arglistigen Verschweigens eines Mangels.[74] **Weitere Ausnahmetatbestände** vom Erfordernis der Nachfristsetzung enthält § 440 S. 1 BGB. Zunächst ist der Fall genannt, dass der Verkäufer beide Arten der Nacherfüllung nach § 439 Abs. 3 BGB verweigern kann (§ 440 S. 1 Alt. 1 BGB) oder wenn die vom Käufer gewählte Art der Nacherfüllung fehlgeschlagen ist (§ 440 S. 1 2. Fall BGB). Nach § 440 S. 2 BGB gilt eine Nachbesserung nach dem erfolglosen zweiten Versuch als fehlgeschlagen, wenn sich nicht aus der Art der Sache oder des Mangels oder den sonstigen Umständen etwas anderes ergibt.[75] Schließlich erklärt § 440 S. 1 Alt. 3 BGB die Nachfristsetzung für entbehrlich, wenn die dem Käufer zustehende Art der Nacherfüllung für ihn **unzumutbar** ist. Dabei geht es um Fälle, in denen die Abhilfe des Mangels mit erheblichen Unannehmlichkeiten für den Käufer verbunden ist, wobei auf die Art der Sache und den Zweck abzustellen ist, z. B. eine mehrtägige Reparatur in den Räumen des Käufers oder im Falle einer arglistigen Täuschung des Verkäufers.[76] Einer Nachfristsetzung bedarf es auch dann nicht, wenn der Schuldner nach § 275 Abs. 1 bis 3 BGB nicht zu leisten braucht, also insbesondere dann, wenn die Nacherfüllung unmöglich ist (§ 275 Abs. 1 BGB) oder der Aufwand für die Nacherfüllung in einem groben Missverhältnis zu dem Leistungsinteresse des Schuldners steht (§ 275 Abs. 2 BGB).[77]

### Ausschluss des Rücktrittsrechts

Liegen die Voraussetzungen nach § 323 bzw. § 326 Abs. 5 BGB vor, ist weiter zu prüfen, ob der Rücktritt möglicherweise nach § 323 Abs. 5, 6 (ggf. i. V. m. § 326 Abs. 5) BGB ausgeschlossen ist. Ein Rücktritt ist ausgeschlossen, wenn der **Käufer für den Rücktritt allein** oder **überwiegend verantwortlich ist** (§ 323 Abs. 6, Alt. 1 BGB). Entsprechendes gilt, wenn der vom Schuldner nicht zu vertretende Umstand zu einer Zeit eintritt, zu welcher der Gläubiger im Verzug der Annahme ist (§ 323 Abs. 6 Alt. 2 BGB). Bei einer Teilleistung ist ein Teilrücktritt möglich (§ 325 Abs. 5 S. 1 BGB), z. B. wenn von einer Menge verkaufter Sachen erkennbar nur ein Teil geliefert wird und der Käufer diese Lieferung als Teilleistung akzeptiert. Ein Rücktritt vom ganzen Vertrag ist nur möglich, wenn der Gläubiger an der Teilleistung kein Interesse hat; ansonsten stellt eine Zuweniglieferung einen Sachmangel (§ 434 Abs. 3 BGB) und damit ein Schlechtleistung (und gerade keine Teilleistung)

[74] BGH, NJW 2007, 835, 837, NJW 2007, 1534, 1535.

[75] BGH, NJW 2007, 504.

[76] BT-Drs. 14/6040, S. 233 ff.

[77] *Brox/Walker,* SchuldR BT, § 4, Rn. 56.

dar. Handelt es sich um eine Schlechtleistung, ist kein Teilrücktritt vorgesehen, d. h. der Gläubiger kann nur vom ganzen Vertrag zurücktreten, es sei denn, es handelt sich um eine unerhebliche Pflichtverletzung (§ 323 Abs. 5 S. 2 BGB); unerheblich ist ein Mangel aber nur bei „Bagatellfällen", d. h. bei Mängeln, die in Kürze von selbst verschwinden oder vom Käufer mit geringem Aufwand selbst beseitigt werden können.[78] Bei einem Neuwagen ist z. B. eine Abweichung des Kraftstoffverbrauchs um weniger als 10 % unerheblich.[79]

### Rechtsfolgen

Der Rücktritt ist ein **Gestaltungsrecht.** Er wird durch eine einseitige empfangsbedürftige Willenserklärung ausgeübt. Der Käufer hat ihn gegenüber dem Verkäufer zu erklären (§ 349 BGB). Er ist formfrei möglich, selbst wenn der Kaufvertrag formbedürftig ist. Der Rücktritt ist als Gestaltungsakt **unwiderruflich.** Mit der Rücktrittserklärung erlöschen die primären Leistungsansprüche und es entsteht ein **Rückgewährschuldverhältnis.** Die empfangenen Leistungen sind von den Parteien Zug-um-Zug zurückzugewähren (§§ 346, 348 BGB). Der Käufer kann nicht nur den bereits gezahlten Kaufpreis, sondern auch die erlangten Zinsen zurückverlangen (§§ 346 Abs. 1, 100 BGB); ein Anspruch auf vom Verkäufer nicht erwirtschaftete Zinsen kann sich aus § 347 Abs. 1 BGB ergeben. Der Käufer hat seinerseits die gekaufte Sache zurückzugeben und grundsätzlich **auch** die gezogenen **Nutzungen herauszugeben** (§ 346 Abs. 1 BGB) und für nicht gezogene Nutzungen, soweit ihm die Nutzungsziehung möglich gewesen wäre, Wertersatz zu leisten (§ 346 Abs. 1 BGB). Anders als in den Fällen der Ersatzlieferung im Rahmen der Nacherfüllung ist die Verpflichtung des Käufers zum Wertersatz für Gebrauchsvorteile mit der VerbrKfRL vereinbar.[80] Die unterschiedliche Behandlung der beiden Fälle ist deshalb gerechtfertigt, weil der Käufer im Falle des Rücktritts auch den gezahlten Kaufpreis mit Zinsen zurückerhält.

Kann der Kaufgegenstand nicht mehr zurückgegeben werden, schuldet der Käufer **Wertersatz** (§ 346 Abs. 2 BGB).[81] Davon gibt es nach § 346 Abs. 3 BGB einige Ausnahmen, wenn sich der Mangel erst während der Verarbeitung oder Umgestaltung gezeigt hat (Nr. 1), wenn der Gläubiger den Wertverlust zu vertreten hat (Nr. 2) und insbesondere dann, wenn der Untergang oder die Verschlechterung beim Käufer eingetreten ist, obwohl dieser die Sorgfalt beachtet hat, die er in eigenen Angelegenheiten anzuwenden pflegt (Nr. 3).

### 4.2.5.4 Minderung

Statt eines Rücktritts kann der Käufer nach §§ 437 Nr. 2, 441 BGB den Kaufpreis durch Erklärung gegenüber dem Verkäufer mindern. Die Voraussetzungen der Minderung sind denen des Rücktritts gleichgestellt (§ 441 Abs. 1 BGB „statt zurückzutreten"), so dass im Hinblick auf die Fristsetzung und deren Entbehrlichkeit auf

---

[78] *Brox/Walker,* SchuldR BT, § 4, Rn. 65, 96; BaRoth/*Faust,* § 434 BGB, Rn. 115.

[79] BGH, NJW 2007, 2111.

[80] BGH, NJW 2010, 148, 149.

[81] Hierzu *Looschelders,* SchuldR AT, § 42, Rn. 836 ff.

die Ausführungen zum Rücktritt verwiesen werden kann. Die Minderung ist ebenso wie der Rücktritt als **Gestaltungsrecht** konzipiert. Das bedeutet, dass die Gegenleistung des Käufers der Minderleistung des Verkäufers hinsichtlich der Kaufsache angepasst werden soll. Sie führt zum Erlöschen des Nacherfüllungsanspruchs. Das Minderungsrecht ist grundsätzlich aus den gleichen Gründen wie der Rücktritt ausgeschlossen mit Ausnahme der Bagatellfälle, d. h. bei unerheblichen Mängeln ist die Minderung möglich (§ 441 Abs. 1 S. 2 BGB). In § 441 Abs. 3 BGB geht es um die Berechnung des Minderungsbetrages. Diese erfolgt nicht einfach dadurch, dass der Käufer anstelle des vereinbarten Kaufpreises den wirklichen Wert der (mangelhaften) Sache zu zahlen hat. Der Kaufpreis ist in dem Verhältnis herabzusetzen, „in welchem zur Zeit des Verkaufs der Wert der Sache in mangelfreiem Zustand zu dem wirklichen Wert gestanden haben würde" (§ 441 Abs. 3 BGB). Durch die Berechnung soll das **Äquivalenzverhältnis** zwischen Leistung und Gegenleistung **erhalten** bleiben. Hat z. B. ein (geschickter) Verkäufer die Sache teurer verkauft als sie objektiv wert gewesen ist, fällt die Minderung verhältnismäßig geringer aus; umgekehrt gilt entsprechendes. Die Minderung ist demnach, soweit erforderlich, durch Schätzung zu ermitteln (§ 441 Abs. 3 S. 2 BGB). Die Formel lautet daher:

$$\frac{\text{Wert der mangelfreien Sache}}{\text{Wert der mangelhaften Sache}} = \frac{\text{Kaufpreis}}{\text{geminderter Kaufpreis}}$$

$$\text{Geminderter Preis} = \frac{\text{Wert der mangelhaften Sache} \times \text{Kaufpreis}}{\text{Wert der mangelfreien Sache}}$$

---

**Beispiel**

K kauft bei V einen 4 Jahre alten Golf Diesel für 8000 €. Das Fahrzeug hätte in mangelfreien Zustand einen Wert von 10.000 €. Aufgrund der Mängel hat es nur einen Wert von 6000 €. Der geminderte Kaufpreis beträgt 4800 €. Eine Nacherfüllung kommt wegen Unmöglichkeit nicht in Betracht. K will den Kaufpreis mindern. Da die Voraussetzungen der Minderung vorliegen (vgl. §§ 434, 437 Nr. 2, 441, 326 Abs. 5 BGB), kann K den Kaufpreis mindern. Der geminderte Kaufpreis beträgt 4800 €.

$$x = \frac{6000 * 8000}{10000} = 4800 €$$

Hat der Käufer den vollständigen Kaufpreis bereits geleistet, sieht § 441 Abs. 4 S. 1 BGB vor, dass der Käufer den **Mehrbetrag** vom Verkäufer **zurückverlangen** kann.

### 4.2.5.5  Schadensersatz

**Allgemeine Voraussetzungen**

Den Anspruch auf Schadensersatz, den der Käufer neben Rücktritt oder Minderung geltend machen kann, regelt das Gesetz in § 437 Nr. 3 BGB dadurch, dass es auf die allgemeinen Bestimmungen der §§ 280 ff., 311a BGB verweist. Der Schadensersatzanspruch setzt neben einem **bestehenden Schuldverhältnis** eine **Pflichtverletzung** voraus.

Die Prüfung der Pflichtverletzung ist i. d. R. unproblematisch, da mit der Lieferung einer mangelhaften Sache eine Verletzung der Pflicht aus § 433 Abs. 1 S. 2 BGB feststeht.

Bei anfänglich unbehebbaren Mängeln liegt keine Pflichtverletzung vor, sondern eine Nichtleistung aufgrund anfänglicher Unmöglichkeit (§ 311a Ab. 2 BGB). Dieser Fall ist dann von Bedeutung, wenn es um Schadensersatzansprüche wegen anfänglich unbehebbarer Mängel geht. Bei **anfänglich unbehebbaren Mängeln** kommt es darauf an, ob der Verkäufer den Mangel und dessen Unbehebbarkeit bei Vertragsabschluss kannte oder kennen musste (§ 437 Nr. 3 i. V. m. § 311a Abs. 2 S. 2 BGB).

Zudem ist das Vorliegen eines **Schadens** erforderlich.

Weitere Voraussetzung ist, dass die Pflichtverletzung vom Verkäufer **zu vertreten** ist (§§ 276, 278 BGB). Der Schuldner hat nach § 276 Abs. 1 BGB **Vorsatz** und **Fahrlässigkeit** zu vertreten. Das Vertretenmüssen des Verkäufers wird **vermutet** (§ 280 Abs. 1 S. 2 BGB). Das bedeutet, dass der Verkäufer Umstände darzulegen und zu beweisen hat, dass die Pflichtverletzung nicht die Folge eines von ihm zu vertretenden Umstandes ist.

Soweit es um **Schadensersatz statt der Leistung** geht, ist umstritten, ob sich das Vertretenmüssen auf die ursprüngliche Nichtleistung einer mangelfreien Sache oder auf die unterbliebene Nacherfüllung beziehen muss oder alternativ auf einen von beiden Zeitpunkten beziehen kann. Die Gesetzesbegründung zu § 281 BGB spricht für die letztgenannte Ansicht. Demnach ist der Schadensersatzanspruch „von einer Fristsetzung durch den Gläubiger sowie davon abhängig, dass der Schuldner schuldhaft nicht leistet oder nicht erfüllt".[82] Es reicht also aus, wenn der Verkäufer entweder die mangelhafte Leistung oder (bei ursprünglich nicht zu vertretender Mangelhaftigkeit) die unterbliebene Nacherfüllung innerhalb der Frist zu vertreten hat. Dies ist auch sachgerecht, da es keinen Unterschied macht, ob sich das Vertretenmüssen auf ein Verhalten vor oder nach Fristsetzung bezieht, sofern dieses nur ursächlich dafür ist, dass bis zum Ablauf der Nacherfüllungsfrist nicht mangelfrei geliefert wird.[83]

Bei **behebbaren Mängeln** kann die Pflichtverletzung des Verkäufers darin liegen, dass er den Mangel verursacht hat oder trotz Kenntnis oder Kennenmüssen vor der Ablieferung nicht behoben hat. Eine unberechtigte Verweigerung der Nacherfüllung ist i. d. R. als schuldhaft einzuordnen. Welche Sorgfaltsanforderungen i. S. d. § 276 Abs. 2 BGB an den Verkäufer gestellt werden können, hängt von den Umständen des Einzelfalls und der Verkehrsanschauung ab. Soweit es bereits auf das Kennenmüssen des Mangels ankommt, stellt sich die Frage, welche Untersuchungspflichten den Verkäufer treffen. Dabei sind die Art des Produktes und die fachliche Qualifikation des Verkäufers zu berücksichtigen. Handelt es sich um einen sachkundigen Fachhändler, treffen diesen bei besonders hochwertigen

---

[82] BT-Drs. 14/6040, 140.

[83] *Brox/Walker*, SchuldR BT, § 4, Rn. 85 m. w. N.

fehleranfälligen Produkten weitergehende Untersuchungspflichten als einen Discounter beim Verkauf eines billigen Massenproduktes. So dürfte ein Händler, der industrielle Massenprodukte veräußert, nicht verpflichtet sein, diese auf Konstruktions- und Fertigungsmängel zu untersuchen. Ebenso treffen den Hersteller der Ware gegenüber dem Händler höhere Untersuchungspflichten. In einer neueren Entscheidung hat der BGH klargestellt, dass der Verkäufer grundsätzlich nicht zur Untersuchung der Kaufsache verpflichtet ist.[84] Es sind allerdings Ausnahmen möglich, wobei es darauf ankommt, welche Erwartungen der Käufer aufgrund der Gesamtumstände an die Sorgfalt des Verkäufers haben durfte.

Ausnahmsweise hat der Verkäufer die Nichtlieferung einer mangelfreien Sache auch ohne Verschulden zu vertreten, wenn er eine Garantie übernommen hat oder das Beschaffungsrisiko trägt (§ 276 Abs. 1 a. E. BGB). Eine **Garantie** geht über eine Beschaffenheitsvereinbarung hinaus. Sie ist (nur) dann anzunehmen, wenn der Verkäufer dem Käufer gegenüber zu erkennen gibt, dass die Kaufsache eine bestimmte Eigenschaft aufweist und er bei Fehlen dieser Eigenschaft für alle eintretenden Folgen einstehen wird.[85] Nicht erfasst werden allgemeine Anpreisungen, z. B. erstklassige Qualität oder ähnliches. Für die Abgrenzung kann auf die frühere Rspr. zu § 463 BGB a. F. betreffend der verschuldensunabhängigen Haftung des Verkäufers bei Fehlen einer zugesicherten Eigenschaft zurückgegriffen werden. Die Übernahme einer Garantie kann auch konkludent erfolgen. Während im Kunsthandel strenge Anforderungen an das Vorliegen einer Garantie gestellt werden, ist der BGH im Gebrauchtwagenhandel zum Schutz des Käufers in der Annahme einer konkludenten Garantie großzügiger.[86] So hat die Rspr. beim Fahrzeugkauf Formulierungen wie etwa „werkstattgeprüft"[87], „TÜV neu"[88], „fahrbereit"[89] sowie Angaben zum Kilometerstand[90] als Zusicherung angesehen.

Unabhängig davon bleiben etwaige Ansprüche aus der Garantierklärung des Verkäufers oder eines Dritten, sofern eine solche übernommen wurde (§ 443 BGB). Falls sich die Garantie des Verkäufers nicht auf eine Eigenschaft der Kaufsache bezieht, sondern auf einen über die Mangelfreiheit hinausgehenden Erfolg, liegt ein **selbstständiger Garantievertrag** vor.[91]

Zu beachten ist, dass der Schuldner bei Gattungsschulden (und Geldschulden) das **Beschaffungsrisiko** trägt. Dies bedeutet lediglich, dass der Verkäufer auch ohne Verschulden nach den §§ 280 Abs. 1, 3, 283 BGB zum Schadensersatz verpflichtet ist, wenn es ihm nicht gelingt, die verkaufte Sache zu beschaffen und er

---

[84] BGH, NJW 2009, 2674, 2676.

[85] BGH, NJW 2001, 3130, 3131; *Looschelders,* SchuldR BT, § 4, Rn. 127.

[86] *Brox/Walker,* SchuldR BT, § 4, Rn. 91 m. w. N.; soweit die Garantie reicht, ist ein Haftungsausschluss unwirksam (§ 444 BGB).

[87] BGH, NJW 1983, 2192.

[88] BGHZ 103, 275.

[89] BGH, NJW 2007, 759, 761.

[90] BGH, NJW 1975, 1693.

[91] BGH, NJW 1981, 1600; *Brox/Walker,* SchuldR BT, § 4, Rn. 92.

deshalb nach § 275 Abs. 1 BGB von der Leistung frei wird. Für die Mängelhaftung des Verkäufers spielt die Übernahme des Beschaffungsrisikos keine Rolle.[92]

Die Vorschrift des **§ 280 Abs. 1 BGB** regelt den einfachen Anspruch auf Schadensersatz, mitunter auch „**Schadensersatz neben der Leistung**" genannt. Es geht um den Ersatz von Schäden, die anlässlich der Leistungserbringung beim Käufer verursacht werden, ohne dass der Kaufgegenstand selbst einen Mangel aufweist. Es geht daher nicht um Schadensersatz statt der Leistung, da der Anspruch unabhängig einer etwaigen Mängelbeseitigung fortbesteht. Neben den vier Grundvoraussetzungen der vertraglichen Schadensersatzhaftung nach § 280 Abs. 1 BGB – Schuldverhältnis, Pflichtverletzung, Vertretenmüssen und Schaden – sind **keine weiteren Voraussetzungen** erforderlich. Nach §§ 437 Nr. 3, 280 Abs. 1 BGB kann Ersatz des **Mangelfolgeschadens** verlangt werden. Eine den Vorrang der Nacherfüllung sichernde erfolglose Fristsetzung ist daher sinnlos und damit entbehrlich.

---

**Beispiele**

Der gekaufte Tank explodiert in Folge eines Mangels und verletzt den Körper sowie das Eigentum des Käufers; beim Anliefern der Möbel wird der Teppichboden des Käufers beschädigt; der Käufer verletzt sich, als das mangelhafte Bett unter ihm zusammenbricht.

---

Demgegenüber fällt der Ersatz des eigentlichen Mangelschadens, also des Schadens, den der Käufer dadurch erleidet, dass die Sache nicht den Wert hat, den sie ohne Mangel hätte, unter den Begriff „Schadensersatz statt der Leistung". Dieser Schadensersatz bezieht sich auf das Erfüllungsinteresse. Er tritt an die Stelle der ursprünglich geschuldeten Leistung. Der Käufer kann diesen Schaden nur unter den zusätzlichen Voraussetzungen der §§ 281 ff. BGB geltend machen. Es ist insoweit zwischen verschiedenen Arten von Schäden und verschiedenen Anspruchsketten zu differenzieren.

### Schadensersatz statt der Leistung

Für **behebbare Mängel** verweist § 437 Nr. 3 BGB auf die §§ 280 Abs. 1, 3, 281 BGB. Die Pflichtverletzung besteht hier darin, dass der Verkäufer die fällige Leistung nicht wie geschuldet erbringt. Ansatzpunkt ist entweder die Lieferung einer mangelhaften Sache bei Gefahrübergang oder die nicht ordnungsgemäße Nacherfüllung bis zum Ablauf der gesetzten Frist. Für einen Anspruch auf Schadensersatz genügt es, wenn der Verkäufer die Pflichtverletzung zu einem der genannten Zeitpunkte zu vertreten hat. § 281 BGB verlangt grundsätzlich eine **Fristsetzung** zur Nacherfüllung (§ 439 BGB) und das ergebnislose Verstreichen dieser Frist (§ 281 Abs. 1 S. 1 BGB), es sei denn, die Fristsetzung wäre nach § 281 Abs. 2 oder § 440 BGB ausnahmsweise entbehrlich.[93]

---

[92] *Brox/Walker,* SchuldR BT, § 4, Rn. 87; *Looschelders,* SchuldR BT, § 4, Rn. 131.

[93] BGH, NJW 2005, 3211, NJW 2006, 988, 989, z. B. wenn der Gesundheitszustand des gekauften Tieres eine sofortige tierärztliche Behandlung erforderlich erscheinen lässt, die vom Verkäufer

Bei **nicht behebbaren Mängeln** kommt es darauf an, ob die mangelfreie Leistung bereits bei Vertragsabschluss nicht erbracht werden konnte oder danach unmöglich geworden ist. Liegt das Leistungshindernis bereits **bei Vertragsabschluss** vor (z. B. Unfallwagen), kann der Käufer Schadensersatz statt der Leistung (oder Aufwendungsersatz nach § 284 BGB) nach §§ 437 Nr. 3, 311a Abs. 2 S. 1 BGB verlangen, es sei denn, der Schuldner kannte das Leistungshindernis bei Vertragsabschluss nicht und musste es auch nicht kennen.[94] Der Vertrag bleibt trotz anfänglicher Unmöglichkeit wirksam; möglich ist in diesem Fall auch ein sofortiger Rücktritt (§ 326 Abs. 5 BGB). Für **nachträglich nicht behebbare Mängel** ergibt sich der Anspruch des Käufers aus §§ 437 Nr. 3, 280, 281 Abs. 1, 283 BGB. In beiden Fällen, d. h. sowohl bei der anfänglichen als auch bei der nachträglichen Unmöglichkeit ist eine Fristsetzung entbehrlich; der Mangel muss bei Gefahrübergang vorgelegen haben, jedoch kann die Unbehebbarkeit auch später eintreten.[95]

Steht dem Käufer somit ein Anspruch auf Schadensersatz zu, dann kann er grundsätzlich zwischen dem kleinen und großen Schadensersatz wählen. Macht der Käufer den „**kleinen Schadensersatz**" geltend, behält er die mangelhafte Sache und verlangt im Übrigen, so gestellt zu werden, als ob ordnungsgemäß erfüllt worden wäre. Ersetzt wird die Differenz zu dem Zustand, der bei ordnungsgemäßer Erfüllung eingetreten wäre, z. B. durch Erstattung des Minderwertes der Kaufsache, der Kosten für eine (auch fehlgeschlagene) Reparatur durch Dritte oder auch Ersatz eines evtl. entgangenen Veräußerungsgewinns. Beim **großen Schadensersatz** gibt der Käufer die mangelhafte Sache zurück und verlangt den Ersatz sämtlicher Schäden, die ihm aufgrund der Nichtdurchführung des Vertrages entstanden sind (z. B. Kosten für eine Ersatzbeschaffung; entgangener Gewinn). Dieser **Schadensersatz statt der ganzen Leistung** kommt – um einen Gleichlauf mit dem Rechtsbehelf des Rücktritts zu erreichen – nur in Betracht, wenn es sich um eine **erhebliche Pflichtverletzung** handelt (§ 281 Abs. 1 S. 3 BGB).

### Schadensersatz wegen Verzögerung der mangelhaften Leistung

Der Käufer kann Ersatz des Verzögerungsschadens (Verzugsschadens) unter den zusätzlichen Voraussetzungen der §§ 280 Abs. 1 und 2 i. V. m. 286 BGB verlangen. Dies gilt jedenfalls für den Fall, dass der Verkäufer mit der Vornahme der Nacherfüllung in Verzug kommt. Eine etwaige Nachfristsetzung enthält zugleich die für den Verzug begründende Mahnung (Ausnahmen: § 286 Abs. 2 BGB). In Betracht kommen etwa Rechtsverfolgungskosten, die der Käufer für die Durchsetzung des Nacherfüllungsanspruchs aufwenden muss.

---

nicht rechtzeitig veranlasst werden könnte; weiterhin „Just in time"-Verträge, bei denen der eine Teil dem anderen Teil pünktlich liefern muss, wenn dessen Produktion weiterlaufen soll; vgl. *Brox/Walker*, SchuldR BT, § 4, Rn. 82.

[94] Vgl. BGH, NJW 1993, 2103; NJW 1995, 1673 – Burra-Entscheidung.

[95] *Jacoby/von Hinden*, § 437 BGB, Rn. 7.

**Beispiel**

Gastwirt G hat bei V eine Zapfanlage bestellt. Diese Anlage ist defekt, auf Grund dessen G die Lieferung einer mangelfreien Anlage verlangt. Er setzt V eine angemessene Frist, jedoch verzögert sich die Nachlieferung aus Gründen, die V zu vertreten hat. G kann in diesem Fall Ersatz des entgangenen Gewinns verlangen (§§ 437, Nr. 2, 280 Abs. 1, 2, 286 BGB). Die Voraussetzungen – Mangelhaftigkeit der Anlage, Verzug des V mit der Nachlieferung – liegen vor, da die Fristsetzung eine eindeutige und bestimmte Leistungsaufforderung (entsprechend einer Mahnung) beinhaltet.[96]

Der Ersatz eines **Nutzungsausfallschadens** (Betriebsausfallschadens) bei rechtzeitiger fristgemäßer Nacherfüllung richtet sich nach der heute h. M. nach § 280 Abs. 1 BGB; die zusätzlichen Voraussetzungen des Verzugs (§ 286 BGB) müssen nicht vorliegen.[97] Hierfür spricht, dass der Käufer bei Lieferung einer mangelhaften Sache grundsätzlich schutzwürdiger sei als im Falle der Nichtleistung, weil der Mangel erst bemerkt werde, wenn die Sache bereits ihrer Verwendung zugeführt worden sei. Nimmt V im oben genannten „Zapfanlagen-Fall" die Nacherfüllung rechtzeitig vor und entgeht dem G bis dahin ein Gewinn in Höhe von 6000 €, kann G nach h. M. seinen Schadensersatzanspruch auf §§ 437 Nr. 3, 280 Abs. 1 BGB stützen; die zusätzlichen Voraussetzungen des Verzugs (§ 286 BGB) müssen also nicht vorliegen.

#### 4.2.5.6 Ersatz vergeblicher Aufwendungen

Der Käufer kann **alternativ** zum Schadensersatz statt der Leistung nach § 284 BGB **Ersatz vergeblicher Aufwendungen** verlangen. Es geht um vergebliche („frustrierte") Aufwendungen, die im Hinblick auf einen Vertragsabschluss gemacht worden sind, die aber vergeblich waren, weil der Vertrag nicht zustande kam. Diese Vorschrift stellt einen Spezialfall des Ersatzes des negativen Interesses dar. Ersatzfähig sind diese allerdings nur, soweit sie der Käufer „billigerweise machen durfte". § 284 BGB liefert die einzige Anspruchsgrundlage für die Erstattung sog. Vertragskosten.

**Beispiele**

Der Käufer erklärt den Rücktritt von einem Grundstückskaufvertrag, nachdem er entdeckt hat, dass im Erdboden größere Mengen an Giftmüll gelagert worden sind. Er verlangt vom Verkäufer Erstattung der gezahlten Beurkundungskosten (§ 448 Abs. 2 BGB). Weitere Aufwendungen könnten eine Maklercourtage oder Kosten für den Transport und den Einbau gelieferter Sachen sein.

---

[96] *Looschelders*, SchuldR BT, § 4, Rn. 136.

[97] BGH, NJW 2009, 2674; Palandt/*Grüneberg*, § 280 BGB, Rn. 18 m. w. N.; *Medicus/Petersen*, BR, Rn. 299.

## 4.2.6  Haftungsausschlüsse und -beschränkungen

### 4.2.6.1  Gesetzlicher Haftungsausschluss

Die §§ 442, 444, 445 BGB enthalten einige Tatbestände, nach denen die Mängelhaftung des Verkäufers ausgeschlossen oder eingeschränkt ist. Nach § 442 Abs. 1
BGB sind die Rechte des Käufers ausgeschlossen, wenn er bei Vertragsabschluss
den Mangel **positiv kennt** oder infolge grober Fahrlässigkeit nicht kennt. **Grobe
Fahrlässigkeit** liegt vor, wenn die Unkenntnis auf einer besonders schweren Vernachlässigung der im Verkehr erforderlichen Sorgfalt beruht. Im Falle der groben
Fahrlässigkeit bestehen die Gewährleistungsrechte jedoch dann, wenn der Verkäufer den Mangel arglistig verschwiegen oder eine Garantie für die Beschaffenheit der
Sache übernommen hat. Für die **Arglist** ist bedingter Vorsatz ausreichend. Es reicht
aus, dass der Verkäufer den Mangel kennt oder sein Vorliegen für möglich hält und
damit rechnet, dass der Käufer bei Kenntnis des Mangels von dem Geschäft absehen
würde (und deshalb geschwiegen hat).[98] Auch Angaben „ins Blaue hinein" können
den Vorwurf der Arglist begründen. Ein Verschweigen liegt vor, wenn der Verkäufer
auf eine Nachfrage des Käufers oder trotz der ihn treffenden Aufklärungspflicht
still bleibt, z. B. ist beim Verkauf eines Gebrauchtwagens auf einen Unfallschaden
hinzuweisen.[99] Bei der **Garantie** für eine Beschaffenheit geht es um eine Garantie
i. S. v. § 276 BGB, also um den Fall, in dem der Verkäufer das Vorhandensein einer
bestimmten Eigenschaft bzw. das Fehlen eines Mangels zugesichert hat.

Bei der Lieferung neu herzustellender Sachen ist die Mängelhaftung außerdem
ausgeschlossen, wenn der Mangel auf den vom Besteller gelieferten Stoff zurückzuführen ist (§ 651 S. 2 BGB). Beim Pfandverkauf in öffentlicher Versteigerung unter
der Bezeichnung als Pfand ist die Mängelhaftung im Interesse des Pfandgläubigers
grundsätzlich ausgeschlossen (§ 445 BGB).

Grundsätzlich trifft den Käufer keine Untersuchungspflicht bei Vertragsabschluss. Im Falle eines **beiderseitigen Handelskaufs,** d. h. wenn sowohl Verkäufer
als auch Käufer Kaufmann i. S. d. §§ 1 bis 6 HGB sind, besteht eine **Untersu-
chungs- und Rügeobliegenheit (§ 377 HGB);** diese Vorschrift umfasst auch die
Aliud-Lieferung und Zuweniglieferung. § 377 HGB führt zu einem Ausschluss der
Mängelrechte des Käufers, wenn dieser die gelieferte Sache nicht unverzüglich
untersucht und entdeckte Mängel nicht entsprechend kurzfristig gegenüber dem
Verkäufer gerügt hat.

### 4.2.6.2  Vertraglicher Haftungsausschluss

Die Sachmängelrechte sind **grundsätzlich dispositiv** d. h. es kann ein Haftungsausschluss vertraglich vereinbart werden. Die Parteien können **individualvertraglich**
vereinbaren, dass dem Käufer die gesetzlichen Mängelrechte nicht oder nur unter
Einschränkungen zustehen sollen. Der Verkäufer kann sich jedoch auf die Vereinbarung nicht berufen, wenn er den Mangel arglistig verschwiegen hat oder soweit er
eine Garantie für die Beschaffenheit übernommen hat (§ 444 BGB).

---

[98] BGH, NJW 2001, 2326.
[99] BGH, NJW 1982, 1386.

Der Verkäufer übernimmt die Garantie, dass der Klebstoff geeignet ist, die Styroporquader zu befestigen. Er haftet für alle Schäden, die dem Malermeister dadurch entstehen, dass die Styroporquader dennoch von der Decke wieder heruntergefallen sind. Eine Haftungsbeschränkung wäre hier unzulässig.[100]

Das Verhältnis zwischen Haftungsausschluss und Garantie spielt eine große Rolle beim **Unternehmenskauf.** Die gesetzlichen Mängelrechte werden hier zunächst eingeschränkt und durch die Übernahme spezieller (mehr oder weniger beschränkter) Garantien ersetzt, z. B. etwa für bestimmte Beschaffenheitsmerkmale (Richtigkeit einer Bilanz, Leistungsfähigkeit von Maschinen etc.) mit entsprechenden Haftungshöchstgrenzen. Im Gesetz kommt durch das Wort „soweit" eindeutig zum Ausdruck, dass der Verkäufer auch „eingeschränkte Garantien" geben kann. Daneben gelten noch die allgemeinen Einschränkungen der §§ 134, 138, 242 BGB.

Erfolgt eine **Haftungsbeschränkung durch AGB,** bestimmt sich die Zulässigkeit neben § 444 BGB nach den §§ 305 ff. BGB.

Zu beachten ist insbesondere das Klauselverbot in § 309 Nr. 8b BGB für die Lieferung **neu hergestellter Sachen.** Der Anwendungsbereich dieser Vorschrift ist jedoch relativ gering, weil sie nach § 310 Abs. 1 BGB nicht zwischen Unternehmern gilt und beim Verbrauchsgüterkauf nach § 475 Abs. 1 BGB grundsätzlich keine (auch keine individualvertraglich vereinbarten) abweichenden Regelungen zum Nachteil des Verbrauchers zulässig sind; möglich ist dagegen eine Vereinbarung nach Mitteilung des Mangels. Beim Verkauf **gebrauchter Sachen** besteht die Möglichkeit einer Verkürzung der Verjährungsfrist auf ein Jahr (§ 475 Abs. 2 BGB). Nur soweit in AGB das Recht auf Schadensersatz ausgeschlossen bzw. beschränkt wird, findet auch beim Verbrauchsgüterkauf eine Inhaltskontrolle nach den §§ 307 ff. BGB statt. Der Grund besteht darin, dass die VerbrKfRL bezüglich des Schadensersatzes keine verbindlichen Vorgaben enthält.

Von Bedeutung ist weiterhin § 309 Nr. 7a BGB. Danach ist ein Haftungsausschluss bzw. eine Haftungsbegrenzung für die **Haftung für Körperschäden,** die auf einer (fahrlässigen) Pflichtverletzung beruhen, die der Verwender, sein gesetzlicher Vertreter oder Erfüllungsgehilfe zu vertreten hat, in AGB unwirksam. Nach § 309 Nr. 7b BGB gilt gleiches für einen Ausschluss oder eine Begrenzung der Haftung für sonstige Schäden, die auf einer grob fahrlässigen Pflichtverletzung des Verwenders oder einer vorsätzlichen oder grob fahrlässigen Pflichtverletzung seines gesetzlichen Vertreters oder Erfüllungsgehilfen beruhen.

### 4.2.7 Garantien

#### 4.2.7.1 Grundprinzip

Mit § 443 BGB bringt der Gesetzgeber zum Ausdruck, dass die Rechte des Käufers im Rahmen der Privatautonomie durch Vereinbarung einer Garantie erweitert

---

[100] BGHZ 59, 160 – „Klebstoff-Fall".

werden können. Geht danach der Verkäufer, der Hersteller oder ein sonstiger Dritter in einer Erklärung oder einschlägigen Werbung, die vor oder bei Vertragsabschluss des Kaufvertrags verfügbar war, zusätzlich zu der gesetzlichen Mängelhaftung insbesondere die Verpflichtung ein, den Kaufpreis zu erstatten, die Sache auszutauschen, nachzubessern oder in ihrem Zusammenhang Dienstleistungen zu erbringen, falls die Sache nicht die diejenige Beschaffenheit aufweist oder andere als die Mängelfreiheit betreffende Anforderungen nicht erfüllt, die in der Erklärung oder einschlägigen Werbung beschrieben sind (**Garantie**), dann stehen dem Käufer im Garantiefall unbeschadet der gesetzlichen Ansprüche die Rechte aus der Garantie gegenüber demjenigen zu, der die Garantie gegeben hat (**Garantiegeber**). Es geht damit um Garantien, die dem Käufer vom Verkäufer oder einem Dritten (z. B. Hersteller, Importeur) über die gesetzlichen Mängelansprüche hinaus („unbeschadet der gesetzlichen Ansprüche") dem Käufer freiwillig gegeben werden. Die gesetzlichen Mängelrechte bleiben erhalten, soweit nichts anderes vereinbart ist. Ergänzt wird diese Vorschrift durch § 477 BGB im Rahmen eines Verbrauchsgüterkaufs. Sie enthält zusätzliche Anforderungen an die Klarheit, Verständlichkeit und Abgrenzbarkeit der Garantie von der kaufrechtlichen Mängelhaftung. **Inhalt und Umfang** ergibt sich aus der **Garantieerklärung** und aus den in der einschlägigen Werbung angegebenen Bedingungen. Unmittelbare Rechtsfolgen werden nicht geregelt, sondern sind grundsätzlich im Einzelfall im Wege der Auslegung (unter Einbeziehung der „Werbung") nach §§ 133, 157 BGB zu bestimmen.

### 4.2.7.2  Garantien des Verkäufers

Die **Beschaffenheitsgarantie** des Verkäufers kann zu einer verschuldensunabhängigen Haftung auf Schadensersatz führen. Dies ist dann der Fall, wenn sich der Verkäufer verpflichtet, im Falle des Nichtvorhandenseins des betreffenden Beschaffenheitsmerkmals für die Folgen des Fehlens dieses Merkmals einzustehen. Diese Zusicherung ist eine Garantie i. S. d. § 276 Abs. 1 S. 1 BGB.[101] Die Beschaffenheitsgarantie nach § 443 Abs. 1 Alt. 1 BGB kann aber auch einen anderen Regelungsinhalt aufweisen. Diese kann auf die Einräumung eines Rechts auf Rücktritt auch bei unerheblichen Mängeln oder ein anderes Recht gerichtet sein, das vom Gesetz nicht vorgesehen ist, z. B. wenn der Verkäufer dem Käufer verspricht, diesem ein Ersatzfahrzeug zur Verfügung zu stellen, sofern eine Nacherfüllung erforderlich sein sollte. Der Garantiebegriff des § 443 BGB ist also nicht mit dem Garantiebegriff in § 276, 442, 444 BGB identisch, sondern geht darüber hinaus. § 443 BGB legt einen weiten Garantiebegriff zugrunde und erfasst auch die Beschaffenheitsgarantien i. S. v. §§ 276, 442, 444, 445 BGB.

---

**Beispiel**

Der Verkäufer einer Maschine garantiert dem Käufer ein bestimmtes Maß an Leistungsfähigkeit. Für den Fall des Ausbleibens der Leistung verpflichtet er sich, dem Käufer ersatzweise den nächsthöheren Maschinentyp zu liefern. Hier

---

[101] Vgl. *Jacoby/von Hinden*, § 443 BGB, Rn. 2.

geht der durch die Garantie gewährte Anspruch über denjenigen in § 439 Abs. 1 BGB hinaus, da sich die Nacherfüllung nur auf eine Nachbesserung oder auf die Neulieferung eines Gerätes desselben Typs bezieht.

Bei der **Haltbarkeitsgarantie** (§ 443 Abs. 2 BGB) sagt der Verkäufer zu, dass die Kaufsache während eines bestimmten Zeitraums oder einer bestimmten Nutzungsdauer sachmangelfrei bleibt. Während für das Eingreifen der Sachmangelhaftung die Sache bei Gefahrübergang defekt gewesen sein muss, bezieht sich die Haltbarkeitsgarantie auf die Haltbarkeit und Funktionsfähigkeit nach Gefahrübergang. Damit geht der Verkäufer über die gesetzliche Regelung hinaus, da er nach der gesetzlichen Sachmängelhaftung nur für Sachmängel einstehen muss, die bei Gefahrübergang vorhanden waren. Die Haltbarkeitsgarantie stellt keine selbständige Anspruchsgrundlage dar, da sie Bestandteil des Kaufvertrages ist. Nach § 443 Abs. 2 BGB wird in diesem Fall **vermutet**, dass ein während ihrer Geltungsdauer auftretender Sachmangel die Rechte aus der Garantie begründet. Der Käufer hat nur zu beweisen, dass eine Garantie gegeben worden ist, dass es sich um eine Eigenschaft handelt, die von der Garantie erfasst ist und dass innerhalb der Garantiezeit ein Mangel aufgetreten ist. Sache des Garantiegebers, i. d. R. des Verkäufers, ist es dann, das Vorliegen eines Garantiefalls zu entkräften, z. B. durch Nachweis einer sachwidrigen Behandlung des Kaufgegenstandes durch den Käufer.

---

**Beispiel**

K kauft bei V einen PC, der ihm eine Garantieurkunde des Herstellers H aushändigt. H verspricht darin, innerhalb eines Jahres alle auftretenden Mängel zu reparieren. Nach acht Monaten funktioniert die Festplatte nicht mehr. Die Ursache des Defekts ist unklar. Es ist nicht festzustellen, ob der Defekt auf einem bereits bei Gefahrübergang vorliegenden Materialfehler des Geräts oder auf unsachgemäßer Behandlung durch K zurückzuführen ist. K hat gegen H einen Anspruch auf Nachbesserung aus dem Garantievertrag i. V. m. § 443 BGB, da H gegenüber K eine Haltbarkeitsgarantie gem. § 443 Abs. 1 BGB abgegeben hat. Diese Garantie hatte zum Inhalt, dass K innerhalb eines Jahres kostenlose Reparatur im Falle eines Mangels verlangen kann. Ein solcher Mangel ist mit dem Defekt an der Festplatte acht Monate nach Übergabe eingetreten. Ungeklärt ist jedoch die Ursache des Mangels. Für Defekte, die K selbst verursacht hat, wollte H sicherlich nicht einstehen. Hier kommt K die Vermutung nach § 443 Abs. 2 BGB zugute. Zu seinen Gunsten wird widerleglich vermutet, dass der aufgetretene Mangel die Rechte aus der Garantie zur Folge hat. Kann H also keine Verursachung durch K nachweisen, steht K aus der Garantie i. V. m. § 443 BGB gegen H ein Anspruch auf kostenlose Reparatur zu. Ein Nacherfüllungsanspruch gegen V nach §§ 437 Nr. 1, 434 Abs. 1 S. 2 Nr. 2 BGB ist zwar nicht verjährt (§ 438 Abs. 1 Nr. 3 BGB); allerdings kann K nicht nachweisen, dass der Mangel am PC bei Gefahrübergang vorlag.

Von den in § 443 Abs. 1 BGB aufgezählten Formen an unselbstständigen Garantien, welche die kaufvertraglichen Rechte im Hinblick auf eine bestimmte Beschaffenheit des Kaufgegenstandes zugunsten des Käufers modifizieren, ist ein **selbstständiger Garantievertrag** mit dem Verkäufer zu unterscheiden. Dieser selbstständige Garantievertrag enthält eine Einstandspflicht des Verkäufers für einen weitergehenden Erfolg, z. B. beim Unternehmenskauf für den Umsatz oder Reinertrag im nachfolgenden Geschäftsjahr. Der selbstständige Garantievertrag tritt als (gesetzlich nicht geregeltes) **eigenständiges Schuldverhältnis** neben den Kaufvertrag, ohne von einer Formvorschrift erfasst zu werden, die für den Kaufvertrag gilt; er kann allerdings i. S. v. § 139 BGB mit diesem zu einer Geschäftseinheit verbunden sein. Der selbstständige Garantievertrag wird von § 443 BGB nicht erfasst.

### 4.2.7.3   Garantien des Herstellers

Neben Verkäufergarantien haben **Herstellergarantien** große praktische Bedeutung. Zwischen Käufer und Hersteller bestehen i. d. R. keine vertraglichen Beziehungen. Der Käufer kann in diesem Fall Ansprüche aus der Garantie gegen den Hersteller sowie die gesetzlichen Mängelansprüche gegen den Verkäufer geltend machen.

---

**Beispiel**

Ein Hersteller von Autos übernimmt laut beiliegendem Garantieschein die Garantie für kostenlose Reparatur oder Ersatz bei Material- und Herstellungsfehlern für einen Zeitraum von drei Jahren. Hier handelt es sich um einen **selbstständigen Garantievertrag.**

---

Der Garantievertrag mit dem Hersteller kommt nach den allgemeinen Vorschriften nach §§ 145 ff. BGB zustande. Der Verkäufer handelt in Bezug auf die Übermittlung des Garantiescheins als Vertreter bzw. als Bote. Der Käufer nimmt den Garantievertrag durch Entgegennahme oder in anderen Fällen durch Herausnahme aus einer Verpackung an; der Garantiegeber verzichtet i. d. R. auf den Zugang der Annahme. Soweit sich die Ansprüche des Käufers gegen den Verkäufer und Hersteller inhaltlich decken, haften sie gem. §§ 421 ff. BGB als Gesamtschuldner.[102]

### 4.2.8   Verjährung

### 4.2.8.1   Dauer

Nach der allgemeinen Regel in § 438 Abs. 1 Nr. 3 BGB verjähren die Sachmängelansprüche in **zwei Jahren.** Beim Kauf von Bauwerken gilt eine Verjährungsfrist von **fünf Jahren** (§ 438 Abs. 1 Nr. 2 lit. a BGB). Eine fünfjährige Verjährungsfrist gilt auch dann, wenn eine Sache entsprechend ihrer üblichen (objektiv zu bestimmenden) Verwendungsweise für ein Bauwerk verwendet wird, z. B. Fertigteile, Stahlträger, Fenster (§ 438 Abs. 1 Nr. 2 lit. b BGB). Der Grund des § 438 Abs. 1

---

[102] BGHZ 78, 369, 373.

Nr. 2 lit. b BGB besteht in der Schaffung eines Gleichlaufs von Verjährungsfristen bzw. die Vermeidung einer Regressfalle für einen Bauhandwerker. Die werkvertragliche Gewährleistungsfrist beträgt fünf Jahre (§ 634a Abs. 1 Nr. 1 BGB). Solange haftet z. B. ein Bauhandwerker gegenüber dem Besteller; damit soll ihm die Möglichkeit verschafft werden, seinen Lieferanten während der gleichen Zeit in Anspruch nehmen zu können.

Ansprüche wegen Rechtsmängeln, die Dritte auf Grund dinglicher Rechte zur Herausgabe hinsichtlich der Kaufsache berechtigen (sog. Eviktionshaftung), verjähren nach § 438 Abs. 1 Nr. 1a BGB in **30 Jahren.** Die lange Verjährungsfrist beruht darauf, dass auch der Käufer nach § 197 BGB Abs. 1 Nr. 1 BGB den Herausgabeansprüchen eines Dritten aus Eigentum und anderen dinglichen Rechten 30 Jahre lang ausgesetzt ist.

Hat der Verkäufer den Mangel arglistig verschwiegen, verjähren die Ansprüche innerhalb der **regelmäßigen (dreijährigen) Verjährungsfrist** des § 195 BGB. Auf den ersten Blick scheint dies eine Verschlechterung für den Käufer gegenüber dem bisherigen Recht zu bedeuten; allerdings handelt es sich hier um eine **subjektive Frist,** d. h. die Frist beginnt erst mit Kenntnis bzw. grob fahrlässiger Unkenntnis von dem Mangel zu laufen (§ 199 BGB).

---

**Beispiele**

Der Verkäufer eines Grundstücks handelt arglistig, wenn er nicht mitteilt, dass dieses als Werksdeponie[103] oder als Müllkippe[104] genutzt wird. Der Verkäufer eines Gebrauchtwagens muss auf einen Unfallschaden hinweisen. Arglist wird insbesondere beim Gebrauchtwagenkauf auch dann angenommen, wenn ein Händler „Angaben ins Blaue hinein" macht, die sich als unrichtig herausstellen.[105]

#### 4.2.8.2 Beginn der Verjährung

Die Frist beginnt nach § 438 Abs. 2 BGB bei beweglichen Sachen mit der **Ablieferung,** bei Grundstücken mit der **Übergabe** (§ 438 Abs. 2 BGB). Es handelt sich um eine **objektive Verjährungsfrist,** bei der es auf die Kenntnis oder das Kennenmüssen des Käufers nicht ankommt. Die regelmäßige Verjährungsfrist des § 195 BGB, die bei arglistigem Verschweigen des Mangels gilt, beginnt nach § 199 Abs. 1 BGB erst mit dem Schluss des Jahres, in dem der Käufer von dem Mangel Kenntnis erlangt oder ohne grobe Fahrlässigkeit erlangen musste.

Die Vorschriften über die Verjährung erfassen unmittelbar nur die Ansprüche (§ 194 BGB) auf Nacherfüllung und Schadensersatz; sie gilt allerdings auch für Ansprüche auf Ersatz etwaiger Mangelfolgeschäden. Rücktritt und Minderung sind keine Ansprüche, sondern Gestaltungsrechte und können daher nicht verjähren. Das Gesetz löst dieses Problem durch eine Verweisung auf § 218 BGB. Danach

---

[103] BGH, WM 1995, 849.
[104] BGH, NJW 1991, 2900.
[105] BGH, NJW-RR 1986, 700.

verjähren Rücktritt und Minderung nicht, sondern sind unwirksam, wenn der Anspruch auf Nacherfüllung verjährt ist und der Verkäufer sich darauf beruft. Ist der Nacherfüllungsanspruch nach §§ 275 Abs. 1 bis 3 BGB, 439 Abs. 3 BGB ausgeschlossen, so kann er auch nicht verjähren. Hier kommt es nach § 218 Abs. 1 S. 2 BGB darauf an, ob der Anspruch, wenn er denn bestünde, verjährt wäre.

Zulässig ist eine **Vereinbarung,** durch die z. B. die Verjährungsfrist von zwei Jahren individualvertraglich oder durch AGB verkürzt wird. Nach § 202 Abs. 1 BGB kommt eine vertragliche Verkürzung jedoch nicht in Betracht für eine Haftung des Verkäufers wegen Vorsatz. Eine Verlängerung der Verjährungsfrist kann nach § 202 Abs. 2 BGB nur bis zu einer Höchstfrist von 30 Jahren wirksam vereinbart werden; sie kommt nur für die Fristen des § 438 Abs. 1 Nr. 2 und 3 BGB in Betracht. In AGB wird die Zulässigkeit einer Erleichterung der Verjährung durch das Klauselverbot in § 309 Nr. 8 lit. b (Unterbuchstaben ff.) BGB begrenzt. Beim Verbrauchsgüterkauf ist eine Verkürzung der Verjährung nur im Rahmen von § 475 Abs. 2 BGB wirksam.

## 4.2.9   Konkurrenzen zu anderen Rechtsbehelfen

Die §§ 434 ff. BGB enthalten spezielle Regeln für den Fall, dass eine gekaufte Sache einen Sach- oder Rechtsmangel aufweist. Es stellt sich die Frage, ob daneben ein Rückgriff auf allgemeine Rechtsbehelfe, z. B. aus ungerechtfertigter Bereicherung nach einer Anfechtung wegen Irrtums oder aus Deliktsrecht, zulässig ist. Diese Frage ist insofern von praktischer Bedeutung, da die Rechtsfolgen und Verjährungsvorschriften, die mit den einzelnen Ansprüchen verknüpft sind, unterschiedlich sind.

Grundsätzlich ist eine **Anfechtung** wegen **Erklärungs- und Inhaltsirrtum** nach § 119 Abs. 1 BGB möglich, weil die „Fehlerquellen" vollkommen unterschiedlich sind. Entsprechendes gilt für die Anfechtung nach § 123 Abs. 1 BGB. Es besteht in Bezug auf § 123 Abs. 1 BGB kein Anlass, den betrügerisch oder sonst unrechtmäßig handelnden Verkäufer durch die Beschränkung des Käufers auf die Sachmängelgewährleistung zu begünstigen.[106]

**Ausgeschlossen** ist dagegen eine **Anfechtung wegen Irrtums** über eine **verkehrswesentliche Eigenschaft** nach § 119 Abs. 2 BGB durch den Käufer. Soweit der Irrtum auf einem Sachmangel beruht, liegt auch ein Irrtum über eine verkehrswesentliche Eigenschaft vor, da der Käufer von der Mangelfreiheit der Sache ausgegangen ist. Würde man dem Käufer eine Anfechtung nach § 119 Abs. 2 BGB gestatten, könnte er sich unabhängig vom Ablauf der Verjährungsfrist des § 438 BGB und auch im Falle grob fahrlässiger Unkenntnis (§ 442 BGB) oder einem wirksamen Gewährleitungsausschluss vom Vertrag lösen, wenn er nur die – erst mit Kenntnis des Irrtums beginnende – Anfechtungsfrist wahrt; ebenso ist auch eine Anfechtung des Verkäufers ausgeschlossen, der sich über den Mangel geirrt hat.

---

[106] BGH, NJW 2006, 2839; Palandt/*Weidenkaff,* § 437 BGB, Rn. 53 ff.; *Brox/Walker,* SchuldR BT, § 4, Rn. 138 ff. m. w. N.

Die **§§ 437 ff. BGB** sind daher (nach Gefahrübergang) „lex specialis" zu § 119 Abs. 2 BGB.[107] Nach h. M. ist demgegenüber die Anfechtung nach § 119 Abs. 2 BGB vor Gefahrübergang zulässig.[108] Für den Verkäufer gilt diese Einschränkung nicht, da ihm keine speziellen Sachmängelrechte zustehen (können) und von daher kein Konkurrenzverhältnis besteht.[109]

Ein Anspruch aus **Verschulden beim Vertragsabschluss** *(culpa in contrahendo)* nach §§ 280 Abs. 1, 311 Abs. 2 BGB wegen fahrlässiger Falsch- oder Nichtangaben über die Beschaffenheit der Kaufsache ist nach Gefahrübergang nach h. M. durch die Sperrwirkung der §§ 437 ff. BGB ausgeschlossen.[110] Anderenfalls könnte der Käufer bei behebbaren Mängeln durch einen sofort auf § 311 Abs. 2, 3 BGB i. V. m. § 280 Abs. 1 BGB gestützten Anspruch auf Vertragsauflösung den Vorrang der Nacherfüllung umgehen. Ein konkurrierender unmittelbarer Anspruch aus §§ 280 Abs. 1, 311 Abs. 2 BGB besteht aber, wenn der Verkäufer im vorvertraglichen Stadium eine sonstige Aufklärungs- und Beratungspflicht, z. B. über die sachgerechte Bedienung der mangelfreien Kaufsache, verletzt hat. In diesem Fall greifen die §§ 437 ff. BGB nicht ein und können von daher einen Schadensersatzanspruch des Käufers nicht ausschließen.[111] Die Haftung wegen Verletzung einer selbständigen Nebenpflicht aus den §§ 280 Abs. 1, 241 Abs. 2 BGB unterliegt der Regelverjährung des § 195 BGB.

Die **Ansprüche aus unerlaubter Handlung** (§§ 823 ff. BGB) werden durch die Vorschriften des Sachmängelrechts nicht ausgeschlossen. Vertragliche und deliktische Schadensersatzansprüche können im Kaufrecht grundsätzlich nebeneinander geltend gemacht werden (**Anspruchskonkurrenz**). Dies gilt auch für den Ersatz von Schäden, die aufgrund eines Mangels an anderen Rechtsgütern des Käufers auftreten (sog. Mangelfolgeschäden). Die kurze Verjährung nach § 438 BGB hat dabei keinen Einfluss auf die im Deliktsrecht anzuwendende allgemeine Verjährungsfrist. Probleme bereitet die Beurteilung von Schäden, die aufgrund des Mangels an der Kaufsache selbst eintreten.

**Umstritten** ist der Fall, wenn der Mangel nach Gefahrübergang zur Zerstörung der ganzen Sache führt. Grundsätzlich ist hierbei zu beachten, dass der Mangel an einer Sache keine Eigentumsverletzung begründet. Der Käufer erwirbt das Eigentum an einer von Anfang an mit einem Mangel behafteten Sache. Wurde eine mangelhafte Sache übereignet, dann kann der Minderwert nicht mit Hilfe von § 823 Abs. 1 BGB ersetzt verlangt werden; § 823 Abs. 1 BGB kommt also dann nicht in Betracht, wenn nur die Gebrauchstauglichkeit an der Sache beeinträchtigt ist, d. h. das „Äquivalenz- oder Nutzungsinteresse" betroffen ist. Beschränkt sich der Mangel jedoch nur auf einen abgrenzbaren Teil der Sache und führt erst später zur Zerstörung der ganzen Sache, dann soll das Deliktsrecht zur Anwendung kommen.

---

[107] *Brox/Walker*, SchuldR BT, § 4, Rn. 137 m. w. N.

[108] *Looschelders*, SchuldR BT, § 8, Rn. 174 m. w. N.

[109] *Looschelders*, SchuldR BT, § 8, Rn. 175 ff.

[110] Palandt/*Weidenkaff*, § 437 BGB, Rn. 51a m. w. N.

[111] *Jacoy/von Hinden*, § 437 BGB, Rn. 13 m. w. N.

Handelt es sich um einen „**weiterfressenden Schaden**" oder um Schäden an anderen Rechtsgütern des Käufers, findet § 823 Abs. 1 BGB Anwendung.[112]

---

**Beispiel**

K kauft von V eine Reinigungsanlage mit elektrisch beheizten Drähten. Der Heizstrom sollte bei Flüssigkeitsmangel durch einen Schwimmerschalter (Wert: 2 €) unterbrochen werden. Da dieser nicht richtig funktionierte, kam es nach etwas über zwei Jahren nach der Lieferung der Anlage zu einem Brand. Die Reinigungsanlage mit einem Wert von 50.000 € wurde zerstört. Der BGH hatte eine Anwendbarkeit des § 823 Abs. 1 BGB wegen Eigentumsverletzung unter Bezugnahme auf den „weiterfressenden Schaden" bejaht. Die Ansprüche des Käufers auf Mängelgewährleistung waren verjährt (§ 477 BGB), so dass nur Ansprüche nach § 823 Abs. 1 BGB wegen Eigentumsverletzung in Betracht kamen.[113]

---

Der BGH hatte in der Folgezeit u. a. im sog. „Gaszug-Fall"[114], in dem ein defekter Gaszug zu einem Unfall des PKW führte, das Abgrenzungskriterium des „abgrenzbaren Einzelteils" durch das Kriterium der „**Stoffgleichheit**" ersetzt. Soweit sich der geltend gemachte Schaden mit dem Unwert deckt, welcher der Sache bereits wegen ihrer Mangelhaftigkeit von Anfang an bei ihrem Erwerb anhaftet, d. h. mit diesem also „stoffgleich" ist, ist er allein auf die enttäuschten Vertragserwartungen zurückzuführen. Eine Verletzung des Integritätsinteresses liegt dann nicht vor, so dass sich die Rechtsfolgen allein nach dem Gewährleistungsrecht bestimmen. Im „Gaszug-Fall" kam allerdings das Deliktsrecht zur Anwendung. Ebenso entschied der BGH im sog. **Kompressor-Fall,** in dem es um ein mangelhaft gesichertes Ölablaufrohr an einem Kompressormotor ging und im „**PKW-Motor-Fall**", in dem ein Schaden wegen einer fehlenden Befestigungsschraube an der Nockenwelle eines PKW-Motors entstand sowie im Falle eines „**defekten Autoreifens**", auf Grund dessen es zu einem Unfall und Totalschaden des PKW kam.[115]

### 4.2.10  Besondere Arten des Kaufs

#### 4.2.10.1  Verbrauchsgüterkauf

**Anwendungsbereich (§ 474 Abs. 1 BGB)**
Die §§ 474 ff. BGB enthalten **Sondervorschriften für den Verbrauchsgüterkauf**. Verbrauchsgüterkäufe sind Verträge, durch die ein Verbraucher (§ 13 BGB) von einem Unternehmer (§ 14 BGB) eine bewegliche Sache kauft. Um einen Verbrauchsgüterkauf handelt es sich auch bei einem Vertrag, der neben dem Verkauf

---

[112] *Jacoby/von Hinden,* § 437 BGB, Rn. 16; ders. zu § 823 BGB, Rn. 6.
[113] BGHZ 67, 359 – „Schwimmerschalter"-Fall.
[114] BGH, NJW 1983, 812.
[115] BGH, NJW 1978, 2241; *Looschelders,* SchuldR BT, § 8, Rn. 180; vgl. 5.4.2.

einer beweglichen Sache die Erbringung einer Dienstleistung zum Gegenstand hat. Diese Vorschriften finden damit **keine Anwendung** auf Kaufverträge zwischen Unternehmern und zwischen Verbrauchern bzw. auch dann nicht, wenn ein Verbraucher eine Sache an einen Unternehmer verkauft. Hier ist ein Gewährleistungsausschluss durchaus möglich.

Nach § 13 BGB ist ein **Verbraucher** jede natürliche Person, die ein Rechtsgeschäft zu Zwecken abschließt, die überwiegend weder ihrer gewerblichen noch ihrer selbständigen beruflichen Tätigkeit zugerechnet werden können. Der Verbraucherbegriff ist situationsgebunden. Erforderlich ist grundsätzlich ein Handeln zu **privaten Zwecken**. Nicht erfasst sind gewerbliche oder sonstige selbstständige berufliche Tätigkeiten. Der berufliche Status ist ohne Bedeutung. So kann ein selbstständiger Autohändler Verbraucher sein, wenn er das Kfz zu privaten Zwecken erwirbt.[116] Da es nicht auf das Vorhandensein geschäftlicher Erfahrung ankommt, sondern auf die Ausrichtung des Geschäfts, handelt es sich bei einem Geschäft zur Aufnahme einer gewerblichen oder selbstständigen beruflichen Tätigkeit (**Existenzgründung**) nicht um ein Verbrauchergeschäft. Ob im Einzelfall ein Vertragsabschluss privaten oder unternehmerischen Zwecken dient, richtet sich nicht nach dem Willen des Handelnden, sondern nach den objektiven Umständen. Täuscht der Käufer einen gewerblichen Verwendungszweck vor, wird – unter Bezugnahme auf § 242 BGB – überwiegend die Auffassung vertreten, dass die Sicht des Verkäufers maßgebend sein soll.[117] Dient der Kauf gleichzeitig auch gewerblichen Zwecken (sog. **„dual-use"-Geschäfte**), liegt ein Handeln als Verbraucher dann vor, sofern der gewerbliche oder selbstständige Zweck nicht überwiegen.[118]

Der sachliche Anwendungsbereich bezieht sich auf **bewegliche Sachen**. Bei Kaufverträgen über Grundstücke oder sonstige Gegenstände wird der Verbraucher nicht geschützt. Der zwingende Charakter der §§ 474 ff. BGB erstreckt sich auch auf gebrauchte Sachen. In Bezug auf den **Tierkauf** hat der BGH entschieden, dass Tiere nicht generell ab Geburt als gebrauchte Sachen anzusehen sind; maßgebend sind die Umstände im Einzelfall, etwa wenn es noch in keiner Weise (z. B. zum Ausreiten bei Pferden) verwendet wurde.[119]

**Besonderheiten bei der Mängelhaftung und Garantien (§§ 475 bis 477 BGB)**
Bei einem **Kaufvertrag zwischen** einem **Unternehmer und einem Verbraucher** sind nach § 475 BGB die wesentlichen Elemente der gesetzlichen Regelungen (§§ 433 bis 435, 437, 439 bis 443 BGB, also die grundlegenden Pflichten der Vertragsparteien, Mängelgewährleistung, Gefahrübergang und Garantien) **halbseitig zwingendes Recht**. Der halbseitig zwingende Charakter der Regelungen bedeutet, dass sie vor Mängelanzeige weder durch AGB noch durch Individualvereinbarung zum Nachteil des Verbrauchers modifiziert werden können. Eine **Ausnahme** bil-

---

[116] *Jacoby/von Hinden*, § 13 BGB, Rn. 3.

[117] *Looschelders*, SchuldR BT, § 13, Rn. 257 ff. m. w. N..

[118] Palandt/*Ellenberger*, § 13 BGB, Rn. 4.

[119] BGH, NJW 2007, 674 ff.; *Looschelders*, SchuldR BT, § 13, Rn. 261 mit Hinweis auf die Differenzierung bei Tieren.

den die Ansprüche des Käufers auf Schadensersatz oder Aufwendungsersatz. Sie können individualvertraglich oder durch AGB modifiziert werden (§ 475 Abs. 3 BGB), da die VerbrKfRL hierzu keine Vorgaben enthält. Entsprechende Klauseln in AGB unterliegen der Inhaltskontrolle nach §§ 307 bis 309 BGB.

Nach § 474 Abs. 5 S. 2 BGB finden die §§ 445 bis 447 BGB keine Anwendung. § 447 BGB regelt den Gefahrübergang beim Versendungskauf, der allerdings beim Verbrauchsgüterkauf keine Anwendung findet (§ 474 Abs. 4 BGB). Ein Gefahrübergang soll nur dann eintreten, wenn der Spediteur, Frachtführer oder sonst zur Ausführung des Transports bestimmte Person vom Verbraucher beauftragt worden ist und ihm diese vom Unternehmer zuvor genannt wurde. Damit trägt der Verbraucher das **Transportrisiko** nicht. Zu beachten ist weiterhin, dass nach § 474 Abs. 5 BGB beim Verbraucherkauf § 439 Abs. 4 BGB (nur) mit Maßgaben anzuwenden ist, dass Nutzungen nicht herauszugeben oder durch ihren Wert zu ersetzen sind.

Eine weitere Besonderheit bezieht sich auf die Haftungsbeschränkung bei öffentlichen Versteigerungen.[120] Nach § 474 Abs. 2 S. 2 BGB gelten die Vorschriften dieses Untertitels nicht, wenn es sich um gebrauchte Sachen handelt, die in einer öffentlich zugänglichen Versteigerung verkauft werden, an der der Verbraucher persönlich teilnehmen kann. Internet-Auktionen, die i. d. R. keine Versteigerungen i. S. d. § 156 BGB sind, fallen nicht unter § 474 Abs. 1 S. 2 BGB, da es an einer zusätzlich geforderten Möglichkeit der persönlichen Teilnahme fehlt.

Der Verbraucher, der nach Gefahrübergang Mängel feststellt, hat häufig Probleme zu beweisen, dass die Sache bereits im Zeitpunkt des Gefahrübergangs mangelhaft war. Nach einem allgemeinen Grundsatz hat jeder die anspruchsbegründenden Tatsachen zu beweisen (§ 363 BGB). § 476 BGB enthält nun zugunsten des Verbrauchers eine Beweislastumkehr in Bezug auf die zeitliche Komponente. Zeigt sich innerhalb der ersten sechs Monate ab Gefahrübergang ein Mangel, wird vermutet, dass die Sache bereits zum Zeitpunkt des Gefahrübergangs mangelhaft war. Die Vermutung erstreckt sich allerdings nicht auf die Voraussetzung, dass überhaupt ein Sachmangel vorliegt. Der Verbraucher muss jedenfalls darlegen, dass ein Sachmangel vorliegt und dieser innerhalb der ersten sechs Monate aufgetreten ist. Ein erst nach Gefahrübergang auftretender Mangel kann die Folge eines bereits bei Gefahrübergang vorliegenden Grundmangels sein. Der Käufer muss diesen Grundmangel beweisen. Enthält z. B. ein verkaufter Fernseher bei Übergabe ein schlecht verarbeitetes Einzelteil (Grundmangel), was dazu führt, dass dieser nach drei Monaten nicht mehr funktioniert (anschließender Mangel), so muss der Käufer die Ursache des Nichtfunktionierens, also das der Fernseher ein schlecht verarbeitetes Einzelteil enthält, beweisen.[121] Dieser Nachweis wird dem Verbraucher häufig nicht gelingen, so etwa auch bei „Grundmängeln" an einem Fahrzeug, was kaum ohne Sachverständigen festgesellt werden kann. In der Lit. wird daher teilweise die Meinung vertreten, die Vermutung des § 476 BGB auch auf das Vorliegen eines Sachmangels auszudehnen.[122]

---

[120] *Looschelders*, SchuldR BT, § 13, Rn. 262.

[121] BGH, NJW 2006, 2250.

[122] BaRoth/*Faust*, § 476 BGB, Rn. 9.

Diese Vermutung gilt allerdings nicht, wenn sie mit der Art der Sache oder des Mangels nicht vereinbar ist. Die Beweislastumkehr ist mit der **Art der Sache** nicht vereinbar, wenn es sich um eine gebrauchte Sache handelt, z. B. einen Gebrauchtwagen. Bei gebrauchten Sachen besteht schon wegen des sehr unterschiedlichen Grades der Abnutzung kein entsprechender allgemeiner Erfahrungssatz. Auch bei Lebensmitteln mit kurzer Haltbarkeit passt eine Beweislastumkehr nicht. Die Beweislastumkehr ist mit der **Art des Mangels** nicht vereinbar, wenn sich aus ihr mit sehr hoher Wahrscheinlichkeit ergibt, dass der Mangel erst nach Gefahrübergang aufgetreten ist, etwa bei sehr auffälligen äußeren Beschädigungen einer Kaufsache, die auch dem fachlich unkundigen Käufer auffallen müssen.[123] Solche Mängel werden nämlich im Zweifel vom Käufer bereits bei Gefahrübergang gerügt, so dass eine spätere Beanstandung auch für ein späteres Auftreten spricht.

Auch beim **Tierkauf** greift grundsätzlich die Vermutung des § 476 BGB. Mit der Art des Mangels ist die Vermutung etwa bei solchen Krankheiten nicht vereinbar, bei denen der Zeitraum zwischen Infektion und Ausbruch der Krankheit oft ungewiss ist.[124]

Ergänzend zu § 443 BGB stellt § 477 BGB einige inhaltliche und formale Anforderungen an Garantien. So muss eine Garantie im Falle eines Verbrauchsgüterkaufs dem **Transparenzgebot** entsprechen, d. h. sie muss einfach und verständlich abgefasst sein, den Verbraucher darauf hinweisen, dass die gesetzlichen Rechte dadurch nicht eingeschränkt werden sowie bestimmte Informationen enthalten. Der wesentliche Zweck dieser Vorschrift besteht in dem Schutz des Verbrauchers vor Irreführung durch unklar formulierte Garantiebedingungen. In § 477 Abs. 3 BGB ist klargestellt, dass bei Nichteinhaltung der in § 477 Abs. 1 und 2 BGB genannten Voraussetzungen die Garantieverpflichtung nicht unwirksam wird. Anderenfalls wäre der Verbraucher in dem Fall, in dem der Unternehmer seinen diesbezüglichen Verpflichtungen nicht oder nur unzureichend nachkommt, schlechter gestellt.

Abgesehen von dem Anspruch des Verbrauchers auf Übermittlung der Garantie in Textform (§ 126b BGB) begründet diese Vorschrift bei Nichteinhaltung grundsätzlich keine weiteren unmittelbaren Ansprüche des Verbrauchers. In Betracht kommt u. U. ein Anspruch des Käufers nach §§ 311 Abs. 2, 241 Abs. 2, 280 Abs. 1 BGB wegen Verletzung von Schutz- und Aufklärungspflichten. Diese können unter extremen Umständen zu einer Rückabwicklung des Vertrages führen, sofern die fehlerhafte Unterrichtung über die Garantie ursächlich für den Abschluss des Vertrages war. Aus wettbewerbsrechtlicher Sicht kann weiterhin ein Verstoß gegen §§ 3, 5 UWG in Betracht kommen. Verbraucherverbände haben die Möglichkeit, ein Anspruch nach § 2 Abs. 1, 2 Nr. 1 UKlaG geltend zu machen.[125]

### Rückgriff des Unternehmers (§§ 478, 479 BGB)

Mit den – auf Art. 4 VerbrKfRL beruhenden – §§ 478, 479 BGB soll verhindert werden, dass der Einzelhändler die Nachteile beim Verbraucherkauf auch dann zu

---

[123] BGH, NJW 2005, 3490 ff.; *Looschelders,* SchuldR BT, § 13, Rn. 274.

[124] BGH, NJW 2006, 2250; Palandt/*Weidenkaff,* § 476 BGB, Rn. 11 m. w. N.

[125] *Looschelders,* SchuldR BT, § 13, Rn. 275.

tragen hat, wenn der Grund für seine Haftung nicht in seinem Bereich entstanden ist, sondern auf Fehler im Herstellungsprozess zurückzuführen ist. Sie erleichtern dem vom Verbraucher in Anspruch genommenen Letztverkäufer daher den **Rückgriff** gegen seinen Lieferanten. Dieser kann sich an seinen Vertragspartner, etwa den Hersteller wenden, wenn der Mangel auch bei ihm nicht entstanden ist. Gerade für den Letztverkäufer besteht das Risiko einer „Regressfalle". So haftet er im Verhältnis zum Verbraucher zwingend, ohne seine Haftung ausschließen oder beschränken zu können. Demgegenüber ist es in handelsrechtlichen Rechtsbeziehungen aufgrund der größeren Vertragsfreiheit grundsätzlich möglich, Haftungsausschlüsse bzw. – beschränkungen vereinbaren zu können, die ihm möglicherweise den Rückgriff auf seinen Vertragspartner verwehren.

§ 478 Abs. 1 BGB gibt dem Unternehmer keine neuen Rechte gegenüber seinem Lieferanten. Diese Vorschrift enthält für den Unternehmer (z. B. den Letztverkäufer) in den Fällen, in denen er von dem Verbraucher infolge der Mangelhaftigkeit die Sache zurücknehmen musste oder der Verbraucher den Kaufpreis gemindert hat, die **Privilegierung**, dass er zur Geltendmachung seiner Rechte nach § 437 BGB gegenüber dem Unternehmer, der ihm die mangelhafte Sache verkauft hatte (Lieferant/Hersteller), **keine Nachfrist** für eine Nacherfüllung setzen muss, die ansonsten erforderlich wäre (§ 478 Abs. 1 S. 2 BGB).

Zu beachten ist, dass die Privilegierung nur in Betracht kommt, wenn es sich beim Letztverkauf um einen **Verbrauchsgüterkauf** gehandelt hat und der Letztverkäufer die **neu hergestellte Sache** auf Grund ihrer Mangelhaftigkeit zurücknehmen musste; diese Vorschrift findet keine Anwendung, wenn etwa der Verbraucher ein vertraglich vereinbartes Rücktrittsrecht ausgeübt hat oder er von einem Widerrufsrecht nach § 355 BGB Gebrauch gemacht hat.

Im Verhältnis zwischen Unternehmer und Lieferant muss es sich um **denselben Sachmangel** handeln wie im Verhältnis Verkäufer und Verbraucher, was i. d. R. der Fall sein wird.

---

**Beispiel**

Eine Waschmaschine, die einen Kratzer aufweist, wird vom Großhändler unter Hinweis auf diesen Defekt mit einem Preisnachlass an den Einzelhändler verkauft, der den Defekt gegenüber dem Verbraucher aber verschweigt. Dann liegt im Verhältnis zwischen Großhändler und Einzelhändler wegen der Beschaffenheitsvereinbarung kein Sachmangel vor, wohl aber im Verhältnis zwischen Einzelhändler und Verbraucher. Diese Nachteile kann der Einzelhändler (verständlicherweise) nicht an den Großhändler weitergeben.

---

Als Privilegierung sieht § 478 Abs. 3 BGB vor, dass die in § 476 BGB zugunsten des Verbrauchers geregelte **Beweislastumkehr** auch gegenüber dem Lieferanten Anwendung findet. Die sechsmonatige Frist beginnt nicht bereits mit Gefahrübergang auf den Letztverkäufer, sondern erst mit der Lieferung an den Verbraucher; dies führt im Ergebnis zu einer Verlängerung der Vermutung nach § 476 BGB im Verhältnis Letztverkäufer und Lieferant/Hersteller. Eine weitere Modifikation besteht in Bezug auf die **Verjährung** von Mängelansprüchen des Letztverkäufers gegen den Lieferanten. Da diese nämlich mit der Ablieferung der Sache an den Unternehmer beginnt, könnten ohne eine Sonderregel Gewährleistungsansprüche zum Zeitpunkt der Inanspruchnahme des Unternehmers durch den Verbraucher bereits verjährt sein, wenn zwischen Ankauf und Weiterverkauf durch den Letztverkäufer zwei Jahre verstrichen sind, z. B. bei „Ladenhütern". § 479 Abs. 2 BGB sieht eine **Ablaufhemmung** vor. Die Verjährung endet frühestens zwei Monate nach dem Zeitpunkt der Erfüllung der Ansprüche des Verbrauchers durch den Letztverkäufer, spätestens aber nach Ablauf von fünf Jahren seit der Ablieferung beim Letztverkäufer.

§ 478 Abs. 2 BGB beinhaltet eine **eigenständige Anspruchsgrundlage.** Danach kann der Unternehmer von seinem Lieferanten **Ersatz seiner Aufwendungen** verlangen, die er zur Nacherfüllung machen musste, wenn der vom Verbraucher geltend gemachte Mangel bereits beim Übergang der Gefahr auf den Unternehmer vorhanden war; auf ein Verschulden des Lieferanten kommt es nicht an. Ohne die Regelung in § 478 Abs. 2 BGB hätte diese Kosten regelmäßig der Letztverkäufer zu tragen. Zu ersetzen sind jedoch nur die Aufwendungen, zu deren Übernahme der Letztverkäufer gegenüber dem Verbraucher verpflichtet war; Kosten, die dieser z. B. aus Kulanzgründen übernommen hat, zählen nicht hierzu.

Diese Bestimmungen haben zwar keinen unmittelbar zwingenden Charakter. Zum Schutz des Unternehmers sind jedoch **abweichende Vereinbarungen** nach § 478 Abs. 4 BGB nur zulässig, wenn diesem- als Rückgriffsgläubiger – ein gleichwertiger Ausgleich eingeräumt wird.

Regelmäßig handelt es sich im Rahmen der Rückgriffsbeziehungen um **Handelskäufe,** so dass in § 377 HGB normierte **Untersuchungs- und Rügepflicht** zu beachten ist. Unwirksam sind Vertragsklauseln über Ausschlussfristen, die die Rügemöglichkeit praktisch vollständig beseitigen.[126]

Diese Vorschrift stellt damit sicher, dass demjenigen Letztverkäufer, der seinen Untersuchungs- und Rügepflichten nachkommt, der Rückgriff erhalten bleibt. Allerdings kommt der Rückgriff regelmäßig nur bei versteckten Mängeln in Betracht, da ein (erkannter) Mangel als genehmigt gilt, wenn er nicht rechtzeitig gerügt wird (Abb. 4.3).

### 4.2.10.2 Kauf auf Probe, Wiederkauf und Vorkaufsrecht

Bei einem **Kauf auf Probe** oder auf Besichtigung steht die Billigung des gekauften Gegenstandes im Belieben des Käufers (§ 454 Abs. 1 S. 1 BGB). Ob ein Kauf auf Probe vorliegt, muss ggf. durch Auslegung ermittelt werden. Der Kauf ist dabei unter der aufschiebenden oder auflösenden Bedingung der Billigung geschlossen (§ 158 BGB), dass der Käufer durch Willenserklärung gegenüber dem Verkäufer den Kaufgegenstand billigt; billigt er ihn nicht, entfällt der Kaufvertrag.[127]

---

[126] Vgl. BGHZ 115, 324 zu einer Vereinbarung einer Ausschlussfrist von drei Tagen für die Rüge versteckter und erkennbarer Mängel.

[127] *Looschelders*, SchuldR BT, § 12, Rn. 244 mit Hinweis auf die praktische Bedeutung im Versandhandel und den Konkurrenzfragen zu den Regeln des Fernabsatzgeschäfts i. S. v. § 312c BGB.

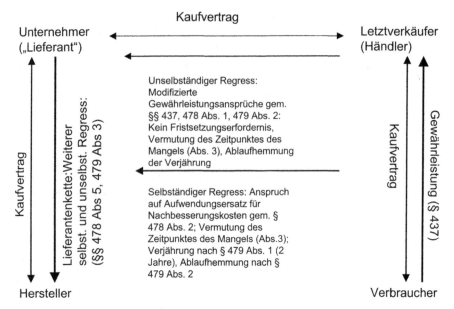

**Abb. 4.3** Unternehmerregress beim Verbrauchsgüterkauf

Der Kauf auf Probe ist **abzugrenzen** von einem **Kauf mit Umtauschvorbehalt**, der als unbedingter Kaufvertrag dem Käufer aber das Recht einräumt, anstelle der gekauften eine andere (gleichwertige) Sache zu verlangen, die der Verkäufer in seinem Geschäft führt.[128]

Die §§ 456 bis 462 BGB regeln die Möglichkeiten eines Rückkaufs der Kaufsache durch den Verkäufer. Hat sich der Verkäufer in dem Kaufvertrag das Recht des Wiederkaufs (Rückkaufrecht) vorbehalten, so kommt der **Wiederkauf** mit der Erklärung des Verkäufers gegenüber dem Käufer, dass er das Wiederkaufsrecht ausübe, zustande. Eine solche Vereinbarung kann bereits im Kaufvertrag (als **aufschiebend bedingter Rückkaufvertrag**) enthalten sein oder später zwischen den Parteien vereinbart werden. Die Wiederkaufserklärung durch den Verkäufer bedarf nicht der für den Kaufvertrag bestimmten Form (§ 456 BGB).

Unter einem **Vorkaufsrecht,** geregelt in den §§ 463 bis 467 BGB versteht man das Recht, einen Gegenstand durch Kauf zu erwerben, sobald der Vorkaufsverpflichtete diesen an den Dritten verkauft (§§ 463, 464 BGB). Ein Vorkaufsrecht kann sich zum einen aus Gesetz ergeben (z. B. Vorkaufsrecht der Gemeinde gem. §§ 24 ff. BauGB; Vorkaufsrecht der Miterben bei der Veräußerung eines Erbanteils nach §§ 2034 ff. BGB). Ein Vorkaufsrecht kann sich aber auch aus Rechtsgeschäft ergeben. Voraussetzung für die Ausübung des Vorkaufsrechts ist der Abschluss eines Kaufvertrages zwischen dem Vorkaufsverpflichteten und einem Dritten über einen Gegenstand (sog. Vorkaufsfall). Der Verkäufer muss den Vorkaufsberechtigten

---

[128] *Brox/Walker,* SchuldR BT, § 7, Rn. 44 mit Hinweis auf den Prüfungskauf und den Kauf zur Probe.

über den Inhalt des Vertrages mit dem Käufer informieren (§ 469 Abs. 1 BGB).
Das Vorkaufsrecht wird sodann durch eine empfangsbedürftige Willenserklärung
gegenüber dem Vorkaufsverpflichteten ausgeübt. Die Erklärung bedarf nicht der für
den Kaufvertrag bestimmten Form (§ 464 Abs. 1 BGB). Mit der Ausübung des Vorkaufsrechts wird der Kaufvertrag zwischen dem Berechtigten und dem Verpflichteten wirksam, und zwar mit demselben Inhalt, den der Verpflichtete im Vertrag
mit dem Dritten vereinbart hat (§ 464 Abs. 2 BGB). Der Vorkaufsberechtigte tritt
nicht an die Stelle des Dritten in den Kaufvertrag ein. Dieser Vertrag bleibt durch
Ausübung des Vorkaufsrechts unberührt. Das bedeutet, dass der Verkäufer sowohl
gegenüber dem Vorkaufsberechtigten als auch dem Dritten zur Erfüllung verpflichtet ist; kann er eine Verpflichtung nicht erfüllen, macht er sich seinem Vertragspartner gegenüber schadensersatzpflichtig. Der Verkäufer sollte zur Vermeidung einer
Schadensersatzpflicht darauf achten, dass er einen Käufer auf das Vorkaufsrecht
eines Dritten hinweist und zweckmäßigerweise eine auflösende Bedingung für den
Fall der Ausübung des Vorkaufsrechts in den Vertrag aufnimmt. Der Vorkaufsberechtigte hat gegenüber dem Dritten keine Ansprüche, da es sich um ein **persönli-
ches Vorkaufsrecht** handelt, das sich nur gegen den Vorkaufsverpflichteten richtet.
Bei einem Grundstück kommt jedoch auch ein **dingliches** (im Grundbuch eingetra-
genes) **Vorkaufsrecht** in Betracht, das rechtsgeschäftlich durch Einigung und Eintragung im Grundbuch entsteht (§§ 873, 1094 BGB). Das dingliche Vorkaufsrecht
wirkt gegenüber jedem Grundstückseigentümer.

### 4.2.10.3   Kauf unter Eigentumsvorbehalt

Beim Verkauf von beweglichen Sachen, die dem Käufer ohne gleichzeitige Zahlung des (vollständigen) Kaufpreises übergeben werden sollen, wird vielfach zur
Sicherung des Verkäufers vereinbart, dass dem Verkäufer das Eigentum bis zur voll-
ständigen Zahlung des Kaufpreises vorbehalten bleiben soll. In der Praxis ist der
Eigentumsvorbehalt ein wichtiges **Sicherungsmittel des Warenkreditgebers** zur
Sicherung seiner Kaufpreisforderung, wenn der Käufer vor vollständiger Zahlung
zahlungsunfähig wird. Auf der anderen Seite erhält der Käufer die Möglichkeit, vor
vollständiger Zahlung des Kaufpreises in den Besitz der Sache zu kommen. Der
Eigentumsvorbehalt kommt nur bei beweglichen Sachen in Betracht (§ 449 BGB).
Der Verkäufer kann dann nach § 985 BGB die Sache herausverlangen oder im Rahmen der Zwangsvollstreckung mit der Drittwiderspruchsklage nach § 771 ZPO
einer Pfändung dieses Gegenstandes beim Käufer (durch Dritte) widersprechen. Im
Insolvenzverfahren hat der Verkäufer ein Recht auf Aussonderung (§ 47 InsO), sofern der Insolvenzverwalter die Erfüllung des Kaufvertrages ablehnt (§ 103 InsO).

Beim **Grundstückskauf** kann der Verkäufer sich bei der Auflassung nicht das
Eigentum vorbehalten, weil eine bedingte Auflassung unzulässig ist (§ 925 Abs. 2
BGB). Hier erklärt der Verkäufer die Auflassung nur Zug um Zug gegen Zahlung
des Kaufpreises (i. d. R. auf ein Notaranderkonto), um sicher zu sein, dass er als
Gegenleistung für das Grundstück auch den Kaufpreis erhält. Er kann sich auch
dadurch schützen, dass er sich vom Käufer für den Fall der Nichtzahlung des Kaufpreises die Rückauflassung des Grundstücks versprechen und diesen Anspruch
durch Eintragung einer Vormerkung nach § 883 BGB sichern lässt. Der Käufer kann

sich demgegenüber durch die Eintragung einer Auflassungsvormerkung (§§ 883 ff. BGB) absichern. Dadurch ist er vor zuwiderlaufenden Verfügungen des Verkäufers nach Abschluss des Kaufvertrages geschützt.

Der Eigentumsvorbehalt wird bei **Handels- und Verbrauchsgüterkäufen** meist in AGB oder Formularverträgen vereinbart.[129]

Der Kaufvertrag als Verpflichtungsgeschäft wird somit unbedingt geschlossen, jedoch sichert sich der Verkäufer dinglich dadurch ab, dass er bis zur vollständigen Zahlung des Kaufpreises Eigentümer der verkauften Sache bleibt. Der nach § 929 BGB erforderliche **dingliche Übereignungsvertrag** wird also unter der **aufschiebenden Bedingung** (§ 158 Abs. 1 BGB) der vollständigen Kaufpreiszahlung geschlossen (§ 449 Abs. 1 BGB). Dem Herausgabeanspruch nach § 985 BGB zufolge steht dem Verkäufer ein (obligatorisches) Recht zum Besitz zu (§ 986 BGB). Der Verkäufer ist damit nur zur bedingten Übereignung verpflichtet (§§ 929, 158 Abs. 1 BGB). Er bleibt Eigentümer und mittelbarer Besitzer (§ 868 BGB). Der Käufer erwirbt mit der bedingten Übereignung eine rechtlich geschützte, dingliche **Anwartschaft**. Der Verkäufer kann auch durch eine Verfügung einen Eigentumserwerb des Käufers grundsätzlich nicht mehr verhindern (§ 161 Abs. 1 S. 1 BGB).

---

**Beispiel**

Hat V an K eine Maschine unter Eigentumsvorbehalt verkauft, kann er diese (theoretisch) an einen Dritten verkaufen und übereignen. Sobald K aber den Kaufpreis gezahlt hat, wird die zweite Übereignung an den Dritten gem. § 161 Abs. 1 BGB unwirksam, so dass K Eigentum erwirbt. Bis zur Zahlung ist K nach § 986 Abs. 2 BGB gegen einen Herausgabeanspruch an V aus § 985 BGB gesichert. Da K in unmittelbaren Besitz der Sache ist, scheidet auch ein gutgläubiger Erwerb (§ 161 Abs. 3 BGB i. V. m. §§ 932 ff. BGB) aus.

---

Wird der Kaufpreis nicht vereinbarungsgemäß gezahlt, kann der Verkäufer die Sache nur dann herausverlangen, wenn er vom Vertrag zurückgetreten ist; der bloße Zahlungsverzug reicht nicht. Dies setzt insbesondere voraus, dass er dem Käufer eine angemessene Zahlungsfrist gesetzt hat (§ 323 BGB). Der Verkäufer kann dann nach § 346 BGB bzw. § 985 BGB die Sache herausverlangen.

Oft vereinbaren Verkäufer und Käufer, dass das Eigentum an der Kaufsache nicht bereits mit der Zahlung des Kaufpreises, sondern erst dann auf den Käufer übergehen soll, wenn dieser alle aus der Geschäftsverbindung mit dem Verkäufer bestehenden Forderungen[130] beglichen hat **(erweiterter Eigentumsvorbehalt)**.

Im Handelsverkehr ist der Käufer häufig darauf angewiesen, die unter Eigentumsvorbehalt belieferten Waren an seine Kunden weiterzuveräußern, um aus dem Erlös den Kaufpreis bezahlen zu können. Da der Verkäufer den Kaufpreis erhalten möchte, wird er der Weiterveräußerung regelmäßig zustimmen. Er verliert allerdings damit seine Sicherheit, weil die Kunden das Eigentum nach §§ 929 ff., 185

---

[129] *Brox/Walker*, SchuldR BT, § 7, Rn. 25 m. w. N.

[130] Vgl. zum Kontokorrentvorbehalt *Looschelders*, SchuldR BT, § 10, Rn. 211.

BGB erwerben. Der einfache Eigentumsvorbehalt ist als Sicherungsmittel in diesem Fall nicht ausreichend. In der Praxis wird deshalb häufig ein **verlängerter Eigentumsvorbehalt** vereinbart, mit dem sich der Verkäufer Ersatzsicherungen für den Fall der Weiterveräußerung einräumen lässt. Der Verkäufer lässt sich schon im Voraus die Forderung des Käufers gegen seine Kunden aus der Weiterveräußerung abtreten **(Vorausabtretungsklausel)**. Diese ist wirksam, da die erfassten Forderungen hinreichend bestimmbar sind.[131]

In anderen Fällen erwirbt der Käufer Waren, z. B. Stoffe, Holz, um sie anschließend zu verarbeiten und das hergestellte Produkt (Kleider, Möbel) zu veräußern. Für den Verkäufer besteht trotz des Eigentumsvorbehalts die Gefahr, sein Eigentum und damit seine Sicherheit zu verlieren, weil der Käufer nach § 950 BGB durch die Verarbeitung Eigentümer der Waren wird (§ 950 BGB). In der Praxis ist in den Verträgen häufig eine **Verarbeitungsklausel** enthalten. Danach verarbeitet der Käufer die gekaufte Sache für den Verkäufer, so dass dieser als Hersteller nach § 950 BGB Eigentümer der neuen Sache wird und sich im Hinblick auf die Veräußerung der neuen Sachen wieder durch einen verlängerten Eigentumsvorbehalt absichern kann.[132]

### 4.2.10.4 Grenzüberschreitender Kauf

Sind die Vertragsparteien in verschiedenen Staaten ansässig oder erfolgt eine grenzüberschreitende Leistung, handelt es sich um einen Fall mit **Auslandsberührung**. Hier stellt sich die Frage, welches Recht auf den Kaufvertrag anzuwenden ist. Dieses ist nach den Regeln des **Internationalen Privatrechts** (IPR, Art. 3 ff. EGBGB) zu bestimmen.

Bis zum 17.12.2009 war das Internationale Vertragsrecht in den Art. 27 ff. EGBGB geregelt. Für nach dem 17.12.2009 geschlossene Verträge gilt nunmehr die unmittelbar anwendbare Verordnung (EG) Nr. 593/2008 über das auf vertragliche Schuldverhältnisse anwendbare Recht **(ROM I-VO)**. Die wesentlichen Anknüpfungsregeln haben sich allerdings nicht geändert. Nach Art. 3 Abs. 1 VO können die Parteien das anwendbare Recht grundsätzlich frei wählen, ohne das ein objektiver Bezug zu dem gewählten Recht erforderlich ist. Grenzen der Rechtswahlfreiheit bestehen für Verbraucherverträge (Art. 6 Abs. 1 VO) oder bei Kaufverträgen über unbewegliche Sachen.

Bei grenzüberschreitenden Kaufverträgen ist weiterhin das „Übereinkommen der Vereinten Nationen über Verträge über den internationalen Warenkauf" („Convention on Contracts for the International Sale of Goods" = **CISG**) zu beachten. Das CISG[133] ist ein – grenzüberschreitende Kaufverträge regelnder – völkerrechtlicher

---

[131] *Looschelders,* SchuldR BT, § 10, Rn. 211 zur Konkurrenz des verlängerten Eigentumsvorbehalts mit einer Globalzession zugunsten eines Geldkreditgebers.

[132] BGHZ 46, 117; 20, 159.

[133] Vgl. Übereinkommen der Vereinten Nationen über Verträge über den internationalen Warenkauf (CISG) vom 11.4.1980, in der BRD seit dem 1.1.1991 in Kraft; BGBl. 1989 II, 588, berichtigt BGBl. 1990 II, 1699; verwendet wird hier die auch überwiegend gebräuchliche Abkürzung „CISG", die für die englische Bezeichnung „United Nations Convention on Contracts for the International Sale of Goods" steht; weitere Bezeichnungen: UN-Kaufrecht, Wiener Kaufrecht, UNCITRAL-Kaufrecht.

Vertrag, dem mittlerweile mehr als 70 Staaten beigetreten sind und durch den **international einheitliches materielles Recht** geschaffen worden ist. Seine Bestimmungen sind in Deutschland unmittelbar anwendbares, von Amts wegen zu beachtendes Recht.[134] Das CISG enthält keine Kollisionsnormen. Es enthält selbst die maßgebenden materiellrechtlichen Regeln für grenzüberschreitende Kaufverträge. **Ziel** dieses Übereinkommens ist es, für grenzüberschreitende Warenkaufverträge ein einheitliches (materielles) Recht zu schaffen.

Nach Art. 1 Abs. 1 CISG ist das UN-Kaufrecht anwendbar, wenn beide Vertragsparteien ihre Niederlassung in verschiedenen Vertragsstaaten haben oder wenn die Regeln des IPR auf das Recht eines Vertragsstaates verweisen. Das CISG erfasst Kauf- und Werklieferungsverträge über bewegliche Sachen (Art. 3 CISG), die nicht für den persönlichen Gebrauch in der Familie oder im Haushalt bestimmt sind. Das CISG gilt demnach nicht für Verbraucherverträge (Art. 2 lit. a CISG). Zu beachten ist allerdings, dass die Parteien die Anwendbarkeit des CISG **vertraglich ausschließen** können (Art. 6 CISG), was in der Praxis häufig geschieht.

Die Anwendung des CISG wird jedoch nicht dadurch ausgeschlossen, dass die Geltung des deutschen Rechts vereinbart wird. Das CISG ist Bestandteil des deutschen Rechts und damit auch in diesem Fall anwendbar. Erforderlich ist ein ausdrücklicher Ausschluss. In diesem Fall entscheiden regelmäßig die Vorschriften des IPR, also insbesondere die ROM-I-VO, welche nationale Rechtsordnung anwendbar sein soll.

Das CISG enthält in seinen weiteren Abschnitten materiellrechtliche Regeln über den Abschluss von Kaufverträgen, über die Gefahrtragung sowie über die Folgen von Vertragsverletzungen. Soweit es keine Regelungen enthält, muss auf das nach dem IPR maßgebende nationale Recht zurückgegriffen werden.

Am 11. Oktober 2011 legte die Europäische Kommission den Vorschlag für eine **Verordnung zum Gemeinsamen Europäischen Kaufrecht** (GEKR-VO; KOM (2011) 635 end.) vor. Der Vorschlag sieht vor, dass die Parteien das Recht haben sollen, für ihre grenzüberschreitenden Verträge über den Kauf von Waren oder die Bereitstellung von digitalen Inhalten sowie die Erbringung damit verbundener Dienstleistungen die Anwendbarkeit der Regeln des Gemeinsamen Europäischen Kaufrechts zu vereinbaren (Art. 3). Diese Regeln zum Gemeinsamen Europäischen Kaufrecht, die sich in einem Anhang befinden, sollen aber nur anwendbar sein, wenn die Parteien deren **Geltung ausdrücklich vereinbaren**. Der wesentliche Zweck der Verordnung soll darin bestehen, grenzüberschreitende Geschäfte dadurch zu fördern, dass die Parteien sich nicht mit einem eventuell fremden Recht vertraut machen müssen. Umstritten sind nach wie vor der Sinn eines derartigen optionalen Instruments sowie auch deren konkrete inhaltliche Ausgestaltung, so dass die weitere Entwicklung abzuwarten ist.[135]

---

[134] *Medicus/Lorenz,* SchuldR II, Rn. 356 ff. m. w N.

[135] *Looschelders,* SchuldR BT, § 14, Rn. 291a m. w. N.

## 4.3 Mietvertrag

### 4.3.1 Begriff und Bedeutung

Der Mietvertrag ist ein gegenseitiger Vertrag, in dem sich eine Partei (Vermieter) verpflichtet, der anderen Partei (Mieter) den Gebrauch einer **Sache** zu gewähren (§ 535 Abs. 1 S. 1 BGB), während sich die andere Partei verpflichtet, den vereinbarten Mietzins zu zahlen (§ 535 Abs. 2 BGB). Gegenstand eines Mietvertrages können **bewegliche Sachen** (z. B. Fahrzeuge, Maschinen, Kleidung) sowie **unbewegliche Sachen** (Grundstücke) sein, nicht aber Rechte.

Anders als beim Kauf- oder Werkvertrag geht es nicht um den einmaligen Austausch von Leistungen. Der Unterschied zum Kaufvertrag bzw. Tauschvertrag besteht darin, dass diese Verträge auf eine dauerhafte Sachüberlassung gerichtet sind. Die vertraglichen Beziehungen bestehen vielmehr über einen längeren Zeitraum. Das Mietverhältnis ist daher ein **Dauerschuldverhältnis.** Der **Leihvertrag** unterscheidet sich vom Mietvertrag dadurch, dass die Sache „unentgeltlich" zum Gebrauch überlassen wird. Der **Pachtvertrag** kann sich sowohl auf Sachen als auch auf Rechte, Unternehmen und andere Gegenstände beziehen, aus denen Früchte i. S. v. § 99 BGB (z. B. Dividende; Erträge des Unternehmens) gezogen werden können und berechtigt nicht nur zum Gebrauch, sondern darüber hinaus zur Fruchtziehung. Mit dem **Darlehensvertrag** hat der Mietvertrag zwar die Gebrauchsüberlassung gemeinsam, jedoch können beim Darlehensvertrag nur Geld (§ 488 Abs. 1 BGB) oder andere vertretbare Sachen (§ 607 BGB) Vertragsgegenstand sein, die – anders als beim Miet-, Leih- oder Pachtvertrag – dem Vertragspartner übereignet werden; am Ende der Vertragslaufzeit sind hier nicht die überlassenen Gegenstände, sondern Sachen gleicher Art, Güte und Menge zurückzuerstatten.[136]

Mietverträge haben eine große wirtschaftliche Bedeutung, insbesondere Mietverträge über **Gewerbe- und Wohnraum.** So wohnen die meisten Menschen in gemieteten Wohnungen. Aber auch zahlreiche Gewerbetreibende sind auf gemietete Räume angewiesen. Bei Wohnraummietverträgen darf allerdings die soziale Dimension nicht vernachlässigt werden. Da der Mieter auf den Wohnraum existenziell angewiesen ist, besteht zwischen den Parteien ein ähnlich strukturelles Ungleichgewicht wie im Verhältnis von Arbeitnehmer und Arbeitgeber. Den besonderen Vorschriften über **Wohnraummietverhältnisse** liegt deshalb das **Leitbild des schutzbedürftigen Mieters** zugrunde.

In seiner ursprünglichen Fassung war das BGB durch eine fast vollständige Vertragsfreiheit gekennzeichnet. Eine Ausnahme bildete das außerordentliche Kündigungsrecht des Mieters bei Gesundheitsgefährdung (heute: § 569 Abs. 1 BGB) sowie der Grundsatz „Kauf bricht nicht Miete" (§ 566 BGB). Der Grund für die Schaffung eines außerordentlichen Kündigungsrechts wegen Gesundheitsgefährdung war der schlechte Zustand der Mietskasernen gegen Ende des 19. Jahrhunderts, als nicht zuletzt wegen fehlender Wasser- und Abwasserversorgung Seuchen und Krankheiten

---

[136] Vgl. zur Abgrenzung von anderen Vertragstypen und zum gemischten Vertrag Palandt/*Weidenkaff,* Einf. v. § 535 BGB, Rn. 15 ff., 29 ff. m. w. N.

in den Arbeitervierteln grassierten. Das BGB sah jedoch keinen Anspruch auf eine nicht gesundheitsgefährdende Wohnung vor, sondern nur die Möglichkeit, sich der Gesundheitsgefährdung durch eine außerordentliche Kündigung zu entziehen. Während die Miete von beweglichen Sachen und von Geschäftsräumen auch heute noch weitgehend privatautonom geregelt werden können, wurden im Bereich des Wohnungsmietrechts Sonderregeln zum Schutz der Mieter erforderlich. Aufgrund der nach beiden Weltkriegen herrschenden Wohnungsnot war der Gesetzgeber gezwungen, für die Wohnraummiete Sondergesetze zu erlassen, die unter Einschränkung der Privatautonomie einen ausreichenden Schutz des Mieters gewährleisten sollen (Wohnraumzwangswirtschaft). Die Wohnraumzwangsbewirtschaftung umfasste die öffentliche Wohnraumbewirtschaftung, die Mietpreisbindung und den Mieterschutz durch das Mieterschutzgesetz, welches das freie Kündigungsrecht des Vermieters beseitigte. Infolge der starken Bautätigkeit in der zweiten Hälfte des vergangenen Jahrhunderts hat sich die Lage auf dem Wohnungsmarkt entspannt, so dass der Gesetzgeber die Wohnraumzwangswirtschaft stufenweise abbauen konnte.[137] Der Gesetzgeber hat mit dem Abbau der Wohnraumzwangsbewirtschaftung zugleich das Ziel gehabt, ein soziales Mietrecht zu schaffen. Deshalb hat er zum Schutz des Mieters verschiedene, die Privatautonomie einschränkende, Vorschriften in das BGB aufgenommen. Die Erwartung des Gesetzgebers, es werde sich in überschaubarer Zeit ein ausgeglichener Wohnungsmarkt entwickeln, sodass ein weiterer Schutz des Wohnungsmieters nicht erforderlich sei, hat sich nicht erfüllt. Da der Bedarf an preisgünstigen Wohnungen nach wie vor größer war als das Angebot, hätte ein freies Kündigungsrecht eine unzumutbare Härte für den Mieter bedeutet. Der Gesetzgeber hat aufgrund dessen mit dem Erlass bestimmter mieterschützender Gesetze reagiert.

Da sich die gesetzlichen Regelungen im Mietrecht bis dahin an der Vermietung beweglicher Sachen orientierten, galten für die Miete von Grundstücken und Räumen, speziell von Wohnräumen, zahlreiche Sonderreglungen. Diese Sonderregeln waren an unterschiedlichen Stellen im Gesetz eingefügt worden. Damit wurde das Gesetz nicht nur unübersichtlich, sondern trug der besonderen Bedeutung des Wohnungsmietrechts nicht ausreichend Rechnung. Mit dem **Mietrechtsreformgesetz** vom 1.9.2001[138] ist das Mietrecht grundlegend neu gestaltet worden.

Das **Mietrechtsänderungsgesetz**[139], in Kraft getreten am 1.5.2013, regelt u. a. in den neu eingefügten §§ 555a bis 555f BGB, dass der Mieter energetische Modernisierungsmaßnahmen grundsätzlich dulden muss. Zur Verbesserung seines Schutzes vor Mieterhöhungen sind die Landesregierungen ermächtigt, durch Rechtsverordnung bestimmte Gebiete zu bestimmen, in denen die Zulässigkeit von Mieterhöhungen gegenüber der allgemeinen Kappungsgrenze des § 558 Abs. 3 BGB stärker eingeschränkt werden kann (§ 558 Abs. 2 und 3 BGB). Zur Eindämmung des „Mietnomadentums" zielen die Änderungen der ZPO darauf ab, dem Vermieter zu helfen, einen Räumungstitel einfacher durchsetzen zu können.

---

[137] *Brox/Walker*, SchuldR BT, § 10, Rn. 7 m. w. N.

[138] BGBl. I 2001, S. 1149.

[139] BGBl. I, 2013, S. 434.

Die **2015** erfolgte **Mietrechtsnovellierung**[140] enthält eine sog. Mietpreisbremse, d. h. die zulässige Miete soll bei Wiedervermietung von Wohnraum in angespannten Wohnungsmärkten auf die ortsübliche Vergleichsmiete zzgl. 10 % begrenzt sein. Zudem soll der Makler einen Zahlungsanspruch gegen den Wohnungssuchenden nur noch dann haben, wenn er bei der Wohnungssuche ausschließlich in seinem Interesse tätig geworden ist.

Gegenstand des folgenden Abschnitts ist zunächst die Systematik des Mietrechts.


## 4.3.2 Systematik des Mietrechts

Das Mietrecht enthält am Anfang einen allgemeinen Teil, dessen – im Wesentlichen dispositiv gestaltete – **Vorschriften** für alle Mietverhältnisse gelten (§§ 535 bis 548 BGB). Sie regeln darin die beiderseitigen Pflichten (§ 535 BGB), die wichtige Frage der Gewährleistung auf Vermieterseite (§§ 536 bis 536d BGB), den Gebrauch auf Mieterseite (§ 537 BGB) und schließlich die Beendigung des Mietverhältnisses (durch ordentliche Kündigung und außerordentliche Kündigung) einschließlich der sich daraus ergebenden Folgen.

Es schließt sich daran der große Komplex der Vermietung von **Wohnraum** an (§§ 549 bis 577a BGB), der weitgehend zwingende Vorschriften enthält. Mietverträge über Wohnungen liegen vor, wenn der Raum vertraglich zum privaten Zweck des i. d. R. dauernden Bewohnens durch den Mieter angemietet wird. Innerhalb des Abschnitts über Wohnungen hat sich der Gesetzgeber am zeitlichen Ablauf eines Mietverhältnisses orientiert.[141] Zunächst werden hier wieder allgemeine Fragen geregelt (§§ 549 bis 555 BGB), z. B. über die Form und die Kaution. Es folgen Vorschriften über die Miete (§§ 556 bis 561 BGB) und das Vermieterpfandrecht (§§ 562 bis 562d BGB), den Wechsel der Vertragsparteien (§§ 563 bis 567b BGB) und die Beendigung des Mietverhältnisses (§§ 568 bis 577a BGB); am Ende stehen Regeln zu Sonderformen der Wohnungsmiete (z. B. zu Werkswohnungen).

Einzelne Bestimmungen über die Wohnungsmiete gelten auch für die Vermietung von Wohnraum zum vorübergehenden Gebrauch, z. B. Hotelzimmer, Ferienwohnung, Studentenzimmer im Heim (vgl. § 549 Abs. 2 Nr. 2 BGB), nicht aber die speziellen mieterschützenden Regelungen zur Mieterhöhung und zur Kündigung, da der Mieter hier gerade nicht seinen Lebensmittelpunkt hat und demzufolge weniger schutzwürdig ist.

Das Mietrecht endet mit Regelungen für Mietverhältnisse über andere Sachen. Hierzu zählt die Vermietung von **Grundstücken**, von **Räumen, die keine Wohnungen** sind (z. B. Geschäfte, Büros, Lagerhallen) und Schiffen (§§ 578 bis 580a BGB). Diese bedürfen einer differenzierteren Betrachtung. Diese Vorschriften erklären wiederum einige Regelungen des Wohnraummietrechts für entsprechend anwendbar. Der Gesetzgeber hat dafür teilweise eine komplizierte Verweisungstechnik angewandt (vgl. § 578 BGB), zum Teil sogar die Differenzierung in verschiedenen

---

[140] Mietrechtsnovellierungsgesetz vom 27.4.2015, BGBl. 2015, Teil I, Nr. 16. S. 610.

[141] BT-Drs. 14/4553, S. 35.

Absätzen derselben Norm vorgenommen. Das Ganze ist infolge der Kürze des Abschnitts noch überschaubar. Zu beachten sind die Kündigungsfristen nach § 580a BGB. Die Vorschriften sind im Gewerberaummietrecht weitgehend dispositiv.

Im Rahmen der Fallbearbeitung beginnt man – je nach Mietgegenstand – mit den spezielleren Normen und achtet dabei auf die Regelungen aus dem Allgemeinen Teil, z. B. zur außerordentlichen Kündigung, die im Allgemeinen Teil in § 543 BGB und ergänzend im Besonderen Teil in § 569 BGB geregelt ist.

### 4.3.3  Abschluss und Wirksamkeit des Mietvertrages

Abschluss und Wirksamkeit des Mietvertrages richten sich nach **allgemeinen Vorschriften** über Rechtsgeschäfte (§§ 104 ff. BGB). Ein Mietvertrag kann etwa wegen Verstoß gegen ein gesetzliches Verbot (§ 134 BGB) oder wegen Sittenwidrigkeit (§ 138 BGB) nichtig sein. Werden vorformulierte Vertragsmuster verwendet, so sind darüber hinaus die Vorschriften über Allgemeine Geschäftsbedingungen zu beachten (§§ 305 ff. BGB).

Zu beachten ist eine Einschränkung der Vertragsfreiheit durch das **Allgemeine Gleichbehandlungsgesetz** (AGG).[142] Danach darf beim Zugang zu Wohnraum niemand aus Gründen der Rasse oder wegen der ethnischen Herkunft, des Geschlechts, der Religion oder Weltanschauung, einer Behinderung, des Alters oder der sexuellen Identität benachteiligt werden (§§ 1, 2 Abs. 1 Nr. 8 AGG), z. B. darf der Vermieter nicht frei darüber entscheiden, ob er an eine (jüngere oder ältere) Frau oder an einen (jüngeren oder älteren) Mann vermietet. Diese Benachteiligungsverbote gelten im Wesentlichen nur bei „Massengeschäften", d. h. bei Vermietern, die mehr als 50 Wohnungen vermieten; Kleinvermieter sind nur an die Benachteiligungsverbote „Rasse" und „ethnische Herkunft" gebunden (§ 19 Abs. 2 AGG). Ausnahmen gibt es bei **Vorliegen eines sachlichen Grundes.** Ein Verstoß führt allerdings nicht zu einem Kontrahierungszwang, d. h. die benachteiligte Person wird nicht Vertragspartei. Sie kann aber einen Anspruch auf Ersatz ihres materiellen Schadens haben und zudem eine Entschädigung ihres immateriellen Schadens verlangen (§ 21 AGG).[143]

Der Mietvertrag bedarf grundsätzlich **keiner Form.** Im Regelfall wird aus Gründen der Rechtssicherheit, insbesondere bei Mietverträgen über Gebäude und Wohnraum, Schriftform vereinbart. Bei der Vermietung von Wohnraum werden häufig Musterverträge vorgelegt. Bei einem **Mietvertrag über Wohnraum** (und nach § 578 BGB auch derjenige über **andere Räume** und **Grundstücke)** ist das Schriftformerfordernis (§ 550 S. 1 BGB) zu beachten. Ist der Vertrag für längere Zeit als ein Jahr geschlossen worden, so gilt er hiernach als auf unbestimmte Zeit geschlossen, sofern die Schriftform (§ 126 BGB) nicht eingehalten worden ist (§ 550 BGB). Die Nichtbeachtung der Schriftform hat somit keine Unwirksamkeit des ganzen Vertrages (wie bei § 125 BGB), sondern (nur) die Nichtigkeit der Mietzeitabrede zur Folge. Dieser auf unbestimmte Zeit abgeschlossene Mietvertrag kann von

---

[142] Allgemeines Gleichbehandlungsgesetz v. 18.8.2006, BGBl. I, S. 1897.

[143] *Brox/Walker,* SchuldR BT, § 10, Rn. 10 m. w. N.

jeder Partei durch Kündigung beendet werden, jedoch nicht für eine frühere Zeit als den Schluss des ersten Mietjahres (§ 550 S. 2 BGB). Der wesentliche Zweck dieser Vorschrift besteht darin, dass dem späteren Erwerber im Hinblick auf § 566 BGB ermöglicht wird, sich vollständig über die auf ihn übergehenden Rechte zu informieren.[144] Sie hat keine Warnfunktion. Das Schriftformerfordernis des § 550 BGB gilt nach § 578 BGB auch für Mietverhältnisse über Grundstücke und andere Räume als Wohnräume.

### 4.3.4 Rechte und Pflichten der Vertragsparteien

#### 4.3.4.1 Gebrauchsüberlassung- und Instandhaltungspflicht

Nach § 535 Abs. 1 S. 1 BGB hat der Vermieter dem Mieter den Gebrauch der Mietsache zu gewähren (§ 535 Abs. 1 S. 1 BGB – **Gebrauchsgewährung)**. Der Begriff „Sache" ist in § 90 BGB definiert, d. h. es muss sich um einen körperlichen Gegenstand handeln. Gegenstand eines Mietvertrages können **bewegliche Sachen** (z. B. Fahrzeuge, Maschinen, Werkzeuge, Computer, Kleidung, Videos etc.) sowie **unbewegliche Sachen** (Grundstücke) sein, nicht aber Rechte. Auch abgrenzbare Sachteile können vermietet werden, soweit sie sich zum Gebrauch eignen, z. B. eine Hauswand als Werbefläche.

Für die Gebrauchsüberlassung ist ein Entgelt, die Miete, zu entrichten, die regelmäßig in einer Geldleistung bestehen wird. Es können aber auch Sach- oder Dienstleistungen als Miete vereinbart werden. Nicht erforderlich ist, dass die Sache im Eigentum des Vermieters steht. Es können auch fremde Sachen vermietet werden, wie man am Beispiel der Untervermietung erkennen kann. Im Allgemeinen kommt der Vermieter seiner Pflicht dadurch nach, indem er dem Mieter den unmittelbaren Besitz (§ 854 BGB) an der Mietsache einräumt. Im Einzelfall genügt es aber auch, wenn die Sache dem Mieter zugänglich gemacht wird, z. B. bei einer Vermietung einer Werbefläche auf einem Bus. Der Mieter trägt allerdings das Verwendungsrisiko. Er wird von der Mietzahlung nicht dadurch befreit, wenn er diese durch einen in seiner Person liegenden Grund nicht – wie vorgesehen – nutzen kann (§ 537 Abs. 1 BGB).

---

**Beispiel**

M hat bei V eine Ferienwohnung für einen bestimmten Zeitraum gemietet. Wenn er zu dieser Zeit keinen oder erst zu einem späteren Zeitpunkt Urlaub bekommt, muss er trotzdem den Mietzins zahlen, abzüglich der auf Seiten des Vermieters ersparten Aufwendungen (Strom-, Wasser- oder Endreinigungskosten). Entsprechend besteht für eine nur zeitweise Nutzung kein Recht, den Mietzins zu kürzen. Es kommt nicht darauf an, ob der Mieter den persönlichen Hinderungsgrund zu vertreten hat.

---

[144] Palandt/*Weidenkaff,* § 550 BGB, Rn. 1.

Der Vermieter darf dem Mieter nicht den Besitz an der Sache entziehen.

§ 535 Abs. 1 S. 1 BGB stellt ergänzend klar, dass der Vermieter die Sache dem Mieter in einem gebrauchsfähigen Zustand zu überlassen **(Gebrauchsüberlassungspflicht)** und sie während der Mietzeit in einem solchen Zustand zu erhalten hat. Die Mietsache muss sich in einem Zustand befinden, der den vertragsgemäßen Gebrauch zulässt. Was hierzu zählt, bestimmt sich nach der Parteivereinbarung und der Verkehrssitte, z. B. darf eine Mietwohnung keine baulichen Mängel aufweisen. Zudem ist er verpflichtet, den **vertragsgemäßen Gebrauch zu dulden** und Maßnahmen des Mieters, die den vereinbarten Gebrauch nicht überschreiten, zu gestatten.[145]

Bei Wohnräumen hat der Vermieter das Aufstellen von Haushaltsgeräten, z. B. Waschmaschine, Gefriertruhe, Installation einer Telefonanlage, etc. zu dulden; bei ausländischen Mietern u. U. auch das Anbringen einer Parabolantenne[146] oder – bei gewerblichen Mietern – das Anbringen eines Praxisschildes. Das Halten von Haustieren (ausgenommen Kleintiere) bedarf grundsätzlich seiner Zustimmung.

Die Gebrauchsüberlassungspflicht ist in erster Linie eine Duldungs- bzw. Unterlassungspflicht. Im Einzelfall kann aber ein positives Tun des Vermieters erforderlich sein, z. B. wenn Störungen Dritter, etwa übermäßiger Lärm durch andere Mieter, abgewehrt werden müssen, soweit ihm das möglich und zumutbar ist.

Der Vermieter ist nach § 535 Abs. 1 S. 2 BGB weiterhin verpflichtet, die dem Mieter einmal eingeräumte Gebrauchsmöglichkeit während der Mietzeit zu erhalten **(Gebrauchserhaltungs- bzw. Instandhaltungspflicht)**, da die Überlassung des Mietgegenstandes eine Dauerverpflichtung ist. Reparaturen und erforderliche Instandhaltungsarbeiten sind daher grundsätzlich Sache des Vermieters. Diese umfassen auch die Beseitigungen von Abnutzungen der Mietsache, welche durch den vertragsgemäßen Gebrauch des Mieters verursacht worden sind. Diese Abnutzungen hat der Mieter nicht zu vertreten (§538 BGB); sie werden durch die Miete abgegolten.

Die Instandhaltungspflicht des Vermieters ist in der Praxis ein häufiger Streitpunkt. Grund hierfür ist, dass sie vertraglich abdingbar ist. Dies geschieht in der Praxis dadurch, dass sie rechtsgeschäftlich, i. d. R. formularmäßig, auf den Mieter übertragen wird. So werden bei der Wohn- und Geschäftsraummiete die zur Beseitigung der normalen Abnutzung erforderlichen Schönheitsreparaturen rechtsgeschäftlich auf den Mieter übertragen. Unter **Schönheitsreparaturen** werden Maßnahmen zur Beseitigung von (bestimmten) Mängeln verstanden, die durch den vertragsgemäßen Gebrauch entstehen.[147] Hierzu zählen das Streichen oder Tapezieren von Wänden, Decken, Fußböden (oder: Reinigen von Teppichböden), Heizkörpern einschließlich Heizrohren, Türen (bei Haustür: Innenseite) sowie der Innenseiten von Fenstern; entsprechendes gilt für die Geschäftsraummiete.[148] Nach der Rspr. verstoßen diese Klauseln grundsätzlich nicht gegen die §§ 307 ff. BGB. Der BGH begründet dies damit, dass die Pflicht des Mieters zur Vornahme der Schönheitsreparaturen bei der

---

[145] *Brox/Walker*, SchuldR BT, § 11, Rn. 2.

[146] BVerfGE 90, 27; *Looschelders*, SchuldR BT, § 21, Rn. 402.

[147] BGH, NJW-RR 1995, 123.

[148] *Brox/Walker*, SchuldR BT, § 11, Rn. 4.

Kalkulation der Miete berücksichtigt wird. Der Mieter deckt mit den Schönheitsreparaturen einen Teil seiner Entgeltpflicht ab.[149] Die Rspr. hat allerdings der rechtsgeschäftlichen Übertragung von Schönheitsreparaturen auf den Mieter Grenzen gezogen. Insbesondere werden **Renovierungsklauseln mit starren Fristen** (z. B. fachgerechtes Tapezieren von Küche und Bad alle drei Jahre) als **unzulässig** angesehen, wenn sie ohne Rücksicht auf den tatsächlichen Renovierungsbedarf ausgestaltet sind.[150] Der BGH hat diese Grundsätze auf die Gewerbemiete übertragen.[151] Nicht mit § 307 BGB vereinbar sind auch sog. **Endrenovierungsklauseln,** sofern diese vorsehen, dass der Mieter die Schönheitsreparaturen bei seinem Auszug ohne Rücksicht auf den Renovierungsbedarf auszuführen hat.[152] Eine formularmäßige Klausel, nach der der Mieter die Schönheitsreparaturen in „neutralen, hellen, deckenden Farben" vorzunehmen hat, ist dann als „unangemessene Benachteiligung" des Mieters anzusehen, wenn sie sich auch auf die Schönheitsreparaturen bezieht, die der Mieter im Laufe des Mietverhältnisses vorzunehmen hat.[153] Ist eine Klausel unwirksam, greift nach § 306 Abs. 2 BGB die gesetzliche Regelung ein (§ 535 Abs. 1 S. 2 BGB), d. h. der Vermieter hat die Kosten für die Schönheitsreparaturen zu tragen. Hat der Mieter aufgrund einer unwirksamen Klausel Schönheitsreparaturen durchgeführt, steht ihm gegen den Vermieter ein Schadensersatzanspruch nach § 280 Abs. 1 BGB und ein Wertersatzanspruch nach § 812 Abs. 1 S. 1 Alt. 1 BGB i. V. m. § 818 Abs. 2 BGB zu.

Die Pflicht zur Durchführung der Schönheitsreparaturen steht im Gegenseitigkeitsverhältnis zur Gebrauchserhaltungspflicht des Vermieters. Probleme entstehen, wenn der Mieter auszieht, ohne diese Pflicht zu erfüllen.

---

**Beispiel**

Mieter M hat sich verpflichtet, beim Auszug die fälligen Schönheitsreparaturen durchzuführen. Als M nach einigen Jahren auszieht, zeigt die Wohnung deutliche Gebrauchsspuren. Vermieter V nimmt die Schönheitsreparaturen selbst vor und verlangt von M Schadensersatz. Es geht hier, da die Schönheitsreparaturen ein Teil der Gegenleistung des M darstellen, um Schadensersatz statt der Leistung. Nach §§ 280, 281 BGB ist grundsätzlich eine Fristsetzung erforderlich. Der BGH sah jedoch in dem Auszug des Mieters eine endgültige Erfüllungsverweigerung, so dass eine Fristsetzung nach § 281 Abs. 2 1. Alt. BGB entbehrlich war. Nach Ansicht des BGH wird der Mieter auch dann nicht von seiner Leistungspflicht frei, wenn der Vermieter die Wohnung nach Vertragsende umbaut oder wenn der Nachmieter diese übernimmt; hier hat M die Kosten für eine fiktive Schönheitsreparatur zu bezahlen.[154]

---

[149] BGHZ 92, 363, 367; 101, 253, 254; *Looschelders,* SchuldR BT, § 21, Rn. 404.

[150] BGH, NJW 2006, 2915, 2917; *Brox/Walker,* SchuldR BT § 11, Rn. 4.

[151] BGH, NJW 2008, 3772 – Änderungsschneiderei.

[152] *Looschelders*, SchuldR BT, § 21, Rn. 404.

[153] BGH, NJW 2008, 2499 (2500); vgl. auch BGH, NJW 2009, 62; vgl. hierzu *Looschelders*, SchuldR BT, § 21, Rn. 404 zur klauselmäßigen Vorgabe der Farbgestaltung.

[154] BGH, NJW 1991, 2416, 2417; einschränkend KG Berlin, ZGS 2007, 116, 117.

Der Mieter hat diese Arbeiten „fachmännisch in mittlerer Art und Güte" durchzuführen, d. h. er kann sie selbst vornehmen, durch Bekannte oder von einer Fach-
firma ausführen lassen. Der Mieter darf z. B. die Wände oder Decken nicht mit
extravaganten oder abschreckenden Farben anstreichen; anderenfalls hat der Vermieter einen Anspruch auf Schadensersatz aus den §§ 280 ff. BGB.[155] Im gewissen
Rahmen dürfen bei nicht preisgebundenem Wohnraum im Wege einer Formular-
vereinbarung auch kleinere Instandhaltungsreparaturen auf den Mieter „abgewälzt"
werden, z. B. je nach Reparatur bis 75 € bis 100 € (im Falle mehrerer Reparaturen
mit Jahreshöchstgrenze) der Kosten. Unzulässig sind Klauseln, die eine Gesamt-
haftung des Mieters vorsehen.[156]

### 4.3.4.2  Nebenleistungspflichten des Vermieters

Die **Nebenpflichten** des Vermieters bestimmen sich nach dem Inhalt des Mietvertrages und der Art der Mietsache. Bei der Vermietung von Räumen gehören hierzu
die Versorgung mit Wasser und Strom sowie die Funktion der Heizung sicherzustellen. Zu seinen **Sorgfalts- und Schutzpflichten** zugunsten des Mieters zählen z. B.
Warnpflichten in Bezug auf Einbruchsgefahr oder Verkehrssicherungspflichten, die
sich nicht nur auf die Mietsache selbst, sondern z. B. auch auf Hausflur, Treppe etc.
beziehen können. So hat z. B. der Vermieter für einen sicheren Zugang zur Wohnung zu sorgen, z. B. durch Streuen bei Glatteis oder ausreichender Beleuchtung
im Hausflur. In diesem Zusammenhang ist zu beachten, dass der Mietvertrag zu
den Rechtsverhältnissen zählt, die den Schutz von Personen umfassen können, die
zwar nicht Partei des Mietvertrages sind, aber nach den Grundsätzen des Vertrages
mit Schutzwirkung zugunsten Dritter in den Schutzbereich einbezogen sind, sofern
sie zu dem Mieter in einer engen Beziehung stehen. Werden z. B. Angehörige des
Mieters geschädigt, steht ihnen ein Schadensersatzanspruch gegen den Vermieter
wegen Pflichtverletzung aus dem Mietvertrag mit Schutzwirkung zugunsten Dritter
zu.

Eine weitere Schutzpflicht ist etwa die **Warnpflicht,** wenn Gefahr für die Gesundheit oder das Eigentum des Mieters besteht, etwa bei Einbruchsgefahr.[157] Praktisch bedeutsam ist der **Schutz des gewerblichen Mieters vor Konkurrenz.** Auch
ohne Vereinbarung darf ein Vermieter in unmittelbarer Nähe kein Konkurrenzunternehmen eröffnen und keine Räume an andere Konkurrenzunternehmen vermieten.

---

**Beispiel**

M mietet von V Räume zum Betrieb eines Lebensmittelgeschäfts. V eröffnet in
demselben Gebäude ein Konkurrenzgeschäft. M kann von V die Beseitigung der
Störung verlangen, da dies den Gebrauch der Sache unzumutbar beeinträchtigt;
entsprechendes gilt, wenn V die Eröffnung eines Konkurrenzgeschäftes durch
einen Dritten zulassen würde.

---

[155] KG Berlin, NJW 2005, 3150, 3151.

[156] Im Einzelnen hierzu Palandt/*Weidenkaff*, § 535 BGB, Rn. 41 ff. m. w. N.

[157] OLG Hamburg, NJW-RR 1988, 1481.

Eine spezielle **Duldungspflicht** des Vermieters ergibt sich aus § 539 Abs. 2 BGB. Ein Waschbecken, das der Mieter in das Badezimmer einfügt, geht nach §§ 946, 94 BGB in das Eigentum des Vermieters über. Der Vermieter hat aber nach § 539 Abs. 2 BGB die Wegnahme durch den Mieter zu dulden (vgl. § 951 Abs. 2 S. 1 BGB).[158]

### 4.3.4.3 Pflichten des Mieters

**Pflicht zur Zahlung des Mietzinses**

Nach § 535 Abs. 2 BGB besteht die primäre Pflicht des Mieters in der **Zahlung der Miete** sowie der **vereinbarten Nebenkosten** (§ 535 Abs. 2 BGB). Die Parteien können vereinbaren, dass der Mieter nicht in Geld, sondern Sachen leistet oder Dienstleistungen (z. B. als Hausmeister) erbringt. Die Miete ist meistens (i. d. R. bei Grundstücks- und Wohnraummiete) in wiederkehrenden Zeitabschnitten zu entrichten. Bei Mietverträgen über eine kurze, fest bestimmte Laufzeit kann auch eine einmalige Leistung geschuldet sein. Die Miete ist bei Mietverhältnissen über Wohnräume (§ 556b Abs. 1 BGB) oder über andere Räume (§ 579 Abs. 2 BGB) **zu Beginn** der Mietzeit oder des jeweiligen Zeitabschnitts, spätestens nach drei Tagen, fällig; bei Mietverhältnissen über Grundstücke oder bewegliche Sachen ist die Miete am Ende der Mietzeit fällig (§ 579 Abs. 1 BGB).

Kommt der Mieter in **Verzug** (§ 286 BGB), kann der Vermieter das Mietverhältnis nach § 543 Abs. 2 S. 1 Nr. 3 BGB außerordentlich ohne Einhaltung einer Frist kündigen, sofern der Rückstand nach den dort umschriebenen Kriterien erheblich ist. Da für die Mietzahlung eine Zeit nach dem Kalender bestimmt ist, tritt Verzug nach § 286 Abs. 2 Nr. 1 BGB ohne Mahnung ein; im Einzelfall kann sie aber nach den Grundsätzen von Treu und Glauben geboten sein.

Die **Höhe der Miete** können die Parteien grundsätzlich frei vereinbaren. Bei der **Wohnraummiete** bestehen zum Schutz des Mieters zahlreiche Sonderregeln. So besteht bei Sozialwohnungen und Wohnraum, der mit staatlicher Förderung oder steuerbegünstigt errichtet wurde, nach dem Wohnungsbindungsgesetz sowie nach dem Wohnungsbaugesetz eine **Preisbindung.** Der Vermieter kann somit nur die **Kostenmiete** oder die Vergleichsmiete beanspruchen. Bei der Wohnraummiete führt eine unangemessen hohe Mietzinsvereinbarung nach § 134 BGB i. V. m. § 5 Wirtschaftsstrafgesetz zur Nichtigkeit der Mietzinsvereinbarung[159]; bei gewerblichen Mietverhältnissen richtet sich die Nichtigkeit der Absprache nach § 138 BGB.[160]

Bei **nicht preisgebundenem Wohnraum** kann zum Schutz des Mieters der Vermieter die Miete nicht nach Belieben erhöhen. Eine Kündigung zum Zwecke der Mieterhöhung (Änderungskündigung) ist ausgeschlossen (§§ 557 Abs. 3, 573 Abs. 1 S. 2 BGB). Der Vermieter kann zunächst eine vertragliche Vereinbarung über künftige Mieterhöhungen treffen, jedoch nur in der Form einer Staffelmiete

---

[158] *Looschelders,* SchuldR BT, § 21, Rn. 407.

[159] Vgl. BGH, NJW 1984, 722, 723 bei einer Überschreitung der ortsüblichen Vergleichsmiete um mehr als 20 %.

[160] BGHZ 128, 255 bei einer Überschreitung von 100 % der ortsüblichen Vergleichsmiete.

nach § 557a BGB oder einer Indexmiete nach § 557b BGB. Bei der **Staffelmiete** wird eine künftig höhere Miete von vornherein vereinbart. Die **Indexmiete** hat sich auf den Preisindex für die Lebenshaltung aller privaten Haushalte zu beziehen. In beiden Fällen muss die Miete für mindestens ein Jahr unverändert bleiben.

Wird ein Mietvertrag über Wohnraum abgeschlossen, der in einem durch Rechtsverordnung bestimmten Gebiet mit einem angespannten Wohnungsmarkt liegt, so darf die Miete zu Beginn des Mietverhältnisses die ortsübliche Vergleichsmiete (§ 558 Abs. 2 BGB) höchstens um 10 % übersteigen. Die Landesregierungen können Gebiete bestimmen, in denen die ausreichende Versorgung der Bevölkerung mit Mietwohnungen in einer Gemeinde oder einem Teil der Gemeinde zu angemessenen Bedingungen besonders gefährdet ist.

Von praktisch größerer Bedeutung ist das **Vergleichsmietenverfahren** nach den §§ 557 ff. BGB. Der Vermieter kann nach § 558 Abs. 1 BGB vom Mieter die Zustimmung zu einer Mieterhöhung bis zur **ortsüblichen Vergleichsmiete** verlangen. Voraussetzung hierfür ist, dass die Miete vor dem Erhöhungszeitpunkt 15 Monate unverändert geblieben ist (§ 558 Abs. 1 BGB). Zudem dürfen derartige Mieterhöhungen innerhalb von drei Jahren nicht mehr als 20 % betragen (sog. Kappungsgrenze, vgl. § 558 Abs. 3 BGB). Das Mieterhöhungsverlangen ist vom Vermieter in Textform zu erklären und zu begründen (§ 558a Abs. 1 BGB). Zur Begründung kann nach § 558a Abs. 2 BGB insbesondere Bezug genommen werden auf einen einfachen oder qualifizierten **Mietspiegel** (§ 558c, d BGB), eine Auskunft aus einer **Mietdatenbank** (§ 558e BGB) oder auf ein mit Gründen versehenes **Gutachten** eines öffentlich bestellten und vereidigten **Sachverständigen** (§ 558a Abs. 2 Nr. 3 BGB). Der Mietspiegel ist eine Übersicht über ortsübliche Vergleichsmieten, die von den Gemeinden oder von den Vermieter- bzw. Mieterverbänden herausgegeben werden (§ 558c BGB).

In Betracht kommt weiterhin die Möglichkeit, **drei Vergleichswohnungen** zu benennen, die auch aus dem Bestand des Vermieters stammen können (§ 558a Abs. 2 Nr. 4 BGB). Nach § 559 BGB kann der Vermieter die jährliche Miete auch bei wesentlichen Modernisierungsmaßnahmen oder anderen baulichen Maßnahmen um bis zu 11 % der aufgewendeten Kosten erhöhen.

Regelmäßig wird vereinbart, dass der Mieter die **Betriebskosten** anteilig zu tragen hat. Sie sind dann Bestandteil der Miete. Demzufolge unterscheidet man bei der Wohnraummiete die Grundmiete („Kaltmiete") und die Betriebskostenumlagen („Warmmiete"). Betriebskosten sind in der – aufgrund von § 556 Abs. 1 S. 4 BGB erlassenen „Verordnung über die Aufstellung von Betriebskosten"[161] abschließend definiert. Zu den Betriebskosten zählen z. B. die Grundsteuer, Müllgebühren, Kosten der Beleuchtung, Pflege von Gartenanlagen, eines evtl. vorhandenen Fahrstuhls oder eines Hausmeisters. In der Betriebskosten-VO nicht aufgezählte Betriebskosten dürfen nicht umgelegt werden, z. B. Verwalterkosten. Die Betriebskosten kann der Vermieter nur umlegen, soweit sie nicht bereits in der Grundmiete enthalten sind oder vom Mieter selbst getragen werden, z. B. Strom und Wasser. Soweit eine Umlegung möglich ist, können diese entweder als **Pauschale oder** als **Vorauszahlung** ausgewiesen werden (§ 556 Abs. 2 BGB).

---

[161] Betriebskostenverordnung vom 25.11.2003, BGBl I, 2003, 2346.

### Nebenleistungs- und Schutzpflichten

Den Mieter treffen Obhuts- und Sorgfaltspflichten hinsichtlich der Mietsache (§ 536c Abs. 1 BGB). Da der Vermieter für die Dauer der Mietzeit die Sache nicht selbst im Besitz hat, hat der Mieter eine **Anzeigepflicht** bei drohenden und eingetretenen Beeinträchtigungen der Mietsache (§ 536c BGB). Unterlässt der Mieter eine derartige Anzeige, ist er dem Vermieter zum Schadensersatz verpflichtet (§ 536c Abs. 2 BGB). Darüber hinaus hat er sie sorgsam zu behandeln, sie insbesondere vor Schäden zu bewahren.

Die Nebenpflichten des Mieters bestehen im Wesentlichen darin, den **vertragsgemäßen Gebrauch** einzuhalten. Inhalt und Grenzen richten sich nach den vertraglichen Vereinbarungen. Daneben kann aber auch auf die **Hausordnung** (z. B. Hausreinigungspflichten, Streupflicht) abgestellt werden, sofern diese wirksam in den Vertrag einbezogen wurde. Der Mieter hat die Mietsache sorgfältig und pfleglich zu behandeln, z. B. die Wohnung ausreichend sauber zu halten und zu lüften.

Der Mieter darf von der Sache keinen vertragswidrigen Gebrauch machen. Er darf die Sache nicht Dritten überlassen (vgl. § 540 BGB), z. B. in Form der **Untervermietung** oder die Wohnräume gewerblich nutzen. Der Mieter setzt sich ansonsten dem Risiko einer fristlosen Kündigung aus (§ 543 Abs. 2 Nr. 2 BGB).

Im Falle der Untervermietung entstehen in Bezug auf die Mietsache zwei unabhängig voneinander bestehende Rechtsverhältnisse, ein Hauptmietverhältnis zwischen Eigentümer und Hauptmieter und ein Untermietverhältnis zwischen Mieter (der insoweit als Zwischenvermieter auftritt) und Untermieter. Der Untermieter hat Rechte und Pflichten nur gegenüber dem Zwischenvermieter. Im Verhältnis zum Eigentümer steht ihm zwar nach § 986 Abs. 1 S. 1 BGB auch ein Recht zum Besitz zu, wenn der Zwischenvermieter zur Untervermietung berechtigt ist und das Hauptmietverhältnis noch besteht. Besteht das Hauptmietverhältnis allerdings nicht mehr, muss das Untermietverhältnis vom Eigentümer nicht mehr beachtet werden, d. h. der Untermieter hat keinen Kündigungsschutz gegenüber dem Eigentümer. Eine Ausnahme macht § 565 BGB für die gewerbsmäßige Untervermietung von Wohnräumen. In diesen Fällen tritt bei Beendigung des Hauptmietverhältnisses der Eigentümer ohne weiteres in die mit seiner Zustimmung abgeschlossenen Untermietverhältnisse des bisherigen Zwischenvermieters ein. Werden die Wohnungen an einen neuen Hauptmieter vermietet, muss er die noch bestehenden Untermietverträge als neuer Zwischenvermieter übernehmen.

---

**Beispiel**

V vermietet M eine Maschine, die M ohne Erlaubnis des V an D weiter vermietet.

V fordert M auf, die Benutzung der Maschine durch D zu unterbinden. Als M nichts unternimmt, verlangt V von M die volle Untermiete und von D Herausgabe der Maschine. V kann nach Beendigung der Mietzeit sowohl nach § 546 Abs. 1 BGB als auch nach § 985 BGB Herausgabe der Sache (bzw. Räumung bei unbeweglichen Sachen) verlangen; nach § 546 Abs. 2 BGB richtet sich dieser Anspruch auch gegen den Untermieter; einen Anspruch gegen M auf Herausgabe des Mietzinses von D aus ungerechtfertigter Bereicherung steht ihm allerdings nicht zu.[162]

Aufgrund des verfassungsrechtlichen Schutzes von Ehe und Familie darf der Mieter Ehegatten, Kinder, Enkel und eingetragene Lebenspartner auch ohne die Erlaubnis des Vermieters aufnehmen. Bei der **Wohnraummiete** gilt die Sonderregel des § 553 BGB. So hat der Mieter Anspruch auf Erlaubnis der Mitbenutzung, wenn nach Vertragsabschluss ein **berechtigtes Interesse** entsteht, das nach der Rspr. des BGH wirtschaftlicher oder persönlicher Natur sein könne,[163] z. B. den Einzug eines Lebensgefährten.[164] Die Gebrauchsüberlassung muss für den Vermieter zumutbar sein und kann von einer Mieterhöhung abhängig gemacht werden.

Bei **vertragswidrigem Gebrauch** kann der Vermieter nach vorheriger Abmahnung auf **Unterlassung** klagen (§ 541 BGB). In Betracht kommt im Falle der unbefugten Gebrauchsüberlassung an Dritte auch (nach erfolgter Fristsetzung oder Abmahnung) eine **fristlose Kündigung** (§ 543 Abs. 2 Nr. 2 BGB). Ist die Mietsache durch den vertragswidrigen Gebrauch beschädigt worden, steht dem Vermieter auch ein **Schadensersatzanspruch** aus § 280 Abs. 1 BGB zu.

Dem Mieter obliegt außerdem eine Duldungspflicht bezüglich Instandhaltungs- und Modernisierungsmaßnahmen. Bei Instandhaltungsarbeiten folgt dies grundsätzlich aus § 242 BGB, für die (Wohn-)Raummiete aus §§ 554, 578 Abs. 2 BGB. Für Modernisierungsmaßnahmen, z. B. Maßnahmen zur Verbesserung der Räume, zur Einsparung von Heizenergie und Wasser, enthält § 544 Abs. 2 BGB eine Abwägungsklausel, d. h. der Mieter kann deren Duldung verweigern, wenn sie für ihn eine unzumutbare Härte bedeutet. Regelmäßig wird der Mieter eine Modernisierungsmaßnahme nicht verhindern können.

### Rückgabe der Mietsache

Nach Beendigung der Mietzeit hat der Mieter die Sache dem Vermieter zurückzugeben (§ 546 Abs. 1 BGB). Diesen Rückgabeanspruch hat der Vermieter, der zugleich Eigentümer ist, neben dem Anspruch aus § 985 BGB. Der Mieter hat dem Vermieter den unmittelbaren Besitz (§ 854 BGB) zu verschaffen. Nicht nur der Mieter, sondern auch jeder Dritte, dem der Mieter mit oder ohne Einverständnis des Vermieters den Gebrauch der Sache überlassen hat, ist nach Beendigung des Hauptmietverhältnisses zur Rückgabe an den Vermieter verpflichtet (§ 546 Abs. 2 BGB). Gibt der Mieter die Sache nach Beendigung nicht rechtzeitig zurück, so hat der Vermieter einen Anspruch auf Nutzungsentschädigung (§ 546a BGB). Zugleich kann der Vermieter nach den allgemeinen Vorschriften Schadensersatz vom Mieter verlangen, insbesondere einen entgangenen Gewinn.

---

[162] BGHZ 92, 213.

[163] *Looschelders,* SchuldR BT, § 21, Rn. 446 ff. zur Aufnahme von Angehörigen und dem Anspruch des Mieters nach § 553 BGB.

[164] *Brox/Walker,* SchuldR BT, § 11, Rn. 11 m. w. N.

## 4.3.5 Haftung des Vermieters für Sach- und Rechtsmängel

### 4.3.5.1 Allgemeine Haftungsvoraussetzungen

Verletzt der Vermieter seine vertraglichen Pflichten, so richten sich die Ansprüche des Mieters nach den allgemeinen Vorschriften (§§ 280 ff., 320 ff. BGB). Weist die Sache allerdings einen **Sach- oder Rechtsmangel** im Zeitpunkt der Überlassung der Mietsache auf, bestimmen sich die Ansprüche und Rechte des Mieters daher allein nach den **Sonderregeln der §§ 536 ff. BGB.** Der Gesetzgeber hat die Gewährleistungsrechte des Mieters nicht in das allgemeine Pflichtverletzungskonzept integriert.

Der Begriff des **Sachmangels** wird im Mietrecht gesetzlich nicht näher umschrieben. Für die Umschreibung kann auf das Kauf- und Werkvertragsrecht Bezug genommen werden. Es gilt damit grundsätzlich der **subjektive Mangelbegriff.** Ein Mangel liegt danach vor, wenn die tatsächliche von der vertraglich geschuldeten Beschaffenheit im Zeitpunkt der Überlassung an den Mieter abweicht, z. B. geringere Flächen- und Raumgröße (um mehr als 10 %), Schadstoffe in der Wohnung, gefährliche Kontaminierung des Bodens, unzureichende Heizbarkeit, Ausfall des Fahrstuhls, abgefahrene Reifen bei gemieteten Kfz oder die Lage eines Grundstücks in einem Hochwassergebiet.[165]

Im Einzelfall kann fraglich sein, wer das Risiko einer von außen kommenden Störung zu tragen hat. Dies hängt in erster Linie von der vertraglichen Vereinbarung und der darin zum Ausdruck kommenden Risikoverteilung ab. Der Vermieter haftet z. B. dann nicht, wenn die vor der Gaststätte befindliche Bushaltestelle verlegt wird und dadurch die Laufkundschaft ausbleibt. Bei Beeinträchtigungen durch Bau- oder Straßenlärm in der Nachbarschaft wurde das Vorliegen eines Mangels bejaht.[166] Bei öffentlich-rechtlichen Beschränkungen kommt es entscheidend darauf an, dass die Gebrauchsbeeinträchtigung nicht in der Person des Mieters begründet ist, z. B. Entzug der Gaststättenkonzession wegen Unzuverlässigkeit. Ein Sachmangel liegt dagegen vor, wenn er mit der konkreten Beschaffenheit im Zusammenhang steht, wenn etwa die Gaststättenerlaubnis wegen des Zustands der Küchenräume oder unzureichendem Brandschutz entzogen wird und die angemietete Gaststätte aufgrund behördlicher Anordnung nicht benutzt werden darf.

Auch das Fehlen einer vom Vermieter **zugesicherten Eigenschaft** bzw. deren späterer Wegfall begründet einen Sachmangel. Sie stellt eine Garantie i. S. d. § 276 Abs. 1 BGB dar, z. B. wenn der Vermieter einer Lagerhalle eine bestimmte Tragfähigkeit der Decken zusichert und sich nach Aufstellen der Maschinen herausstellt, dass die Decken nicht die zugesicherte Stärke haben und die Lagerräume für den Mieter mit Rücksicht darauf ungeeignet sind. Dann kann der Mieter Gewährleistungsrechte auch dann geltend machen, wenn die Tauglichkeit dadurch nur unerheblich gemindert ist. Soweit ein Vertretenmüssen verlangt wird, also vor allem für Schadensersatzansprüche, begründet die Zusicherung eine verschuldensunabhängige Haftung.

---

[165] OLG Dresden, NZM 1999, 317, 318; *Looschelders*, SchuldR BT, Rn. 412 m. w. N.

[166] *Looschelders*, SchuldR BT, § 21, Rn. 412 m. w. N.

Ein **Rechtsmangel** liegt vor, wenn dem Mieter der vertragsgemäße Gebrauch durch das Recht eines Dritten ganz oder teilweise entzogen ist (§ 536 Abs. 3 BGB); maßgebender Zeitpunkt ist der Zeitpunkt des Vertragsabschlusses (nicht der Zeitpunkt der Überlassung der Mietsache). Die Differenzierung ist von geringer Relevanz, da dieselben Gewährleistungsrechte gelten wie beim Sachmangel. Zu den Rechten eines Dritten zählen dingliche und obligatorische Rechte. § 536 Abs. 3 BGB bezieht sich nicht nur auf den Fall, dass dem Mieter ein einmal gewährter Gebrauch entzogen wird, sondern auch auf den Fall, dass dem Mieter infolge des Rechts eines Dritten der Gebrauch von vornherein nicht gewährt wird.

Schließt der Vermieter mit dem Mieter am 15.4. einen Mietvertrag über eine 3- Zimmerwohnung ab, die dieser am 1.5. beziehen soll und vermietet er am 30.4. dieselbe Wohnung an einen Dritten, der sofort einzieht, dann kann der Mieter von dem Vermieter Schadensersatz nach §§ 536 Abs. 3, 536a BGB verlangen.

### 4.3.5.2  Rechte des Mieters

Wenn der Vermieter seinen Pflichten nicht nachkommt, steht dem Mieter zunächst einmal der auf **Beseitigung der Mängel** gerichtete primäre Erfüllungsanspruch zu (§ 535 Abs. 1 S. 2 BGB). Kommt der Vermieter dieser Pflicht nicht nach, so kann der Mieter die Miete nach § 320 BGB auch über den Minderungsbetrag hinaus zurückbehalten. Er kommt nicht in Annahmeverzug, wenn er die mangelhafte Sache nicht als Erfüllung anerkennt und keine Miete zahlt; benutzt er sie allerdings, ist dies als Annahme zu werten.

Liegt ein Sach- oder Rechtsmangel **bei Überlassung der Mietsache** vor, so kann der Mieter regelmäßig neben seinem auf Beseitigung des Mangels gerichteten Erfüllungsanspruch folgende Rechte geltend machen. Ist die Mietsache bei Übergabe mangelhaft, braucht der Mieter nur eine angemessene herabgesetzte Miete zu zahlen; eine unerhebliche **Minderung** der Tauglichkeit bleibt außer Betracht (§ 536 BGB). Die Minderung folgt bereits aus dem Gesetz, d. h. die Reduzierung der Miete tritt „automatisch" ein. Die angemessene Herabsetzung der Miete setzt kein Vertretenmüssen des Vermieters voraus. Dies kann in extremen Fällen, wenn etwa die Sache gar nicht zu gebrauchen ist, sogar zu einer Reduzierung auf Null führen. Dies bedeutet keine Aufhebung des Vertrages. So ist bei einem Ausfall der Heizung im Winter die Minderung höher anzusetzen als im Sommer. Ebenso ist ein defekter Aufzug bei einer Wohnung im 1. Stock weniger beeinträchtigend als bei Wohnungen in höher gelegenen Stockwerken. Die **Höhe** der Minderung bestimmt sich nach der örtlichen Praxis. Hat der Mieter den Fehler allein oder weit überwiegend schuldhaft verursacht, wird er entsprechend dem Gedanken des § 326 Abs. 2 BGB nicht von der Mietzahlungspflicht befreit. Ein Anspruch auf Rückzahlung zuviel gezahlter Miete ergibt sich mangels spezieller gesetzlicher Regelung aus § 812 Abs. 1 S. 1 Alt. 1 BGB.

War der Mangel bereits **bei Vertragsabschluss** vorhanden, kann der Mieter **Schadensersatz** verlangen (**verschuldensunabhängige** Garantiehaftung, § 536a Abs. 1 BGB).

**Beispiel**

Mieter M stürzt mitsamt seinem Balkon auf die Straße. Es stellt sich heraus, dass die Eisenträger bereits zu Beginn der Mietzeit durchgerostet gewesen waren. Hier haftet der Vermieter nach § 536a Abs. 1 Alt. 1 BGB ohne Verschulden auf Schadensersatz.[167]

Tritt der **Mangel** erst **nach Vertragsabschluss** auf (§ 536a Abs. 1 Alt. 2 BGB), so haftet der Vermieter **verschuldensabhängig** (zur Beweislast vgl. § 280 Abs. 1 S. 2 BGB). Der Sinn dieser Differenzierung besteht darin, dass der Vermieter dann keinen Einfluss mehr auf die Sache hat.

Entsprechendes gilt, wenn der Vermieter mit der **Mängelbeseitigung in Verzug** ist (§ 536a BGB Abs. 1 Alt. 3 BGB); eine Mängelanzeige stellt nach § 536c BGB keine Mahnung dar.

Der Schadensersatzanspruch umfasst nach § 536a Abs. 1 BGB auch **Mangel- und Mangelfolgeschäden,** d. h. solche Schäden, die an anderen Rechtsgütern des Mieters entstehen. Anspruchsberechtigt sind neben dem Mieter alle Personen, auf die sich die Schutzwirkungen des Vertrages erstrecken. Der Schadensersatzanspruch des Mieters verjährt nach den allgemeinen Regeln (§§ 195, 199 Abs. 1 BGB) in drei Jahren ab Kenntnis oder grob fahrlässiger Unkenntnis.

Der Mieter kann in zwei Fällen den Mangel nach § 536 Abs. 2 BGB selbst beseitigen lassen und anschließend vom Vermieter **Ersatz der erforderlichen Aufwendungen** verlangen. Das ist zum einen der Fall, wenn der Vermieter mit der Beseitigung des Mangels in Verzug ist (§ 286 BGB) oder wenn die umgehende Mängelbeseitigung zur Erhaltung oder Wiederherstellung des Bestands der Mietsache notwendig ist.

**Beispiel**

Mieter M lebt mit zwei kleinen Kindern in der unsanierten Altbauwohnung des Vermieters V, als im strengen Winter mit Minusgraden plötzlich die Warmwasserversorgung in der Wohnung ausfällt. V unternimmt trotz entsprechender Mängelanzeige keine entsprechenden Maßnahmen. M beauftragt kurzerhand selbst einen Reparaturdienst und verlangt nun von V den Ersatz seiner Aufwendungen in Höhe von 450 €. M hat einen Anspruch nach § 536a Abs. 2 Nr. 1 BGB. Eine verzugsbegründende Mahnung (§ 286 Abs. 1 BGB) lag hier zwar nicht vor, da eine Mängelanzeige diesen Anforderungen nicht genügt. Die Mahnung war hier jedoch nach § 286 Abs. 2 Nr. 4 BGB entbehrlich, weil eine sofortige Reparatur der Heizung bei winterlichen Temperaturen im Interesse der Gesundheit und zur Erhaltung der Mietsache notwendig war.[168]

---

[167] *Looschelders*, SchuldR BT, § 21, Rn. 424.
[168] *Looschelders,* SchuldR BT, § 21, Rn. 424.

Bei Mängeln der Sache ist ein Rücktrittsrecht des Mieters nicht vorgesehen. Wie bei jedem Dauerschuldverhältnis kommt stattdessen aber eine **außerordentliche fristlose Kündigung** aus wichtigem Grund in Betracht (§ 543 Abs. 2 Nr. 1 BGB), z. B. Nichtgewährung des vertragsgemäßen Gebrauchs. Da der wichtige Grund bei Rechts- und Sachmängeln in der Verletzung einer mietvertraglichen Pflicht besteht, muss der Mieter dem Vermieter zuvor eine angemessene Frist zur Mängelbeseitigung gesetzt haben oder ihn abmahnen. Erst danach ist eine Kündigung zulässig. Die Fristsetzung bzw. Abmahnung ist nach § 543 Abs. 3 S. 2 BGB entbehrlich, wenn sie keinen Erfolg verspricht oder die sofortige Kündigung aus besonderen Gründen gerechtfertigt ist (§ 543 Abs. 3 S. 2 BGB), z. B. bei Gesundheitsgefährdungen in Wohn- und Gewerberäumen.[169]

Nach § 536b BGB ist die Haftung des Vermieters ausgeschlossen, wenn der Mieter den Mangel bei Abschluss des Vertrages **kennt bzw. grob fahrlässig nicht kennt** und keine Arglist des Vermieters vorliegt. Nach § 536c Abs. 2 BGB ist die Gewährleistung auch dann ausgeschlossen, wenn der Vermieter wegen einer unterlassenen Mängelanzeige keine Abhilfe schaffen konnte.

Ein vertraglicher Ausschluss ist grundsätzlich möglich, jedoch bestehen gerade im **Wohnraummietrecht enge Grenzen.** Bei Formularverträgen sind insbesondere die Klauselverbote § 309 Nr. 7 und 8a BGB von Bedeutung, durch die etwa eine Haftung des Vermieters für Vorsatz und grobe Fahrlässigkeit nicht durch AGB ausgeschlossen werden kann.[170]

### 4.3.6  Vermieterpfandrecht und andere Sicherheiten

Der Vermieter von (Wohn)Räumen und Grundstücken erwirbt nach § 562 BGB wegen seiner Forderungen aus dem Mietverhältnis ein gesetzliches Pfandrecht an den eingebrachten Sachen des Mieters **(Vermieterpfandrecht).** Das bedeutet, er kann die Sachen des Mieters im Wege der öffentlichen Versteigerung verwerten, falls der Mieter seine Miete nicht zahlt. Voraussetzung für die Entstehung eines solchen Pfandrechts ist, dass ein gültiger Mietvertrag vorliegt und es sich um eine Forderung aus dem Mietverhältnis handelt. Weiterhin müssen die (pfändbaren) Sachen vom Mieter eingebracht worden sein und in seinem Eigentum stehen. Stehen sie nicht in seinem Eigentum, kommt gutgläubiger Erwerb des Vermieterpfandrechts – anders als bei vertraglichen Pfandrechten (§ 1207 BGB) – nicht in Betracht (§ 1257 BGB).[171] Das Vermieterpfandrecht bietet dem Vermieter häufig nur eine geringe Sicherheit, da es nur an pfändbaren Sachen entsteht und Hausratsgegenstände oft nach § 811 ZPO unpfändbar sind. Zudem wird bei der Verwertung gebrauchter Sachen i. d. R. nur ein geringer Erlös erzielt. Zahlreiche Vermieter machen daher den Abschluss eines Mietvertrages davon abhängig, dass der Mieter eine Sicherheit leistet,

---

[169] *Looschelders,* SchuldR BT, § 21, Rn. 426, 503 m. w. N.

[170] *Looschelders,* SchuldR BT, § 21, Rn. 430 m. w. N.

[171] *Brox/Walker,* SchuldR BT, § 11, Rn. 48.

z. B. durch Bereitstellung einer bestimmten Geldsumme, Abtretung von Gehalts-
ansprüchen oder mittels einer Bürgschaft.

In der Praxis ist die **Mietkaution** von großer Bedeutung. Für **Wohnungsmiet-
verhältnisse** stellt § 551 Abs. 1 BGB Regelungen über die Vereinbarungen von
Sicherheiten zum Schutz des Mieters auf. Die Höhe der Mietkaution ist auf das
**3- fache der Monatsmiete** ohne Berücksichtigung der Betriebskosten begrenzt
(§ 551 Abs. 1 BGB). Der Vermieter muss den Kautionsbetrag als Spareinlage an-
legen. Dem Mieter stehen die Zinsen zu und erhöhen die Sicherheit. Zulässig ist –
neben der Anlage des Geldes zum Sparbuchzins – auch die Vereinbarung sonstiger
Anlageformen. Häufig wird der Mieter verpflichtet, seinerseits ein Sparbuch mit
dem Kautionsbetrag anzulegen und dieses dem Vermieter zu verpfänden. Die Bank
bringt dann i. d. R. einen Sperrvermerk zugunsten des Vermieters an. Abweichende Vereinbarungen, z. B. eine höhere Kaution oder eine zusätzliche Bürgschaft,
sind nach § 551 Abs. 4 BGB unwirksam. Die Vereinbarung über die Sicherheits-
leitung ist jedoch nicht im Ganzen unwirksam, sondern nur insoweit, wie sie das
nach § 551 Abs. 1 BGB zulässige Maß überschreitet[172]; die Rückforderung ergibt
sich aus § 812 Abs. 1 S. 1 BGB. Nach Beendigung der Mietzeit kann der Mieter
die Rückzahlung der Kaution verlangen, wobei die Rspr. dem Vermieter eine angemessene Frist (i. d. R. 3 bis 6 Monate) zubilligt, um über die Notwendigkeit
eines Zugriffs auf die Kaution zu entscheiden. § 551 BGB ist auf Grundstücke und
sonstige Räume nicht anwendbar. Im Rahmen der ergänzenden Vertragsauslegung
der Kautionsvereinbarung kann man sich allerdings an den Wertungen des § 551
BGB orientieren.[173]

### 4.3.7 Wechsel der Vertragsparteien

Parteien des Mietvertrages sind der Vermieter und der Mieter. **Stirbt der Mieter**,
gelten bei **Wohnungsmiete** nach §§ 563 bis 563b BGB folgende Besonderheiten:
War die Wohnung von mehreren Personen gemietet, setzt sich beim Tod des Mieters
das Mietverhältnis mit den überlebenden Ehegatten bzw. Lebenspartnern fort. Hatte
der verstorbene Mieter den Vertrag alleine abgeschlossen, werden seine im Haushalt lebenden Angehörigen geschützt, indem der Mietvertrag mit ihnen fortzusetzen
ist; sie haben ein Eintrittsrecht (§ 563 BGB). Sowohl der eintretende Mieter als
auch der Vermieter können jedoch innerhalb eines Monats, nachdem sie von dem
Tod des Mieters Kenntnis erlangt haben, außerordentlich mit einer gesetzlichen
Frist kündigen (§§ 563a, 580 BGB); für den Vermieter gilt dies nur bei Vorliegen
eines wichtigen Grundes in der Person des eintretenden Mieters. Treten beim Tod
des Mieters nach § 564 BGB keine Personen nach § 563 BGB in das Mietverhältnis ein oder wird es nicht mit ihnen fortgesetzt, dann wird es mit den Erben nach
§ 563a BGB fortgesetzt; diese können das Mietverhältnis innerhalb eines Monats

---

[172] BGH, NJW 2004, 3045.
[173] BGHZ, 127, 138, 144 ff. (betr. Verzinsung der Kaution); *Looschelders*, SchuldR BT, § 22,
Rn. 470 m. w. N.

außerordentlich mit der gesetzlichen Frist kündigen, nachdem sie vom Tod des Mieters erfahren haben und ein Eintrittsrecht nicht besteht. Der **Tod des Vermieters** hat dagegen keine Auswirkungen auf den Fortbestand des Mietverhältnisses; der Mietvertrag wird mit seinen Erben fortgesetzt.

**Veräußert der Vermieter** die Mietsache an einen Dritten, so muss der Mieter vor Herausgabeansprüchen des neuen Eigentümers aus § 985 BGB geschützt werden. Bei beweglichen Sachen wird dieser Schutz über § 986 Abs. 2 BGB gewährleistet. Bei der Vermietung von Wohn- und Geschäftsräumen hilft § 986 Abs. 2 BGB nicht weiter, da die Veräußerung hier nicht nach § 931 BGB, sondern nach §§ 873, 925 BGB erfolgt. Nach § **566 BGB** tritt hier der Erwerber anstelle des Vermieters in den Mietvertrag ein. Es gilt der Grundsatz **„Veräußerung bricht nicht Miete"** (§§ 566, 578 BGB). Diese Regelung stellt als eine Form der gesetzlichen Vertragsübernahme eine Durchbrechung des Grundsatzes dar, nach dem ein Vertrag nur zwischen den Parteien Wirkung entfaltet (Relativität des Schuldverhältnisses), denn der Erwerber hat keinen Mietvertrag mit dem Mieter abgeschlossen.

### 4.3.8 Beendigung

#### 4.3.8.1 Beendigung durch Zeitablauf

Ist für ein Mietverhältnis eine bestimmte Zeit vereinbart worden (befristetes Mietverhältnis), dann endet es nach **Ablauf der vereinbarten Zeit** (§ 542 Abs. 2 BGB). Die Zeitbestimmung wirkt nach § 163 BGB als auflösende Bedingung. Während der Laufzeit ist eine ordentliche Kündigung ausgeschlossen.

Für den **Wohnungsmietvertrag** findet sich in § 575 BGB eine **besondere Regelung,** nach der ein Mietverhältnis über Wohnraum nur unter den im Gesetz genannten Voraussetzungen befristet werden kann.

Diese mieterschützende Vorschrift ist allerdings nach § 549 Abs. 2 BGB nicht anwendbar bei Mietverhältnissen über Wohnraum, der nur zu vorübergehendem Gebrauch vermietet wird, der Teil der vom Vermieter selbst bewohnten Wohnung ist, den eine juristische Person des öffentlichen Rechts angemietet hat sowie bei Mietverhältnissen über Wohnraum in einem Studentenwohnheim.[174]

Voraussetzung für eine echte Befristung ist, dass bei Vertragsabschluss einer der in § 575 BGB genannten Gründe objektiv vorliegt (z. B. Selbstnutzung durch Vermieter) und dieser (was in der Praxis häufig nicht beachtet wird) bei Vertragsabschluss schriftlich mitgeteilt wird. Eine ordentliche Kündigung ist dann (auf beiden Seiten) ausgeschlossen.

#### 4.3.8.2 Ordentliche Kündigung

Ist eine Mietzeit nicht bestimmt, kann jede Partei das Mietverhältnis nach den gesetzlichen Vorschriften kündigen (§ 542 Abs. 1 BGB). Der Regelfall ist die **ordentliche Kündigung** unter Einhaltung der Kündigungsfrist. Die Fristen bestimmen sich, falls sie nicht zulässigerweise vertraglich vereinbart worden sind, nach dem Gesetz.

---

[174] *Brox/Walker,* SchuldR BT, § 13, Rn. 4 ff., „echter Zeitmietvertrag".

Die Kündigung ist eine **einseitige empfangsbedürftige Willenserklärung,** die auf die Beendigung des Mietverhältnisses gerichtet ist. Sie wirkt ex nunc, d. h. vom Zeitpunkt des Wirksamwerdens der Kündigung an und ist – ebenso wie andere Gestaltungsrechte-bedingungsfeindlich. Die gegenüber dem Vertragspartner abzugebende Kündigungserklärung ist grundsätzlich nicht formbedürftig. Sie braucht auch in der Erklärung nicht begründet zu werden.

Etwas anderes gilt bei der Kündigung eines Mietverhältnisses über **Wohnraum.** Hier muss die Kündigung **schriftlich** erfolgen (§ 568 Abs. 1 BGB); dies gilt für beide Vertragsparteien. Außerdem soll der Vermieter die Kündigungsgründe in dem Kündigungsschreiben angeben (§ 573 Abs. 3 BGB). § 574 BGB ist neben § 573 BGB die zweite zentrale Regelung des sozialen Mietrechts. Sie sieht für Härtefälle ein Widerspruchsrecht und damit einen besonderen Schutz des Mieters vor. Der Vermieter muss daher den Mieter auch auf die **Möglichkeit des Widerspruchs** nach §§ 574 bis 574b BGB sowie auf die Form und Frist des Widerspruchs **hinweisen;** versäumt er dies, hat er bei einem Räumungsprozess Nachteile.[175]

Das Recht des Vermieters zur ordentlichen Kündigung ist bei Wohnraummietverhältnissen erheblich eingeschränkt. Nach § 573 Abs. 1 S. 1 BGB kann der Vermieter nur kündigen, wenn er ein **berechtigtes Interesse** an der Beendigung des Mietverhältnisses nachweist (Ausnahme: § 573a BGB). Im Prozess werden als berechtigte Interessen nur die im Kündigungsschreiben angegebenen Gründe berücksichtigt, soweit nicht neue Gründe entstanden sind. § 573 Abs. 2 BGB enthält eine nicht abschließende Aufzählung. Dies ist etwa dann der Fall, wenn der Mieter seine vertraglichen Pflichten schuldhaft mehr als unerheblich verletzt (z. B. wiederholt unpünktliche Mietzahlung, vertragswidriger Gebrauch, unbefugte Überlassung an Dritte oder Vernachlässigung der Wohnung), wenn der Vermieter die Räume für sich, seine Familienangehörigen oder für Angehörige des Haushalts benötigt („**Eigenbedarf**")[176] oder im Falle der Behinderung einer angemessenen wirtschaftlichen Verwertung des Grundstücks durch die Fortsetzung des Mietverhältnisses; letzteres ist (nur) anzunehmen, wenn der Vermieter erhebliche Preiseinbußen erleidet, wenn er das Haus nicht unvermietet übergeben kann.

**Ausnahmen vom Kündigungsschutz** bestehen bei Einliegerwohnungen und im Falle der Untervermietung innerhalb der Wohnung des Vermieters; hier verlängert sich jedoch für den Vermieter die Kündigungsfrist (§§ 573a, c BGB).

Hat der Vermieter ein berechtigtes Interesse nachgewiesen, so kann der Mieter der Kündigung **widersprechen** und eine angemessen lange Fortsetzung des Mietverhältnisses verlangen, wenn dessen Beendigung für ihn oder seine Familie eine **Härte** bedeuten würde, die auch unter Berücksichtigung der berechtigten Interessen des Vermieters nicht zu rechtfertigen wäre (§§ 574, 574a BGB). Die Entscheidung erfordert eine umfassende Interessenabwägung.

Die ordentliche Kündigung setzt zwar keinen Kündigungsgrund voraus, ist aber stets an die Einhaltung bestimmter **Kündigungsfristen** gebunden. Die Länge der gesetzlichen Kündigungsfristen ist verschieden, je nachdem, ob es sich um ein

---

[175] *Brox/Walker,* SchuldR BT, § 13, Rn. 8.
[176] BGH, NJW 2010, 1290 zum Eigenbedarf für Neffen und Nichten; *Looschelders,* SchuldR BT, § 22, Rn. 498.

Mietverhältnis über Grundstücke, (Wohn-)Räume oder bewegliche Sachen handelt (§§ 573c, 580a BGB).

Bei **Wohnraummietverhältnissen** schreibt etwa § 573c BGB für die Kündigung des Vermieters zwingende Mindestfristen vor, die sich je nach Länge des Mietverhältnisses verlängern. Sie können bis zu neun Monaten betragen. Kündigt der Mieter, so ist er nur an eine Frist von drei Monaten gebunden, d. h. eine Kündigung muss bis zum dritten Werktag eines Kalendermonats bis zum Ablauf des übernächsten Monats erfolgen; für ihn können durch Vertrag kürzere Fristen bestimmt werden (§ 573c BGB); auch hier gelten Besonderheiten bei möbliertem Wohnraum (§ 573c Abs. 3 BGB).[177]

### 4.3.8.3 Außerordentliche Kündigung

Ist das Mietverhältnis auf eine bestimmte Zeit eingegangen oder haben die Parteien eine von den gesetzlichen Regelungen abweichende längere Verjährungsfrist vereinbart, besteht ein Bedürfnis für eine außerordentliche Kündigung unter Einhaltung der gesetzlichen Kündigungsfrist. Man unterscheidet hier die außerordentliche befristete und die außerordentliche fristlose Kündigung.

Die Vorschriften zur **außerordentlichen Kündigung mit gesetzlicher Frist** sind an unterschiedlichen Stellen enthalten. Da diese Kündigung zur außerordentlichen Beendigung des Mietverhältnisses führt, muss jeweils ein besonderer Grund für die Kündigung vorliegen, z. B. bei Tod des Mieters (§§ 563 Abs. 4, 563a Abs. 2, 564, 580 BGB) oder die Verweigerung der Erlaubnis zur Untervermietung (§§ 540 Abs. 1 S. 2 BGB).

§ 543 BGB regelt die **außerordentliche fristlose Kündigung**. Jede Partei hat das Recht, das Mietverhältnis außerordentlich fristlos zu kündigen. Ein **„wichtiger Grund"** i. S. v. § 543 Abs. 1 S. 2 BGB liegt vor, wenn dem Kündigenden unter Berücksichtigung aller Umstände des Einzelfalls und unter Abwägung der beiderseitigen Interessen die Fortsetzung des Mietverhältnisses bis zum Ablauf der Kündigungsfrist oder bis zur sonstigen Beendigung des Mietverhältnisses nicht zugemutet werden kann.[178] In § 543 Abs. 2 BGB sind Regelbeispiele genannt. So kann z. B. der **Mieter** außerordentlich fristlos kündigen, wenn ihm der vertragsgemäße Gebrauch nicht gewährt oder wieder entzogen wird (§ 543 Abs. 2 Nr. 1 BGB). Der **Vermieter** kann z. B. außerordentlich fristlos kündigen, wenn der Mieter mit zwei Monatsmieten im **Zahlungsrückstand** ist (§ 543 Abs. 2 Nr. 3 BGB) oder der Mieter die Sache vertragswidrig gebraucht (§ 543 Abs. 2 Nr. 2 BGB). Der außerordentlichen bzw. fristlosen Kündigung hat regelmäßig eine Abmahnung vorauszugehen (§ 543 Abs. 3 S. 1 BGB).[179] Bei Zahlungsrückstand ist eine Abmahnung entbehrlich (§ 543 Abs. 2 Nr. 3 BGB); entsprechendes gilt bei permanent unpünktlicher Zahlung.[180] Im Rahmen der **Wohnungsmiete** dient § 569 Abs. 3 BGB

---

[177] *Brox/Walker*, SchuldR BT, § 13, Rn. 9, Rn. 25 ff.

[178] BGH, NJW 2002, 2168.

[179] Vgl. *Looschelders,* SchuldR BT, § 22, Rn. 503 zur Entbehrlichkeit der Abmahnung unter Hinweis auf BGH, NJW 2007, 439 bei erheblicher Gesundheitsgefährdung durch Schimmelpilz an der Tapete.

[180] BGH, NJW 2006, 1585, 1586.

der Konkretisierung und Ergänzung des § 543 Abs. 2 S. 1 Nr. 3 BGB. Der Gesetz-
geber will damit vor allem die Kündigungsmöglichkeiten des Vermieters wegen
Zahlungsverzug des Mieters einschränken. Nach § 569 Abs. 4 BGB muss der zur
Kündigung führende wichtige Grund im Kündigungsschreiben angegeben werden;
fehlt diese Angabe, so ist die Kündigung unwirksam. Bei nachhaltiger Störung des
Hausfriedens steht beiden Parteien nach § 569 Abs. 2 BGB das Recht zur fristlosen
Kündigung zu; nach § 578 Abs. 2 BGB gilt dies entsprechend für alle sonstigen
Räume (§ 578 Abs. 2 S. 1 BGB).

## 4.4 Leasingvertrag

### 4.4.1 Arten des Leasing

Ein gesetzlich nicht geregelter Vertragstyp mit mietähnlichem Charakter ist der
Leasingvertrag. Leasinggeschäfte, die ihren Ursprung in den USA hatten (to lease
= vermieten, verpachten), haben seit den 60er Jahren auch in Deutschland Verbreitung gefunden. Im Wesentlichen unterscheidet man in der Praxis zwischen den beiden Hauptvarianten, dem Operatingleasing und dem Finanzierungsleasing.

Die wirtschaftlich bedeutendste Leasingart ist das **Finanzierungsleasing.** Typischerweise sind drei Personen beteiligt. Der Leasingnehmer sucht sich einen Leasinggegenstand, den er für sein Unternehmen benötigt (z. B. eine Maschine) bei
einem Lieferanten aus. Im Anschluss daran versucht er, einen Leasinggeber zu finden, der mit dem Lieferanten einen Kaufvertrag über die Maschine abschließt und
von diesem das Eigentum erwirbt. Daraufhin überlässt der Leasinggeber ihm, d. h.
dem Leasingnehmer, die Maschine auf der Grundlage eines Finanzierungsleasing-
vertrages zum entgeltlichen Gebrauch. Aufgrund dieses Vertrages wird der Leasingnehmer gegen Zahlung monatlicher Raten berechtigt, die Maschine während ihrer
wirtschaftlichen Lebensdauer für sein Unternehmen zu gebrauchen.

Die zunehmende Bedeutung des Leasinggeschäfts beruht darauf, dass es für die
Beteiligten wirtschaftliche Vorteile bringen kann. Dem Hersteller bzw. Lieferanten
verschafft es höhere Umsätze und dem Leasinggeber bringt es eine günstige Kapitalnutzung, wenn seine Aufwendungen bereits durch die einmalige Überlassung
amortisiert sind. Der Leasingnehmer kann die von ihm benötigten Sachen nutzen,
ohne sie sofort kaufen zu müssen. Beim Finanzierungsleasing geht es dem Leasingnehmer letztlich darum, den Leasinggegenstand zu erwerben. Der Leasinggeber
übernimmt hier also vornehmlich eine Finanzierungsfunktion. Der (gewerblich tätige) Leasingnehmer wird auch steuerlich begünstigt. Er kann seine **Leasingraten** als
Betriebsausgaben **steuerlich absetzen** (und dadurch seinen steuerpflichtigen Gewinn mindern). Der Leasinggegenstand wird nicht zum Vermögen des Leasingnehmers gezählt. Als Eigentümer müsste er das Leasinggut bilanzieren und könnte dafür nur die meist niedrigen Abschreibungen vornehmen. Für den Verbraucher bringt
das (Finanzierungs-)Leasing im Vergleich zu einem herkömmlichen Ratendarlehen
dagegen grundsätzlich keine Vorteile (Abb. 4.4).

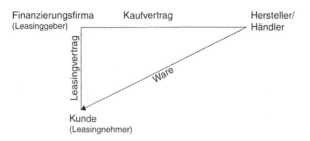

**Abb. 4.4**  Finanzierungsleasing

Beim **Herstellerleasing,** das vor allem im Kfz-Handel gebräuchlich ist, liegt **kein Dreipersonenverhältnis** vor. Hier tritt der Hersteller selbst (oder durch Tochtergesellschaften) als Leasinggeber und Lieferant auf.[181] Beim **„sale and lease back"** veräußert der (spätere) Leasingnehmer eine bereits ihm gehörende Sache an den Leasinggeber, der sie dem Leasingnehmer anschließend aufgrund eines Leasingvertrages zur Nutzung überlässt. Dieser Vertragstyp, bei dem es ebenfalls an dem sonst typischen Dreipersonenverhältnis fehlt, dient dazu, dem Leasingnehmer Liquidität zu verschaffen und durch Offenlegung stiller Reserven die Bilanz zu verbessern. Das **Null-Leasing** ist dadurch gekennzeichnet, dass für die Gebrauchsüberlassung des Leasinggutes kein Zins verlangt wird. Nach Ablauf der Leasingdauer kann der Kunde die geleaste Sache gegen Zahlung des Restwertes käuflich erwerben, z. B. bei Fahrzeugen.

Das **Operatingleasing** ist ein Vertrag, der entweder von vornherein nur eine **kurzfristige** Gebrauchsüberlassung vorsieht oder zwar auf unbestimmte Zeit geschlossen ist, dem Leasingnehmer aber jederzeit das Recht zu einer kurzfristigen Kündigung einräumt. Der Leasingnehmer zahlt ein entsprechendes Entgelt für die zeitweilige Gebrauchsüberlassung. Der Vorteil besteht darin, dass er sich stets die neuesten Maschinen bzw. Anlagen beschaffen kann. Der Vertrag enthält i. d. R. keine Kaufoption. Der Leasinggeber erreicht die Vollamortisation durch mehrfaches Überlassen an verschiedene Leasingnehmer.[182] Nach der Interessenlage entspricht diese Vertragsgestaltung weitgehend dem **„normalen" Mietvertrag.** Soweit nichts anderes vereinbart ist, finden die mietvertraglichen Vorschriften (§§ 535 ff. BGB) Anwendung. Das Operatingleasing findet man vornehmlich im gewerblichen Bereich, während das Finanzierungsleasing auch bei Verbraucherverträgen, insbesondere beim Kauf eines PKW, anzutreffen ist.

### 4.4.2   Rechtliche Besonderheiten

Beim **Finanzierungsleasing** übernimmt der Leasinggeber die Funktion eines Kreditgebers. Der Vertrag läuft über eine längere Zeit und ist während einer Grundlauf-

---

[181] Palandt/*Weidenkaff* Einf. v. § 535 BGB, Rn. 42.

[182] BGH, NJW 2003, 505.

zeit unkündbar. Neben einer Leasingsonderzahlung bei Vertragsabschluss hat der Leasingnehmer die Leasingraten in der Grundmietzeit zu zahlen sowie bei einer Kaufoption eine Restwertzahlung zu leisten. Alle Zahlungen des Leasingnehmers decken nach Ablauf der Grundmietzeit sämtliche Kosten des Leasinggebers für Anschaffung und Vertragsabwicklung ab, also Kaufpreis zzgl. aller Kosten, Zinsen, Kreditrisiko und des Gewinn.[183] Auf der anderen Seite ist der Leasinggeber daran interessiert, dass seine Aufwendungen sich bereits durch die einmalige Überlassung des Gegenstandes amortisieren. Der Leasinggeber ist nach den üblicherweise verwendeten AGB von der Mängelhaftung sowie von der Gefahr- und Lastentragung freigestellt. Nach der Rspr. des BGH wurde diese Vereinbarung als zulässig erachtet, sofern der Leasinggeber dem Leasingnehmer seine **Ansprüche aus dem Kaufvertrag** (mit dem Lieferanten) **abtritt;**[184] anderenfalls wäre der Leasingnehmer rechtlos gestellt. Dementsprechend muss der Leasingnehmer bei einem Sachmangel die Rechte gegen den Verkäufer geltend machen. Er trägt das Investitionsrisiko und der Leasingnehmer das Kreditrisiko. Fraglich ist, ob der Leasingnehmer dem Anspruch des Leasingebers auf Zahlung der Leasingraten etwaige Mängelrechte entgegenhalten kann. Hier ist zu differenzieren.

Tritt der Leasingnehmer, der nicht Verbraucher ist, nachdem er erfolglos vom Verkäufer Nacherfüllung verlangt hat, vom Vertrag zurück oder verlangt er Schadensersatz statt der ganzen Leistung, ist er zur Herausgabe des Leasinggegenstandes verpflichtet. Demzufolge kann er den Leasinggegenstand nicht weiter nutzen. In diesem Fall entfällt nach § 313 Abs. 1 BGB die Geschäftsgrundlage für den Leasingvertrag mit Rückwirkung auf den Zeitpunkt des Vertragsabschlusses.[185] Der Leasingnehmer kann den Leasingvertrag kündigen (§ 313 Abs. 3 S. 2 BGB) und nach § 346 Abs. 1 BGB Rückzahlung der geleisteten Leasingraten verlangen. Im Gegenzug muss er dem Leasinggeber nach § 346 Abs. 2 S. 1 Nr. 1 BGB den Wert der Nutzungen ersetzen, die er durch den Gebrauch der Leasingsache gezogen hat.[186]

Ist der Leasingnehmer dagegen **Verbraucher,** so verweist § 506 Abs. 2 BGB, da Finanzierungsleasingverträge danach zu den zu den Finanzierungshilfen zählen, auf die Vorschriften zum Verbraucherdarlehensvertrag. § 506 Abs. 1 BGB verweist zudem auf die §§ 358, 359 BGB. In der Lit. geht man davon aus, dass sich der Leasinggeber die kaufrechtlichen Mängelrechte des Leasingnehmers nach den Vorschriften über den Einwendungsdurchgriff bei verbundenen Verträgen unmittelbar nach § 359 BGB entgegenhalten lassen muss; des Hilfsmittels des § 313 BGB bedarf es dann nicht. Dass der Leasingnehmer (anders als in den Fällen des § 358 Abs. 3 BGB) Verträge nicht beide selbst geschlossen hat, steht einer entsprechenden Anwendung nicht entgegen.[187]

---

[183] Palandt/*Weidenkaff*, Einf. v. § 535 BGB, Rn. 39.

[184] BGHZ 97, 135, 140; 106, 304, 309 ff.; Palandt/*Weidenkaff*, Einf. v. § 535 BGB, Rn. 50; *Medicus/Lorenz*, SchuldR II, Rn. 1094.

[185] BGHZ 81, 298, 307 ff.; 97, 135, 141 ff.

[186] Vgl. BGHZ 68, 118, 125; 109, 139, 144; *Brox/Walker,* SchuldR BT, § 15, Rn. 14; *Tonner,* § 22, Rn. 8.

[187] *Medicus/Petersen*, BR, Rn. 323; *Looschelders*, SchuldR BT, § 23, 515; a. A. BGH, NJW 2014, 1519 (1520).

## 4.5 Gelddarlehen und Verbraucherkredit

### 4.5.1 Systematik

Das Gelddarlehen und sonstige Kreditverträge sind in den §§ 488 bis 512 BGB geregelt. Im ersten Untertitel (§§ 488 bis 505 BGB) finden sich Bestimmungen über das **Gelddarlehen.** Während die §§ 488 bis 490 BGB allgemeine Vorschriften enthalten, regeln die §§ 491 bis 505 BGB das **Verbraucherdarlehen.** Der allgemeine Teil ist relativ kurz und befasst sich nur mit den Hauptpflichten der Parteien sowie der Kündigung des Darlehensvertrages. Diese kurze Regelung macht vertragliche Vereinbarungen erforderlich. Demgegenüber ist das Verbraucherdarlehen im Einzelnen durch zwingende Vorschriften geregelt. Der zweite Untertitel (§§ 506 bis 509 BGB) behandelt entgeltliche **Finanzierungshilfen** zwischen einem Unternehmer und einem Verbraucher. Die wichtigste Form der Finanzierungshilfen ist das Teilzahlungsgeschäft (§§ 507 bis 509 BGB). **Teilzahlungsgeschäfte** sind Verträge über den Erwerb von Waren oder die Erbringung von Dienstleistungen, bei denen die Gegenleistung nicht auf einmal erbracht wird, sondern in Raten. Früher bezeichnete man diese Form als Abzahlungsgeschäfte.[188] Im dritten Untertitel geht es um Ratenlieferungsverträge (§ 510 BGB). Die Regelungen im vierten Untertitel stellen klar, dass die §§ 491 bis 510 BGB zugunsten des Verbrauchers zwingend sind (§ 511 BGB) und ordnet die Anwendbarkeit der §§ 491 ff. BGB auf **Existenzgründer** an (§ 512 BGB).

Die Umsetzung der **Verbraucherkreditrichtlinie RL 2008/48/EG** hat zahlreiche Änderungen mit sich gebracht, u. a. die Widerrufs- und Rückgaberechte des Verbrauchers. Diese Richtlinie zielt auf eine **Vollharmonisierung** des Verbraucherkreditrechts in der EU ab. In ihrem Anwendungsbereich ist daher auch eine Erhöhung des Verbraucherschutzes unzulässig.[189] Änderungen in Bezug auf Einzelheiten beim Widerrufsrecht brachte die Umsetzung der **Verbraucherrechterichtlinie 2011/83/EU.**

In den §§ 607 bis 609 BGB ist der **Sachdarlehensvertrag** geregelt, wenn Gegenstand des Vertrages vertretbare Sachen (§ 91 BGB) sind.

### 4.5.2 Gelddarlehensvertrag

#### 4.5.2.1 Begriff und Zustandekommen

Durch einen **Darlehensvertrag** nach § 488 Abs. 1 S. 1 BGB wird der Darlehensgeber verpflichtet, dem Darlehensnehmer einen Geldbetrag in der vereinbarten Höhe zur Verfügung zu stellen. Der Darlehensnehmer ist verpflichtet, einen geschuldeten Zins zu zahlen und bei Fälligkeit das geschuldete Darlehen zurückzuerstatten (§ 488 BGB). Der Darlehensvertrag kommt (bereits) mit der Einigung über die Vertragsbestandteile zustande. Der Darlehensvertrag ist ein **Konsensualvertrag.** Die

---

[188] Zur historischen Entwicklung *Looschelders*, SchuldR BT, § 18, Rn. 337.

[189] *Looschelders*, SchuldR BT, § 18, Rn. 338.

Parteien müssen sich darüber einig sein, dass dem Darlehensnehmer **Geld übereignet** werden soll und dieser bei Fälligkeit des Darlehens den zur Verfügung gestellten
Geldbetrag zurückzuerstatten hat (§ 488 Abs. 1 BGB). Ferner können die Parteien
vereinbaren, ob und in welcher Höhe der Darlehensnehmer dem Darlehensgeber die
Zahlung von Zinsen schuldet (§ 488 Abs. 1, 2, 3 S. 3 BGB). Insoweit unterscheidet
das Gesetz auch zwischen Verträgen über entgeltliche (= **verzinsliche**) und unentgeltliche (= **zinslose**) **Darlehen**. Gesetzlicher und praktischer Regelfall ist das verzinsliche Darlehen (§ 488 Abs. 1 S. 2 BGB). Die Einigung kann auch konkludent
erfolgen, z. B. indem ein Kreditinstitut seinem Kunden einen **Überziehungskredit**
gewährt.

Die Parteien können anstelle oder neben Zinsen auch andere Leistungen des Darlehensnehmers vorsehen, z. B. einen Aufschlag auf die gegebene Darlehenssumme,
einen Abzug von dem auszuzahlenden Darlehensbetrag (Disagio) oder eine Bier-
bezugsverpflichtung bei Brauereidarlehen.

Abweichend davon können die Parteien sich auch über ein **Vereinbarungsdar-
lehen** einigen. In diesem Fall wird eine aus einem anderen Rechtsgrund, z. B. aus
Kaufvertrag, bestehende Schuld durch Abrede mit dem Gläubiger in ein Darlehen
umgewandelt. Die Zulässigkeit des Vereinbarungsdarlehens ergibt sich aus § 311
Abs. 1 BGB. Inhalt und Rechtsfolgen bestimmen sich im Einzelfall durch Auslegung.[190] Die Höhe der Zinsen ergibt sich aus der Vereinbarung, hilfsweise aus dem
Gesetz (vgl. § 246 BGB; § 352 HGB; § 488 Abs. 2 BGB betrifft die Fälligkeit).

#### 4.5.2.2   Bedeutung

Darlehensverträge haben große praktische Bedeutung. Dabei geht es nicht um die
Vergabe von (meist kurzfristigen und zinslosen) Darlehen unter Freunden und Bekannten, sondern vor allem um den Kreditverkehr. Unter das Darlehensrecht fallen etwa die Kredite der Banken und Sparkassen, z. B. in Form von Baudarlehen
bzw. Bauspardarlehen, wenn Gelder zum Neu-, Um- oder Ausbau eines Gebäudes
gewährt werden, ferner Kredite von Genossenschaften an ihre Genossen, weiterhin die Anleihen der Industrie, des Staates, der Länder sowie der Gemeinden. Zu
nennen sind auch die sog. Brauereidarlehen, welche die Brauereien den Gastwirten geben, wenn diese sich verpflichten, ihren Bierbedarf nur bei der betreffenden
Brauerei zu decken.[191]

Wer ein (Geld-)Darlehen aufnehmen möchte, muss grundsätzlich eine Sicher-
heit stellen. Regelmäßig kommt es daher neben dem Abschluss eines Darlehens-
vertrages zu einem zweiten Vertragsabschluss über eine **Kreditsicherheit.** Für den
Darlehensgeber ist dies die Bereitstellung eines **Grundpfandrechts** (Grundschuld,
Hypothek nach §§ 1113 ff. BGB) durch den Grundstückseigentümer an einem
Grundstück. Kommt der Schuldner seinen Verpflichtungen nicht nach, kann der
Gläubiger, i. d. R. eine Bank, die Hypothek bzw. Grundschuld verwerten. Die hier-
mit zusammenhängenden Fragen sind Gegenstand des Sachenrechts. Eine weitere
Kreditsicherheit ist das **Sicherungseigentum.** Wer etwa ein Auto kauft und es mit

---

[190] *Tonner*, § 15, Rn. 13; *Brox/Walker*, SchuldR BT, § 17, Rn. 11 ff.
[191] *Brox/Walker*, SchuldR BT, § 17, Rn. 2.

einem Bankkredit finanziert, wird i. d. R. der Bank als Darlehensgeber das Fahrzeug zur Sicherheit übereignen müssen (§§ 929, 930 BGB); er behält den Besitz an
dem Fahrzeug und erwirbt ein sog. Anwartschaftsrecht. Stehen diese Sicherheiten
nicht zur Verfügung, besteht weiterhin die Möglichkeit einer **Personalsicherheit.**
In erster Linie ist dabei an eine Abtretung (§ 398 BGB) des pfändungsfreien Teils
des Lohns zu denken, die solange dem Arbeitgeber nicht aufgedeckt wird, wie sie
nicht in Anspruch genommen wird. Kommt eine Lohnabtretung nicht in Betracht,
etwa weil der Darlehensnehmer kein Arbeitnehmer ist, kann ein Dritter für die
Rückzahlung des Darlehens eine **Bürgschaft** übernehmen (§§ 765 bis 778 BGB).

### 4.5.2.3  Schutz des Darlehensnehmers nach § 138 BGB

Da die subjektiven Voraussetzungen des Wuchers (§ 138 Abs. 2 BGB) sich nur
schwer nachweisen lassen, ist der Schutz des Darlehensnehmer nach § 138 Abs. 1
BGB von großer Bedeutung. Nach der Rspr. ist ein wucherähnliches Geschäft nach
§ 138 Abs. 1 BGB anzunehmen, wenn **objektiv** ein **auffälliges Missverhältnis** zwischen den Leistungen des Darlehensgebers und den Gegenleistungen des Darlehensnehmers besteht und **subjektiv** der Darlehensgeber die wirtschaftlich schwache Lage
des Darlehensnehmers bewusst bei der Gestaltung der Vertragsbedingungen ausnutzt
oder sich zumindest leichtfertig der Erkenntnis verschließt, dass der Darlehensnehmer sich nur aufgrund seiner schwächeren Lage auf die Vertragsbedingungen einlässt.

In der Praxis wird die Sittenwidrigkeit regelmäßig bejaht, wenn der vereinbarte Zins den marktüblichen Effektivzins relativ um 100 % oder absolut um 12 %
übersteigt.[192] Hat etwa S bei seiner Hausbank einen Darlehensvertrag in Höhe von
10.000 € zur Finanzierung eines Autokaufs erhalten und beträgt der Zinssatz 19 %,
obwohl 7 % marktüblich sind, dann übersteigt der vereinbarte Zinssatz den marktüblichen relativ um mehr als 100 % und absolut um 12 %. Letztlich kann § 138
Abs. 1 BGB auch Anwendung finden, wenn besondere Umstände des Vertrages dies
rechtfertigen, z. B. eine krasse Überforderung des Darlehensnehmers, der zudem
vollkommen unerfahren im Geschäftsverkehr ist.[193]

Weiterhin kann ein Darlehensvertrag wegen **Wucher** nach **§ 138 Abs. 2 BGB**
nichtig sein, z. B. bei 54 % Zinsen.[194] Objektiv muss zwischen der vertraglichen
Leistung und der Gegenleistung ein auffälliges Missverhältnis bestehen. Subjektiv
wird verlangt, dass der Darlehensgeber Kenntnis von dem auffälligen Leistungs-
missverhältnis und der Ausbeutungssituation (Zwangslage, Unerfahrenheit, Wil-
lensschwäche) hat und sich diese Situation vorsätzlich zunutze macht. Beim besonders groben Missverhältnis spricht eine tatsächliche Vermutung für die willentliche
Ausbeutung. Die Anwendbarkeit dieser Regelung scheitert meist daran, dass die
subjektiven Voraussetzungen nicht vorliegen.

Die **Rechtsfolge** ist die Nichtigkeit des Darlehensvertrages. Es gilt das Verbot
der geltungserhaltenden Reduktion. Die Rückabwicklung des Vertrages vollzieht
sich nach §§ 812 ff. BGB.

---

[192] Str. Rspr.: BGHZ 104, 105; 110, 336, 338; *Brox/Walker,* SchuldR BT, § 17, Rn. 14.

[193] BGH, NJW 1982, 1457; *Tonner,* § 15, Rn. 14 m. w. N.

[194] BGH, DB 1976, 766.

Hat z. B. eine Bank ein Darlehen gewährt und stellt sich später wegen überhöhter Zinsforderung die Sittenwidrigkeit heraus, dann besteht von Seiten der Bank zwar ein Anspruch aus § 812 Abs. 1 S. 1 Alt. 1 BGB auf Rückzahlung des Darlehenskapitals. Das Darlehenskapital muss jedoch dem Vertragspartner bis zu dem Zeitpunkt belassen bleiben, zu dem es bei Gültigkeit des Vertrages zurückzuzahlen wäre. Das folgt aus dem Sinn des § 817 S. 2 BGB. Für die Zeit der Überlassung der Darlehensvaluta steht dem Darlehensgeber zwar nicht der überhöhte Zins, wohl aber ein angemessener Zins zu, denn § 817 S. 2 BGB hat keinen Strafcharakter.[195]

#### 4.5.2.4   Pflichten aus dem Darlehensvertrag

Die Hauptpflicht des Darlehensgebers besteht darin, dem Darlehensnehmer den **vereinbarten Geldbetrag** zur Verfügung zu stellen (§ 488 Abs. 1 S. 1 BGB). Dies geschieht üblicherweise durch Barzahlung oder Gutschrift auf dem Bankkonto des Darlehensnehmers. Daneben treffen den Darlehensgeber Schutzpflichten zugunsten des Darlehensnehmers, die insbesondere auf dessen Vermögen bezogen sind (§ 241 Abs. 2 BGB).

Die §§ 320 ff. BGB finden Anwendung, d. h. wenn die eine Partei ihre Pflicht nicht erfüllt, kann die andere Partei ihre Leistung nach § 320 BGB zurückhalten. Dagegen ist die Vereinbarung eines – in der Praxis eher seltenen – zinslosen Darlehens (ebenso wie der Auftrag) kein gegenseitiger Vertrag. Die §§ 320 ff. BGB finden hier keine Anwendung.

Hauptpflicht des Darlehensnehmers ist die **Rückerstattung des Darlehens bei Fälligkeit** (§ 488 Abs. 1 S. 2 BGB). Geschuldet wird nicht die Rückzahlung der konkret erhaltenen Geldzeichen, sondern des Geldbetrages. Die Rückerstattung ist einklagbar, jedoch steht diese Pflicht nicht in einem synallagmatischen Verhältnis zur Pflicht des Darlehensgebers, dem Darlehensnehmer das Darlehen zur Verfügung zu stellen.

Bei einem entgeltlichen Darlehen trifft den Darlehensnehmer darüber hinaus die Pflicht zur **Zahlung des vereinbarten Zinses.** Die Zinszahlungspflicht ist die mit der Darlehenshingabe bestehende Hauptleistungspflicht des Darlehensnehmers. Die Höhe der Zinsen und ihre Fälligkeit ergeben sich in erster Linie aus der getroffenen Vereinbarung. Soweit nicht etwas anderes vereinbart worden ist, sind die Zinsen nach Ablauf eines Jahres, spätestens bei der Rückerstattung der Kreditsumme zu entrichten (§ 488 Abs. 2 BGB; zur Höhe: § 246 BGB; § 352 HGB).

#### 4.5.2.5   Rechtsfolgen einer Pflichtverletzung

Stellt der Darlehensgeber das Darlehen nicht rechtzeitig zur Verfügung, so hat er dem Darlehensnehmer nach §§ 280 Abs. 1, 2, 286 BGB den **Verzögerungsschaden** zu ersetzen und der Darlehensnehmer kann nach §§ 280 Abs. 1, 3, 182, 323 BGB vorgehen. Nach Auszahlung des Darlehens ist ein Rücktritt nach § 323 BGB – wie auch bei anderen Dauerschuldverhältnissen mit Beginn des Leistungsaustauschs – ausgeschlossen. An Stelle des Rücktritts tritt die **Kündigung** aus wichtigem Grund nach § 324 BGB und § 490 BGB.

---

[195] *Brox/Walker,* SchuldR BT, § 17, Rn. 20.

Kommt der Darlehensnehmer seiner Rückerstattungspflicht nicht nach, so kann der Darlehensgeber nach §§ 280 Abs. 1, 2, 286 BGB **Ersatz des Verzögerungsschadens** sowie nach § 288 Abs. 1 BGB Verzugszinsen verlangen. Ein Schadensersatzanspruch nach §§ 280 Abs. 1, 2, 286 BGB kommt auch dann in Betracht, wenn der Darlehensnehmer die Zinsen nicht rechtzeitig zahlt.[196]

### 4.5.2.6  Kündigung des Darlehensvertrages

Ist kein Zeitpunkt für die Rückerstattung des Darlehens bestimmt, kann der Vertrag nach § 488 Abs. 3 S. 1 BGB von beiden Parteien ordentlich gekündigt werden. Dabei muss eine Kündigungsfrist von drei Monaten eingehalten werden (§ 488 Abs. 3 S. 2 BGB). Nach Fristablauf ist der Darlehensbetrag zurückzuerstatten. Bei einem zinslosen Darlehen (gesetzlicher Ausnahmefall) ist der Darlehensnehmer nach § 488 Abs. 3 S. 3 BGB berechtigt, das Darlehen auch ohne Kündigung **sofort** zurückzuerstatten, da der Darlehensgeber hierdurch keine wirtschaftlichen Nachteile erleidet.

Wenn ein bestimmter Zeitpunkt für die Rückzahlung vorgesehen ist, hat nach § 489 BGB nur der Darlehensnehmer ein **ordentliches Kündigungsrecht**. Dieses Kündigungsrecht dient dem Schutz des Darlehensnehmers vor überlanger Bindung an den Vertrag. Es zielt insbesondere darauf ab, dem Darlehensnehmer bei sinkenden Zinsen eine Umschuldung zu ermöglichen. Das Gesetz differenziert zwischen entgeltlichen Darlehensverträgen mit einem festen und solchen mit einem veränderlichen Zinssatz. Bei einer festen Zinsbindung (z. B. 6% für 5 Jahre) kann der Darlehensnehmer nur dann ordentlich kündigen, wenn entweder die Zinsbindung vor der für die Rückzahlung bestimmten Zeit endet (§ 489 Abs. 1 Nr. 1 BGB; Kündigungsfrist: 1 Monat) oder wenn nach Gewährung eines Verbraucherdarlehens, das nicht durch ein Grundpfandrecht gesichert ist, 6 Monate verstrichen sind (§ 489 Abs. S. 2 BGB; Kündigungsfrist: 3 Monate) oder wenn 10 Jahre seit Empfang des Darlehens abgelaufen sind; Kündigungsfrist: 6 Monate). Ein Darlehensvertrag mit einem variablen Zinssatz, d. h. bei laufender Anpassung an die Marktverhältnisse, kann der Darlehensnehmer jederzeit mit einer Frist von drei Monaten kündigen (§ 489 Abs. 2 BGB).

Wenn der Darlehensnehmer den geschuldeten Betrag nicht innerhalb von zwei Wochen nach Wirksamwerden der Kündigung zurückerstattet, so gilt seine Kündigung als nicht erfolgt (§ 489 Abs. 3 BGB); § 489 BGB kann nicht zum Nachteil des Darlehensnehmers abbedungen werden.

§ 490 BGB sieht sowohl für den Darlehensgeber als auch für den Darlehensnehmer das Recht zur **außerordentlichen Kündigung** vor.

Das außerordentliche Kündigungsrecht des **Darlehensgebers** stellt nach § 490 Abs. 1 BGB auf eine Verschlechterung der Vermögensverhältnisse beim Darlehensnehmer bzw. auf die Verschlechterung der Werthaltigkeit einer für das Darlehen gestellten Sicherheit ab.[197] Ursache kann etwa Arbeitslosigkeit sein (mit der Folge,

---

[196] *Looschelders*, SchuldR BT, § 19, Rn. 354.
[197] BaRoth/*Rohe*, § 490 BGB, Rn. 7 ff.

dass eine Lohnabtretung ins Leere geht) oder dass die Immobilienpreise derart verfallen, dass die bestellte Sicherheit das Darlehen nicht mehr abdeckt.

Dem **Darlehensnehmer** steht bei einem festverzinslichen und durch Grundpfandrechte gesicherten Darlehen ein außerordentliches Kündigungsrecht zu, wenn er ein berechtigtes Interesse an der Kündigung hat, z. B. weil er das Grundstück verkaufen möchte. Dies ist allerdings erst möglich nach Ablauf von sechs Monaten nach dem vollständigen Empfang des Darlehens unter Einhaltung einer Kündigungsfrist von drei Monaten (§ 490 Abs. 2 BGB i. V. m. § 489 Abs. 1 Nr. 2 BGB). Jedoch ist der Darlehensnehmer im Falle einer Kündigung dem Darlehensgeber gegenüber nach § 490 Abs. 2 S. 3 BGB zum Ersatz des aufgrund der vorzeitigen Kündigung entstandenen Schadens verpflichtet (**„Vorfälligkeitsentschädigung"**).

### 4.5.3 Verbraucherdarlehensvertrag

Die §§ 491 bis 505 BGB enthalten **besondere Regelungen** zum Verbraucherdarlehensvertrag. Dieser liegt dann vor, wenn es sich auf Seiten des Darlehensgebers um einen Unternehmer (§ 14 BGB) und auf Seiten des Darlehensnehmers um einen Verbraucher (§ 13 BGB) handelt. Ziel dieser Regelungen ist der **zwingende Schutz des Verbrauchers.** Diese Schutzvorschriften beziehen sich dabei nur auf den (Geld-) Darlehensvertrag, nicht auf den Sachdarlehensvertrag. Für das Darlehensrecht gilt ein erweiterter Verbraucherbegriff. Der Schutz erstreckt sich nach § 512 BGB **auch** auf **Existenzgründer,** d. h. auf natürliche Personen, die sich ein Darlehen, einen Zahlungsaufschub oder eine sonstige Finanzierungshilfe für die Aufnahme einer gewerblichen Tätigkeit gewähren lassen oder zu diesem Zweck einen Ratenlieferungsvertrag schließen, es sei denn, der Nettodarlehensbetrag oder Barzahlungspreis übersteigt 75.000 €.

In bestimmten Fällen ist die Anwendbarkeit der §§ 491a bis 498 BGB ganz oder teilweise ausgeschlossen, z. B. bei Bagatellkrediten bis zu 200 € (§ 491 Abs. 2 Nr. 1 BGB), bei Arbeitgeberkrediten mit niedrigeren als den marktüblichen Zinssätzen (§ 491 Abs. 2 Nr. 4 BGB) oder bei den zur Förderung des Wohnungswesens und des Städtebaus gewährten Darlehen öffentlich-rechtlicher Anstalten mit niedrigeren als den marktüblichen Zinsen (§ 491 Abs. 2 Nr. 5 BGB).

Ein wesentlicher Unterschied zum normalen Darlehensvertrag ist das Erfordernis der **Schriftform** (§ 492 BGB; §§ 125, 126, 126a BGB); dies gilt auch für die Vollmacht entgegen dem Regelfall des § 167 Abs. 2 BGB. Ist die Schriftform nicht eingehalten oder fehlen Mindestangaben nach § 492 Abs. 1 S. 5 Nr. 1-6 BGB, sind der Verbraucherkreditvertrag (und die auf den Abschluss eines solchen Vertrages vom Verbraucher erteilte Vollmacht) **nichtig** (§ 494 Abs. 1 BGB). Nimmt der Verbraucher das Darlehen in Anspruch, so tritt die Nichtigkeitsfolge nach § 494 Abs. 2 BGB nicht ein. Der Formmangel wird also geheilt (vgl. § 494 Abs. 2 BGB).

Durch die Verbraucherkreditrichtlinie von 2008 musste der Gesetzgeber eine **Fülle von Informationspflichten** in das Gesetz aufnehmen. Es wird dabei, wie teilweise bei anderen Richtlinien auch, zwischen vorvertraglichen und vertraglichen Informationspflichten unterschieden. Diese Informationspflichten stehen nunmehr in Art. 247 §§ 1 bis 17 EGBGB.

Die Art. 247 §§ 1 bis 5 EGBGB befassen sich mit den **vorvertraglichen In-formationspflichten** und die Art. 247 6 bis 17 EGBGB mit den vertraglichen Informationspflichten. Zur Erleichterung des Auffindens enthält § 491a Abs. 1 BGB einen Verweis. Die vorvertraglichen Informationspflichten sind in Textform zu geben (Art. 247 § 1 EGBGB). Dabei ist nach Art. 247 § 2 EGBGB ein Muster zu verwenden, die sog. Europäische Standardinformation für Verbraucherkredite. Die einzelnen Informationen sind in Art. 247 § 3 EGBGB aufgelistet. Zu erwäh-nen sei insbesondere der effektive Jahreszins, der nach einer in § 6 Preisangaben-VO enthaltenen Formel zu berechnen ist. Der effektive Jahreszins enthält z. B. mit Kosten und Vermittlungsgebühren. Daraus ergibt sich für den Kunden ein guter **Vergleichsmaßstab** über die Kostengünstigkeit von Darlehensangeboten. Auch Faktoren wie das Disagio gehen in die Berechnung des effektiven Jahreszinses ein. Die Berechnungsmethoden gelten aufgrund der Verbraucherkreditrichtlinie in der Europäischen Union, so dass in Europa die Darlehensangebote vergleichbar sind. Weiterhin gehören dazu die Vertragslaufzeit, der Gesamtbetrag aller Teilzahlungen einschließlich Zinsen und Kosen sowie die zu bestellenden Sicherheiten. Fehlende oder unvollständige Angaben können nach Maßgabe des § 492 Abs. 6 BGB nach-geholt werden.

Die Informationspflichten des Darlehensgebers **während des Vertragsverhält-nisses** ergeben sich aus Art. 247 §§ 6 bis 13. Dabei sind erneut fast alle Informatio-nen enthalten, die bereits im Vorfeld gegeben werden mussten. In § 493 BGB finden sich Vorschriften über Informationspflichten vor Ende einer Sollzinsbindung und vor einer Zinsanpassung bei veränderlichem Sollzinssatz.

Zentrales Schutzinstrument für den Verbraucher ist das **Widerrufsrecht** (§§ 495 Abs. 1, 355 BGB). Der Verbraucher erhält damit die Möglichkeit, die rechtlichen und wirtschaftlichen Folgen des Vertrages zu überdenken. Bei ordnungsgemäßer Belehrung muss der Widerruf gegenüber dem Unternehmer innerhalb von 14 Ta-gen in Textform erklärt werden. Fehlt es an einer ordnungsgemäßen Belehrung, so bleibt das Widerrufsrecht auch über die Sechs-Monatsfrist des § 355 Abs. 1 S. 1 BGB hinaus bestehen (§ 355 Abs. 4 S. 1 BGB; zur Ordnungsgemäßheit der Wider-rufsbelehrung vgl. Art. 247 § 6 Abs. 2 EGBGB). Die **Rechtsfolgen** des Widerrufs bestimmen sich nunmehr nach § 355 Abs. 3 BGB und den Sonderreglungen für Ver-träge über Finanzdienstleistungen in § 357a BGB. Nach §§ 355 Abs. 3, 357a Abs. 1 BGB sind die empfangenen Leistungen unverzüglich, spätestens nach 30 Tagen zurück zu gewähren. Bei einem vereinbarten Überziehungskredit ist das Widerrufs-recht unter den Voraussetzungen des § 504 Abs. 2 BGB ausgeschlossen.

In der Praxis dienen Verbraucherdarlehensverträge häufig der Finanzierung von Kaufverträgen. Soweit beide Verträge eine **wirtschaftliche Einheit** bilden, liegt ein **verbundenes Geschäft** i. S. d. § 358 Abs. 3 BGB vor. Eine solche Einheit soll vor allem dann vorliegen, wenn der Kreditgeber sich bei der Vorbereitung oder dem Abschluss des Kreditvertrages der Mitwirkung des Verkäufers bedient. Der Käufer soll hier nicht schlechter stehen als wenn der Verkäufer selbst den Kredit gewährt hätte. Das bedeutet, dass nach § 358 BGB der **Widerruf** einer der verbundenen Verträge auch gegen den anderen wirkt. Hier schlägt sich also der Widerruf des Darlehensvertrages nach § 495 Abs. 1 BGB auch auf das finanzierte Geschäft, also den Kaufvertrag, durch (§ 358 Abs. 2 BGB). Umgekehrt ist der Verbraucher auch nicht mehr an den Darlehensvertrag gebunden, wenn er das finanzierte Geschäft wirksam widerruft (z. B. nach § 312g BGB). § 495 BGB wird jetzt nicht mehr durch das Widerrufsrecht in Bezug auf das finanzierte Geschäft verdrängt. Dieser Aspekt ist vor allem dann von Bedeutung, wenn das Verbraucherdarlehen später als das finanzierte Geschäft abgeschlossen wurde. Hinzu kommt die Möglichkeit des **Einwendungsdurchgriffs**. Stehen dem Verbraucher aus dem finanzierten Geschäft Einwendungen zu, z. B. Rechte aus § 437 BGB, dann kann er diese nach § 359 BGB auch dem Darlehensgeber entgegenhalten. Der Widerrufsdurchgriff wird durch § 360 BGB auf zusammenhängende Verträge erweitert.

Kommt der Darlehensnehmer mit Zahlungen in Verzug, verweist § 497 Abs. 1 S. 1 BGB auf § 288 BGB. Der **Verzugszins** liegt nach § 288 Abs. 1 S. 2 BGB bei 5 % über dem Basiszinssatz (§ 247 Abs. 1 BGB). Die Parteien haben zwar die Möglichkeit einen höheren bzw. niedrigeren Schaden nachzuweisen, jedoch wird dies i. d. R. nicht möglich sein.

Besonders wichtig ist die Bestimmung der **Tilgungsreihenfolge** in § 497 Abs. 3 BGB. Nach der Grundregel des § 367 Abs. 1 BGB werden bei Teilleistungen, die nicht die ganze fällige Schuld erreichen, zunächst die Kosten, dann die Zinsen, und erst zuletzt die Hauptleistung getilgt. Ein Darlehensnehmer, der nur Teilleistungen erbringt, würde nach dieser Vorschrift Gefahr laufen, stets Zinsen zu bezahlen, ohne jemals zur Tilgung der Hauptverbindlichkeit zu gelangen. Aus dem Grund hat der Gesetzgeber in § 497 Abs. 3 BGB die Reihenfolge umgedreht, so dass zunächst Hauptverbindlichkeiten und erst dann die Zinsen beglichen werden.

§ 499 Abs. 1 BGB begrenzt das **Kündigungsrecht** des Darlehensgebers.[198] Bei unbefristeten Verbraucherdarlehensverträgen ist nach § 500 Abs. 1 S. 1 BGB der Darlehensnehmer berechtigt, das Darlehen ohne Einhaltung der allgemeinen Frist des § 488 Abs. 3 S. 2 BGB zu kündigen. § 500 Abs. 2 BGB räumt dem Darlehensnehmer das Recht ein, seine Verbindlichkeiten aus dem Darlehensvertrag jederzeit ganz oder teilweise zu erfüllen. In diesem Fall ermäßigen sich die Gesamtkosten nach § 501 BGB; der Darlehensgeber kann aber nach § 502 BGB eine angemessene **Vorfälligkeitsentschädigung** verlangen.

### 4.5.4   Sonstige Finanzierungshilfen

Das Gesetz regelt in den §§ 506 bis 509 BGB den **Zahlungsaufschub** und die sonstigen Finanzierungshilfen. Hintergrund ist, dass solche Finanzierungshilfen mit Krediten vergleichbar sind.[199] Nicht in Bezug genommen wird lediglich die Regelung über Immobiliardarlehensverträge (§ 503 BGB) und über Überziehungskredite (§ 504, 505 BGB). Nach § 506 Abs. 1 BGB sind die §§ 358, 359 BGB sowie die meisten Regeln über Verbraucherdarlehen auch auf Verträge anwendbar, durch die ein Unternehmer einem Verbraucher einen entgeltlichen Zahlungsaufschub von mehr als drei Monaten oder eine sonstige entgeltliche Finanzierungshilfe gewährt.

---

[198] *Looschelders*, SchuldR BT, § 20, Rn. 378.
[199] *Brox/Walker*, SchuldR BT, § 18, Rn. 1.

Unter die sonstigen Finanzierungshilfen fallen insbesondere die Teilzahlungsgeschäfte und die vorher erwähnten Finanzierungsleasingverträge.

**Teilzahlungsgeschäfte** sind Verträge zwischen einem Unternehmer und einem Verbraucher über die Lieferung einer bestimmten Sache oder die Erbringung einer bestimmten anderen Leistung gegen Teilzahlung (§ 506 Abs. 3 BGB). Den Charakter eines Kredits erhalten Teilzahlungsgeschäfte dadurch, dass der Unternehmer die Gegenleistung nicht sofort erhält und damit das Insolvenzrisiko des Verbrauchers trägt. Wichtigster Anwendungsfall des Teilzahlungsgeschäfts ist der **finanzierte Abzahlungskauf**. Das bedeutet, dass für Teilzahlungsgeschäfte das Schriftformerfordernis zu beachten und der Verbraucher nach §§ 495 i. V. m. 355, 357a BGB ein Widerrufsrecht hat. Bei Teilzahlungsgeschäften sind die Sonderregelungen nach §§ 507, 508 BGB zu beachten, z. B. in Bezug auf Rechtsfolgen bei Formmängeln oder den Rücktritt des Unternehmers bei Zahlungsverzug.

**Ratenlieferungsverträge** (§ 510 BGB) sind Verträge zwischen einem Unternehmer und einem Verbraucher, bei denen entweder mehrere als zusammengehörend verkaufte Sachen in Teilleistungen gegen Teilzahlung oder regelmäßig Sachen gleicher Art geliefert werden. Hierzu zählt auch die Verpflichtung zum wiederkehrenden Bezug von Sachen (§ 510 Abs. 1 S. 1 Nr. 3 BGB). Es fehlt diesen Verträgen der Charakter eines Kredits, da die Gegenleistung unmittelbar nach der Lieferung fällig wird. Der Verbraucher ist allerdings auch hier schutzwürdig, da der Abschluss von Ratenlieferungsverträgen mitunter zu einer langfristigen Bindung führt und für den Verbraucher dementsprechend mit laufenden Zahlungsverpflichtungen verbunden ist.[200] Typische Ratenlieferungsverträge sind etwa die Lieferung eines mehrbändigen Lexikons, die Mitgliedschaft in einem Buchclub, die zu regelmäßigen Buchabnahmen verpflichtet, oder ein Zeitschriftenabonnement (§ 510 Abs. 1 S. 1 Nr. 1, 2 BGB). Nicht hierzu gehört jedoch der Abschluss eines Pay-TV-Abonnementvertrages, weil es hier nicht um regelmäßige Lieferung von Sachen geht.[201] Wichtigstes Schutzinstrument ist das Recht des Verbrauchers zum **Widerruf** (§§ 355, 510 Abs. 2 BGB), auf das der Unternehmer den Verbraucher bei Vertragsabschluss hinweisen muss. Der Ratenlieferungsvertrag bedarf der **Schriftform**, wobei es allerdings ausreicht, wenn der Verbraucher die Vertragsbedingungen abrufen und speichern kann (§ 510 Abs. 2 BGB).[202]

## 4.5.5 Sachdarlehen

Neben dem Gelddarlehen kennt das BGB noch das sogenannte Sachdarlehen in den §§ 607 bis 610 BGB. Systematisch betrachtet gehört der Sachdarlehensvertrag zu den Gebrauchsüberlassungsverträgen, soll aber unter diesem Abschnitt „Gelddarlehen" in kurzer Form behandelt werden.

---

[200] *Looschelders*, SchuldR BT, § 20, Rn. 387.
[201] BGH, NJW 2003, 1932.
[202] *Brox/Walker*, SchuldR BT, § 18, Rn. 18 ff., 21 ff.

Durch einen **Sachdarlehensvertrag** wird der Darlehensgeber verpflichtet, dem Darlehensnehmer eine vereinbarte vertretbare Sache (§ 91 BGB) zu überlassen (§ 607 Abs. 1 S. 1 BGB). Es handelt sich um einen **Konsensualvertrag**, d. h. er kommt durch eine Einigung der Parteien zustande.

Die Überlassung der Sachen erfolgt durch **Übereignung der Sache.** Der Darlehensnehmer ist verpflichtet, bei Fälligkeit Sachen gleicher Art, Güte und Menge zurück zu gewähren (§ 607 Abs. 1 S. 2 BGB). Im Gegensatz zur Leihe muss nicht dieselbe Sache zurückgewährt werden, sondern eine andere vergleichbare Sache. Schulbeispiel ist das unentgeltliche „Eierdarlehen" zwecks Backen eines Kuchens. Praktisch wichtige Fälle des Sachdarlehens sind Wertpapierleihe und die Überlassung von Mehrwegverpackungen.

**Vertretbare Sachen** sind nach § 91 BGB bewegliche Sachen, die im Verkehr meist nach Zahl, Maß oder Gewicht bestimmt werden (z. B. Einheitsbierflaschen, Kohle, Getreide). Die Begrenzung auf vertretbare Sachen hat ihren Grund darin, dass unvertretbare Sachen (z. B. Grundstück, Gemälde) nicht in gleicher Art und Güte zurückgegeben werden können.

Die zusätzliche Vereinbarung eines Entgeltes kann, muss aber nicht getroffen werden, welches – bei fehlender vertraglicher Abrede – spätestens bei Rückgabe der Sache zu zahlen ist. Soweit die Parteien hinsichtlich der Rückerstattung keine Abrede getroffen haben, hängt die Fälligkeit von der Kündigung des Vertrages durch einen der beiden Vertragspartner ab (§ 608 Abs. 1 BGB).

Ein auf unbestimmte Zeit abgeschlossener Vertrag kann dabei jederzeit ganz oder teilweise gekündigt werden (§ 608 Abs. 2 BGB).

## 4.6 Dienstvertrag

### 4.6.1 Grundlagen

Der Dienstvertrag ist ein gegenseitiger Vertrag, in dem sich der eine Teil (Dienstverpflichteter) zur Leistung der versprochenen Dienste und der andere (Dienstberechtigter) zur Zahlung der vereinbarten Vergütung verpflichtet (§§ 611 ff. BGB).

Der Unterschied zum **Auftrag** (§ 662 BGB) besteht darin, dass beim Dienstvertrag eine Vergütung zu leisten ist. Hat ein Dienstvertrag eine **Geschäftsbesorgung,** d. h. die selbstständige Wahrnehmung fremder Vermögensinteressen, zum Gegenstand, so sind neben den Vorschriften über den Dienstvertrag auch die Vorschriften über den Auftrag anzuwenden (§ 675 BGB). Typische Beispiele sind Verträge über anwaltliche Dienstleistungen, Vermögensverwaltung, Baubetreuung oder Treuhandverträge. § 675 BGB erklärt die wichtigsten Regelungen des Auftragsrechts neben den fortgeltenden §§ 611, 631 ff. BGB für anwendbar. Anders als beim **Werkvertrag** (§ 631 BGB), der ebenfalls zu den tätigkeitsbezogenen Verträgen zählt, wird nicht ein bestimmtes (Arbeits-)Ergebnis geschuldet, für dessen Eintritt der Unternehmer das Risiko zu tragen hat, sondern die Tätigkeit (Arbeitseinsatz) als solche. So kann z. B. für eine Reparatur nur dann ein Entgelt verlangt werden, wenn diese erfolgreich verlaufen ist; demgegenüber kann der Angestellte des Unternehmens, der die Reparatur ausgeführt hat, gleichwohl den vereinbarten (Stunden-)Lohn unabhängig vom Ergebnis verlangen. Ist die Einordnung eindeutig, wie z. B. bei der Reparatur einer Sache, sind eingehende Überlegungen nicht erforderlich. Sofern jedoch die Einordnung nicht eindeutig auf der Hand liegt, muss die Abgrenzung unter Berücksichtigung aller Umstände des Einzelfalls im Wege der Vertragsauslegung (§§ 133, 157 BGB) ermittelt werden.[203]

Gegenstand eines Dienstvertrages können **Dienste jeder Art** sein (§ 611 Abs. 2 BGB). Es kommt nicht darauf an, ob es sich um eine einmalige oder auf Dauer angelegte Tätigkeit handelt.

Im Anwendungsbereich der §§ 611 ff. BGB ist zwischen **zwei Grundformen** des Dienstvertrages zu unterscheiden: dem selbstständigen (freien) Dienstvertrag und dem Arbeitsvertrag. Selbstständig handelt, wer im wesentlichen Zeit und Ort des Tätigwerdens selbst bestimmen kann. Einen normativen Anhaltspunkt bietet § 84 Abs. 1 S. 2 HGB. Sie bezieht sich zwar auf den selbstständigen Handelsvertreter, enthält aber darüber hinausgehend einen allgemeinen Rechtsgedanken.

Bei den **selbstständigen Dienstverhältnissen** hat der Dienstverpflichtete die Arbeiten selbstständig und eigenverantwortlich auszuführen. Typische Beispiele sind Verträge mit Freiberuflern, z. B. mit dem frei praktizierenden Arzt, Rechtanwalt oder Steuerberater.

### Weitere Beispiele

Beschäftigungsverhältnisse der Organe von juristischen Personen, etwa der Vertrag der Aktiengesellschaft mit dem Vorstandsmitglied oder der Vertrag der GmbH mit dem angestellten Geschäftsführer; weiterhin zu nennen sind die Inanspruchnahme von gelegentlichen Dienstleistungen ohne formelle Einordnung des Dienstverpflichteten in einen Betrieb oder in den Haushalt des Dienstberechtigten, etwa die Trainerstunde mit einem Tennistrainer, die Betreuung des Kleinkindes durch einen Babysitter oder der Klavierunterricht mit einem Klavierlehrer.

Sind dagegen Dienste von gewisser Dauer in **persönlicher und wirtschaftlicher Abhängigkeit** vom Dienstverpflichteten zu erbringen, handelt es sich um einen **Arbeitsvertrag.** Ein wichtiges Indiz für die persönliche Abhängigkeit ist seine Eingliederung in die Arbeitsorganisation des Dienstberechtigten und die Weisungsgebundenheit hinsichtlich Art, Ort und Zeit der zu leistenden Tätigkeit. So handelt es sich z. B. bei dem Vertrag zwischen einem Assistenzarzt und Krankenhaus um einen Arbeitsvertrag. Arbeitsverträge bilden damit eine Untergruppe der Dienstverträge. Die Vertragsparteien bezeichnet man als Arbeitgeber und Arbeitnehmer. Die Arbeitsverträge haben wegen der sozialen Schutzbedürftigkeit der Arbeitnehmer eine umfassende Regelung erfahren. Auf den Arbeitsvertrag finden neben den im BGB enthaltenen Regelungen die Vorschriften des **Arbeitsrechts** Anwendung, die den Schutz des Arbeitnehmers bezwecken, z. B. Entgeltfortzahlungsgesetz,

---

[203] BGH, NJW 1999, 3118; 2003, 3323.

Kündigungsschutzgesetz, Tarifvertragsgesetz, Mutterschutzgesetz, Jugendarbeitsschutzgesetz oder das Betriebsverfassungsgesetz. Die §§ 611 bis 630 BGB sind
dabei auf Arbeitsverträge nur subsidiär anzuwenden, d. h. sofern spezielle arbeitsrechtliche Regelungen existieren, sind diese vorrangig. Während sich ansonsten
einige Vorschriften nur auf Arbeitsverträge beziehen, wie etwa §§ 612a, 613a, 615
S. 3, 619a, 622 und 623, gelten andere, wie etwa §§ 621, 627 BGB, gerade nicht für
Arbeitsverhältnisse; im Hinblick auf die AGB-Kontrolle im Arbeitsrecht ist § 310
Abs. 4 BGB zu beachten. Weiterhin finden sich in den §§ 105 bis 110 GewO einige
allgemeine arbeitsrechtliche Regelungen, die nach § 6 Abs. 2 GewO auf alle Arbeitnehmer anwendbar sind.

Für das **Zustandekommen** gelten die allgemeinen Bestimmungen. Handelt es
sich um Arbeitsverträge, sind sowohl Abschlussverbote, z. B. Beschäftigungsver-
bote für Kinder unter 13 Jahre (§ 5 JugendarbeitsschutzG i. V. m. § 134 BGB) als
auch Abschlussgebote (§§ 71 ff. SGB IX zugunsten von Schwerbehinderten) zu
beachten. Die Abschlussfreiheit wird im Übrigen durch das **Allgemeine Gleichbehandlungsgesetz (AGG)** beschränkt, das auf mehreren EG-Richtlinien beruht.
Nach §§ 1 i. V. m. 7 Abs. 1 AGG ist es dem Arbeitgeber verboten, Beschäftigte
aus Gründen der Rasse oder wegen der ethnischen Herkunft, des Geschlechts, der
Religion oder Weltanschauung, einer Behinderung, des Alters oder der sexuellen
Identität zu benachteiligen (§§ 1, 2, 6, 7 AGG). Der Arbeitgeber darf also nicht
frei darüber entscheiden, ob er nur eine Frau oder einen Mann, einen jungen oder
älteren Bewerber, einen Deutschen oder einen Ausländer einstellt, sofern nicht eine
unterschiedliche Behandlung wegen eines der genannten Kriterien ausnahmsweise zulässig ist (§§ 8 bis 10 AGG). Aus dem AGG ergibt sich für den Arbeitgeber
allerdings kein echter Kontrahierungszwang. Ein Verstoß gegen ein Benachteiligungsverbot begründet daher keinen Anspruch des benachteiligten Bewerbers auf
Begründung eines Beschäftigungsverhältnisses (§ 15 Abs. 6 AGG). Dieser kann
aber nach § 15 Abs. 1 AGG Schadensersatz wegen eines eventuellen materiellen
Schadens (z. B. Bewerbungskosten) und nach § 15 Abs. 2 AGG Entschädigung
wegen eines immateriellen Schadens verlangen.

Haben die Parteien die Frage, ob und in welcher **Höhe** eine Vergütung gewährt
werden soll, nicht geregelt, dann gilt nach § 612 Abs. 1 BGB eine Vergütung als
stillschweigend vereinbart, „wenn die Dienstleistung den Umständen nach nur
gegen eine Vergütung zu erwarten ist", z. B. bei der Tätigkeit eines Rechtsanwaltes
oder eines Arztes. Diese Regelung beinhaltet eine unwiderlegbare Vermutung. Hat
sich jemand zur Leistung von Diensten verpflichtet, die normalerweise nur gegen
Entgelt erbracht werden, dann ist hierfür – auch ohne ausdrückliche oder still-
schweigende – Vereinbarung kraft Gesetzes eine Vergütung geschuldet.

---

**Beispiel**

Z bittet den stellenlosen S, ihm den Garten umzugraben. Nach Erledigung der
Arbeit verlangt S einen Stundenlohn in Höhe von 10 €. Z lehnt das ab, weil er
ihm keinen Lohn versprochen habe. Falls aber sein Verhalten als Lohnzusage
aufzufassen sei, fechte er vorsorglich wegen Irrtums an. Nach § 612 BGB gilt

eine Vergütung kraft Gesetz geschuldet, so dass eine Anfechtung wegen Irrtums nicht in Betracht kommt.[204]

Bei Fehlen einer Vereinbarung bestimmt sich die Höhe der Vergütung nach einer Taxe. Als taxmäßige Vergütung gelten nur staatlich festgesetzte Vergütungssätze, z. B. Gebührenordnung für Ärzte oder das Rechtsanwaltsvergütungsgesetz (RVG) für Rechtsanwälte, in zweiter Linie bestimmt sie sich nach der Ortsüblichkeit (§ 612 Abs. 2 BGB) und in dritter Linie nach billigem Ermessen des Dienstpflichtigen (§§ 315, 316 BGB).

Eine besondere **Form** des Vertrages ist nicht vorgesehen. Im Bereich des Arbeitsrechts wird in Tarifverträgen allerdings häufig bestimmt, dass Arbeitsverträge der Schriftform bedürfen. Aus dem Nachweisgesetz ergibt sich, dass die wesentlichen Vertragsbedingungen bei Arbeitsverträgen spätestens einen Monat nach Vertragsbeginn schriftlich niedergelegt werden sollen. In beiden Fällen hat jedoch die Schriftform keine konstitutive Bedeutung, so dass ein Formfehler nicht zur Nichtigkeit des Vertrages führt.[205]

Neben den allgemeinen Regeln zum Zustandekommen unterliegt auch die Wirksamkeit des Dienstvertrages den allgemeinen Regeln über Rechtsgeschäfte (§§ 104 ff. BGB). Hier sind neben den Vorschriften zur Geschäftsfähigkeit vor allem die Bestimmungen zu den Willensmängeln zu beachten.

Liegt etwa bei Vertragsabschluss ein Willensmangel vor, so kann jeder Dienstvertrag nach §§ 119, 123 BGB angefochten werden. Bei der Anfechtung eines Arbeitsvertrages wegen arglistiger Täuschung nach § 123 Abs. 1 BGB ist allerdings zu beachten, dass dem Arbeitnehmer bei diskriminierenden Fragen ein „Recht zur Lüge" zusteht. Die unwahre Beantwortung einer solchen Frage stellt deshalb keine rechtswidrige Täuschung dar.[206]

---

**Beispiel**

Eine Arbeitnehmerin täuscht beim Einstellungsgespräch über eine bestehende Schwangerschaft. Ein Recht zur Anfechtung nach § 119 Abs. 2 BGB besteht nicht, da es sich bei der Schwangerschaft (als vorübergehenden Zustand) nicht um eine verkehrswesentliche Eigenschaft handelt. Eine Anfechtung nach § 123 Abs. 1 BGB scheitert daran, dass die Frage nach der Schwangerschaft unzulässig ist.[207]

---

Die Zulässigkeit einer Frage hängt im Übrigen davon ab, ob der Arbeitgeber an der begehrten Auskunft ein berechtigtes schutzwürdiges Interesse hat. So darf etwa der Arbeitgeber nach Vorstrafen des Bewerbers nur fragen, wenn sie für die zu besetzende Position relevant sind.[208]

---

[204] *Brox/Walker,* SchuldR BT, § 18, Rn. 18 ff., 21 ff.

[205] *Looschelders,* SchuldR BT, § 28, Rn. 551 m. w. N.

[206] *Looschelders,* SchuldR BT, § 27, Rn. 553 m. w. N.

[207] EuGH, NJW 1994, 2077; BAG, NZA 2003, 848; Palandt/*Weidenkaff,* § 611 BGB, Rn. 6 ff.

[208] Palandt/*Weidenkaff,* § 611 BGB, Rn. 6 ff.

Besonderheiten bestehen bei den sog. fehlerhaften Arbeitsverhältnissen, die bereits in Vollzug gesetzt worden sind. Anfechtungs- und Nichtigkeitsgründe können nach Invollzugsetzung des Arbeitsverhältnisses nur noch mit Wirkung für die Zukunft (ex nunc) geltend gemacht werden. Für die Vergangenheit muss es als wirksam betrachtet werden, weil eine Rückabwicklung dieses Dauerschuldverhältnisses nach den allein in Betracht kommenden Bereicherungsvorschriften zu schwer lösbaren Schwierigkeiten und unbilligen Ergebnissen führen würde. Das fehlerhafte Arbeitsverhältnis wird nach h. M. bis zur Entdeckung des Nichtigkeitsgrundes als wirksam behandelt (**„fehlerhaftes Arbeitsverhältnis"**). Der Arbeitnehmer hat daher Anspruch auf den vereinbarten Lohn. Das fehlerhafte Arbeitsverhältnis endet ohne Kündigung ex nunc mit der Berufung auf die Nichtigkeit des Arbeitsvertrages.

---

**Beispiel**

U stellt den N als Nachtwächter für sein Warenhaus ein. Nach einer Woche stellt sich heraus, dass N wegen Diebstahls und Straßenraubs vorbestraft ist. U ficht den Vertrag an und verweigert jede Lohnzahlung. Da das Arbeitsverhältnis in Vollzug gesetzt worden ist, kann es – entgegen § 142 Abs. 1 BGB – nur mit Wirkung für die Zukunft entfallen.

---

## 4.6.2 Pflichten der Vertragsparteien

### 4.6.2.1 Pflichten des Dienstschuldners

Die Hauptpflicht des Dienstverpflichteten besteht in der **Leistung** der versprochenen Dienste. Nach § 611 Abs. 2 BGB können dies **Dienste jeder Art** sein. Der Inhalt ergibt sich aus dem Vertrag. Bei Arbeitsverträgen kann der Dienstberechtigte diese im Rahmen seines Weisungs- und Direktionsrechts konkretisieren (§ 106 GewO). Bei freien Dienstverträgen ist es oft Sache des Dienstverpflichteten, die Ausführung der Dienstleistung zu konkretisieren, z. B. bestimmt der Rechtsanwalt nach Mandatsübernahme die grundsätzliche Vorgehensweise. Die Verpflichtung zur Dienstleistung ist im Zweifel **höchstpersönlicher Natur**, d. h. der Dienstverpflichtete darf nicht einfach einen Ersatz schicken (§ 613 S. 1 BGB). Bei selbstständigen Dienstverpflichteten (z. B. Ärzten, Rechtsanwälten) ist dagegen der Einsatz von Gehilfen zulässig. Nach der Verkehrsauffassung kann nicht erwartet werden, dass der Dienstverpflichtete sämtliche Tätigkeiten persönlich ausführt.

---

**Beispiel**

A schließt mit dem Architekten B einen Dienstvertrag über die örtliche Bauaufsicht für ein Bauvorhaben. B ist im Augenblick sehr beschäftigt und gibt den Auftrag an einen Kollegen weiter. Dies ist unzulässig; B darf jedoch Hilfspersonen einsetzen.

Das Dienstverhältnis verpflichtet die Parteien zu gegenseitiger Rücksichtnahme und Interessenförderung. Der Dienstverpflichtete kommt i. d. R. eng mit den Interessen des Dienstberechtigten in Berührung, auf die er Rücksicht zu nehmen hat. Je nachdem, wie eng das Vertrauensverhältnis ist, treffen ihn **Aufklärungs- und Verschwiegenheitspflichten,** insbesondere im Verhältnis Arzt und Patient oder Rechtsanwalt und Mandant. Von praktischer Bedeutung sind vor allem Konkurrenz- und Wettbewerbsverbote.[209]

Der Dienstpflichtige hat die betreffenden Dienste gewissenhaft zu verrichten. Im Unterschied zum Werkvertrag kennt das Dienstvertragsrecht **kein spezielles Gewährleistungsrecht.** So soll es etwa zum Schutz des Dienstgläubigers keine Minderung geben. Daher ist auch eine mangelhafte Arbeit grundsätzlich voll vom Dienstgläubiger zu vergüten. Es findet hier grundsätzlich das allgemeine Leistungsstörungsrecht Anwendung. Jedoch kann u. U. der Dienstgläubiger im Falle einer Pflichtverletzung (z. B. bei einer extremen Schlechtleistung) mit einem Schadensersatzanspruch aus §§ 280 ff. BGB gegen den Vergütungsanspruch des Dienstverpflichteten aufrechnen (§§ 387 ff. BGB). Hat der Dienstverpflichtete die Arbeit überhaupt nicht erbracht, hängt die Frage, ob nach §§ 280, 283 BGB Schadensersatz statt der Leistung verlangt werden kann davon ab, ob die Leistung nachholbar ist; bei Nachholbarkeit könnte eine Haftung auf Ersatz eines Verzugsschadens in Betracht kommen. Nicht selten kann die geschuldete Dienstleistung nur zu einem bestimmten Zeitpunkt erbracht werden, z. B. im Falle eines Engagements eines Alleinunterhalters, der infolge eines Verkehrsunfalls nicht bei der Hochzeitsfeier auftreten kann.[210]

Bei Arbeitsverhältnissen sind einige Sonderregeln zu beachten. § 619a BGB schließt zunächst die allgemeine Beweislastregel des § 280 Abs. 1 S. 1 BGB aus, d. h. der Dienstberechtigte als Gläubiger des Anspruchs muss das Verschulden beweisen. Für Arbeitnehmer besteht aber noch eine weitergehende Haftungsprivilegierung.

Für alle Arbeiten, die dem Arbeitnehmer übertragen oder die jedenfalls betrieblich veranlasst worden sind, erfolgt eine Aufteilung der Schadensrisiken. Nach der Rspr. des BAG und der h. L. hat der Arbeitnehmer nach den Grundsätzen über die **Haftung bei betrieblicher Tätigkeit** nur bei Vorsatz in voller Höhe Ersatz zu leisten. Das gilt grundsätzlich auch bei grober Fahrlässigkeit, sofern eine Interessenabwägung hier nicht ausnahmsweise zu einem anderen Ergebnis führt.[211] Bei normaler Fahrlässigkeit wird der Schaden aufgrund einer Abwägung im Einzelfall zwischen Arbeitnehmer und Arbeitgeber geteilt, wobei die Umstände im Einzelfall (Alter des Arbeitnehmers, Gefährlichkeit seiner Tätigkeit, Schadenshöhe) zu berücksichtigen sind. Bei leichter Fahrlässigkeit ist der Arbeitnehmer von jeder Haftung befreit.

### 4.6.2.2  Pflichten des Dienstgläubigers

Die Hauptpflicht des Dienstberechtigten ist nach § 611 Abs. 1 BGB die Zahlung der vereinbarten **Vergütung.** Nach § 612 Abs. 1 BGB gilt eine Vergütung

---

[209] *Looschelders,* SchuldR BT, § 28, Rn. 564 ff. m. w. N.

[210] *Looschelders,* SchuldR BT, § 28, Rn. 576.

[211] Vgl. BAG, NJW 2011, 1096 (1097), VersR 2003, 736 (737).

als stillschweigend vereinbart, „wenn die Dienstleistung den Umständen nach nur gegen eine Vergütung zu erwarten ist". Der Zweck dieser Regelung besteht darin, zu vermeiden, dass der Vertrag wegen fehlender Einigung über einen wesentlichen Punkt wegen §§ 154, 155 BGB unwirksam ist. Hier hat eine Abgrenzung zu den Gefälligkeiten des täglichen Lebens zu erfolgen, bei denen eine Vergütung gerade nicht erwartet wird, z. B. kleine Hilfsarbeiten im Freundeskreis.

Die **Höhe** richtet sich nach der Parteivereinbarung. Haben die Parteien die Höhe der Vergütung nicht festgelegt, gilt nach § 612 Abs. 2 BGB die taxmäßige Vergütung (Gebührenordnungen für Ärzte oder Rechtsanwälte), bei Fehlen eines solchen die übliche Vergütung als vereinbart.

Die **Fälligkeit** bestimmt sich nach § 614 BGB. Nach § 614 Abs. 1 BGB muss der Dienstberechtigte die Vergütung grundsätzlich erst nach der Leistung entrichten. Ist sie nach Zeitabschnitten bemessen (z. B. beim Arbeitnehmer nach Monaten), so muss sie der Dienstberechtigte nach Ablauf der einzelnen Zeitabschnitte gewähren. Der Dienstverpflichtete hat also vorab zu leisten (§ 614 BGB). § 614 BGB gilt auch für Arbeitsverträge. Ein Arbeitnehmer erhält grundsätzlich seine Vergütung erst am Monatsende, wenn nicht im Tarifvertrag oder im Arbeitsvertrag ein anderer Zeitpunkt festgelegt ist.

Auch für den Dienstberechtigten ergeben sich aufgrund des Vertrages **Nebenpflichten,** insbesondere spezielle Rücksichtnahmepflichten (z. B. § 618 BGB).

Arbeitgeber sind gehalten, die Arbeitnehmer bei betriebsbezogenen Entscheidungen gleich zu behandeln. Dieses arbeitsrechtliche Gleichbehandlungsgebot verwirklicht die Wertungen des verfassungsrechtlichen Gleichheitssatzes (Art. 3 Abs. 1 GG) und wird durch das Allgemeine Gleichbehandlungsgesetz konkretisiert.

Die Pflicht zur Dienstleistung ist häufig eine absolute Fixschuld, d. h. sie kann, wenn sie zu einem bestimmten Zeitpunkt nicht erbracht worden ist, nicht mehr nachgeholt werden. Es liegt dann eine Unmöglichkeit der Leistung vor, die dazu führt, dass der Dienstverpflichtete von seiner Leistungspflicht frei wird (§ 275 BGB). Auf der anderen Seite entfällt dann die Pflicht zur Gegenleistung, d. h. die Vergütungspflicht. Es gilt dann die Formel: „Ohne Arbeit kein Lohn".[212]

Es gibt von diesem Grundsatz einige **wichtige Ausnahmen.** Nimmt der Dienstberechtigte die ihm ordnungsgemäß angebotene Dienstleistung nicht an und gerät er deshalb in **Annahmeverzug** (§§ 293 ff. BGB), muss er dem Dienstverpflichteten die vereinbarte Vergütung gewähren, ohne von ihm Nachleistung verlangen zu können (§ 615 S. 1 BGB). So braucht die vom Klavierschüler versäumte Klavierstunde vom Klavierlehrer nicht nachgeholt zu werden, auch dann nicht, wenn er noch freie Stunden hat. Der Dienstpflichtige muss sich aber anrechnen lassen, was er infolge des Unterbleibens der Dienstleistung erspart und was er durch anderweitige Verwendung seiner Dienste erwirbt oder zu erwerben böswillig unterlässt (§ 615 S. 2 BGB). Bei Arbeitsverträgen sieht § 615 S. 3 BGB vor, dass der Dienstberechtigte die vereinbarte Vergütung auch dann zahlen muss, wenn die Dienstleistung aus betrieblichen Gründen nicht erbracht werden kann. In diesen Fällen trägt der Arbeitgeber das **Betriebsrisiko,** z. B. wenn aufgrund eines Brandes oder aufgrund eines

---

[212] *Looschelders*, SchuldR BT, § 28, Rn. 591 m. w. N.

Stromausfalls im Betrieb nicht gearbeitet werden kann. Eine weitere Ausnahme sieht § 616 BGB vor. § 616 BGB verlangt, dass es sich um eine **vorübergehende,** d. h. eine verhältnismäßig nicht erhebliche Zeit handelt und die Dienstverhinderung nicht auf einem Verschulden des Dienstverpflichteten beruht. Nach § 616 S. 1 BGB verliert demnach der Dienstverpflichtete seinen Vergütungsanspruch entgegen § 326 Abs. 1 S. 1 BGB nicht dadurch, dass er für eine verhältnismäßig unerhebliche Zeit durch einen in seiner Person liegenden Grund ohne sein Verschulden an der Dienstleistung verhindert war, etwa bei **persönlicher Dienstverhinderung** und Krankheit. Diese Regelung hat ihre wesentliche Bedeutung im Arbeitsrecht. Als persönliche Verhinderungsgründe sind anerkannt: der Tod eines nahen Angehörigen oder die kurzzeitige Pflege eines kranken Kindes.[213] Kein persönlicher Hinderungsgrund ist eine Verkehrsstörung auf Grund von Eisglätte[214], Schneeverwehungen, Bahnstreiks etc., da es sich um objektive Hinderungsgründe handelt. Das **Wegerisiko** hat der **Dienstverpflichtete** zu tragen. Ist ein Arbeitnehmer wegen Krankheit arbeitsunfähig, regelt das Entgeltfortzahlungsgesetz die fortbestehende Vergütungspflicht des Arbeitgebers bis zu 6 Wochen (§ 3 EFZG).

### 4.6.3  Beendigung

Da die Dienstleistung persönlich zu erbringen ist (§ 613 S. 1 BGB), erlischt das Dienstverhältnis mit dem **Tod** (des Dienstpflichtigen). Ein **befristetes** Dienstverhältnis endet nach § 620 Abs. 1 BGB durch Zeitablauf, also mit dem Ablauf der vereinbarten Zeit. Bei **unbefristeten** Dienstverhältnissen können beide Parteien kündigen. Die Kündigung ist eine empfangsbedürftige Willenserklärung, die darauf gerichtet ist, das Dienstverhältnis sofort oder nach Ablauf einer bestimmten Frist zu beenden. Im Falle eines Arbeitsverhältnisses bedarf die Kündigung der Schriftform (§ 623 BGB). Wird diese nicht eingehalten, ist die Kündigung unwirksam.

Für die **ordentliche Kündigung** müssen Fristen eingehalten werden, die entweder vertraglich vereinbart oder gesetzlich angeordnet sind (vgl. §§ 621, 622, 624 BGB). Selbständige Dienstverhältnisse sind dabei unter Einhaltung relativ kurzer gesetzlicher Fristen kündbar. Abweichende Kündigungsfristen können sowohl durch Arbeitsvertrag als auch durch Tarifvertrag vereinbart werden. Eine einzelvertraglich vereinbarte Verkürzung der Kündigungsfristen ist jedoch zum Schutz der Arbeitnehmer nur in engen Grenzen möglich. Das Recht des Arbeitgebers zur ordentlichen Kündigung ist durch spezielle Gesetze erheblich eingeschränkt. Zu erwähnen sind vor allem das KSchG, §§ 102 ff. Betriebsverfassungsgesetz (BetrVG), § 9 Mutterschutzgesetz (MuSchuG) oder § 18 Bundeselterngeld- und Elternzeitgesetz (BEEG) sowie § 85 SGB IX bei Schwerbehinderung.

Die **außerordentliche Kündigung** ist abschließend in den §§ 626, 627 BGB geregelt. Sie muss binnen 2 Wochen erklärt werden, beginnend mit der Kenntniserlangung von den die fristlose Kündigung rechtfertigenden Tatsachen (§ 626 Abs. 2 BGB).

---

[213] Palandt/*Weidenkaff*, § 616 BGB, Rn. 8 ff. m. w. N.
[214] BAG, NJW 1983, 1078.

Die fristlose Kündigung ist zulässig, wenn ein „wichtiger Grund" vorliegt. Nach § 626 BGB müssen Tatsachen vorliegen, auf Grund derer dem Kündigenden unter Berücksichtigung aller Umstände des Einzelfalls und unter Abwägung der Interessen beider Vertragsparteien die Fortsetzung des Dienstverhältnisses bis zum Ablauf der Kündigungsfrist oder bis zur vereinbarten Beendigung des Dienstverhältnisses nicht zugemutet werden kann, z. B. strafbare Handlungen des Arbeitnehmers, häufige Unpünktlichkeit oder missbräuchliche Nutzung des Internets am Arbeitsplatz.

Die Parteien können jederzeit einen **Aufhebungsvertrag** schließen, der das Dienstverhältnis zum Erlöschen bringt (§ 311 Abs. 1 BGB). Handelt es sich um ein Arbeitsverhältnis, so ist die Schriftform einzuhalten.

Bei bestehenden Dienstverhältnissen hat der Dienstverpflichtete nach der Kündigung einen Anspruch gegen den Dienstberechtigten auf Gewährung angemessener Freizeit für die Stellensuche (§ 629 BGB). Außerdem kann er die Erstellung eines **schriftlichen Zeugnisses** verlangen (§ 630 BGB, § 109 GewO). Der Dienstberechtigte muss das Zeugnis auf Verlangen auch auf die Beurteilung der dienstlichen Leistungen und der Führung erstrecken.

## 4.7 Werkvertragsrecht

### 4.7.1 Begriff und Gegenstand

Der Werkvertrag ist ein gegenseitiger Vertrag, in dem sich der eine Teil (Unternehmer) zur Herstellung des versprochenen Werkes und der andere Teil (Besteller) zur Entrichtung der vereinbarten Vergütung verpflichtet (§ 631 Abs. 1 BGB). Der Begriff „Unternehmer" wird in einem von der Definitionsnorm des § 14 BGB abweichenden Sinne gebraucht; damit wird nur derjenige bezeichnet, der eine Werkleistung verspricht. Anders als beim Dienstvertrag wird also **nicht** nur ein **Arbeitseinsatz, sondern** ein bestimmter **Arbeitserfolg** geschuldet, für dessen Eintritt der Unternehmer das Risiko zu tragen hat. So handelt es sich z. B. bei einem ärztlichen Behandlungsvertrag regelmäßig um einen Dienstvertrag. Der Arzt schuldet nicht die Gesundung eines Patienten, sondern nur die sachverständige Behandlung. Dies soll grundsätzlich auch im Falle einer Operation gelten, z. B. bei einer Blinddarmoperation[215]; anderes gilt etwa bei kosmetischen Operationen.

Der Gegenstand eines Werkvertrages kann vielgestaltig sein. Nach § 631 Abs. 2 BGB kann es sich um die Herstellung einer unbeweglichen Sache handeln, z. B. den Bau eines Hauses. Als Werk kommt aber auch jeder andere durch Arbeit oder Dienstleistung herbeizuführende Erfolg in Betracht.

---

### Beispiele

Reparaturarbeiten an beweglichen oder unbeweglichen Sachen; geistige Tätigkeiten, etwa die Erstellung eines schriftlichen Gutachtens, die Anfertigung einer

---

[215] Vgl. zur Abgrenzung zum Dienstvertrag *Medicus/Lorenz*, SchuldR II, Rn. 690.

Statik für ein Bauvorhaben oder das Abfassen eines Manuskripts für ein Theaterstück; in Betracht kommt auch ein sog. unkörperlicher Arbeitserfolg, etwa die Durchführung einer Veranstaltung (z. B. das Konzert eines Künstlers), die Beförderung von Personen oder Gütern, die Beschaffung von Informationen oder das Erstellen von Individualsoftware, nicht dagegen der Erwerb von Standardsoftware. Auf die nicht speziell für die Bedürfnisse des Kunden zugeschnittene Standardsoftware ist das Kaufrecht nach §§ 433, 453 BGB anzuwenden.

Das **Zustandekommen** des Werkvertrages bestimmt sich nach den **allgemeinen Vorschriften** über das Zustandekommen von Verträgen. Bei Fehlen einer Vergütungsvereinbarung ist der Vertrag nicht mangels Einigung über einen wesentlichen Bestandteil unwirksam; vielmehr greift § 632 Abs. 1 BGB. Der Vertrag ist grundsätzlich formlos wirksam.

Im Unterschied zum Werkvertragsrecht wird der **Auftrag** unentgeltlich ausgeführt, während wesentliches Merkmal des Werkvertrages die Vergütungspflicht ist. Hat der Werkvertrag eine Geschäftsbesorgung zum Gegenstand, so sind neben den Vorschriften über den Werkvertrag ergänzend einzelne Vorschriften des Auftragsrechts anzuwenden (§ 675 BGB). Beim **Geschäftsbesorgungsvertrag** nach § 675 BGB geht es um entgeltliche Dienst- oder Werkleistungen, die in der selbstständigen Wahrnehmung fremder Vermögensinteressen bestehen. Der Geschäftsbesorger übt daher eine Tätigkeit aus, für die der Geschäftsherr ursprünglich selbst zu sorgen hatte. Der Geschäftsbesorgungsvertrag ist ein Unterfall des Werkvertrages, wenn nicht nur die Tätigkeit, sondern auch ein Erfolg geschuldet wird. Typisches Beispiel ist die Inkassotätigkeit.

Während es beim Werkvertrag um die Herstellung eines Werkes geht, betrifft der **Kaufvertrag** die Übereignung von Sachen. Überschneidungen treten dann auf, wenn sich die Parteien über die Lieferung einer herzustellenden oder zu erzeugenden beweglichen Sache geeinigt haben, wie z. B. die Herstellung einer Maschine, eines Maßanzuges oder von Möbeln, dann finden nach § 651 BGB die Vorschriften über den Kauf Anwendung. Die Vorschrift des § 651 BGB führt zu einer Erweiterung des Anwendungsbereichs des Kaufrechts im Verhältnis zum Werkvertragsrecht. Sachlich gerechtfertigt wird die Anwendung des Kaufrechts dadurch, dass der Unternehmer die hergestellten Sachen ebenso wie ein Verkäufer zu übereignen hat. Bei wertender Betrachtung macht es keinen Unterschied, ob der Verkäufer die Kaufsache bereits hergestellt hat oder noch herstellen muss. Das Kaufrecht ist selbst dann anzuwenden, wenn der Besteller die Materialien zur Herstellung des Werkes liefert. Da der Unternehmer durch die Verarbeitung der Materialien zu einer neuen Sache Eigentum nach § 950 BGB erwirbt, ist die Anknüpfung an die Übereignungspflicht gerechtfertigt. § 651 BGB greift dagegen nicht ein, wenn der Unternehmer die vom Besteller gestellte Sache lediglich verändert, z. B. repariert, ohne das eine neue Sache entsteht; hier gilt das Werkvertragsrecht. Bei der Anfertigung unvertretbarer beweglicher Sachen, z. B. Herstellung eines Maßanzuges, wird das Kaufrecht durch einige wenige Vorschriften aus dem Werkvertragsrecht modifiziert. Abgrenzungsprobleme ergeben sich beim Kauf mit Montageverpflichtung (§ 434 Abs. 2 S. 1 BGB). Entscheidend ist, ob die Lieferung der Sache oder die Montage den

Schwerpunkt bildet. Mit dem Schuldrechtsmodernisierungsgesetz haben zwar bestehende Abgrenzungsprobleme aufgrund der Angleichung der Rechtsbehelfssysteme an praktischer Relevanz verloren. Abgrenzungsfragen sind jedoch nach wie vor von praktischer Bedeutung. So bestehen zwischen beiden Vertragstypen weiterhin Unterschiede. Zu nennen sind etwa: Lieferung und Übergabe (§§ 433, 434, 437 BGB) statt Abnahme (§ 640 BGB); unterschiedliche Verjährungsregeln bei Kauf- und Werkvertrag (§ 438 BGB; § 634a Abs. 2 BGB); Wahlrecht des Käufers in Bezug auf die Nacherfüllung (§ 439 Abs. 1 BGB) im Gegensatz zum Wahlrecht des Unternehmers in Bezug auf die Nacherfüllung nach § 635 Abs. 1 BGB sowie zwingende Regelungen beim Verbrauchsgüterkauf ohne Pendant im Werkvertragsrecht.

Trotz der Ausweitung des Kaufrechts hat das Werkvertragsrecht nach wie vor einen großen Anwendungsbereich. Hierzu gehört der gesamte Bereich des Bau- und Transportgewerbes. Bei bestimmten standardisierten Werkleistungen haben Allgemeine Geschäftsbedingungen eine zentrale Bedeutung erlangt.

Bei **Bauverträgen**, d. h. bei Verträgen zwischen Bauherren und Bauunternehmen, wird regelmäßig die Geltung der **Verdingungsordnung für Bauleistungen (VOB)** vereinbart. Die VOB besteht aus drei Teilen, den allgemeinen Vergabebestimmungen (Teil A), den Allgemeinen Vertragsbedingungen für die Bauausführung (Teil B) sowie den allgemeinen technischen Vorschriften für Bauleistungen (Teil C).[216]

Für das Zivilrecht ist vor allem die VOB/B von Bedeutung. Teil B der VOB stellt eine vom Werkvertragsrecht abweichende Regelung für den Inhalt des Bauvertrages dar. Dieser enthält allgemeine Vertragsbedingungen für die Bauausführung und liegt in der Praxis vielen Bauverträgen zugrunde. Die dort geregelten Allgemeinen Vertragsbedingungen für die Ausführung von Bauleistungen bilden ein Vertragsmuster, das die Rechte und Pflichten der Parteien abweichend vom BGB regelt und dabei die Interessen beider Vertragsparteien angemessen zu berücksichtigen versucht. Die VOB/B gilt aber nicht kraft Gesetzes, sondern muss von den Parteien nach den §§ 305 ff. BGB in den Vertrag einbezogen werden. Die VOB/B unterliegt der Inhaltskontrolle nach §§ 307 bis 309 ff. BGB. Während die frühere h. M. davon ausging, dass eine Inhaltskontrolle einzelner Klauseln nicht in Betracht kommt, wenn die VOB als ausgewogenes Regelwerk als Ganzes vereinbart wurde, hat der BGH in einer neueren Entscheidung klargestellt, dass die einzelnen Klauseln in jedem Fall einer vollen Inhaltskontrolle nach §§ 307 ff. BGB unterliegen, wenn die VOB/B gegenüber einem Verbraucher verwendet wird.[217] Der durch das Forderungssicherungsgesetz von 2008 eingefügte § 310 Abs. 1 S. 3 BGB sieht vor, dass die Privilegierung der VOB/B nur gegenüber Unternehmern und juristischen Personen des öffentlichen Rechts gilt.

Zu nennen ist weiterhin die **Makler- und Bauträgerverordnung,** die bei Bauträgerverträgen grundsätzlich Schutzvorschriften zugunsten des Kunden vorsieht. Der Bauträger errichtet Bauvorhaben auf seinen Grundstücken, um sie vor bzw. nach deren Fertigstellung zu veräußern. Gegenstand des Bauträgervertrages ist also

---

[216] Vgl. *Brox/Walker*, SchuldR BT, § 23, Rn. 13 m. w. N.

[217] BGH, NZBau 2008, 640; *Looschelders*, SchuldR BT, § 31, Rn. 631 m. w. N

das fertiggestellte Bauvorhaben, das gegen Zahlung eines Entgelts zu übertragen ist. Der Bauträger schließt mit den einzelnen Bauhandwerkern, die zur Erstellung des Bauvorhabens eingeschaltet worden sind, im eigenen Namen und für eigene Rechnung selbstständige Werkverträge ab. Mit den Erwerbern des geplanten und bei Vertragsabschluss oft schon wenigstens partiell errichteten Bauvorhabens schließt der Bauträger einen einheitlichen gemischten Vertrag, der sich aus kauf- und werkvertraglichen Elementen zusammensetzt. Hinsichtlich des Erwerbs des Grund und Bodens gelten die Regeln des Kaufrechts über die Sach- und Rechtsmängelhaftung. Bei Mängeln der Bauleistungen finden grundsätzlich die §§ 634 ff. BGB Anwendung;[218] dagegen soll das Kaufrecht gelten, wenn das Bauwerk vollständig erstellt wurde. Diese Bauträgertätigkeit ist erlaubnispflichtig (§ 34c GewO); der Bauträger muss für Vorauszahlungen des Interessenten Sicherheit leisten. Bei **Architektenverträgen** ist die Verordnung über die Honorare für Leistungen der Architekten und Ingenieure (HOAI) zu beachten.

Im Bereich des Transports sind zahlreiche Sonderregelungen zu beachten; so sind z. B. im HGB der Frachtvertrag (§§ 407 ff. HGB) und der Speditionsvertrag (§§ 453 ff. HGB) geregelt.

### 4.7.2  Vertragliche Pflichten

#### 4.7.2.1  Pflichten des Unternehmers

Nach § 631 Abs. 1 BGB ist der Werkunternehmer zur **Erstellung des versprochenen Werkes** verpflichtet. Dazu gehört die Pflicht, dem Besteller das Werk zu beschaffen. Im Unterschied zum Dienstvertrag braucht der Unternehmer die Werkleistung **nicht persönlich zu** erbringen, es sei denn, dass sich aus dem Vertrag etwas anderes ergibt, wenn es etwa auf die speziellen Fähigkeiten des Werkunternehmers ankommt, z. B. eines Gutachters oder eines Künstlers. Dagegen werden z. B. bei größeren Bauprojekten Subunternehmer eingeschaltet, für deren Verhalten der Werkunternehmer nach § 278 BGB einstehen muss.

Der Unternehmer hat dem Besteller das Werk **frei von Sach- und Rechtsmängeln** zu verschaffen. Es handelt sich um eine Hauptleistungspflicht. Dies hat zur Folge, dass der Besteller nicht in Annahmeverzug kommt, wenn er das (mangelhafte) Werk nicht abnimmt; unwesentliche Mängel sind nach § 640 Abs. 1 BGB unbeachtlich. Der Begriff des Sach- und Rechtsmangels ist in § 633 Abs. 2 BGB ähnlich definiert wie im Kaufrecht (§ 434 Abs. 1 BGB). Es kommt primär auf die Parteivereinbarungen an. Die Einhaltung der anerkannten Regeln der Technik, etwa DIN-Normen, und die Funktionsfähigkeit für den vertraglich vorausgesetzten Gebrauch gelten dabei als Mindeststandard.[219] Ist keine Vereinbarung getroffen worden, kommt es auf die nach dem Vertrag vorausgesetzte Verwendung an (§ 633 Abs. 2 S. 2 Nr. 1 BGB). Fehlt auch dieses, bestimmt sich die Vertragsmäßigkeit des Werkes nach objektiven Kriterien (§ 633 Abs. 2 S. 2 Nr. 2 BGB). Im Gegensatz

---

[218] *Looschelders*, SchuldR BT, § 31, Rn. 629 m. w. N.

[219] *Tonner*, § 26, Rn. 7 m. w. N.

zum Kaufrecht fehlt der Bezug zu den Werbeaussagen zur Bestimmung des Sach-
mangelbegriffs (§ 434 Abs. 1 S. 3 BGB). Eine Zurechnung solcher Aussagen ist
meist nicht erforderlich, da der Unternehmer i. d. R. selbst Hersteller des Produkts
ist und (seine) Werbeaussagen als Beschaffenheitsvereinbarungen anzusehen sind.
Falschlieferung (aliud) und die Zuweniglieferung (minus) sind nach § 633 Abs. 2
S. 3 BGB in Anlehnung an die kaufrechtliche Regelung in § 434 Abs. 3 BGB ausdrücklich einem Sachmangel gleichgestellt. Die praktische Bedeutung ist im Werkvertragsrecht gering, da auf einen Vertrag über die Lieferung herzustellender ver-
tretbarer Sachen nach § 651 S. 1 BGB das Kaufrecht Anwendung findet.

**Rechtsmängel** werden nach § 633 Abs. 3 BGB in Übereinstimmung mit § 435
BGB definiert. Das Werk ist frei von Rechtsmängeln, wenn Dritte in Bezug auf das
Werk keine oder nur die im Vertrag übernommenen Rechte gegen den Besteller
geltend machen können (§ 633 Abs. 3 BGB). Sie spielen aber bei Werkverträgen
eine geringere Rolle als bei Kaufverträgen und den nach § 651 BGB dem Kaufver-
tragsrecht unterstellten Verträgen; denkbar sind Rechte Dritter vor allem aus dem
Bereich des Urheberrechts und des gewerblichen Rechtsschutzes. So liegt z. B. ein
Rechtsmangel vor, wenn ein Dritter, dessen Urheberrecht durch das Werk verletzt
ist, dessen Verwendung untersagen kann.

Maßgebender Zeitpunkt für den vertragsgemäßen Zustand ist die **Annahme**
bzw. die **Vollendung** des Werkes (§ 644 Abs. 1 S. 1 BGB). Vor diesem Zeitpunkt
besteht der primäre Erfüllungsanspruch des Bestellers fort; auf Pflichtverletzungen
findet das allgemeine Leistungsstörungsrecht unmittelbar Anwendung.

Die **Nebenpflichten** ergeben sich – wie bei allen Verträgen – aus § 241 Abs. 2
BGB sowie aus dem Vertragszweck unter Berücksichtigung von Treu und Glauben
(§ 242 BGB). Nach § 242 BGB treffen den Unternehmer zahlreiche Nebenleis-
tungs- und Schutzpflichten, z. B. muss er eine für einen Kunden zu reparierende
Sache sorgfältig behandeln.

### 4.7.2.2 Pflichten des Bestellers

#### Pflicht zur Zahlung der Vergütung

Der Besteller ist in erster Linie zur **Entrichtung der vereinbarten Vergütung** verpflichtet (§ 631 Abs. 1 BGB). Art und Umfang der Vergütung ergeben sich aus der
Vereinbarung. Wurde keine Vergütung vereinbart, gilt diese als stillschweigend vereinbart, wenn die Herstellung des Werkes den Umständen nach nur gegen eine Vergütung zu erwarten ist (§ 632 Abs. 1 BGB). Es gilt das zu § 612 Abs. 1 BGB Gesagte.

Ist die Höhe der Vergütung nicht bestimmt worden, gilt beim Bestehen einer
Taxe (z. B. HOAI, RVG, Gebührenordnungen der Steuerberater und Ärzte) die taxmäßige Vergütung als vereinbart; fehlt eine solche gilt das Übliche als vereinbart
(§ 632 Abs. 2 BGB).

Nach § 632 Abs. 3 BGB ist ein **Kostenanschlag** im Zweifel nicht zu vergüten. Nach dieser Auslegungsregel bedarf eine Vergütungspflicht für einen Kostenanschlag einer eindeutigen Vereinbarung. Wird eine solche getroffen, geht sie
dem § 632 Abs. 3 BGB vor. Vorarbeiten des Unternehmers, z. B. Entwürfe, Zeich-
nungen, sind gleichfalls nur ausnahmsweise zu vergüten, wenn sie entweder den

Gegenstand eines selbstständigen Werkvertrages bilden oder so umfangreich sind, dass ihre Unentgeltlichkeit nach Treu und Glauben oder § 632 Abs. 1 BGB nicht erwartet werden kann.[220]

Die Vergütung ist **bei Abnahme fällig** (§ 641 Abs. 1 BGB). Der Unternehmer muss somit das Werk erstellen, bevor er eine Vergütung beanspruchen kann. Diese Fälligkeitsregelung hat zur Folge, dass der Unternehmer zu erheblichen Vorleistungen gezwungen ist, bevor er eine Vergütung verlangen kann. Dies kann ihn in finanzielle Bedrängnis bringen. Das Gesetz enthält daher einige Regelungen, um die Wirkung der Vorleistungspflicht zu entschärfen. Bei komplexeren Werken, insbesondere der Errichtung von Gebäuden, werden deshalb häufig **Teilabnahmen** vereinbart (§ 641 Abs. 1 S. 2 BGB), insbesondere auch, damit der Unternehmer entsprechend des Baufortschritts eine Vergütung erhält. Wenn der Besteller das Werk nicht innerhalb einer von dem Unternehmer gesetzten Frist abnimmt, obwohl er dazu verpflichtet ist, wird die Abnahme nach § 640 Abs. 1 S. 3 fingiert. Der Unternehmer wird vor einer unberechtigten Verweigerung der Abnahme durch den Besteller durch diese **Abnahmefiktion** der §§ 640 Abs. 1 S. 3 geschützt. Hat der Besteller einen Mängelbeseitigungsanspruch, so kann er aber auch nach Abnahme noch die Zahlung eines angemessenen Teils der Vergütung verweigern. § 641 Abs. 3 2. Hs. BGB sieht vor, dass das Doppelte der für die Beseitigung des Mangels erforderlichen Kosten angemessen ist.

Die Vorleistungspflicht kann ungeachtet der vorgenannten Regelungen gerade bei mittelständischen Unternehmen große Liquiditätsprobleme verursachen. Nachteilig ist darüber hinaus, dass der Anspruch auf Teilvergütung nach § 641 Abs. 1 S. 2 BGB nicht kraft Gesetzes eingreift, sondern von den Parteien vereinbart werden muss. Der Gesetzgeber ist dem Unternehmer deshalb mit der Schaffung des § 632a BGB entgegengekommen. Der Unternehmer kann danach von dem Besteller **Abschlagszahlungen** für die erbrachten vertragsgemäßen Leistungen in der Höhe verlangen, in der der Besteller durch die Leistung einen Wertzuwachs erlangt hat.[221]

Bei Verträgen, die der VOB/B unterliegen, bestimmt sich die Fälligkeit der Vergütung nach § 16 Nr. 3 VOB/B. Zur Abnahme muss hinzukommen, dass der Auftragnehmer dem Auftraggeber eine prüffähige Schlussrechnung erteilt hat. Die Fälligkeit tritt alsbald nach Prüfung und Feststellung der Schlussrechnung ein, spätestens jedoch zwei Monate nach deren Zugang. Der Auftraggeber kann nach § 16 Nr. 3 VOB/B grundsätzlich keine Nachforderungen mehr geltend machen, wenn er die Schlusszahlung vorbehaltlos angenommen hat. Der Anspruch des Unternehmers auf Abschlagszahlungen folgt im Übrigen aus § 16 Nr. 1 VOB/B. Dieser besteht in der Höhe des Wertes der jeweils durch eine prüfbare Aufstellung nachgewiesenen vertragsgemäßen Leistung.[222]

### Abnahme

Der Besteller ist verpflichtet, das vertragsgemäß hergestellte Werk abzunehmen und ggf. bei der Herstellung mitzuwirken. Unter einer Abnahme versteht die h. M.

---

[220] Erman/*Schwenker*, § 632 BGB, Rn. 2; *Looschelders,* SchuldR BT, § 31, Rn. 640.

[221] Vgl. *Looschelders,* SchuldR BT, § 31, Rn. 644.

[222] Vgl. *Looschelders,* SchuldR BT, § 31, Rn. 643.

nicht nur die **körperliche Entgegennahme** des „Werkes", sondern auch die **Anerkennung** (Billigung) des Werkes als vertragsgemäße Leistung.[223] Eine Anerkennung ist ausreichend, wenn eine körperliche Entgegennahme nicht möglich ist, z. B. Werkleistungen an einem Gebäude. Ist nach der Beschaffenheit des Werkes eine Abnahme praktisch nicht möglich, z. B. bei Beförderungsleistungen oder Theateraufführungen, tritt an die Stelle der Abnahme die **Vollendung** des Werkes (§ 646 BGB). Der Besteller darf die Abnahme wegen unwesentlicher Mängel nicht verweigern (§ 640 Abs. 1 S. 2 BGB). Damit soll zum Schutz des Unternehmers verhindert werden, dass sich der Besteller seiner Zahlungspflicht entzieht, indem er unter Berufung auf geringfügige Mängel die Abnahme verweigert.

Der Abnahme steht es gleich, wenn der Besteller das Werk nicht innerhalb einer ihm vom Unternehmer bestimmten, angemessenen Frist abnimmt, obwohl er dazu verpflichtet ist (§ 640 Abs. 1 S. 3 BGB). Nimmt der Besteller ein mangelhaftes Werk nach § 640 Abs. 1 S. 1 BGB nicht an, obwohl er den Mangel kennt, so stehen ihm die in § 634 Nr. 1 bis 3 BGB genannten Gewährleistungsrechte nur zu, wenn er sich seine Rechte wegen des Mangels bei der Abnahme vorbehält (§ 640 Abs. 2 BGB).

Die Abnahme ist als **Hauptpflicht** des Bestellers in mehrfacher Hinsicht von Bedeutung. Mit der Abnahme wird die **Vergütung fällig** (§ 641 Abs. 1 BGB). Ist das Werk in Teilen abzunehmen und die Vergütung für die einzelnen Teile bestimmt, so ist die Vergütung für jeden Teil bei dessen Abnahme zu entrichten. § 641 Abs. 2 BGB enthält Konkretisierungen zur Fälligkeit. Kann der Besteller die Beseitigung eines Mangels verlangen, so kann er nach der Fälligkeit die Zahlung eines angemessenen Teils der Vergütung verweigern; angemessen ist i. d. R. das Doppelte der für die Beseitigung des Mangels erforderlichen Kosten.

Die **Verjährungsfrist** beginnt für bestimmte Mängelansprüche mit der Abnahme zu laufen (§ 634a Abs. 2 BGB). Die **Beweislast** wird umgekehrt. Nach der Abnahme muss der Besteller beweisen, dass das hergestellte Werk mangelhaft ist. Mit der Abnahme geht nach § 644 Abs. S. 1 BGB auch die **Vergütungsgefahr** auf den Besteller über.

Nimmt der Besteller das Werk grundlos nicht ab, kann er in **Schuldnerverzug** kommen. Der Unternehmer kann dann Ersatz des durch die Verzögerung entstandenen Schadens ersetzt verlangen (§§ 280 Abs. 1, 2, 286 BGB). Das Recht, vom Vertrag zurückzutreten (§ 323 BGB) oder nach § 280 Abs. 1, 2, 281 BGB Schadensersatz statt der Leistung zu verlangen, braucht der Unternehmer i. d. R. nicht geltend zu machen, da die erforderliche Fristsetzung die Abnahmefiktion des § 640 Abs. 1 S. 3 BGB auslöst.

Besonderheiten gelten für die Abnahme, wenn die **VOB/B** vereinbart ist. Danach ist ein förmliches Abnahmeverfahren vorgesehen, wenn eine Partei es verlangt. Danach ist ein Abnahmeprotokoll anzufertigen, in dem alle etwaigen Vorbehalte des Auftraggebers und alle Einwendungen des Auftragnehmers niederzulegen sind. Eine Verweigerung der Abnahme kommt nur wegen wesentlicher Mängel in Betracht. Wird keine Abnahme verlangt oder verweigert sie der Auftraggeber

---

[223] Vgl. BGH, NJW 1993, 1972, 1974; *Brox/Walker*, SchuldR BT, § 25, Rn. 10.

unberechtigt, gilt die Leistung mit Ablauf von 12 Werktagen nach schriftlicher Mitteilung über die Fertigstellung als abgenommen. Nutzt der Auftraggeber die Werkleistung, dann tritt nach Ablauf von 6 Werktagen die Abnahme ein (vgl. im Einzelnen § 12 Nr. 3 bis 5 VOB/B).[224]

**Nebenpflichten**

Auch für den Besteller können sich **Nebenpflichten** aus § 241 Abs. 2 BGB sowie aus dem Vertragszweck unter Berücksichtigung von Treu und Glauben nach § 242 BGB ergeben. Den Besteller trifft vor allem eine Fürsorgepflicht in Bezug auf den Schutz vor Unfällen, z. B. wenn der Unternehmer in den Räumen des Bestellers Reparaturarbeiten vornimmt.[225]

**Obliegenheiten**

Der Besteller hat, soweit dies für die Herstellung erforderlich ist, nach § 642 BGB bei der Herstellung des Werkes **mitzuwirken.** Lässt der Besteller seine Wohnung streichen, dann muss er sich z. B. die Farbe aussuchen und dem Unternehmer bzw. dessen Erfüllungsgehilfen Zutritt zur Wohnung verschaffen. Hierbei handelt es sich um eine bloße **Obliegenheit,** nicht jedoch um eine Rechtspflicht. Erscheint etwa der Besteller eines Porträts nicht zur Anprobe, kann der Unternehmer nicht auf Mitwirkung klagen. Der Unternehmer kann allerdings bei unterlassener Mitwirkung Schadensersatzansprüche aus §§ 280 ff. BGB geltend machen. Durch Verweigerung der erforderlichen Mitwirkung kommt der Besteller nach § 295 S. 1 BGB in Annahmeverzug. Der Unternehmer kann dann Ersatz der durch den Annahmeverzug entstandenen **Mehraufwendungen** verlangen (§ 304 BGB). Zudem steht ihm nach § 642 Abs. 1 BGB eine angemessene Entschädigung zu. Außerdem kann er den Werkvertrag nach § 643 BGB kündigen und nach § 645 Abs. 1 S. 2 BGB einen der geleisteten Arbeit entsprechenden **Teil der Vergütung** sowie Ersatz der hierdurch nicht abgedeckten Auslagen verlangen. Schließlich geht mit dem Annahmeverzug noch die Preisgefahr auf den Besteller über (§ 326 Abs. 2 S. 1, § 644 Abs. 1 S. 2 BGB).

### 4.7.3  Gefahrtragung

Wird der Werkunternehmer wegen Unmöglichkeit (§ 275 BGB) von seiner Leistungspflicht frei, entfällt grundsätzlich der Anspruch auf die Gegenleistung, d. h. auf die Vergütung, § 326 Abs. 1 BGB. Der Besteller bleibt jedoch ausnahmsweise zur Zahlung der Vergütung verpflichtet. Dies ist nach § 326 Abs. 2 S. 1 BGB dann der Fall, wenn er für den zur Unmöglichkeit führenden Umstand ganz oder weit überwiegend verantwortlich ist oder die Vergütungsgefahr bzw. Preisgefahr auf ihn übergegangen ist (§§ 644, 645 BGB). Die Preisgefahr geht grundsätzlich mit der Abnahme des Werkes auf den Besteller über (§ 644 Abs. 1 S. 1 BGB), d. h. geht das Werk beim Besteller zufällig unter, kann der Unternehmer seine Zahlung verlangen.

---

[224] *Brox/Walker,* SchuldR BT, § 25, Rn. 13 m. w. N.

[225] Palandt/*Sprau,* § 631 BGB, Rn. 15 ff.

Die Preisgefahr geht jedoch schon vor der Abnahme auf den Besteller über, wenn er im Verzug mit der Abnahme ist (§ 644 Abs. 1 S. 2 BGB). Ebenso wie beim Kauf (vgl. § 447 Abs. 1 BGB) geht die Gefahr auch dann vorzeitig auf den Besteller über, wenn der Unternehmer auf dessen Verlangen an einen anderen Ort als den Erfüllungsort versendet.

Nach § 645 Abs. 1 BGB kann der Unternehmer trotz des Untergangs des Werkes einen – seiner Leistung entsprechenden – Teil seiner Vergütung verlangen, wenn das Werk infolge eines Mangels des vom Besteller gelieferten Stoffes oder wenn das Werk auf einer vom Besteller erteilten Anweisung untergegangen oder unausführbar geworden ist. Der Grund für die Teilvergütungspflicht besteht in der Mitverantwortung des Bestellers. § 645 Abs. 1 BGB wird darüber hinaus in engen Grenzen analog angewendet, wenn sich im Untergang des noch nicht fertig gestellten Werkes eine Gefahr realisiert hat, welche vom Besteller frei verantwortlich geschaffen worden ist.[226] Dies ist gerechtfertigt, da die Interessenlage ähnlich ist, wenn z. B. eine Handlung des Bestellers das Werk in einen Zustand oder in eine Lage versetzt, die eine Gefährdung des Werkes mit sich gebracht hat und ursächlich für seinen späteren Untergang geworden ist.[227]

---

**Beispiele**

1. B beauftragt U, eine Scheune zu errichten. B bringt vor Fertigstellung Heu in die unfertige Scheune ein, das sich ohne sein Verschulden entzündet. Dabei brennt die Scheune ab. U verlangt Vergütung seiner bereits geleisteten Arbeit. In diesem Fall bejahte der BGH einen Anspruch des U nach § 645 BGB analog.[228]
2. U hat für B die Elektroarbeiten im Schürmann-Haus in Bonn zu einem wesentlichen Teil ausgeführt. Seine Arbeiten werden infolge eines Hochwassers zerstört. Er verlangt Bezahlung mit der Begründung, B habe nicht für einen ausreichenden Hochwasserschutz gesorgt. Auch in diesem Fall bejahte der BGH eine Analogie zu § 645 BGB.[229]

---

### 4.7.4 Rechte des Bestellers bei Mangelhaftigkeit des Werkes

#### 4.7.4.1 Recht zur Verweigerung der Abnahme und Vergütungszahlung

Die Verschaffung eines mangelhaften Werkes ist demnach keine ordnungsgemäße Erfüllung, so dass der Besteller das Werk nicht abzunehmen braucht, sofern der

---

[226] BGHZ 83, 197, 203; Jauernig/*Mansel*, § 645 BGB, Rn. 10 zur abzulehnenden Sphärentheorie, nach der der Besteller für alle aus seiner Sphäre stammenden Gefahren mit der Rechtsfolge einer Teilvergütungspflicht einzustehen hat; bei Interessengleichheit ist jedoch eine analoge Anwendung anerkannt.

[227] *Brox/Walker*, SchuldR BT, § 23, Rn. 12 m. w. N.

[228] BGHZ 40, 71; 60, 14; 136, 303.

[229] BGHZ 137, 35.

Mangel nicht unwesentlich ist. Er gerät nicht in Annahmeverzug (§§ 293 ff. BGB).
Zudem ist er vor der Abnahme berechtigt, die Bezahlung des Werklohns zu verweigern, da diese erst mit der Abnahme fällig wird (§ 641 Abs. 1 BGB). Der Besteller
behält seinen **originären Erfüllungsanspruch,** es sei denn, dass die Leistungspflicht des Werkunternehmers wegen Unmöglichkeit (§ 275 BGB) entfallen ist. In
diesem Fall erlischt grundsätzlich auch der Anspruch auf die Gegenleistung (§ 326
Abs. 1 BGB), d. h. der Werkunternehmer kann keinen Anspruch mehr auf Zahlung
geltend machen. Es können jedoch für den Besteller Sekundäransprüche entstehen,
z. B. Schadensersatzansprüche, wenn dem beauftragten Schreibbüro die vom Auftraggeber überlassenen Kassetten verloren gehen.[230]

Nach der Abnahme kann der Besteller, wenn er noch nicht vollständig gezahlt
hat, nach § 641 Abs. 3 BGB die Zahlung eines angemessenen Teils der Vergütung
verweigern. Üblich ist mindestens das Dreifache der zur Mängelbeseitigung erforderlichen Kosten, sofern der Besteller einen Anspruch auf Mängelbeseitigung
hat.[231]

### 4.7.4.2  Mängelrechte

Nach der Abnahme bestimmen sich die Rechte des Bestellers, wenn das Werk zum
Zeitpunkt der Abnahme einen Mangel aufweist, nach den §§ 634 ff. BGB.

#### Nacherfüllung

Die Mängelrechte des Bestellers sind ebenso wie im Kaufrecht **zweistufig** ausgestaltet. Der Besteller kann und muss zunächst Nacherfüllung verlangen (§§ 634
Nr. 1, 635 BGB). Die weiteren Mängelrechte, d. h. Selbstvornahme, Rücktritt, Minderung, Schadensersatz und Aufwendungsersatz, kommen erst dann in Betracht,
wenn zuvor dem Unternehmer eine Frist zur Nacherfüllung gesetzt worden und
diese fruchtlos verstrichen ist.

Die Einzelheiten zur Nacherfüllung sind in § 635 BGB geregelt. Im Unterschied
zum Kaufrecht hat nicht der Kunde das **Wahlrecht** zwischen Nachbesserung oder
Neuerstellung, sondern der **Werkunternehmer.** Diese Regelung wird für das Werkvertragsrecht als interessengerecht angesehen, da der Werkunternehmer mit dem
Produktionsprozess selbst befasst ist und daher am besten entscheiden kann, auf
welche Weise das Nacherfüllungsbegehren des Bestellers sowohl sachgerecht als
auch preisgünstig erfüllt werden kann. Der Unternehmer hat in jedem Fall die zum
Zwecke der Nacherfüllung entstehenden **Aufwendungen,** insbesondere Transport-,
Wege-, Arbeits- und Materialkosten, zu tragen (§ 635 Abs. 2 BGB); auch die Kosten
bei der Nachlieferung hat der Werkunternehmer zu tragen. Erstellt der Werkunternehmer ein neues Werk, kann er von dem Besteller die Rückgewähr des mangelhaften Werkes nach den §§ 346 ff. BGB verlangen. Der Nacherfüllungsanspruch ist
**ausgeschlossen,** wenn die Nacherfüllung **unmöglich** ist (§ 275 Abs. 1 BGB) oder
wenn die Voraussetzungen der § 275 Abs. 2 und 3 BGB vorliegen. Der Unternehmer

---

[230] *Brox/Walker*, SchuldR BT, § 24, Rn. 6.
[231] *Brox/Walker*, SchuldR BT, § 24, Rn. 7.

kann die Nacherfüllung nur im Ganzen **verweigern,** wenn sie den Einsatz von **un-verhältnismäßigen Kosten** verursachen würde (§ 635 Abs. 3 BGB).

### Selbstvornahme

Nach §§ 634 Nr. 2, 637 Abs. 1 BGB hat der Besteller – im Unterschied zum Kauf-recht – das Recht, den Mangel selbst zu beseitigen und Ersatz der erforderlichen Aufwendungen zu verlangen, wenn er dem Unternehmer zuvor eine angemessene Frist gesetzt hat und die erfolglos abgelaufen ist **(Selbstvornahme).** Das Recht zur Selbstvornahme setzt zunächst voraus, dass der Besteller einen Nacherfüllungsan-spruch hat; dieser darf also nicht nach § 275 Abs. 1 BGB ausgeschlossen sein.

Für die Entbehrlichkeit der Fristsetzung verweist § 637 Abs. 2 S. 1 auf § 323 Abs. 2 BGB. Erfasst werden die unberechtigte Erfüllungsverweigerung, das relative Fixgeschäft sowie die Entbehrlichkeit aufgrund besonderer Umstände. Nach § 636 Abs. 3 BGB kann der Besteller vom Unternehmer einen Kostenvorschuss für die voraussichtlichen Mängelbeseitigungskosten verlangen.[232] Die Art und Weise der Selbstvornahme obliegt dem Besteller.

### Rücktritt, Minderung und Schadensersatz

Der Besteller ist unter vergleichbaren Voraussetzungen wie ein Käufer zum **Rück-tritt** des Werkvertrages nach §§ 634 Nr. 3 1. Fall, 323, 326 Abs. 5 BGB berechtigt. Der Besteller muss dem Unternehmer nach § 323 Abs. 1 BGB grundsätzlich eine angemessene Frist zur Nacherfüllung gesetzt haben. Diese kann ausnahmsweise entbehrlich sein, wenn die Voraussetzungen des § 323 Abs. 2 BGB vorliegen, wenn der Unternehmer die Nacherfüllung wegen unverhältnismäßiger Kosten nach § 635 Abs. 3 BGB verweigert oder wenn die Nacherfüllung fehlgeschlagen oder für den Besteller unzumutbar ist (§ 636 BGB). Der Rücktritt ist nach § 323 Abs. 5 S. 2 BGB bei einem unerheblichen Mangel sowie nach § 323 Abs. 6 BGB bei alleini-ger oder überwiegender Verantwortlichkeit des Gläubigers für den Rücktrittsgrund bzw. Annahmeverzug ausgeschlossen. Der Rücktritt ist ein **Gestaltungsrecht,** der durch eine einseitige empfangsbedürftige Willenserklärung des Bestellers gegen-über dem Unternehmer ausgeübt wird (§ 349 BGB). Durch den Rücktritt erlöschen die beiderseitigen Leistungspflichten und es entsteht ein Rückgewährschuldverhält-nis, für das nach §§ 634 Nr. 3, 1. Fall, 323 BGB die allgemeinen Rücktrittsregeln der §§ 346 ff. BGB gelten.

§ 638 BGB ist deckungsgleich mit § 441 BGB und bestimmt, dass der Besteller unter denselben Voraussetzungen wie ein Käufer **Minderung,** d. h. eine verhält-nismäßige Herabsetzung der Vergütung verlangen kann (§§ 634 Nr. 3 2. Fall, 638 BGB). Die Minderung kommt allerdings – im Unterschied zum Rücktritt – auch bei einem unerheblichen Mangel in Betracht.

In Bezug auf den Anspruch auf **Schadensersatz** verweist § 634 Abs. 4 BGB auf die §§ 280, 291, 283, 311a BGB. Ist die Nacherfüllung von Anfang an unmöglich, be-steht ein Schadensersatzanspruch des Bestellers aus §§ 634 Nr. 4 i. V. m. 311a Abs. 2 BGB. Bei nachträglicher Unmöglichkeit ergibt sich der Schadensersatzanspruch

---

[232] BGHZ 94, 330, 332 ff. zu den Verzugszinsen bei Verzug bzgl. der Vorschusszahlung.

statt der Leistung aus §§ 634 Nr. 4, 280 Abs. 1 und 3, 283 BGB. Verzögert sich die Nacherfüllung, so kann der Besteller Schadensersatz statt der Leistung nach §§ 634 Nr. 4, 280 Abs. 1 und 3, 281 Abs. 1 BGB verlangen; nach §§ 634 Nr. 4, 280 Abs. 1 und 2, 286 BGB steht ihm ein Anspruch auf Ersatz des Verzögerungsschadens zu, wenn der Besteller mit der Nachlieferung in Verzug ist. Entsteht infolge eines Mangels des Werkes an anderen Rechtsgütern des Bestellers ein Schaden, so kann der Besteller nach §§ 634 Nr. 4, 280 Abs. 1 BGB einen Schadensersatzanspruch neben der Leistung geltend machen (Mangelfolgeschäden). Sämtliche Schadensersatzansprüche setzen ein Verschulden des Unternehmers voraus, dessen Vorliegen vom Gesetz vermutet wird.

---

**Beispiel**

U baut im Haus des B eine Fußbodenheizung ein. Diese ist an einer Stelle undicht, so dass Wasser austritt und ein Möbelstück des B im Wert von 1000 € beschädigt wird. U ist zur Mängelbeseitigung nach § 635 BGB verpflichtet sowie nach §§ 634 Nr. 4, 280 Abs. 1 BGB zum Ersatz des Mangelfolgeschadens in Höhe von 1000 €.

---

### 4.7.5  Ausschluss der Mängelrechte

Nach § 640 Abs. 2 BGB stehen dem Besteller die in § 634 Nr. 1 bis 3 BGB bezeichneten Rechte nicht zu, wenn er den Mangel bei Abnahme kennt und sich seine Rechte bei der Abnahme nicht vorbehält.

Erfolgt der Haftungsausschluss oder die Haftungsbeschränkung vertraglich durch Individualvereinbarung, so kann sich der Unternehmer darauf nicht berufen, wenn er den Mangel arglistig verschwiegen hat oder eine Garantie für die Beschaffenheit des Werkes übernommen hat (§ 639 BGB); eine entsprechende Vorschrift findet sich im Kaufrecht in § 444 BGB. Erfolgt der Haftungsausschluss oder die Haftungsbeschränkung in Allgemeinen Geschäftsbedingungen, so unterliegen die Klauseln der Inhaltskontrolle der §§ 307 bis 309 BGB; für das Werkvertragsrecht sind – ebenso wie für das Kaufrecht – die §§ 309 Nr. 7a, b, 8b, 307 BGB relevant.

### 4.7.6  Verjährung

Die Verjährung des Nacherfüllungsanspruchs, des Aufwendungsersatzanspruchs bei Selbstvornahme und des Schadensersatz- und Aufwendungsersatzanspruchs richtet sich nach § 634a Abs. 1 BGB. In § 634 Abs. 4 BGB wird für das Rücktritts- und Minderungsrecht auf § 218 BGB verwiesen. Nach § 634a Abs. 1 Nr. 1 BGB gilt die zweijährige Verjährungsfrist, wenn der Erfolg des geschuldeten Werkes in der Herstellung, Wartung oder Veränderung einer Sache (die kein Bauwerk sein darf) oder in der Erbringung von Planungs- oder Überwachungsleistung hierfür besteht. Besteht die Werkleistung in der Erstellung eines Bauwerks oder eine Planungs- oder

Überwachungsleistung hierfür, z. B. von Architekten, Statikern oder Bauleitern, beträgt die Verjährungsfrist nach § 634a Abs. 1 Nr. 2 BGB fünf Jahre; die werkvertragliche und die kaufvertragliche Verjährungsfrist für Bauwerke sind also identisch (§ 438 Abs. 1 Nr. 2a BGB).

Unterliegt der Werkvertrag den Regeln der VOB/B, beträgt mangels abweichender Vereinbarung die Verjährungsfrist bei Bauwerken zwei Jahre, bei Arbeiten an einem Grundstück ein Jahr (vgl. § 13 Nr. 4 VOB/B).

Im Übrigen gilt die regelmäßige Verjährungsfrist nach den §§ 195, 199, 634a Abs. 1 Nr. 3 BGB, so etwa für immaterielle Werkleistungen, die keinen Bezug zu einer Verkörperung in einem Bauwerk oder einer Sache aufweisen, z. B. Theateraufführungen, Konzerte, Gutachterverträge oder Softwareentwicklung.

Die Verjährung beginnt nach § 634a Abs. 2 BGB in den Fällen des § 634a Abs. 1 Nr. 1 und 2 BGB mit der Abnahme des Werkes. Dagegen beginnt die regelmäßige Verjährungsfrist des § 195 BGB erst mit dem Schluss des Jahres, in dem der Anspruch entstanden ist und der Besteller von den anspruchsbegründenden Tatsachen Kenntnis erlangt hat oder ohne grobe Fahrlässigkeit hätte erlangen müssen. Dieses ist vor allem für Werkverträge von Bedeutung, die auf die Erbringung geistiger Werke, z. B. Gutachten, gerichtet sind.

## 4.7.7 Sicherungsrechte des Unternehmers

Der Unternehmer hat ein schützenswertes Interesse an einer Sicherheit für seinen Vergütungsanspruch. Das Gesetz sichert den Vergütungsanspruch des Unternehmers gegen den Besteller durch ein Pfandrecht nach § 647 BGB **(Werkunternehmerpfandrecht)** an den hergestellten oder reparierten Sachen des Bestellers. Dieses gesetzliche Pfandrecht nützt jedoch einem Unternehmer nur dann etwas, wenn die zu reparierende Sache dem Besteller gehört. Gehört die Sache einem Dritten, kommt nur der Erwerb eines vertraglichen Pfandrechts in Betracht. Das gesetzliche Pfandrecht nach § 647 BGB kann nach h. M. nicht gutgläubig erworben werden.[233] Bezieht sich der Werkvertrag auf die Erstellung eines Bauwerks oder Teile davon, hat der Unternehmer, da ihm § 647 BGB keine Sicherheit bietet, einen Anspruch darauf, dass ihm für seine vertraglichen Forderungen eine **Sicherungshypothek am Baugrundstück** des Bestellers eingeräumt wird (§ 648 BGB). Diese Sicherungshypothek entsteht nicht kraft Gesetzes, sondern muss rechtsgeschäftlich begründet werden (§§ 873, 1184 BGB). Eine Sicherungshypothek nach § 648 BGB bietet aber regelmäßig keine ausreichende Sicherheit, wenn das Grundstück bereits mit Grundpfandrechten belastet ist. Bauunternehmer können nach § 648a BGB von dem Besteller darüber hinaus auch unter bestimmten Voraussetzungen eine **Sicherheitsleistung** für die von ihnen erbrachten Leistungen verlangen, z. B. eine Bankbürgschaft oder ein sonstiges Zahlungsversprechen eines Kreditinstituts.

---

[233] Vgl. BGHZ 34, 125 ff.; Jauernig/*Mansel*, § 647 BGB, Rn. 3 ff.

## 4.7.8    (Vorzeitige) Kündigung des Werkvertrages

Der Werkvertrag ist zwar kein Dauerschuldverhältnis, jedoch kann sich seine Durchführung über einen längeren Zeitraum erstrecken. In der Zwischenzeit kann es sein, dass der Besteller aus unterschiedlichen Gründen das Interesse an dem Werk verloren hat. Das Gesetz gibt dem Besteller nach § 649 S. 1 BGB das Recht, den Werkvertrag bis zur Vollendung des Werks jederzeit ordentlich kündigen zu können. Mit der Kündigung wird das Vertragsverhältnis für die Zukunft aufgehoben. Der Besteller bleibt aber in vollem Umfang zur Entrichtung der vereinbarten Vergütung verpflichtet. Der Unternehmer muss sich dasjenige anrechnen lassen, was er infolge der Aufhebung des Vertrages an Aufwendungen erspart oder durch anderweitige Verwendung seiner Arbeitskraft erwirbt oder zu erwerben böswillig unterlässt (§ 649 S. 2 BGB). Es wird vermutet, dass danach dem Unternehmer fünf vom Hundert der auf den noch nicht erbrachten Teil der Werkleistung entfallenden vereinbarten Vergütung zustehen (§ 649 S. 3 BGB).

---

**Beispiel**

B lässt sein Motorrad in der Werkstatt des U reparieren. U soll es fahrbereit machen. Als U einen Teil der Reparaturen ausgeführt hat, überlegt B es sich anders und kündigt den Vertrag. B bleibt in diesem Fall zur Entrichtung der vollen Vergütung verpflichtet. U muss sich lediglich das anrechnen lassen, was er infolge der Aufhebung des Vertrages an Aufwendungen erspart oder durch anderweitige Verwendung seiner Arbeitskraft erwirbt oder zu erwerben böswillig unterlässt.

Eine weitere Kündigungsmöglichkeit besteht im Falle der Überschreitung eines Kostenanschlags (§ 650 BGB); hierfür kann der Unternehmer nur eine Vergütung verlangen, wenn dies vereinbart ist. Der Besteller kann den Vertrag kündigen, wenn sich herausstellt, dass ein (unverbindlicher) Kostenanschlag nicht unwesentlich überschritten wird; eine wesentliche Überschreitung wird bei etwa 15 bis 20 % angenommen.[234] Er braucht dann nur eine der bisherigen Arbeit entsprechende Vergütung zu entrichten (§§ 650 Abs. 1, 645 Abs. 1 BGB). Das Gesetz erleichtert dem Besteller damit – im Gegensatz zu § 649 BGB – die Lösung vom Vertrag, weil die ursprünglich angenommene Geschäftsgrundlage entfallen ist.

---

**Beispiel wie oben**

U hat B einen unverbindlichen Kostenvoranschlag für die Reparatur des Motorrades unterbreitet. Es stellt sich heraus, dass die ursprünglich veranschlagten 1500 € nicht ausreichen, sondern die Reparatur etwa 3000 € kosten wird. Kündigt B, braucht er nur den der geleisteten Arbeit entsprechenden Teil der Vergütung zu bezahlen und muss nur die darin nicht enthaltenen Auslagen des Unternehmers ersetzen (§§ 650 Abs. 1, 645 Abs. 1 BGB).

---

[234] Palandt/*Sprau*, § 650 BGB, Rn. 2.

Im Falle eines verbindlichen Kostenanschlags kann der Besteller die Ausführung des Werkes zur veranschlagten Summe verlangen.

Der Unternehmer kann sich vom Werkvertrag dagegen nur unter den engen Voraussetzungen des § 643 BGB lösen, wenn der Besteller eine für die Herstellung des Werkes erforderliche Mitwirkungshandlung unterlässt.[235] Der Werkvertrag kann – wie jedes andere Vertragsverhältnis – auch durch Vereinbarung der Parteien einvernehmlich aufgehoben werden.

## 4.8   Allgemeine Geschäftsbedingungen

### 4.8.1   Zweck und Bedeutung

Allgemeine Geschäftsbedingungen sind in der Praxis von großer Bedeutung. Die Verwendung von standardisierten Vertragsbedingungen ermöglicht eine **Rationalisierung** des Geschäftsverkehrs, wie sie bei massenhaften Vertragsbeziehungen in einer Industriegesellschaft unentbehrlich ist. Sie schaffen einheitliche und meist detaillierte Reglungen und dienen auf diese Weise der Rechtsklarheit in den Leistungsbeziehungen.

In bestimmten Branchen werden sogar weitgehend vereinheitlichte Vertragsbedingungen verwendet, z. B. Allgemeine Geschäftsbedingungen der Banken oder Sparkassen, Allgemeine Deutsche Spediteurbedingungen, Allgemeine Versicherungsbedingungen oder die Verdingungsordnung für Bauleistungen (VOB/B). In der Umgangssprache spricht man auch vom „Kleingedruckten".

AGB haben zudem den Zweck, dass sie eine Anpassung der vertragsrechtlichen Grundlagen an den wirtschaftlichen und technischen Wandel ermöglichen. Für gesetzlich nicht geregelte bzw. durch vorhandene gesetzliche Vorschriften nur unzureichend zu erfassende Vertragsarten, wie z. B. den Bank-, Factoring-, Bauträger-, Vertragshändler- oder den Franchisevertrag, kann durch die Verwendung von Allgemeine Geschäftsbedingungen erreicht werden, dass die gegenseitigen Rechte und Pflichten stets umfassend geregelt sind **(„Lückenfüllungsfunktion")**. Ferner dienen die Allgemeinen Geschäftsbedingungen der **Risikobegrenzung.** Damit kann der Verwender eine günstige Abänderung der dispositiven gesetzlichen Vorschriften, z. B. durch die Vereinbarung eines Eigentumsvorbehaltes, eines Ausschlusses bestimmter Schadensersatzansprüche oder einer Einschränkung der Rechte des Kunden bei Mängeln, erreichen. Die Allgemeinen Geschäftsbedingungen lassen somit das Geschäftsrisiko für die Unternehmen kalkulierbarer werden.

Von den vorformulierten Vertragsbedingungen wird ein Verwender im Regelfall nicht abweichen, insbesondere dann nicht, wenn die Konkurrenz die gleichen Bedingungen verwendet. Da im Hinblick auf die AGB der Vertragspartner des AGB-Verwenders so gut wie keine Einflussmöglichkeit auf den Vertrag hat (vertragliche Einschränkung der „Inhaltsfreiheit"), besteht die **Gefahr eines Machtmissbrauchs,** den die Rspr. schon früh erkannt hat. So erfolgte durch sie zunächst, gestützt auf

---

[235] *Brox/Walker,* SchuldR BT, § 27, Rn. 4.

die §§ 138, 242, 315 BGB, eine inhaltliche Kontrolle von AGB. Im Laufe der Zeit hat sich eine differenzierte Rspr. zur Kontrolle von vorformulierten Vertragsbedingungen entwickelt. Der Gesetzgeber hat – diese Problematik aufgreifend – im Jahre 1976 das Gesetz zur Regelung des Rechts der Allgemeinen Geschäftsbedingungen (AGB-Gesetz) erlassen. Das AGB-Gesetz hatte erhebliche rechtspraktische Bedeutung erlangt, da es in einem Rechtsstreit vor Gericht eine Überprüfung der verwendeten Vertragsklauseln in mehrfacher Hinsicht gestattet.[236] Das Recht der Allgemeinen Geschäftsbedingungen ist in den 1990er Jahren an die **EG-Richtlinie über missbräuchliche Klauseln in Verbraucherverträgen** angepasst worden. Die deutschen Regelungen sind danach im Zweifel richtlinienkonform auszulegen.

Mit dem **Schuldrechtsmodernisierungsgesetz** wurden die **materiellrechtlichen Vorschriften** des früheren AGB-Gesetzes (§§ 1 bis 11 AGB-Gesetz a. F.) mit einigen sachlichen Änderungen in das **BGB** überführt. Sie sind, obwohl grundsätzlich zum Allgemeinen Teil des BGB gehörend, in den §§ 305 bis 310 BGB enthalten, auf die in den folgenden Abschnitten näher eingegangen werden soll.

Die **verfahrensrechtlichen Bestimmungen** in den §§ 13 bis 22a AGB-Gesetz wurden dagegen in das Unterlassungsklagengesetz (UKlaG) aufgenommen. Das **Unterlassungsklagengesetz** sieht die Möglichkeit eines Verbandsklageverfahrens vor. Zweck dieses Verfahrens ist es, den Rechtsverkehr von unwirksamen Klauseln frei zu halten. § 1 UKlaG bestimmt, dass Verwender und Empfehlende von AGB, die den §§ 307 ff. BGB widersprechen, auf Unterlassung und im Falle des Empfehlens auch auf Widerruf in Anspruch genommen werden können. Klagebefugt sind alle Verbände, z. B. Verbraucher- und Wirtschaftsverbände. Diese Möglichkeit besteht für Mitbewerber des Verwenders.[237] Wird eine Klausel im Rahmen eines Verbandsklageverfahrens für unwirksam erklärt, darf diese Klausel im Rechtsverkehr generell nicht mehr verwendet werden. Jeder – auch der am Verfahren nicht beteiligte Vertragspartner des Verwenders – kann sich auf die im Urteil festgestellte Unwirksamkeit einer ihm gegenüber verwendeten Klausel berufen (§ 11 UKlaG).

### 4.8.2   Vorliegen von Allgemeinen Geschäftsbedingungen

Es muss zunächst eine **Vertragsbedingung** vorliegen, d. h. eine Regelung, die sich auf den Abschluss oder Inhalt eines Vertrages bezieht; nicht gemeint ist eine Bedingung i. S. v. § 158 BGB.[238] AGB sind „alle für eine Vielzahl von Verträgen" vorformulierten Vertragsbedingungen, die eine Vertragspartei der anderen Vertragspartei bei Abschluss des Vertrages stellt (§ 305 Abs. 1 S. 1 BGB).

Die Vertragsbedingung muss „**vorformuliert**", d. h. bereits vor Vertragsabschluss vollständig formuliert und abrufbar sein. Die Art der Speicherung ist unerheblich, z. B. Schriftstück, PC-Speicherung, Gedächtnis.[239] Gleichgültig ist dabei,

---

[236] *Wolf/Neuner,* BGB AT, § 47, Rn. 4 ff. m. w. N.

[237] BGH, GRUR 2010, 1117 – Gewährleistungsausschluss im Internet.

[238] BGHZ 104, 99; *Köhler,* BGB AT, § 16, Rn. 4.

[239] BGHZ 141, 108; *Köhler,* BGB AT, § 16, Rn. 5.

ob die Bestimmungen der Verwender selbst, ein Interessenverband oder ein Dritter aufgesetzt hat. Unerheblich ist auch, ob sie einen äußerlich gesonderten Bestandteil des Vertrages bilden oder in die Vertragsurkunde selbst aufgenommen werden, welchen Umfang sie haben, in welcher Schriftart sie verfasst sind und welche Form der Vertrag hat (§ 305 Abs. 1 S. 2 BGB). So können AGB nach Ansicht des BGH z. B. auch in einem notariellen Vertrag vorliegen, wenn ein Notar Klauseln aus einem Formularbuch entnimmt und sich eine Partei diese einseitig zu ihren Gunsten zunutze macht.[240]

Die Vertragsbedingungen müssen **für eine Vielzahl an Fällen** vorgesehen sein. Die untere Grenze liegt bei drei Verwendungen;[241] Ausnahme ist § 310 Abs. 3 Nr. 2 BGB. Sie müssen tatsächlich nicht mehrfach verwendet worden sein, da auch die erstmalige Verwendung ausreicht, sofern nur vom Verwender (oder vom Aussteller) eine mehrfache Verwendung beabsichtigt ist. Eine solche Absicht kann sich aus dem Inhalt oder aus der Gestaltung ergeben, z. B. bei einem formularmäßigen Mietvertrag eines Haus- und Grundbesitzervereins.

---

**Beispiel**

Vermieter V verwendet ein Mietvertragsformular eines Haus- und Grundbesitzervereins, in dem nur Namen, Vertragsdauer und Mietzins eingetragen werden müssen. Es handelt sich um AGB, da die Vertragsbedingungen nach der Absicht des Ausstellers, d. h. des Autors des Handbuchs, für eine Vielzahl von Verträgen verwendet werden sollen.

---

Die Vertragsbedingungen müssen **vom Verwender** dem Vertragspartner bei Vertragsabschluss **gestellt,** also einseitig auferlegt worden sein. Die Ausnutzung einer wirtschaftlichen oder intellektuellen Überlegenheit ist nicht erforderlich. AGB liegen nicht vor, wenn die Vertragsbedingungen im Einzelnen ausgehandelt worden sind (§ 305 Abs. 1 S. 3 BGB). Zum Schutz des Vertragspartners des Verwenders erfordert ein **„Aushandeln"** nach h. M. mehr als ein bloßes Verhandeln. Der Verwender muss seine AGB ernsthaft zur Disposition stellen und der Kunde muss die tatsächliche Möglichkeit haben, den Inhalt der Bedingungen zu beeinflussen; erforderlich ist ein tatsächliches „Geben und Nehmen".[242] An **Individualvereinbarungen,** die den AGB vorgehen (§ 305 Abs. 1 S. 3 BGB), sind strenge Anforderungen zu stellen. Nicht ausreichend ist es regelmäßig, dass der vorformulierte Text dem Kunden Wahlmöglichkeiten zwischen mehreren Vertragsbedingungen einräumt oder ihn zu Änderungen oder Streichungen auffordert.[243]

---

[240] BGHZ 74, 21.

[241] BGH, NJW 2004, 502, 503; NJW 2002, 138; NJW 1997, 135.

[242] BGH, NJW 2005, 2543, 2544; BGHZ 104, 232, 236; *Köhler,* BGB AT, § 16, Rn. 8.

[243] BGHZ 98, 24.

### 4.8.3   Einbeziehungsvoraussetzungen

Da AGB keine Rechtsnormen sind, hängt ihre Geltung stets davon ab, dass sie Vertragsbestandteil geworden sind. Die Geltung von AGB beruht immer auf rechtsgeschäftlicher Grundlage. Sie werden erst rechtsverbindlich, wenn sie durch Einbeziehungs- oder Rahmenvereinbarungen Inhalt des einzelnen Vertrages geworden sind. Für eine wirksame Einbeziehung müssen kumulativ **drei Voraussetzungen** vorliegen (§ 305 Abs. 2 BGB).

Der Verwender muss die andere Vertragspartei bei Vertragsabschluss **ausdrücklich** auf die AGB **hinweisen** (§ 305 Abs. 2 Nr. 1 BGB). Der Hinweis muss so deutlich sein, dass er von einem Durchschnittskunden nicht übersehen werden kann. Es genügt nicht, wenn der Hinweis bei einem früheren Vertragsabschluss oder sogar nach Vertragsabschluss erfolgte, z. B. auf einem Lieferschein oder auf einer Rechnung. Bei Vertragsabschlüssen im Internet bzw. im elektronischen Rechtsverkehr bedarf es eines entsprechenden Hinweises, z. B. auf der Website des Anbieters (idealerweise verbunden mit einem Hyperlink auf den Text der Allgemeinen Geschäftsbedingungen. Für einige typische Massengeschäfte enthält diese Vorschrift eine Einschränkung von der ausdrücklichen Hinweispflicht. Ist der Hinweis wegen der besonderen Art und Weise des Vertragsabschlusses nur unter unverhältnismäßig hohen Schwierigkeiten möglich, genügt ein deutlich sichtbarer Aushang der AGB am Ort des Vertragsabschlusses (§ 305 Abs. 2 Nr. 1 Alt. 2 BGB), z. B. bei der Benutzung eines Parkhauses, beim Erwerb von Waren aus Automaten oder Beförderungsleistung oder ähnlichen Verträgen, die konkludent durch Inanspruchnahme der Leistung zustande kommen sowie Verträgen mit Kinos, Theatern, Sportveranstaltern oder Kfz-Waschanlagen.[244]

Der Verwender von AGB muss seinem Vertragspartner in **zumutbarer Weise Kenntnis** von dem Inhalt verschaffen (§ 305 Abs. 2 Nr. 2 BGB), damit sie Gelegenheit erhält, sich mit den AGB vertraut zu machen und die Rechtsfolgen und Risiken des Vertrages abschätzen kann. Dazu muss die andere Vertragspartei vom Text der AGB Kenntnis nehmen können, z. B. durch Aushändigung. Dies gilt auch bei weit verbreiteten und gebräuchlichen AGB, wie etwa der VOB/B, sofern beim Gegner keine Kenntnis vorausgesetzt werden kann.[245]

Bei Offerten im **Internet** muss der Kunde die Möglichkeit haben, die AGB's am Bildschirm zu lesen, sich ausdrucken zu lassen oder auf einem Datenträger herunterzuladen. Unter Anwesenden reicht ansonsten grundsätzlich die Auslage zur Einsicht. Die AGB müssen nach Art und Größe des Schriftbildes für einen Durchschnittskunden mühelos lesbar sein und ohne übermäßigen Zeitaufwand auch verständlich sein,[246] d. h. sie müssen so abgefasst sein, dass auch ein juristischer Laie den Text verstehen kann (**Transparenzgebot**, vgl. auch § 307 Abs. 1 S. 2 BGB). Der Verwender hat auf eine für ihn erkennbare körperliche Behinderung des anderen Vertragspartners Rücksicht zu nehmen (§ 305 Abs. 2 Nr. 2 BGB). Bei einer

---

[244] Palandt/*Grüneberg,* § 305 BGB, Rn. 31 m. w. N.

[245] BGHZ 109, 195.

[246] BGH, WM 1986, 770; hierzu eingehend *Rüthers/Stadler,* § 21, Rn. 18.

Bestellung über das Internet genügt es daher, wenn die AGB des Anbieters über einen auf der Bestellseite gut sichtbaren Link aufgerufen und ausgedruckt werden können.[247]

Der Vertragspartner muss mit der Geltung der AGB **einverstanden** sein. Dieses Einverständnis ist i. d. R. zu bejahen, wenn die beiden ersten Voraussetzungen erfüllt sind und der Gegner sich auf den Vertragsabschluss einlässt.

Etwas anderes gilt dann, wenn der Kunde das Angebot abgegeben hat und der Unternehmer (als Verwender von AGB) erst in seiner Annahmeerklärung (z. B. einer Auftragsbestätigung) auf seine AGB Bezug nimmt. Dies gilt grundsätzlich nach § 150 Abs. 2 BGB als Ablehnung des Angebots, verbunden mit einem neuen Angebot. Das Schweigen des Kunden ist nicht als Einverständnis zu werten.

Im Rechtsverkehr zwischen Unternehmen kann es zu einer Kollision von AGB kommen, wenn etwa der Verkäufer seine Verkaufsbedingungen und der Einkäufer seine Einkaufsbedingungen in den Vertrag einbeziehen möchten. In diesem Fall hielt die frühere Rspr. die letzte Verweisung für entscheidend („Theorie des letzten Wortes"). Die neuere Rspr. geht davon aus, dass **widersprechende AGB** – soweit sich diese nicht decken – keine Wirksamkeit entfalten. An ihre Stelle treten die dispositiven gesetzlichen Vorschriften, vorausgesetzt, der Vertrag wird einvernehmlich durchgeführt **(Prinzip der Kongruenzgeltung).**[248]

Nach § 305 Abs. 3 BGB können die Parteien für eine bestimmte Art von künftigen Rechtsgeschäften im Voraus die Geltung von bestimmten AGB vereinbaren. Auch solche **Rahmenvereinbarungen** müssen den Erfordernissen des § 305 Abs. 2 BGB genügen. Zweck des Rahmenvertrages ist es, den Parteien zu ersparen, jeweils bei Abschluss eines neuen Vertrages wieder die Geltung von AGB vereinbaren zu müssen.[249] So vereinbaren z. B. bei der Aufnahme einer Bankverbindung die Bank und der Kunde, dass für alle künftigen Geschäfte die Bankbedingungen gelten sollen.

### 4.8.4  Ausschluss überraschender Klauseln

Selbst wenn die Einbeziehungsvoraussetzungen gegeben sind, wird eine Bestimmung dennoch nicht Vertragsbestandteil, wenn es sich um eine überraschende Klausel nach § 305c Abs. 1 BGB handelt. Der Gesetzgeber möchte den Vertragspartner vor ungewöhnlichen Klauseln schützen. Es entspricht der allgemeinen Lebenserfahrung, dass nur wenige Kunden die AGB des Vertragspartners im Detail studieren. Meistens fehlt es an Zeit und Geduld beim Vertragsabschluss. Nach dieser Regelung werden Bestimmungen, die nach den Umständen, insbesondere nach dem äußeren Erscheinungsbild des Vertrages so ungewöhnlich sind, dass der Vertragspartner nicht mit ihnen zu rechnen braucht, nicht Vertragsbestandteil. Nach der Rspr. ist das der Fall, wenn ihnen ein **Überrumpelungs- und Überraschungseffekt**

---

[247] BGH, ZIP 2006, 2043, 2044.

[248] BGH, NJW 2001, 484; *Wolf/Neuner,* § 47, Rn. 35; Palandt/*Grüneberg,* § 305 BGB, Rn. 55 ff.; *Köhler,* BGB AT, § 16, Rn. 18.

[249] Palandt/*Grüneberg*, § 305 BGB, Rn. 45 m. w. N.

innewohnt.[250] Dies gilt sowohl gegenüber Verbrauchern als auch gegenüber Unternehmern.

---

**Beispiele**

1. K kauft von V eine Maschine. Nach den AGB verpflichtet er sich außerdem zum Abschluss eines Wartungsvertrages. Diese Klausel ist überraschend und damit unwirksam.
2. Der Mieter einer Sache muss bei Abschluss nicht damit rechnen, dass eine Verpflichtung zu deren Erwerb nach Ablauf der Mietzeit bestehen soll. Eine Klausel, die eine solche Verpflichtung beinhaltet, ist unwirksam.

---

### 4.8.5  Auslegung von AGB und Vorrang von Individualabreden

Vor einer Inhaltskontrolle sind die AGB auszulegen. Maßgebend sind dabei nicht die Verständnismöglichkeiten des konkreten Vertragspartners, sondern die eines durchschnittlichen Kunden (**objektiver Empfängerhorizont**).[251] Dabei ist eine zweistufige Prüfung vorzunehmen. Zunächst ist die Klausel in ihrer „kundenfeindlichsten" Auslegung der Inhaltskontrolle zu unterziehen. Hält sie der Inhaltskontrolle stand, d. h. ist sie wirksamer Vertragsbestandteil, so ist sie in der kundenfreundlichsten Auslegung auf den konkreten Fall anzuwenden. Dabei ist § 305c Abs. 2 BGB zu beachten, wonach Unklarheiten, die nach erfolgter Auslegung bleiben, zu Lasten des Verwenders gehen (**Unklarheitenregel**).

Nach § 305b BGB haben **Individualabreden** Vorrang vor AGB. Der Unterschied zum Aushandeln i. S. v. § 305 Abs. 1 S. 3 BGB besteht darin, dass eine Individualvereinbarung nach § 305b BGB auch noch nach Vertragsabschluss getroffen werden kann. Der sonstige Vertragstext bleibt regelmäßig unverändert.

Der Grundsatz des Vorrangs der Individualabrede gilt auch, wenn diese nur mündlich getroffen wurde, die AGB aber eine **„Schriftformklausel"** enthalten („Nebenabreden sind nur wirksam, wenn sie schriftlich erfolgt sind"). Diese verstoßen gegen §§ 305b, 307 BGB und sind insoweit **unwirksam,** da jede Schriftformklausel von den Parteien außer Kraft gesetzt werden kann.[252] Eine Individualabrede geht stets vor.[253] Unerheblich ist, ob die Parteien den Willen hatten, diese Klausel zu ändern oder ob ihnen die Kollision mit der Klausel überhaupt bewusst war. Die Beweislast für die Abrede trägt allerdings derjenige, der sich darauf beruft.

Hiervon zu unterscheiden sind die **Vollständigkeitsklauseln** (z. B. „Mündliche Nebenabreden sind nicht getroffen"). Solche Klauseln sind nach der Rspr. wirksam, da sie lediglich die Vermutung der Vollständigkeit der Vertragsurkunde wiederholen

---

[250] BGHZ 102, 152, 158 ff.
[251] BGH, NJW 2009, 2671; NJW 2008, 360.
[252] Palandt/*Grüneberg,* § 305b BGB, Rn. 5; *Köhler,* BGB AT, § 16, Rn. 23 ff. m. w N.
[253] BGH, NJW 2006, 138, 139; *Köhler,* BGB AT § 16, Rn. 23.

und dem Kunden nicht den Gegenbeweis abschneiden.[254] Sie verstoßen allerdings gegen die §§ 305b, 307, 309 Nr. 12 BGB, sofern sie eine unwiderlegbare Vermutung begründen wollen.

Unwirksam sind grundsätzlich auch **Bestätigungsklauseln**, die die Verbindlichkeit mündlicher individueller Zusagen des Verwenders von einer schriftlichen Bestätigung abhängig machen („Mündliche Nebenabreden bedürfen zu ihrer Wirksamkeit der schriftlichen Bestätigung"). Mit § 305b BGB vereinbar sind allerdings Bestätigungsvorbehalte für mündliche Zusagen von Hilfspersonen.

### 4.8.6 Inhaltskontrolle

#### 4.8.6.1 Überblick

Sind AGB ein wirksamer Vertragsbestandteil geworden, unterliegen sie gleichwohl noch einer Inhaltskontrolle mit dem Ziel einer Überprüfung ihrer inhaltlichen Angemessenheit. Die gerichtliche Inhaltskontrolle nach den §§ 307 ff. BGB bildet das Kernstück der AGB-Vorschriften. Der Inhaltskontrolle unterliegen jedoch nur solche Bestimmungen in AGB, durch die von Rechtsvorschriften abweichende oder diese ergänzende Regelungen vereinbart werden (§ 307 Abs. 3 S. 1 BGB). Ausgenommen sind daher deklaratorische Klauseln, die eine gesetzliche Bestimmung nur wiederholen sowie Klauseln über die Bestimmung der Hauptleistung, weil diese gar nicht gesetzlich geregelt ist, sondern ausgehandelt wird, z. B. die Leistungsbeschreibung oder Preisregelung in einem Vertrag.[255]

Allerdings unterliegen auch derartige Klauseln dem **Transparenzgebot** (§ 307 Abs. 1 S. 2 BGB) und können aus diesem Grund unwirksam sein.

Danach kann das Gericht in einem **Individualprozess** bestimmte Klauseln, etwa weitreichende Haftungsausschlüsse oder zu weitreichende Beschränkungen der Rechte des Kunden etc. für unwirksam erklären. Bei der Inhaltskontrolle ist zwischen der Generalklausel des § 307 Abs. 1 und 2 BGB und den speziellen Klauselverboten nach §§ 308, 309 BGB zu unterscheiden.

Um eine Umgehung der §§ 305 ff. BGB durch die Wahl einer anderen, scheinbar zulässigen Vertragsgestaltung zu verhindern, sieht § 306a BGB ein **Umgehungsverbot** vor. Es greift bei solchen Sachverhalten ein, die sich nicht mehr im Wege der normalen Gesetzesauslegung unter die Verbote der §§ 307 bis 309 BGB subsumieren lassen und gebietet deren analoge Anwendung auf solche Sachverhalte, die unter Berücksichtigung des Gesetzeszwecks wirtschaftlich gleichartig sind.

Bei der **Fallbearbeitung** sind in einem ersten Schritt die speziellen Klauselverbote der §§ 308, 309 BGB zu prüfen, wobei § 309 BGB als Vorschrift ohne Wertungsmöglichkeit Vorrang hat. In einem zweiten Schritt ist auf die Generalklausel des § 307 Abs. 1 und 2 BGB einzugehen.[256]

---

[254] BGHZ 93, 60; *Köhler*, BGB AT § 16, Rn. 25.

[255] *Brox/Walker*, SchuldR AT, § 4, Rn. 46.

[256] *Looschelders*, SchuldR AT, § 18, Rn. 375.

#### 4.8.6.2 Klauselverbote ohne Wertungsmöglichkeit

In § 309 BGB sind kasuistisch **Klauseln ohne Wertungsmöglichkeiten** aufgelistet, die stets unwirksam sind, ohne dass es auf den Einzelfall ankommt.

---

**Beispiel**

Das Möbelhaus M verwendet gegenüber seinen Kunden AGB, in denen es u. a. heißt: „Die Haftung für Schäden, die nicht auf der Verletzung des Lebens, des Körpers oder der Gesundheit beruhen, ist ausgeschlossen, es sei denn, dass die Pflichtverletzung des Verkäufers oder seines Erfüllungsgehilfen vorsätzlich begangen wurde". Dieser Haftungsausschluss für jedes nicht vorsätzliche Verschulden verstößt gegen § 309 Nr. 7b BGB; Danach kann die Haftung auch für grob fahrlässiges Verhalten nicht ausgeschlossen werden.[257]

---

Nach § 309 Nr. 5 BGB sind weiterhin Schadenspauschalierungen in AGB nur dann zulässig, wenn dem Kunden „ausdrücklich" die Möglichkeit eingeräumt wird, einen geringeren Schaden des Verwenders nachzuweisen. Für das Kauf- und Werkvertragsrecht sind etwa das Verbot von Haftungsausschlüssen und generelle Verweise auf Dritte (§ 309 Nr. 8b aa BGB), Beschränkungen der Gewährleistung auf Nacherfüllung, soweit dem Vertragspartner nicht bei Fehlschlagen der Nacherfüllung das Recht vorbehalten ist, Minderung zu verlangen oder vom Vertrag zurückzutreten (§ 309 Nr. 8b bb BGB) oder das Verbot in § 309 Nr. 8b cc BGB von Bedeutung; letzteres sieht vor, dass eine Klausel, mit der sich der Verwender seiner Verpflichtung zu entledigen versucht, die zum Zwecke der Nacherfüllung erforderlichen Aufwendungen zu verlangen, unwirksam ist.[258]

In § 308 BGB sind Klauselverbote mit Wertungsmöglichkeiten enthalten. Charakteristisch für diese Vorschrift ist, dass sie „unbestimmte Rechtsbegriffe", z. B. „unangemessen lange", „hinreichend bestimmt", „zumutbar" und „sachlich nicht gerechtfertigter Grund" enthält. So ist z. B. in § 308 Nr. 1 und 2 BGB von „unangemessen langen" Fristen die Rede. Mit diesen unbestimmten Rechtsbegriffen ist es der Rspr. überlassen, diese im Einzelfall unter Berücksichtigung des Vertragszwecks und der Gesamtumstände zu konkretisieren. So kann z. B. eine in den AGB enthaltene Lieferfrist von drei Monaten für einen Kühlschrank unangemessen lang sein i. S. v. § 308 Nr. 1 BGB, während sie beim Kauf eines neuen Autos üblich und damit zulässig sein kann.

#### 4.8.6.3 Inhaltskontrolle mit der Generalklausel

Findet eine Inhaltskontrolle nicht nach den §§ 309, 308 BGB statt, insbesondere gegenüber Unternehmern, so greift die allgemeine Inhaltskontrolle nach § 307 BGB mit einer Generalklausel. Nach § 307 Abs. 1 BGB ist eine Klausel unwirksam, wenn sie den Vertragspartner des Verwenders entgegen den Geboten von Treu und Glauben unangemessen benachteiligt. Nach § 307 Abs. 2 Nr. 1 BGB liegt eine

---

[257] *Brox/Walker*, SchuldR AT, § 4, Rn. 48.

[258] *Brox/Walker*, SchuldR AT, § 4, Rn. 48 m. w. N. aus der Rspr.

unangemessene Benachteiligung im Zweifel vor, wenn „eine Bestimmung mit den wesentlichen Grundgedanken der gesetzlichen Regelung, von der abgewichen wird, nicht zu vereinbaren ist".

---

**Beispiel**

Makler M verwendet AGB, in denen es heißt, dass der Anspruch auf Makler-provision ohne Rücksicht auf die Maklerleistung entsteht, d. h. ohne Rücksicht darauf, ob der Makler selbst für den Abschluss des Hauptvertrages (mit-)ursäch-lich tätig geworden ist. Es handelt sich also um eine erfolgsunabhängige Mak-lerprovision. Nach dem gesetzlichen Leitbild des Maklervertrages (§ 652 BGB) entsteht der Provisionsanspruch des Maklers nur dann, wenn der angestrebte Hauptvertrag durch Nachweis oder Vermittlung zustande gekommen ist. Eine solche Vereinbarung wäre demzufolge in AGB wegen eines Verstoßes gegen § 307 Abs. 2 Nr. 1 BGB unwirksam, sodass nach § 306 Abs. 2 BGB dispositives Gesetzesrecht gilt. Die Vorschrift bringt zum Ausdruck, dass den in den Normen des dispositiven Rechts enthaltenen Wertentscheidungen eine „Ordnungs- und Leitbildfunktion" für die Inhaltskontrolle zukommt.

---

Nach § 307 Abs. 2 Nr. 2 BGB ist eine unangemessene Benachteiligung im Zweifel auch dann anzunehmen, wenn diese „wesentliche Rechte und Pflichten, die sich aus der Natur des Vertrages ergeben, so einschränkt, dass die Erreichung des Vertrags-zwecks gefährdet ist". Welche Rechte und Pflichten „wesentlich" sind, bestimmt sich nach Art und Inhalt des jeweiligen Vertrages. Bei gegenseitigen Verträgen sind das i. d. R. die Hauptpflichten und die wesentlichen leistungsbezogenen Neben-pflichten.

---

**Beispiel**

Ein Bewachungsunternehmen kann die Haftung für entstandene Schäden durch fahrlässig mangelhafte Bewachung nicht ausschließen. Der Vertragszweck ist „gefährdet", wenn er nicht mehr als geeignetes Instrument zur Durchsetzung wesentlicher Interessen des Kunden erscheint.[259]

---

Nach dem in § 307 Abs. 1 S. 2 BGB normierten **Transparenzgebot** kann sich eine „unangemessene Benachteiligung" auch daraus ergeben, dass eine Klausel nicht klar und verständlich gefasst ist, unabhängig von ihrem Inhalt.[260]

#### 4.8.6.4 Rechtsfolgen

Ist eine Klausel nicht Vertragsbestandteil geworden oder ist sie nach den §§ 307 bis 309 BGB unwirksam, dann richten sich die Rechtsfolgen nach § 306 BGB. Die Unwirksamkeit erfasst – entgegen dem Grundsatz in § 139 BGB – nur die

---

[259] BGHZ 50, 200; weitere Beispiele in *Brox/Walker*, SchuldR AT, § 4, Rn. 51 ff.
[260] Grundlegend BGHZ 106, 42, 49; *Brox/Walker*, SchuldR AT, § 4, Rn. 53.

Klausel selbst. Der **Vertrag bleibt** ansonsten **wirksam.** Es erfolgt **keine „geltungs-erhaltende Reduktion",** d. h. es kommt keine Umdeutung in eine (gerade noch) zulässige Klausel in Betracht. Der AGB-Verwender trägt damit das Risiko der vollständigen Unwirksamkeit.

Falls ein Vertrag wegen der Unwirksamkeit unvollständig ist, so ist die Lücke nach § 306 Abs. 2 BGB durch Anwendung der gesetzlichen Vorschriften zu füllen. An die Stelle der unwirksamen Klausel tritt also das dispositive Gesetzesrecht, z. B. § 271 BGB in Bezug auf die Lieferzeit. Besteht kein dispositives Gesetzesrecht, z. B. bei nicht geregelten Vertragstypen wie z. B. beim Leasing, muss die Rspr. diese Lücke im Wege einer ergänzenden Vertragsauslegung schließen.[261]

### 4.8.6.5  Anwendbarkeit der §§ 305 ff. BGB in besonderen Fällen

Werden AGB gegenüber einem Unternehmer, einer juristischen Person des öffentlichen Rechts oder einem öffentlich-rechtlichen Sondervermögen verwendet, dann finden nach § 310 Abs. 1 BGB die Vorschriften über die Einbeziehung (§ 305 Abs. 2 und 3 BGB) und über die besonderen Klauselverbote (§§ 308, 309 BGB) keine Anwendung. Werden AGB gegenüber Unternehmern (§ 14 BGB) verwendet, sind die Einbeziehungsvoraussetzungen weniger streng ausgestaltet. Der Unternehmerbegriff nach § 14 BGB ist nicht deckungsgleich mit dem Kaufmannsbegriff, d. h. auch nicht im Handelsregister eingetragene Kleingewerbetreibende oder Freiberufler können Unternehmer i. S. d. § 14 BGB sein. Hier reicht es aus, dass sich die Parteien irgendwie (auch konkludent) über die Geltung der AGB einigen, wobei die allgemeinen Regeln der Rechtsgeschäftslehre gelten.[262] Im unternehmerischen Rechtsverkehr kommt auch eine Einbeziehung der AGB nach den Grundsätzen zum kaufmännischen Bestätigungsschreiben[263] (§ 346 HGB) in Betracht. Zu beachten ist, dass im Rahmen der Inhaltskontrolle nach § 307 BGB den Klauselverboten in den §§ 308 und 309 BGB allerdings eine Indizwirkung zukommt.

Auf Verträge der Elektrizitäts-, Gas-, Fernwärme- und Wasserversorgungsunternehmen gegenüber so genannten Sonderabnehmern finden die §§ 308 und 309 BGB keine Anwendung, soweit die Versorgungsbedingungen nicht zum Nachteil der Abnehmer von Verordnungen über allgemeine Bedingungen für die entsprechende Versorgung von Tarifkunden abweichen (§ 310 Abs. 2 BGB). Der Zweck dieser Regelung besteht darin, dass Sonderabnehmer nicht besser gestellt werden sollen als Tarifabnehmer.

Da eine natürliche Person als Verbraucher (§ 13 BGB) bei Vertragsverhandlungen im privaten Bereich dem Unternehmer (§14 BGB) unterlegen ist, soll sie nach § 310 Abs. 3 BGB besonders geschützt werden, auch wenn nicht alle Voraussetzungen vorliegen, die an AGB zu stellen sind. Nach § 310 Abs. 3 Nr. 1 BGB gelten AGB bei **Verbraucherverträgen** auch dann als vom Unternehmer gestellt, sofern dieser nicht nachweist, dass sie durch den Verbraucher in den Vertrag eingeführt worden

---

[261] *Köhler,* BGB AT, § 16, Rn. 31.

[262] Palandt/*Grüneberg,* § 305 BGB, Rn. 50 ff. m. w. N.

[263] Vgl. zum kaufmännischen Bestätigungsschreiben BGH, NJW 1974, 991; *Köhler,* BGB AT, § 8, Rn. 30 ff.

sind. Der Unternehmer muss sich damit auch AGB zurechnen lassen, die von einem Dritten, z. B. Notar, Makler oder Verband, in den Vertrag eingeführt worden sind. Nach § 310 Abs. 3 Nr. 2 BGB finden auf Verbraucherverträge die Auslegungsregeln des § 305c Abs. 2 BGB, die Rechtsfolgen des § 306 BGB bei Nichteinbeziehung oder Unwirksamkeit sowie die §§ 307 bis 309 BGB über die Inhaltskontrolle auf vorformulierte Vertragsbedingungen auch dann Anwendung, wenn diese nur zur einmaligen Verwendung bestimmt sind und soweit der Verbraucher auf sie keinen Einfluss nehmen konnte (**„vorformulierte Verbraucherindividualverträge"**). Grundsätzlich ist bei der Inhaltskontrolle ein generell-objektiver Maßstab anzulegen.[264] Demgegenüber bestimmt § 310 Abs. 3 Nr. 3 BGB bei Verbraucherverträgen, dass bei der Beurteilung der unangemessenen Benachteiligung nach § 307 Abs. 1 und 2 BGB auch „die den Vertragsabschluss begleitenden Umstände zu berücksichtigen" sind, z. B. eine besondere Geschäftserfahrung des Verbrauchers.

Nach § 310 Abs. 4 BGB finden die §§ 305 ff. BGB keine Anwendung auf Verträge auf dem Gebiet des Familien-, Erb- und Gesellschaftsrechts. In diesen Bereichen dürften aber AGB ohnehin selten sein.

Auf formularmäßige **Arbeitsverträge** sind die §§ 305 ff. BGB allerdings grundsätzlich anwendbar. Der Gesetzgeber hat hier im Prinzip ein vergleichbares Schutzbedürfnis wie bei anderen schuldrechtlichen Formularverträgen gesehen. Die AGB-Kontrolle erfolgt allerdings mit der einschränkenden Maßgabe, dass die im Arbeitsrecht geltenden Besonderheiten angemessen zu berücksichtigen sind (§ 310 Abs. 4 S. 2 BGB). Mit der Einbeziehung hat der Gesetzgeber u. a. bezweckt, dem BAG die Möglichkeit zu geben, seine bisherige Rspr. zur Inhaltskontrolle von Arbeitsverträgen, die auf die §§ 242, 315 BGB gestützt waren, zu vereinheitlichen und konsequent an den Maßstäben der §§ 305 ff. BGB zu orientieren.

Die §§ 305 ff. BGB gelten ebenfalls nicht für Tarifverträge, Betriebsvereinbarungen und Dienstvereinbarungen (§ 310 Abs. 4 S. 1 BGB). Bei derartigen Kollektivverträgen ist besonderer Schutz zugunsten einer Partei nicht geboten.

---

[264] BGHZ 105, 24, 31.

# Besonderes Schuldrecht – Gesetzliche Schuldverhältnisse

## 5.1 Überblick

Die rechtsgeschäftlichen Schuldverhältnisse entstehen grundsätzlich durch einen Vertrag, ausnahmsweise durch einseitiges Rechtsgeschäft (z. B. Auslobung gem. § 657 BGB) oder durch mehrseitiges Rechtsgeschäft (z. B. Gesellschaftsvertrag gem. § 705 BGB). Sie haben die Gemeinsamkeit, dass sie unmittelbar auf einem auf Rechtsfolgen gerichteten Willen beruhen. Neben den vertraglichen Schuldverhältnissen gibt es die gesetzlichen Schuldverhältnisse. **Gesetzliche Schuldverhältnisse** entstehen, wenn ein bestimmter (gesetzlicher) Tatbestand erfüllt ist, unabhängig vom Vorliegen einer Willenserklärung. Im Besonderen Teil des Schuldrechts gibt es drei wichtige Gruppen von gesetzlichen Schuldverhältnissen: die Geschäftsführung ohne Auftrag (GoA), die ungerechtfertigte Bereicherung sowie die unerlaubte Handlung. Gesetzliche Schuldverhältnisse finden sich allerdings nicht nur im Schuldrecht, sondern auch in anderen Bereichen, z. B. im Sachenrecht (Eigentümer-Besitzer-Verhältnis gem. §§ 987 ff. BGB), aber auch im Familien- und Erbrecht. Für jedes gesetzliche Schuldverhältnis normiert der Gesetzgeber gesonderte Tatbestandsmerkmale. Im Gegensatz zu den vertraglichen Schuldverhältnissen gibt es hier keine gemeinsamen Entstehungsvoraussetzungen.

## 5.2 Geschäftsführung ohne Auftrag

### 5.2.1 Begriff und Bedeutung

Ein enges Bindeglied zwischen rechtsgeschäftlichen und gesetzlichen Schuldverhältnissen ist die **Geschäftsführung ohne Auftrag (GoA)**. Im Gegensatz zum „Auftrag" besorgt jemand (Geschäftsführer) bei der Geschäftsführung ohne Auftrag gerade das Geschäft eines anderen (Geschäftsherrn), **ohne** von ihm beauftragt worden zu sein (§ 677 BGB). Die Bezeichnung „Geschäftsführung ohne Auftrag" ist allerdings zu eng. Nicht das Fehlen eines Auftragsvertrages, sondern das Fehlen

© Springer-Verlag Berlin Heidelberg 2016
T. Zerres, *Bürgerliches Recht,* Springer-Lehrbuch, DOI 10.1007/978-3-662-49027-3_5

jedes Rechtsverhältnisses zwischen den Beteiligten hinsichtlich der Geschäftsbesorgung kennzeichnet die Geschäftsführung ohne Auftrag.[1]

Die §§ 677 ff. BGB haben einen **großen Anwendungsbereich**. Sie können zur Anwendung kommen, sobald es an einer vertraglichen oder sonstigen gesetzlichen Regelung fehlt. Diese Vorschriften sind etwa dann einschlägig, wenn jemand, ohne vertraglich oder gesetzlich verpflichtet bzw. berechtigt zu sein, fremde Schulden tilgt, einem verunglückten Passanten Hilfe leistet oder fremde Sachen veräußert. Mit den Regelungen soll ein **Interessenausgleich** für die Fälle geschaffen werden, in denen jemand Handlungen vornimmt, die die Rechtssphäre eines anderen betreffen. Das Handeln des Geschäftsführers kann für den Betroffenen erwünscht und nützlich sein. In diesem Fall ist es gerechtfertigt, den willkommenen Helfer zu privilegieren, der für den Geschäftsherrn ein finanzielles Opfer gebracht hat. Auf der anderen Seite soll der Geschäftsherr vor „Besserwissern" oder „Weltbeglückern" geschützt werden, die sich ungefragt in seine Angelegenheiten einmischen und Dienste aufdrängen, die ihm lästig sind.[2]

Die gesetzliche Einordnung der GoA im Anschluss an das vertragliche Schuldverhältnis „Auftrag" erklärt sich aus der Vorstellung, dass unter bestimmten Voraussetzungen ein nicht beauftragter Geschäftsführer Rechte und Pflichten wie ein Beauftragter hat. Rspr. und Lit. unterscheiden im Zusammenhang mit den §§ 677 ff. BGB zwischen der echten GoA (§§ 677 bis 686 BGB) und der unechten GoA (§ 687 BGB). Die echte GoA wird wiederum in die – praktisch bedeutsamere – berechtigte GoA und die unberechtigte GoA unterteilt. Die unechte GoA wird ihrerseits in die irrtümliche Eigengeschäftsführung (§ 687 Abs. 1 BGB) und die unerlaubte Eigengeschäftsführung unterteilt (§ 687 Abs. 2 BGB) (Abb. 5.1).

Die Prüfung der GoA in der Fallbearbeitung ist regelmäßig schwierig, weil sie häufig zu erörtern ist, es allerdings viele Gründe gibt, diese im Ergebnis abzulehnen. Die Gründe sind dabei nicht immer einfach aus dem Gesetzeswortlaut zu entnehmen. Hinzu kommt, dass die Systematik nicht einfach zu durchschauen ist. Im Gegensatz zum Bereicherungsrecht und Deliktsrecht stehen die wichtigsten Anspruchsgrundlagen nicht in den Eingangsvorschriften des sie betreffenden Titels.

| Formen der GoA | | | |
|---|---|---|---|
| **Echte GoA** | | **Unechte GoA** | |
| **Das fremde Geschäft wird für einen anderen geführt.** | | **Das fremde Geschäft wird als eigenes geführt.** | |
| Berechtigte GoA: mit Willen oder Interesse des GH | Unberechtigte GoA: ohne Willen oder nicht im Interesse des GH | Irrtümliche Eigengeschäftsführung | Angemaßte Eigengeschäftsführung |
| §§ 677, 683 S. 1 | §§ 678, 684 S. 1 | § 687 I | § 687 II |

**Abb. 5.1**  Geschäftsführung ohne Auftrag

---

[1] *Brox/Walker*, SchuldR BT, § 35, Rn. 1.

[2] *Brox/Walker*, SchuldR BT, § 35, Rn. 2.

Das wesentliche Unterscheidungsmerkmal zwischen der **echten GoA** und der **unechten GoA** ist der Fremdgeschäftsführungswillen des Geschäftsführers, der bei der echten GoA gegeben ist und bei der unechten GoA gerade nicht vorhanden ist. Das entscheidende Abgrenzungskriterium im Rahmen der echten GoA zwischen der **berechtigten** und **unberechtigten GoA** ist der Wille des Geschäftsherrn bezüglich der Übernahme der Geschäftsführung. Berechtigt, d. h. rechtlich erwünscht, ist die GoA, wenn die Übernahme der Geschäftsführung dem Interesse und dem wirklichen oder dem mutmaßlichen Willen des Geschäftherrn entspricht. Der berechtigte Geschäftsführer kann nach § 683 BGB Aufwendungsersatz verlangen.[3] Folgende Vorschriften sind im Rahmen einer GoA zu beachten:

1. **Echte GoA (§§ 683 bis 685 BGB)**
   a. Berechtigte GoA (§§ 683 bis 685 BGB (insbesondere den Anspruch auf Aufwendungsersatz des Geschäftsführers gegen den Geschäftsführer aus §§ 670, 683 S. 1 BGB oder den Herausgabeanspruch des Geschäftsherrn aus §§ 667, 681 S. 2 BGB)
   b. Unberechtigte GoA (§§ 677 ff., 684 S. 1 BGB)
      Zu beachten: Unterscheidungsmerkmal ist das Interesse und Wille des Geschäftsherrn an der Übernahme der Geschäftsführung; die §§ 677 bis 682 BGB betreffen die Pflichten des Geschäftsführers, die §§ 683 bis 686 beziehen sich auf die Pflichten des Geschäftsherrn.
2. **Unechte GoA (§ 687 Abs. 1 BGB)**
   a. Irrtümliche Eigengeschäftsführung (§ 687 Abs. 1 BGB)
   b. Unerlaubte Eigengeschäftsführung (§ 687 Abs. 2 BGB; Geschäftsanmaßung)
      Zu beachten: Bei der unechten GoA fehlt der Fremdgeschäftsführungswillen und damit ein Grundtatbestand der GoA.

## 5.2.2 Berechtigte GoA

### 5.2.2.1 Voraussetzungen

#### Geschäftsbesorgung

Die berechtigte GoA setzt voraus, dass jemand ein Geschäft für einen anderen besorgt, ohne von ihm beauftragt oder ihm gegenüber sonst dazu berechtigt zu sein (§ 677 BGB) und dass einer der in den §§ 677 ff. BGB genannten Berechtigungsgründe vorliegt. Entspricht die Übernahme der Geschäftsführung dem Interesse und dem mutmaßlichen Willen des Geschäftsherrn, spricht man von einer berechtigten GoA.

Die einzelnen Voraussetzungen für einen Anspruch des Geschäftsführers auf Grund einer berechtigten GoA bestimmen sich nach den §§ 677, 683 BGB. Geht es z. B. um die Frage nach einem Anspruch auf Aufwendungsersatz, könnte in einem Gutachten der Fragesatz wie folgt lauten: „Der Geschäftsführer könnte

---

[3] Ausführlich *Wandt*, § 2, Rn. 1 ff.

einen Aufwendungsersatzanspruch gem. §§ 683 S. 1, 670, 677 BGB gegen den Geschäftsherrn haben".

Zuerst muss der Geschäftsführer überhaupt ein Geschäft des Geschäftsherrn besorgt haben. Unter einer **Geschäftsbesorgung** ist dabei jedes Tätigwerden zu verstehen, also nicht nur rechtsgeschäftliches und geschäftsähnliches, sondern auch rein tatsächliches Handeln.[4] Die Geschäftsbesorgungen können also in dem Abschluss eines Vertrages, dem Begleichen einer Schuld, in der Beauftragung eines Klempners zur Schadensbeseitigung im Haus des ortsabwesenden Nachbarn, dem Abschleppen eines PKW, in dem Herumreißen eines Lenkrades oder in der Rettung eines Ertrinkenden liegen.[5]

Mit dem Merkmal der Geschäftsbesorgung ist zugleich meistens die Person des an der Geschäftsbesorgung beteiligten Geschäftsführers bestimmt. Geschäftsführer i. S. d. §§ 677 ff. BGB ist derjenige, der die in Frage stehende Tätigkeit ausführt, wobei sich der Geschäftsführer als Herr des Geschehens unselbstständiger Geschäftsführungsgehilfen bedienen kann.[6]

### Fremdgeschäftsführungswillen

Die GoA setzt voraus, dass das Geschäft für einen anderen geführt wird. Der Geschäftsführer muss also mit **Fremdgeschäftsführungswillen** handeln. Dazu gehören das Bewusstsein und der Wille, eine Angelegenheit, die eigentlich der Sorge eines anderen obliegt, weil sie in dessen Rechtskreis gehört, für ihn zu besorgen. Der Geschäftsführer muss wissen und wollen, dass er für einen anderen handelt, d. h. dass die Vorteile des Geschäfts dem anderen zugutekommen sollen. Ein solcher Fremdgeschäftsführungswillen ist lediglich dann ausgeschlossen, wenn es sich um eine Geschäftsbesorgung handelt, die den eigenen Interessenkreis des Geschäftsführers betrifft. Unerheblich ist, ob der Geschäftsführer den Geschäftsherrn kennt. Es reicht aus, dass er für irgendeinen anderen handeln will. Aus dem Grund ist auch ein Irrtum über die Person des Geschäftsherrn unschädlich (§ 686 BGB). Das gesetzliche Schuldverhältnis entsteht nur in der Person, in dessen Interesse gehandelt wird.

Der Fremdgeschäftsführungswille ist oft schwer nachweisbar. Umstritten ist, unter welchen Voraussetzungen ein solcher Fremdgeschäftsführungswillen angenommen werden kann. Nach h. M. ist zwischen „objektiv fremden", „auch fremden" sowie „subjektiv fremden Geschäften" zu unterscheiden. Wenn das Geschäft bereits äußerlich erkennbar zu einer fremden Interessensphäre gehört (= **objektiv fremdes Geschäft**), ist der Fremdgeschäftsführungswille anzunehmen, wenn dem Geschäftsführer die Fremdheit des Geschäfts bewusst ist (§ 687 Abs. 1 BGB) und er das Geschäft nicht nur als eigenes führen will (§ 687 Abs. 2 BGB). Bei einem objektiv fremden Geschäft wird der Fremdgeschäftsführungswille vermutet.[7] Zu

---

[4] *Brox/Walker*, SchuldR BT, § 36, Rn. 2; *Looschelders*, SchuldR BT, § 41, Rn. 841.

[5] BGHZ 33, 251; 38, 270, 275.

[6] BGH, DB 2000, 1560, 1561.

[7] BGH, NJW 2000, 72 ff.; BGHZ 98, 235, 240; *Medicus/Lorenz*, SchuldR II, Rn. 1112.

diesen sind regelmäßig die Handlungen zu zählen, die unmittelbar darauf abzielen, fremde Rechtsgüter vor Gefahren oder Schaden zu bewahren.

---

**Beispiel**

Rettung eines fremdem Kindes vor einem heranfahrenden Auto; Reparaturen bei Nachbarn zur Abwendung von Gefahren oder bei Zahlung fremder Schulden.

---

Die Vermutung kann nur widerlegt werden, wenn Anhaltspunkte dafür vorliegen, dass der Geschäftsführer eigene Interessen verfolgt hat.

Bei einem **subjektiv fremden Geschäft** muss der Fremdgeschäftsführungswille äußerlich erkennbar in Erscheinung getreten sein[8] d. h. der äußerlich erkennbare Wille des Geschäftsführers muss auf ein Tätigwerden für einen anderen gerichtet gewesen sein.[9] Erwirbt z. B. jemand Karten für ein Fußballspiel, tut er dies regelmäßig für sich selbst. Nur wenn er diese erkennbar für jemand anderen erwirbt, handelt er i. S. v. § 677 BGB „für einen anderen".

**Problematisch** ist die Behandlung, wenn es sich um ein Geschäft handelt, das beide Interessenkreise berührt. Hier liegt meist ein sog. **„auch fremdes Geschäft"** vor, z. B. der Mieter, der einen Wohnungsbrand löscht oder der Eigentümer eines Reihenhauses, der den Brand im Nachbarhaus löscht. Der Fremdgeschäftsführungswille des Geschäftsführers wird hier – ebenso wie bei dem objektiv fremden Geschäft – vermutet.[10] Der Fremdgeschäftsführungswille ergibt sich i. d. R. bei „auch fremden Geschäften" meistens aus den objektiven Umständen. So wird der Fremdgeschäftsführungswille beim Löschen des Nachbarhauses oder bei der Rettung eines Ertrinkenden nicht dadurch in Frage gestellt, dass der Geschäftsführer gleichzeitig sein eigenes Haus schützen bzw. seine öffentlich-rechtliche Hilfeleistungspflicht nach § 323c StGB erfüllen will.

Es gibt allerdings einige Fallgruppen, in denen der Fremdgeschäftsführungswillen zweifelhaft ist. Die Vermutung eines Fremdgeschäftsführungswillens ist dann zweifelhaft, wenn der Geschäftsführer hoheitlich in Erfüllung einer öffentlich-rechtlichen Dienstpflicht gehandelt hat.

---

**Beispiel**[11]

Der Funkenflug aus einer Lokomotive der Bundesbahn entzündet im Dachstuhl des E ein Feuer. Löscht die herbeigerufene Feuerwehr die Flammen, so handelt sie zwar primär hoheitlich, doch erfüllt sie auch die Pflichten der Bundesbahn. Der BGH sah hier das Vorliegen eines „auch fremden Geschäfts" als gegeben an.[12]

---

[8] Erman/*Dornis*, § 677 BGB, Rn. 54; *Brox/Walker*, SchuldR BT, § 36, Rn. 6.

[9] BGH, NJW-RR 2004, 81, 82.

[10] BGH, NJW 2009, 2590, 2591.

[11] BGHZ 40, 28 – „Funkenflug-Fall".

[12] Vgl. auch BGHZ 63, 167.

Die Annahme einer GoA wird grundsätzlich von der h. L. abgelehnt, wenn es sich um Maßnahmen der Gefahrenabwehr durch die öffentliche Hand handelt. Für das Verhältnis zwischen Staat und Bürger enthalten die Verwaltungsvollstreckungs- und Kostengesetze nämlich eine abschließende Regelung über die Kostenerstattung der hoheitlichen Maßnahme. Der Hoheitsträger könne gar keinen Fremdgeschäftsführungswillen haben, weil er sich dem Willen des Geschäftsherrn nicht unterordnen wolle. Im Übrigen handelt ein Hoheitsträger nicht „ohne Auftrag oder eine sonstige Berechtigung", sondern aufgrund von öffentlich-rechtlichen Dienstpflichten.[13]

Die Anwendung der §§ 677 ff. BGB ist auch bei Vorliegen einer (nichtigen) vertraglichen Verpflichtung gegenüber dem Dritten generell ausgeschlossen. Aufwendungen, die im Hinblick auf einen künftigen Vertrag getätigt wurden, liegen allein im Risikobereich dessen, der den Vertrag anbahnen möchte.[14] Dieses gilt umso mehr, als der Leistende in solchen Fällen regelmäßig nicht im Interesse des „Geschäftsherrn" handelt, sondern seine eigene Verpflichtung gegenüber dem Dritten erfüllen will.[15]

Sind mehrere Schuldner verpflichtet, den Schaden eines Dritten zu ersetzen, so fragt sich, ob im Innenverhältnis der Schuldner die Grundsätze der GoA anwendbar sind, wenn einer die Schuld begleicht. Nach h. M. nimmt der leistende (Gesamt-) Schuldner nicht zugleich auch ein Geschäft des Mitschädigers vor, zumal dieser von seiner Verbindlichkeit nicht befreit wird; hinzu kommt, dass § 426 BGB als spezielle Rückgriffsregelung die Anwendung der Regeln über die GoA ausschließt.[16]

Das Bewusstsein und der Wille, ein fremdes Geschäft zu führen, können auch vorliegen, wenn die Geschäftsführung in einer reflexartigen Handlung besteht. So kann bei „Selbstgefährdung im Straßenverkehr" ein Fremdgeschäftsführungswille grundsätzlich auch dann gegeben sein, wenn der Kraftfahrer in einer spontanen, also reflexartigen Bewegung das Steuer herumreißt, um einen anderen Verkehrsteilnehmer nicht zu schädigen, wobei er eine Eigenschädigung in Kauf nimmt.

**Beispiel**

S fährt mit seinem PKW vorschriftsmäßig auf der Landstraße. Der entgegenkommende 9-jährige Radfahrer R gerät ohne Verschulden plötzlich vor den PKW des S. S reißt das Steuer herum, fährt in einen Acker und erleidet Verletzungen. Da R nicht deliktsfähig ist, kommt aber ein Anspruch aus §§ 677, 683 S. 1, 670 BGB in Betracht. Kann S von R Ersatz nach den Grundsätzen der GoA verlangen?

Nach h. M. wird in diesen Fällen ein Fremdgeschäftsführungswille nur dann vermutet, wenn der Kraftfahrer bei dem Unfall nicht haftbar gewesen wäre; ansonsten sei davon auszugehen, dass das Ausweichmanöver allein im eigenen Interesse

[13] *Medicus/Petersen*, BR, Rn. 412.
[14] *Brox/Walker*, SchuldR BT, § 36, Rn. 12 m. w. N.; *Looschelders*, SchuldR BT, § 41, Rn. 850 m. w. N.
[15] *Brox/Walker*, SchuldR BT, § 36, Rn. 13 m. w. N.
[16] *Brox/Walker*, SchuldR BT, § 36, Rn. 4.

(nämlich zur Vermeidung der Haftung) erfolgt sei. Während früher die Haftung des Kfz-Halters bereits bei Vorliegen eines „unabwendbaren Ereignisses" ausgeschlossen war, kann sich der Halter nunmehr nur noch bei „höherer Gewalt" entlasten. Ein Anspruch auf GoA dürfte daher in den meisten Fällen nicht mehr in Betracht kommen. Außerhalb des Anwendungsbereichs des § 7 Abs. 2 StVG kann die Selbstaufopferung dagegen noch von Bedeutung sein, z. B. wenn ein vorschriftsmäßig fahrender Radfahrer einen Schaden dadurch erleidet, in dem er einem 6-jährigen Kind ausweicht, dass trotz ordnungsgemäßer Beaufsichtigung plötzlich auf die Fahrbahn läuft.[17]

Eine berechtigte GoA kann auch **gegenüber einem geschäftsunfähigen** oder **beschränkt geschäftsfähigen Geschäftsherrn** erfolgen. Soweit es dabei auf den Willen des Geschäftsherrn ankommt (§§ 683, 684 BGB – Genehmigung), ist auf den Willen des gesetzlichen Vertreters abzustellen. Umstritten ist, ob die berechtigte GoA Geschäftsfähigkeit des Geschäftsführers voraussetzt. Nach überwiegender Auffassung wird eine Übernahme der Geschäftsbesorgung als eine geschäftsähnliche Handlung angesehen, auf die die §§ 104 ff. BGB entsprechend angewandt werden.

Eine Übernahme durch einen Geschäftsunfähigen kann daher nicht erfolgen. Der beschränkt Geschäftsfähige bedarf der Zustimmung des gesetzlichen Vertreters.[18]

### Ohne Auftrag und sonstige Berechtigung

Letztlich darf der Geschäftsführer **weder** vom Geschäftsherrn zu der Geschäftsführung **beauftragt** noch diesem gegenüber **sonst dazu berechtigt** gewesen sein. Anderenfalls wird das Rechtsverhältnis durch die Bestimmungen zum Auftrag oder sonstiger Berechtigungsverhältnisse geregelt; die GoA ist also subsidiär.

Unter „Auftrag" ist nicht nur der Auftragsvertrag i. S. v. § 662 BGB, sondern jeder verpflichtende Vertrag zu verstehen; eine sonstige Berechtigung ist jede gesetzlich eingeräumte Befugnis, die Geschäfte eines anderen zu besorgen, z. B. als Organ einer juristischen Person oder als Eltern für die Kinder.

Nach der Rspr. finden die Grundsätze zur GoA auch Anwendung, wenn der zwischen dem Geschäftsführer und dem Geschäftsherrn geschlossene Vertrag nichtig ist. Dagegen spricht neben dem Fehlen eines Fremdgeschäftsführungswillens vor allem, dass für die Rückabwicklung rechtsgrundloser Leistungen vom Gesetz nur die Leistungskondiktion (§ 812 Abs. 1 S. 1 Alt. 1 BGB) vorgesehen ist.[19]

Die Übernahme der Geschäftsbesorgung ist nur berechtigt, wenn einer der **drei** im Gesetz genannten **Berechtigungsgründe** vorliegt (vgl. §§ 683 S. 1, 683 S. 2, 684 S. 2 BGB). Dies ist zunächst der Fall, wenn die Übernahme der Geschäftsführung dem Interesse und dem (zum Ausdruck gebrachten) wirklichen oder mutmaßlichen Willen des Geschäftsherrn entspricht (§ 683 S. 1 BGB). Das Interesse des Geschäftsherrn ist dabei nach objektiven Kriterien aus der Sicht eines verständigen Dritten unter Berücksichtigung aller Umstände des Einzelfalls zu bestimmen, z. B.

---

[17] BGHZ 38, 270; *Looschelders*, SchuldR BT, § 41, Rn. 855 m. w. N.; *Wandt*, § 8, Rn. 15 ff.

[18] *Brox/Walker*, SchuldR BT, § 36, Rn. 38.

[19] BGH, BB 1993,95.

liegt es im objektiven Interesse des Geschäftsherrn, dass sein Leben gerettet oder sein Eigentum vor Schaden bewahrt wird.[20]

Widerspricht die Übernahme der Geschäftsführung dem Willen des Geschäftsherrn, dann liegt dennoch eine berechtigte GoA vor, wenn die Voraussetzungen des § 679 BGB erfüllt sind (§ 683 S. 2 BGB). Die Geschäftsbesorgung muss einer im öffentlichen Interesse liegenden Pflicht (z. B. Abschleppen eines verkehrsbehindernd geparkten PKW) oder einer gesetzlichen Unterhaltspflicht (z. B. §§ 1360 ff.; 1601 ff. BGB; § 1969 BGB) des Geschäftsherrn dienen. Es muss sich um eine **Rechtspflicht** handeln. Bloße sittliche Verpflichtungen reichen nicht aus. Im Falle der Rettung eines freiverantwortlich handelnden Selbstmörders hat der Lebensretter Ansprüche gegen den geretteten Selbstmörder aus berechtigter GoA. Kommt der Retter zu Schaden, kann er diesen möglicherweise nach § 823 BGB ersetzt verlangen. Der gerettete „Selbstmörder" muss die beim helfenden Geschäftsführer entstandenen Schäden deshalb ersetzen, weil sie ihm zurechenbar sind, da sich der Retter zur Vornahme der Rettungshandlungen herausgefordert fühlen durfte.[21]

Der Geschäftsherr kann letztlich auch eine zunächst unberechtigte GoA genehmigen mit der Folge, dass sie von Anfang an als berechtigte GoA angesehen wird (§ 684 S. 2 BGB). Die Genehmigung kann ausdrücklich oder konkludent erfolgen. Verlangt der Geschäftsherr das aus der Geschäftsführung Erlangte heraus, so liegt darin eine konkludente Genehmigung.[22]

### 5.2.2.2  Rechtsfolgen

**Ansprüche des Geschäftsherrn**

Der Geschäftsführer hat nach § 677 BGB das Geschäft ordnungsgemäß zu führen, so wie es das Interesse des Geschäftsherrn mit Rücksicht auf dessen wirklichen oder mutmaßlichen Willen erfordert. Nach § 681 BGB hat der Geschäftsführer die Pflicht zur Anzeige der Geschäftsübernahme und eine Nachrichten-, Auskunfts- und Rechenschaftspflicht. Der Geschäftsführer einer berechtigten GoA ist ebenso wie der Beauftragte zur Herausgabe desjenigen verpflichtet, was er aus der Geschäftsbesorgung erlangt hat (§§ 681 S. 2, 667 BGB).

Der Geschäftsführer ist bei Pflichtverletzungen aus § 677 BGB nach den allgemeinen Vorschriften zum Schadensersatz verpflichtet (§§ 280 ff., §§ 823 ff. BGB); die berechtigte GoA stellt dann einen Rechtfertigungsgrund dar, wenn die Rechtsgutverletzung notwendigerweise im Zusammenhang mit der Geschäftsübernahme steht. So ist z. B. das Beschädigen der Haustür gerechtfertigt, wenn dies notwendig war, um einen Hilfebedürftigen aus der Wohnung zu holen. Nach § 680 BGB ist die Haftung des Geschäftsführers zugunsten des Geschäftsführers modifiziert, wenn die Geschäftsführung der Abwendung einer dem Geschäftsherrn drohenden Gefahr gedient hat. Sinn und Zweck dieser Modifizierung ist die Förderung der Bereitschaft zur Nothilfe. Der Geschäftsführer hat in diesem Fall nur Vorsatz und grobe Fahrläs-

---

[20] *Looschelders*, SchuldR BT, § 41, Rn. 857.

[21] *Wandt*, § 8, Rn. 28 m. w. N.

[22] BaRoth/*Gehrlein*, § 684 BGB, Rn. 2.

sigkeit zu vertreten. Die Vorschrift des § 682 BGB enthält eine Haftungsbeschränkung für den geschäftsunfähigen oder beschränkt geschäftsfähigen Geschäftsführer, dessen Geschäftsführung der gesetzliche Vertreter nicht zugestimmt hat.

**Pflichten des Geschäftsherrn**

Der Geschäftsherr ist dem Geschäftsführer „wie beim Beauftragten" zum Ersatz der von diesem gemachten Aufwendungen verpflichtet (§§ 683 S. 1, 670 BGB). Nach § 670 BGB sind solche Aufwendungen zu ersetzen, die zur Ausführung der Geschäftsführung getätigt wurden, sofern der Geschäftsführer sie für erforderlich halten durfte. Für die „eigene Arbeit" kann der Geschäftsführer nach h. M. dann eine Vergütung verlangen, wenn die Tätigkeit seinem Beruf oder Gewerbe angehört hat.[23] Die hier von der h. M. herangezogene analoge Anwendung des § 1835 Abs. 3 BGB ist, anders als im Auftragsrecht, zu billigen.

Der Geschäftsherr haftet dem Geschäftsführer auch für erlittene Schäden, die aus einer mit der Geschäftsführung typischerweise verbundenen Gefahr erwachsen sind.[24] Die Interessenlage ist vergleichbar mit derjenigen im Auftragsrecht. Der Geschäftsherr hat danach für solche Schäden Ersatz zu leisten, die als Folge der typischen und erkennbaren Gefahrenlage der Geschäftsbesorgung aufgetreten sind („risikotypische Begleitschäden") und nicht lediglich das allgemeine Lebensrisiko. Darüber hinaus kann der Geschäftsführer nach § 253 Abs. 2 BGB analog auch die Zahlung eines angemessenen Schmerzensgeldes verlangen.

## 5.2.3 Unberechtigte GoA

### 5.2.3.1 Voraussetzungen

Die unberechtigte GoA unterscheidet sich von der berechtigten GoA zunächst dadurch, dass ein Berechtigungsgrund fehlt. Alle anderen Voraussetzungen müssen auch hier vorliegen. Ein Berechtigungsgrund fehlt, wenn die Geschäftsbesorgung nicht mit dem wirklichen oder mutmaßlichen Willen des Geschäftsherrn (vgl. § 683 S. 1 BGB) übereinstimmt (§ 678 BGB), § 679 BGB nicht eingreift und eine Genehmigung des Geschäftsherrn nicht vorliegt (§ 684 S. 2 BGB).

### 5.2.3.2 Rechtsfolgen

Da das gesetzliche Schuldverhältnis der berechtigten GoA nach überwiegender Ansicht hier nicht entsteht, sind die §§ 677, 681 BGB nicht anwendbar. Die Beziehungen der Beteiligten werden deshalb nach den Vorschriften über ungerechtfertigte Bereicherung i. S. d. §§ 812 ff. BGB und über unerlaubte Handlung nach den §§ 823 ff. BGB abgewickelt.

Darüber hinaus gibt § 678 BGB einen **Schadensersatzanspruch**, wenn die Übernahme nicht dem wirklichen oder mutmaßlichen Willen des Geschäftsherrn

---

[23] Vgl. BGHZ 143, 9 ff.; Palandt/*Sprau*, § 683 BGB, Rn. 8 m. w. N.
[24] BGH, NJW 1993, 2235; Jauernig/*Mansel*, § 677 BGB, Rn. 7 m. w. N.; *Brox/Walker*, SchuldR BT, § 36, Rn. 45 ff.

entsprach und der Geschäftsführer sich dabei bewusst gewesen ist, dass er sich über den ihm bekannten Willen des Geschäftsherrn hinweggesetzt hat.[25]

Anders ist dies nur, wenn die Geschäftsübernahme die Abwehr einer dem Geschäftsherrn drohenden dringenden Gefahr gem. § 680 BGB bezweckte. Ein Schadensersatzanspruch wird nur dann ausgelöst, wenn der Geschäftsführer in einem solchen Fall mindestens grob fahrlässig gehandelt hat.

Liegen also die Voraussetzungen des § 678 BGB vor, dann hat der Geschäftsführer jeden von ihm durch die Geschäftsführung adäquat verursachten Schaden zu ersetzen, selbst wenn er bei der Ausführung nicht schuldhaft handelte. Der Grund besteht darin, dass der unberechtigte Geschäftsführer die Geschäftsführung grundsätzlich zu unterlassen hat und er demzufolge für sämtliche Folgen seines Handelns einstehen muss. Er haftet für bloßes **Übernahmeverschulden**.

Bei der unberechtigten GoA erhält der Geschäftsführer keinen Anspruch auf Aufwendungsersatz (§§ 683 S. 1, 670 BGB). Nach der ratio des § 684 BGB ist es unbillig, dem Geschäftsherrn die „Früchte" der vom Geschäftsführer vorgenommenen Tätigkeit zu belassen. Der Geschäftsherr muss dem Geschäftsführer nach § 684 S. 1 BGB das durch die Geschäftsführung Erlangte nach Bereicherungsrecht (§§ 812 ff. BGB) herausgeben. Hierbei handelt es sich um eine Rechtsfolgenverweisung, d. h. dass die Voraussetzungen der §§ 812 ff. BGB nicht mehr zu prüfen sind.[26]

### 5.2.4  Unechte GoA

Der Geschäftsführer will bei der berechtigten oder unberechtigten GoA das Geschäft für einen anderen führen. In § 687 BGB hingegen werden Sachverhalte geregelt, in denen jemand ein fremdes Geschäft als eigenes, also eben nicht für einen anderen führt. Es liegt dann eine **Eigengeschäftsführung** vor.

Die Eigengeschäftsführung stellt als **unechte GoA** weder einen Rechtsgrund im Sinne des Bereicherungsrechts noch einen Rechtfertigungsgrund dar. Eine Eigengeschäftsführung ist nur bei objektiv fremden Geschäften denkbar, da bei neutralen Geschäften die Fremdheit allein durch den hier fehlenden aber notwendigen Fremdgeschäftsführungswillen begründet wird. Eine Genehmigung nach § 684 S. 2 BGB scheidet aus, da diese Bestimmung jedenfalls das Handeln des Geschäftsführers für einen anderen voraussetzt.

§ 687 BGB regelt konkret zwei Sachverhalte. § 687 Abs. 1 BGB behandelt den Fall, dass der Handelnde irrtümlich glaubt, er besorge ein eigenes Geschäft. Diesen Fall bezeichnet man als **irrtümliche Eigengeschäftsführung**.

---

**Beispiel**

K hat von V ein Fahrrad erworben und verkauft dieses an D weiter. Dabei geht K davon aus, dass er Eigentümer des Fahrrades ist. In Wahrheit steht das Rad noch im Eigentum des V, da die Übereignung unwirksam war.

---

[25] *Brox/Walker*, SchuldR BT, § 37, Rn. 4 ff.

[26] BGH, WM 1976, 1060; *Brox/Walker*, SchuldR BT, § 37, Rn. 8.

Hinsichtlich der **Rechtsfolgen** finden nach § 687 Abs. 1 BGB für das Verhältnis zwischen dem Eigengeschäftsführer und demjenigen, dem das Geschäft objektiv zuzurechnen ist, die allgemeinen Bestimmungen über §§ 823 ff. BGB und §§ 812 ff. BGB Anwendung. Keine Anwendung finden die Vorschriften der §§ 677 BGB bis 686 BGB. Dies gilt unabhängig davon, ob die Fremdheit des Geschäfts für den „Geschäftsführer" erkennbar war. Maßgebend ist ausschließlich, dass der für die GoA konstitutive Fremdgeschäftsführungswille fehlt.

In § 687 Abs. 2 BGB wird der Fall geregelt, dass der Geschäftsführer die Fremdheit kennt, aber das Geschäft unerlaubterweise als eigenes behandelt. Er führt also ein objektiv fremdes Geschäft wissentlich und ohne Berechtigung ausschließlich zu seinem eigenen Vorteil aus. Das ist der Fall der **angemaßten Eigengeschäftsführung**. In diesen Fällen ist der Geschäftsherr besonders schutzwürdig. Typische Fälle sind Eingriffe in fremde absolute Rechte, wie z. B. die Nutzung oder Veräußerung fremder Sachen oder die vorsätzliche Verletzung von Patent- und Urheberrechten. Der Geschäftsführer haftet dem Geschäftsherrn gegenüber nach den Vorschriften der §§ 812 ff. BGB und §§ 823 ff. BGB. Die §§ 812 ff. BGB können allerdings durch die §§ 987 ff. BGB ausgeschlossen sein.

---

**Beispiel**

Der Dieb D verkauft die dem Eigentümer E gestohlene Sache mit Gewinn weiter. E kann von D nach § 992 BGB i. V. m. §§ 823 Abs. 1 und 2 BGB i. V. m. § 242 StGB Schadensersatz verlangen; die §§ 812 ff. BGB kommen nach Ansicht der Rspr. neben den §§ 987 ff. BGB nicht zur Anwendung. E könnte daher nach den bisher erwähnten Vorschriften nur Ersatz seines Schadens erhalten, nicht jedoch den durch D erzielten Gewinn. Insoweit kann aber ein Anspruch aus § 816 Abs. 1 BGB gegeben sein.

---

Daneben oder stattdessen kann der Geschäftsherr gem. § 687 Abs. 2 S. 1 BGB alle Ansprüche aus §§ 677, 678, 681, 682 BGB geltend machen, d. h. die Rechte, die er im Falle einer berechtigten GoA gehabt hätte; er kann das Geschäft an sich ziehen. Hierzu zählt insbesondere der Anspruch auf Herausgabe des durch die Geschäftsbesorgung Erlangten (§§ 687 Abs. 2 S. 1, 681 S. 2, 667 BGB). Diese Ansprüche werden nicht durch die §§ 987 ff. BGB ausgeschlossen.[27] Im dem erwähnten Beispiel könnte E nach § 687 Abs. 2 BGB einen Anspruch auf Herausgabe des durch die Geschäftsführung Erlangten haben (§§ 687 Abs. 2, 681 S. 2, 667 BGB). Praktische Relevanz hat daneben noch der Schadensersatzanspruch aus § 678 BGB.[28]

Wird der Geschäftsführer von dem Geschäftsherrn auf Schadensersatz oder ungerechtfertigte Bereicherung in Anspruch genommen, so entstehen für den Geschäftsführer ebenfalls Ansprüche. Der Geschäftsherr ist nach §§ 687 Abs. 2 BGB 684 S. 1 BGB verpflichtet, dem Geschäftsführer alles, was er **durch die Geschäftsführung erlangt** hat, nach den Vorschriften über die ungerechtfertigte Bereicherung herauszugeben (§ 687 Abs. 2 S. 2 BGB). Der Wortlaut ist allerdings missver-

---

[27] *Brox/Walker*, SchuldR BT, § 38, Rn. 4.
[28] *Looschelders*, SchuldR BT, § 43, Rn. 883.

ständlich. Der Anspruch erfasst nicht das, was der Geschäftsherr durch die Realisierung des Anspruchs nach §§ 687 Abs. 2, 682 S. 2, 667 BGB erlangt hat, d. h. im oben genannten Beispiel den Veräußerungserlös. Anderenfalls wäre dieser Anspruch sinnlos, wenn er das herausgeben müsste, was er doch seinerseits von dem Geschäftsführer erhalten hatte. Dieses Erlangte würde also hin- und hergeschoben. Diese Sinnlosigkeit muss man vermeiden und daher den § 687 Abs. 2 S. 2 BGB anders interpretieren. Diese Vorschrift meint nicht das Geschäftsführungsergebnis, sondern die Aufwendungen des Geschäftsführers. Diese sollen ihm nach Bereicherungsrecht zu ersetzen sein, wenn er das durch die Geschäftsführung Erlangte herausgeben muss.[29]

## 5.3 Ungerechtfertigte Bereicherung

### 5.3.1 Einleitung

Das in den §§ 812 bis 822 BGB geregelte Bereicherungsrecht hat die Funktion, nicht gerechtfertigte Vermögensverschiebungen rückgängig zu machen.

Die Regelungen gehen auf das römische Recht zurück. Die sog. **condictio** (daher spricht man heute noch von **Kondiktionen**) war eine besondere Klageart, gerichtet auf Rückforderung einer bestimmten Geldsumme oder auf Herausgabe einer Sache. Im nachklassischen römischen Recht (unter Kaiser *Justinian*) erfolgte eine Aufteilung der *condictio* in mehrere selbstständige Klagen, vor allem die *condictio indebiti*, die *condictio ob rem* und die *condictio ob turpem vel iniustam causam* und die *condictio sine causa*. Hieran haben sich grundsätzlich die Verfasser des BGB orientiert, was die Vielzahl an Kondiktionen erklärt.

Bei den §§ 812 ff. BGB geht es nicht – wie beim Schadensersatz – darum, Vermögensverluste beim Gläubiger, d. h. auf Seiten des Anspruchsinhabers, auszugleichen, sondern um den Ausgleich von Vermögensvorteilen beim Schuldner, die diesem zu Unrecht zugutegekommen sind. Ob der Anspruchsinhaber selbst eine Vermögensminderung erlitten hat, ist unerheblich. **Bezugspunkt** für die Feststellung der Bereicherung ist also der **bereicherte Schuldner**.[30] Auf der anderen Seite kommt es bei den §§ 823 ff. BGB nicht darauf an, ob der Anspruchsgegner eine Vermögensmehrung oder einen Vorteil erfahren hat. Der Deliktsschuldner haftet nicht, weil er einen Vorteil erlangt, sondern weil er einen anderen geschädigt hat, d. h. diesem einen „Nachteil" zugefügt hat.

---

**Beispiel**

Hat der Schädiger eine Sache gestohlen, so ist er bereichert und haftet auf Schadensersatz. Hat er eine Sache eines anderen beschädigt, so ist er nicht bereichert und haftet trotzdem auf Schadensersatz.

---

[29] *Brox/Walker*, SchuldR BT, § 38, Rn. 6.

[30] *Brox/Walker*, SchuldR BT, § 39, Rn. 1.

Die §§ 812 ff. BGB weisen gewisse **Ähnlichkeiten** mit dem **Rücktrittsrecht** auf, das ebenfalls auf eine Rückgängigmachung von Vermögensverschiebungen gerichtet ist. Der Unterschied besteht darin, dass durch den Rücktritt das Schuldverhältnis in ein Rückgewährschuldverhältnis umgewandelt wird, während bei den §§ 812 ff. BGB ein neues Schuldverhältnis – statt des u. U. weggefallenen Schuldverhältnisses – begründet wird. Das von den Parteien angestrebte Synallagma von Leistung und Gegenleistung wirkt sich nur in der Saldotheorie aus.

Letztlich kann man den Rücktritt und die ungerechtfertigte Bereicherung an den unterschiedlichen Rückabwicklungsmaßstäben differenzieren (§§ 346 ff. BGB bzw. §§ 818 ff. BGB). Ein weiterer Unterschied besteht auch im Umfang der Herausgabeverpflichtung. Ein bereicherungsrechtlicher Anspruch steht grundsätzlich unter dem Vorbehalt der fortbestehenden Bereicherung des Bereicherungsschuldners (§ 818 Abs. 3 BGB, aber auch §§ 818 Abs. 4, 819 BGB), während das Rücktrittsrecht nach Kenntnis des Rücktrittsgrundes bei Verletzung der Herausgabepflicht eine Schadensersatzhaftung anordnet.

Die Grundstruktur des Bereicherungsrechts ist seit langem umstritten. Der Grund für den Streit liegt in den Divergenzen über das Verständnis der *condictio* im römischen Recht.[31] Nach der heute h. M. wird in § 812 Abs. 1 S. 1 BGB unterschieden, ob der Bereicherungsschuldner „etwas" **„durch die Leistung eines anderen"** oder **„in sonstiger Weise"** „ohne rechtlichen Grund" erlangt hat.

Nach der **Trennungstheorie** umschreiben diese Vorschriften keinen einheitlichen Bereicherungstatbestand mehr, sondern **zwei Grundtatbestände**: die Leistungskondiktion und die Eingriffs- bzw. Nichtleistungskondiktion.[32] Es ist anerkannt, dass es sich um zwei völlig verschiedene – in einem Tatbestand zusammengefasste – Sachverhalte handelt. Bei der **Leistungskondiktion** handelt es sich um die **Rückabwicklung fehlgeschlagener Leistungen** oder um die Rückabwicklung von Leistungen nach Erledigung des Kausalverhältnisses. Die Leistungskondiktion weist damit eine besondere Nähe zum rechtsgeschäftlichen Bereich auf. Bei den **Nichtleistungskondiktionen** beruht die Vermögensverschiebung dagegen meist darauf, dass der Bereicherungsschuldner in die Rechte und Rechtsgüter des Bereicherungsgläubigers eingegriffen hat (**Eingriffskondiktion**), d. h. sie ist das Ergebnis eines rechtswidrigen Eingriffs in den einem anderen zustehenden Zuweisungsgehalt eines Rechts. Hier besteht also eine **größere Nähe zum Deliktsrecht**.[33] Aus dem Grund ist der rechtliche Grund für die Vermögensverschiebung jeweils unterschiedlich zu bestimmen.

Der Hauptanwendungsfall der **Leistungskondiktion** ergibt sich aus der rechtlichen Trennung des kausalen Verpflichtungsgeschäfts von dem Verfügungsgeschäft (**Trennungs- und Abstraktionsprinzip**). Auf Grund dieser Trennung kann es vorkommen, dass das Verfügungsgeschäft, z. B. die Übereignung einer Sache wirksam ist, während das Verpflichtungsgeschäft, z. B. der Kaufvertrag, unwirksam ist.

[31] *Medicus/Petersen*, BR, § 26, Rn. 663 ff.

[32] *Medicus/Petersen*, BR, § 26, Rn. 664.

[33] BaRoth/*Wendehorst*, § 812 BGB, Rn. 2 ff.; *Looschelders*, SchuldR BT, § 51, Rn. 1013.

**Beispiel**

V hat dem K ein Buch verkauft und übereignet. Später ficht der K den Vertrag nach § 119 Abs. 1 BGB wegen Irrtums wirksam an. V verlangt daraufhin das Buch zurück. Mit Recht? Ein Kaufpreisanspruch für V aus § 433 Abs. 2 BGB entfällt, da der Kaufvertrag durch die Anfechtung nach § 142 Abs. 1 BGB rückwirkend nichtig gemacht wurde. Ein Herausgabeanspruch aus § 985 BGB kommt nicht in Betracht, weil der K durch die Übereignung Eigentümer des Buchs geworden ist (§ 929 S. 1 BGB). Ansprüche aus §§ 1007, 861 und 823 BGB scheiden ebenfalls aus. Es erscheint aber nicht gerechtfertigt, dass der K das Buch behalten kann, ohne dafür bezahlen zu müssen. Hier kommt § 812 Abs. 1 S. 1 Alt. 1 BGB zur Anwendung. K hat durch die Leistung des V das Eigentum und den Besitz an dem Buch ohne rechtlichen Grund – der Kaufvertrag ist nichtig – erlangt und ist daher zu dessen Herausgabe verpflichtet.

Die §§ 812 ff. BGB sind in diesen Fällen eine notwendige Ergänzung des Abstraktionsprinzips, wonach das Verfügungsgeschäft (hier: Eigentumserwerb) unabhängig von der Gültigkeit des Verpflichtungsgeschäfts (Kaufvertrag) ist.

Eine weitere Aufgabe der §§ 812 ff. BGB ist der Ausgleich eines Vermögenserwerbs, der „nicht auf einer Leistung" beruht, sondern **„in sonstiger Weise"** eingetreten ist. Das sind die Fälle, in denen der Vermögenserwerb ohne den Willen des Bereicherungsgläubigers, etwa durch Handlungen des Bereicherten, eines Dritten oder ohne menschliche Einwirkung, eingetreten ist.

**Beispiel**

Die Rinder des Landwirts S haben eine durch Manövertruppen entstandene Zaunlücke ausgenutzt und die benachbarte Wiese des G abgegrast. G verlangt von S Ersatz. Zu Recht? Hier fehlt es an einer Leistung, d. h. einer bewussten und zweckgerichteten Mehrung fremden Vermögens. G hat aber einen Anspruch aus § 812 Abs. 1 S. 1 Alt. 2 BGB gegen S. S hat, da die Kühe in die Weide eingedrungen waren, die Nutzung in sonstiger Weise auf Kosten des G ohne rechtlichen Grund erlangt. Man spricht in diesem Fall von einer **Nichtleistungskondiktion**. Es kommt nicht darauf an, ob B oder ein Dritter die Tiere auf die Weide gelassen haben oder diese eigenständig auf die Weide gelaufen sind; hätte G die Rinder selbst (versehentlich, d. h. in der Annahme es seien seine eigenen) auf die Weide getrieben, käme nur eine Verwendungskondiktion in Betracht.

Bei den Kondiktionen wegen Bereicherung in sonstiger Weise ist die Eingriffskondiktion am wichtigsten, z. B. durch Ge- oder Verbrauch fremder Sachen. Das Tatbestandsmerkmal „auf dessen Kosten" hat dabei nur für die Nichtleistungskondiktion Bedeutung, da bei der Leistungskondiktion die Parteien des Bereicherungsverhältnisses durch die Leistungsbeziehungen bestimmt werden. Auch das Merkmal „ohne rechtlichen Grund" ist bei Leistungs- und Nichtleistungskondiktion unterschiedlich zu definieren. So bezieht sich das Merkmal „ohne Rechtsgrund"

**Abb. 5.2** Ungerechtfertigte Bereicherung

bei der Leistungskondiktion auf die vermeintliche schuldrechtliche Verpflichtungs-
beziehung (Abb. 5.2).

**Gesetzessystematisch** sind die §§ 812 ff. BGB folgendermaßen strukturiert. Zunächst finden sich in den §§ 812 bis 817 BGB einzelne Kondiktionstatbestände mit
den jeweiligen Ausschlusstatbeständen.

### 5.3.1.1  Leistungskondiktion

§ 812 I S. 1 Alt. 1 BGB: Nichtbestehen der Verbindlichkeit (*condictio indebiti*).

§ 812 I S. 2 Alt. 1 BGB: Nachträglicher Wegfall des Rechtsgrundes (*condictio ob
causam finitam*).

§ 812 I S. 2 Alt. 2 BGB: Nichteintritt des bezweckten Erfolges (*condictio ob rem =
condictio causa data causa non secuta*).

§ 813 I S. 1 BGB: Bestehen einer dauernden Einrede als Spezialfall der *condictio
indebiti*.

§ 817 S. 1 BGB: Gesetzes- oder Sittenverstoß des Empfängers (*condictio ob turpem
vel iniustam causam*).

### 5.3.1.2  Nichtleistungskondiktion

§ 812 I S. 1 Alt. 2 BGB: Bereicherung in sonstiger Weise (*„condictio sine causa"*
– Grundfall).

§ 816 I S. 1 BGB: Wirksame entgeltliche Verfügung eines Nichtberechtigten.

§ 816 I S. 2 BGB: Wirksame unentgeltliche Verfügung eines Nichtberechtigten.

§ 816 II BGB: Dem Berechtigten gegenüber wirksame Leistung an einen Nichtberechtigten (wirksame Leistungsannahme).

§ 822 BGB: Unentgeltliche Weitergabe der Bereicherung durch den Berechtigten.

**Ausschlusstatbestände**: §§ 813 Abs. 2, 814, 815, 817 S. 2 BGB.

Im Anschluss daran werden **Inhalt und Umfang** des Bereicherungsanspruchs,
also die Rechtsfolgenseite (§§ 818 bis 820 BGB) sowie ein Sonderproblem der Verjährung (§ 821 BGB) geregelt.

Das Bereicherungsrecht erlangt seine praktische Bedeutung vor allem auch
durch die zahlreichen Verweise im BGB. In den meisten Fällen handelt es sich um

**Rechtsfolgenverweisungen** auf die §§ 818 bis 820 BGB. Ein Rechtsfolgenverweis bedeutet, dass die Voraussetzungen der Normen, auf die verwiesen wird – also hier die §§ 812 bis 817 BGB – nicht zu prüfen sind. Der Schuldner kann sich allerdings auf den Wegfall der Bereicherung berufen (§ 818 Abs. 3 BGB). So wird z. B. auf Inhalt und Umfang der Bereicherung beim Aufwendungsersatz in § 347 Abs. 2 S. 2 und 684 S. 1 BGB und die Rückgängigmachung der Schenkung nach den §§ 527 Abs. 1, 528 Abs. 1, 531 Abs. 2 BGB verwiesen. Dagegen handelt es sich bei der praktisch bedeutsamen Regelung in § 951 BGB um eine **Rechtsgrundverweisung** auf die §§ 812 ff. BGB, d. h. es sind alle Anspruchsvoraussetzungen zu prüfen.

## 5.3.2   Leistungskondiktion

### 5.3.2.1   Tatbestände im Überblick

Bei der Leistungskondiktion (§ 812 Abs. 1 S. 1 Alt. 1 BGB) geht es um die Rückabwicklung fehlgeschlagener Leistungen. Es gibt – wie oben gezeigt – keine einheitliche Leistungskondiktion, sondern vier zu unterscheidende Fälle, die sich nach dem Grund für das Fehlschlagen der Leistung unterscheiden. Der Hauptfall ist das in § 812 Abs. 1 S. 1 Alt. 1 BGB geregelte Fehlen des rechtlichen Grundes wegen Nichtbestehen der Verbindlichkeit (*condictio indebiti*). Da der rechtliche Grund von Anfang an gefehlt hat, hat der Bereicherungsgläubiger auf eine Nichtschuld geleistet mit der Folge, dass der mit der Leistung verfolgte Zweck, d. h. die Tilgung der Schuld, nicht erreicht worden ist.

Weitere Leistungskondiktionen sind – wie oben bereits erwähnt – der in § 812 Abs. 1 S. 2 Alt. 1 BGB geregelte nachträgliche Wegfall des Rechtsgrundes (*condictio ob causam finitam*), die Zweckverfehlung nach § 812 Abs. 1 S. 2 Alt. 2 BGB (*condictio ob rem = condictio causa data causa non secuta*) sowie § 817 S. 1 BGB wegen Gesetzes- oder Sittenverstoß des Empfängers (*condictio ob turpem vel iniustam causam*). Bei der Erfüllung trotz Einrede nach § 812 BGB handelt es sich nur um einen Sonderfall der *condicitio indebiti* (§ 812 Abs. 1 S. 1 Alt. 1 BGB).

Zu beachten ist, dass die Unterscheidung insoweit von praktischer Relevanz ist, als das die Ausschlusstatbestände nur auf bestimmte Kondiktionen anwendbar sind.

### 5.3.2.2   Anspruchsvoraussetzungen

**Etwas erlangt**

Zunächst muss jemand etwas erlangt haben. Unter einem kondizierbaren „etwas" ist **jeder Vorteil für die Rechts- oder Vermögenslage einer Person** zu verstehen. Hierzu zählen der Erwerb von Rechten (z. B. Eigentum, sonstige dingliche Rechte an Sachen, Inhaberschaft einer Forderung), die Befreiung von Verbindlichkeiten (z. B. Erlass), die Ersparnis von Aufwendungen, die Erlangung des Besitzes oder Gebrauchsvorteile sowie geleistete Dienste.[34]

---

[34] *Brox/Walker*, SchuldR BT, § 40, Rn. 3 ff.

Schwierig ist die Bestimmung des Bereicherungsgegenstandes bei Gebrauchs- und Nutzungsvorteilen (etwa durch Dienst- oder Werkleistungen), z. B. Erschleichen des Eintritts in eine Kino- oder Theatervorstellung oder die Beförderung mit einem Flugzeug.[35] Der BGH stellt darauf ab, ob der Bereicherungsschuldner Aufwendungen erspart hat; deren Wert sei zu ersetzen. Dieser Ansatz ist problematisch, wenn der Bereicherungsschuldner keine solchen erspart hat, weil er diese normalerweise nicht in Anspruch genommen hätte. Der BGH prüft danach bei der Frage, ob der Bereicherungsschuldner etwas erlangt hat, ob der Schuldner sich u. U. auf § 818 Abs. 3 BGB bei Wegfall der Bereicherung berufen kann. Aus systematischen Gründen ist es überzeugender, die Frage, ob etwas erlangt wurde, von der Frage der Bereicherung zu trennen. Herausgabe bzw. Wertersatz bzw. Entreicherung bestimmen sich nach §§ 818 ff. BGB. Die heute h. L. unterscheidet dagegen exakt zwischen dem erlangten Etwas und der Bereicherung nach § 818 Abs. 3 BGB. So liegt in diesen Fällen das erlangte Etwas bereits in den Gebrauchsvorteilen oder der Dienstleistung als solche. Ob Aufwendungen erspart wurden, wird erst bei der Prüfung von Inhalt und Umfang des Bereicherungsanspruchs relevant.[36] In einem Gutachten sollte der Bereicherungsgegenstand genau bezeichnet werden, z. B. Eigentum oder Besitz an der herauszugebenden Sache.

**Leistung eines anderen**

Dieser kondizierbare Vermögensvorteil muss durch die **Leistung** eines anderen, nämlich des Bereicherungsgläubigers, erlangt worden sein. Unter einer Leistung i. S. d. Vorschrift ist **jede bewusste und zweckgerichtete Vermehrung fremden Vermögens** zu verstehen.[37]

Handelt jemand unbewusst, fehlt es an einer Leistung. Füttert z. B. Landwirt T mit seinem Viehfutter die Tiere seines Nachbarn Z in der irrtümlichen Annahme, dass es sich dabei um seine eigenen Tiere handelt, liegt keine Leistung des T vor, da er unbewusst fremdes Vermögen vermehrt. In Betracht kommt nur eine Bereicherung „in sonstiger Weise".

Entscheidend ist dabei der Zweck, den der Leistende verfolgt. Dieses Kriterium stellt die notwendige Verbindung von Leistung und rechtlichem Grund her. Bei der Leistungskondiktion nach § 812 Abs. 1 S. 1 Alt. 1 BGB erfolgt die Leistung ohne rechtlichen Grund, wenn der in Frage stehende Vertrag nicht existiert oder nichtig ist.

Fallen die Vorstellungen der Parteien über die Zweckrichtung der Leistung auseinander, so kommt es nach h. M. nicht primär auf den subjektiven Willen an. Es wird vielmehr eine objektive Betrachtung aus **Sicht des Empfängers** befürwortet. Die Anknüpfung an den Empfängerhorizont erklärt sich daraus, dass die Zweckbestimmung (hier also die Tilgungsbestimmung) eine Willenserklärung oder jedenfalls eine rechtsgeschäftsähnliche Handlung darstellt, für die die Regeln über die Auslegung entsprechend gelten. In Dreipersonenbeziehungen ist u. U. eine andere

---

[35] BGHZ 55, 128 – „ Flugreise"-Fall.

[36] *Looschelders*, SchuldR BT, § 52, Rn. 1020 m. w. N.

[37] BGHZ 185, 341; Palandt/*Sprau*, § 812 BGB, Rn. 3; *Brox/Walker*, SchuldR BT, § 40, Rn. 6.

Betrachtungsweise dann gerechtfertigt, wenn es an einer Veranlassung durch den Zuwendenden fehlt.

Der Leistungsbegriff dient nicht nur der **Verknüpfung** von **Leistung und rechtlichem Grund**. Er dient weiterhin der **Bestimmung der Parteien** des Bereicherungsverhältnisses.

---

**Beispiel**

S schuldet dem G 10.000 € aus einem Kaufvertrag. Er weist seine Bank B an, dem G die geschuldete Summe auszuzahlen. Als S später den Kaufvertrag mit G wegen Irrtums anficht, verlangt er von B die Rückgängigmachung seiner bereits erfolgten Kontobelastung. B, bei der auch der G ein Girokonto hat, verlangt den Betrag direkt von G. Wie ist die bereicherungsrechtliche Rechtslage?

---

Eine Leistungsbeziehung besteht im Valutaverhältnis zwischen dem Anweisendem S und dem Anweisungsempfänger G. Weiterhin liegt ein Leistungsverhältnis im Deckungsverhältnis zwischen dem Anweisenden S und der angewiesenen Bank B vor. Hier will die Bank mit der Überweisung eine Leistung gegenüber S erbringen zur Erfüllung des Zahlungsdienstevertrages (§ 675f BGB). Keine Leistung, sondern eine bloße Zuwendung liegt vor zwischen B und G. B verfolgt mit der Überweisung gegenüber G keinen eigenen Leistungszweck. Eine Rückabwicklung hat wegen des Vorrangs der Leistungskondiktion vor der Nichtleistungskondiktion grundsätzlich innerhalb der jeweiligen Leistungsbeziehungen zu erfolgen. Ist das Valutaverhältnis zwischen S und G fehlerhaft, kommt eine Kondiktion nur zwischen den beiden in Betracht.

Der Leistungsbegriff ist jedoch nicht unumstritten. Gerade in anderen Dreipersonenverhältnissen lassen sich mit dem Begriff nicht immer sachgemäß die Parteien der Leistungskondiktion bestimmen. In der Literatur wurde sogar gefordert, den Leistungsbegriff ganz aufzugeben und sich an den Wertungen zu orientieren. Dass man mit dem Leistungsbegriff nicht sämtliche Konstellationen erfassen kann, bedeutet jedoch nicht, dass er für die praktische Rechtsanwendung untauglich ist. In Zweipersonenverhältnissen führt er zu angemessenen Ergebnissen und bei Mehrpersonenverhältnissen kann er als Ausgangspunkt der Überlegungen dienen.

Folgende Grundgedanken sind zu berücksichtigen:

1. Jeder Partei eines fehlerhaften Kausalverhältnisses sollen ihre Einwendungen gegen die andere Vertragspartei erhalten bleiben.
2. Jede Partei soll vor Einwendungen ihres Vertragspartners geschützt sein, die dieser aus einem Rechtsverhältnis mit Dritten ableitet.
3. Das Insolvenzrisiko soll angemessen verteilt werden.

Mit dem Leistungsbegriff erfolgt letztlich auch eine **Abgrenzung** von **Leistungs- und Nichtleistungskondiktion**. Von der Zweckbestimmung hängt auch die Beantwortung der Frage nach der Rechtsgrundlosigkeit ab.

## Ohne rechtlichen Grund

Die Leistung eines anderen muss letztlich **ohne rechtlichen Grund** erfolgt sein. Eine Leistungskondiktion ist ohne rechtlichen Grund erfolgt, wenn der Leistende seinen (subjektiven) Zuwendungszweck (objektiv) nicht erreicht hat. Damit soll eine solche Leistung wieder rückgängig gemacht werden, die fehlgeschlagen ist. Ob eine Leistung fehlgeschlagen ist, muss anhand des Leistungszwecks ermittelt werden. Es sind vier (komplexe) **Fallgruppen** zu unterscheiden.

Die erste Fallgruppe behandelt die Situation, in der es an einem **Rechtsgrund** für eine Leistung **fehlt**, weil die Verbindlichkeit, die mit der Leistung erfüllt werden sollte, nicht besteht (§ 812 Abs. 1 S. 1 Alt. 1 BGB). Die Leistung auf eine Nichtschuld beruht häufig darauf, dass der zugrunde liegende Kausalvertrag **von Anfang an nichtig** ist (z. B. nach § 104 ff. BGB).

---

> ### Beispiel
>
> Der 16-jährige M kauft beim Fahrradhändler H für 500 € ein Rennrad. Das Fahrrad wird sofort an M übereignet, der Kaufpreis soll später gezahlt werden. Die Eltern verweigern überraschenderweise ihre Zustimmung. H verlangt von M das Fahrrad heraus. Der Kaufvertrag ist unwirksam (§§ 107, 108 BGB), nicht jedoch die Übereignung des Fahrrads nach § 929 BGB, da M lediglich einen rechtlichen Vorteil erlangte. H hat somit nicht nur den Besitz, sondern auch das Eigentum am Fahrrad verloren. Da der Kaufvertrag jedoch nichtig ist, hat M Eigentum und Besitz an dem Fahrrad ohne rechtlichen Grund erlangt, so dass für H zwar kein Herausgabeanspruch aus § 985 BGB, sondern aus § 812 Abs. 1 S. 1 Alt. 1 BGB in Betracht kommt.

---

Die *condictio indebiti* erfasst auch den Fall, dass das Kausalverhältnis nach §§ 134, 138 BGB nichtig ist; in diesen Fällen greift aber auch § 817 S. 1 BGB. In Betracht kommen weiterhin Nichtigkeitsgründe, wie z. B. § 125 BGB oder die Anfechtung nach den §§ 119 ff. BGB.

Der Bereicherungsgläubiger leistet damit eine Nichtschuld und kann das nicht Geschuldete (*indebiti*) nach § 812 Abs. 1 S. 1 Alt. 1 BGB zurückfordern. Die allgemeine Leistungskondiktion stellt damit ein notwendiges **Korrektiv zum Abstraktionsprinzip** dar.

Die **condictio ob causam finitam** (§ 812 Abs. 1 S. 2 Alt. 1 BGB) unterscheidet sich von der allgemeinen Leistungskondiktion dadurch, dass der **rechtliche Grund** für die Leistung nicht von Anfang an fehlt, sondern **im Nachhinein wegfällt**. Der historische Gesetzgeber wollte die Anfechtung erfassen. Aufgrund der Rückwirkung der Anfechtung wendet die h. M. auch hier zu Recht § 812 Abs. 1 S. 1 Alt. 1 BGB an, d. h. da das Kausalverhältnis von Anfang nichtig war, greift hier die condictio indebiti.[38]

---

[38] *Jacoby/von Hinden*, § 812 BGB, Rn. 14 mit Begründung, warum die Einordnung unter die *condictio indebiti* oder als *condictio ob causam finitam* (§ 812 Abs. 1 S. 2 Alt. 1 BGB) im Ergebnis keine Rolle spielt.

**Beispiele**

Eintritt einer auflösenden Bedingung (§ 158 Abs. 2 BGB), Eintritt eines End-
termins (§§ 163, 158 Abs. 2 BGB); einvernehmliche Vertragsaufhebung (§ 311
Abs. 1 BGB); Kündigung (§ 314 BGB).

Die Parteien können vertraglich auch die Rückabwicklung nach den **strengeren
Rücktrittsregeln** vereinbaren. Der Rücktritt als solcher wandelt das Schuldverhältnis nur in ein Rückgewährschuldverhältnis um. Dieses stellt den Rechtsgrund dar
und regelt speziell die Rückabwicklung der erbrachten Leistungen.

Die Leistung auf eine Nichtschuld steht nach § 813 S. 1 BGB gleich, wenn der
Bereicherungsgläubiger mit der Leistung einen Anspruch erfüllen will, dessen Geltendmachung aufgrund einer **Einrede** dauernd ausgeschlossen ist. Es muss sich um
Einreden im materiellrechtlichen Sinne handeln, d. h. um Gegenrechte, die dauernd
und nicht nur vorübergehend, wie z. B. Stundung oder das Zurückbehaltungsrecht,
die Durchsetzung des Anspruchs verhindern. In Betracht kommen die Einrede der
ungerechtfertigter Bereicherung (§ 821 BGB) und die Einrede aus unerlaubter
Handlung (§ 853 BGB). Die Leistung erfolgt hier insofern **auf eine Nichtschuld**,
da sie vom Leistenden nicht erbracht werden musste. Mit Ausnahme des Merkmals „ohne rechtlichen Grund" hat die Kondiktion nach § 813 Abs. 1 S. 1 BGB
die gleichen Voraussetzungen wie die allgemeine Leistungskondiktion; gleichwohl
handelt es sich um eine **eigenständige Anspruchsgrundlage**. Die wichtigste Einrede der **Verjährung** ist **nicht erfasst** (§§ 813 Abs. 1 S. 2 i. V. m. 214 Abs. 2 BGB).
Die Rückforderung bleibt hier auch dann ausgeschlossen, wenn die Leistung in
Unkenntnis der Verjährung erfolgte; wer also nach Eintritt der Verjährung die Verjährungseinrede nicht erhebt, sondern leistet, hat keinen Bereicherungsanspruch.[39]
Würde man eine Rückforderung zulassen, wäre das Ziel der Schaffung von Rechtssicherheit und Rechtsfrieden zunichte gemacht. § 813 Abs. 2 BGB stellt klar, dass
Leistungen auf eine ansonsten einredefrei bestehende, aber nicht fällige Verbindlichkeit nicht kondiziert werden können. Hier fehlt es letztlich auch an der Dauerhaftigkeit der Einrede.

Schwierig ist die Anwendung der in § 812 Abs. 1 S. 2 Alt. 2 BGB geregelten *condictio ob rem*. Der Grund für die Rückabwicklung liegt darin, dass der mit der **Leistung bezweckte Erfolg nicht eingetreten** ist. Der Zweck der Leistung darf also
gerade nicht in der Erfüllung einer Verbindlichkeit bestehen. Liegt der bezweckte
Erfolg in der Erfüllung einer Verbindlichkeit, so finden bei Nichteintritt des Erfolges bereits die anderen Formen der Leistungskondiktion, insbesondere § 812 Abs. 1
S. 1 Alt. 1 BGB (*condictio indebiti*) Anwendung. Erforderlich ist vielmehr eine
eigenständige Vereinbarung der Parteien über einen gemeinsamen Zweck, ohne
dass der Zweck zugleich eine Verpflichtung einer Seite darstellt.

Im **römischen Recht** gab es einen *numerus clausus* an einklagbaren Verträgen.
Ein Anspruch auf eine Gegenleistung konnte nur eingeklagt werden, wenn für das
Begehren eine bestimmte *actio* zur Verfügung stand. Wo dies nicht zutraf und keine

---

[39] *Brox/Walker*, SchuldR BT, § 40, Rn. 25.

Klageform zur Verfügung stand, war die Gegenleistung auch nicht erzwingbar. Hier gab ihm die *conditio ob rem* die Möglichkeit, zumindest seine eigene erbrachte Leistung zurückzuverlangen. Als der mit der Leistung bezweckte Erfolg ist damit nicht die erzwingbare Gegenleistung anzusehen. Die rechtlich nicht erzwingbare Gegenleistung ist „der mit der Leistung bezweckte Erfolg". Übertragen auf heute bedeutet das, dass es sich um eine nicht erzwingbare Gegenleistung gehandelt haben muss.

Eine Fallgruppe ist die „Leistung ohne Verpflichtung" (**Vorleistungs- und Veranlassungsfälle**). Der Leistende bezweckt damit, dass der Leistungsempfänger etwas tut oder unterlässt, wozu er nicht verpflichtet ist. Klassischer Anwendungsfall ist die einmalige Leistung in der erkennbaren Erwartung, der Leistungsempfänger werde den Leistenden zum Erben einsetzen. Hierher gehören auch die Vorschussleistungen, die in der Erwartung einer künftigen, aber dann doch nicht zur Entstehung gelangenden Verpflichtung erbracht werden sowie der Fall, dass das Verhalten überhaupt **kein tauglicher Gegenstand einer rechtsgeschäftlichen Bindung** ist.

---

**Beispiel**

Die Ehefrau des A (F) hat als Kassiererin bei der B-GmbH im Verlauf mehrerer Jahre insgesamt den Betrag von 50.000 € veruntreut. Um eine Strafanzeige zu vermeiden, gibt A gegenüber der B-GmbH eine Bürgschaft über 50.000 € ab. Dennoch zeigte die B-GmbH die F einige Zeit später an und kündigte das Arbeitsverhältnis. Der BGH sah hier die Voraussetzungen einer Zweckverfehlungskondiktion gem. § 812 Abs. 1 S. 2 Alt. 2 BGB als gegeben an, da der Zweck nicht erfüllt wurde. Die Beteiligten hatten sich über den Zweck der Sicherung, die nicht erzwingbare Nichtanzeige, geeinigt.[40]

---

**Beispiel**

Der Neffe baut ein Haus auf dem Grundstück seiner Tante aus in der Hoffnung, dies im Testament zugewiesen zu bekommen. Kurz vor ihrem Tod ändert sie das Testament und setzt einen Dritten als Erben ein.[41] Wegen des Prinzips der Testierfreiheit hat niemand ein Recht auf Erbeinsetzung, da die Möglichkeit des jederzeitigen Widerrufs eines Testaments (§ 2253 BGB) besteht. Werden „im Hinblick auf eine erhoffte Erbeinsetzung" Leistungen an den Erblasser erbracht, z. B. Ausbauarbeiten, Pflege- oder Unterhaltsleistungen etc. und ist in Kenntnis der Erwartungen des Leistenden eine Erbeinsetzung nicht erfolgt oder widerrufen worden, steht dem Leistenden nach Ansicht des BGH ein Anspruch aus § 812 Abs. 1, S. 2 Alt 2. BGB zu.

---

Eine **einseitige Zwecksetzung** des Leistenden **reicht nicht aus**. Erforderlich ist vielmehr, dass die Beteiligten sich ausdrücklich oder stillschweigend über den

---

[40] BGH, BB 1990, 735.
[41] BGHZ 44, 321; a. A. *Medicus/Petersen*, BR, § 27, Rn. 693.

bezweckten Erfolg geeinigt haben. Sie darf allerdings nicht zu einer rechtsgeschäftlichen Bindung geführt haben, weil sie sonst doch zur Erfüllung einer Verbindlichkeit erbracht wird. Es muss sich also um einen Fall handeln, bei dem jemand über die unmittelbare Erfüllung einer Verbindlichkeit hinaus die Erreichung eines weitergehenden Erfolgs beabsichtigt. Die Parteien müssen sich über den Zweck wenigstens stillschweigend verständigt haben und der bezweckte Erfolg muss ausgeblieben sein.[42]

---

**Beispiel**

A und B sind verlobt. A ist Eigentümer eines Grundstücks, auf dem ein Einfamilienhaus errichtet wird. A und B ziehen dort nach der Eheschließung ein. A und B tragen beide mit ihren Ersparnissen und Arbeitsleistungen zu dem Bauvorhaben bei. B wendet 50.000 € auf. Ihr Vater, ein gelernter Maurer, erbringt 5200 Arbeitsstunden. Später scheitert die Ehe. B zieht aus dem Haus aus. Sie verlangt von A Ausgleich für den von ihr und ihrem Vater (der ihr seine Rechte abgetreten hat) erbrachten Aufwendungen beim Hausbau, und zwar mit der Begründung, der von ihr und ihrem Vater mit den Bauleistungen bezweckte Erfolg habe darin bestanden, dass A ihr nach der Eheschließung zur Hälfte Miteigentum am Haus einräumen werde.[43] B und ihr Vater haben mit ihren Leistungen den Zweck verfolgt, Miteigentum zu erhalten. Nach Ansicht des BGH fehlt aber eine Vereinbarung über diesen Zweck, da A keine Kenntnis von dieser Zweckvorstellung hatte. Es reicht nicht aus, wenn sich der Leistende lediglich einen Erfolg vorstellt. Es bedarf vielmehr eines Einverständnisses des Leistungsempfängers mit der Zwecksetzung, die jedoch nicht Gegenstand einer vertraglichen Bindung sein darf. Der BGH hat im Ergebnis einen Anspruch aus § 812 Abs. 1 S. 2 Alt. 2 BGB wegen Zweckverfehlung verneint, aber einen Anspruch wegen Wegfalls der Geschäftsgrundlage befürwortet.[44]

---

Der Veranlassungsgedanke passt auch auf den Fall, dass der eine Teil bei einem nichtigen Vertrag trotz Kenntnis der Nichtigkeit die übernommene Leistung erbringt. Die Leistung hat hier im Allgemeinen den Zweck, den anderen Teil zur Erbringung der Gegenleistung zu veranlassen. Die Rspr. wendet § 812 Abs. 1 S. 2 Alt. 2 BGB auch bei Vorliegen eines wirksamen Vertrages an, wenn der Bereicherungsgläubiger mit der Leistung einen über die Erfüllung des Vertrages hinausgehenden Erfolg herbeiführen wollte.

---

**Beispiel**

V verkauft der Stadt ein unbebautes Grundstück, damit diese darauf einen Kindergarten errichtet. Beide gehen davon aus, dass dies so geschehen soll und

---

[42] BGHZ 44, 321; BGH, NJW 2001, 3118; Palandt/*Sprau*, § 812 BGB, Rn. 30.

[43] Vgl. *Loewenheim*, S. 61 ff.

[44] BGHZ 115, 261.

vereinbaren die Hälfte des Kaufpreises. Nach der Beurkundung baut die Stadt den Kindergarten jedoch in einem anderen Stadtteil und verkauft das Grundstück an einen Lebensmitteldiscounter. Nach der Rspr. hätte V einen Anspruch gegen die Stadt aus § 812 Abs. 1 S. 2 Alt. 2 BGB auf Rückübereignung des Grundstücks. Nach der h. L. könnte dagegen nach § 313 BGB Abs. 1 BGB Anpassung des Vertrages verlangt werden.

Die sogenannte *condictio ob rem* liegt nach der Rspr. in den Fällen vor, in denen zwar eine Gegenleistung vertraglich vereinbart ist, bei denen jedoch ein über die Erfüllung der Verbindlichkeit hinausgehender Erfolg herbeigeführt werden soll[45]; nach der neueren Lit. soll dieser Fall nach den Regeln über die Störung der Geschäftsgrundlage (§ 313 BGB) gelöst werden.[46]

Eine Leistungskondiktion ist auch dann gegeben, wenn nach dem Zweck der Leistung der Leistungsempfänger durch Annahme gegen ein gesetzliches Verbot oder gegen die guten Sitten verstößt (§ 817 S. 1 BGB; *condictio ob turpem vel iniustam causam*). § 817 S. 1 BGB ist eine **eigene Anspruchsgrundlage**. Der Empfänger muss sich der Gesetzes- bzw. Sittenwidrigkeit bewusst gewesen sein oder sich diesem Bewusstsein leichtfertig verschlossen haben. Der Anwendungsbereich ist allerdings gering. Denn wenn der Empfänger durch die Annahme der Leistung gegen die guten Sitten oder gegen ein gesetzliches Verbot verstößt, dann wird regelmäßig bereits das Verpflichtungsgeschäft nach §§ 134, 138 BGB nichtig sein, so dass ein bereicherungsrechtlicher Anspruch nach § 812 Abs. 1 S. 1 Alt. 1 BGB besteht. Die Bedeutung des § 817 S. 1 BGB liegt darin, Bereicherungsansprüche auch in den Fällen zu gewähren, bei denen der Anspruch nach § 812 BGB wegen §§ 814, 815 BGB – der Leistende weiß hier, dass er zur Leistung nicht verpflichtet ist oder er hat einen Zweck i. S. d. Zweckverfehlungskondiktion verfolgt, der aber nicht eingetreten ist – ausgeschlossen wäre, z. B. bei Zahlung von Lösegeld an einen Erpresser. Nach § 817 S. 2 BGB entfällt jedoch der Bereicherungsanspruch, wenn dem Leistenden ebenfalls (aber auch alleine) ein Gesetzes- oder Sittenverstoß zur Last gelegt wird. Sinn und Zweck dieser Regelung ist es, demjenigen, der sich selbst rechts- bzw. sittenwidrig verhält, keinen Vorteil zu verschaffen.

### 5.3.2.3 Ausschluss der Leistungskondiktion

Die Leistungskondiktion „*condictio indebiti*" (und die Erweiterung in § 813 Abs. 1 S. 1 BGB) ist ausgeschlossen, wenn der Leistende im Zeitpunkt der Leistung **positiv gewusst** hat, dass er zur Leistung nicht verpflichtet war; auch die Kenntnis eines Anfechtungsgrundes reicht aus; grobe Fahrlässigkeit schadet allerdings nicht. Diese Norm drückt einen allgemeinen Rechtsgedanken aus, dass derjenige, der wissentlich auf eine Nichtschuld leistet, nicht schutzbedürftig ist und das Geleistete deshalb nicht zurückfordern kann. § 814 BGB greift allerdings nicht, wenn die Leistung

---

[45] Vgl. RGZ 132, 238 – „Festungsfall" – Hier ging es um den Verkauf eines Grundstücks an den Staat, damit dieser dort eine militärische Festung errichten konnte; BGH, NJW 1973, 612 (613); NJW-RR 1991, 1269; hierzu *Looschelders*, SchuldR BT, § 52, Rn. 1045.

[46] *Medicus/Lorenz*, SchuldR II, Rn. 1143.

unter Vorbehalt gezahlt wird, d. h. der Leistende kann den Ausschluss von § 812 Abs. 1 S. 1 Alt. 1 BGB durch die Erklärung eines Vorbehalts vermeiden. In der zweiten Alternative geht es um Fallgestaltungen, in denen der Leistende irrtümlich annimmt, zur Leistung verpflichtet zu sein. Hier ist er an sich schutzwürdig. Gleichwohl wird ihm die Kondiktion nicht zugestanden, wenn die Leistung auf einer sittlichen Pflicht oder einer aus Anstand zu nehmenden Rücksicht entsprach. Das Standardbeispiel ist die Zahlung von Unterhalt an einen Angehörigen, dem gegenüber keine Unterhaltspflicht besteht.

Der Ausschlusstatbestand des § 815 BGB betrifft nur die *condictio ob rem* (*condictio causa data, causa non secuta*) nach § 812 Abs. 1 S. 2 Alt. 2 BGB, nicht dagegen die anderen Leistungskondiktionen.[47] Der erste Fall betrifft die Konstellation, dass der Eintritt des Erfolges von Anfang an unmöglich ist und der Kondiktionsgläubiger Kenntnis davon hat (§ 815 Alt. 1 BGB). In der zweiten Variante verhindert der Kondiktionsgläubiger den Eintritt des Erfolges wider Treu und Glauben (§ 815 Alt. 2 BGB).

Eine Leistungskondiktion wegen gesetzes- oder sittenwidrigen Empfangs ist nach § 817 S. 2 BGB ausgeschlossen, wenn dem Leistenden gleichfalls ein Gesetzes- oder Sittenverstoß zur Last fällt. Im Gegensatz zu § 817 S. 1 BGB ist diese Regelung von großer praktischer Bedeutung. § 817 S. 2 BGB schließt – entgegen seinem Wortlaut – eine Rückforderung auch dann aus, wenn nur der Leistende sitten- oder gesetzeswidrig handelt; das Wort „gleichfalls" ist also wegzudenken. Die Rechtsordnung will demjenigen keinen Schutz gewähren, der sich selbst rechts- oder sittenwidrig verhalten hat. Weiterhin bezieht sich der Kondiktionsausschluss auf jede Kondiktion.

---

**Beispiel**

Die Bank B gewährt ihrem Kunden K einen Kredit in Höhe von 20.000 € für 24 Monate zu einem effektiven Jahreszins von 30%. K erfährt nach einigen Monaten von der Verbraucherzentrale, dass der Vertrag wegen der Zinshöhe nichtig sei. K verweigert daraufhin die Rückzahlung mit dem Hinweis, dass der Vertrag wegen Wuchers nichtig sei und er das Geld daher behalten dürfe. B hat gegen K keinen Anspruch auf Zahlung weiterer Raten, da der Darlehensvertrag nach § 138 Abs. 1 BGB nichtig ist und der Wucherer auch keine angemessenen Zinsen verlangen kann. Die erbrachte Leistung, die endgültig im Vermögen des Empfängers verbleiben sollte, kann nicht zurückgefordert werden. Da Leistungsgegenstand hier nicht der gesamte Geldbetrag, sondern die Kapitalnutzung für 24 Monate gewesen ist, kann der Darlehensbetrag zwar zurückgefordert werden, jedoch erst nach Zeitablauf im Wege der Leistungskondiktion.

---

§ 817 S. 2 BGB ist anwendbar, wenn nur der Leistende gesetzes- oder sittenwidrig handelt. Dann darf der Empfänger das Empfangene nach § 817 S. 2 BGB behalten. § 817 S. 2 BGB ist ebenso anzuwenden, wenn nur der Empfänger sittenwidrig

---

[47] *Wandt*, § 10, Rn. 74.

handelt. In diesem Fall hat der Empfänger das Empfangene nach § 817 S. 1 BGB herausgeben. Letztlich gilt § 817 S. 2 BGB auch dann, wenn Leistender und Empfänger sittenwidrig handeln. Der Empfänger darf das Empfangene nach § 817 S. 2 BGB behalten. In bestimmten Fällen erfolgt eine Einschränkung des sich aus § 817 S. 2 BGB ableitenden Kondiktionsausschlusses. Unangemessene Ergebnisse werden im Einzelfall durch eine restriktive Anwendung des § 817 S. 2 BGB vermieden, insbesondere wenn der Leistungsempfänger trotz eines Verstoßes des Leistenden gegen die guten Sitten das Geleistete nicht behalten soll.[48]

### 5.3.3 Nichtleistungskondiktion

#### 5.3.3.1 Überblick

Ungerechtfertigte Vermögensverschiebungen können auch auf andere Weise als durch „Leistung" eintreten. Insofern kann man auch von einer Nichtleistungskondiktion sprechen (§ 812 Abs. 1. S. 1 Alt. 2 BGB). In § 812 Abs. 1 S. 1 Alt. 2 BGB sind Fallvarianten der Nichtleistungskondiktion geregelt. Die Bereicherung ist in sonstiger Weise erlangt, wenn die Vermögensverschiebung nicht auf einer zweckgerichteten Zuwendung eines Leistenden beruht, sondern i. d. R. ohne den Willen des Leistenden eingetreten ist.[49]

Im Verhältnis der beiden Kondiktionsansprüche zueinander ist die Leistungskondiktion grundsätzlich vorrangig.[50] Eine vorliegende Leistungskondiktion verdrängt grds. eine bezüglich desselben Bereicherungsgegenstandes tatbestandsmäßig vorliegende Nichtleistungskondiktion einer anderen Person. Daher ist in einem Gutachten zuerst zu prüfen, ob die Bereicherung nicht bereits durch eine Leistung eingetreten ist.

Wichtigster Fall ist die **Eingriffskondiktion**. Daneben kommen noch Rückgriff und Verwendungskondiktion in Betracht. Die Eingriffskondiktion ist dadurch gekennzeichnet, dass der Bereicherungsschuldner eine geschützte Rechtsposition ohne Erlaubnis zu eigenen Zwecken nutzt und hierdurch sein Vermögen auf dessen Kosten vermehrt (Abb. 5.3).

#### 5.3.3.2 Eingriffskondiktion

Für eine Eingriffskondiktion ist zunächst – ebenso wie bei der Leistungskondiktion – erforderlich, dass jemand einen Vermögensvorteil erlangt hat. Wichtige Beispiele sind der **Gebrauch**, die **Verwertung** oder der **Verbrauch** einer **fremden Sache** oder eines anderen fremden Vermögensgutes, Eingriffe in beschränkt dingliche

---

[48] BGHZ 111, 308 ff. – „Schwarzarbeiter-Entscheidung"; „Schenkkreis"-Fälle: BGH, NJW 2006, 45, 46; *Wandt*, § 10, Rn. 38a m. w. N.; *Brox/Walker*, SchuldR BT, § 41, Rn. 9 mit Hinweis auf BGH, NJW 2006, 45, 46 (bestätigend BGH, NJW 2008, 1942), nach dem die bereicherungsrechtliche Rückabwicklung eines sittenwidrigen Kaufvertrages über ein in Deutschland verbotenes Radarwarngerät wegen der Kondiktionssperre nach § 817 S. 2 BGB abgelehnt wird.

[49] Palandt/*Sprau*, § 812 BGB, Rn. 10.

[50] BGH, NJW 2005, 60; BGHZ 40, 272, 278; *Brox/Walker*, SchuldR BT, § 42, Rn. 1.

| | Eingriffs-kondiktion | Verwendungs-kondiktion | Rückgriffs-kondiktion |
|---|---|---|---|
| **Definition** | Eingriff in den Zuweisungs-gehalt eines fremden Rechts | Verwendung auf fremdes Gut nicht zum Zwecke der Erfüllung einer Verbindlichkeit | Tilgung fremder Schuld, ohne dadurch eine Leistung zu er-bringen. |
| **Norm** | § 812 I S. 1 Alt. 2 speziell: §§ 816, 822 | § 812 I S. 1 Alt. 2 | § 812 I S. 1 Alt. 2 |

**Abb. 5.3** Nichtleistungskondiktionen im Überblick

Rechte oder in Immaterialgüterrechte, z. B. die unbefugte Nutzung gewerblicher Schutzrechte oder die Verwertung fremder Urheberverwertungsrechte, etwa das Kopieren eines Computerprogramms, das ohne Lizenz vertrieben wird sowie Eingriffe in das allgemeine Persönlichkeitsrecht eines anderen.

> **Beispiel**
>
> Das Unternehmen U verwendet ein Bild des bekannten Schauspielers und Fernsehmoderators F ohne dessen Einverständnis zu Werbezwecken. F kann eine Vergütung verlangen in einer Höhe, die üblicherweise hätte gezahlt werden müssen, wenn er mit der Nutzung seines Fotos zu Werbezwecken einverstanden gewesen wäre. Hier ist ein Bereicherungsanspruch zu bejahen. Nach h. M. wird bei derartigen Verletzungen des Persönlichkeitsrechts ein Bereicherungsanspruch gewährt, da sie geeignet sind, gewinnbringend verwertet zu werden.[51]

Zur Eingriffskondiktion zählt auch die Bereicherung durch **Naturereignisse** (z. B. durch das Verhalten von Tieren – „Weiden-Fall"). Die Eingriffskondiktion erfasst auch den Fall, dass der Schuldner durch Vorgänge, an die das **Gesetz** eine **Rechts-änderung** knüpft (§§ 946 ff., 932 ff., 955, 973 ff. BGB), bereichert wird. Letzteres ist etwa der Fall, wenn der Schuldner durch **Verbindung, Vermischung** oder **Verarbeitung** nach §§ 946 ff. BGB Eigentum an Sachen eines anderen erlangt hat. Der bisherige Eigentümer kann hier zwar nicht Wiederherstellung des früheren Zustandes verlangen. Der Eigentümer einer Sache, der sein Eigentum nach den §§ 946 ff. BGB durch Verbindung, Vermischung oder Verarbeitung verloren hat, kann von demjenigen, zu dessen Gunsten die Rechtsänderung eingetreten ist, einen Ausgleich verlangen (§ 951 Abs. 1 S. 1 BGB i. V. m. §§ 812 Abs. 1 S. 1 Alt. 2, 818 Abs. 2 BGB).

Da § 951 Abs. 1 S. 1 BGB eine Rechtsgrundverweisung enthält, müssen die Voraussetzungen der Eingriffskondiktion nach § 812 Abs. 1 S. 1 Alt. 2 BGB geprüft werden (**Einbaufälle**). § 951 Abs. 1 S. 1 BGB stellt eine **Rechtsgrundverweisung** auf die Vorschriften des Bereicherungsrechts dar.

Anders als bei der Leistungskondiktion ist bei der Eingriffskondiktion stets zu prüfen, ob der Eingriff in das Recht eines anderen **auf dessen Kosten** erfolgt ist. Damit ist nach zutreffender Ansicht nicht gemeint, dass durch den Eingriff auf

---

[51] BGHZ 20, 345, 355 – „Paul Dahlke"-Fall; BGH, NJW 1992, 2084.

Seiten des Bereicherungsgläubigers eine Vermögensminderung eingetreten sein muss; auch auf die Rechtswidrigkeit des Eingriffs kommt es nicht an. Beim Bereicherungsrecht geht es nicht – im Unterschied zum Schadensrecht – darum, eine Vermögensminderung auszugleichen, sondern eine Bereicherung rückgängig zu machen, die dem Berechtigten nicht gebührt. Dem Bereicherten sind aus einem fremden Rechtskreis Vorteile zugeflossen, die nach der Rechtsordnung nicht ihm, sondern einem anderen gebühren. Die h. M. knüpft hier an den **Zuweisungsgehalt** der betroffenen Rechtsposition an. Mit dem Tatbestandsmerkmal „auf dessen Kosten" soll also der Bereicherungsgläubiger bei der Eingriffskondiktion bestimmt werden. Bereicherungsgläubiger ist der Träger derjenigen Rechtsposition, in die eingegriffen worden ist, dem also das Gut von der Rechtsordnung zugewiesen ist. Hat z. B. A unbefugt die Mietwohnung des B, der in Urlaub gefahren ist, benutzt, besteht ein Anspruch des B nach §§ 812 ff. BGB gegen A.

---

**Beispiel**

Bei einer unberechtigten Untervermietung steht dem Vermieter kein Anspruch gegen den Mieter auf Herausgabe des durch die Untervermietung erzielten Erlöses aus § 812 Abs. 1 S. 1 Alt. 2 BGB zu. Der Mieter handelt zwar rechtswidrig, da der Vermieter selbst die Mietsache an keinen Dritten untervermieten dürfte; dem Vermieter ist aber der vom Mieter erlangte Vermögensvorteil rechtlich nicht zugewiesen (er durfte ja nicht in den Besitz des M eingreifen); der Untermietzins gebührte ihm ja nicht. Er kann demnach „nur" Unterlassung verlangen oder den Vertrag kündigen.[52]

---

Letztlich muss, wie auch bei der Leistungskondiktion, die Bereicherung bei der Nichtleistungskondiktion **ohne rechtlichen Grund** erfolgt sein. Hier kann man auf die Grundsätze zur Zuweisungstheorie Bezug nehmen. Nach der „Zuweisungstheorie" ist eine Bereicherung dann „ohne rechtlichen Grund" erfolgt, wenn die Erlangung des Vermögensvorteils durch den Bereicherten mit der rechtlich gewollten Güterzuordnung in Widerspruch steht, weil dieser Vorteil nach der Rechtsordnung einem anderen gebührt[53]; es kommt nicht darauf an, ob der Gläubiger den Vorteil selbst hätte ziehen können.[54] Der Eingriff indiziert daher die Rechtsgrundlosigkeit. Eine Ausnahme kommt nur in Betracht, wenn der Schuldner sich auf einen vertraglichen oder gesetzlichen Behaltensgrund stützen kann.[55]

Handelt es sich um Eingriffe in das Eigentum, ergibt sich der Grund für das Behaltendürfen aus den Vorschriften über den gutgläubigen Erwerb (§§ 932 ff., 892 ff. BGB; § 366 HGB). Aus § 816 Abs. 1 S. 1 BGB ist zu entnehmen, dass der Erwerber keiner Kondiktion ausgesetzt sein soll. Dagegen stellt § 951 Abs. 1 S. 1 BGB für

---

[52] BGHZ 131, 297, 306; = NJW 1996, 838 – Unberechtigte Untervermietung; *Medicus/Petersen*, BR, § 28, Rn. 707; *Wandt*, § 11, Rn. 13; *Looschelders*, SchuldR BT, § 53, Rn. 1064.

[53] BGHZ 20, 354.

[54] RGZ 97, 310.

[55] BaRoth/*Wendehorst*, § 812 BGB, Rn. 82.

den Eigentumserwerb nach §§ 946 ff. BGB klar, dass Bereicherungsansprüche nicht ausgeschlossen sind.

### 5.3.3.3   § 816 BGB – Verfügung eines Nichtberechtigten

**Bedeutung**

Die Vorschrift des § 816 BGB regelt zwei Sonderfälle der Eingriffskondiktion, zum einen die Verfügung über eine fremde Sache (§ 816 Abs. 1 BGB) mit der Differenzierung zwischen entgeltlicher und unentgeltlicher Verfügung, zum anderen geht es um die Folgen bei einer Leistung an einen Nichtberechtigten (§ 816 Abs. 2 BGB).

**Entgeltliche Verfügung eines Nichtberechtigten**

Nach § 816 Abs. 1 S. 1 BGB wird bereicherungsrechtlich die Fallkonstellation behandelt, in der ein Berechtigter durch einen Nichtberechtigten einen Rechtsverlust erleidet, weil ein Dritter den betroffenen Gegenstand gutgläubig (bei beweglichen Sachen nach den §§ 932 ff. BGB) erwirbt. Der Dritte kann also darauf vertrauen, dass er den durch gesetzliche Vorschriften zugesprochenen Gegenstand (z. B. §§ 929, 932 BGB, 366 HGB), für den er eine Gegenleistung erbracht hat, behalten darf. Damit derjenige, der den Rechtsverlust erleidet (= ursprünglich Berechtigter), nicht „leer ausgeht", wird nach § 816 Abs. 1 S. 1 BGB ein Bereicherungsausgleich zwischen dem ursprünglich Berechtigten und dem Verfügenden durchgeführt. Der Verfügende (=Nichtberechtigte) soll das durch die Verfügung Erlangte (verständlicherweise) nicht behalten dürfen.

Der Anspruch aus § 816 Abs. 1 S. 1 BGB setzt zunächst eine **Verfügung** voraus. Unter einer Verfügung ist jedes Rechtsgeschäft zu verstehen, durch das ein bestehendes Recht unmittelbar aufgehoben, übertragen, belastet oder inhaltlich verändert wird; mit anderen Worten ist damit jede rechtsgeschäftliche Zuordnungsänderung der dinglichen Rechtslage zu verstehen.[56]

Den Gegensatz hierzu stellen die Rechtsgeschäfte dar, durch die nur die Verpflichtung zur Vornahme einer Rechtsänderung begründet wird. Die unberechtigte Weitervermietung fällt nicht hierunter.

Der Verfügende muss zudem **nicht berechtigt** gewesen sein. Der Verfügende ist dann nicht berechtigt, wenn er nicht Inhaber des Rechts ist, über das er verfügt und auch keine andere Verfügungsberechtigung, z. B. eine Einwilligung nach § 185 BGB, vorliegt.

Die Verfügung muss außerdem dem Berechtigten gegenüber **wirksam** sein. In Betracht kommen die Fälle, in denen jemand etwas kraft guten Glaubens vom Nichtberechtigten erwirbt, also z. B. nach den §§ 932 ff., 892 BGB, 366 HGB und dadurch das Eigentum des ursprünglich Berechtigten erlischt. Die Wirksamkeit kann auch dadurch herbeigeführt werden, dass der Berechtigte die Verfügung des Nichtberechtigten nach § 185 Abs. 2 S. 1 BGB nachträglich genehmigt und einen Bereicherungsanspruch aus § 816 Abs. 1 S. 1 BGB gegen den Nichtberechtigten geltend macht. Eine (nachträgliche) Genehmigung der Verfügung ist dann zu emp-

---

[56] Palandt/*Sprau*, § 816 BGB, Rn. 7.

fehlen, wenn ein Fall nach § 935 Abs. 1 BGB vorliegt, bei dem ein gutgläubiger Erwerb ausgeschlossen ist (z. B. beim Erwerb einer gestohlenen Sache), wenn der Erwerber bösgläubig war oder wenn ein Herausgabeanspruch nach § 985 BGB wegen Nichtermittelbarkeit des Aufenthaltsortes des Erwerbers keinen Erfolg hat. Der Berechtigte hat aber häufig ein Interesse daran, sich an den ihm bekannten Nichtberechtigten zu halten.

> **Beispiel**
>
> Dieb D veräußert eine gestohlene Antiquität an einen japanischen Touristen. Eigentümer E kann die Verfügung des Diebes nach § 185 Abs. 2 BGB genehmigen und dann den ihm bekannten Dieb nach § 816 Abs. 1 BGB in Anspruch nehmen. Die Genehmigung kann auch konkludent erteilt werden, z. B. durch Inanspruchnahme des Nichtberechtigten.

Der Berechtigte kann sich bei einer Kette von Veräußerungen jede „Veräußerung" aussuchen, die er dann genehmigt. Die Genehmigung wird Zug um Zug gegen Zahlung erteilt.

Die Verfügung muss **entgeltlich** sein. Das ergibt sich aus dem Umkehrschluss zu der gesetzlichen Regelung des § 816 Abs. 1 S. 2 BGB; ihr muss also ein Kauf oder Tausch (nicht eine Schenkung) zugrunde liegen.

Durch § 816 Abs. 1 S. 1 BGB ist der Nichtberechtigte verpflichtet, das „durch die Verfügung **Erlangte" herauszugeben**. Regelmäßig ist das der erzielte Kaufpreis. Wenn der Verfügende einen geringeren Erlös erzielt hat, als der Gegenstand eigentlich wert ist, kann nicht der objektive Wert verlangt werden, sondern nur das, was der Verfügende tatsächlich erlangt hat; die Differenz müsste er sich mit einer anderen Anspruchsgrundlage holen, z. B. aus § 823 Abs. 1 BGB. Stellt sich der Verfügende hingegen als ein Verkaufstalent dar und ist der Erlös höher als der eigentliche Sachwert, kann der ursprüngliche Eigentümer nach der h. M. die volle Herausgabe verlangen. Er bekommt also nach § 816 Abs. 1 S. 1 BGB den gesamten Erlös, auch wenn er selbst den Gegenstand vielleicht nicht so gut verkauft hätte. Dieses Ergebnis wird vom Gesetz in Kauf genommen. In Extremfällen will der BGH mit § 242 BGB helfen.[57]

**Unentgeltliche Verfügung eines Nichtberechtigten**

Hat der Nichtberechtigte unentgeltlich, z. B. aufgrund einer Schenkung, verfügt, hat er also selbst keinen Vorteil erlangt, den er herausgeben könnte, scheidet § 816 Abs. 1 S. 1 BGB als Anspruchsgrundlage aus. In diesem Fall kann der Bereicherungsanspruch gegen den unentgeltlich Erwerbenden (= Dritten) gerichtet werden (§ 816 Abs. 1 S. 2 BGB). Der Inhalt des Anspruchs ist auf die Herausgabe des erlangten Vorteils gerichtet. Darunter wird regelmäßig die Rückgabe des Gegenstands verstanden. Der Grund dieser besonderen Regelung besteht darin, dem un-

---

[57] *Brox/Walker*, SchuldR BT, § 42, Rn. 22; Palandt/*Sprau*, § 816 BGB, Rn. 20 m. w. N.

entgeltlich (gutgläubig) Erwerbenden weniger Schutz zukommen zu lassen als dem entgeltlich Erwerbenden.

Auch § 816 Abs. 1 S. 2 BGB setzt zunächst eine wirksame Verfügung des Nichtberechtigten voraus. An die Stelle der Entgeltlichkeit tritt die **Unentgeltlichkeit**. Unentgeltlich ist eine Verfügung, wenn die Parteien sich darüber geeinigt haben, dass für die erstrebte Verfügung keine Gegenleistung zu erbringen ist.

Fraglich ist, ob § 816 Abs. 1 S. 2 BGB auch dann angewendet werden soll, wenn keine unentgeltliche, sondern eine rechtsgrundlose Verfügung vorliegt, etwa weil der zugrunde liegende Kaufvertrag nichtig ist. Hierfür könnte sprechen, dass der Erwerber letztlich für den Erwerb kein Entgelt zu entrichten hatte. Nach einer teilweise in der Lit. vertretenen Ansicht soll der Berechtigte gegen den Erwerber einen unmittelbaren Anspruch auf Herausgabe des erworbenen Gegenstandes nach § 816 Abs. 1 S. 2 BGB analog haben. Diese Gleichsetzung zwischen unentgeltlicher und rechtsgrundloser Verfügung ist jedoch abzulehnen. Es liegen vielmehr zwei Kondiktionsansprüche vor. So steht dem Nichtberechtigten ein Bereicherungsanspruch gegen den Erwerber zu. Der Berechtigte hat gem. § 816 Abs. 1 S. 1 BGB gegen den Nichtberechtigten einen Anspruch auf Herausgabe des Erlangten, d. h. auf Abtretung des dem Nichtberechtigten gegen den Erwerber zustehenden Bereicherungsanspruchs.[58]

Einen weiteren Sonderfall der Durchgriffskondiktion ist in § 822 BGB geregelt. § 822 BGB betrifft die subsidiäre Bereicherungshaftung bei unentgeltlicher Verfügung eines Berechtigten (beachte: § 816 Abs. 1 S. 2 BGB betrifft den Fall des nicht berechtigt unentgeltlich Verfügenden)

---

**Beispiel**

B kauft den Tennisschläger von A. A verschafft B Besitz und Eigentum an dem Schläger. Später stellt sich heraus, dass der Kaufvertrag unwirksam ist. Die Rückabwicklung erfolgt über § 812 Abs. 1 S. 1 Alt. 1 BGB. Angenommen, B hätte zwischenzeitlich den Tennisschläger an C verschenkt, dann ist der Anspruch aus § 812 Abs. 1 S. 1 Alt. 1 BGB wegen § 818 Abs. 3 BGB ausgeschlossen. § 816 Abs. 1 S. 2 BGB greift in diesem Fall nicht ein, da er als Berechtigter verfügt hatte. A steht aber nach § 822 BGB ein direkter Anspruch aus § 822 BGB gegen C auf Herausgabe des Tennisschlägers zu.

### Leistung an einen Nichtberechtigten

Auch in der Annahme der Leistung kann ein Eingriff in eine fremde Rechtsposition liegen. Das ist der Fall, wenn der Annehmende nicht zum Empfang der Leistung berechtigt ist, insbesondere wenn er nicht Anspruchsinhaber ist. Bei einer Leistung an einen Nichtberechtigten, die dem Berechtigten gegenüber wirksam ist, hat der Nichtberechtigte nach § 816 Abs. 2 BGB dem Berechtigten das Geleistete herauszugeben.

---

[58] *Brox/Walker*, SchuldR BT, § 42, Rn. 27.

Der Hauptanwendungsfall des § 816 Abs. 2 BGB ist die Leistung des Schuldners an den bisherigen Gläubiger in Unkenntnis einer zwischenzeitlichen Abtretung. In diesem Fall kann vom Schuldner nach § 407 BGB befreiend an den alten Gläubiger geleistet werden. Der alte Gläubiger hat auf Kosten des neuen Gläubigers etwas erlangt, was er herauszugeben hat. Weitere Beispiele finden sich in §§ 370, 408, 409, 851, 893, 2367 BGB.

Die Vorschrift des § 816 Abs. 2 BGB setzt voraus, dass eine **Leistung** an einen Nichtberechtigten vorliegt. **Nichtberechtigter** ist derjenige, der weder Inhaber des Rechts noch zur Verfügung über das Recht befugt war.[59] Diese Leistung muss **dem Berechtigten gegenüber wirksam** sein. Erforderlich ist also die Leistungsbefreiung des Schuldners trotz Zahlung an den „falschen" Gläubiger (als Ausnahme zu § 362 Abs. 1 BGB). Die Wirksamkeit ergibt sich aus gesetzlichen Normen, die einen entsprechenden Schuldnerschutz anordnen. Häufigster Fall ist die Leistung an den Altgläubiger nach verdeckter Abtretung oder an einen Scheingläubiger bei einer mehrfachen oder einer angezeigten, aber unwirksamen Zession (§ 407 BGB).

Zu beachten ist, dass eine unwirksame Verfügung auch nach § 185 Abs. 2 S. 1 BGB genehmigt werden kann. Die Genehmigung ist aus praktischer Sicht dann zu empfehlen, wenn sich dem Berechtigten die Möglichkeit der Gewinnabschöpfung anbietet. Will er die Gewinnabschöpfung und klagt er auf Herausgabe des Erlöses, so wird die Klageerhebung als Genehmigung der unwirksamen Verfügung angesehen.

---

**Beispiel**

G ist Inhaber einer Forderung gegen S in Höhe von 10.000 €. Er tritt diese Forderung an einen Geschäftspartner ab. Zahlt S in Unkenntnis der Abtretung an G, so muss sich der Geschäftspartner des G dies nach § 407 Abs. 1 BGB entgegenhalten lassen. Ihm steht allerdings in diesem Fall gegen G einen Anspruch aus § 816 Abs. 2 BGB zu.

### 5.3.3.4  Verwendungskondiktion

Verwendet jemand eigene Mittel, z. B. seine Arbeitskraft, auf eine fremde Sache, ohne dazu gesetzlich oder vertraglich verpflichtet zu sein, so kommt eine Kondiktion des Wertes der Verwendungen in Betracht, da der andere – der Eigentümer – einen Vermögensvorteil erlangt hat. Unter Verwendungen sind Aufwendungen zu verstehen, die einer Sache unmittelbar zugutekommen, d. h. diese erhält oder verbessert.[60]

Die Verwendungskondiktion ist neben der Eingriffskondiktion der wichtigste Anwendungsfall der Nichtleistungskondiktion nach § 812 Abs. 1 S. 1 Alt. 2 BGB. Der **Eingriff** in die fremde Rechtsposition wird hier vom **Bereicherungsgläubiger selbst** vorgenommen. Die Verwendungskondiktion ist allerdings in mehrfacher Hinsicht subsidiär. Zunächst ist eine Leistungskondiktion vorrangig, wenn die Ver-

---

[59] *Jacoby/von Hinden*, § 816 BGB, Rn. 6.
[60] *Looschelders*, SchuldR BT, § 54, Rn. 1095.

wendungen zur Erhaltung einer vermeintlich bestehenden Rechtspflicht gemacht werden. Subsidiarität besteht weiterhin gegenüber Ansprüchen aus berechtigter GoA (§§ 683 S. 1, 677, 670 BGB). Vorrangig sind schließlich auch die §§ 994 ff. BGB, die den Verwendungsersatzanspruch im Eigentümer-Besitzer-Verhältnis (EBV) abschließend regeln.[61] Für die Verwendungskondiktion verbleiben danach nur diejenigen Fälle, in denen jemand Verwendungen gemacht hat, ohne im Besitz der Sache gewesen zu sein.

---

**Beispiel**

Die von einem Flugzeug aus durchgeführte Einsaat, Bewässerung, Brand- oder Schädlingsbekämpfungsaktion, die – ohne spezielle Auftragserteilung durch den Grundstücksnachbarn – auch zugunsten seines Grundstücks erfolgte; Bebauung eines Grundstücks mit einem Gebäude in der irrigen Annahme, man sei dessen Eigentümer. Als Eigentümer des Grundstücks erwirbt man nach §§ 946, 94 Abs. 1 BGB Eigentum an dem Haus und muss nach § 951 Abs. 1 S. 1 BGB grundsätzlich eine Vergütung zahlen.

---

Eine Verwendungskondiktion setzt ebenso wie die Eingriffskondiktion voraus, dass die Bereicherung nicht auf einer Leistung des Bereicherungsgläubigers beruht. Ansonsten gilt wieder der Vorrang der Leistungskondiktion.

---

**Beispiel**

Bauunternehmer U baut eigene Materialien aufgrund eines Werkvertrages mit dem Bauherrn in dessen Haus ein. Später stellt sich heraus, dass der Vertrag unwirksam ist. U hat das Vermögen des B bewusst und zweckgerichtet vermehrt. In Betracht kommt daher nur eine Leistungskondiktion. Da der Eigentumserwerb des B sich hier auch kraft Gesetzes (§§ 946 i. V. m. 94 Abs. 2 BGB) vollzieht, wendet die Rspr. §§ 951 Abs. 1 S. 1 i. V. m. 812 Abs. 1 S. 1 Alt. 2 BGB an[62]; nach der h. L. ist § 812 Abs. 1 S. 1 Alt. 1 BGB unmittelbar anwendbar.[63] Ein Anspruch auf Wiederherstellung des früheren Zustandes ist hier aber ausgeschlossen.

---

Häufig entsteht im Rahmen der Verwendungskondiktion das Problem einer **„aufgedrängten Bereicherung"**, z. B. wenn der Dieb eines Kfz dieses komplett lackieren lässt und nach Entdeckung der Tat und Rückgabe an den Eigentümer im Wege der Verwendungskondiktion Ersatz verlangt. Wurde die Bereicherung einem anderen aufgedrängt, d. h. wollte sie derjenige gar nicht haben, so hat ein Bereicherungsanspruch i. d. R. zu entfallen. Begründet wird dieses Ergebnis teilweise mit einer subjektiven Wertbestimmung nach § 818 Abs. 2 BGB, von anderen mit § 818 Abs. 3 BGB. Teilweise wird aus § 996 BGB und § 687 Abs. 2 BGB der Grundsatz entnommen, wonach der bösgläubige Besitzer und der unechte Geschäftsführer kei-

---

[61] BGHZ 41, 157; BGH, JZ 1996, 366; *Jacoby/von Hinden*, § 812 BGB, Rn. 41.

[62] BGHZ 40, 272, 276; BGH NJW 1989, 2745, 2746.

[63] Palandt/*Bassenge*, § 951 BGB, Rn. 2; Erman/*Ebbing*, § 951 BGB, Rn. 3.

nen Ersatz nach § 812 BGB verlangen können.[64] Ist der (aufgedrängte) Gegenstand noch vorhanden und kann er herausgegeben werden, dann hat der Empfänger diesen herauszugeben. Eine unbillige Belastung ist damit für ihn nicht verbunden.[65]

---

**Beispiele**

1. Winzer W hat vom Hubschrauber aus auch den Weinberg seines Nachbarn N mit Schädlingsbekämpfungsmitteln besprüht. Hier kommt ein Ersatzanspruch im Wege der Verwendungskondiktion in Betracht.

2. D hat dem E dessen Fahrrad gestohlen und neu angestrichen. Als E den D auf Herausgabe des Fahrrades in Anspruch nimmt, verlangt D von E Ersatz der Verwendungen. Hier handelt es sich um eine aufgedrängte Bereicherung, deren Handhabung umstritten ist. Nach einer Ansicht soll im Rahmen des § 818 Abs. 2 BGB nicht der objektive Wert angesetzt werden, sondern eine subjektive Wertersatzbestimmung erfolgen; eine andere Möglichkeit wird darin gesehen, den Empfänger der aufgedrängten Bereicherung durch die Anwendung des § 818 Abs. 3 BGB zu schützen. Der Bereicherungsschuldner kann also geltend machen, dass der Bereicherungsgegenstand für ihn keinen Wert hat.[66]

### 5.3.3.5 Rückgriffskondiktion

Eine Nichtleistungskondiktion wird aber auch bei der Tilgung von Verbindlichkeiten eines Schuldners durch einen Dritten angenommen. Man spricht dann von einer **Rückgriffskondiktion**. Eine solche Kondiktion liegt nur dann vor, wenn die Tilgung den Schuldner dem Gläubiger gegenüber von der Leistung befreit. Da durch die Tilgung der Anspruch oft kraft Gesetzes auf den Dritten übergeht, bedarf es regelmäßig nicht des Bereicherungsrechts. Hier gibt es zahlreiche **vorrangige Sondervorschriften**, die zugunsten des Rückgriffsberechtigten einen gesetzlichen Forderungsübergang (z. B. §§ 268 Abs. 3, 426 Abs. 2, 774 Abs. 1, 1143 Abs. 1, 1150 BGB, 102 SGB X) oder einen eigenständigen Ausgleichsanspruch (z. B. § 426 Abs. 1 BGB) vorsehen sowie den Rückgriffsanspruch durch Anwendung der Grundsätze zur GoA (§§ 677, 683 S. 1 BGB) auf den zahlenden Dritten übergehen lassen.[67]

Als wichtigster Anwendungsfall der Rückgriffskondiktion bleibt deshalb nur die Bezahlung fremder Schulden (§ 267 BGB) durch einen Dritten, dem kein Ablösungsrecht i. S. v. § 268 BGB zusteht. Besteht eine Schuld des Schuldners gegenüber dem Gläubiger, hält sich der Dritte aber irrtümlich selbst für den Schuldner, dann liegen die Voraussetzungen des § 267 BGB nicht vor, da der Dritte seine eigene Schuld tilgen wollte. Der Dritte hat aber auch hier nur gegen den Zahlungsempfänger (Gläubiger) einen Anspruch aus der (vorrangigen) Leistungskondiktion; ein

---

[64] *Brox/Walker*, SchuldR BT, § 42, Rn. 12, 15.

[65] BGHZ 23, 61 ff.; *Medicus/Petersen*, BR, § 34, Rn. 899 zum Problem der aufgedrängten Bereicherung.

[66] *Medicus/Lorenz*, SchuldR II, Rn. 1209 ff.

[67] *Brox/Walker*, SchuldR BT, § 42, Rn. 8; *Medicus/Petersen*, BR, § 35, Rn. 950 ff.

Anspruch gegen den wahren Schuldner scheidet aus, da dieser nichts erlangt hat. Die Schuld wurde nicht getilgt wegen § 267 BGB.[68]

Nach h. M. wird dem Leistenden jedoch das Recht eingeräumt, die Tilgungsbestimmung nachträglich zu ändern, so dass der wahre Schuldner gegenüber dem Gläubiger befreit wird und auf diese Weise eine Rückgriffskondiktion gegenüber dem wahren Schuldner möglich wird.[69]

Neben der nachträglichen Fremdbestimmung der Leistung bleiben infolge der zahlreichen speziellen Regressregelungen nur die Fälle der unberechtigten (und der angemaßten) GoA, für die § 684 S. 1 BGB i. V. m. § 687 Abs. 2 S. 2 BGB auf das Bereicherungsrecht verweist, z. B. wenn A für B in dessen Abwesenheit eine Nachnahmepaketsendung bezahlt, obwohl er weiß, dass B das nicht will.[70]

### 5.3.4    Umfang der Herausgabeverpflichtung

Bisher wurde im Rahmen der bereicherungsrechtlichen Ansprüche davon gesprochen, dass man bei einer ungerechtfertigten Bereicherung zur „Herausgabe des Erlangten" verpflichtet ist. Einzelheiten zu Inhalt und Umfang sind in den §§ 818 ff. BGB geregelt.

#### 5.3.4.1    Anspruch auf Herausgabe von Nutzungen und Surrogaten

In erster Linie erstreckt sich die Bereicherungsschuld auf die **Herausgabe des Erlangten** (§ 818 Abs. 1 BGB).

---

**Beispiel**

Die rechtsgrundlos übereignete Sache ist zurückzuübereignen. Die abgetretene Forderung ist zurück abzutreten. Bei Grundstücken hat die Wiedereinräumung des Besitzes und eine Grundbuchberichtigung zu erfolgen.

---

In der Formulierung der Anspruchsgrundlage ist bereits anzugeben, wie das verloren gegangene Recht zurück zu übertragen ist, z. B. „Ein Anspruch auf Rückübereignung der Sache könnte sich aus § 812 Abs. 1 S. 1 Alt. 1 BGB ergeben. Voraussetzung ist, dass der Anspruchsgegner etwas erlangt hat. Dieser hat ‚Eigentum' (und Besitz) an der Sache erlangt".

Nach § 818 Abs. 1 BGB erstreckt sich die Herausgabeverpflichtung **auch** auf die **gezogenen Nutzungen**. Unter Nutzungen versteht man i. S. d. §§ 99, 100 BGB Früchte und Gebrauchsvorteile, z. B. Miet- oder Pachteinnahmen oder Zinsen des empfangenen Kapitals; zu den Nutzungen eines Grundstücks mit Gewerbebetrieb gehört auch der Gewinn.[71] Es sind jedoch nur die tatsächlich gezogenen Nutzungen

---

[68] *Brox/Walker*, SchuldR BT, § 42, Rn. 11.

[69] BGH, NJW 1986, 2700; Jauernig/*Stadler*, § 812 BGB, Rn. 76.

[70] *Jacoby/von Hinden*, § 812 BGB, Rn. 43.

[71] BGH, NJW 2006, 2847 ff.

herauszugeben. Solange der Empfänger den Mangel des rechtlichen Grundes nicht kannte und der Kondiktionsanspruch auch nicht rechtshängig war und demzufolge keine verschärfte Haftung nach §§ 819, 818 Abs. 4 BGB eingetreten ist, ist es unerheblich, ob der Bereicherte, sei es auch schuldhaft, unterlassen hat, weitere Nutzungen zu ziehen.[72] Die Vorschrift des § 818 Abs. 1 BGB kann hinsichtlich der Herausgabe von Nutzungen in Konkurrenz zu den §§ 987, 988, 990 Abs. 1 sowie § 993 Abs. 1 BGB stehen. Wenn ein Eigentümer-Besitzer-Verhältnis vorliegt, sind die Sonderregeln der §§ 987 ff. BGB grundsätzlich vorrangig.[73]

Die Herausgabepflicht erstreckt sich nach § 818 Abs. 1 BGB **auch** auf die **Surrogate**. Darunter sind Gegenstände zu verstehen, die an die Stelle des zunächst herausgabefähigen Bereicherungsgegenstands (der dann weggefallen ist), getreten sind. Surrogate sind das *commodum ex re*, z. B. der Erlös aus der Einziehung einer rechtsgrundlos erlangten Forderung oder Versicherungsleistungen und Schadensersatzansprüche bei Beschädigung oder Untergang einer Sache, also alles, was der Empfänger als Ersatz für die Beschädigung, Zerstörung oder Entziehung des erlangten Gegenstandes erwirbt. Nicht unter § 818 Abs. 1 BGB fällt aber das *commodum ex negatione cum re*, d. h. das rechtsgeschäftliche Surrogat, wie z. B. der Erlös aus dem Weiterverkauf; einschlägig ist in diesem Fall der Wertersatzanspruch gem. § 818 Abs. 2 BGB.

---

**Beispiel**

A verkauft das rechtsgrundlos erlangte Auto (Wert: 800 €) an einen Schrotthändler für 1000 €. Den Verkaufserlös muss er nicht nach §§ 812 Abs. 1 S. 1, 818 Abs. 1 BGB herausgeben, sondern nur Wertersatz (800 €) leisten. Die Ungleichbehandlung mit § 816 Abs. 1 S. 1 BGB rechtfertigt sich daraus, dass die Weiterveräußerung keinen Eingriff in das Eigentum eines anderen darstellt, weil der Bereicherungsschuldner als Berechtigter verfügt. Der Erlös gehört also nicht zum Zuweisungsgehalt eines fremden Rechts.[74]

**5.3.4.2 Anspruch auf Wertersatz**

Manche Gegenstände können wegen ihrer Beschaffenheit nicht herausgegeben werden, etwa Gebrauchsvorteile (z. B. Nutzung eines PKW) oder Dienstleistungen des Gläubigers an den Schuldner (z. B. eine Beförderung oder eine Reparatur). Bei anderen Gegenständen kann die Herausgabe aus anderen Gründen unmöglich sein, z. B. durch Verbrauch (z. B. Lebensmittel), Veräußerung oder Verarbeitung. Für diese Fälle sieht § 818 Abs. 2 BGB vor, dass der Bereicherungsschuldner den **objektiven Wert** des Gegenstandes im Zeitpunkt des Entstehens des Kondiktionsanspruchs zu ersetzen hat;[75] bei Eingriffen in fremde Immaterialgüterrechte ist die „übliche Lizenzgebühr" zu entrichten. Ein Schuldner, der nach § 818 Abs. 2 BGB

---

[72] Palandt/*Sprau*, § 818 BGB, Rn. 9.

[73] *Jacoby/von Hinden*, Vor § 987 BGB, Rn. 9 ff.

[74] *Wandt*, § 12, Rn. 8 ff.

[75] Palandt/*Sprau*, § 818 BGB, Rn. 19.

infolge Veräußerung des Gegenstandes Wertersatz schuldet, ist allerdings nicht verpflichtet, auch den aus der Veräußerung erzielten Gewinn mit abzuführen. Anders ist es, wenn ein Nichtberechtigter die Verfügung getroffen hat (§ 816 BGB).

### 5.3.4.3  Wegfall der Bereicherung

Aus § 818 Abs. 3 BGB ergibt sich, dass die Herausgabepflicht des Bereicherungsschuldners auf die vorhandene Bereicherung beschränkt ist. Die Verpflichtung zur Herausgabe oder zum Wertersatz ist ausgeschlossen, soweit der Empfänger nicht mehr bereichert ist. Diese Regelung dient dem Schutz des Schuldners. Die Herausgabe- bzw. Wertersatzpflicht darf nicht dazu führen, dass das Vermögen des gutgläubigen Bereicherungsschuldners über dessen tatsächliche Bereicherung hinaus gemindert wird. Hier zeigt sich das unterschiedliche Prinzip zum Schadensrecht; es geht um Vorteilsrückgabe, nicht um Nachteilsausgleich.

Eine **Entreicherung** i. S. d. § 818 Abs. 3 BGB liegt nur vor, wenn das Erlangte in keiner Form mehr im Vermögen des Schuldners vorhanden ist, z. B. wenn der erlangte Gegenstand **ersatzlos weggefallen** ist und dessen Wert auch nicht im Vermögen des Schuldners vorhanden ist oder der Schuldner ihn verbraucht oder verschenkt hat. Entsprechendes gilt, wenn das ursprünglich Erlangte zwar noch vorhanden ist, der Bereicherte aber sonstige Vermögensnachteile erlitten hat, wobei umstritten ist, welche Nachteile bereicherungsmindernd sind. Ein ersatzloser Wegfall der Bereicherung ist insbesondere dann gegeben, wenn der Gegenstand durch einen Dritten zerstört oder gestohlen wurde. Das gleiche gilt auch, wenn der Schuldner mit dem „Erlangten" Aufwendungen getätigt hat, die er sich sonst nicht geleistet hätte, etwa für **Luxusausgaben**. Im Einzelfall ist genau zu prüfen, ob eine Bereicherung vorliegt, auch wenn der Empfänger das Erlangte nicht mehr besitzt. Maßgebend ist hierfür eine wirtschaftliche Betrachtungsweise.

In den folgenden Fällen liegt dagegen eine Bereicherung vor, insbesondere wenn er einen Veräußerungserlös erzielt hat, wenn er Aufwendungen erspart hat (außer: Luxusaufwendungen) sowie bei Erlangung von Ansprüchen gegen Dritte infolge der Weitergabe des Erlangten (soweit sie nicht ohnehin ein Surrogat gemäß § 818 Abs. 1 BGB darstellen). Ein Wegfall der Bereicherung kann auch dadurch eintreten, dass der Schuldner im Vertrauen auf die Beständigkeit seines Erwerbs Aufwendungen tätigt, z. B. Reparaturkosten. Zu berücksichtigen sind weiterhin alle mit dem Erwerb verbundenen Kosten (z. B. Notar- und Grundbuchkosten; Frachtkosten, Vermittlungsprovision), nicht dagegen der Erwerbspreis.

Umstritten ist, ob **Folgeschäden** auch als Vermögensnachteile im Rahmen des § 818 Abs. 3 BGB abziehbar sind, z. B. Schäden am Teppich, die von einem rechtsgrundlos erlangten Hund verursacht wurden oder wenn eine kranke – rechtsgrundlos erlangte – Kuh die Herde ansteckt. Die Rspr. bejaht den Abzug für solche Schäden, die in einem adäquaten Zusammenhang stehen, während die Lit. nur solche Nachteile berücksichtigt, die gerade im Vertrauen auf die Rechtsbeständigkeit des Erwerbs eingetreten sind.[76]

---

[76] *Medicus/Lorenz*, SchuldR II, Rn. 1174 mit Hinweis auf praxisrelevantere Fälle, etwa vom Empfänger aufgewendete Frachtkosten, Zölle, Steuern, Lager- oder Reparaturkosten.

### 5.3.4.4 Verschärfte Haftung

In bestimmten Fällen ist eine Privilegierung des Bereicherungsschuldners nicht sachgerecht. Nach § 818 Abs. 4 BGB trifft den Bereicherungsschuldner von Beginn der Rechtshängigkeit an eine verschärfte Haftung. Der Zeitpunkt der Rechtshängigkeit bestimmt sich nach den Vorschriften der ZPO. Regelmäßig wird ein Anspruch mit Zustellung der Klageschrift an den Beklagten rechtshängig (§§ 261 Abs. 1, Abs. 2, 253 Abs. 1 ZPO).

Durch § 819 Abs. 1 BGB tritt eine weitere Haftungsverschärfung ein, wenn der Erwerber den Mangel des rechtlichen Grundes kennt oder diese Kenntnis später bekommt; grob fahrlässige Unkenntnis reicht dabei nicht aus.[77]

Umstritten ist, ob die verschärfte Haftung auch auf Minderjährige angewendet werden kann. Nach einer vermittelnden Ansicht sollen die §§ 106 ff. BGB analog bei der Leistungskondiktion angewendet werden und §§ 827 ff. BGB analog bei einem Eingriffserwerb. Bei einer Leistungskondiktion wird danach auf die Kenntnis der gesetzlichen Vertreter, regelmäßig der Eltern, abgestellt. Es reicht die Kenntnis, dass der Minderjährige trotz Unwirksamkeit eines Mietvertrages die Sache benutzt, während bei einem Eingriffserwerb, z. B. einem Minderjährigen, der sich eine Flugreise erschlichen hat, auf die Deliktsfähigkeit abgestellt wird.[78] Der BGH will die §§ 827 ff. BGB jedenfalls dann analog anwenden, wenn der Minderjährige sich das Erlangte durch eine vorsätzliche unerlaubte Handlung verschafft hat.[79]

Die **Rechtsfolgen** der Haftungsverschärfung bestehen zunächst darin, dass der Bereicherungsschuldner sich nicht mehr auf den Wegfall der Bereicherung nach § 818 Abs. 3 BGB berufen kann. Ihn trifft daher eine verschuldensabhängige Wertersatzpflicht aus § 818 Abs. 2 BGB. Für weitere mögliche Ansprüche auf den Ersatz von Schäden, Nutzungen und Verwendungen verweist § 818 Abs. 4 BGB auf die allgemeinen Vorschriften. § 818 Abs. 4 BGB stellt auf die Rechtshängigkeit ab. Damit kommen die §§ 291, 292 BGB zur Anwendung.

Das bedeutet, dass der Bereicherungsschuldner von einer Geldschuld nicht frei wird, sondern diese zu verzinsen hat (§ 291 BGB).

Hat der Bereicherungsschuldner einen bestimmten Gegenstand herauszugeben, so hat er nach §§ 292, 989 BGB Ersatz zu leisten, wenn der Gegenstand durch sein Verschulden verschlechtert wird, untergeht oder nicht herausgegeben werden kann; bei Verzug haftet er für Zufall (§ 287 S. 2 BGB). Sogar für schuldhaft nicht gezogene Nutzungen hat er einzustehen (§§ 292, 987 BGB; zu beachten ist § 820 Abs. 2 BGB). Auf der anderen Seite sind nur notwendige Verwendungen auf den Gegenstand anrechnungsfähig (§§ 292, 994 Abs. 2 BGB).

### 5.3.4.5 Besonderheit bei gegenseitigen Verträgen

Bisher wurde der Kondiktionsanspruch bei der Leistungskondiktion nur unter dem Gesichtspunkt des leistenden Gläubigers gegen den bereicherten Schuldner gesehen. Beim **gegenseitigen Vertrag** ist aber zu beachten, dass auch der Schuldner seiner-

---

[77] Palandt/*Sprau*, § 819 BGB, Rn. 2.

[78] *Medicus/Petersen*, BR, § 8, Rn. 176.

[79] BGHZ 55,128 – „Flugreise-Fall".

seits eine Leistung erbracht hat. Es stellt sich nun die Frage, in welchem Verhältnis die beiden Kondiktionsansprüche zueinander stehen. Dazu gibt es zwei Theorien.

Nach der **Zweikondiktionenlehre** stehen sich die beiden Bereicherungsansprüche, die bei einem Leistungsaustausch auf Grund eines unwirksamen Kausalgeschäfts entstehen, selbstständig gegenüber. Möglich ist danach nur die Aufrechnung oder die Geltendmachung eines Zurückbehaltungsrechts. Diese Lehre führt aber bei deren konsequenter Anwendung zu ungerechten Ergebnissen, wenn nämlich nur bei einer Partei die Bereicherung weggefallen ist.[80]

---

**Beispiel**

Der Verkäufer eines Kfz müsste, wenn dieses beim Käufer zufällig zerstört werden würde, bei Nichtigkeit des Kaufvertrages den Kaufpreis zurückzahlen, während sich der Käufer auf den Wegfall der Bereicherung berufen könnte.

---

Nach der von der h. M. praktizierten **Saldotheorie** liegen in wirtschaftlicher Hinsicht zwei eng miteinander verbundene Ansprüche vor. Die gegenseitig entstehenden Bereicherungsansprüche sollen nicht unabhängig voneinander geltend gemacht werden können. Bei der Rückabwicklung sind die gegenseitigen Ansprüche zunächst einmal zu saldieren. Ist der Bereicherungsgegenstand weggefallen, so ist dessen Wert in Ansatz zu bringen. Der Bereicherungsanspruch der entreicherten Partei geht damit nur auf den positiven Saldo. Bei einem negativen Saldo steht der anderen Partei kein Bereicherungsanspruch zu; insoweit kann sich der Entreicherte auf § 818 Abs. 3 BGB berufen.[81]

Diese Theorien spielen nur bei der Leistungskondiktion – nicht bei der Eingriffskondiktion – eine Rolle, da sie sich nur auf die Rückabwicklung gegenseitiger Verträge beziehen. Zudem muss es sich um einen Wegfall einer Bereicherung handeln.

In **Ausnahmefällen** wird die **Zweikondiktionenlehre** angewendet. Dies ist der Fall, wenn der Bereicherungsgläubiger nicht voll geschäftsfähig ist und dadurch die Unwirksamkeit herbeigeführt wurde, da so der Schutz des Nichtgeschäftsfähigen entfallen würde.[82] Die Rspr. hat auch demjenigen, der arglistig getäuscht wurde (bzw. dem widerrechtlich Bedrohten) zu seinem Schutz das Recht zugestanden, beiderseitige Leistungsrückgewähr zu verlangen. So kann ein arglistig getäuschter Autokäufer den Kaufpreis auch dann zurückverlangen, wenn das Kfz durch Zufall bei ihm ersatzlos untergegangen ist.[83] Wie bei der arglistigen Täuschung wendet der BGH die Saldotheorie nicht an, wenn der Bereicherungsgläubiger durch ein wucherähnliches oder ein nach § 138 Abs. 1 BGB sittenwidriges Geschäft, das bereicherungsrechtlich zurück abgewickelt wird, benachteiligt ist. Die benachteiligte Partei kann deshalb ihren Bereicherungsanspruch geltend machen und sich im Hinblick auf den Bereicherungsanspruch der anderen Partei auf § 818 Ab. 3 BGB berufen.

---

[80] Nachweise in Palandt/*Sprau*, § 818 BGB, Rn. 47; diese ältere Theorie wird heute wieder zunehmend vertreten.

[81] BGH, NJW 2009, 2886, 2888; Palandt/*Sprau*, § 818 BGB, Rn. 48 m. w. N.

[82] BGH, ZIP 1994,954.

[83] BGHZ 53, 147; Palandt/*Sprau*, § 818 BGB, Rn. 49.

## 5.3.5  Sonderprobleme – Leistung bei Beteiligung Dritter

### 5.3.5.1  Problemstellung

Besondere Probleme können bei der bereicherungsrechtlichen Abwicklung von Rechtsverhältnissen entstehen, an denen mehr als zwei Personen beteiligt sind. Häufig ist nicht eindeutig, zwischen welchen Personen der Bereicherungsausgleich zu erfolgen hat. Der BGH hat mehrfach betont, dass sich jede schematische Lösung verbietet; vielmehr komme es auf die Besonderheiten des Einzelfalls an.[84]

Im Prinzip lassen sich im Rahmen der bereicherungsrechtlichen Abwicklung von Mehrpersonenverhältnissen zwei Schwerpunkte unterscheiden.

Im ersten Bereich ergeben sich die Probleme aus dem **Nebeneinander mehrerer Leistungsverhältnisse**. Hier stellt sich die Frage, ob die Rückabwicklung in den jeweiligen Leistungsverhältnissen zu erfolgen hat oder ob (und wann) ein „Durchgriff" erlaubt ist.

Im zweiten Bereich konkurriert der Erwerb **durch Leistung** mit einem Erwerb **in sonstiger Weise**. Hier ist zu klären, inwieweit der Vorrang der Leistungsgegenüber der Nichtleistungskondiktion bei Mehrpersonenverhältnissen einzuschränken ist.[85]

Eine Dreipersonenbeziehung liegt jedoch nicht immer schon dann vor, wenn tatsächlich drei Personen beteiligt gewesen sind. Folgende Fallkonstellationen sind voneinander zu unterscheiden. Wird ein Dritter im Rahmen der Leistungsbewegung nur unselbstständig und ohne Einbeziehung seines Vermögens tätig, insbesondere als eine **Hilfsperson** (z. B. Bote, Vertreter, sonstige Hilfspersonen), so ergeben sich bereicherungsrechtlich keine Besonderheiten. Hier liegt tatsächlich nur eine **Zweierbeziehung** vor. Leistender nach den Vorschriften des Bereicherungsrechts ist dann der Auftrag- bzw. Vollmachtgeber; dies gilt entsprechend auf der Empfängerseite.

### 5.3.5.2  Mehrheit von Leistungsverhältnissen

**Leistungskette**

Eine Leistungskette liegt vor, wenn mehrere Veräußerungsvorgänge nacheinander stattfinden. Auch hier handelt es sich noch nicht um eine Dreipersonenbeziehung, sondern um **zwei Zweipersonenverhältnisse**, die „hintereinandergeschaltet" sind. Im Falle einer solchen Bereicherungskette erfolgt die bereicherungsrechtliche Rückabwicklung im jeweils defekten Kausalverhältnis.

---

**Beispiel**

C kauft bei B eine Maschine. B kauft diese Maschine bei Hersteller A. A übergibt und übereignet die Maschine an B; B wiederum übergibt und übereignet diese an C. Ist der Kaufvertrag zwischen A und B unwirksam, erfolgt eine Rückabwicklung nur in diesem Verhältnis. Entsprechendes gilt für die Unwirksamkeit

---

[84] BGHZ 50, 227, 229; BGH, NJW 1995, 3315, 3316; NJW 1999, 1393, 1394.

[85] Vgl. anschaulich *Looschelders*, SchuldR BT, § 55, Rn. 1141 ff.

des Kaufvertrages zwischen B und C. Die Rückabwicklung in dem jeweiligen Leistungsverhältnis gewährleistet, dass sich jede Partei (aus den genannten Wertungskriterien) nur mit ihrem Vertragspartner auseinander setzten muss. Bei einer Zulassung einer Direktkondiktion des A würde C seine Einwendungen gegen B verlieren.

Die Rückabwicklung in den Leistungsebenen beim Doppelmangel kann formal mit dem Vorrang der Leistungskondiktion vor der Nichtleistungskondiktion begründet werden. Eine unmittelbare Kondiktion zwischen A und C wäre als Nichtleistungskondiktion anzusehen. C hat den Vermögensvorteil auch nicht unmittelbar auf Kosten des A erlangt. Die formale Betrachtung kann durch inhaltliche Wertungskriterien gestützt werden. Erstens sollen jeder Partei des fehlerhaften Kausalverhältnisses ihre Einwendungen gegen die andere Vertragspartei erhalten bleiben. Zweitens sollen die Parteien des fehlerhaften Kausalverhältnisses vor Einwendungen geschützt werden, die ihr Vertragspartner aus seinem Rechtsverhältnis zu Dritten herleitet. Letzlich soll das Insolvenzrisiko angemessen verteilt werden. Die **Rückabwicklung** soll grundsätzlich **innerhalb der Leistungsbeziehungen** erfolgen.

Sind beide Kausalgeschäfte nichtig (**Doppelmangel**), kann A gleichfalls nur von B kondizieren, da er auch nur an ihn geleistet hat. Die Rückabwicklung „über das Eck" (und nicht direkt zwischen A und C) ist auch interessengerecht.

Bei einer Direktkondiktion des A würde C seine Einwendungen gegen B verlieren. Er könnte also nicht geltend machen, dass er dem B schon den Kaufpreis gezahlt hat und deshalb die Maschine nur Zug um Zug gegen Rückzahlung des Kaufpreises herausgeben muss. A hätte sich dann auch mit Einwendungen und Einreden (z. B. §§ 273, 387 ff. BGB) aus dem Verhältnis B und C auseinanderzusetzen. Hinzu kommt, dass A bei einem Durchgriff auf C das Insolvenzrisiko eines „Nichtvertragspartners" tragen müsste.

**Umstritten** ist, welchen Inhalt der Bereicherungsanspruch des ersten Teils der Kette C gegen den dazwischen geschalteten B hat. Festzuhalten ist, dass B einen Kondiktionsanspruch aus § 812 Abs. 1 S. 1 Alt. 1 BGB gegen C hat. Nach Ansicht der Rspr. geht der Anspruch des A gegen B aus § 812 Abs. 1 S. 1 Alt. 1 BGB auf Abtretung des Bereicherungsanspruchs von B gegen C (**Kondiktion der Kondiktion**).[86] Der Nachteil dieser Lösung besteht für A darin, dass C dem A bei Geltendmachung des abgetretenen Anspruchs (durch A) nach § 404 BGB seine Einwendungen gegenüber B entgegenhalten könnte; außerdem hätte A das Insolvenzrisiko des C zu tragen. Nach der h. L. soll A aus dem Grund wegen der weiterveräußerten Sache einen Anspruch gegen B auf Wertersatz haben.[87]

Dies gilt auch im Fall einer **abgekürzten Lieferung (Durchlieferung)**, d. h. wenn B den A angewiesen hätte, direkt an C (als Endabnehmer) zu liefern. Sachenrechtlich erwirbt C nicht direkt das Eigentum von A, sondern von B, der für eine „juristische Sekunde" Eigentum erwirbt; man spricht hier von dem sog. Geheißerwerb. Für den Bereicherungsausgleich ist die sachenrechtliche Zuordnung nicht

---

[86] BGHZ 36, 30, 32; BGH, NJW 1989, 2879, 2881.

[87] *Medicus/Lorenz*, SchuldR II, Rn. 1218.

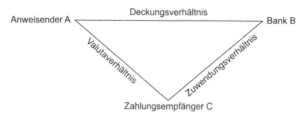

**Abb. 5.4** Bereicherungsausgleich

entscheidend. Maßgebend ist, dass A mit der Lieferung an C seiner Leistungspflicht gegenüber B nachkommen will. Es handelt sich aus bereicherungsrechtlicher Sicht auch hier, d. h. im Falle einer abgekürzten Lieferung („Durchlieferung"), um **zwei Leistungen**. Die maßgebenden Interessenwertungen treffen auch hier zu, so dass ein Durchgriff (A gegen C) nur unter den Voraussetzungen des § 822 BGB zulässig ist.[88] Ein echtes Dreipersonenverhältnis liegt erst im folgenden „Anweisungsfall" vor.

**Anweisung (im bargeldlosen Zahlungsverkehr)**
Bedient sich jemand bei der Leistungsbewirkung eines **Dritten**, z. B. einer Bank oder eines Gehilfen, kann es im Einzelfall fraglich sein, welche bereicherungsrechtlichen Auswirkungen diese Einbeziehung Dritter hat. Es kommt darauf an, wer i. S. d. Vorschriften der **Leistende** und wer **Leistungsempfänger** ist. Anspruchsberechtigt ist daher nicht ohne weiteres derjenige, der die Vermögensverschiebung vorgenommen hat und als Anspruchsverpflichteter ist nicht bereits derjenige anzusehen, der den Gegenstand in Empfang genommen hat[89] (Abb. 5.4)

---

**Beispiel**

A hat von C für 500 € ein Notebook gekauft. A überweist den Kaufpreis von seinem Girokonto bei der B-Bank auf ein Konto des C. Welche Leistungsbeziehungen bestehen hier?

---

Hier liegen zwei Leistungen vor. Die B-Bank erbringt mit der Ausführung der Überweisung eine Leistung an A. Rechtsgrund ist der **Girovertrag** als wichtigster Fall eines Zahlungsdiensterahmenvertrages (§ 675f BGB).[90] Gleichzeitig erbringt A eine Leistung an C. Rechtsgrund ist hier der Kaufvertrag (§ 433 BGB). Man unterscheidet wie beim Vertrag zugunsten Dritter drei Rechtsverhältnisse:

Das Rechtsverhältnis zwischen Anweisendem (A) und Angewiesenem (B) wird als **Deckungsverhältnis** bezeichnet (z. B. in Form des Girovertrages). Das Verhält-

---

[88] *Looschelders*, SchuldR BT, § 55, Rn. 1146 ff.

[89] *Brox/Walker*, SchuldR BT, § 40, Rn. 14 ff.

[90] *Looschelders*, SchuldR BT, § 38, Rn. 826; die Überweisung und andere Zahlungsaufträge sind heute keine eigenständigen Verträge mehr, sondern einseitige Weisungen des Kunden nach §§ 675c Abs. 1, 665 BGB; vgl. auch Palandt/*Sprau*, § 675f BGB, Rn. 17.

nis zwischen Anweisendem (A) und Zuwendungsempfänger (C) bezeichnet man als **Valutaverhältnis** (z. B. Kaufvertrag). Dies sind die beiden Leistungsverhältnisse, in denen die Rückabwicklung grundsätzlich zu erfolgen hat. Im Verhältnis zwischen Angewiesenem und Zuwendungsempfänger (sog. **Zuwendungsverhältnis**) findet keine Leistung statt. Hier kommt daher allenfalls eine Nichtleistungskondiktion in Betracht.

Die Anweisungen werden grundsätzlich ebenso wie die Durchlieferung behandelt. Die direkte Zuwendung von B an C ist wertungsmäßig genauso zu behandeln wie eine **Abwicklung der Verträge „über Eck"**. Entscheidend für die bereicherungsrechtliche Rückabwicklung bei den Anweisungsfällen ist also, wer an wen geleistet hat. Es wird entlang der Leistungsbeziehung zurück abgewickelt.

Macht der Anweisende (A) geltend, dass der Kaufvertrag (**Valutaverhältnis**) mit C nichtig sei, so muss dies bei der Prüfung der Leistungskondiktion im Verhältnis zwischen A und C geklärt werden. Der Angewiesene B kann nicht direkt bei C kondizieren. Im Deckungsverhältnis sind etwaige Mängel aus dem Valutaverhältnis (zwischen A und C) unbeachtlich.

In der Praxis kommt es immer wieder vor, dass der Mangel im Deckungsverhältnis liegt, z. B. wenn die Überweisung **überhaupt nicht oder nicht in zurechenbarer Weise** von dem Anweisenden veranlasst worden ist. Der Begriff Anweisung ist nicht im technischen Sinne (§§ 783 ff. BGB) zu verstehen. Aus bereicherungsrechtlicher Sicht kommt es nur darauf an, ob der Kontoinhaber die Bank zur Ausführung der Überweisung ermächtigt hat. Im Gesetz wird hier heute von einer „Autorisierung" des Zahlungsvorgangs gesprochen (§ 675j BGB). Diese Ermächtigung stellt eine einseitige Weisung nach §§ 675c, 665 BGB dar; die Konstruktion eines eigenständigen Überweisungsvertrages (§§ 676a ff. BGB a. F.) ist nach Inkrafttreten des – auf EU-Recht beruhenden – neuen Rechts der Zahlungsdienste (§§ 675c ff. BGB) nicht mehr erforderlich. Es stellt sich die Frage, ob auch in diesen Fällen nur eine Kondiktion über das Dreieck (B gegen A, A gegen C) oder im Wege der Durchgriffskondiktion (B gegen C) möglich ist. Die bisherige Formel, nach der in derjenigen Leistungsbeziehung zu kondizieren ist, in der ein Fehler aufgetreten ist, versagt hier deshalb, weil die Leistungsbeziehungen durch den Leistungszweck bestimmt werden. Hat A überhaupt **keine wirksame Leistungsbestimmung** vorgenommen, z. B. bei Vorliegen einer gefälschten Anweisung, eines nicht unterzeichneten Schecks, einer versehentlich doppelt oder über einen zu hohen Betrag ausgeführten Überweisung, bei Geschäftsunfähigkeit des Kontoinhabers bei Erteilung der Anweisung oder bei Vornahme durch einen vollmachtlosen Vertreter, dann ist weder im Valuta- noch im Deckungsverhältnis eine Leistungsbeziehung entstanden, die Grundlage eines Anspruchs aus Leistungskondiktion sein könnte. Ein Bereicherungsausgleich findet daher mangels Schutzwürdigkeit des Zuwendungsempfängers **direkt zwischen B und C** nach § 812 Abs. 1 S. 1 Alt. 1 BGB statt (**Direktkondiktion**).[91] Bei sonstigen Mängeln der Anweisung kommt dagegen eine Direktkondiktion nur in Betracht, sofern der Zahlungsempfänger den Mangel gekannt hat oder kennen musste.[92]

---

[91] *Looschelders*, SchuldR BT, § 55, Rn. 1151 ff.

[92] *Medicus/Petersen*, BR, Rn. 676.

Kann die Zahlung der Bank dem **Kontoinhaber (Anweisender) zugerech-net** werden, erscheint der Anweisende weniger schutzwürdig als der gutgläubige Zahlungsempfänger. Diesem müssen daher seine Einwendungen gegenüber dem Kontoinhaber A erhalten bleiben. Wichtigste Beispiele für sonstige Mängel der An-weisung sind der Widerruf einer Überweisung oder eines Dauerauftrags oder das nachträgliche Sperren eines Schecks. In diesen Fällen kommt eine Direktkondiktion nicht in Betracht. Die Bank kann sich auch nach dem neuen Zahlungsdiensterecht nicht direkt an den Empfänger halten.[93]

---

**Beispiel**

Mieter B hat der C-Bank einen Dauerauftrag für die Überweisung seiner Miete von monatlich 600 € an den Vermieter A erteilt. Später kommt es zwischen den Parteien wegen angeblicher Mängel der Mietsache zu Streitigkeiten. B widerruft nach § 675j Abs. 2 S. 2 BGB den Dauerauftrag, ohne A davon zu unterrich-ten. Aufgrund eines Versehens der C-Bank wird die nächste Überweisung an A gleichwohl in unveränderter Höhe ausgeführt. Könnte C ein Rückzahlungsan-spruch gegen A auf 500 € aus § 812 Abs. 1 S. 1 Alt. 2 BGB zustehen?

Problematisch erscheint, dass die Rückabwicklung fehlgeschlagener Über-weisungen grundsätzlich in den jeweiligen Leistungsverhältnissen zu erfolgen hat. Eine Ausnahme könnte hier eingreifen, weil B den Dauerauftrag vor Aus-führung der letzten Überweisung wirksam widerrufen hat. Auf der anderen Seite ist jedoch zu beachten, dass B mit der Erteilung des Dauerauftrags einen zure-chenbaren Rechtsschein geschaffen hat. Da A hierauf vertrauen durfte, liegt aus seiner Sicht eine Leistung des B vor. Ein Anspruch des B gegen A aus Nichtleis-tungskondiktion scheidet damit aus. Es stellt sich die Frage, welche Ansprüche B gegen C hat. Aufgrund des Widerrufs des Dauerauftrags war die Überweisung an A nicht mehr von B autorisiert (§ 675j Abs. 2 S. 2 BGB). Nach § 675u BGB steht C damit kein Anspruch auf Aufwendungsersatz gegen B zu. Soweit B die Miete geschuldet hat, wurde er durch die Überweisung von seiner Verbindlich-keit gegenüber A aus § 535 Abs. 2 BGB befreit. Im Übrigen steht ihm wegen etwaiger Mängel ein Rückzahlungsanspruch gegen A aus § 812 Abs. 1 S. 1 Alt. 1 BGB zu. Die damit verbundene Bereicherung des B ist ohne Rechtsgrund ein-getreten und kann von C nach § 812 Abs. 1 S. 1 Alt. 2 BGB, 818 Abs. 2 BGB kondiziert werden.[94]

---

Bei Doppelmängeln erfolgt die Rückabwicklung ebenfalls in den jeweiligen Leis-tungsverhältnissen.

Neben den Anweisungsfällen gibt es noch weitere Fallkonstellationen, insbe-sondere den Vertrag zugunsten Dritter und die Abtretungsfälle. Zur Bestimmung

---

[93] *Looschelders*, SchuldR BT, § 55, Rn. 1154a zum Meinungsstand.

[94] *Looschelders*, SchuldR BT, § 55, Rn. 1154a; nach seiner Ansicht folgt auch aus § 675z S. 1 BGB keine andere Beurteilung, weil danach nur bereicherungsrechtliche Ansprüche des B gegen C gesperrt wären.

der relevanten Leistungsbeziehungen bedarf es hier vor allem einer wertenden Betrachtung unter Berücksichtigung der genannten Kriterien.

### Abtretungsfälle und der Vertrag zugunsten Dritter

Beim **Vertrag zugunsten Dritter** hilft der Leistungsbegriff nicht weiter, weil der Schuldner mit der Lieferung an den Dritten im Allgemeinen seine Pflichten sowohl gegenüber dem Versprechensempfänger (§ 335 BGB) als auch gegenüber dem Dritten (§ 328 Abs. 1 BGB) erfüllen will. Nach den allgemeinen Regeln hat die Rückabwicklung auch bei Verträgen zugunsten Dritter in den jeweiligen Leistungsverhältnissen stattzufinden. Bei **Mängeln des Deckungsverhältnisses** muss der Versprechende sich also an den Versprechungsempfänger halten. Hat der Versprechensempfänger dem Dritten das Leistungsobjekt im Deckungsverhältnis unentgeltlich zugewendet, so kann dem Versprechenden aber nach § 822 BGB analog eine Durchgriffskondiktion gegen den Dritten zustehen.

Umstritten ist schließlich die bereicherungsrechtliche Rückabwicklung bei der **Abtretung**, wenn die Leistung des Schuldners auf eine in Wahrheit **nicht bestehende Forderung** erfolgt, die von dem Scheingläubiger an einen Dritten abgetreten worden ist. Leistet der „Schuldner" an den Dritten, ist fraglich, ob er das Geleistete von diesem (Zessionar) oder vom Scheingläubiger (Zedenten) zurückfordern kann.

---

> **Beispiel**
>
> A versichert sein Bürogebäude gegen Brand bei der Versicherung V. Das Gebäude brennt ab. A tritt seinen Anspruch gegen V an D ab. V zahlt an D. Später stellt sich heraus, dass A den Brand selbst gelegt hat, um die Versicherungssumme zu kassieren (vgl. § 81 VVG).

Rspr. und Lehre gehen davon aus, dass der vermeintliche Schuldner sich grundsätzlich nicht unmittelbar an den Dritten halten kann, sondern im Wege der **Leistungskondiktion gegen den Zedenten** vorgehen muss. Dahinter steht die Erwägung, dass der Fall nicht anders behandelt werden sollte, als wenn der „Schuldner" die Leistung an den Scheingläubiger erbracht und dieser sie an den Dritten weitergegeben hätte.[95] Außerdem wird darauf verwiesen, dass die Rückabwicklung wegen eines Mangels im Verhältnis zwischen dem vermeintlichen Schuldner und dem Zedenten notwendig sei.

### 5.3.5.3   Konkurrenz von Leistungs- und Nichtleistungskondiktion

Bei den folgenden Fallkonstellationen geht es um die Frage, inwieweit vom Grundsatz des Vorrangs der Leistungskondiktion gegenüber der Eingriffskondiktion in Mehrpersonenverhältnissen abzuweichen ist. Die maßgeblichen Wertungen lassen sich hier aus den sachenrechtlichen Regeln über den gutgläubigen Erwerb entnehmen (Abb. 5.5).

---

[95] BGHZ 105, 365, 368; *Looschelders*, SchuldR BT, § 55, Rn. 1158 ff.; *Brox/Walker*, SchuldR BT, § 40, Rn. 16.

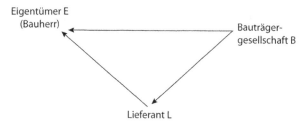

**Abb. 5.5** Elektrogeräte-Fall

---

**Beispiel**

Der beklagte Bauherr E beauftragte die Bauträgergesellschaft B mit der Herstellung der elektrischen Anlage einschließlich der Lieferung elektrischer Geräte. B bestellte die benötigten Elektroherde und Warmwasserspeicher bei der klagenden Lieferfirma L. L wollte (aufgrund finanzieller Probleme der B) den Vertrag mit E schließen und sandte ihm daraufhin eine Auftragsbestätigung über die zu liefernden Elektroherde und Warmwasserspeicher. E schickte diese zurück mit der Mitteilung, L möge sich an B halten, da er nur mit dieser einen Vertrag habe. L antwortete nicht und lieferte die Geräte trotzdem an E, wo sie von einem Monteur der B in Empfang genommen und quittiert wurden. Er hat sie auch noch eingebaut und angeschlossen. B wird – wie L vorausgesehen hat – insolvent.[96] Hat L einen Anspruch gegen E aus Leistungskondiktion?

Im „Elektrogeräte"-Fall kommt zunächst eine Leistungskondiktion nach § 812 Abs. 1 S. 1 Alt. 1 BGB in Betracht. E hat durch den Einbau nach §§ 946, 94 BGB Eigentum an den Elektrogeräten und Warmwasserspeichern erlangt. Fraglich ist, ob E das Eigentum durch eine Leistung des L erlangt hat. L hatte die Geräte auf die Baustelle geliefert. Also müsste doch eine Leistung vorliegen. Jedoch fehlt es an einer zweckgerichteten Vermögensmehrung. L wollte den Zweck erreichen, den (ihrer Annahme nach) geschlossenen Vertrag mit E zu erfüllen. Aber für E sah das anders aus. Für E bestand der Vertrag mit B. L war aus seiner Sicht nur als Hilfsperson tätig, die ihm gegenüber keine eigenen Zwecke verfolgt. Fallen die Vorstellung der Parteien über die Zweckrichtung der Leistung auseinander, so kommt es nach h. M. nicht auf den subjektiven Willen des Leistenden an, sondern auf eine objektive Betrachtung aus **Sicht eines objektiven Empfängers**. Die Anknüpfung an den objektiven Empfängerhorizont rechtfertigt sich daraus, dass die Zweckbestimmung eine Willenserklärung oder jedenfalls eine rechtsgeschäftsähnliche Handlung darstellt, für die die Regeln über die Auslegung von Willenserklärungen entsprechend gelten.

Als **Zwischenergebnis**: ist festzuhalten, dass L gegen E keinen Anspruch aus § 812 Abs. 1 S. 1 Alt. 1 BGB hat. Ein Anspruch des L gegen E aus §§ 951, 812

---

[96] BGHZ 40, 272 – „Elektrogeräte-Fall"; ebenso BGHZ 36, 30 – „Idealheim-Fall"; vgl. auch BGHZ 56, 228; *Looschelders*, SchuldR BT, § 55, Rn. 1161 ff.

Abs. 1 S. 1 Alt. 2 BGB wegen Eingriffskondiktion scheitert daran, dass eine Eingriffskondiktion nicht greift, wenn über den gleichen Bereicherungsgegenstand bereits ein Leistungsverhältnis vorliegt. Aus Sicht des E liegt in der Lieferung eine Leistung des B vor, die im Rahmen eines wirksamen Kaufvertrages mit diesem erfolgt ist. Dieser darf nicht wieder ausgerissen werden. Deshalb darf auch ein Dritter keine Eingriffskondiktion haben. L muss sich also an B wenden, gegen die ihr auch ein Ausgleichsanspruch zusteht. Im **Ergebnis**: hat L gegen E keinen Anspruch aus §§ 951, 812 Abs. 1 S. 1 Alt. 2 BGB.

Es geht im „Elektrogeräte-Fall" um eine richtige Zuordnung des Insolvenzrisikos. E wollte nur mit B einen Vertrag schließen und konnte einem Insolvenzrisiko dadurch begegnen, dass er Zahlungen erst nach Durchführung entsprechender Bauarbeiten leistet. Wer **Leistender** ist, ist nach dem **objektiven Empfängerhorizont** zu bestimmen. L hätte erkennen müssen, dass E nicht Vertragspartner sein will. Würde E einem direkten Anspruch des L ausgesetzt sein, bestünde für ihn ansonsten das Risiko einer doppelten Zahlung, wenn er an B gezahlt hätte. Der Fehler ist bei L passiert. L hingegen kann regelmäßig eine Klärung der Frage zugemutet werden, ob er mit B oder E in vertraglichen Beziehungen steht. Deshalb darf ein Dritter keine Eingriffskondiktion haben. L soll sich daher an seinen Vertragspartner halten. Es gilt der **Vorrang der Leistungskondiktion**. Dies ergibt sich aus dem Grundsatz, dass der Gläubiger, der es nur mit einem Schuldner zu tun haben will, nicht mit Problemen aus Drittbeziehungen belastet werden soll, die dieser Schuldner zwecks Erfüllung seiner Verbindlichkeit eingeht. *Walker*[97] meint, dass E dann nicht schutzwürdig ist, wenn er noch nicht an B gezahlt hat. Es kommt auch darauf an, ob derjenige, den der Empfänger als Leistenden ansieht, den Rechtsschein zurechenbar veranlasst hat.

Vergleichbare Probleme treten auf, wenn der Eigentumserwerb des möglichen Bereicherungsschuldners nach § 950 BGB durch Verarbeitung einer fremden Sache erfolgt. Repräsentativ ist hier der Jungbullen-Fall.

---

**Beispiel**

E ist Eigentümer eines Jungbullen. D stiehlt diesen und verkauft ihn an den gutgläubigen F für 500 €. Dieser verarbeitet das Tier zu Dosenfutter. Da D nicht auffindbar ist, verlangt E von F Wertersatz i. H. v. 500 €. Zu Recht? Hier kann E im Wege der Nichtleistungskondiktion Wertersatz von F nach §§ 951 Abs. 1, 812 Abs. 1 S. 1 Alt. 2 BGB verlangen. Es besteht kein vorrangiges Leistungsverhältnis zwischen D und F.[98]

---

Der Unterschied zum Elektrogeräte-Fall besteht hier darin, dass man den Eigentumserwerb nicht mehr einer Leistungshandlung zuordnen kann. Der Eigentumserwerb beruht auf eigenem Verhalten, nämlich der Verarbeitung (§ 950 BGB). Es fehlt gerade an einer Leistung durch D. Hier ist zur Lösungsfindung eine Orientierung an

---

[97] *Brox/Walker*, SchuldR BT, § 40, Rn. 22.
[98] BGHZ 55, 176 – Jungbullen-Fall.

den §§ 932 ff. BGB erforderlich. Es ist im Wege der **sachenrechtlichen Parallelwertung** zu prüfen, ob der Erwerber anderenfalls, wenn es nicht nach den §§ 946 ff. BGB entschieden würde, gutgläubig hätte Eigentum erwerben können. Der BGH hat dies unter Hinweis auf § 935 BGB verneint. D konnte F nur den Besitz, nicht aber das Eigentum an den Bullen verschaffen. Dies zeigt, dass der Subsidiaritätsgrundsatz auch in den Verarbeitungsfällen nicht weiterhilft. Der Eigentumserwerb nach § 950 BGB ist also nur dann kondiktionsfest, wenn rechtsgeschäftlich ein gutgläubiger Erwerb nach §§ 932 ff. BGB (ohne den gesetzlichen Eigentumserwerb nach den §§ 946 ff. BGB) möglich gewesen wäre. Nach der gesetzlichen Wertzuordnung soll der Erwerber das Eigentum und den darin verkörperten Wert gerade nicht erlangen. Die §§ 946 ff. BGB lassen ihn zwar Eigentümer werden, stellen aber, wie § 951 BGB zeigt, keine endgültige Wertzuordnung dar. Im Ergebnis greift im Jungbullen-Fall der Vorrang der Leistungskondiktion ausnahmsweise nicht, weil er mit den vorrangigen Wertungskriterien der §§ 932 ff. BGB kollidiert.

## 5.4 Unerlaubte Handlungen

### 5.4.1 Grundlagen

Im Deliktsrecht geht es im Gegensatz zum vorhergehend behandelten Bereicherungsrecht nicht um die Beseitigung einer Vermögensvermehrung, sondern um die Wiedergutmachung eines Schadens. Die Pflicht zur Schadensersatzleistung wird ausgelöst, wenn unerlaubte Eingriffe in einen fremden Rechtskreis unter den Voraussetzungen der §§ 823 ff. BGB oder einiger Sondertatbestände (z. B. § 18 StVG) erfolgen. Die §§ 823 bis 853 BGB stehen unter dem Titel **„Unerlaubte Handlungen"**.[99] Diese Regelungen setzen kein bestehendes Schuldverhältnis voraus. Vielmehr begründen sie ein solches, wenn einer der genannten Tatbestände erfüllt ist. Ein Anspruch auf Schadensausgleich kann sich auch aus dem **Vertragsrecht** ergeben. In einem Lebenssachverhalt können daher gesetzliche mit vertraglichen Schuldverhältnissen zusammentreffen.

> **Beispiel**
>
> Ein Taxifahrer verursacht schuldhaft einen Unfall, bei dem der Fahrgast verletzt wird. Der Taxifahrer haftet aus dem Beförderungsvertrag, weil er vertraglich übernommen hat, seinen Fahrgast unverletzt an das Ziel zu bringen. Er haftet aber auch aus Delikt, da der Vertrag ihn nicht von der allgemeinen, jedermann treffenden Pflicht befreit, den Körper einer anderen Person nicht zu verletzen.

Die Schutzzwecke sind allerdings verschieden. Das Vertragsrecht begründet grundsätzlich nur eine Haftung zwischen den Vertragspartnern. Die Vertragsparteien können den Inhalt der Rechte und Pflichten selbst bestimmen. Das Deliktsrecht schützt

---

[99] Auch „Deliktsrecht"; lat.: delictum = Vergehen, Verstoß.

jedermann gegen jedermann (Grundsatz: *neminem laedere*). Der Zweck des Deliktsrechts ist es also, unabhängig von rechtlichen Sonderverbindungen Ersatz für Schäden zu gewähren, die jemand durch einen widerrechtlichen Eingriff in seine Rechtsgüter erleidet.

Zwischen den Ansprüchen aus Vertrag und denen aus unerlaubter Handlung besteht eine **Anspruchskonkurrenz**, d. h. die Ansprüche bestehen selbstständig nebeneinander, ohne dass der eine Anspruch vom anderen verdrängt wird.[100] Unterschiede zwischen Vertragsrecht und Deliktsrecht zeigen sich u. a. bei der Haftung für Gehilfen (§§ 278, 831, 31 BGB), beim Haftungsmaßstab (§§ 521, 599, 680, 690 BGB), bei der Beweislast und bei Schadensersatzansprüchen (z. B. § 280 Abs. 1 S. 2 BGB) oder bei der Verjährung (§ 214 Abs. 1 BGB; § 199 BGB).

Das Haftungsrecht wird durch ein **umfassendes System kollektiver Sicherungen** überlagert. Häufig genießt der Schädiger **Haftpflichtversicherungsschutz**. Der Geschädigte hat sich gegen Schadensereignisse gesichert (z. B. Krankenversicherung). Das Haftungsrecht des BGB beschäftigt sich ausschließlich mit der Beziehung zwischen Schädiger und Geschädigten. Durch bestehenden Versicherungsschutz des Geschädigten wird das Deliktsrecht grundsätzlich nicht berührt. Vom **Grundsatz** her folgt die Versicherung der Haftung (Trennungsprinzip). In der Praxis ist die Frage des Bestehens von Versicherungsschutz von herausragender Bedeutung. Das Haftpflicht- und Sachversicherungsrecht ist für die anwaltliche und richterliche Tätigkeit von größter Wichtigkeit.

Das Deliktsrecht besteht aus **drei Grundtatbeständen**. § 823 Abs. 1 BGB, § 823 Abs. 2 BGB und § 826 BGB regeln die Haftung bei eigenem Verschulden. Daneben gibt es noch eine Reihe von **Sondertatbeständen**, von denen beispielhaft nur die Kreditgefährdung (§ 824 BGB) und die Geschäftsherrenhaftung (§ 831 BGB) und die Haftung des Aufsichtspflichten (§ 832 BGB) zu nennen sind (letztere mit Vermutung des eigenen Verschuldens). Von unerlaubten Handlungen spricht man auch in den Fällen der sog. **Gefährdungshaftung**. Die Tatbestände der Gefährdungshaftung begründen eine Ersatzpflicht für solche Schäden, die durch eine zwar erlaubte, aber für andere gefährliche Betätigung oder Anlage verursacht werden (z. B. Betrieb eines Kraftfahrzeugs, Halten eines Luxustieres, Betreiben eines Kernkraftwerks). Ein Verschulden braucht nicht vorzuliegen.

Das deutsche Deliktsrecht ist – im Gegensatz zum französischen Recht – dadurch gekennzeichnet, dass es keine Generalklausel enthält, nach der derjenige, der einem anderen widerrechtlich und schuldhaft einen Schaden zufügt, ersatzpflichtig ist. Der Gesetzgeber hat vielmehr einzelne Deliktsrechttatbestände geschaffen, um eventuellen Unsicherheiten in der Rechtsanwendung vorzubeugen.[101]

### 5.4.2 § 823 Abs. 1 BGB

Der wichtigste Grundtatbestand ist § 823 Abs. 1 BGB. Die Besonderheit des § 823 Abs. 1 BGB liegt darin, dass die geschützten Rechtsgüter zunächst enumerativ

---

[100] *Brox/Walker*, SchuldR BT, § 44, Rn. 1.
[101] *Jacoby/von Hinden*, § 823 BGB, Rn. 1.

aufgezählt sind und mittels eines generalklauselartigen Begriffs („sonstiges Recht")
erweitert werden.

### 5.4.2.1 Rechtsgut- und Rechtsverletzung

§ 823 Abs. 1 BGB setzt das Vorliegen einer **Rechtsgutverletzung** voraus. Abschließend aufgezählt sind vier Rechtsgüter (Leben, Körper, Gesundheit und Freiheit),
deren Verletzung eine Schadensersatzpflicht herbeiführen kann.

#### Leben, Körper, Gesundheit und Freiheit

Das Rechtsgut **Leben** wird durch eine Tötung oder durch eine Körperverletzung
mit Todesfolge verletzt. Als Ersatzberechtigter kommt der Getötete selbst nicht infrage, so dass nur bestimmte mittelbar Geschädigte (§§ 844 bis 846 BGB) Ersatz-
ansprüche geltend machen können.

---

> **Beispiel**
>
> Die alleinerziehende Mutter M wird bei einem durch einen Fahrfehler des F fahr-
> lässig verursachten Auffahrunfall so schwer verletzt, dass sie wenige Tage später
> ihren Verletzungen erliegt. M hinterlässt eine 15-jährige Tochter T. T fragt, wel-
> che Ansprüche sie gegen F erheben kann.
>
> In Betracht kommt zunächst ein Anspruch der T aus übergegangenem Recht
> nach §§ 1922 Abs. 1, 823 Abs. 1, 249 Abs. 2, 253 Abs. 2 BGB. T könnte die bis
> zum Tod der M entstandenen Behandlungskosten und evtl. ein Schmerzensgeld
> verlangen. Ein eigener Anspruch der T gegen S richtet sich nach § 844 Abs. 1
> und 2 BGB auf Ersatz der Bestattungskosten und des Unterhaltsschadens; § 823
> Abs. 1 BGB scheidet als Anspruchsgrundlage aus, da sie selbst keine Rechts-
> bzw. Rechtsgutverletzung erlitten hat.

Eine **Körperverletzung** ist jeder äußere Eingriff in die körperliche Unversehrt-
heit eines Menschen, z. B. ein Faustschlag ins Gesicht, aber auch jeder ärztliche
Eingriff. Eine **Gesundheitsverletzung** betrifft die Verursachung einer Krankheit
im Sinne eines Hervorrufens oder einer Steigerung eines von der normalen körperlichen Funktion nachteilig abweichenden Zustandes, wobei unerheblich ist, ob
Schmerzzustände auftreten oder bereits eine tiefgreifende Veränderung der Be-
findlichkeit eingetreten ist.[102] Zur **Verletzung der Gesundheit** zählen Eingriffe,
die zu einer Störung der inneren Lebensvorgänge führen, z. B. Ansteckungen mit
Geschlechtskrankheiten oder die Übertragung des HIV-Virus, und zwar auch dann,
wenn es noch nicht zum Ausbruch der Immunschwächekrankheit AIDS gekommen
ist.[103] Zwischen einer Körperverletzung und einer Verletzung der Gesundheit kann
es Überschneidungen geben. Eine genaue Abgrenzung zwischen einer Körper- oder
Gesundheitsverletzung erübrigt sich jedoch, da keine unterschiedlichen Rechtsfolgen hieraus hergeleitet werden. Zu beachten ist, dass auch ein **ärztlicher Heilein-
griff** tatbestandsmäßig eine Körperverletzung darstellt, auch wenn dieser nur zu

---

[102] *Wandt*, § 16, Rn. 4.
[103] BGHZ 114, 284.

Heilzwecken erfolgt. Jedoch entfällt die Rechtswidrigkeit, wenn der Eingriff von einer wirksamen Einwilligung oder einer berechtigten GoA, z. B. Behandlung eines Bewusstlosen, gedeckt ist.[104]

§ 823 Abs. 1 BGB schützt nicht nur den geborenen Menschen. Auch Schädigungen der **Leibesfrucht** können Ansprüche aus § 823 Abs. 1 BGB begründen, wenn das Kind später mit einer entsprechenden Behinderung geboren wird. Der Grund besteht darin, dass die Leibesfrucht und das später geborene Kind identische Wesen sind. Eine Haftung kann selbst dann in Betracht kommen, wenn das Kind bei Vornahme der Verletzungshandlung noch nicht einmal gezeugt war.[105]

Die **Verletzung der Freiheit** bedeutet eine Entziehung der körperlichen Bewegungsfreiheit (wie bei der Freiheitsberaubung i. S. d. § 239 StGB), insbesondere Einschließen einer Person, Wegnahme der Kleider eines Badenden oder die Veranlassung einer (nicht berechtigten) Festnahme. Nicht geschützt wird nach h. M. die Entschließungsfreiheit oder die allgemeine wirtschaftliche Entfaltungsfreiheit.

### Eigentum

Zusätzlich ist in § 823 Abs. 1 BGB auch das absolute Recht Eigentum geschützt. Der Inhalt des Eigentums wird in § 903 S. 1 BGB dahingehend umschrieben, dass der Eigentümer mit der Sache nach Belieben verfahren und andere von der Einwirkung ausschließen kann. Das Eigentum ist also das **umfassendste Herrschaftsrecht an einer Sache**. Es ist ein **absolutes**, d. h. gegenüber jedermann wirkendes **Recht**. Verfassungsrechtlich wird der Schutz durch Art. 14 GG gewährleistet. Eine Eigentumsverletzung kann in unterschiedlichen Formen in Betracht kommen.

Liegt ein Eigentümer-Besitzer-Verhältnis vor, so ist bei Eigentumsverletzungen zunächst zu prüfen, ob die Spezialvorschriften der §§ 989 ff. BGB die Anwendung des § 823 BGB ausschließen (§ 992 BGB).

Denkbar sind zunächst Handlungen des Schädigers, die zu einem **rechtlichen Verlust** des Eigentums führen, z. B. wenn ein Nichtberechtigter, etwa als Mieter oder Entleiher, die ihm nicht gehörende Sache an einen gutgläubigen Dritten veräußert. In Betracht kommt weiterhin eine **Verletzung durch Sachentziehung** (z. B. durch Diebstahl, Unterschlagung)[106] oder durch **Eingriff in die Sachsubstanz** (z. B. Zerstören, Beschädigen, Verunstalten einer Sache). Umstritten ist, ob eine Eigentumsverletzung auch dann vorliegt, wenn eine mangelhafte Kaufsache geliefert wird und der Mangel später zur Zerstörung der Sache führt.

---

**Beispiel**

K erwirbt im Autohaus V einen Neuwagen. Aufgrund eines Defektes bewegt sich der Gaszug nicht einwandfrei; nach Betätigung des Gashebels rutscht dieser

---

[104] *Looschelders*, SchuldR BT, § 58, Rn. 1202 ff.

[105] BGHZ 8, 243 – „Lues"-Fall; *Medicus/Lorenz*, SchuldR II, Rn. 1275; *Looschelders*, SchuldR BT, § 58, Rn. 1204; vgl. zu diesem Problemkreis: Schädigung des Kindes im Mutterleib (BGHZ 58, 48), Kind als (Unterhalts-) Schaden (BGHZ 124, 128); Krankes Leben („wrongful life" – BGHZ 86, 240).

[106] Palandt/*Sprau*, § 823 BGB, Rn. 7 ff.

nicht immer in die Ausgangsstellung zurück. Der Wagen beschleunigt wegen des defekten Gaszuges, obwohl der Fuß vom Gaspedal genommen wird. K verursacht deshalb einen Unfall. K verlangt vom Hersteller des Pkw Schadensersatz nach § 823 Abs. 1 BGB.[107]

Grundsätzlich begründet der **Mangel** an einer Sache als solches **keine Eigentumsverletzung** i. S. d. § 823 Abs. 1 BGB, da der Käufer niemals mangelfreies Eigentum erworben hat und § 823 Abs. 1 BGB das Äquivalenzinteresse nicht schützt. Es bestehen dann nur vertragsrechtliche Ansprüche. Der BGH stellt darauf ab, ob der ursprünglich vorhandene Mangel mit dem später hervorgetretenen Schaden „stoffgleich" sei. **Stoffgleichheit** liegt vor, wenn der Mangel die Sache von vornherein derart ergreift, dass sie von Anfang an insgesamt wertlos ist. Stoffgleichheit fehlt, wenn der Mangel zunächst einem mehr oder weniger abgrenzbaren Einzelteil anhaftet. In diesem Fall sind stoffgleich nur solche Schäden, welche die Funktionsfähigkeit des Gaszugs betreffen. Hier machte der Mangel am Gaszug das Fahrzeug, das betriebsfähig war und blieb, nicht von Anfang an wertlos. Die vom Gaszug ausgehenden Unfallgefahren hätten vermieden werden können, wenn der Defekt rechtzeitig erkannt und behoben worden wäre. Im Unfallschaden hat sich also nicht der durch die Mangelhaftigkeit der Gaszuganlage dem Kfz von Anfang an anhaftende Minderwert manifestiert. Die weiteren Schäden waren damit nicht stoffgleich mit dem Unwert, welcher der Kaufsache von Anfang an anhaftete. Man kann also sagen, dass der defekte Gaszug durch Versagen einen **weiterfressenden Schaden** verursachte. Der BGH hat im Gaszug-Fall – ebenso wie in dem grundlegenden „Schwimmerschalter-Fall" – eine **Eigentumsverletzung angenommen**.[108]

**Beispiel**

Das Versagen eines kleinen Teils der gekauften Maschine (eines „Schwimmerschalters") führte zu erheblichen weiteren Schäden. Der BGH hat hier eine Eigentumsverletzung angenommen und den Hersteller (= Verkäufer) nach den Grundsätzen zur Produzentenhaftung zum Ersatz des entstandenen Schadens verurteilt.[109]

Eine Eigentumsverletzung kann auch in einer **Gebrauchsbeeinträchtigung** liegen. Es kann allerdings nicht jede vorübergehende Beeinträchtigung des Gebrauchs einer Sache, die weder mit einer Substanzverletzung noch mit einer Besitzentziehung verbunden ist, eine Eigentumsverletzung begründen. Schwierig ist daher die Abgrenzung, wann eine solche vorliegt oder eine – nicht durch § 823 Abs. 1 BGB – geschützte Vermögensbeeinträchtigung.

---

[107] BGHZ 86, 256 – „Gaszug-Fall".
[108] Hierzu *Looschelders*, SchuldR BT, § 8, Rn. 181 ff.; § 58, Rn. 1258 ff.; vgl. bereits auch 4.2.9.
[109] BGHZ 67, 359 – „Schwimmerschalter-Fall".

**Beispiel**

Reeder R hat sich gegenüber Mühlenbetreiber M zur Durchführung von Transporten verpflichtet. Die Mühle befindet sich an einem im Eigentum der Bundesrepublik Deutschland (D) stehenden Fleet (Seitenkanal), das sie mit einem Hafen verbindet. Durch den partiellen Einsturz einer baufälligen Ufermauer wird die Verbindung zwischen Mühle und Hafen für längere Zeit unterbrochen. Dadurch kann das Transportschiff des Reeders R, das gerade an der Mühle liegt, das Fleet für ca. 8 Monate nicht mehr verlassen, während seine drei anderen Schiffe die Mühle nicht mehr anlaufen können. R verlangt von D Schadensersatz wegen schuldhafter Verletzung der Unterhaltungspflicht, insbesondere Verdienstausfall hinsichtlich des eingesperrten und der ausgesperrten Schiffe. Zu Recht?

Nach der Rspr. des BGH[110] liegt eine Eigentumsverletzung nur hinsichtlich des eingeschlossenen Schiffes, nicht hinsichtlich der ausgeschlossenen Schiffe vor. Diese Unterscheidung ist gerechtfertigt, da es zum Schutzbereich des Eigentums an einem Schiff gehört, dass das Schiff überhaupt fahren kann, nicht aber, dass das Schiff für ganz bestimmte Transporte einsetzbar ist.[111] Die ausgesperrten Schiffe seien nach Ansicht des BGH in ihrer Eigenschaft als Transportmittel gerade nicht betroffen und damit ihrem natürlichen Gebrauch nicht entzogen. Die Durchführbarkeit konkreter Transporte gehört nicht zum Inhalt des Eigentums.

**Sonstige Rechte**

Sonstige Rechte i. S. d. § 823 I BGB sind nur **dem Eigentum vergleichbare**, also **absolute Rechte** (Ausschluss- und Zuweisungsfunktion), z. B. beschränkt dingliche Rechte (Pfandrecht, Grundpfandrechte), dingliche Anwartschaftsrechte, berechtigter Besitz (z. B. als Mieter), gewerbliche Schutzrechte (z. B. Patent- Marken- oder Designrecht), das allgemeines Persönlichkeitsrecht und das Recht am eingerichteten und ausgeübten Gewerbebetrieb. Forderungen und das Vermögen stellen nach h. M. keine sonstigen Rechte i. S. d. § 823 Abs. 1 BGB dar.

Als sonstiges Recht wird auch das von der Rspr. im Wege der Rechtsfortbildung in den 50er-Jahren entwickelte **allgemeine Persönlichkeitsrecht** angesehen. Das allgemeine Persönlichkeitsrecht wird aus Art. 1 GG und Art. 2 Abs. 1 GG abgeleitet und ist als sonstiges Recht i. S. d. § 823 Abs. 1 BGB anerkannt. Es ist ein Recht des Einzelnen auf Achtung seiner Menschenwürde und auf Entfaltung seiner Persönlichkeit. Das allgemeine Persönlichkeitsrecht ist Auffangtatbestand und soll Lücken schließen, die das positive Recht beim Schutz des Persönlichkeitsrechts lässt. Es kann nur zur Anwendung kommen, wenn der betroffene Teil des Persönlichkeitsrechts nicht durch andere Vorschriften geregelt bzw. geschützt ist (z. B. §§ 22 ff. KunsturheberG; § 12 BGB). Entwickelt wurde es mit der **Leserbrief-Entscheidung**[112] unter Bezugnahme auf Art. 1, 2 Abs. 1 GG mit der Begründung, dass die vorhandenen Regelungen zum Schutz der Persönlichkeit, insbesondere der Ehre,

---

[110] BGHZ 55, 153 – „Fleet-Fall“.

[111] *Brox/Walker*, SchuldR BT, § 45, Rn. 7.

[112] BGHZ 13, 334, 338 – Leserbrief-Entscheidung.

nicht ausreichend seien. Zwar wird die Persönlichkeit durch einzelne Vorschriften geschützt, wie z. B. durch das Namensrecht gem. § 12 BGB oder das Recht am eigenen Bild nach § 22 KUrhG. Andererseits wird die Ehre des Einzelnen nicht durch explizite gesetzliche Regelungen geschützt. So ist etwa die Ehre in § 823 Abs. 1 BGB nicht ausdrücklich genannt. Ehrverletzungen können zwar unter den Schutz des § 823 Abs. 2 BGB fallen (§ 823 Abs. 2 BGB i. V. m. §§ 185 ff. StGB). Allerdings setzen diese Strafvorschriften vorsätzliches Handeln voraus.

Die erwähnten Schutzbestimmungen waren nicht ausreichend, um die durch den technischen Fortschritt (Tonbandgeräte, Spezialkameras, Abhöranlagen) möglichen Schädigungen abzudecken. Die Rspr. hätte in diesem Fall nun eine Reihe von Einzeltatbeständen entwickeln können. Der BGH ist aber den umgekehrten Weg gegangen und hat mit der Anerkennung des allgemeinen Persönlichkeitsrechts als sonstiges Recht eine Generalklausel entwickelt, die allerdings einer Konkretisierung bedarf.[113] Eine Verletzung des allgemeinen Persönlichkeitsrechts kommt nach der Rspr. insbesondere bei folgenden Fallgruppen in Betracht. So hat der BGH eine Verletzung des allgemeinen Persönlichkeitsrechts bei **Ehrverletzungen** und verfälschender Darstellung des Lebens- oder Charakterbildes anerkannt.

---

**Beispiel**

In einer Reportage der Illustrierten Stern wurde eine Berliner Fernsehansagerin dahingehend gekennzeichnet, sie passe „in ein zweitklassiges Tingeltangel auf der Reeperbahn", sie sehe aus „wie eine ausgemolkene Ziege" und bei ihrem Anblick werde den Zuschauern „die Milch sauer". Aufgrund dieser gravierenden Ehrverletzung wurde ihr wegen Verletzung des „allgemeinen Persönlichkeitsrechts" eine Entschädigung in Höhe von 5000 € zugesprochen.[114]

---

Weiterhin wird eine Verletzung anerkannt bei der **Weitergabe von Angelegenheiten aus fremder Privatsphäre**, z. B. durch Veröffentlichung von Privatbriefen oder Tagebuchaufzeichnungen[115] oder unbefugter Veröffentlichung des für ein Biologiebuch vorgesehenen Nacktfotos im Fernsehen.[116] Zu nennen ist auch das Recht am eigenen (gesprochenen oder geschriebenen) Wort. Erst recht unzulässig ist die Veröffentlichung erfundener Interviews, auch wenn der Inhalt selbst nicht ehrverletzend ist.

---

**Beispiel**

Die Klägerin, Caroline von Monaco, klagt gegen einen Verlag, der Zeitschriften herausgibt. In einer dieser Zeitschriften wird ein angebliches Interview mit der Klägerin schon auf der Titelseite groß angekündigt und dann im Text veröffentlicht („Exklusiv – Caroline spricht zum ersten Mal – Von Traurigkeit, Hass auf dieser Welt, Glückssuche"). Dieses Interview ist frei erfunden. Der BGH hat der

---

[113] *Brox/Walker*, SchuldR BT, § 44, Rn. 21 ff.
[114] BGHZ 39, 124, 127 – „Die Fernsehansagerin".
[115] BGHZ 13, 334; 15, 249.
[116] BHG, NJW 1985, 1617.

Klägerin deswegen und wegen einiger anderer Entgleisungen der Beklagten ein Schmerzensgeld von mindestens 50.000 € zuerkannt.[117]

Darüber hinaus können auch Diskriminierungen auf Grund der Rasse oder des Geschlechts und Mobbing am Arbeitsplatz Ansprüche wegen Persönlichkeitsverletzung auslösen.

Eine weitere Fallgruppe betrifft das **Eindringen in die Privatsphäre.** Beispiele hierfür sind heimliche Bildaufnahmen im privaten Bereich, der nicht auf den häuslichen Bereich beschränkt ist, das unbefugte Öffnen fremder Post oder Gesprächsaufnahmen ohne Zustimmung. Sonstige Beeinträchtigungen der Privatsphäre sind etwa die Telefon-, Telefax- und E-Mail-Werbung im privaten Bereich oder die Briefkastenwerbung trotz des Hinweises „Werbung – Nein Danke". In der Diskussion steht zurzeit die Frage nach dem „Schutz Prominenter gegenüber der Presse", d. h. unter welchen Voraussetzungen die Veröffentlichung heimlich geschossener Bilder (Paparazzi-Fotos) Prominenter zulässig ist.[118]

Das allgemeine Persönlichkeitsrecht ist – ebenso wie das Recht am eingerichteten und ausgeübten Gewerbebetrieb – ein **offener Tatbestand,** weil sein Schutzbereich nicht absolut feststeht. Seine Grenzen lassen sich nur schwer bestimmen (daher Fallgruppen zur Orientierung). Nach Art. 2 Abs. 1 GG wird es nämlich durch die verfassungsgemäße Ordnung einschließlich der Rechte anderer beschränkt, z. B. durch Art. 5 GG (Kunstfreiheit, Pressefreiheit). Der Grundsatz, dass eine Rechtsgutverletzung die Rechtswidrigkeit indiziert, ist deshalb nicht möglich. Ob eine Verletzung des allgemeinen Persönlichkeitsrecht vorliegt, ist nur durch eine **umfassende Güter- und Interessenabwägung** im Einzelfall festzustellen, wodurch gleichzeitig auch über die Rechtswidrigkeit des Eingriffs entschieden wird; Tatbestand und Rechtswidrigkeit fallen daher zusammen.

**Rechtsfolge** ist ein Anspruch auf Beseitigung und Unterlassung, z. B. auf Widerruf einer ehrverletzenden Äußerung (§ 1004 BGB), auf Ersatz des immateriellen Schadens (Schmerzensgeld), wenn eine andere Form des Schadensausgleichs (Widerruf, Gegendarstellung) aufgrund der Schwere der Beeinträchtigung nicht ausreicht (§ 823 Abs. 1 BGB i. V. m. Art. 1 Abs. 1, 2 Abs. 1 GG; nicht § 253 Abs. 2 BGB analog). Der Umfang des materiellen Schadens bestimmt sich nach § 249 BGB.

---

**Beispiele**

1. In der **Caterina Valente**-Entscheidung[119] hatte der Hersteller eines Haftmittels für künstliche Zähne den Namen einer bekannten Künstlerin ohne deren Zustimmung in einer Werbeanzeige benutzt.
2. Im sog. **Herrenreiter**-Fall[120] ging es um die Verwendung des Bildes eines dem Reitsport zugetanen Kaufhausbesitzers zu Werbezwecken für ein Potenz-

---

[117] BGHZ 128, 1.

[118] Anschaulich *Looschelders,* SchuldR BT, § 59, Rn. 1240 ff.

[119] BGHZ 30, 7, 12 ff.

[120] BGHZ 26, 349.

stärkungsmittel. Der BGH hat dem Betroffenen neben einem Unterlassungsanspruch auch ein Schmerzensgeld zugesprochen.

Zu den sonstigen Rechten i. S. d. Vorschrift zählt auch das **Recht am eingerichteten und ausgeübten Gewerbebetrieb**. Es bezweckt den Schutz des Unternehmers
in seinem gesamten gewerblichen Tätigkeitsbereich. Die Rspr. hat dieses Recht als
sonstiges Recht anerkannt, weil der Unternehmer durch das Gesetz nicht ausreichend geschützt wird. Erfolgt nämlich die schädigende Handlung nicht zu Wett-
bewerbszwecken, dann findet der Schutz des Wettbewerbsrechts, insbesondere das
UWG (= Gesetz gegen den unlauteren Wettbewerb), keine Anwendung. Sofern
auch keine kredit- oder erwerbsgefährdende Handlung vorliegt, scheidet auch ein
Anspruch gem. § 824 BGB aus; § 826 BGB findet letztlich auch nur Anwendung,
wenn es sich um eine vorsätzliche und sittenwidrige Schädigung handelt. Durch die
Anerkennung des eingerichteten und ausgeübten Gewerbebetriebes als sonstiges
Recht können auch fahrlässige Schädigungen erfasst werden.[121] Allerdings handelt
es sich auch hier um eine generalklauselartige Regelung, die nur unter bestimmten
Voraussetzungen einen Schadensersatzanspruch gewährt.

Das Recht am eingerichteten und ausgeübten Gewerbebetrieb wird als **Auffangtatbestand** aufgefasst. Zunächst darf es keine andere Rechtsgrundlage für einen
Schadensersatzanspruch geben (z. B. § 824 BGB). Voraussetzung ist das Vorliegen
eines eingerichteten und ausgeübten Gewerbebetriebs (Gewerbe, Freiberufler), ein
unmittelbarer betriebsbezogener Eingriff, an die sich – wegen der Unbestimmtheit
des Tatbestands – eine umfassende Güter- und Interessenabwägung anzuschließen
hat Ein **„betriebsbezogener Eingriff"** wurde von der Rspr. bejaht im Falle von
unberechtigten Schutzrechtsverwarnungen[122], durch gewerbeschädigende herab-
setzende Urteile[123], Betriebsblockaden[124], physischer Behinderung, rechtswidrigen
Streiks[125] oder bei der Veröffentlichung unrichtiger Warentests.[126] Bei Betriebsblockaden muss im Rahmen der Interessen- und Güterabwägung Art. 8 GG (Versamm-
lungsfreiheit) beachtet werden. Bei der Beurteilung von Streiks wird die Koalitions-
freiheit relevant.[127]

---

[121] *Brox/Walker*, SchuldR BT, § 45, Rn. 15 ff.

[122] BGHZ 38, 200, 205.

[123] BGHZ 65, 325 – „Schlechtes Testergebnis": Der BGH verneinte eine Verletzung im Falle einer
seriösen Testveröffentlichung von Stiftung Warentest zu Skibindungen mit Hinweis auf schlechte
Ergebnisse eines bestimmten Herstellers; zur Begründung wurde ausgeführt, dass zwar ein be-
triebsbezogener Eingriff vorliege, der aber nicht rechtswidrig sei aufgrund des durch Art. 5 Abs. 1
GG geschützten Grundrechts auf freie Meinungsäußerung im Gegensatz zur Berufsfreiheit nach
Art. 12 Abs. 1 GG.

[124] BGHZ 59, 30.

[125] BGHZ 69, 128 – Bummelstreik der Fluglotsen im Jahr 1973.

[126] BGH, NJW 1966, 2010.

[127] *Looschelders*, SchuldR BT, § 60, Rn. 1253.

**Keine Verletzung** des Rechts am eingerichteten und ausgeübten Gewerbetrieb liegt vor bei einer nur mittelbaren Beeinträchtigung, d. h. wenn auch andere Personen mit betroffen sein können, z. B. bei der Beschädigung eines Stromkabels oder der Störung eines Telefonanschlusses.[128]

---

**Beispiel**

Bauunternehmer B beschädigt bei Erdarbeiten infolge von Fahrlässigkeit ein Stromkabel. Dies hat zur Folge, dass der Unternehmer U seine Maschinen für 6 h nicht nutzen kann. Der Produktionsausfall verursacht einen Schaden in Höhe von 25.000 €. In der Geflügelzucht des G fallen für die gleiche Zeit die Brutapparate aus. Infolgedessen verderben 3600 Eier, aus denen sonst Küken geschlüpft wären; der Schaden beläuft sich auf 1800 €. Nach Ansicht des BGH können U und der Geflügelzüchter dagegen nicht Ersatz wegen des Produktionsausfalls verlangen, da eine Eigentumsverletzung nicht in Betracht kommt. Die Anbindung an das Stromnetz wird vom Zuweisungsgehalt des Eigentums nicht erfasst. G kann jedoch Schadensersatz wegen der verdorbenen Eier nach § 823 Abs. 1 BGB wegen Eigentumsverletzung verlangen. Ein Eingriff in den eingerichteten und ausgeübten Gewerbebetrieb ist denkbar, scheidet allerdings in beiden Fällen aus, da es **kein betriebsbezogener Eingriff** gewesen ist.[129]

---

Nicht geschützt durch § 823 Abs. 1 BGB wird das **Vermögen**. Geschützt wird dieses nur insoweit, als es in seinen konkreten Ausgestaltungen als absolutes Recht in Erscheinung tritt. So fällt z. B. eine Forderungsverletzung nicht unter den Schutzbereich des § 823 Abs. 1 BGB. Anderenfalls würde das auch zu einer Ausuferung des deliktischen Rechtsschutzes führen und jede Vertragsverletzung würde dann zugleich den Tatbestand einer unerlaubten Handlung erfüllen. Das Vermögen als solches wird allerdings unter den Voraussetzungen des § 823 Abs. 2 BGB geschützt, wenn ein Schutzgesetz i. S. d. Vorschrift verletzt wurde (z. B. Betrug gem. § 263 StGB) oder durch das „Recht des eingerichteten und ausgeübten Gewerbebetriebs".

### 5.4.2.2  Verletzungshandlung/Unterlassen

Es muss weiterhin eine **Verletzungshandlung** vorliegen. Dem Anspruchsgegner wird die Verletzung eines Rechtsguts oder eines Rechts nur zugerechnet, wenn sie auf seinem Handeln beruht. Unter einer Handlung ist dabei jede willensbestimmte Tätigkeit zu verstehen. Keine Handlung sind bloße Reflexe oder Bewegungen in Hypnose oder Bewegungen, die auf Grund eines physischen Zwangs erfolgen.[130] Diese sog. absoluten Rechte können nicht nur durch eine Verletzungshandlung geschädigt werden, sondern auch durch ein **Unterlassen**. Allerdings kann nicht jedes Unterlassen dem positiven Tun gleichgestellt werden. Das ergibt sich aus dem Grundsatz, dass niemand Hüter fremder Rechte ist. Eine Gleichstellung erfolgt daher nur dann, wenn dem Nichthandelnden eine Rechtspflicht zum Handeln bzw.

---

[128] Palandt/*Sprau*, § 823 BGB, Rn. 20, 126 ff. m. w. N.

[129] BGHZ 29, 65; 41, 123.

[130] Jauernig/*Teichmann*, § 823 BGB, Rn. 20.

zur Erfolgsabwendung trifft. Eine Rechtspflicht zur Erfolgsabwendung besteht im Falle einer sog. **Garantenstellung**. Eine **Schutzpflicht** kann sich aus Gesetz, z. B. etwa aus § 1353 Abs. 1 S. 2 BGB (Ehegatten); § 1626 Abs. 1 BGB (Eltern), §§ 1, 2 LebenspartG (Lebenspartner) oder aus Vertrag (z. B. Bergführer, Kinderbetreuung) ergeben. Wo diese fehlen, haben Rspr. und Lehre die Kategorie von **Verkehrssicherungspflichten** bzw. **Verkehrspflichten** entwickelt. Eine Kategorie betrifft die Verkehrssicherungspflicht, die auf der **Herrschaft über eine Gefahrenquelle** beruht. Danach hat derjenige, der eine Gefahrenquelle schafft oder unterhält, die Pflicht, alle notwendigen oder zumutbaren Vorkehrungen zu treffen, um Schäden anderer zu vermeiden. Verkehrssicherungspflichtig sind insofern der Betreiber einer Baustelle, der Anwohner eines eisglatten Weges (z. B. besteht grundsätzlich eine Streupflicht bei Glatteis oder Schneefall), der Vermieter für Durchgänge, Treppenhäuser, Geschäftsräume oder der Betreiber von Spiel- und Sportstätten. **Inhalt und Umfang** lassen sich nicht generell bestimmen, sondern sind im Einzelfall unter Berücksichtigung der Zumutbarkeit von Schutzmaßnahmen und den Erwartungen der Verkehrsteilnehmer zu bestimmen.

In der **zweiten Kategorie** beruht die Verkehrssicherungspflicht auf einem **vorangegangenem gefährlichen Tun**, der sog. **Ingerenz**. Hier wird von der Rspr. eine Verpflichtung desjenigen angenommen, der durch sein Tun eine Gefahrenquelle geschaffen hat. Dieser muss dafür Sorge tragen, dass Dritte keinen Schaden erleiden, unabhängig davon, ob er die Gefahrenquelle beherrscht. Es geht hier z. B. um die Absicherung baulicher Anlagen, so dass etwa Kinder nicht zu Schaden kommen.[131]

In der dritten Kategorie geht es um das **Ausüben einer gefährlichen Tätigkeit**. Hierzu zählen die Produzentenhaftung[132] oder die Haftung von Konzertveranstaltern (Lärmschutz für Kunden; keine Schädigung) oder die Haftung des Reiseveranstalters für die Sicherheit der Hoteleinrichtungen.[133]

Die Erfüllung der Verkehrssicherungspflicht kann auf andere übertragen werden, z. B. die Übertragung der Streupflicht des Hauseigentümers auf die Mieter.

Durch die Übertragung der Pflicht wird der Verkehrssicherungspflichtige in seiner Haftung nicht frei. Vielmehr wandelt sich die Verkehrssicherungspflicht in eine **Aufsichtspflicht** um.[134] Die Verletzung der Aufsichtspflicht begründet dann eine eigene Haftung aus § 823 Abs. 1 BGB und nicht aus § 831 Abs. 1 BGB.

### 5.4.2.3 Haftungsbegründende Kausalität

Erforderlich ist ein haftungsbegründender Kausalzusammenhang zwischen der Handlung bzw. dem pflichtwidrigen Unterlassen und der eingetretenen Rechtsgutverletzung.

---

[131] BGH, NJW 1968, 1182 – Natronlauge in Bierflasche; *Looschelders*, SchuldR BT, § 57, Rn. 1181 ff.

[132] Vgl. hierzu unter 5.4.9.3 im Folgenden.

[133] BGHZ 103, 298 – Sturz des Hotelgastes vom Balkon, als sich das Holzgeländer der Balkonbrüstung gelöst hatte; der BGH sah eine Verkehrssicherungspflicht des Reiseveranstalters, die Leistungsträger nicht nur zu sorgfältig auszuwählen, sondern auch zu überwachen.

[134] BGH, NJW 1976, 46.

**Beispiele**

1. Fallen durch Fahrlässigkeit des Dachdeckers Ziegel vom Dach und stürzt zur gleichen Zeit ein Passant direkt vor dem Haus wegen Glatteis und bricht sich ein Bein, fehlt es hier eindeutig an einem Zusammenhang zwischen der Handlung des Dachdeckers und der Verletzung des Passanten. Die **haftungsbegründende Kausalität** ist im Rahmen des Tatbestandes zu prüfen. Die **haftungsausfüllende Kausalität** (Zusammenhang zwischen eingetretenem ersten Verletzungserfolg und dem Schaden) ist dagegen erst im Zusammenhang mit der Rechtsfolge (zu ersetzender Schaden) zu erörtern. Im Rahmen der Anspruchsprüfung ist daher eine **doppelte Kausalitätsprüfung** erforderlich.

2. S fügt dem G eine schwere Rippenprellung durch einen gezielten Boxschlag zu. G entstehen Heilungskosten. Außerdem kann er die Konzertkarte für das Konzert, das er an diesem Abend besuchen wollte, nicht benutzen. Die haftungsbegründende Kausalität meint den Zusammenhang zwischen Boxschlag und dem ersten Verletzungserfolg (Rippenprellung). Im Rahmen der haftungsausfüllenden Kausalität ist der Zusammenhang zwischen der Körperverletzung und den Heilbehandlungskosten sowie der verfallenen Konzertkarte zu untersuchen.

Ausgangspunkt der Zurechnung ist, dass das fragliche Verhalten äquivalent kausal (**Äquivalenztheorie**) gewesen ist. Danach ist jeder Umstand äquivalent kausal, der nicht hinweggedacht werden kann, ohne dass der Erfolg entfiele (*„condicio sine qua non"*-Formel).[135] Für ein Unterlassen wird diese Formel entsprechend umgestellt. Ein Unterlassen ist danach ursächlich, wenn die unterlassene Handlung nicht hinzugedacht werden kann, ohne dass der Erfolg mit an Sicherheit grenzender Wahrscheinlichkeit entfiele.[136] Die Äquivalenztheorie begründet allerdings noch keine ausreichende Zurechnungsschranke, denn nach ihr sind auch die abwegigsten Kausalverläufe noch ursächlich für den Erfolg (z. B. die Erfindung des Verbrennungsmotors für spätere Verkehrsunfälle).

Die Rspr. grenzt die zurechenbaren Schadensursachen zunächst durch das Erfordernis der Adäquanz ein (**Adäquanztheorie**). Adäquat kausal ist ein Verhalten, das im allgemeinen und nicht nur unter besonders eigenartigen, unwahrscheinlichen und nach dem gewöhnlichen Verlauf der Dinge außer Betracht zu lassenden Umständen geeignet ist, einen Erfolg der eingetretenen Art herbeizuführen. Nach der Rspr. sind bei der wertenden Betrachtung alle zurzeit der Schädigung dem optimalen Beobachter erkennbare Umstände sowie die dem Schädiger darüber hinaus bekannte Umstände zu berücksichtigen.[137] So wurde von der Rspr. als adäquat kausal angesehen, wenn sich das Verkehrsunfallopfer im Krankenhaus eine schwere Lungenentzündung zuzieht.

---

[135] *Jacoby/von Hinden*, § 823 BGB, Rn. 20 m. w. N.
[136] *Brox/Walker*, SchuldR BT, § 45, Rn. 28.
[137] BGHZ 3, 261 – Schleusenverklemmung.

Die Adäquanztheorie kann jedoch allein nicht immer, insbesondere wenn man auf einen „optimalen Beobachter" abstellt, zu annehmbaren Ergebnissen führen. Die h. M. bedient sich hierzu der **Lehre vom Schutzzweck** (Schutzbereich) **der Norm.** Entscheidend ist, ob die vom Schädiger verletzte Pflicht gerade die Verhinderung des eingetreten Verletzungserfolgs bzw. des weiteren Schadens erfasst. Daran fehlt es, wenn die Rechtsgutverletzung bzw. der Schaden nicht mehr eine spezifische Auswirkung der Gefahren ist, für welche die geltend gemachte Vorschrift schadlos halten will. Die Schutzzwecklehre ist vor allem bei der haftungsausfüllenden Kausalität von Bedeutung.

---

**Beispiel**

Gegenstand der Entscheidung war ein Verkehrsunfall. Hier hatte der Unfallverursacher die Vorfahrt missachtet (§ 8 StVO), aber den Geschädigten vor der Polizei als Unfallverursacher dargestellt, der daraufhin als Folge der wörtlichen oder tätlichen Beleidigung einen Schlaganfall erlitt. Adäquanz ist zu bejahen, da bei Bluthochdruck der Schadenseintritt nicht ganz unwahrscheinlich bzw. ungewöhnlich ist. Es fehlt jedoch der Schutzzweckzusammenhang zwischen Fahrfehler und Gesundheitsverletzung, weil diese Art von Schädigung nicht vom Schutzzweck der straßenverkehrsrechtlichen Haftungsnorm gedeckt sei; § 8 StVO will nur Gesundheitsschäden verhindern, die mit dem Unfallrisiken im Verkehr in einem engen Zusammenhang stehen.[138]

---

Problematisch sind vor allem die **Schockschäden**, die Schädigungen durch den Geschädigten selbst im Falle der „Herausforderung" („**Verfolgerfälle**") sowie die Rechts(gut)verletzung und Schadensverursachung durch Dritte („**Grünstreifen-Fälle**").[139] Auch hier muss unter Heranziehung der Schutzzwecklehre nach zusätzlichen Kriterien gesucht werden, mit deren Hilfe die Zurechnung des Verletzungserfolgs zu einem bestimmten Handeln begrenzt werden kann.

---

**Beispiel**

Polizist P will den 17-jährigen A zur Verbüßung eines Jugendarrestes in der Wohnung der Eltern festnehmen. A flüchtet durch das Toilettenfenster. Polizist P, der die Örtlichkeit nicht kennt, springt dem A nach. Er stürzte in einen Schacht und verletzte sich so erheblich, dass er mehrere Monate dienstunfähig war. Das Land B als Dienstherr nimmt den A wegen der fort gezahlten Dienstbezüge aus kraft Gesetzes übergegangenem Recht in Anspruch. Der BGH hat eine Verantwortlichkeit der flüchtenden Täter dann bejaht, wenn es sich um Rechtsgutverletzungen handelt, die durch das gesteigerte Verfolgungsrisiko (z. B. Sturz auf steiler Bahnhofstreppe) und nicht etwa auf das allgemeine Lebensrisiko (z. B. Zerrung infolge besonderer Anfälligkeit) zurückzuführen sind.[140]

---

[138] BGHZ 107, 359 – Schlaganfall nach Unfall durch Erregung.

[139] Hierzu *Jacoby/von Hinden*, § 823 BGB, Rn. 20; zu den Sonderfällen *Wandt*, § 16, Rn. 141 ff.

[140] BGHZ 57, 25 ff.; *Wandt*, § 16, Rn. 147 m. w. N.

## 5.4.2.4 Rechtswidrigkeit

Ein Schadensersatzanspruch aus § 823 Abs. 1 BGB setzt stets Rechtswidrigkeit voraus. Umstritten ist, worauf sich das Unwerturteil bezieht: auf den eingetretenen Erfolg (Rechtsgutverletzung) oder auf die ursächliche Handlung des Schädigers. Die h. M. geht davon aus, dass eine Verletzung der Rechte aus § 823 Abs. 1 BGB grundsätzlich **widerrechtlich** ist.[141] Die Rechtswidrigkeit bedarf dann keiner besonderen Prüfung mehr, da die Rechtswidrigkeit durch den tatbestandsmäßigen Erfolg indiziert sei. Das Tatbestandsmerkmal „widerrechtlich" bedeutet danach, dass eine Rechtswidrigkeit nur dann nicht vorliegt, wenn nicht ein **Rechtfertigungsgrund** eingreift.[142]

Rechtfertigungsgründe können zum einen auf einem **Gesetz** beruhen.

---

**Beispiele**

Notwehr (§ 227 BGB), Verteidigungsnotstand (§ 228 BGB), Angriffsnotstand (§ 904 BGB), Selbsthilfe (§ 229 BGB); vorläufiges Festnahmerecht (§ 127 StPO), Wahrnehmung berechtigter Interessen bei Ehrverletzungen (§ 193 StGB) oder sonstige öffentlich-rechtliche Eingriffsrechte, vor allem im Polizeirecht oder im Bereich der Zwangsvollstreckung.

---

Als Rechtfertigungsgrund ist darüber hinaus auch die **Einwilligung** des Verletzten zu nennen. Dazu ist eine hinreichende Einsichtsfähigkeit des Verletzten in die Tragweite seiner Einwilligung notwendig. Diese Einsichtsfähigkeit des Verletzten ist von der Geschäftsfähigkeit zu unterscheiden. Schwierig zu beurteilen ist die Behandlung von Verletzungen, die im Rahmen eines sportlichen Wettkampfes, z. B. eines Fußballspiels, auftreten. Hier könnte man argumentieren, dass eine Einwilligung solche Verletzungen umfasst, die durch das regelgerechte Verhalten verursacht worden sind, nicht jedoch solche, die durch grobe Regelverstöße verursacht worden sind. Besondere praktische Bedeutung kommt der Einwilligung bei ärztlichen Eingriffen zu, die tatbestandsmäßig eine Körperverletzung darstellen. Neben einer Einwilligungsfähigkeit ist erforderlich, dass diese in Kenntnis aller relevanten Umstände erteilt wird. Der Arzt muss in diesen Fällen beweisen, dass eine wirksame Einwilligung vorliegt. Die Einwilligung muss vor dem Eingriff erklärt worden sein. Das bedeutet, dass der Arzt über die mit dem Eingriff verbundenen Risiken aufgeklärt haben muss. Inwieweit eine ausreichende Aufklärung stattgefunden hat und für welche Eingriffe eine Einwilligung abgegeben wurde, ist häufig Gegenstand in Arzthaftungsprozessen. Ist eine Einwilligung (z. B. wegen Abwesenheit oder Bewusstlosigkeit) nicht zu erlangen, so kann die **mutmaßliche Einwilligung** (vgl. §§ 677 ff. BGB) Rechtfertigungsgrund sein. Die deliktische Haftung eines Arztes tritt dabei neben die vertragliche Haftung wegen Verletzung der Pflichten aus dem Behandlungsvertrag (§§ 630a ff. BGB).

---

[141] Palandt/*Sprau*, § 823 BGB, Rn. 24.

[142] *Brox/Walker*, SchuldR BT, § 45, Rn. 47 – Lehre vom „Erfolgsunrecht", ders. Rn. 48 zur neueren Lehre vom „Handlungsunrecht".

Diese Regel, dass die Tatbestandsmäßigkeit die Rechtswidrigkeit indiziert, passt nicht für die sog. Rahmenrechte, d. h. das allgemeine Persönlichkeitsrecht und das Recht am eingerichteten und ausgeübten Gewerbebetrieb. Aufgrund ihrer weiten Fassung kann die Rechtswidrigkeit erst im Einzelfall durch Gegenüberstellung der jeweiligen Interessen ermitteln werden.

### 5.4.2.5   Verschulden

Ist der objektive Tatbestand des § 823 Abs. 1 BGB erfüllt und liegt auch eine Rechtswidrigkeit vor, muss noch ein **Verschulden** des Täters gegeben sein, wenn dem Geschädigten ein Schadensersatzanspruch nach dieser Vorschrift zustehen soll. Als Formen des Verschuldens verlangt § 823 Abs. 1 BGB **Vorsatz** und **Fahrlässigkeit** i. S. v. § 276 BGB. Das Verschulden muss sich auf den objektiven Tatbestand beziehen, also auf den Verletzungserfolg und die Verletzungshandlung einschließlich der haftungsbegründenden Kausalität. Auf den Schaden und die haftungsausfüllende Kausalität muss sich das Verschulden allerdings nicht beziehen. **Vorsatz** bedeutet Wissen und Wollen des Erfolgs und Bewusstsein der Rechtswidrigkeit. In bestimmten Fällen ist die Haftung auf Vorsatz und **grobe Fahrlässigkeit** beschränkt, z. B. beim Schenker (§ 521 BGB), Verleiher (§ 599 BGB) oder beim Geschäftsführer bei einer GoA im Falle der Gefahrabwehr (§ 680 BGB). **Fahrlässig** handelt, wer die im Verkehr erforderliche Sorgfalt außer Acht lässt (§ 276 Abs. 2 BGB).[143] Es gilt ein objektivierter Fahrlässigkeitsmaßstab, d. h. wenn der Schuldner diejenige Sorgfalt außer Acht gelassen hat, die von einem Angehörigen dieser Berufsgruppe in der jeweiligen Situation üblicherweise erwartet wird.

---

> **Beispiel**
>
> Ein in der Facharztausbildung befindlicher Assistenzarzt A hat eine Operation übernommen, zu der er fachlich noch nicht qualifiziert ist. Der Patient wird infolge eines Operationsfehlers geschädigt. A haftet aus § 823 Abs. 1 BGB, wenn die Übernahme der Operation ein vorwerfbares Fehlverhalten darstellt. Maßstab sind seine Kenntnisse, nicht die eines erfahrenen Kollegen; möglicherweise kommt eine Haftung des Chefarztes bei mangelnder Überprüfung des Assistenzarztes in Betracht (§ 823 Abs. 1 BGB).

Ein Verschulden setzt weiterhin voraus, dass der Täter deliktsfähig ist. Die **Deliktsfähigkeit** bestimmt sich nach den §§ 827, 828 BGB. Die Deliktsfähigkeit ist z. B. nach § 828 Abs. 1 BGB nicht gegeben bei Kindern, die nicht das siebente Lebensjahr vollendet haben.

Nach § 828 Abs. 2 BGB ist der Beginn der beschränkten Deliktsfähigkeit im Straßenverkehr auf das zehnte Lebensjahr heraufgesetzt worden. Diese Regelung beruht auf der Erkenntnis, dass Kinder unter 10 Jahren im Straßenverkehr typischerweise überfordert sind, z. B. weil sie Geschwindigkeiten und Entfernungen nicht richtig einschätzen können.

---

[143] *Wandt*, § 16, Rn. 172 m. w. N.

Wer das achtzehnte Lebensjahr noch nicht vollendet hat, ist, sofern seine Verantwortlichkeit nicht nach § 828 Abs. 1 und 2 BGB ausgeschlossen ist, für den Schaden, den er einem anderen zufügt, nicht verantwortlich, wenn er bei Begehung der schädigenden Handlung nicht die zur Erkenntnis der Verantwortlichkeit erforderliche Einsicht hat (§ 828 Abs. 3 BGB). Auch wer nach §§ 827, 828 BGB deliktsunfähig ist, kann Vermögen haben und sich im Verkehr frei bewegen. Daher kann es unbillig erscheinen, dass jemand für einen Schaden, den er anderen zufügt, ohne Haftung davonkommen soll. Diese Lücke wird mit der Billigkeitshaftung nach § 829 BGB geschlossen.

Liegen die vorhergehenden haftungsbegründenden Voraussetzungen vor, ist die Rechtsfolge, dass der entstandene Schaden zu ersetzen ist. Dies beinhaltet zunächst die Frage, dass auf Seiten des Berechtigten ein **ersatzfähiger Schaden** entstanden ist, d. h. es geht um die Frage, um welche Art von Schaden es sich handelt. Hieran schließt die Frage an, ob der Ersatzpflichtige den Schaden zurechenbar verursacht hat. Es geht dabei um die Feststellung des haftungsausfüllenden Kausalzusammenhangs.

### 5.4.2.6 Schaden

Durch die rechtswidrige und schuldhafte Handlung muss weiterhin ein Schaden entstanden sein. Als **Schaden** bezeichnet man jede unfreiwillige Einbuße an materiellen oder immateriellen Gütern, z. B. Gesundheit, Ehre, Eigentum oder Vermögen (**natürlicher Schaden**).[144] Ein **Vermögensschaden** (materieller Schaden) liegt nach der sog. **Differenzhypothese** dann vor, wenn der Wert des Vermögens einer Person durch das schädigende Ereignis geringer ist als der Wert, den es ohne dieses Ereignis hätte (§ 249 Abs. 1 BGB). Der tatsächliche Wert des Vermögens des Geschädigten wird also verglichen mit der Vermögenslage, die bestehen würde, wenn das schädigende Ereignis nicht eingetreten wäre. Auch die Belastung mit einer Verbindlichkeit kann einen Schaden darstellen, und zwar auch bei einem vermögenslosen Schuldner.[145]

Bei der Durchführung des Vergleiches der beiden Vermögenslagen können Zweifel dahingehend auftreten, was alles zum Vermögen des Geschädigten gehört. Angesprochen ist damit die Problematik der entgangenen Gebrauchs- oder Nutzungsvorteile. Die Rspr. berücksichtigt weiterhin den **Gedanken der Kommerzialisierung**.[146] So kann in bestimmten Fällen ein ersatzfähiger Vermögensschaden angenommen werden, wenn die Nutzungsmöglichkeit des betreffenden Gegenstandes einen bestimmten objektiven Marktwert hat, so dass allein bei wertender Betrachtung die ständige Verfügbarkeit der Sache bereits ein entsprechender Vermögensschaden anzunehmen ist, z. B. bei Gebrauchsbeeinträchtigung eines Kfz (auch wenn kein Ersatzfahrzeug genommen wird), bei einem Wohnmobil oder einem Wohnhaus, nicht dagegen bei einem Pelzmantel[147], einem Sportboot[148] oder anderen Luxusgütern.

---

[144] Palandt/*Grüneberg*, Vorbem. § 249 BGB, Rn. 9.

[145] BGH, WM 1986, 266, 268; Palandt/*Grüneberg*, Vorbem. § 249 BGB, Rn. 10.

[146] *Jacoby/von Hinden*, Vorbem. §§ 249–253, Rn. 6.

[147] BGHZ 63, 393.

[148] BGHZ 89, 60.

Der Schadensbegriff umfasst sowohl Vermögens- als auch **Nichtvermögens-schäden** (immaterielle Schäden), wobei jedoch unterschiedliche Grundsätze zu beachten sind. **Immaterielle Schäden** sind nicht in Geld messbare Einbußen, insbesondere Schmerz, Beeinträchtigungen des Wohlbefindens (z. B. körperliche Schmerzen, Schlaflosigkeit, Kummer, Ängste, aber auch der Verlust der Möglichkeit, etwa zu musizieren) oder schwerwiegende Ehrverletzungen. Eine Entschädigung in Geld kann nur verlangt werden, wenn es im Gesetz ausdrücklich bestimmt ist.

Nach der bloßen Differenzberechnung wären verschiedene Schäden jedoch nicht ersatzfähig, die rein rechnerisch keine Vermögenseinbuße bringen, obwohl sie bei wertender (normativer) Betrachtung nicht ohne Ausgleich bleiben können. So erleidet etwa der verletzte Arbeitnehmer keinen Schaden aus seiner Arbeitsunfähigkeit, weil er Ausgleich durch den Lohnfortzahlungsanspruch und die Sozialversicherung erhält. Bei sonstigen Leistungen Dritter (insbesondere Arbeitgeber, gesetzlicher oder privater Krankenversicherungen) liegt somit kein Schaden nach der Differenzmethode vor. Hier muss eine Korrektur des aufgrund der Differenzmethode entwickelten Ergebnisses erfolgen. Es wird aufgrund normativer Betrachtung ein Schaden angenommen, obwohl sich rein rechnerisch kein Nachteil ergibt (**normativer Schaden**), d. h. es wird im Verhältnis zwischen Schädiger und Geschädigten so getan, als ob weder der Arbeitgeber noch die Krankenversicherung Leistungen erbracht hätten. Gesetzlich vorgeschrieben ist eine solche Korrektur in § 843 Abs. 4 BGB und in den Fällen des gesetzlichen Forderungsübergangs (§ 6 EFZG; §§ 116, 117 SGB X, § 86 VVG).

Der Schaden ist grundsätzlich **konkret** zu berechnen. Derjenige, der einen Schaden geltend macht, muss nicht nur die anspruchsbegründenden Tatsachen vortragen, sondern auch konkret den Eintritt der Vermögensminderung und deren Höhe. § 287 ZPO führt zu einer Erleichterung der Darlegungs- und Beweislast, wenn sich die Schadenshöhe nicht exakt berechnen lässt.

Eine abstrakte Schadensberechnung kommt vor allem für Kaufleute in Betracht, da bei ihnen davon auszugehen ist, dass sie ein entgangenes Geschäft jederzeit zu Marktpreisen hätten tätigen können.

Handelt es sich um **Personenschäden**, überlässt der Geschädigte die Sorge für seine Heilung regelmäßig nicht dem Ersatzpflichtigen. Daher kann er nach § 249 Abs. 2 BGB den hierfür erforderlichen Geldbetrag verlangen. Heilungskosten sind allerdings nur dann zu ersetzen, wenn sie tatsächlich angefallen sind; eine fiktive Abrechnung wie bei Sachschäden ist nicht zulässig.

Der Geschädigte kann **zunächst** Wiederherstellung des früheren Zustands (**Naturalrestitution**, § 249 BGB) verlangen. Ist dies nicht möglich, kann er eine Entschädigung fordern (Kompensation, § 251 BGB).

Bei **immateriellen Schäden** kann nach § 253 Abs. 1 BGB nur Naturalrestitution verlangt werden, etwa durch Widerruf einer erfolgten Ehrverletzung. Unter den Voraussetzungen des § 253 Abs. 2 BGB kann auch bei immateriellen Schäden Geldersatz (in Form von Schmerzensgeld) verlangt werden.

**Aufwendungen** sind im Hinblick auf den Erhalt der Leistung erbrachte freiwillige Vermögensopfer. Sie können in bestimmten Fällen einen ersatzfähigen

Vermögensschaden darstellen, wenn sie zur Beseitigung einer konkreten Rechts(gut)verletzung verwendet werden und sich im Rahmen des objektiv Erforderlichen halten oder wenn es sich um frustrierte Aufwendungen handelt (§ 284 BGB).

### 5.4.2.7  Haftungsausfüllende Kausalität

Wurde festgestellt, dass ein ersatzfähiger Schaden vorliegt, geht es nun darum zu prüfen, ob dieser Schaden dem Geschädigten auch zurechenbar ist. Während es bei der haftungsbegründenden Kausalität um die zurechenbare Ursächlichkeit des Handelns für die Rechtsgutverletzung geht, betrifft die Frage nach der **haftungsausfüllenden Kausalität** den Kausalzusammenhang zwischen der Rechtsgutverletzung und dem Schaden. Die haftungsausfüllende Kausalität ist vor allem in den Fällen von Folgeverletzungen problematisch, also bei Verletzungen oder Schäden, die erst infolge der durch den Schädiger verursachten Ersatzverletzung entstehen.

---

**Beispiel**

V wird bei einem von S verschuldeten Verkehrsunfall verletzt und ist vorübergehend bewusstlos. Im Krankenhaus stellt sich heraus, dass die Armbanduhr des V, die einen Wert von ca. 300 € hat, fehlt. Es lässt sich nicht mehr aufklären, ob die Uhr bei dem Unfall oder im Rahmen der Rettungsmaßnahmen verloren ging oder ob die Uhr von einem Sanitäter oder von einem sonstigen Dritten entwendet worden ist. Im Rahmen der Prüfung, ob V gegen S einen Schadensersatzanspruch wegen der Uhr hat, ist bei § 823 Abs. 1 BGB zunächst festzustellen, dass eine Rechtsgutverletzung (Körperverletzung, nicht Eigentumsverletzung wegen Diebstahl der Uhr) mit haftungsbegründender Kausalität vorgelegen hat. Rechtswidrigkeit und Verschulden liegen vor. In Bezug auf den entstandenen Schaden ist allerdings hier konkret nach der entwendeten Uhr gefragt. Zwar liegen jedenfalls nach § 249 Abs. 2 S. 1 BGB auch ersatzfähige Heilbehandlungskosten sowie die Voraussetzungen für ein Schmerzensgeld vor. Der Verlust der Uhr stellt nun einen Schaden dar. Nach § 249 Abs. 1 BGB könnte V entweder eine gleichwertige Uhr oder nach § 249 Abs. 2 BGB den erforderlichen Geldbetrag zur Beschaffung einer gleichwertigen Sache verlangen (hier: 300 €). Geht man davon aus, dass dieselbe Sache nicht wieder beschafft werden kann (also eine Naturalrestitution nicht möglich ist), kann jedenfalls Wertersatz nach § 251 BGB verlangt werden. Die Frage, ob der Diebstahl der Uhr S allerdings zugerechnet werden kann, betrifft die haftungsausfüllende Kausalität.

---

Die haftungsausfüllende Kausalität wird auch nach den Grundsätzen der Adäquanztheorie geprüft, nach der zunächst völlig unwahrscheinliche Kausalverläufe ausscheiden. Von großer Praxisrelevanz ist hier allerdings auch hier die **Lehre vom Schutzzweck der Norm**. Der entstandene Schaden muss also von dem Schutzbereich der Norm erfasst worden sein. Dieser Schutzzweckgedanke wird von der Rspr. im gesamten Deliktsrecht[149] und auch auf die vertragliche Haftung angewen-

---

[149] *Jacoby/von Hinden*, Vor §§ 249 bis 253 BGB, Rn. 15.

det.[150] Regelmäßig lässt z. B. eine besondere Schadensanfälligkeit des Opfers, z. B. als Bluter, die Haftung des Schädigers nicht entfallen. Der Schädiger haftet danach auch für ungewöhnliche Schadensfolgen, da der Schädiger nicht verlangen kann, so gestellt zu werden, als wenn der Geschädigte gesund gewesen wäre. Nur wenn es sich um ganz ungewöhnliche Schadensfolgen handelt, z. B. wenn durch den Tritt auf einen Fuß wegen Arterienschwäche eine Beinamputation erforderlich ist[151] oder eine Gehirnblutung nach einer Beleidigung auftritt, entfällt die Zurechnung.[152] Eine Zurechnung entfällt auch bei der Renten- oder Begehrensneurose. Hier nimmt der Schädigte den Unfall zum Anlass, um den Schwierigkeiten des Erwerbslebens auszuweichen. In Wahrheit steht sein neurotisches Streben nach Sicherheit und Versorgung im Vordergrund.[153]

Im obigen Beispiel blieb ungeklärt, wie die Uhr verloren gegangen ist. Ein bloßer Verlust wäre in jedem Fall zurechenbar gewesen. Fraglich ist dies aber im Falle eines Diebstahls, d. h. einer vorsätzlichen Schädigungen durch Dritte. Während Schädigungen durch Dritte aufgrund von Fahrlässigkeit grundsätzlich zurechenbar sind, ist dies bei vorsätzlichen Schädigungen regelmäßig ausgeschlossen. Ausnahmsweise könnte eine Zurechnung – wie etwa in diesem Beispiel – in Betracht kommen, wenn der Erstschädiger durch sein pflichtwidriges Verhalten die Gefahr einer vorsätzlichen Drittschädigung geschaffen hat.

Im Rahmen der haftungsausfüllenden Kausalität kann sich das Problem der **hypothetischen Kausalität** stellen, wenn ein bestimmter Schaden kurze Zeit später ebenso durch eine andere Ursache („**Reserveursache**") eingetreten ist, z. B. wenn eine eingeworfene Fensterscheibe wenige Stunden später durch die Druckwelle einer nahen Explosion zerstört worden wäre. Nach h. M. schließt das hypothetische Ereignis die Schadenszurechnung nicht aus. Der Erstschädiger haftet daher für den von ihm verursachten Schaden. Der Schadensverlauf ist abgeschlossen. Reserveursachen werden somit nicht berücksichtigt bei unmittelbaren Schäden, können aber (nach Billigkeitsgesichtspunkten) bei Folgeschäden (Nutzungsausfall) Berücksichtigung finden. Bei Personenschäden ist dagegen die Berücksichtigung der Reserveursache allgemein anerkannt.

Die Beachtlichkeit eines rechtmäßigen Alternativverhaltens, d. h. wenn der Schaden auch bei rechtmäßigem bzw. pflichtgemäßem Verhalten eingetreten wäre, hängt vom Schutzzweck der verletzten Norm ab. Regelmäßig führt dieser Einwand zur Minderung der Ersatzpflicht, weil die Haftungsnormen meistens nur die Herbeiführung eines bestimmten rechtswidrigen Erfolges verhindern wollen. So braucht z. B. der vor seinem Arbeitsantritt wieder kündigende Arbeitnehmer nicht die Inseratskosten für die Suche nach einem Nachfolger zu bezahlen. Die verletzte Pflicht zum Arbeitsantritt soll nicht verhindern, dass durch eine fristgemäße oder vertragswidrige Kündigung neue Inseratskosten entstehen.[154]

---

[150] BGHZ 50, 200.
[151] OLG Karlsruhe, VersR 1966, 741.
[152] BGH, NJW 1976, 1143.
[153] BGHZ 137, 142, 151 ff.
[154] BAG, NJW 1984, 2864.

### 5.4.2.8  Art und Umfang des Schadensersatzes

Die §§ 249 bis 253 BGB regeln dabei nicht den Grund, sondern Art, Inhalt und Umfang des Schadensersatzes. Sie beziehen sich auf alle Schadensersatzansprüche innerhalb und außerhalb des BGB, sei es aus Vertrag, unerlaubter Handlung oder Gefährdungshaftung. In dem Rahmen ist auch ein etwaiges Mitverschulden des Geschädigten zu beachten (§ 254 BGB).

Die §§ 249 ff. BGB unterscheiden grundsätzlich zwei Arten des Schadensausgleichs. Nach § 249 Abs. 1 BGB hat der zum Schadensersatz Verpflichtete den Zustand wieder herzustellen, der bestehen würde, wenn der zum Ersatz verpflichtende Umstand nicht eingetreten wäre (**Naturalrestitution**). Damit ist die Herstellung eines wirtschaftlich gleichwertigen Zustands gewollt.[155] Dieser Grundsatz gilt sowohl für Vermögens- als auch für Nichtvermögensschäden.

---

**Beispiele**

Tatsächliche Reparatur der beschädigten Sache, Verschaffung einer gleichwertigen (Gattungs-)Sache; Widerruf einer ehrverletzenden Äußerung.

---

Der Geschädigte kann bei Personen- oder Sachschäden statt der Naturalherstellung sofort den dazu erforderlichen Geldbetrag verlangen. Es handelt sich hier um eine **gesetzliche Ersetzungsbefugnis** nach § 249 Abs. 2 BGB. Diese Möglichkeit wird dem Geschädigten eingeräumt, damit er nicht auf „Herstellungsversuche" des Verpflichteten angewiesen ist und auch keine unnötigen Zeitverzögerungen eintreten. Es kommt hier – anders als bei § 251 BGB – nicht darauf an, was die Sache wert ist, sondern welche Kosten zur Herstellung erforderlich sind, vorausgesetzt, dass die Herstellung möglich ist. Der Geschädigte hat also nach § 249 Abs. 2 BGB die Möglichkeit, den Schaden auf Kosten des Verpflichteten zu beheben. Bei Sachschäden (nicht allerdings bei Personenschäden) steht es dem Geschädigten frei, ob er das erhaltene Geld tatsächlich zur Wiederherstellung verwendet oder nicht. Der Weg über § 249 Abs. 2 BGB ist auch deshalb von größerer praktischer Bedeutung als nach § 249 Abs. 1 BGB, weil der Schadensersatz durch Naturalrestitution häufig mit praktischen Schwierigkeiten verbunden ist. So rechnet z. B. der Geschädigte eines Verkehrsunfalls i. d. R. seinen Schaden auf Basis eines Sachverständigengutachtens ab. Als erstattungsfähige „Herstellungskosten" kommen bei einem Kfz-Unfall insbesondere Reparaturkosten, Mietwagenkosten (oder Nutzungsausfall), Kosten des Gutachtens sowie eine Schadenspauschale in Betracht.

Zu beachten ist, dass vom Geschädigten **Umsatzsteuer** nur dann verlangt werden kann, wenn sie tatsächlich angefallen ist. Lässt der Geschädigte seinen Unfallschaden nicht in einer Fachwerkstatt reparieren, sondern behält er den auf Gutachterbasis abgerechneten und von der Versicherung erstatteten Geldbetrag, kann er die im Falle einer Reparatur angefallene Umsatzsteuer nicht verlangen. Repariert der Geschädigte seinen Wagen selbst, kann er jedoch die für die gekauften Ersatzteile gezahlte Umsatzsteuer abrechnen (§ 249 Abs. 2 S. 2 BGB).

---

[155] RGZ 76, 146 st. Rspr.

In anderen Fällen als der Körperverletzung oder der Sachbeschädigung (§ 249 Abs. 2 BGB) kann der Geschädigte den für die Herstellung erforderlichen Geldbetrag erst verlangen, wenn der Schädiger trotz Fristsetzung mit Ablehnungsandrohung der Naturalherstellung nicht rechtzeitig nachkommt. Wenn die Frist ergebnislos abläuft, hat der Geschädigte nur noch Anspruch auf Geldersatz und nicht mehr auf Naturalrestitution. § 250 BGB erfasst ebenfalls das Integritätsinteresse.

Die Wiederherstellung muss noch möglich sein. Ist die Naturalrestitution nicht möglich (z. B. bei einem technischen Totalschaden eines Kfz) oder ungenügend erbracht, muss der Verpflichtete den Geschädigten von vornherein mit Geld entschädigen (§ 251 Abs. 1 BGB). Das Gesetz löst hier den Interessenstreit zwischen Gläubiger und Schuldner nach Zumutbarkeitsgesichtspunkten. Bei der Entschädigung in Geld gem. § 251 BGB kommt es nicht auf die Kosten der Herstellung an; allein entscheidend ist die Vermögenseinbuße (**Wert- oder Summeninteresse**). Es ist allein die eingetretene Vermögensminderung zu ersetzen. Nur bei einem Vermögensschaden kann eine Entschädigung in Geld verlangt werden. Es ist gesondert zu prüfen, ob der geltend gemachte Schaden einen Vermögensschaden darstellt. Wenn die Herstellung zwar möglich ist, aber den vom Geschädigten erlittenen Schaden nicht voll ausgleicht, ist die Herstellung ungenügend und es kann Geldentschädigung nach § 251 Abs. 1 2. Alt. BGB verlangt werden, z. B. einen merkantilen Minderwert eines technisch einwandfrei reparierten Unfallwagens.

Eine Entschädigung nach § 251 BGB kommt zum Schutz des Schädigers auch dann in Betracht, wenn die Herstellung nur mit unverhältnismäßigem Aufwand (§ 251 Abs. 2 BGB) möglich ist. So ist etwa die Wiederherstellung eines beschädigten Kfz nach der Faustregel der Rspr. unverhältnismäßig, wenn die Reparaturkosten um mehr als 30 % über dem Wiederbeschaffungswert (eines gleichwertigen Fahrzeugs) liegen; in diesen Fällen spricht man von einem „wirtschaftlichen Totalschaden".[156] Allerdings trägt der Schuldner das Prognoserisiko. Stellt sich erst im Verlauf der Reparatur heraus, dass die Wiederherstellung unverhältnismäßige Mittel erfordert, so kann der Geschädigte Ersatz der vollen Reparaturkosten nicht unter Hinweis auf § 251 Abs. 2 BGB ablehnen. Bei Tieren wird die Verhältnismäßigkeit erweitert (§ 251 Abs. 2 BGB).

---

**Beispiel**

Der Kampfhund des S fällt den Mischlingsrüden des G an. G hat ihn für eine Schutzgebühr von 50 € aus dem Tierheim bekommen. Die Tierarztkosten betragen ca. 400 €; gleichwohl ist die Verhältnismäßigkeit bei einem Anspruch des G gegen den S zu bejahen.[157]

---

Nach § 252 S. 1 BGB ist auch der **entgangene Gewinn** zu ersetzen. Zu dem entgangenen Gewinn zählen alle Vermögensvorteile, die im Zeitpunkt des schädigenden Ereignisses noch nicht zum Vermögen des Geschädigten gehörten, die ihm aber

---

[156] *Jacoby/von Hinden*, § 251 BGB, Rn. 3.
[157] LG Baden-Baden, NJW-RR 1999, 609.

ohne dieses Ereignis zugeflossen wären. Da der entgangene Gewinn schwierig zu beweisen ist, gilt nach § 252 S. 2 BGB die Beweiserleichterung, dass der Gewinn als entgangen gilt, der nach dem gewöhnlichen Lauf der Dinge erwartet werden konnte.

Bei **immateriellen Schäden** kann grundsätzlich nur Naturalrestitution verlangt werden, z. B. einen Widerruf einer ehrverletzenden Äußerung. Eine Naturalrestitution ist aber in der Praxis häufig nicht möglich oder nicht ausreichend. Dem Geschädigten steht jedoch nur in den gesetzlich vorgesehenen Fällen ein Entschädigungsanspruch in Geld zu. Voraussetzung ist danach, dass wegen einer Verletzung des Körpers, der Gesundheit, der Freiheit oder der sexuellen Selbstbestimmung Schadensersatz zu leisten ist. Dieses sog. **Schmerzensgeld** als Ersatz eines immateriellen Schadens erfüllt zwei Funktionen. In erster Linie soll es die Einbußen am Wohlbefinden ausgleichen (**Ausgleichsfunktion**). Zudem besitzt es eine **Genugtuungsfunktion**.[158] Die Höhe des zu leistenden Schmerzensgeldes ist nach der Billigkeit festzusetzen. Im Prozess ist sie von den Gerichten nach § 287 ZPO nach freiem Ermessen zu bestimmen.

Für Verletzungen des **allgemeinen Persönlichkeitsrechts** gibt es nur bei schwersten Verletzungen des allgemeinen Persönlichkeitsrechts einen Anspruch auf Geldersatz; dieser Anspruch wird aus Art. 1, 2 GG hergeleitet.[159]

### 5.4.2.9  Mitverschulden

Wenn der Geschädigte selbst daran mitwirkt, dass der Schaden entsteht oder sich vergrößert, kann sich die Schadensersatzpflicht des Schädigers mindern. Die Vorschrift stellt eine Ausprägung des Grundsatzes von Treu und Glauben dar (*„venire contra factum proprium"*). § 254 BGB ist keine eigenständige Anspruchsgrundlage, sondern eine Einwendung gegenüber dem Schadensersatzanspruch. Erforderlich ist die Zurechnungsfähigkeit des Geschädigten. Auch muss das Verhalten des Geschädigten (mit-)ursächlich i. S. d. Äquivalenztheorie sein. § 254 BGB bezeichnet ein Verschulden gegen sich selbst: Es geht um einen Verstoß gegen die Sorgfalt, die jedem Menschen obliegt, um sich vor Schäden zu bewahren. Die quotenmäßige Aufteilung hängt von dem Grad des vorwerfbaren Verstoßes gegen die eigenen Interessen ab; sie ist also vom Einzelfall abhängig. Im Prozess obliegt die Bestimmung dem richterlichen Ermessen (§ 287 ZPO).

*Voraussetzungen des § 823 Abs. 1 BGB im Überblick*

### I. Haftungsbegründender Tatbestand

1. Rechtsgut- und Rechtsverletzung (Leben, Freiheit, Körper, Gesundheit, Eigentum, sonstige Rechte)
2. durch ein Handeln (oder Unterlassen – „Garantenstellung")
3. Haftungsbegründende Kausalität zwischen Verletzungshandlung bzw. pflichtwidrigem Unterlassen und Rechts(gut)verletzung: Äquivalenztheorie (*„conditio sine qua non"*); Einschränkungen der objektiven Zurechnung durch Adäquanztheorie und der Lehre vom Schutzzweck der Norm

---

[158] BGH, NJW 1996, 1147.

[159] *Brox/Walker*, SchuldR BT, § 52, Rn. 7 ff. m. w. N.

4. Rechtswidrigkeit (Rechtswidrigkeit wird indiziert: Lehre vom Erfolgsun-recht; keine Rechtfertigungsgründe; Ausnahme: positive Feststellung der Rechtswidrigkeit bei den sog. Rahmenrechten)
5. Verschulden
   - Verschuldensfähigkeit (§§ 827, 828 BGB)
   - Verschuldensgrad (Vorsatz und jede Art von Fahrlässigkeit, § 276 BGB)

**II. Rechtsfolge – „Haftungsausfüllender Tatbestand"**
1. Schaden (Vermögensschaden, Nichtvermögensschaden)
2. Haftungsausfüllende Kausalität zwischen Rechts(gut)verletzung und Schaden (Äquivalenztheorie; Adäquanztheorie; Lehre vom Schutzzweck der Norm)
3. Schadensausgleich nach den §§ 249 ff. BGB
4. Berücksichtigung eines (evtl.) Mitverschuldens des Geschädigten (§ 254 BGB).

Für Schadensersatzansprüche aus unerlaubter Handlung sind ergänzend die §§ 842 ff. BGB zu beachten. Sämtliche Ansprüche nach den §§ 823 ff. BGB ver-jähren nach den §§ 195, 199 BGB in drei Jahren ab Kenntnis von dem Schaden und der Person des Ersatzpflichtigen.

### 5.4.3   § 823 Abs. 2 BGB

Nach § 823 Abs. 2 ist zum Schadensersatz verpflichtet, wer schuldhaft „gegen ein den Schutz eines anderen bezweckendes Gesetz verstößt". § 823 Abs. 2 BGB stellt eine eigenständige Anspruchsgrundlage dar und kann neben § 823 Abs. 1 BGB und § 826 BGB zur Anwendung kommen (Anspruchskonkurrenz). Mit dieser Norm sollen die Fälle erfasst werden, in denen der Täter kein Rechtsgut oder Recht i. S. d. § 823 Abs. 1 BGB verletzt; angesprochen ist hier insbesondere das Vermögen.

---

**Beispiel**

Ein Betrüger ist nach §§ 823 Abs. 2 BGB i. V. m. § 263 StGB dem Betrogenen gegenüber schadenersatzpflichtig; § 823 Abs. 1 BGB greift in diesem Fall nicht, da das Vermögen kein „sonstiges Recht" ist.

---

Anspruchsvoraussetzung ist, dass ein **Schutzgesetz** verletzt worden ist. Ein Schutz-gesetz ist eine Rechtsnorm, die zumindest auch dazu dienen soll, den Einzelnen oder einzelne Personenkreise gegen die Verletzung des Rechtsguts zu schützen.[160] Ein Schutzgesetz kann jede Rechtsnorm sein, also nicht nur ein Gesetz im formel-len Sinn, sondern auch Verordnungen, öffentlich-rechtliche Satzungen, etc. Die Norm muss „den Schutz eines anderen" d. h. den Schutz des durch den Normver-stoß Betroffenen, bezwecken. Es reicht nicht aus, wenn die Norm nur dem Schutz der Allgemeinheit dient oder der Individualschutz sich objektiv bloß als Reflex

---

[160] BGHZ 12, 146.

des Schutzgesetzes darstellt. Zahlreiche Schutzgesetze enthält das Strafgesetzbuch (StGB), z. B. die Körperverletzungsdelikte gem. §§ 223 ff. StGB, die Eigentumsdelikte nach den §§ 242 ff. StGB und die Vermögensdelikte gem. den §§ 263 ff. StGB; aus dem BGB sind als Beispiele die §§ 906 bis 909 BGB zu nennen.

Die Überprüfung des Verstoßes geschieht dabei nach den jeweils für das Schutzgesetz geltenden Regeln. Ist das Schutzgesetz ein Strafgesetz, muss nach strafrechtlichen Regeln geprüft werden, ob der Täter die Strafnorm erfüllt hat. Dabei sind nicht nur der objektive und subjektive Tatbestand zu prüfen, sondern auch die Rechtswidrigkeit und die Schuld. So scheidet z. B. ein Schadensersatzanspruch aus §§ 823 Abs. 2 BGB i. V. m. § 303 StGB bei Fahrlässigkeit aus, da § 303 StGB Vorsatz erfordert. Ebenso entfällt ein Anspruch aus § 823 Abs. 2 BGB i. V. m. einem strafrechtlichen Schutzgesetz, wenn der Täter wegen § 20 StGB schuldunfähig ist.

Für den Anspruch aus § 823 Abs. 2 BGB genügt es nicht, dass das Gesetz generell als Schutzgesetz anerkannt ist. Es muss darüber hinaus geprüft werden, ob der Geschädigte zum Kreis der geschützten Personen gehört und ob der konkrete Schadensfall im Schutzbereich der Norm liegt. Hier ist zwischen dem **persönlichen** und dem **sachlichen Schutzbereich** der Norm zu unterscheiden.[161]

> **Beispiel**
>
> A nimmt unbefugt das Kfz des B in Gebrauch und überfährt dabei den Fußgänger C. Zudem beschädigt er das Fahrrad des C. B und C verlangen Schadensersatz nach § 823 Abs. 2 BGB i. V. m. § 248b StGB. A hat gegen die Bestimmung des § 248b StGB verstoßen. Die Stellung eines Strafantrags ist hierfür keine Voraussetzung. Zu beachten ist jedoch, dass § 248b StGB den Schutz des Gebrauchsberechtigten bezweckt. Sie dient nicht dem Schutz der anderen Verkehrsteilnehmer, die nicht in den persönlichen Schutzbereich der Norm fallen.[162] Deshalb kann hier nur B, nicht aber C Schadensersatz nach dieser Norm verlangen.

Der **sachliche Schutzbereich** bestimmt, vor welchen Gefahren die Norm schützen soll. So dienen Halteverbote im Rahmen von Baustellen nicht dem Schutz des Vermögens des Bauunternehmers, der durch die Missachtung des Halteverbots bei der Ausführung der Bauarbeiten behindert wird.[163]

Für die Verletzung des Schutzgesetzes ist, ebenfalls wie bei § 823 Abs. 1 BGB, **Rechtswidrigkeit** erforderlich, die aber bereits durch die Verletzung des Schutzgesetzes indiziert wird.

Grundsätzlich wird bei einer Schutzgesetzverletzung für die Schuldform auf die Regeln des verletzten Schutzgesetzes abgestellt. Auch wenn der Verstoß gegen das Schutzgesetz ohne Verschulden möglich ist, muss für § 823 Abs. 2 BGB ein **Verschulden** vorliegen. An § 823 Abs. 2 BGB werden also strengere Anforderungen

---

[161] *Brox/Walker*, SchuldR BT, § 46, Rn. 9 ff.

[162] *Wandt*, § 17, Rn. 15.

[163] BGH, NJW 2004, 356, 357.

gestellt als an das Schutzgesetz; es ist demnach mindestens Fahrlässigkeit in Bezug auf den Verstoß gegen das Schutzgesetz erforderlich.

Durch den Verstoß gegen das Schutzgesetz muss ein **Schaden adäquat verursacht** worden sein. Die Ausführungen zu § 823 Abs. 1 BGB können sinngemäß übernommen werden.

### 5.4.4   § 826 BGB

Nach § 826 BGB ist derjenige schadenersatzpflichtig, der in einer „gegen die guten Sitten verstoßenden Weise" einem anderen vorsätzlich einen Schaden zufügt. Es wird – im Unterschied zu § 823 Abs. 1 BGB – auch ein primärer Vermögensschaden ersetzt. Nicht erforderlich ist das Vorliegen einer Rechtsgutsverletzung (wie bei § 823 Abs. 1 BGB) oder ein Verstoß gegen ein Schutzgesetz (wie bei § 823 Abs. 2 BGB). § 826 BGB wird aber durch die Art der Schadenszufügung eingeschränkt: Sie muss vorsätzlich und sittenwidrig sein.

**Sittenwidrig** sind Handlungen, die gegen das Anstandsgefühl aller billig und gerecht Denkenden verstoßen. Die Sittenwidrigkeit kann sich ergeben aus dem angewandten Mittel (Verhaltensweise des Schädigers), dem verfolgten Zweck (z. B. dem Ziel der Existenzvernichtung) oder aus der Kombination eines zulässigen Mittels mit einem zulässigen Zweck.

Die Rspr. hat **Fallgruppen** entwickelt, bei deren Vorliegen von einer sittenwidrigen Handlung auszugehen ist.

- Arglistiges Verhalten zwecks Abschluss eines Vertrages, z. B. eine arglistige Täuschung,
- Erteilen wissentlich falscher Auskünfte (z. B. eine falsche Auskunft über die Kreditwürdigkeit einer Person oder ein falsches Gutachten über die Echtheit eines Kunstwerks),
- Verleiten zum Vertragsbruch,
- Ausnutzen einer wirtschaftlichen Machtstellung.[164]

Auch bei § 826 BGB muss **Kausalität** vorliegen, d. h., dass die sittenwidrige Handlung ursächlich für den Schaden gewesen sein muss.

Die **Rechtswidrigkeit** ergibt sich aus der Sittenwidrigkeit. Liegt ein Rechtfertigungsgrund vor, ist die Tat schon nicht mehr tatbestandsmäßig, da i. d. R. die Sittenwidrigkeit zu verneinen ist.

Hinsichtlich des **Verschuldens** verlangt § 826 BGB Vorsatz, wobei „*dolus eventualis*" genügt. „*Dolus eventualis*" bedeutet, dass es dem Handelnden zwar nicht unbedingt auf die Erreichung des Erfolgs ankommt, er aber diesen **erkennt und billigend** in Kauf nimmt; grobe Fahrlässigkeit ist nicht ausreichend. Der Vorsatz muss zum einen bezüglich der Kenntnis der Tatumstände vorliegen, welche die Sittenwidrigkeit ausmachen. Dass der Täter seine Tat selbst als sittenwidrig einstuft,

---

[164] Jauernig/*Teichmann*, § 826 BGB, Rn. 12 ff.

ist nicht notwendig. Ausreichend ist, dass er die Tatsachen kennt, die zur Sittenwidrigkeit führen. Außerdem muss ein Vorsatz bezüglich der rechtswidrigen Herbeiführung eines Schadens gegeben sein. Hinsichtlich des Schadensumfangs und des Schadensverlaufs ist hingegen kein Vorsatz notwendig.[165]

## 5.4.5  Sondertatbestände der Verschuldenshaftung

In den §§ 831 bis 838 BGB werden eine Reihe von **Sondertatbeständen** geregelt, die neben die oben ausgeführten Grundtatbestände treten. Im Allgemeinen regeln sie die Ersatzpflicht desjenigen, der für einen anderen oder für eine Sache verantwortlich ist. Der Geschädigte braucht hier das Verschulden des Anspruchsgegners nicht zu beweisen (**Verschuldensvermutung**). Der Schädiger muss vielmehr seinerseits nachweisen, dass ihn kein Verschulden trifft (Exkulpation). Das Verschulden wird vermutet, sofern eine tatbestandsmäßige, rechtswidrige Handlung vorliegt.

Eine wichtige Regelung ist § 831 BGB. Danach haftet derjenige, der einen anderen zu einer Verrichtung bestellt hat, für den Schaden, den der Verrichtungsgehilfe in Ausführung der Verrichtung einem Dritten widerrechtlich zufügt. § 831 BGB ist eine **eigenständige Anspruchsgrundlage**. Der Zweck dieser Vorschrift besteht darin, denjenigen, der sich fremder Hilfe bedient und dem das Ergebnis der Arbeit bzw. Verrichtung zugute kommt, für den Fall eines Auswahlverschuldens haften zu lassen.

Voraussetzung für die **Geschäftsherrenhaftung** nach § 831 Abs. 1 BGB ist, dass ein Verrichtungsgehilfe einen Schaden verursacht hat. **Verrichtungsgehilfe** ist, wer mit Wissen und Wollen des Geschäftsherrn in dessen Interesse tätig wird und dabei dessen Weisungen unterworfen ist. Wesentlich ist das Merkmal der Weisungsgebundenheit des Verrichtungsgehilfen. Die Tätigkeit kann dabei tatsächlicher oder rechtsgeschäftlicher Natur sein. Das Weisungsrecht muss allerdings nicht bis ins Detail gehen, d. h. es muss nicht jeden einzelnen Arbeitsvorgang umfassen. Für die Verrichtungsgehilfen wird – anders als bei § 278 BGB – „soziale Abhängigkeit" vom Geschäftsherrn gefordert. Erforderlich und ausreichend ist, dass der Geschäftsherr bei der konkreten Verrichtung (nicht generell) die Tätigkeit nach Zeit und Umfang bestimmen kann und dass er sie jederzeit beschränken oder dem Gehilfen entziehen kann.[166] Ein Arbeitnehmer ist regelmäßig Weisungen unterworfen und damit Verrichtungsgehilfe i. S. d. § 831 BGB. Ein freier und selbständiger Werkunternehmer, Spediteur, etc. ist regelmäßig weisungsfrei und damit allenfalls Erfüllungsgehilfe im Rahmen einer vertraglichen Beziehung (§ 278 BGB). Wer eine Verrichtung übernimmt, dies aber freiberuflich macht, z. B. als Rechtsanwalt, Steuerberater oder Taxifahrer, ist damit kein Verrichtungsgehilfe.

Der Verrichtungsgehilfe muss den **objektiven Tatbestand** eines der in **§§ 823 ff. BGB** genannten Tatbestände rechtswidrig erfüllt haben. Schuldhaftes Handeln des

---

[165] *Brox/Walker*, SchuldR BT, § 47, Rn. 12.
[166] *Medicus/Petersen*, BR, § 32, Rn. 811.

Verrichtungsgehilfen ist dabei nicht Voraussetzung, denn § 831 BGB begründet eine Haftung des Geschäftsherrn für eigenes Verschulden (Auswahlverschulden).

Der Schaden muss durch den Verrichtungsgehilfen **„in Ausführung der übertragenen Verrichtung"** verursacht worden sein. Das ist zu bejahen, wenn ein unmittelbarer, innerer Zusammenhang zwischen der aufgetragenen Verrichtung und der Schadenzufügung besteht.[167]

---

**Beispiel**

Der Malermeister haftet nach § 831 BGB für seine Leute, wenn diese bei der Ausführung von Arbeiten beim Kunden dessen Mobiliar beschädigen; er haftet dann nicht, wenn sie dort einen Diebstahl begehen, da ein Diebstahl nicht mehr in einem unmittelbaren, inneren Zusammenhang mit den Malerarbeiten steht. Dieser geschah dann nicht „in Ausführung der Verrichtung", sondern vielmehr „bei Gelegenheit" der übertragenen Verrichtung.

---

Bei § 831 BGB werden Kausalität und Verschulden des Geschäftsherrn vermutet. Die Verschuldensvermutung bedeutet eine Vermutung dahingehend, dass der Geschäftsherr den Verrichtungsgehilfen nicht ausreichend ausgewählt oder angeleitet hat. Demgegenüber bedeutet eine Kausalitätsvermutung eine Vermutung, dass die Verletzung dieser Pflichten ursächlich geworden ist.

Diese Vermutungen kann der Geschäftsherr widerlegen durch einen Nachweis, dass er den Gehilfen sorgsam ausgewählt und geleitet hat oder der Schaden selbst dann entstanden wäre, wenn der Geschäftsführer bei der Auswahl und Überwachung des Gehilfen die gebotene Sorgfalt beachtet hätte (§ 831 Abs. 1 S. 2 BGB; **Exkulpation**).

In größeren Unternehmen ist es regelmäßig nicht möglich, das gesamte Personal auszusuchen und zu überwachen. Hier kann sich die Auswahl- und Überwachungspflicht des Geschäftsherrn unmöglich auf alle Betriebsangehörigen erstrecken. Der Geschäftsherr bedient sich deshalb bestimmter Zwischenpersonen für die Einstellung und Überwachung nach geordneter Personen. Hat der Geschäftsherr eine solche Zwischenperson eingestellt und richtet ein von diesem Mitarbeiter ausgewählter und überwachter Betriebsangehöriger einen Schaden an, so steht dem Geschäftsherr der Entlastungsbeweis offen, dass er die Zwischenperson sorgfältig ausgewählt und überwacht hat. Die Rspr. lässt hier den **dezentralisierten Entlastungsbeweis** zu. Verstößt der Betriebsinhaber oder die juristische Person gegen die Verpflichtung zur ordentlichen Organisation der Betriebsüberwachung, dann kommt (ohne die Möglichkeit eines Entlastungsbeweises) eine unmittelbare Haftung aus § 823 Abs. 1 bzw. §§ 823, 31 BGB in Betracht (**„Organisationsverschulden"**).

Probleme bereitet in diesem Zusammenhang die Unterscheidung des Verrichtungsgehilfen i. S. v. § 831 BGB vom Erfüllungsgehilfen (§ 278 BGB). Die Vorschrift des § 278 BGB setzt ein (bereits) bestehendes Schuldverhältnis zwischen dem Geschäftsherrn und dem Geschädigten voraus. Außerdem muss der Erfüllungs-

---

[167] *Brox/Walker*, SchuldR BT, § 48, Rn. 5.

gehilfe mit Wissen und Wollen des Schuldners tätig werden. § 278 BGB begründet eine Haftung für fremdes Verschulden, während § 831 BGB eine selbstständige Anspruchsgrundlage darstellt. § 831 BGB verlangt lediglich, dass der Verrichtungsgehilfe im konkreten Fall weisungsabhängig war und dass der Schaden in Ausführung der Verrichtung geschehen ist. Bei § 278 BGB ist eine Exkulpation nicht möglich, während bei § 831 BGB der Geschäftsherr einen Entlastungsbeweis führen kann. Beide Vorschriften sind nebeneinander anwendbar.

---

**Beispiel**

Malermeister M schickt seinen Gehilfen G zu seinem Auftraggeber A. Der Gehilfe hantiert mit dem Farbeimer so ungeschickt, dass dieser von der Leiter in die Fensterscheibe fällt. Dabei tropft Farbe dem zufällig vorbeikommenden Passanten P auf den Anzug. Der Auftraggeber hat einen vertraglichen Schadensersatzanspruch aus § 280 Abs. 1 BGB i. V. m. § 278 BGB gegen den Malermeister. § 823 Abs. 1 BGB passt nicht. Als Anspruchsgrundlage kommt allerdings § 831 Abs. 1 BGB in Betracht, jedoch mit der Möglichkeit der Exkulpation für M. Den G kann er natürlich auch direkt aus § 823 Abs. 1 BGB direkt in Anspruch nehmen, vorausgesetzt allerdings, der Anspruch ließe sich realisieren. Der P könnte, da zwischen ihm und dem M keine vertraglichen Beziehungen bestehen, gegen diesen nur aus § 831 Abs. 1 BGB vorgehen (und nach § 823 Abs. 1 BGB direkt gegen den Gehilfen).

▶    Merksätze: § 278 BGB begründet eine Haftung für fremdes Verschulden ohne Rücksicht auf das eigene Verhalten des Schuldners (im Rahmen eines Schadensersatzanspruchs wegen Vertragspflichtverletzung). § 831 BGB begründet eine eigene Haftung des Geschäftsherrn für vermutetes Verschulden ohne Rücksicht auf das Verschulden der Hilfsperson (die eine tatbestandsmäßige und rechtswidrige unerlaubte Handlung begangen hat).

Bei § 832 BGB handelt es sich um eine Haftung für eigenes vermutetes Verschulden. § 832 BGB regelt die Haftung eines kraft Gesetzes oder Vertrages Aufsichtspflichtigen für den Schaden, den der Aufsichtsbedürftige einem Dritten widerrechtlich zufügt. Eine Aufsichtspflicht kann sich beispielsweise ergeben aus §§ 1626, 1631 BGB (Aufsichtspflicht der Eltern eines Minderjährigen) oder aus §§ 1800, 1793 BGB (Aufsichtspflicht des Vormund eines Mündels). Ein Kindermädchen wird mit der Beaufsichtigung und Betreuung der Kinder vertraglich beauftragt (§ 832 Abs. 2 BGB). Entgegen dem üblichen Merksatz „Eltern haften für ihre Kinder" handelt es sich bei § 832 Abs. 1 BGB um keine Gefährdungshaftung, sondern um eine Haftung für vermutetes Verschulden.

Der Aufsichtspflichtige kann sich daher nach § 832 Abs. 1 S. 2 BGB durch den Nachweis entlasten, dass er seiner Aufsichtspflicht Genüge getan hat oder dass der Schaden auch bei gehöriger Aufsichtsführung entstanden wäre. Gelingt ihm das, haftet er nicht. Schädigt ein nicht schuldfähiges Kind einen Dritten, dann hat der Dritte, wenn die Eltern ihrer Aufsichtspflicht Genüge getan haben, überhaupt keinen Anspruch; evtl. greift § 829 BGB. In der Fallbearbeitung ist zunächst zu prüfen, ob eine Aufsichtspflicht gegenüber einer aufsichtsbedürftigen Person besteht, die eine tatbestandsmäßige, rechtswidrige unerlaubte Handlung begangen hat und keine Exkulpation (§ 832 Abs. 1 S. 2 BGB) in Betracht kommt.

Weitere Tatbestände einer Haftung für vermutetes Verschulden sind die Tierhalterhaftung (§ 833 S. 2 BGB, nicht § 833 S. 1 BGB für Luxustiere), die Haftung des Tieraufsehers (§ 834 BGB) und die Gebäudehaftung (§ 836 BGB).

## 5.4.6 Mittäter und Beteiligte

In der Praxis kommt es häufig vor, dass mehrere Personen als Schädiger an einer unerlaubten Handlung beteiligt sind, z. B. bei einer gemeinsamen Begehung von Straftaten (Körperverletzung, Raubüberfall) oder dass sie unabhängig voneinander einen Schaden verursachen, z. B. bei Schädigung von Dritten bei einer gewalttätigen Demonstration. Mittäter oder Anstifter/Gehilfe (im strafrechtlichen Sinne) an einer unerlaubten Handlung haften über die Verweisungskette §§ 830, 840 Abs. 1, 421 BGB gesamtschuldnerisch. § 830 BGB ist eine selbstständige Anspruchsgrundlage und eine echte Haftungsnorm.

Wenn nicht ermittelt werden kann, wer von „mehreren Beteiligten" den Schaden durch seine Handlung verursacht hat, dann ist jeder von ihnen für den Schaden verantwortlich (§ 830 Abs. 1 S. 2 BGB). Die Haftung nach dieser Regelung besteht in den Fällen, in denen mehrere Betbeteiligte die allgemeinen Voraussetzungen (Rechtswidrigkeit, Verschulden) erfüllen, der Geschädigte jedoch nicht nachweisen kann, wessen Tatbeitrag in welchem Umfang letztlich die Rechtsgutverletzung verursacht hat. § 830 Abs. 1 S. 2 BGB verzichtet auf die Feststellung der (haftungsbegründenden) Kausalität zwischen der Handlung eines Mittäters, Teilnehmers oder Beteiligten und der Rechtsgutverletzung. Es handelt sich damit um einen Ausnahme vom Verursacherprinzip. Der Grund für diese Regelung ist die Beweisnot des Geschädigten, da bei gefährlichem Verhalten mehrerer Personen oft nicht geklärt werden kann, welcher Beteiligte letztlich den Schaden verursacht hat.

§ 840 Abs. 1 BGB liegt der Gedanke zugrunde, dass sich dem Geschädigten gegenüber kein Schädiger mit dem Hinweis auf die Mitverantwortlichkeit des anderen Schädigers entlasten können soll. Voraussetzung ist, dass mehrere Personen aus unerlaubter Handlung für einen Schaden verantwortlich sind. Der Begriff der unerlaubten Handlung ist weit auszulegen, so dass auch die Tatbestände der Gefährdungshaftung erfasst werden, unabhängig, davon, ob sie im BGB oder in anderen Gesetzen geregelt sind. Im Außenverhältnis zum Geschädigten haften die Delikstäter als Gesamtschuldner. Der Geschädigte kann sich nach seiner Wahl an jeden Täter wenden und seinen Schaden ganz oder teilweise verlangen, insgesamt aber nur einmal. Im Innenverhältnis gilt grundsätzlich § 840 Abs. 1 BGB i. V. m. § 426 Abs. 1 BGB. Spezielle Regelungen sind in §§ 840 Abs. 2 und 3 BGB enthalten.

## 5.4.7 Sonstige Bestimmungen

Nähere Bestimmungen über Art und Umfang der Haftung für unerlaubte Handlungen sind in den §§ 842 ff. BGB enthalten. Nach § 842 BGB erstreckt sich die Schadensersatzpflicht wegen einer gegen die Person gerichteten unerlaubten Handlung auch auf die Nachteile, welche die Handlung für den Erwerb oder das Fortkommen des Verletzten herbeiführt. Die Bestimmung stellt klar, dass unter den §§ 249 ff. BGB zu ersetzenden Vermögensschaden auch Nachteile für den Erwerb oder Fortkommen des Verletzten fallen.

Nach § 843 Abs. 1 BGB ist der Schadensersatz in Form einer Rente zu leisten, wenn Körper- oder Gesundheitsverletzung zur Aufhebung oder Minderung der Erwerbstätigkeit oder zur Vermehrung der Bedürfnisse des Verletzten geführt hat. Dieser kann bei wichtigem Grund eine Kapitalisierung der Rente verlangen.

Nach den §§ 844, 845 BGB wird ein Schadensersatzanspruch auch solchen Personen gewährt, die nicht selbst geschädigt worden sind (mittelbar Geschädigte), sondern denen infolge der Verletzung eines anderen ein Vermögensschaden entstanden ist, etwa durch den Tod eines unterhaltspflichtigen Elternteils. Diese sog. Drittgeschädigten hätten ohne die §§ 844, 845 BGB keinen Anspruch gegen den Verpflichteten und wären damit ohne rechtlichen Schutz.

## 5.4.8 Zivilrechtliche Beamtenhaftung

Schäden können auch durch den Staat bzw. seinen Organen verursacht werden. Handelt ein Beamter im **fiskalischen Bereich**, bedient sich also der Staat privatrechtlicher Rechtsformen, dann haftet der Beamte unter den Voraussetzungen des § 839 BGB dem Geschädigten persönlich. § 839 BGB ist insoweit eine Spezialregelung zu den §§ 823 ff. BGB. Er kann sich aber bei fahrlässigem Handeln auf § 839 Abs. 1 S. 2 BGB berufen, wonach er lediglich haftet, wenn der Verletzte nicht auf andere Weise Ersatz zu erlangen vermag (sog. Subsidiarität der Amtshaftung).

Handelt der Beamte dagegen in **hoheitlicher Form**, d. h. auf Grund von öffentlich-rechtlichen Normen und verletzt er eine gegenüber einem Dritten bestehende Amtspflicht, dann tritt der Staat (oder eine sonstige Körperschaft) gewissermaßen schützend vor ihn und übernimmt den Schaden. Dem Geschädigten steht dann nur ein Anspruch zu, und zwar gegen den Staat aus § 839 BGB i. V. m. Art. 34 GG (Staatshaftung).

## 5.4.9 Gefährdungshaftung

### 5.4.9.1 Überblick

Die Gefährdungshaftungstatbestände setzen im Gegensatz zu den vorgehend erörterten Tatbeständen der Verschuldenshaftung weder Verschulden noch Rechtswidrigkeit noch Verhaltenspflichten in einem den §§ 823 ff. BGB vergleichbaren Sinne voraus. Sie knüpft vielmehr an eine vom Verantwortlichen beherrschte oder beherrschbare spezifische Gefahr an, und hängt lediglich davon ab, ob sich diese verwirklicht. Sie beruht auf dem Gedanken, dass die sich aus einer bestimmten Gefahr ergebenden besonderen Schadenrisiken demjenigen zuzurechnen sind, der diese Gefahrenquelle im Allgemeinen beherrscht und Nutzen aus ihr zieht.[168] Die spezifische Gefahr, an die angeknüpft wird, ergibt sich aus dem jeweiligen Tatbestand der Gefährdungshaftung. Die Gefährdungshaftung birgt für den Verpflichteten große Risiken einer Schadensersatzhaftung in beträchtlichem Umfang. Er soll deswegen nicht für alle Schäden haften, die irgendwie in einem Zusammenhang mit der Gefahrenquelle stehen. Die Gefährdungshaftung wird deshalb in aller Regel in zweierlei Hinsicht eingeschränkt, zum einen durch Haftungshöchstbeträge, zum anderen durch einen Haftungsausschluss, wenn der Schaden durch „betriebsfremde" Ereignisse verursacht worden ist.

Der „klassische Fall" einer Gefährdungshaftung ist die **Tierhalterhaftung** gem. § 833 BGB. Wer ein „Luxustier" hält, d. h. ein Haustier, das nicht der Erwerbstätigkeit des Halters dient, schafft damit eine Gefahrenquelle, die auch durch eine sorgfältige Beaufsichtigung nicht ausgeschlossen werden kann. Verursacht das Tier einen Schaden, so haftet der Halter nach § 833 S. 1 BGB ohne Rücksicht auf ein eigenes Verschulden. Voraussetzung ist allerdings, dass es sich um die Verwirklichung einer typischen Tiergefahr handelt, z. B. einen Hundebiss. Es reicht also nicht, wenn jemand über einen schlafenden Hund stolpert.

Weitere Beispiele sind §§ 1, 2 HaftpflichtG, § 25 AtomG, § 1 Produkthaftungsgesetz, § 33 LuftVG, § 1 Umwelthaftungsgesetz, § 22 Wasserhaushaltsgesetz, § 84 Arzneimittelgesetz oder § 32 Gentechnikgesetz und die praktisch bedeutsame **Kfz-Halterhaftung** nach § 7 Abs. 1 StVG, auf die im Folgenden näher eingegangen werden soll.

### 5.4.9.2   Haftung des Kfz-Halters

**Voraussetzungen**

Nach § 7 Abs. 1 StVG ist der Halter, wenn beim Betrieb eines Kraftfahrzeugs oder eines Anhängers, der dazu bestimmt ist, von einem Kraftfahrzeug mitgeführt zu werden, ein Mensch getötet, der Körper oder die Gesundheit eines Menschen verletzt oder eine Sache beschädigt wird, verpflichtet, dem Verletzten den daraus entstehenden Schaden zu ersetzen.

§ 7 Abs. 1 StVG setzt danach voraus, dass der Inanspruchgenommene der Halter eines Kfz i. S. v. § 7 Abs. 1 BGB ist, dass eine Tötung oder Verletzung einer Person oder Beschädigung einer Sache vorliegt, die beim Betrieb eines Kfz oder eines Anhängers verursacht worden ist. Haftpflichtig ist der Halter eines Kfz. **Halter** ist, wer das Fahrzeug oder den Anhänger für eigene Rechnung gebraucht und die Verfügungsgewalt darüber besitzt. Ausschlaggebend für die Verfügungsgewalt ist das tatsächliche (nicht das rechtliche) Herrschaftsverhältnis. Die Eigentumsverhältnisse und die Frage, auf wen das Kfz zugelassen ist, sind für die Haltereigenschaft nicht entscheidend. Das tatsächliche Herrschaftsverhältnis muss von einer gewissen

---

[168] *Brox/Walker*, SchuldR BT, § 54, Rn. 1.

Dauer sein.[169] Bei Leasingverträgen ist regelmäßig der Leasingnehmer Halter. Bei Sicherungsübereignungen ohne Übertragung des unmittelbaren Besitzes wird der neue Eigentümer regelmäßig nicht Halter. Nicht zum Halter wird derjenige, der ein Kfz nur für kurze Zeit mietet.

Der Begriff des **Kraftfahrzeugs** bestimmt sich nach § 1 Abs. 2 StVG; es handelt sich nicht um ein Kfz, wenn es auf ebener Strecke nicht schneller als 20 km in der Stunde fährt.

Nach h. M. wird das Tatbestandsmerkmal „beim Betrieb" extensiv ausgelegt, nämlich nicht nur „maschinentechnisch", d. h. wenn das Fahrzeug durch seinen Motor bewegt wird, sondern „**verkehrstechnisch**". Danach ist ein Fahrzeug in Betrieb, solange es sich im Verkehr befindet und andere Verkehrsteilnehmer ge-fährdet[170], z. B. wenn das Fahrzeug verkehrswidrig geparkt wird oder wenn beim Be- oder Entladen ein Schaden verursacht wird (etwa durch einen wegrollenden Einkaufswagen). Erforderlich ist ein Kausalzusammenhang zwischen Betrieb und Schadensereignis.

### Haftungsausschluss

Nach § 7 Abs. 2 StVG ist die Ersatzpflicht ausgeschlossen, wenn der Unfall durch **höhere Gewalt** verursacht wurde. Höhere Gewalt ist ein außergewöhnliches, be-triebsfremdes, von außen durch elementare Naturkräfte oder durch Handlungen dritter (betriebsfremder) Personen herbeigeführtes und nach menschlicher Einsicht und Erfahrung unvorhersehbares Ereignis, das mit wirtschaftlich erträglichen Mit-teln auch durch die äußerste, nach der Sachlage vernünftigerweise zu erwartende Sorgfalt nicht verhütet oder unschädlich gemacht werden kann und auch nicht we-gen seiner Häufigkeit in Kauf zu nehmen ist.[171] So liegt keine höhere Gewalt vor, wenn ein sorgfältig umsichtiger Fahrer ein unvermittelt auf die Straße laufendes Kind, das durch geparkte Fahrzeuge verdeckt war, verletzt, da es kein von außen kommendes Ereignis war. Bei Minderjährigen unter 10 Jahren ist § 828 Abs. 2 BGB zu beachten; hier haftet immer der Halter.

Weitere Ausschlussgründe sind **Schwarzfahrten** nach § 7 Abs. 3 StVG, wenn je-mand das Fahrzeug ohne Wissen und Wollen des Halters benutzt. Der Halter bleibt aber haftbar, wenn er die unbefugte Ingebrauchnahme schuldhaft ermöglicht hat.

### Ersatz des entstandenen Schadens

Nach §§ 10, 11 StVG sind bei der Tötung oder Verletzung eines Menschen nur bestimmte Schäden zu ersetzen. Die Ersatzfähigkeit des immateriellen Schadens (Schmerzensgeld) ergibt sich aus § 11 S. 2 StVG i. V. m. § 253 Abs. 2 BGB. Nach §§ 12, 12a StVG sind die Schadensersatzansprüche auf Höchstbeträge beschränkt.

Nach § 16 StVG bleiben Ansprüche aus anderen Gesetzen (z. B. § 823 Abs. 1 BGB) unberührt.

---

[169] BGH, NJW 1992, 900; *Looschelders*, SchuldR BT, § 72, Rn. 1446 ff.

[170] BGHZ 29, 163.

[171] *Brox/Walker*, SchuldR BT, § 54, Rn. 11 m. w. N.

Das Mitverschulden des Geschädigten beurteilt sich nach § 9 StVG unter Verweis auf § 254 BGB; § 9 StVG bezieht sich nur auf die Verletzung von nicht motorisierten Verkehrsteilnehmern (z. B. Fußgänger, Fahrradfahrer, Reiter).

War auch der Verletzte als Halter oder Fahrer eines Kfz am Unfall beteiligt, so wird § 9 StVG durch die Sonderregel des § 17 StVG ersetzt. § 17 Abs. 1 StVG betrifft den Innenausgleich zwischen mehreren Haltern, wenn durch einen Unfall mit mehreren beteiligten Haltern ein Dritter verletzt wird. § 17 Abs. 2 StVG betrifft die Haftung mehrerer Halter untereinander bei wechselseitiger Schädigung. Bei der Berechnung des Schadens müssen also auch hier die Verursachungsbeiträge der Halter gegeneinander abgewogen werden. Zu beachten ist dabei, dass der Geschädigte sich im Regelfall zumindest die allgemeine Betriebsgefahr seines Fahrzeugs anrechnen lassen muss. Unter der **Betriebsgefahr** versteht man die Summe aller Gefahren, die typischerweise mit der Benutzung eines Kfz im Verkehr verbunden sind.[172] Diese kann je nach Fahrzeug unterschiedlich hoch sein (etwa bei normalen PKW 20 bis 25 %). Durch Fehlverhalten des Unfallgegners erhöht sich dessen Betriebsgefahr; haben beiden den gleichen Anteil, beträgt die jeweilige Betriebsgefahr 50 %.

Die Anrechnung der eigenen Betriebsgefahr entfällt, wenn für den geschädigten Halter der Unfall ein **unabwendbares Ereignis** war (§ 17 Abs. 3 StVG). § 17 Abs. 3 StVG setzt ein unabwendbares Ereignis voraus, dass weder auf einem Fehler in der Beschaffenheit des Fahrzeugs noch auf einem Versagen seiner Vorrichtungen beruht. Es bedeutet keine absolute Unvermeidbarkeit, sondern meint ein schadenstiftendes Ereignis, das auch bei äußerster Sorgfalt nicht abgewendet werden kann (vgl. Legaldefinition § 17 Abs. 3 S. 2 StVG). Es wird eine über den gewöhnlichen Durchschnitt erheblich hinausgehende Aufmerksamkeit, Geschicklichkeit und Umsicht sowie geistesgegenwärtiges und sachgemäßes Handeln im Rahmen des Menschenmöglichen verlangt (sog. **Idealfahrer**).

### Sonstige Ansprüche

§ 18 Abs. 1 StVG ist ein Fall der **Haftung** für **vermutetes Verschulden**. Die Vorschrift wird praktisch nur relevant, wenn der Führer des Fahrzeugs nicht zugleich auch der Halter ist, da bei Personenidentität der gleichzeitig gegebene Anspruch aus § 7 Abs. 1 StVG (Gefährdungshaftung) leichter zu bejahen ist. Anspruchsverpflichteter ist der Führer eines Kfz. Das ist derjenige, der das Kfz eigenverantwortlich lenkt und die tatsächliche Gewalt über das Steuer hat, nicht aber derjenige, der dem Fahrer untergeordnete Hilfsdienste leistet. Der Anspruch ist ausgeschlossen, wenn den Führer kein Verschulden trifft (vgl. § 18 Abs. 1 S. 2 StVG).

Nach § 115 Abs. 1 S. 1 Nr. 1 VVG besteht ein **Direktanspruch** gegen den Kfz-Haftpflichtversicherer. Nach § 1 PflVG ist der Halter eines Kfz verpflichtet, eine Haftpflichtversicherung abzuschließen, damit dem Geschädigten in jedem Fall ein solventer Schuldner gegenüber steht. Dieser Direktanspruch soll die Stellung des Geschädigten stärken und ihm die Durchsetzung seiner Ansprüche erleichtern. Der Direktanspruch ändert allerdings nichts an der Ersatzpflicht des Halters und ggf. des

---

[172] *Looschelders*, SchuldR BT, § 72, Rn. 1469 ff.

Fahrers. Es handelt sich um einen gesetzlich geregelten Fall eines Schuldbeitritts.[173] Der Versicherer und der ersatzpflichtige Versicherungsnehmer haften dem Geschädigten gegenüber als Gesamtschuldner.

Nach dem VVG gibt es darüber hinaus auch in anderen Bereichen eine Direkthaftung. Es besteht ein Direktanspruch des Geschädigten gegen den Haftpflichtversicherer in allen Fällen, in denen – wie in diesem Fall nach § 1 PflVG – eine **Pflichtversicherung** besteht (§ 115 VVG).

### 5.4.9.3  Produkthaftung

**Allgemeines**
Erleidet jemand aus der bestimmungsgemäßen Verwendung eines Industrieerzeugnisses einen Schaden, der auf der gefahrbringenden Beschaffenheit des Produktes beruht, so kann er nach dem herkömmlichen Anspruchssystem des BGB nur unzureichend Ersatz erlangen. Vertragliche Schadensersatzansprüche gegen den Händler (als Verkäufer) scheitern regelmäßig am fehlenden Verschulden. Zum Hersteller besteht keine Vertragsbeziehung, so dass nur ein deliktischer Anspruch in Betracht kommt. Die Rspr. hat die Haftung des Herstellers aus § 823 Abs. 1 BGB dahingehend verschärft, indem sie spezifische Verkehrssicherungspflichten entwickelt hat und die Beweislastregeln zum Vorteil des Geschädigten (im Wege der Rechtsfortbildung) abgeändert hat. Da das Deliktsrecht keine dem § 280 Abs. 1 S. 2 BGB entsprechende Beweislastumkehr enthält, steht der Geschädigte hiernach vor erheblichen Beweisproblemen. Denn in den meisten Fällen kann er allenfalls beweisen, dass seine Rechtsgüter durch einen Fehler des Produkts verletzt worden sind. Da er keinen Einblick in den Organisationsbereich des Produzenten hat, kann er diesem im Regelfall aber kein Verschulden nachweisen.[174] Im Ergebnis hat der Produzent für diejenigen Schäden einzustehen, die einem anderen – meistens dem Endkäufer – durch die Benutzung des Produktes entstehen.

In Betracht kommen noch Ansprüche aus § 823 Abs. 2 BGB sowie aus speziellen Gefährdungshaftungstatbeständen, etwa aus § 84 AMG für fehlerhafte Arzneimittel.

Einige wichtige Besonderheiten gelten für die Haftung des Produzenten bei Rechts- bzw. Rechtsgutverletzungen aufgrund der Fehlerhaftigkeit seiner Produkte. Bis 1990 konnten die Geschädigten in diesem Bereich ihre Ansprüche allein auf § 823 Abs. 1 BGB stützen. Seit diesem Zeitpunkt besteht zusätzlich eine verschuldensunabhängige Haftung nach dem **Produkthaftungsgesetz (ProdhaftG)**.

Mit dem auf eine EG-Richtlinie zurückgehenden ProdhaftG wurde in der EU (nur) ein Mindeststandard geschaffen. Ziel war die Vereinheitlichung des Verbraucherschutzes innerhalb der EU und die Beseitigung von Wettbewerbsnachteilen, die dadurch entstanden sind, dass an die Hersteller von Produkten innerhalb der einzelnen EU-Mitgliedsstaaten unterschiedliche Sorgfaltsanforderungen gestellt wurden. Demzufolge enthält § 15 Abs. 2 ProdHaftG die Regelung, dass alle weitergehenden

---

[173] *Looschelders*, SchuldR BT, § 72, Rn. 1463 m. w. N.
[174] *Medicus/Lorenz*, SchuldR II, § 86, Rn. 334.

Ansprüche unberührt bleiben, d. h. dass der Geschädigte seine Ansprüche auch auf § 823 Abs. 1 BGB stützen kann, sofern dies für ihn günstiger ist.

In der Praxis werden die meisten Ansprüche auf Schadensersatz nach wie vor auf § 823 Abs. 1 BGB gestützt. Der wesentliche Grund besteht darin, dass die Haftung nach dem ProdhaftG weniger weitreichend ist. So werden z. B. nur Schäden an Sachen ersetzt, die zum Privatgebrauch (objektiv) bestimmt sind und vom Geschädigten auch (subjektiv) überwiegend privat genutzt werden; weiterhin besteht eine Haftungssummenbegrenzung. Im Folgenden sollen daher zunächst die von der Rspr. entwickelten Grundsätze zu § 823 Abs. 1 BGB dargestellt werden, um hieran anschließend die wesentlichen Aspekte des ProdhaftG hervorzuheben.

### Verkehrssicherungspflichten des Herstellers

Im Bereich der **Konstruktion** ist der Hersteller verpflichtet, das Produkt nach dem „**Stand der Technik**" zu konstruieren. Es muss bei einem bestimmungsgemäßen Gebrauch durch einen durchschnittlichen, „vernünftigen" Benutzer betriebssicher sein.[175] Ein Konstruktionsfehler betrifft typischerweise nicht einzelne Stücke, sondern die ganze Serie, z. B. ein Kraftfahrzeug mit fehlerhafter Bremsanlage, eine Motorsäge ohne ausreichende Schutzvorrichtung oder ein scharfkantiges bzw. giftiges Kinderspielzeug. Ist ein Produkt zum Zeitpunkt des Inverkehrbringens nach dem „Stand der Technik" konstruiert, jedoch aufgrund neuerer wissenschaftlicher oder technischer Kenntnisse im Laufe der Zeit veraltet, dann entfällt mangels Verschulden eine Haftung. Für **Entwicklungsrisiken**, die beim damaligen Inverkehrbringen des Produkts nach dem damaligen Stand der Technik nicht voraussehbar waren, wird nicht gehaftet. Abgemildert wird dieser Grundsatz durch die Produktbeobachtungspflicht. So zählten beispielsweise Sicherheitsgurte jahrzehntelang nicht zur sicherheitstechnischen Standardausrüstung eines Kraftfahrzeuges. Die zu dieser Zeit in Verkehr gebrachten Kraftfahrzeuge waren in dieser Beziehung „fehlerfrei", denn sie entsprachen den allgemeinen Sicherheitserwartungen jener Zeit. Etwas anderes gilt allerdings für Hersteller von Arzneimitteln, die nach dem Arzneimittelgesetz auch für „Entwicklungsrisiken" einzustehen haben (§ 84 AMG).

Im Bereich **Fabrikation** und Kontrolle ist der gesamte Betriebsablauf vom Rohstoffeingang bis zur Warenausgangskontrolle so zu organisieren, dass Fehler nach menschlichem Ermessen vermieden werden.[176] Unabhängig von Planung und Konstruktion handelt es sich hierbei um Fehler der Fertigung, die im Rahmen einer Qualitätskontrolle hätten entdeckt werden müssen. Die Fehlerhaftigkeit eines Produktes ergibt sich aus einem Vergleich des Einzelstücks mit den anderen gleichartigen Stücken derselben Produktserie („Fabrikationsfehler"). Im Volksmund spricht man von „Montagsproduktionen".

---

[175] BGH, VersR 1967, 1194.
[176] BGH, NJW 1968, 247.

---

**Beispiele**

Falsche Montage einer Lenkvorrichtung bei einem Motorroller[177]; Material-schwäche bei einer Fahrradgabel[178]; ein klemmender Gaszug im Auto[179]; eine defekte Propangasflaschendichtung.[180]

---

Für Fabrikationsfehler haftet der Produzent nicht, wenn er nachweisen kann, was allerdings in der Praxis praktisch nicht vorkommt, dass er alle erforderlichen Siche-rungsmaßnahmen getroffen hat und dennoch infolge eines einmaligen Fehlverhal-tens eines Arbeitnehmers beziehungsweise einer Fehlleistung einer Maschine ein Fehler entstanden ist. Für derartige „**Ausreißer**" entfällt die deliktische Haftung des Herstellers.[181]

Besondere Bedeutung hat in neuerer Zeit die Haftung für Fehler bei der **Instruk-tion** erlangt. Die Rspr. setzt hier strenge Maßstäbe an. So hat der Hersteller nicht nur auf die mit dem bestimmungsgemäßen Gebrauch des Produktes verbundenen Risi-ken hinzuweisen. Er hat vielmehr auch auf solche Gefahren hinzuweisen, die sich aus einem nahe liegenden „Fehlgebrauch" oder dem allzu sorglosen Umgang mit dem Produkt ergeben[182]; nicht gewarnt werden muss allerdings vor einem massiven Fehlgebrauch, z. B. Einatmen der Dämpfe des Reinigungsmittels mit der Absicht, sich zu berauschen.[183] Art und Umfang der Instruktionspflicht bestimmen sich nach dem Maß der drohenden Gefahren und dem Gewicht der betroffenen Rechtsgüter. Zu berücksichtigen ist weiterhin, ob das Produkt allein für den gewerblichen Gebrauch bestimmt ist oder auch von Verbrauchern verwendet werden soll. So ist etwa ein Hin-weis hinsichtlich der Feuergefährlichkeit eines Klebemittels erforderlich[184]; ebenso bei Unverträglichkeit gleichzeitiger Anwendung zweier Pflanzenschutzmittel.[185] Da-gegen ist z. B. ein Hinweis entbehrlich bzgl. der speziellen Gefahren eines Küchen-messers, da diese als allgemeines Erfahrungswissen vorausgesetzt werden können.

---

**Beispiel**

Der Hersteller von Babyflaschen und gesüßtem Kindertee hat die Verbraucher deutlich auf die Gefahr von Kariesbildung durch „Dauernuckeln" bei den Klein-kindern hinzuweisen, wenn er erkennen kann, dass seine Produkte als „Ein-schlafhilfe" verwendet werden.[186]

---

[177] BGH, VersR 1956, 259.

[178] BGH, VersR 1956, 410.

[179] BGH, NJW 1986, 256.

[180] BGH, DB 1975, 1335.

[181] BGHZ 129, 53.

[182] BGH, NJW 2009, 2952, 2954.

[183] BGH, NJW 1981, 2514, 2515.

[184] BGH, VersR 1960, 342.

[185] BGH, DB 1977, 1695.

[186] BGH, ZIP 1992, 38 ff.; BGH, NJW 1995, 1286 – „Milupa-Kindertee"-Entscheidung.

Die Verkehrssicherungspflicht des Herstellers endet allerdings nicht mit dem Inverkehrbringen der Produkte. Vielmehr muss er seine (veräußerten) Produkte beobachten (**Produktbeobachtungspflicht**), um festzustellen, ob sich Anhaltspunkte für bis dahin nicht bedachte Produktgefahren ergeben.[187] Hier kann u. U. eine **Warnung** oder sogar ein **Rückruf** erforderlich sein. Die spektakulärsten Fälle hierzu sind aus der Kraftfahrzeug- und Reifenbranche bekannt. Die Produktbeobachtungspflicht erstreckt sich auch auf ergänzendes Zubehör, selbst dann, wenn es von anderen Herstellern stammt. So ist der Fall eines Motorradfahrers bekannt geworden, der ein nicht vom Hersteller gefertigtes Zubehörteil (Lenkradverkleidung) nachträglich an seine Maschine angebracht hat. Die dadurch hervorgerufene extreme Instabilität führte zu einem Unfall mit beträchtlichen Folgen. Da sich dieses Zubehörteil schon lange im größerem Umfang auf dem Markt befand und dem Motorradhersteller bekannt war, dass es vermehrt Unfälle seiner Motorräder mit diesen Lenkradverkleidungen gegeben hatte, wäre er verpflichtet gewesen, diese Zubehörteile und deren Einfluss auf das Fahrverhalten seiner Motorräder zu kontrollieren und die Kunden zu warnen.[188]

**Beweislastumkehr**

Für eine erfolgreiche Durchsetzung des Anspruches aus § 823 Abs. 1 BGB ist es erforderlich, dass der Geschädigte nachweist, dass sein Schaden durch ein Produkt, das im fehlerhaften Zustand den Herstellerbereich verlassen hat (Konstruktions-, Fabrikations- und Instruktionsfehler) verursacht worden ist. Grundsätzlich muss der Geschädigte nachweisen, dass den Hersteller ein **Verschulden** trifft. Ein geschädigter Endverbraucher hat i. d. R. keinen Einblick in die internen Abläufe eines Unternehmens, so dass es für ihn erfahrungsgemäß außerordentlich schwierig bzw. sogar unmöglich sein wird, die Ursache des schadensstiftenden Mangels ausfindig machen und benennen zu können. Diese Problematik hat dazu geführt, dass der BGH in seiner Entscheidung zu dem berühmt gewordenen „Hühnerpest"-Fall im Jahre 1968 die Beweislastpflicht hinsichtlich des Verschuldens umgekehrt hat.[189]

---

**Beispiel**

Ein Tierarzt hatte auf einer Hühnerfarm die Tiere gegen Hühnerpest geimpft, die jedoch kurz darauf an dieser Krankheit verendeten. Der Tierarzt haftete mangels Verschulden nicht, da er die eigentliche Impfung ordnungsgemäß durchgeführt hatte. Der Impfstoff war verunreinigt gewesen. Es lag eine Eigentumsverletzung durch einen Fabrikationsfehler vor. Die Inhaberin der Farm wandte sich daraufhin an den Hersteller des Impfstoffes. Obwohl sie auch diesem kein schuldhaftes Verhalten nachweisen konnte, wurde der Hersteller doch vom BGH, der die Be-

---

[187] BGH, NJW 1981, 1606 „Apfelschorf II".
[188] BGHZ 99, 167 – „Honda-Fall"; vgl. *Looschelders*, SchuldR BT, § 61, Rn. 1267 zu der Frage, inwieweit ein Produzent verpflichtet sein kann, ein Sicherheitsrisiko auf seine Kosten durch Nachrüstung und Reparatur beseitigen zu lassen (mit Hinweis auf BGH, NJW 2009, 1080).
[189] BGHZ 51, 91 ff. – „Hühnerpest"-Entscheidung.

weislast mit der Begründung „umdrehte", er sei „näher am Produktionsgeschehen", zum Schadensersatz verurteilt.

Wird bei bestimmungsgemäßer Verwendung eines Industrieerzeugnisses eine Person oder eine Sache dadurch geschädigt, dass das Produkt fehlerhaft hergestellt war, so muss der Hersteller beweisen, dass ihn hinsichtlich des Fehlers kein Verschulden trifft. Der Hersteller muss sich nunmehr entlasten und den Beweis führen, dass er (objektiv) keine Verkehrssicherungspflicht verletzt hat und ihn (subjektiv) kein Verschulden trifft. Die in Produkthaftungsfällen häufig vorkommende Unaufklärbarkeit hinsichtlich dieser Punkte geht also zu Lasten des Herstellers. Im Ergebnis bleiben dem Hersteller der Einwand des sog. Entwicklungsfehlers sowie des Fabrikationsfehlers. Bei letzterem muss allerdings der Nachweis erfolgen, dass es sich um einen „Ausreißer" handelt, der trotz aller Sicherheitsvorkehrungen unvermeidbar war. Aus der ursprünglichen „Verschuldenshaftung" ist quasi eine „Gefährdungshaftung" geworden.

### Haftung nach dem Produkthaftungsgesetz

Das Produkthaftungsgesetz ordnet eine verschuldensunabhängige Haftung des Herstellers für Produktschäden an. Die Ersatzpflicht ist nicht abdingbar, d. h. sie darf weder ausgeschlossen noch beschränkt werden (§ 14 ProdhaftG). Anspruchsgrundlage ist § 1 Abs. 1 ProdhaftG.

Voraussetzung einer Haftung nach dieser Regelung ist – wie bei § 823 Abs. 1 BGB – eine Rechts- bzw. **Rechtsgutverletzung**. Geschützt werden Körper, Gesundheit und Eigentum. Dabei muss eine andere Sache als das fehlerhafte Produkt beschädigt worden sein (§ 1 Abs. 1 ProdhaftG); eine Eigentumsverletzung aufgrund eines „Weiterfresserschadens" scheidet hier damit aus.[190] Die beschädigte **Sache** muss zudem ihrer Art nach zum **privaten Ge- oder Verbrauch** bestimmt sein und hierfür vom Geschädigten hauptsächlich verwendet worden sein. Im „Hühnerpest-Fall" wäre der Anspruch nach § 1 ProdhaftG an der Gewerbsmäßigkeit der Hühnerzucht gescheitert.

Weiterhin muss es sich um ein **Produkt** i. S. d. § 2 ProdhaftG handeln. Ein Produkt ist jede bewegliche Sache, auch wenn sie den Teil einer anderen beweglichen oder unbeweglichen Sache bildet (sowie Elektrizität). Seit der BSE-Krise sind landwirtschaftliche Produkte nicht mehr ausgenommen (§ 2 ProdhaftG).

Erforderlich ist weiterhin, dass die Rechts- bzw. Rechtsgutverletzung durch den **Produktfehler** verursacht worden ist. Ein Produktfehler i. S. d. § 3 ProdhaftG liegt dann vor, wenn im Zeitpunkt des Inverkehrbringens das Produkt nicht die Sicherheit aufweist, die unter Berücksichtigung aller Umstände berechtigterweise erwartet werden konnte. Hier kann auf die zu § 823 Abs. 1 BGB entwickelten Fehlerkategorien zurückgegriffen werden mit Ausnahme des Produktbeobachtungsfehlers und im Falle eines Fabrikationsfehlers, da es hier keinen Ausreißer-Einwand gibt.[191]

---

[190] Palandt/*Sprau*, § 823 BGB, Rn. 177 zu weiteren Unterschieden.

[191] Palandt/*Sprau*, § 823 BGB, Rn. 170.

**Hersteller** i. S. d. § 4 Abs. 1 ProdhaftG sind der Endprodukthersteller (§ 4 Abs. 1 S. 1 ProdhaftG), der Zulieferer (§ 4 Abs. 1 S. 1 ProdhaftG), der Quasi-Hersteller (§ 4 Abs. 1 S. 2 ProdhaftG), der Importeur (§ 4 Abs. 2 ProdhaftG) und der Lieferant (§ 4 Abs. 3 ProdhaftG).

Letztlich darf **kein Haftungsausschluss** (§ 1 Abs. 2 oder Abs. 3 ProdhaftG) gegeben sein. Von großer praktischer Bedeutung ist vor allem der Einwand des Haftungsausschlusses für Entwicklungsrisiken, der allerdings nur bei Konstruktions- und Instruktionsfehlern geltend gemacht werden kann. Der Hersteller ist für das Vorliegen von Ausschlussgründen beweispflichtig.

Die **Rechtsfolgen**, insbesondere Ersatz der Vermögensnachteile bei Tod oder Körperverletzung regeln die §§ 7 bis 10 ProdhaftG (Höchstbetrag: 85 Mio. €); ein Schmerzensgeldanspruch ergibt sich aus §§ 253 Abs. 2 BGB, 8 S. 2 ProdhaftG). Bei Vermögensnachteilen durch Zerstörung oder Beschädigung privater Sachen gilt § 11 ProdhaftG; zu beachten ist, dass (erst) der über 500 € hinausgehende Schaden zu ersetzen ist. Mehrere Ersatzpflichtige haften dabei als Gesamtschuldner (§ 5 S. 1 ProdhaftG). Ein Mitverschulden ist auch hier zu berücksichtigen (§ 6 ProdhaftG).

Zu beachten ist in diesem Zusammenhang das 2011 in Kraft getretene **Produktsicherheitsgesetz** (ProdSG), mit dem mehrere EG-Richtlinien in das nationale Recht umgesetzt worden sind und eine Vielzahl an öffentlich-rechtlichen Pflichten des Herstellers enthält.

Soweit es um die Haftung für fehlerhafte Arzneimittel geht, sind die Vorschriften des **Arzneimittelgesetzes** (AMG) **lex specialis**.

# Sachenrecht

**6**

## 6.1 Grundlagen

Unsere Rechts- und Gesellschaftsordnung überlässt die vorhandenen Sachen nicht allen zum beliebigen Gemeingebrauch, sondern geht von der im Grundgesetz festgelegten Institution des Privateigentums aus (Art. 14 GG). Deshalb muss geregelt sein, welche Sachen welcher Person zustehen und welche Befugnisse diese Person an der Sache hat. Diese Aufgabe wird im Wesentlichen durch das Sachenrecht im dritten Buch des BGB (§§ 854 bis 1296 BGB) wahrgenommen. Es enthält die Vorschriften über den Erwerb oder den Verlust von Sachen und die an Sachen möglichen Befugnisse. So geht z. B. das Eigentum an einer (beweglichen) Sache nach § 929 S. 1 BGB (erst) mit Einigung und Übergabe über.

Das Sachenrecht des BGB wird durch einige Sondergesetze ergänzt, wobei beispielhaft nur die Grundbuchordnung, das Erbbaurechtsgesetz und das Wohnungseigentumsgesetz zu nennen sind. Auf landesrechtlicher Ebene treten daneben noch weitere Gesetze, vor allem auf dem Gebiet des Nachbarrechts.

Das (vertragliche oder gesetzliche) Schuldverhältnis, das zuvor behandelt wurde, hatte die Leistungsverpflichtung von „Person (Gläubiger) und Person (Schuldner)" zum Gegenstand. Das Sachenrecht betrifft demgegenüber das Verhältnis „**Person und Sache**". Das Zuordnungsrecht an einer Sache bedeutet, dass dem Berechtigten die Sache unmittelbar zugewiesen ist und er auf sie unmittelbar einwirken kann, ohne dass er zuvor andere Personen um Erlaubnis fragen muss.[1] Diese rechtliche Herrschaft über Sachen wird durch **dingliche Rechte** ausgeübt. Dingliche Rechte sind absolute Rechte, die – anders als die nur gegenüber bestimmten Personen bestehenden obligatorischen Rechte – gegen jedermann wirken.

Das Eigentum ist dabei das umfassendste **Zuordnungsrecht** an einer Sache. Es wirkt als absolutes Recht gegenüber jedermann (vgl. § 903 BGB). So kann z. B. der Eigentümer einer Sache von dem Besitzer, der ihm gegenüber kein Recht zum Besitz hat (z. B. ein Mieter nach Ablauf der Mietzeit), Herausgabe verlangen. Er

---

[1] *Wolf/Wellenhofer*, § 1, Rn. 2.

© Springer-Verlag Berlin Heidelberg 2016
T. Zerres, *Bürgerliches Recht,* Springer-Lehrbuch, DOI 10.1007/978-3-662-49027-3_6

kann aber auch von jedem Störer Beseitigung oder Unterlassung verlangen (§§ 985, 1004 BGB).

Neben dem Eigentum als umfassendstes Zuordnungsrecht an einer Sache kennt das Sachenrecht **beschränkt dingliche Rechte.** Sie enthalten nicht wie das Eigentum eine umfassende Zuordnung von Befugnissen, sondern ordnen dem Berechtigten nur einzelne Befugnisse an der Sache zu.

Das BGB kennt zunächst **dingliche Nutzungsrechte,** die nur die Benutzung und das Gebrauchen der Sache ermöglichen, aber etwa nicht die Befugnis enthalten, die Sache zu veräußern, z. B. Nießbrauch (§§ 1030 bis 1089 BGB), Grunddienstbarkeit (§§ 1018 bis 1029 BGB), die beschränkt persönliche Dienstbarkeit (§ 1090 BGB) einschließlich des dinglichen Wohnrechts (§§ 1090 bis 1093 BGB). Das Erbbaurecht, ebenfalls ein dingliches Nutzungsrecht, ist im Erbbaurechtsgesetz (ErbbauRG) geregelt.

Zu nennen sind weiterhin die **Verwertungsrechte,** die nicht die Benutzung, aber unter bestimmten Voraussetzungen die Verwertung der Sache durch Veräußerung im Wege der Versteigerung gegen den Willen des Eigentümers erlauben, wenn nicht der Eigentümer durch Zahlung eines Geldbetrages die Veräußerung abwendet. Dingliche Verwertungsrechte sind die Reallast (§§ 1105 bis 1112 BGB), die Hypothek (§§ 1113 bis 1190 BGB), die Grundschuld (§§ 1191 bis 1198 BGB), die Rentenschuld (§§ 1199 bis 1203 BGB) und das Pfandrecht (§§ 1204 bis 1296 BGB).

Letztlich gibt es noch das dingliche **Erwerbsrecht,** das ein Anrecht auf den Erwerb einer Sache begründet, z. B. das dingliche Vorkaufsrecht (§§ 1094 bis 1104 BGB) und die Vormerkung (§ 883 BGB). Ein besonderes, nicht im BGB geregeltes, aber von Rspr. und Lehre anerkanntes Erwerbsrecht ist das dingliche Anwartschaftsrecht.[2]

Das Sachenrecht befasst sich nur mit der Vermögenszuordnung von **Sachen.** Eigentum, beschränkt dingliche Rechte und Besitz sind grundsätzlich nur an Sachen möglich. Einzige Ausnahmen sind der Nießbrauch (§ 1068 BGB) und das Pfandrecht an Rechten (§ 1273 BGB). Personen sind keine Sachen; das Bestimmungsrecht hierüber ergibt sich aus dem Persönlichkeitsrecht, nicht aus dem Eigentum. Abgetrennte Körperteile können als Sachen Eigentumsobjekte sein, z. B. Organe oder gespendetes Blut. Keine Sachen sind geistige Schöpfungen und Schutzgüter, wie z. B. Patentrechte, Markenrechte oder Urheberrechte. Die an diesen unkörperlichen Gegenständen bestehenden Rechte sind aber mit dem Sacheigentum vergleichbar. Sachen sind nach § 90 BGB alle greifbaren Gegenstände. Keine Sachen sind nach § 90a BGB Tiere, auf die jedoch die für Sachen geltenden Vorschriften entsprechend anwendbar sind. Man unterscheidet bewegliche und unbewegliche Sachen. Unbewegliche Sachen sind Grundstücke und ihre wesentlichen Bestandteile (§§ 93 bis 95 BGB). Alle anderen Sachen sind bewegliche Sachen, weil sie ihre räumliche Lage ändern können.[3]

Das Sachenrecht regelt auch, wie Sachen erworben werden können. Es gibt die Möglichkeit, eine Sache durch Rechtsgeschäft zu erwerben (§§ 929 ff., §§ 873 ff. BGB). Mindestens ebenso so wichtig sind die Regelungen zum gesetzlichen Eigen-

---

[2] *Wolf/Wellenhofer*, § 1, Rn. 7 ff.
[3] *Wolf/Wellenhofer*, § 1, Rn. 16.

tumserwerb. So erwirbt z. B. der Grundstückseigentümer Eigentum an den eingebauten Fenstern, Heizungen etc., da sie wesentlicher Bestand der Gesamtsache, also
des Gebäudes bzw. des Grundstücks werden (§§ 946, 94 BGB).

Die Rechtsgeschäfte, durch die man das Eigentum an Sachen oder Rechte an diesen begründet, nennt man **Verfügungsgeschäfte.** Sie sind zu unterscheiden von den
Verpflichtungsgeschäften, die nur Rechte und Pflichten zwischen Personen begründen, aber keine Auswirkungen auf die dingliche Rechtslage haben. Dabei ist das anfangs erwähnte **Abstraktionsprinzip** zu beachten[4], nach dem das schuldrechtliche
Kausalgeschäft streng zu trennen ist von dem dinglichen Rechtsgeschäft. Es besagt,
dass die Wirksamkeit des dinglichen Verfügungsgeschäfts von dem Bestand und der
Wirksamkeit des schuldrechtlichen Verpflichtungsgeschäfts unabhängig ist.

---

**Beispiel**

Durch einen Kaufvertrag über ein Kfz wird nur die Verpflichtung des Verkäufers zur Übergabe der verkauften Sache an den Käufer und zur Übertragung des
Eigentums begründet. Dieses obligatorische Recht wirkt nur zwischen den beteiligten Personen; die dingliche Rechtslage (Eigentümerstellung) bleibt davon
unberührt. Die Übertragung des Eigentums erfolgt erst durch ein zweites Rechtsgeschäft, d. h. in diesem Fall durch Einigung und Übergabe gem. § 929 BGB.
Durch dieses Rechtsgeschäft wird der Käufer dann Eigentümer des Kfz.

---

Ist z. B. das Verpflichtungsgeschäft unwirksam, das Verfügungsgeschäft wirksam,
führt dies aber zu einer ungerechtfertigten Vermögensmehrung jedoch desjenigen,
der ohne eine schuldrechtliche Berechtigung eine dingliche Rechtsposition erlangt
hat (z. B. Eigentum). Dann wird über Ansprüche aus ungerechtfertigter Bereicherung nach §§ 812 ff. BGB (wegen einer „Leistung ohne rechtlichen Grund") ein
Ausgleich herbeigeführt. In Ausnahmefällen wird jedoch der Grundsatz der Abstraktheit des Verfügungsgeschäftes durchbrochen (z. B. bei §§ 123, 138 Abs. 2,
1369 BGB). In diesen Fällen ist sowohl das Verpflichtungsgeschäft als auch das
Verfügungsgeschäft unwirksam mit der Folge, dass ein Erwerber kein dingliches
Recht erworben hat.

---

## 6.2 Grundprinzipien des Sachenrechts

Das Sachenrecht wird von bestimmten Prinzipien beherrscht, die im Gesetz nicht
ausdrücklich erwähnt sind, die aber der gesetzlichen Regelung zu Grunde liegen
und deren Anwendung und Auslegung beeinflussen. Die Kenntnis dieser Prinzipien
ist daher besonders wichtig.

Nach dem **Absolutheitsprinzip** wirken dingliche Rechte absolut, d. h. gegenüber
jedermann. Als Herrschaftsrechte gewähren sie dabei einen umfassenden Schutz,
der sich am deutlichsten beim Eigentum zeigt. Die Güterzuordnung verlangt daher

---

[4] Ausführlich zum Trennungsgrundsatz und Abstraktionsprinzip *Prütting,* § 4, Rn. 28.

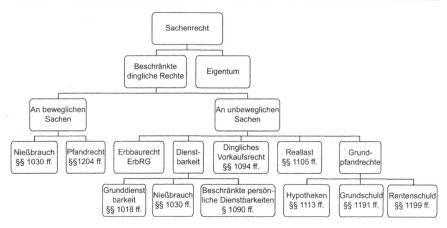

**Abb. 6.1** Numerus clausus der Sachenrechte

klare Verhältnisse. Aus diesem Grund hat das Gesetz den Katalog dinglicher Rechte abschließend geregelt; man spricht auch vom **numerus clausus der Sachenrechte (Typenzwang).** Das bedeutet, dass die Parteien nur zwischen den im Gesetz genannten dinglichen Rechten wählen können; ebenso kann auch der Inhalt dieser Rechte nicht verändert werden. Es besteht damit zwar Abschlussfreiheit bei der Frage, ob ein gesetzlich zugelassenes Recht bestellt wird, jedoch besteht im Gegensatz zum Schuldrecht keine Gestaltungsfreiheit. Neben dem Eigentum als dem umfassenden Recht an einer Sache (vgl. Art. 14 GG; § 903 BGB) gibt es im Sachenrecht noch die beschränkt dinglichen Rechte. Der Inhaber eines solchen Rechts hat aber nur Teilbefugnisse (Abb. 6.1).

Ebenso wie der Typenzwang dient auch der **Spezialitätsprinzip** der Klarheit und Erkennbarkeit der dinglichen Rechtslage für Dritte. Das Spezialitätsprinzip bedeutet, dass jeder selbstständigen Sache ein gesondertes Eigentumsrecht entspricht, d. h. dingliche Rechte können nur an einzelnen Sachen begründet werden.

So kann an einer Sachgesamtheit (z. B. einem Unternehmen) kein dingliches Recht begründet werden.[5] Eine Sachgesamtheit ist eine Zusammenfassung von Sachen, Rechten, insbesondere Forderungen, und geschäftlichen Werten, wie etwa dem Kundenstamm und Lieferbeziehungen. Eigentum i. S. d. § 903 BGB kann hier nur an den einzelnen, zum Unternehmen gehörenden Sachen bestehen. So kann das Unternehmen zwar Gegenstand eines Kaufvertrags sein. Dadurch wird aber nur die „Verpflichtung" zur Veräußerung der betreffenden Übertragung geschaffen. Die Erfüllung dieser Verpflichtung erfolgt dann durch die (vor allem) im Sachenrecht geregelten Erwerbstatbestände, für die der Grundsatz der Spezialität bzw. der Bestimmtheitsgrundsatz gilt.

Der **Bestimmtheitsgrundsatz** besagt, dass bei der Bestellung dinglicher Rechte zwar den Parteien ein Gestaltungsspielraum zusteht, die getroffen Vereinbarungen aber wegen der absoluten Geltung gegenüber jedermann inhaltlich bestimmt sein

---

[5] *Prütting*, § 4, Rn. 25 ff.

müssen. Der Erkennbarkeit der dinglichen Güterzuordnung dient auch das **Publizitätsprinzip**. Da absolute Rechte jedermann binden, muss diese dingliche Zuordnung auch nach außen erkennbar sein. Das bedeutet im Endeffekt, dass (grundsätzlich) jede rechtsgeschäftliche Veränderung der sachenrechtlichen Lage für Dritte erkennbar sein soll. Publizitätsmittel ist bei Rechten an beweglichen Sachen (= Fahrnis) der Besitz als Ausdruck des Übergabe- oder Traditionsprinzips (§ 929 BGB); bei Grundstücksrechten ist es die Grundbucheintragung als Ausdruck des Eintragungsgrundsatzes (§ 873 Abs. 1 BGB).[6]

## 6.3 Besitz

### 6.3.1 Besitz als tatsächliche Sachherrschaft

Der **Besitz** ist gem. § 854 BGB die von der Verkehrsauffassung anerkannte „tatsächliche Sachherrschaft". Die tatsächliche Herrschaft über eine Sache äußert sich dadurch, dass der Besitzer in tatsächlicher Hinsicht die Herrschaftsgewalt über eine Sache ausüben kann, ohne auf andere Personen angewiesen zu sein. Die tatsächliche Sachherrschaft braucht dabei nicht rechtmäßig zu sein, so dass auch der Dieb Besitzer sein kann. Demgegenüber ist das **Eigentum** nach § 903 BGB die grundsätzlich unbeschränkte „rechtliche (Sach-)Herrschaft". Die rechtliche Sachherrschaft zeigt sich daran, dass der Eigentümer bei Verfügungen über die Sache (Veräußerungen, Belastungen) als Berechtigter handelt. Eigentümer und Besitzer einer Sache können identisch sein; häufig sind es jedoch verschiedene Personen. Die Ausdrücke „Eigentum" und „Besitz" werden im täglichen Sprachgebrauch oft nicht genau getrennt. So spricht man mitunter vom Hausbesitzer bzw. Grundbesitzer und meint den Hauseigentümer oder Grundeigentümer. In rechtlicher Hinsicht ist Besitzer auch der Mieter oder Pächter einer Sache.

Der Besitz als Rechtsfigur oder Tatbestandmerkmal wird im Gesetz an vielen Stellen verwendet. So richtet sich etwa der Herausgabeanspruch des Eigentümers aus § 985 BGB gegen den Besitzer. Passivlegitimiert ist nur, wer tatsächlich Besitzer ist. Der rechtsgeschäftliche Erwerb des Eigentums erfolgt nach § 929 S. 1 BGB durch Übergabe der Sache. Übergabe bedeutet nichts anderes als die Übertragung des unmittelbaren Besitzes. Die Übereignung funktioniert nur, wenn der Veräußerer den Besitz vollständig verliert und der Erwerber ihn tatsächlich erlangt. Dies ist Ausdruck der Publizitätsfunktion des Besitzes. Mit der Besitzübertragung soll nach außen für andere die Änderung der Rechtslage erkennbar gemacht werden; beim mittelbaren Besitz ist die Erkennbarkeit erheblich abgeschwächt. Auch im Hinblick auf einen gutgläubigen Erwerb ist der Besitz von erheblicher Bedeutung. Die Erlangung des Besitzes an einer Sache ist auch die Grundlage für den (gutgläubigen) Eigentumserwerb an beweglichen Sachen (Gutglaubensfunktion). Eine weitere Funktion des Besitzes ergibt sich aus § 1006 BGB (Eigentumsvermutung). Danach gilt grundsätzlich zugunsten des Besitzers einer beweglichen Sache die Vermutung,

---

[6] *Wolf/Wellenhofer*, § 3, Rn. 5 zum Publizitätsgrundsatz.

dass er auch Eigentümer ist. Dass dies häufig auch der Fall ist, entspricht der allgemeinen Lebenserfahrung. Oftmals wird man auch gar nicht mehr in der Lage sein, dokumentarisch sein Eigentum an den Sachen nachzuweisen, die man im Besitz hat. Wenn jemand in einem Prozess behauptet, dass der Besitzer nicht der Eigentümer sei, so muss er das beweisen (Legitimationswirkung des § 1006 BGB). Ebenso wird nach § 1006 Abs. 2 BGB auch zugunsten des früheren Besitzers einer Sache vermutet, dass er während der Dauer des Besitzes deren Eigentümer gewesen war. Die Publizitätsfunktion, die bei beweglichen Sachen dem Besitz zukommt, übernimmt bei Rechten an Grundstücken das Grundbuch.

## 6.3.2  Erscheinungsform

Der **Besitz** an einer Sache wird nach § 854 Abs. 1 BGB durch Erlangung der **tatsächlichen Gewalt** über die Sache erworben. Es richtet sich danach, ob die realisierbare Möglichkeit zur Einwirkung auf die Sache besteht. Gleichgültig ist, ob der Besitzer ein Recht zum Besitz hat oder nicht; Besitz kann an beweglichen Sachen und an Grundstücken bestehen. Unmittelbarer Besitzer der vermieteten Wohnung ist der Mieter, obwohl er nicht Eigentümer ist, aber die tatsächliche Sachherrschaft innehat. Er besitzt die Schlüssel und kann sich darin aufhalten.

Besitzer ist der Nutzer eines entliehenen Buches, der Schuster, der Schuhe zur Reparatur bekommen hat, der Finder einer Sache und sogar der Dieb, der eine Sache gestohlen hat.

Wann eine solche tatsächliche Sachherrschaft vorliegt, ist im Gesetz nicht geregelt, sondern bestimmt sich nach der allgemeinen Verkehrsanschauung. Eine ihrer Natur nach nur vorübergehende Verhinderung bei der Ausübung der tatsächlichen Sachherrschaft beendet den Besitz noch nicht (§ 856 Abs. 2 BGB). So bleibt man Besitzer, wenn man seine Wohnung oder sein Kfz abschließt und anschließend auf Reisen geht, weil man beides jederzeit nutzen könnte[7]; ebenso bleibt man Besitzer von frei herumlaufenden Haustieren, vorausgesetzt, dass die Wahrscheinlichkeit besteht, dass diese noch ab und zu nach Hause kommen.[8]

Auch ohne enge räumliche Beziehung kann Besitz bestehen, z. B. am Inhalt von Behältnissen, wenn die Kontrollmöglichkeit durch den Besitz eines Schlüssels besteht. Der Besitz als tatsächliche Sachherrschaft deckt sich weitgehend mit dem strafrechtlichen Begriff des Gewahrsams (z. B. in § 242 StGB).

Übt jemand die tatsächliche Gewalt über die Sache in der Weise aus, dass sie den Weisungen eines anderen bezüglich des Umgangs mit der Sache unterworfen ist, so ist der **weisungsabhängige Besitzdiener** und der weisungsberechtigte Besitzer (§ 855 BGB). Die Weisungsgebundenheit des Besitzdieners wird i. d. R durch ein Arbeitsverhältnis begründet.

Besitzdienerschaft und mittelbarer Besitz unterscheiden sich dadurch, dass der Besitzdiener Weisungen unterworfen ist, der Besitzmittler dagegen nicht. Der Be-

---

[7] *Wolf/Wellenhofer*, § 4, Rn. 2.
[8] Palandt/*Bassenge*, § 856 BGB, Rn. 4.

sitzmittler ist deshalb selbst Besitzer, der Besitzdiener ist es nicht (§ 855 BGB: „… so ist nur der andere Besitzer"). Mit dieser Vorschrift hat der Gesetzgeber der arbeitsteiligen Wirtschaft und der Tatsache Rechnung getragen, dass in vielen Fällen die unmittelbare Sachherrschaft für andere ausgeübt wird. Würde man in den oben beschriebenen Abhängigkeitsverhältnissen stets Besitz annehmen, dann bestünde wegen der Rechtsscheinwirkung des Besitzes die Gefahr, dass Gutgläubige zu Lasten des Berechtigten das Eigentum an den überlassenen Sachen erwerben. Der Erwerb vom Besitzdiener fällt unter § 935 BGB, d. h. dass die Sachen insoweit als „abhanden gekommen" gelten und ein gutgläubiger Erwerb danach ausscheidet. Dritten muss jedoch erkennbar sein, dass jemand die Sachherrschaft als Besitzdiener ausübt.

Eine Besonderheit ist hier der Fall, dass der Besitzdiener unter Bruch seines Weisungsverhältnisses die Sache für sich selbst besitzen will. Er begeht dann verbotene Eigenmacht (§ 858 BGB) und wird zum unrechtmäßigen unmittelbaren Fremdbesitzer.

Auch wenn es auf den ersten Blick nicht so scheint, kann der Besitz verschiedene **Erscheinungsformen** haben. Diese Erscheinungsformen sind in den §§ 854 bis 872 BGB geregelt (Abb. 6.2).

So kann zunächst die Intensität der Sachherrschaft den Besitzbegriff differenzieren. Man unterscheidet dabei zwischen dem unmittelbaren und mittelbaren Besitz.

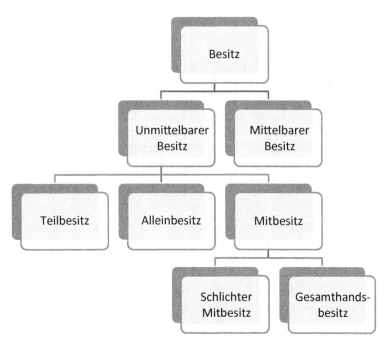

**Abb. 6.2** Besitzformen

Der Besitzer, der die unmittelbare tatsächliche Gewalt über eine Sache erlangt hat, wird **unmittelbarer Besitzer** genannt (§ 854 Abs. 1 BGB). Steht der unmittelbare Besitzer zu einem anderen in einem Rechtsverhältnis, kraft dessen er den Besitz nur auf begrenzte Zeit haben darf, so ist der andere **mittelbarer Besitzer** (§ 868 BGB).

**Besitzmittlungsverhältnisse** dieser Art sind insbesondere Miete, Pacht, Leihe, Verwahrung oder Nießbrauch. Im Rahmen eines Mietverhältnisses ist demnach der Mieter unmittelbarer Besitzer, der Vermieter mittelbarer Besitzer. Der Mietvertrag stellt daher ein Besitzmittlungsverhältnis dar (§ 868 BGB), welches den Mieter zur Ausübung des (unmittelbaren) Besitzes auf Zeit berechtigt und ihn nach Ablauf des Mietverhältnisses zur Rückgabe der Mietsache verpflichtet. Kein Besitzmittlungsverhältnis besteht, wenn jemand im Rahmen eines Angestelltenverhältnisses die tatsächliche Gewalt über eine Sache erlangt; vielmehr ist nach § 855 BGB nicht er, sondern der Arbeitgeber unmittelbarer Besitzer.

Für die Frage des Besitzschutzes ist wichtig, ob jemand den Besitz alleine oder zusammen mit anderen ausübt bzw. ausüben kann. Dabei ist zunächst zu beachten, dass Besitz nicht nur an einer ganzen Sache möglich ist, sondern auch an abgrenzbaren Sachteilen, insbesondere an bestimmten Wohnräumen, z. B. kann der Untermieter unmittelbarer Besitzer eines Zimmers sein und der Mieter Besitzer der übrigen Wohnung. Dies nennt man **Teilbesitz.**[9] Der Teilbesitzer genießt nach § 865 BGB denselben Schutz wie der Besitzer einer ganzen Sache. Bislang wurde immer nur von einem Besitzer ausgegangen, den man **Alleinbesitzer** nennt. Es können aber auch mehrere Personen gleichzeitig Besitzer derselben Sache sein. Dabei handelt es sich dann um **Mitbesitzer** (bzw. um Teilmitbesitzer). Mitbesitz bedeutet demnach, dass mehrere Personen eine Sache oder einen abgrenzbaren Sachteil gemeinschaftlich besitzen (§ 866 BGB), z. B. gemeinsame Einrichtungen in Mietshäusern wie das Treppenhaus. Durch die gleichzeitige Sachherrschaft der übrigen Mitbesitzer ist jeder Mitbesitzer in seiner Sachherrschaft über die ganze Sache eingeschränkt. Dieser Mitbesitz ist mitunter nach der Art seiner Ausübung unterschiedlich. Bei **schlichtem Mitbesitz** kann die Sachherrschaft von jedem Mitbesitzer allein ausgeübt werden, während hingegen beim **Gesamthandsmitbesitz** für die Ausübung der Sachherrschaft das Zusammenwirken aller Mitbesitzer erforderlich ist. Letztlich kann der Besitz nach der inneren Willensrichtung des Besitzers unterschieden werden. So ist zunächst gem. § 872 BGB derjenige als **Eigenbesitzer** zu bezeichnen, der eine Sache „als ihm gehörend besitzt". Diese Formulierung ist nicht ganz eindeutig. Gemeint ist damit der Besitzer, der die Sache wie ein Eigentümer besitzen und keinen mittelbaren Besitzer über sich dulden will. Eigenbesitzer ist deshalb nicht nur der (besitzende) Eigentümer, sondern auch der Dieb, der die gestohlene Sache behalten will und wie ein Eigentümer verfährt (dann allerdings als „nichtberechtigter Eigenbesitzer"). **Fremdbesitzer** ist dagegen derjenige, der die Sache für einen anderen besitzt und diesem die Sache später wieder herausgeben will. Ob Eigen- oder Fremdbesitz vorliegt, hängt also vor allem vom erkennbaren Willen des Besitzers ab. Die Eigentumsverhältnisse bleiben davon unberührt. Fremdbesitzer ist danach der Mieter oder jeder, der auf Grund eines Besitzmittlungsverhältnisses

---

[9] *Wolf/Wellenhofer*, § 4, Rn. 17.

die Sachherrschaft – regelmäßig nur vorübergehend – für einen anderen ausübt. Die Unterscheidung zwischen Eigen- und Fremdbesitz ist u. a. für die Frage der Ersitzung (§§ 937 ff. BGB) von Bedeutung, wonach der Eigentumserwerb durch Ersitzung den Eigenbesitz voraussetzt oder beim Fruchterwerb nach § 955 BGB. Danach erwirbt der gutgläubige Eigenbesitzer das Eigentum an den Früchten und Erzeugnissen der Sache; neben den §§ 937, 955 BGB ist Eigenbesitz von Bedeutung für §§ 958, 988, 993, 1006, 1120 BGB.

### 6.3.3   Erwerb und Verlust des Besitzes

Mit den vorhergehenden Ausführungen ist noch nicht die Frage des Erwerbs des Besitzes beantwortet. Nach § 854 Abs. 1 BGB ist zum Erwerb des Besitzes die Erlangung der tatsächlichen Gewalt nötig. Nach h. M. ist dazu noch als subjektives Element ein **Besitzerwerbswille** erforderlich, wobei nicht notwendig ist, dass dieser Wille beim Besitzerwerb an einer einzelnen Sache konkretisiert sein muss, sondern es genügt ein genereller Besitzerwerbswille. Der Besitzerwerbswille muss nicht die gleiche Qualität haben wie der rechtsgeschäftliche Wille. Mittels dieses generellen Besitzerwerbswillens ist der Besitzerwerb auch an solchen Sachen möglich, die nur ihrer Art nach bestimmt sind. Infolgedessen ist der Besitzerwerb auch nicht von der Geschäftsfähigkeit des Besitzers abhängig,[10] weil der Besitz lediglich ein tatsächliches Verhältnis bezeichnet. Notwendig ist nur eine gewisse geistige Reife zum Verständnis des tatsächlichen Vorgangs.[11] Kann der Besitzerwerber bereits die tatsächliche Sachherrschaft ausüben, so genügt die **Einigung** des Erwerbers mit dem bisherigen Besitzer über den Besitzübergang. Die Einigung nach § 854 Abs. 2 BGB ist ein Rechtsgeschäft. Deshalb ist hier im Gegensatz zum bloßen Besitzwillen Geschäftsfähigkeit erforderlich; Stellvertretung ist zulässig.

Eine Besonderheit ist der Besitzerwerb (kraft Gesetz) gem. § 857 BGB hinsichtlich eines Erben. Danach geht der Besitz auf den Erben über. Erbenbesitz ist Besitz ohne tatsächliche Sachherrschaft. Diese Regelung soll einen Erben davor schützen, dass der Nachlass durch den Zugriff unbefugter Dritter vermindert wird.

Der Besitz besteht solange fort, wie der Besitzer in der Lage ist, den Besitz auszuüben. Der Besitz wird nicht durch eine vorübergehende Verhinderung in der Ausübung der Sachherrschaft beendet. Der unmittelbare Besitz wird erst dadurch beendet, dass der Besitzer die tatsächliche Gewalt über die Sache aufgibt oder in anderer Weise verliert (z. B. der Zeitungsleser, der die Zeitung wegwirft oder das Auto, das gestohlen wird). Endet die Sachherrschaft mit dem Willen des Besitzers (= freiwillig), dann liegt ein Besitzverlust durch Besitzaufgabe vor. „In anderer Weise" endet der Besitz, wenn die Sachherrschaft ohne oder gegen den Willen des Besitzers (= unfreiwillig) endet (§ 856 Abs. 1 BGB). Zu beachten ist, dass der Besitz, der ohne oder gegen den Willen des unmittelbaren Besitzers entzogen wird, als „abhanden gekommen" i. S. d. § 935 BGB gilt. So ist beispielsweise der Gast, der in einem

---

[10] *Jacoby/von Hinden*, § 854 BGB, Rn. 5.
[11] Vgl. zum Besitzerwerbswillen *Wieling*, § 4 I 1; *Wolf/Wellenhofer*, § 4, Rn. 9.

Restaurant auf dem Stuhl sitzt und das Besteck in der Hand hält, ebenso wenig Besitzer wie der Kunde in einem Buchladen, der ein Buch zur Ansicht in der Hand hält, da dies noch vom Willen des unmittelbaren Besitzers gedeckt ist.

### 6.3.4  Schutz des Besitzes

Dem Schutz des Besitzes dienen neben Vorschriften des Schuldrechts (wie z. B. §§ 812 ff. und §§ 823 ff. BGB) auch sachenrechtliche Vorschriften. Deshalb ist durch das Gesetz der Besitzer einer Sache gegen Entziehung oder Störung der Sachherrschaft geschützt. Der Besitzschutz realisiert sich in mehrfacher Form.

#### 6.3.4.1  Gewaltrechte nach §§ 859, 860 BGB

Die Gewaltrechte dienen der Selbsthilfe von Besitzer und Besitzdiener gegenüber Dritten, die den Besitz entziehen oder stören wollen. So kommt ein sachenrechtlicher Besitzschutz in Betracht, wenn gegen den Besitzer **verbotene Eigenmacht** verübt wird. Darunter versteht man nach § 858 Abs. 1 BGB Handlungen, die den Besitzer ohne dessen Willen widerrechtlich beeinträchtigen. Die verbotene Eigenmacht gibt es in den Formen der **Besitzentziehung** und der **Besitzstörung**.[12] Dabei ist die Besitzentziehung die vollständige Beseitigung der Sachherrschaft, während die Besitzstörung jede andere Beeinträchtigung des Besitzes ist, wie z. B. eine Lärmbelästigung.

Eine Einwilligung des Besitzers in die Besitzbeeinträchtigung erfordert die Einsichtsfähigkeit in die tatsächliche Bedeutung des Vorgangs; Geschäftsfähigkeit ist nicht nötig. Subjektive Elemente, so etwa Verschulden oder Bewusstsein der Rechtswidrigkeit, sind nach § 858 Abs. 1 BGB nicht erforderlich. Es kommt lediglich auf die objektive Widerrechtlichkeit der Besitzentziehung oder -störung an. Der auf Grund einer verbotenen Eigenmacht erlangte Besitz ist fehlerhaft (§ 858 Abs. 2 S. 1 BGB).

Eine Eigenmacht ist grundsätzlich verboten, es sei denn, es liegt ein Recht zur Eigenmacht (nicht zu verwechseln mit dem Recht zum Besitz) vor. Ein derartiges Recht gewähren die Notwehr- und Selbsthilfebefugnisse aus §§ 227, 229, 859, 860, 904 BGB sowie die Beschlagnahmebefugnisse des Gerichtsvollziehers (vgl. § 808 Abs. 1 ZPO), nicht jedoch das Verfolgungsrecht aus §§ 867, 1005 BGB. Der Besitzer kann sich gegen die verbotene Eigenmacht selbst schützen. Solange die verbotene Eigenmacht noch nicht abgeschlossen ist und noch nicht zum Verlust des Besitzes geführt hat, hat der Besitzer das Recht zur Selbstverteidigung, d. h. er darf sich der verbotenen Eigenmacht mit Gewalt erwehren. Die Verteidigung des noch bestehenden Besitzes wird als **Besitzwehr** bezeichnet (§ 859 Abs. 1 BGB). Besitzwehr ist ein Fall der Notwehr. Es darf also die Gewaltanwendung nicht über das zur Abwehr gegenwärtiger verbotener Eigenmacht gebotene Maß hinausgehen.[13]

Darüber hinaus wird dem Besitzer das Recht gewährt, dem Täter die Sache wieder abzunehmen, wenn er ihn auf frischer Tat ertappt oder verfolgt. Die Wieder-

---

[12] *Baur/Stürner*, § 9, Rn. 3 ff.
[13] *Prütting*, § 13, Rn. 112 m. w. N.

ergreifung des entzogenen Besitzes ist eine **Besitzkehr** (§ 859 Abs. 2 BGB). Die Besitzkehr stellt, wie die Besitzwehr, einen Fall der Notwehr dar, denn auch diese gestattet die Verfolgung des auf frischer Tat ertappten Täters. Bei Grundstücken darf die Besitzkehr dagegen nur „sofort" erfolgen (§ 859 Abs. 3 BGB). Dies bedeutet eine Erweiterung der Selbsthilfe gegenüber § 229 BGB, denn es kommt nicht auf die Frage an, ob obrigkeitliche Hilfe rechtzeitig zu erlangen ist oder ob die Vereitelung oder Erschwerung des Anspruchs droht. „Sofort" bedeutet dabei, dass nach dem Auslösungstatbestand noch eine objektiv erforderliche Vorbereitungszeit verstreichen darf, wobei die subjektive Kenntnis nicht berücksichtigt wird.[14] Zu beachten ist die Unterscheidung „augenblicklich", „sofort" und „unverzüglich". „Augenblicklich" ist im Wortsinne zu verstehen, während bei „unverzüglich" nach der gesetzlichen Definition des § 121 Abs. 1 BGB zusätzlich zur objektiv erforderlichen Vorbereitungszeit noch ein entschuldbarer Zeitverlust hinzutreten darf. Besitzschutz ist nicht nur gegenüber dem Täter der verbotenen Eigenmacht möglich, sondern auch gegenüber dessen Besitznachfolger, wenn dieser der Erbe des Täters ist oder wenn er beim Besitzerwerb von der verbotenen Eigenmacht seines Vorgängers weiß (§ 858 Abs. 2 BGB).

#### 6.3.4.2  Possessorische Ansprüche aus §§ 861, 862 BGB

Ist die verbotene Eigenmacht durch Entziehung des Besitzes zum Abschluss gebracht worden, sei es, dass der Besitzer vergeblich Selbsthilfe versucht hat, sei es, dass er die verbotene Eigenmacht nicht bemerkt hat, so steht dem Besitzer, der seinen Besitz verloren hat, der Anspruch auf Wiedereinräumung des Besitzes zu. **Possessorische Ansprüche** (lat. possessor = Besitzer) schützen den Besitzer bei Besitzentziehung durch einen **Herausgabeanspruch** aus § 861 BGB bzw. durch einen Störungsbeseitigungsanspruch aus § 862 BGB. Es handelt sich um subjektive Abwehrrechte gegen jedermann zum Schutz des tatsächlich bestehenden Zustandes. Mit dem Verbot des eigenmächtigen Vorgehens (§ 858 BGB) und dem Schutz des Besitzes will das Gesetz die Selbstjustiz und die Anwendung von Brachialgewalt verhindern und friedliche Lebensverhältnisse garantieren.[15] Der Besitzschutz wird deshalb unabhängig davon gewährt, ob jemand ein Recht zum Besitz hat oder nicht. Wer dem anderen dessen unrechtmäßig erlangten Besitz nicht belassen will, muss seine Ansprüche gerichtlich durchsetzen und darf nicht eigenmächtig vorgehen. Die Vollstreckung aufgrund eines gerichtlichen Urteils oder einer einstweiligen Verfügung ist kein Fall der verbotenen Eigenmacht und begründet keine Ansprüche aus §§ 861, 862 BGB. Auch der **mittelbare Besitzer** kann nach § 869 BGB die possessorischen Ansprüche geltend machen. Der **Besitzschutz des Mitbesitzers** nach § 866 BGB ist allerdings nur eingeschränkt möglich.

Die Besonderheit der §§ 861, 862 BGB besteht darin, dass als Anspruchsberechtigter auch ein fehlerhafter Besitzer in Betracht kommt, dessen Besitz durch einen Dritten gestört oder entzogen wurde. Gegenüber diesen Ansprüchen können grundsätzlich nur **possessorische Einwendungen** (aus einem Recht zur Eigenmacht),

---

[14] *Prütting,* § 13, Rn. 114 m. w. N.
[15] *Wolf/Wellenhofer,* § 5, Rn. 1.

nicht aber petitorische Einwendungen (aus einem Recht zum Besitz) geltend gemacht werden (§ 863 BGB). Der Anspruchsgegner kann sich also nur darauf berufen, dass sein Handeln keine verbotene Eigenmacht war, weil er bestimmte Rechtfertigungsgründe für sein Handeln hatte; andere Begründungen, z. B. ein Recht
zum Besitz, etwa aus Eigentum oder ein Übereignungsanspruch, können nicht vorgebracht werden. So darf der Besitzer eine Störung bzw. einen Entzug des Besitzes
auch gegenüber Personen abwehren, die an sich ihm gegenüber ein besseres Recht
an der Sache haben, solange diese Personen nicht über einen besonderen Rechtstitel
verfügen, der ihnen die Wegnahme der Sache auch gegen den Willen des derzeitigen Besitzers gestattet.

---

**Beispiel**

M hat von V ein Zimmer gemietet. Ist das Mietverhältnis aufgrund einer berechtigten Kündigung des V beendet und die Räumungsfrist abgelaufen und
zieht M nicht aus, so begeht der Vermieter verbotene Eigenmacht, wenn er
M mit physischen Zwang einfach auf die Straße setzt. Erst wenn V vor Gericht einen Räumungstitel erwirkt hat, darf er sich – mit Unterstützung des
Gerichtsvollziehers – auch gegen den Willen des M – wieder den Besitz an
seiner Wohnung verschaffen.

---

Insgesamt ist somit der Gegner der Besitzschutzansprüche in seiner Verteidigung
stark eingeschränkt. Der Gesetzgeber wollte damit den Besitzschutz wirksamer
gestalten und dem Besitzer die rasche Wiederherstellung seines durch verbotene
Eigenmacht beeinträchtigen Besitzes ermöglichen.[16]

Die **Verjährung** der Besitzschutzansprüche tritt nach § 864 BGB ein Jahr nach
Begehung der verbotenen Eigenmacht ein bzw. wenn durch rechtskräftiges Urteil in
einem anderen Prozess festgestellt wird, dass der „Eigenmachttäter" einen Anspruch
auf den durch seine Eigenmacht bewirkten Erfolg hatte.

### 6.3.4.3  Petitorische Herausgabeansprüche aus § 1007 BGB

Besitzschutz wird allerdings nicht nur nach possessorischen Ansprüchen gewährt,
sondern auch nach § 1007 BGB. Nach § 1007 BGB wird dem früheren Besitzer
wegen seines früheren Besitzes ein Recht auf die Sache zugesprochen. Er kann vom
gegenwärtigen Besitzer die Herausgabe der Sache verlangen, wenn ihm die Sache
abhanden gekommen ist; § 1007 BGB kommt in der Praxis nur geringe Bedeutung
zu. Dem mittelbaren Besitzer steht ebenfalls der Anspruch aus § 1007 BGB zu, allerdings ist dieser nach § 869 S. 2 BGB analog insoweit modifiziert, dass der mittelbare
Besitzer grundsätzlich nur die Herausgabe an den unmittelbaren Besitzer verlangen
kann, es sei denn, dieser kann oder will den Besitz nicht mehr übernehmen.

---

[16] *Jacoby/von Hinden*, § 861 BGB, Rn. 2.

### 6.3.4.4  Besitz als „sonstiges Recht" i. S. v. § 823 Abs. 1 BGB

Diese Verstärkung der obligatorischen Rechtsstellung durch die Besitzschutzansprüche mit Wirkung gegen jedermann hat dazu geführt, dass der berechtigte Besitz auch als sonstiges Recht i. S. d. § 823 Abs. 1 BGB anerkannt wurde.[17] Der Schutz des § 823 Abs. 1 BGB kommt auch dem gutgläubigen Besitzer zu, der zwar in Wirklichkeit kein Recht zum Besitz hat, aber im guten Glauben an ein solches Recht besitzt. Der Besitz wird weiterhin nach §§ 823 Abs. 2 BGB i. V. m. §§ 858 ff. BGB geschützt.[18] Das durch den Besitz verstärkte Recht zum Besitz kann auch Gegenstand einer Leistungs- oder Eingriffskondition sein.[19]

## 6.4  Eigentum

### 6.4.1  Begriff und Bedeutung

Eigentum ist die **umfassendste Form** der rechtlichen Zuordnung einer Sache zum Vermögen eines Rechtssubjekts. Für den Inhalt des Eigentums war bis zum Erlass des Grundgesetzes allein der § 903 BGB maßgebend. Nach § 903 BGB kann der Eigentümer nach Belieben mit der Sache verfahren („Totalität des Eigentums") und jeden anderen von jeder Einwirkung auf die Sache ausschließen („Exklusivität des Eigentums"). Er kann den in einer Sache verkörperten materiellen Wert für sich nutzen, indem er sie entweder selbst gebraucht, sie anderen zur Nutzung überlässt oder sie ganz veräußert. Der Eigentümer kann aber auch jegliche Nutzung unterlassen oder die Sache zerstören.

Nach dem **Grundsatz der Spezialität** kann Eigentum nur an einzelnen Sachen bestehen. Das ergibt sich aus den Worten „… Eigentümer einer Sache … " in § 903 BGB. Mithin kann an Sachgesamtheiten (wie z. B. Warenlagern) kein Eigentum bestehen; genauso wenig kann Eigentum an Rechten bestehen.

Das Eigentumsrecht ist durch Art. 14 GG verfassungsrechtlich geschützt. Diese Grundrechtsnorm enthält zunächst eine **Institutsgarantie** des Eigentums, d. h. der Staat ist verpflichtet, eine Rechtsordnung zu schaffen und deren praktische Durchsetzbarkeit zu gewährleisten, die es dem Einzelnen überhaupt ermöglicht, Eigentum zu erwerben und hiervon Gebrauch zu machen. Der Eigentumsbegriff des Art. 14 GG ist weiter als der in § 903 BGB, der sich nur auf Sachen bezieht. So werden auch das Urheberrecht und die gewerblichen Schutzrechte, z. B. das Patent- und Markenrecht, dem Eigentumsbegriff des Art. 14 GG zugeordnet, weil dieser alle vermögenswerte Gegenstände erfasst.[20]

Diese Eigentumsfreiheit wird jedoch nicht nur geschützt, sondern auch **eingeschränkt,** und zwar insoweit, als es dem Verfassungsrahmen des sozialen Rechtsstaates entspricht. Das Eigentum ist also einer Sozialbindung unterworfen, wonach

---

[17] Palandt/*Sprau*, § 823 BGB, Rn. 13 m. w. N.

[18] *Wolf/Wellenhofer*, § 5, Rn. 18.

[19] Palandt/*Bassenge*, Überbl. v § 854 BGB, Rn. 1 m. w. N.

[20] *Wolf/Wellenhofer*, § 3, Rn. 27.

sein Gebrauch auch dem Wohl der Allgemeinheit dienen soll (vgl. Art. 14 Abs. 2 GG; **Sozialpflichtigkeit des Eigentums**). Dabei obliegt es dem Gesetzgeber, Inhalt und Schranken des Eigentums zu bestimmen (Art. 14 Abs. 1 S. 2 GG). Seiner Gestaltungsfreiheit sind umso engere Grenzen gezogen, je mehr Eigentumsnutzung und Eigentumsverfügung innerhalb der Eigentümersphäre verbleiben. Wenn das Eigentumsobjekt dagegen in einem sozialen Bezug steht und eine soziale Funktion hat, dann ist der Handlungsspielraum für den Gesetzgeber relativ groß, um sozialschädliche Folgen eines willkürlichen Eigentumsgebrauchs zu vermeiden. Die Beispiele für eine Sozialbindung des Eigentums sind vor allem beim Grundstückseigentum sehr zahlreich. Sie reichen von der Reglementierung der Baufreiheit durch Bauordnungs- und Bauplanungsbestimmungen über Vorschriften des Umwelt-, Natur und Denkmalschutzes bis hin zur Beschränkung der Vertragsgestaltungsfreiheit bei der Wohnraummiete oder der Verpachtung landwirtschaftlich genutzter Grundstücke. Nach Art. 14 Abs. 2 GG sind auch die Regelungen der unternehmerischen Mitbestimmung gerechtfertigt. In bestimmten Fällen kann auch eine **Enteignung** möglich sein, jedoch nur unter Wahrung klar umrissener rechtsstaatlicher Sicherungen, d. h. nur zum Wohl der Allgemeinheit gegen eine Entschädigungszahlung und dann auch nur aufgrund einer speziellen Ermächtigung. Das Enteignungsgesetz muss zugleich Art und Umfang der **Entschädigung** regeln, um den betroffenen Eigentümer eine Kompensation für den erlittenen Rechtsverlust zu sichern. Zu beachten ist in diesem Zusammenhang, dass Art. 14 GG über das Eigentum i. S. d. § 903 BGB hinaus alle Vermögensrechte umfasst, d. h. jedes geldwerte Recht, insbesondere Forderungen. Die Rechte und Pflichten des Eigentümers ergeben sich folglich aus dem Spannungsfeld zwischen Art. 14 GG und § 903 BGB.

### 6.4.2  Erscheinungsformen

Das Eigentum als die unmittelbare rechtliche Sachherrschaft über eine Sache kann in verschiedenen Erscheinungsformen auftreten. Zunächst kann die Sache nur einer Person gehören. Dann besteht **Alleineigentum**. Am **Miteigentum** sind dagegen mehrere beteiligt, wobei das Miteigentum nach Bruchteilen und als Gesamthandseigentum bestehen kann. Im Rahmen des **Miteigentums nach Bruchteilen** steht jedem Miteigentümer ein bestimmter Bruchteil an der Sache als selbstständiges dingliches Recht zu. Rechtsgrundlage hierfür sind die §§ 741 ff., 1008 ff. BGB. Zwischen den Miteigentümern besteht eine Gemeinschaft nach Bruchteilen, wobei jeder Miteigentümer berechtigt ist, über seinen Anteil zu verfügen (§ 747 BGB). **Gesamthandseigentum** liegt vor, wenn die Anteile der einzelnen zugunsten der Gesamtheit „gebunden" sind, d. h. wenn sie **nur gemeinschaftlich** über die Sache verfügen können.

Diese Erscheinungsformen des Eigentums finden sich bei den sog. **Gesamthandsgemeinschaften**. Das BGB kennt nur drei Formen: Das Gesellschaftsvermögen (§§ 718, 719 BGB), die Erbengemeinschaft (§ 2032 BGB) und die eheliche Gütergemeinschaft (§ 1416 BGB). Der Unterschied zur Bruchteilsgemeinschaft besteht darin, dass bei der Gesamthandsgemeinschaft der einzelne Beteiligte nicht gesondert über seinen Anteil an den einzelnen Gegenständen verfügen kann.[21]

Vom Allein- und Miteigentum ist das **Treuhandeigentum** zu unterscheiden. Das Treuhandeigentum wird durch ein Treuhandverhältnis zwischen Treuhänder und Treugeber begründet. Dadurch erlangt der Treuhandeigentümer nach außen die volle Rechtsstellung eines Eigentümers, im Innenverhältnis zum Treugeber bleibt er jedoch mehr oder weniger starken Beschränkungen unterworfen.

Je nach dem Inhalt der schuldrechtlichen Zweckbindung, der der Treuhandeigentümer unterliegt, unterscheidet man die uneigennützige und die eigennützige Treuhand. Bei der uneigennützigen Treuhand darf der Treuhänder als juristischer Eigentümer das Treuhandeigentum nur zu Zwecken nutzen, die den Interessen des Treugebers als dem wirtschaftlichen Eigentümer dienen, regelmäßig im Rahmen der **Verwaltungstreuhand** (z. B. Vermögensverwaltung). Bei der eigennützigen Treuhand dient die Sache in bestimmtem Umfang den Interessen des Treuhänders. Der Treuhänder darf die Sache aber nicht vollständig im eigenen Interesse nutzen, sondern nur zu den im Treuhandvertrag vereinbarten Zwecken. Hauptanwendung der eigennützigen Treuhand ist die **Sicherungstreuhand,** z. B. in Form der **Sicherungsübereignung.**

---

**Beispiel**

Eine Bank lässt sich zur Absicherung ihrer Forderungen das Eigentum des Kreditnehmers nach §§ 929, 930 BGB zur Sicherheit übertragen. Dadurch wird sie zwar formell Eigentümer, wirtschaftlich beabsichtigt ist aber lediglich die Rechtsstellung eines Pfandgläubigers. Das bedeutet, dass die Bank aufgrund der (schuldrechtlichen) Sicherungsabrede nur zu Befriedigungszwecken über das Eigentum verfügen darf; anderenfalls könnte sie sich aus dem bestehenden Sicherungsverhältnis schadensersatzpflichtig machen.

### 6.4.3 Schutz des Eigentums

Das Eigentum als absolutes Recht an einer Sache ist gegenüber jedermann geschützt. Das BGB sieht in einer ganzen Reihe von gesetzlichen Schuldverhältnissen Abwehr-, Herausgabe- und Schadensersatzansprüche vor. Im Sachenrecht wird der Eigentümer durch zwei wichtige Vorschriften geschützt, und zwar durch den Herausgabeanspruch (§ 985 BGB) bei der Eigentumsentziehung und den Unterlassungs- bzw. Beseitigungsanspruch (§ 1004 BGB) bei der Eigentumsstörung.

#### 6.4.3.1 Eigentumsherausgabeanspruch nach § 985 BGB

Besteht die Beeinträchtigung des Eigentums darin, dass dem Eigentümer der Besitz an einer Sache vollständig entzogen oder vorenthalten wird, dann kann er nach § 985 BGB von dem Besitzer die Herausgabe der Sache verlangen; auf ein Verschulden

---

[21] *Wolf/Wellenhofer*, § 3, Rn. 22.

des Besitzers kommt es nicht an. Dieser Anspruch wird als dinglicher Anspruch bezeichnet, weil ihm kein schuldrechtlicher Entstehungstatbestand (z. B. aus Vertrag),
sondern die sachenrechtliche (dingliche) Zuordnung der streitigen Sache zugrunde
liegt. § 985 BGB setzt voraus, das der Anspruchssteller Eigentümer ist und der
Anspruchsgegner Besitzer ist, dem kein Recht zum Besitz zusteht. Sowohl der unmittelbare als auch der mittelbare Besitzer ist zur Herausgabe verpflichtet, da § 985
BGB nur von dem „Besitzer" spricht. Der Anspruch gegen den mittelbaren Besitzer
hat regelmäßig zum Inhalt, dass der mittelbare Besitzer seinen Herausgabeanspruch
gegen den unmittelbaren Besitzer (= Besitzmittler) an den Eigentümer abtritt. Der
Grund dafür ist, dass der mittelbare Besitzer nur den mittelbaren Besitz herausgeben kann und der Eigentümer zur Erlangung des unmittelbaren Besitzes an der
Sache dann noch gegen den unmittelbaren Besitzer vorgehen muss.

Die Sache muss aber nicht in jedem Fall herausgegeben werden. Nach § 986
BGB ist der Herausgabeanspruch aus § 985 BGB ausgeschlossen, wenn der Besitzer ein „**Recht zum Besitz**" hat. Das Besitzrecht kann ein eigenes oder auch ein
abgeleitetes Besitzrecht sein. Es kann schuldrechtliche, sachenrechtliche, familienrechtliche oder erbrechtliche Grundlagen haben. Ein dingliches Besitzrecht kann
sich aus einem Nießbrauch (§ 1036 BGB), für einzelne Nutzungen auch aus einer
Dienstbarkeit (§ 1018 BGB) oder aus einem Pfandrecht (§ 1204 BGB) ergeben. In
schuldrechtlicher Hinsicht kann z. B. aus einem Miet- oder Pachtvertrag ein Recht
zum Besitz während der Miet- bzw. Pachtzeit begründet werden; entsprechendes
gilt bei einem Eigentumsvorbehaltskäufer, dem ein Anwartschaftsrecht an der Sache zusteht, da ein Anwartschaftsrecht im Verhältnis zum Eigentum ein „wesensgleiches Minus" ist[22]; öffentlich-rechtlich entsteht ein Recht zum Besitz etwa durch
eine staatliche Einweisung in Wohnräume.

---

**Beispiel**

V hat dem M sein Kfz für eine Woche vermietet. Nach 3 Tagen will er ihn ärgern und verlangt sein Kfz zurück. M braucht das Kfz nicht zurückzugeben, da
ein wirksamer Mietvertrag besteht. M kann die Einwendung des § 986 BGB
erheben, wodurch der Anspruch aus § 985 BGB ausgeschlossen ist. Anders wäre
es, wenn die Mietzeit abgelaufen wäre; dann würde dem M kein Recht zum
Besitz mehr zustehen.

---

Hat der mittelbare Besitzer die Sache dem unmittelbaren Besitzer unerlaubt
überlassen, so kann der Eigentümer von dem unmittelbaren Besitzer die Herausgabe
an den mittelbaren Besitzer verlangen. Die Herausgabe an sich selbst kann er nach
§ 986 Abs. 1 S. 2 BGB nur fordern, wenn der mittelbare Besitzer nicht bereit oder in
der Lage ist, den unmittelbaren Besitz zu übernehmen. § 986 BGB enthält entgegen
seinem Wortlaut keine Einrede, sondern eine von Amts wegen zu berücksichtigende
**Einwendung.**[23]

---

[22] BGHZ 28, 16, 21; *Wolf/Wellenhofer,* § 14, Rn. 11 m. w. N.

[23] Palandt/*Bassenge*, § 986 BGB, Rn. 1.

Hat der Eigentümer neben dem Anspruch des § 985 BGB noch einen vertraglichen Herausgabeanspruch so können beide Ansprüche nebeneinander geltend gemacht werden. Es besteht also eine echte **Anspruchskonkurrenz.**

Kann der Eigentümer nach § 985 BGB von dem Besitzer die Herausgabe der Sache selbst verlangen und steht dem Besitzer kein Recht zum Besitz zu, dann enthalten die §§ 987 ff. BGB eine umfassende Regelung hinsichtlich der Folgeansprüche des Eigentümer auf Nutzungen (§§ 987 ff. BGB) und/oder Schadensersatz (§§ 989 ff. BGB) gegen den (nicht berechtigten) Besitzer sowie (umgekehrt) Regelungen in Bezug auf (mögliche) Verwendungsersatzansprüche des (nicht berechtigten) Besitzers nach Maßgabe der §§ 994 ff. BGB. Diese Folgeansprüche sind keine dinglichen Ansprüche. Sie stehen vielmehr den Forderungen aus §§ 280, 823 Abs. 1 BGB nahe, werden aber aus Gründen des Sachzusammenhangs gleichwohl im Anschluss an den Herausgabeanspruch des § 985 BGB – unter der Überschrift „dingliche Ansprüche" – mit geprüft.[24] Durch das besondere „**Eigentümer-Besitzer-Verhältnis**" als gesetzliches Schuldverhältnis ergeben sich Sonderregelungen gegenüber den allgemeinen schuldrechtlichen Vorschriften.[25]

### 6.4.3.2 Beseitigungs- und Unterlassungsanspruch

Das Eigentum kann auch in anderer Weise als durch Entziehung oder Vorenthaltung des Besitzes beeinträchtigt werden. Darunter sind **Eigentumsstörungen bzw. -beeinträchtigungen** zu verstehen. Ein Anspruch aus § 1004 BGB auf Unterlassung oder Beseitigung der Störung setzt daher zunächst eine Beeinträchtigung (außer Entziehung oder Vorenthaltung) des Eigentums oder eines anderen absoluten Rechts oder Rechtsgutes (§ 1004 BGB analog) voraus.

---

**Beispiele**

Ablagern von Müll auf fremden Grundstück; Einwurf unerwünschter Werbung oder Zusendung unaufgeforderter E-Mail- bzw. SMS-Werbung; Geruchsbelästigung durch einen angrenzenden Gewerbetrieb oder durch einen Gartengrill auf dem Nachbargrundstück; Belästigung durch Lärm, Sport oder Musik; Verursachung von Steinschlag durch Sprengungen; Verletzung nachbarschützender Vorschriften; auch die Blendwirkung von Photovoltaikanlagen auf einem Nachbargrundstück kann eine Eigentumsstörung bedeuten.[26]

---

Während die §§ 823 ff. BGB darauf gerichtet sind, einen eingetretenen Schaden ersetzt verlangen zu können, bezieht sich § 1004 BGB auf die Beseitigung einer Störung bzw. auf die Verhinderung künftiger Beeinträchtigungen. Sie bezieht sich

---

[24] *Medicus/Petersen*, BR, Rn. 452.

[25] Palandt/*Bassenge*, Vorb v § 987 ff. BGB; Rn. 1; vgl. im Folgenden unter 6.5.

[26] Palandt/*Bassenge*, § 1004 BGB, Rn. 5 ff.; *Wolf/Wellenhofer*, § 24, Rn. 6 zu den sog. negativen Einwirkungen, bei denen einer Sache die natürlichen Verbindungen zur Umwelt, insbesondere Licht- oder Luftzufuhr, entzogen werden, z. B. durch einen Bau eines mehrstöckigen Gebäudes auf dem Nachbargrundstück.

damit auf die Ursache der Störung, nicht auf deren Folgen, d. h. sie ist nicht gerichtet auf Ersatz bereits eingetretener Schäden.

Zweitens setzt § 1004 BGB voraus, dass der Anspruchsgegner Störer ist. Störer ist derjenige, auf dessen Willen sich die Eigentumsbeeinträchtigung zurückführen lässt. Diesbezüglich sind zwei Fälle zu unterscheiden. Die Störung kann einmal durch eine Handlung (Handlungsstörer) oder durch einen Zustand (Zustandsstörer) herbeigeführt werden. **Handlungsstörer** ist, wer durch eine eigene Handlung die Beeinträchtigung verursacht, z. B. wer widerrechtlich über das Grundstück eines anderen fährt, um den Weg abzukürzen, wer Müll auf einem Grundstück ablädt oder wer Parolen an eine Hauswand sprüht. Mittelbarer Handlungsstörer ist auch, wer die störende Einwirkung Dritter tatsächlich veranlasst hat und sie verhindern kann, z. B. Lärm von einem nahegelegenen Flughafen oder die von einem Tennisplatz ausgehenden Spielgeräusche. **Zustandsstörer** ist, wer eine störende Anlage unterhält, wenn die Beseitigung der Störung von seinem Willen abhängt, z. B. Störung durch Gerüche, Rauch oder Abgase, die vom eigenen Grundstück ausgehen und das Nachbargrundstück beeinträchtigen; dieser kann Eigentümer, Besitzer oder der Rechtsnachfolger sein.

Der Anspruch aus § 1004 BGB setzt weiter voraus, dass die Störung rechtswidrig ist. Im Regelfall wird durch die Störung die **Rechtswidrigkeit** indiziert. Die Rechtswidrigkeit entfällt, wenn der Eigentümer die Störung dulden muss. Diese **Duldungspflicht** kann sich aus privatrechtlichen, aber auch aus öffentlich-rechtlichen Vorschriften ergeben. Zu unterscheiden sind dingliche (z. B. aus Nießbrauch oder Dienstbarkeit) und obligatorische (z. B. aus Miete oder Pacht) Duldungspflichten des Eigentümers. Privatrechtliche gesetzliche Duldungspflichten bestehen etwa im Falle des Verteidigungsnotstands (§ 228 BGB) und des Angriffsnotstands (§ 906 BGB). Zu den öffentlich-rechtlichen Duldungspflichten zählen etwa § 22 BImSchG (z. B. Läuten von Kirchenglocken um 6.00 Uhr morgens) oder § 76 TKG im Falle der Verlegung und Inbetriebnahme von Kabeln.[27] Da sich zwischen Grundstücksnachbarn vielfältige Konflikte ergeben können, sind im BGB die wesentlichen Konflikte durch die Abgrenzung von Ausschließungsbefugnisse und Duldungspflichten in den §§ 906 bis 924 BGB geregelt (privates **Nachbarrecht**). Am bedeutendsten ist dabei der Immissionsschutz nach § 906 BGB. Nach § 906 BGB muss der Eigentümer eines Grundstücks in bestimmtem Umfange die Zuführung unwägbarer Stoffe (z. B. Gase, Dämpfe, Gerüche, Staub oder Erschütterungen und ähnliches) dulden; unwesentliche Immissionen sind dabei nach § 906 Abs. 1 BGB ebenso zu dulden, wie wesentliche, ortsübliche und unvermeidbare nach § 906 Abs. 2 S. 1 BGB; bei genehmigten Anlagen ist weiterhin § 14 BImSchG zu beachten. In Ausnahmefällen kann aber einem Eigentümer, der mehr als zumutbare Nachteile erleidet, ein verschuldensunabhängiger Ausgleichsanspruch gewährt werden.

Von praktischer Relevanz sind aber auch die Regelungen über den Überbau (§§ 912 bis 916 BGB) und das Notwegerecht (§§ 917, 918 BGB).

---

[27] Vgl. *Wolf/Wellenhofer*, § 24, Rn. 30 ff.

**Beispiel**

Z wohnt in einem Industriegebiet. Vor allem an diesigen Tagen kommt es trotz aller technischen Vorkehrungen zu erheblichen Beeinträchtigungen durch Rauch, so dass Z die Fenster geschlossen halten muss. Z muss den Rauch als ortsübliche und unvermeidbare Immission dulden. Ob ihm ein Ausgleichsanspruch zu gewähren ist, hängt von den Umständen im Einzelfall ab. Beruht die Duldungspflicht auf der (öffentlich-rechtlichen) Vorschrift des § 14 BImSchG, sind privatrechtliche Ansprüche ausgeschlossen, jedoch sind Ansprüche auf Schutzvorkehrungen, hilfsweise Schadensersatzansprüche möglich. Der Zweck des § 14 BImSchG besteht in dem Vertrauensschutz des Anlagenbetreibers auf eine erteilte Genehmigung.

Auszugleichen sind vermögenswerte Nachteile, die ihre Ursache in der Eigentums- oder Besitzstörung haben.[28]

Nach § 1004 Abs. 1 S. 1 BGB kann der Eigentümer von dem Störer die **Beseitigung der Beeinträchtigung** verlangen. Dieser Anspruch bezieht sich auf eine in der Gegenwart fortdauernde rechtswidrige Störung. Ein schuldhaftes Handeln ist allerdings nicht erforderlich. Sofern weitere Beeinträchtigungen zu befürchten sind, kann der Eigentümer nach § 1004 Abs. 1 S. 2 BGB auch **Unterlassung** verlangen. Für diesen auf die Zukunft gerichteten Anspruch muss – neben einer rechtswidrigen Störung des Eigentums – zusätzlich eine **Wiederholungsgefahr** bestehen, d. h. eine objektive, auf Tatsachen gegründete ernsthafte Besorgnis weiterer Störungen.[29]

In erweiterter Anwendung des § 1004 Abs. 1 S. 2 BGB wird dem Eigentümer sogar eine **vorbeugende Unterlassungsklage** bereits ohne das Vorliegen einer ersten Eigentumsstörung gewährt, wenn der Störer Anstalten trifft, von denen eine Beeinträchtigung zu erwarten ist, d. h. eine erste Störung drohend bevorsteht **(Erstgefahr)**. Dadurch wird erreicht, dass der Eigentümer mit seiner Unterlassungsklage nicht bis zur Vollendung der Störung warten muss.

§ 1004 BGB schützt zwar unmittelbar nur das Eigentum. Von dem Schutzbereich dieser Norm werden jedoch durch entsprechende Anwendung des § 1004 BGB auch die beschränkt dinglichen Rechte erfasst (vgl. § 1017 Abs. 2 BGB und § 11 Abs. 1 ErbbauRG, §§ 1027, 1065, 1090 Abs. 2, 1227 BGB, § 34 Abs. 2 WEG). Diese Ansprüche nennt man auch **negatorische Ansprüche**. Geschützt werden aber auch alle anderen absoluten Rechte. Hierzu zählen einmal die Rechtsgüter des § 823 Abs. 1 BGB einschließlich der sonstigen Rechte, wie z. B. das allgemeine Persönlichkeitsrecht oder das Recht am eingerichteten und ausgeübten Gewerbebetrieb, das Namensrecht (§ 12 BGB), die Firma (§ 17 HGB) sowie die gewerblichen Schutzrechte (z. B. §§ 14, 15 MarkenG). Dieser Anspruch wird auch als **quasinegatorischer Beseitigungsanspruch** bezeichnet.[30]

---

[28] BGH, NJW 2010, 3160.

[29] Palandt/*Bassenge*, § 1004 BGB, Rn. 31.

[30] Palandt/*Bassenge*, § 1004 BGB, Rn. 4.

Gegenüber **hoheitlichen Eingriffen** der Staatsgewalt ist nur öffentlich-rechtlicher und kein zivilrechtlicher Schutz zu erlangen. Deshalb ist der zivilrechtliche Anspruch auf Störungsbeseitigung nach § 1004 BGB **ausgeschlossen,** wenn das Eigentum durch hoheitliches Handeln (= Handeln auf Grund von öffentlich-rechtlichen Normen), beispielsweise durch den Lärm eines Militärflugplatzes, beeinträchtigt wird.

## 6.5 Eigentümer-Besitzer-Verhältnis

### 6.5.1 Begriff und Anwendungsbereich

Die in §§ 987 bis 993 BGB geregelten Ansprüche des Eigentümers auf Herausgabe der Nutzungen und auf Schadensersatz sowie die Gegenansprüche des Besitzers auf Verwendungsersatz (§§ 993 bis 1003 BGB) sind – im Unterschied zu § 985 BGB – keine dinglichen, sondern schuldrechtliche Ansprüche aus einem **gesetzlichen Schuldverhältnis,** das man Eigentümer-Besitzer-Verhältnis nennt. Die Ansprüche gehen bei einem Eigentümerwechsel nicht kraft Gesetzes auf den Erwerber über, und sie erlöschen nicht durch einen Besitzverlust. Sie sind vielmehr selbstständig abtretbar, verpfändbar und pfändbar.[31]

Der Eigentümer, dem seine Sache zu Unrecht vorenthalten wird, will im Einzelfall nicht nur Herausgabe. Wenn der Besitzer Nutzungen gezogen hat, z. B. durch Gebrauchsvorteile oder in Form von Erzeugnissen der Sache, so wird der Eigentümer auch diese beanspruchen oder zumindest Wertersatz verlangen. Zudem wird er Schadensersatz fordern wollen, wenn der Besitzer die Sache beschädigt oder zerstört hat. Die Verpflichtung zur Herausgabe gezogener Nutzung oder auch Schadensersatz kann allerdings für einen Besitzer eine erhebliche Belastung darstellen. Erwirbt jemand ein Kfz und stellt sich nach einem Jahr heraus, dass es gestohlen war, dann besteht eine Verpflichtung zur Herausgabe der Sache an den (wahren) Eigentümer. Die Verpflichtung zur Nutzungsherausgabe wäre hier eine nicht vorhersehbare Belastung.

Der Sinn und Zweck dieser Sonderregelungen besteht vor allem in der **Privilegierung eines redlichen und unverklagten unrechtmäßigen Besitzers.** Der gutgläubige Besitzer, der von seinem fehlenden Besitzrecht nichts ahnte, soll vor unvorhersehbaren Belastungen geschützt werden. Er soll die Nutzungen der fremden Sache behalten dürfen, wenn der Besitzerwerb entgeltlich erfolgte. Auch soll er vor Schadensersatzansprüchen wegen Beschädigungen oder Untergangs der Sache geschützt werden, wenn er ohne grobe Fahrlässigkeit annehmen durfte, eine eigene Sache vernachlässigt zu haben. Ohne diese Regelungen müsste der Besitzer die Nutzungen als Bereicherung in sonstiger Weise (Eingriffskondiktion) herausgeben und für Beschädigungen nach § 823 Abs. 1 BGB schon für leichteste Fahrlässigkeit haften. Lediglich von dem bösgläubigen oder verklagten Besitzer, der damit rechnen muss, dass er die Sache an den Eigentümer herauszugeben hat (und auf eine Herausgabe vorbereitet ist), verlangt das Gesetz die Herausgabe von Nutzungen

---

[31] *Jacoby/von Hinden,* Vor § 987 BGB, Rn. 1.

bzw. die Zahlung von Schadensersatz. Die Regelungen hinsichtlich der Haftung auf Schadensersatz (§§ 989 ff. BGB), der Herausgabe von Nutzungen (§§ 987 ff. BGB) und der Erstattung von Verwendungen (§§ 994 ff. BGB) sind speziell gegenüber den sonst eingreifenden allgemeinen gesetzlichen Vorschriften (§§ 812 ff., 823 ff. BGB) und verdrängen diese im Rahmen ihres Anwendungsbereichs.

## 6.5.2 Vindikationslage als Anwendungsvoraussetzung

Zunächst muss für die Anwendung der §§ 987 ff. BGB eine **Vindikationslage** vorliegen. Das bedeutet, dass der Herausgabeanspruch aus § 985 BGB (lat.: *rei vindicatio*) nicht durch ein Recht zum Besitz ausgeschlossen sein darf. In diesem Fall sind auch die Folgeansprüche der Vindikation aus §§ 987 ff. BGB ausgeschlossen. Die §§ 987 ff. BGB lassen zwischen Eigentümer und Besitzer ein umfassendes Rechtsverhältnis entstehen. Diese Regelungen verdrängen andere Anspruchsgrundlagen, insbesondere die aus §§ 823 ff. BGB und aus §§ 812 ff. BGB, so dass sie bei Vorliegen einer Vindikationslage stets geprüft werden müssen. Die Vindikationslage muss aber nur im Zeitpunkt der Entstehung des Anspruchs gegeben sein, nicht mehr bei dessen Geltendmachung. Ist der Herausgabeanspruch in einem Vorprozess bindend rechtskräftig festgestellt worden, so steht die Vindikationslage auch für Folgeprozesse – die Ansprüche aus §§ 987 ff. BGB betreffend – bindend fest.[32]

Als **Ausnahmen** von diesem Grundsatz werden vor allem zwei Fallgruppen erörtert, und zwar unter den Schlagworten des „nicht mehr berechtigten" Besitzers und des „nicht so berechtigten" Besitzers.

Die Anwendbarkeit der §§ 987 ff. BGB auf den Fall der später mit *„ex nunc"*-Wirkung entfallenden Besitzberechtigung (**„nicht mehr berechtigten" Besitzers**) ist umstritten. Der BGH stellte im Rahmen „Kleinbusfall" allein auf das Bestehen einer Vindikationslage im Zeitpunkt des Herausgabeverlangens ab und lässt damit die Anwendung der §§ 987 ff. BGB auf die Zeit der Besitzberechtigung zurückwirken. Der BGH sprach in dieser Entscheidung dem Werkunternehmer gegenüber dem vindizierenden Eigentümer und Vorbehaltskäufer einen Verwendungsersatzanspruch nach § 994 BGB zu, obwohl die Verwendungen zu einer Zeit erfolgten, als der Werkunternehmer aufgrund seines Vertrages mit dem Vorbehaltskäufer noch zum Besitz berechtigt war; das Besitzrecht entfiel erst später durch Rücktritt des Eigentümers vom Kaufvertrag. Nach Ansicht des BGH soll es genügen, dass die Vindikationslage bei Geltendmachung der Rechtsfolge (aus §§ 994, 1000 BGB) bestanden hat, weil ein zurzeit der Verwendungen zum Besitz berechtigter Fremdbesitzer nach dem Wegfall seines Besitzrechts nicht schlechter gestellt werden dürfe als ein gutgläubiger unberechtigter Fremdbesitzer. Voraussetzung sei allerdings, dass das besitzbegründende Rechtsverhältnis selbst keine abweichenden Sonderregelungen enthalte, sondern eine ausfüllungsbedürftige Regelungslücke aufweise.[33] In der Lit. wird weitgehend auf den Zeitpunkt des anspruchsbegründenden

---

[32] BGH, NJW 2006, 63; *Wolf/Wellenhofer*, § 22, Rn. 2.
[33] BGHZ 34, 122; BGHZ 131, 220, 223; 148, 322.

Ereignisses abgestellt.[34] Einige andere wiederum lehnen für den Fall der später entfallenen Besitzberechtigung die Anwendung der §§ 987 ff. BGB gänzlich ab. Zur Rspr. des BGH wird darauf hingewiesen, dass die richterrechtliche Durchbrechung der Grenzen der §§ 987 ff. BGB nicht ganz überzeugt, da der berechtigte Fremdbesitzer – sieht man seine Rechtsposition insgesamt – auch ohne die Anwendung der §§ 987 ff. BGB nicht besser oder schlechter steht als der nichtberechtigte, sondern anders.[35]

Der „**nicht-so-berechtigte-Besitzer**", also der Fremdbesitzer, der sein Besitzrecht, z. B. aus Mietvertrag, Leihvertrag oder Nießbrauch, überschreitet, ist damit noch kein unberechtigter Besitzer. Gibt z. B. die Eigentümerin eines Ledermantels diesen vor ihrer Urlaubsreise ihrer Bekannten zur Verwahrung und trägt die Bekannte den Pelzmantel selbst (und beschädigt diesen), dann sind die §§ 987 ff. BGB nach ihrem Wortlaut nicht anzuwenden, da der Besitzer zum Besitz berechtigt ist. Eine analoge Anwendung der §§ 987 ff. BGB lehnt die h. M. jedoch ab, da es sich bei dieser Konstruktion im Einzelnen nicht feststellen lässt, wann und in welchem Umfang eine Nichtberechtigung vorliegen sollte. Schlägt der Mieter vertragswidrig Nägel in die Wand, stellt sich die Frage, wie man sich ihn als nicht berechtigt vorzustellen hat, also nur für die Zeit, in der er Nägel in die Wand schlägt oder hinsichtlich des Wandstückes, in dem die Nägel stecken. Hinzu kommt, dass die Vorschriften über die Vertragsverletzung und die hier unmittelbar anwendbaren §§ 823 ff. BGB dem Eigentümer ausreichenden Schutz gewähren.[36]

Im Hinblick auf §§ 812 ff. BGB oder §§ 823 ff. BGB enthalten die §§ 987 ff. BGB nach h. M. hinsichtlich der Ansprüche auf Herausgabe gezogener Nutzungen sowie auf Ersatz schuldhaft nicht gezogener Nutzungen eine abschließende Regelung. Eine direkte Anwendung der §§ 812 ff. BGB oder §§ 823 ff. BGB ist also auf Grund der **Sperrwirkung der §§ 987 ff. BGB** grundsätzlich ausgeschlossen.[37] Ansprüche aus unechter Geschäftsführung ohne Auftrag (§ 687 Abs. 2 BGB) bleiben aber zugelassen. Die Rspr. entnimmt diese Schlussfolgerung dem § 993 Abs. 1, Hs. 2 BGB. Insgesamt führt dies zu einer Privilegierung des gutgläubigen Eigenbesitzers, der somit besser gestellt wird als bei der Anwendung der §§ 812 ff. BGB bzw. §§ 823 ff. BGB.

Nach den §§ 812 ff. BGB hätte z. B. der Besitzer alle noch vorhandenen Nutzungen herauszugeben, während nach den §§ 987 ff. BGB seine Herausgabepflicht auf solche Nutzungen beschränkt ist, die er nach Rechtshängigkeit gezogen hat (§ 987 BGB), die er bei unentgeltlichem Erwerb erlangt hat (§ 988 BGB) oder bei denen es sich um Übermaßfrüchte (Raubbau an einem Waldgrundstück) handelt (§ 993 Abs. 1 BGB).

---

[34] Palandt/*Bassenge*, Vorbem. § 987 BGB, Rn. 9, 11 m. w. N.

[35] *Baur/Stürner*, § 11, Rn. 28.

[36] *Medicus/Petersen*, BR, § 23, Rn. 582; *Jacoby/von Hinden,* Vor § 987 BGB, Rn. 6.

[37] Palandt/*Bassenge*, Vorbem. vor § 987 BGB, Rn. 16 ff. m. w. N.

### 6.5.3 Nutzungen

Der Anspruch auf **Herausgabe der Nutzungen**[38] aus den §§ 987, 990 BGB hängt davon ab, ob und seit wann der Besitzer in Bezug auf sein Besitzrecht **bösgläubig** ist, denn ein bösgläubiger Besitzer muss mehr Nutzungen herausgeben als ein gutgläubiger Besitzer. Nach § 990 Abs. 1 BGB ist ein Besitzer bösgläubig, wenn er seine fehlende Besitzberechtigung beim Besitzerwerb kennt oder grob fahrlässig nicht erkennt. Wer seine fehlende Besitzberechtigung später erfährt, ist nach § 990 Abs. 1 S. 2 BGB ebenfalls bösgläubig. Nach § 987 BGB ist dem bösgläubigen Besitzer derjenige Besitzer gleichgestellt, der auf Herausgabe der Sache verklagt ist. Die in dieser Vorschrift genannte Rechtshängigkeit wird regelmäßig durch Erhebung einer Klage begründet (vgl. §§ 253, 261 ZPO). Der Grund besteht darin, dass der verklagte Besitzer mit der Möglichkeit zu rechnen hat, dass er die Sache nicht behalten darf. Die Zustellung der Klage ist für ihn eine Warnung, die nach dem Willen des Gesetzgebers eine Aufhebung der Privilegierung rechtfertigt.

> **Beispiel**
>
> Z erwirbt von dem Dieb D ein gestohlenes Kfz ohne Kfz-Papiere. Er weiß allerdings von dem Diebstahl nichts. Er handelt bösgläubig hinsichtlich seines Besitzrechts, da er in grob fahrlässiger Weise nicht beachtet hat, dass dem Kfz keine Kfz-Papiere beigefügt worden sind.

Glaubt der Besitzer an sein Recht zum Besitz, so ist er gutgläubig, selbst wenn er dabei leicht fahrlässig handelt. Erfährt er später nicht von seinem fehlenden Besitzrecht, selbst wenn er dabei grob fahrlässig ist, so liegt auch hier seine Gutgläubigkeit vor. Nach dem Besitzerwerb ist der Besitzer nur noch dann als bösgläubig anzusehen, wenn er von seinem fehlenden Besitzrecht positive Kenntnis hat. Gutgläubigkeit ist letztlich dann anzunehmen, wenn der fehlerhaft Besitzende nicht auf Herausgabe der Sache verklagt ist. Nach § 991 Abs. 1 BGB gilt ein in Wirklichkeit bösgläubiger unmittelbarer Besitzer als gutgläubig, wenn er seinen Besitz von einem gutgläubigen mittelbaren Besitzer herleitet. Damit wird der gutgläubige mittelbare Besitzer geschützt, der ansonsten dem unmittelbaren (bösgläubigen) Besitzer wegen der entzogenen Nutzungen ersatzpflichtig würde.

Hat der gutgläubige Besitzer nach den Regeln einer ordnungsgemäßen Wirtschaft Nutzungen aus einer Sache gezogen, so darf er diese nach § 993 BGB behalten. Die Folge ist nach § 100 BGB, das ihm die gezogenen Früchte verbleiben. Des Weiteren braucht er Vorteile, die ihm der Sachgebrauch ermöglichte, nicht zu vergüten.

> **Beispiel**
>
> Z hat gutgläubig ein gestohlenes Kfz mit gefälschten Papieren erworben. Eigentümer E verlangt, nachdem sich der wahre Sachverhalt herausgestellt hatte,

---

[38] Vgl. zum Begriff § 100 BGB.

zusätzlich zur Herausgabe der Sache auch eine Geldleistung für die Benutzung des Kfz während dieser Zeit. Dies kann er nicht verlangen, denn Z als gutgläubiger Besitzer braucht die normal gezogenen Nutzungen (in diesem Fall: Gebrauchsvorteile) nicht herauszugeben (§ 993 Abs. 1, Hs. 2 BGB).

Gehen die Früchte[39] über den normalen Ertrag einer ordnungsgemäßen Wirtschaft hinaus („**Übermaßfrüchte**"), dann hat der gutgläubige Besitzer gem. § 993 Abs. 1, 1. Hs. BGB diese nach den Vorschriften des Bereicherungsrechts (§§ 812 ff. BGB) herauszugeben.

Hat der gutgläubige Besitzer den Besitzerwerb **unentgeltlich** erlangt (z. B. durch Leihe), muss er **ausnahmsweise** die gezogenen Nutzungen gem. § 988 BGB herauszugeben. Dieser Vorschrift liegt der Rechtsgedanke zugrunde, dass derjenige, der einen Besitz unrechtmäßig unentgeltlich erwirbt, geringeren Schutz verdient.

Die Rspr. hat auch einen unentgeltlichen Besitzerwerb dem **rechtsgrundlosen Besitzerwerb** in entsprechender Anwendung der Regelungen gleichgestellt.[40] In diesem Fall erhält der Besitzer sein Entgelt zurück; wichtigster Fall eines rechtsgrundlosen Geschäfts ist die Anfechtung des Kausalgeschäfts wegen Irrtums. Die Gleichsetzung von „unentgeltlich" mit „rechtsgrundlos" ist umstritten. In Klausuren und Hausarbeiten ist der Lösungsweg der Lit. über die Rückabwicklung nach §§ 812 ff. BGB ebenfalls vertretbar.

Unabhängig davon, ob der bösgläubige Besitzer den Besitz entgeltlich oder unentgeltlich erworben hat, hat er alle während seiner Bösgläubigkeit erworbenen Nutzungen herauszugeben. Unterlässt er sogar schuldhaft bestimmte Nutzungen zu ziehen, die er bei ordnungsgemäßer Bewirtschaftung hätte erzielen können, muss er außerdem dem Eigentümer dafür Ersatz leisten (§§ 990 Abs. 1, 987 BGB).

---

**Beispiel**

Z hat von V einen Gemüsegarten gepachtet. Als V sich auf die Unwirksamkeit des Vertrages beruft und von Z Herausgabe des Gartens verlangt, lässt Z aus Ärger über dieses Verhalten das Gemüse verderben. Falls V in dem Prozess obsiegen sollte, könnte er von Z nicht nur Herausgabe des Gartens, sondern wegen § 987 Abs. 2 BGB auch Ersatz für schuldhaft nicht gezogene Nutzungen verlangen.

## 6.5.4  Schadensersatz

Die Sache kann sich während der Besitzzeit des unrechtmäßigen Besitzers verschlechtern. Dann hat der Eigentümer – neben den Ansprüchen auf Herausgabe der Sache und der Nutzungen – nach den §§ 989 bis 993 BGB einen Anspruch auf Schadensersatz, wenn der unrechtmäßige Besitzer die Sache schuldhaft verschlechtert hat. Der Schadensersatzanspruch besteht auch dann, wenn der Besit-

---

[39] Zum Begriff § 99 BGB.
[40] BGHZ 32, 76; BGH, NJW 1983, 164, 165.

zer die Sache nicht mehr herausgeben kann. Voraussetzung ist auch hier, dass eine Vindikationslage im Zeitpunkt der schädigenden Handlung besteht. Ebenso erfolgt eine Unterscheidung zwischen Gutgläubigkeit und Bösgläubigkeit des Besitzers. Aus § 993 Abs. 1, Hs. 2 BGB folgt, dass der **gutgläubige Besitzer** grundsätzlich nicht auf Schadensersatz haftet. Wegen der Sperrwirkung der §§ 987 ff. BGB sind auch direkte Schadensersatzansprüche aus § 823 BGB gegen den Besitzer ausgeschlossen.

---

**Beispiel**

Der Z kauft von dem D in gutem Glauben ein gestohlenes Kfz. Dieser hatte ihm gefälschte Papiere vorgelegt. Durch grob fahrlässiges Verhalten verursacht der Z einen Unfall, bei dem das Kfz schwer beschädigt wird. Nachdem der Eigentümer vom Verbleib der Sache erfahren hat, verlangt er von Z neben der Sachrückgabe Schadensersatz wegen der Beschädigungen. Da Z zum Zeitpunkt des Schadenseintritts gutgläubiger Besitzer war, ist er deshalb nach § 993 Abs. 1 BGB nicht zum Schadensersatz verpflichtet.

---

Handelt es sich bei dem gutgläubigen Besitzer um einen Fremdbesitzer und überschreitet er den Rahmen seines vermeintlich bestehenden Besitzmittlungsverhältnisses, dann begeht er einen sog. **Fremdbesitzerexzess.**[41] Dann muss der Besitzer (entgegen dem Wortlaut des § 993 Abs. 1, 2. Hs. BGB) Schadensersatz nach § 823 Abs. 1 BGB leisten, da er auch als rechtmäßiger Fremdbesitzer hierfür einstehen müsste.

---

**Beispiel**

Eigentümer E vermietet an Mieter M seine Wohnung. Der Mietvertrag ist nichtig. M zerschlägt nun eine Scheibe und drückt Zigarettenreste auf dem Teppichboden aus. E steht zunächst kein Anspruch aus Vertrag zu. Da auch eine Vindikationslage besteht, müsste M bei Redlichkeit durch § 993 Abs. 1 BGB auch gegen einen Anspruch des E aus § 823 BGB geschützt sein. Dieses Ergebnis wäre aber sinnlos, denn M konnte nicht annehmen, dass er sinnlos Scheiben zerschlagen oder Zigarettenreste auf dem Fußboden ausdrücken durfte. Diese Haftungsbeschränkung des § 993 Abs. 1 BGB gilt nicht für den Fremdbesitzerexzess.[42] Diesen hat der M hier begangen, da er auch als rechtmäßiger Mieter nach § 280 Abs. 1 BGB für eine starke Beschädigung einstehen musste. M haftet demnach dem E auf Schadensersatz aus § 823 Abs. 1 BGB.

---

Ein bösgläubiger Besitzer und ein Besitzer nach Eintritt der Rechtshängigkeit des Herausgabeanspruchs haften dem Eigentümer nach den §§ 989, 990 Abs. 1 BGB für eine verschuldete Verschlechterung der Sache auf Schadensersatz. Ebenso besteht ein Schadensersatzanspruch, wenn die Sache dem Eigentümer nicht mehr herausge-

---

[41] *Baur/Stürner*, § 11, Rn. 35.
[42] *Jacoby/von Hinden*, Vor § 987 BGB, Rn. 8; *Medicus/Lorenz*, SchuldR II, Rn. 1278 ff.

geben werden kann, z. B. im Falle einer Weiterveräußerung. Ebenso haftet der bösgläubige Besitzer über die vorgenannten Tatbestände des Schadensersatzes wegen
Verschuldens auch für eine zufällige Verschlechterung oder zufälligen Untergang
der Sache, wenn er sich mit der Herausgabe in Verzug befand nach §§ 990 Abs. 2,
287 S. 2 BGB. Das gleiche gilt gem. §§ 992, 848 BGB, wenn der Besitzer sich den
Besitz durch eine schuldhaft verbotene Eigenmacht oder durch eine Straftat verschafft hat. Nach dem Wortlaut des § 992 BGB ist von einer verbotenen Eigenmacht
die Rede, die nach § 858 BGB auch ohne Verschulden möglich ist. Die h. M. weicht
allerdings von diesem Wortlaut insoweit ab, als für die Anwendung von § 992 BGB
nur eine „schuldhafte" verbotene Eigenmacht die erschwerten Folgen auslösen soll;
es genügt nach der h. M., dass die verbotene Eigenmacht leicht fahrlässig war. Begründet wird dies aus der Gleichstellung der verbotenen Eigenmacht mit Straftaten.

### 6.5.5   Verwendungen

Hat der Besitzer einer herauszugebenden Sache Verwendungen auf diese gemacht,
stellt sich die Frage, ob er diese Ausgaben vom Eigentümer ersetzt verlangen
kann. Hat der Besitzer umfangreiche Verwendungen auf die Sache gemacht, so
könnte der Eigentümer u. U. mit weitreichenden Ersatzansprüchen belastet werden. Das Gesetz (§§ 994 bis 1003 BGB) sieht deshalb zum Schutz des Eigentümers Beschränkungen vor, denen der Besitzer bei der Geltendmachung seiner
Verwendungsersatzansprüche unterworfen ist. Das Gesetz unterscheidet auch hier
zwischen der Situation vor und nach Rechtshängigkeit. Auszugehen ist dabei von
den §§ 994, 996 BGB, wonach der Besitzer Verwendungen auf die Sache gemacht
haben muss. Unter Verwendungen versteht man **freiwillige Vermögensaufwen-
dungen,** die der Sache zugutekommen sollen, indem sie sie wiederherstellen, erhalten oder verbessern sollen.[43]

**Keine Verwendung** ist der vom Besitzer an den Dieb gezahlte Kaufpreis, da
dieser der Sache nicht zugutekommen. Gleiches gilt für Miet- oder Pachtzahlungen
des Besitzers. Ebenso zählen hierzu nicht Transportkosten, soweit sie nicht der Erhaltung der Sache dienen.[44]

Die Verwendungen lassen sich zunächst in notwendige und nützliche Verwendungen unterscheiden.

**Notwendige Verwendungen** (§ 994 BGB) sind die zur Erhaltung oder ordnungsgemäßen Bewirtschaftung der Sache objektiv erforderlichen Aufwendungen,
die also der Besitzer dem Eigentümer, der sie sonst hätte machen müssen, erspart
hat und die nicht nur den Sonderzwecken des Besitzers dienen,[45] z. B. eine unerläss-
liche Reparatur oder das Zahlen von Versicherungsprämien; die Notwendigkeit ist
objektiv aus *„ex ante"*-Sicht zu beurteilen; alle anderen sind nicht notwendige Verwendungen. **Nützliche Verwendungen** sind dagegen solche, die den objektiven

---

[43] *Wieling,* § 12 V 2.
[44] BGHZ 87, 104, 106.
[45] BGHZ 64, 333, 339.

Wert einer Sache steigern, z. B. das Einzäunen eines Grundstücks oder der Einbau eines Radios in das Kfz. Weiterhin gibt es noch die sog. **Luxusverwendungen,** die nicht den objektiven Wert einer Sache erhöhen, sondern nur das subjektive Interesse des gegenwärtigen Besitzers befriedigen, z. B. wenn der Mieter die Kacheln im Badezimmer austauscht durch Kacheln, auf denen die Motive eines berühmten Malers abgebildet sind.

Der gutgläubige Besitzer kann vom Eigentümer gem. § 994 Abs. 1 S. 1 BGB nur Ersatz der **notwendigen Verwendungen** verlangen. Der Ausgleichsanspruch erfasst jedoch nicht die gewöhnlichen Erhaltungskosten (§ 994 Abs. 1 S. 2 BGB), die der Besitzer zu einer Zeit aufbringt, in der ihm nach §§ 987 ff. BGB die Nutzungen verbleiben. Gewöhnliche Erhaltungskosten sind die regelmäßig wiederkehrenden laufenden Ausgaben, z. B. Fütterungskosten für ein Tier, Reparatur- oder Inspektionskosten für ein Kfz einschließlich des normalen Verschleißes.[46] Der bösgläubige Besitzer bzw. der Besitzer, der nach Eintritt der Rechtshängigkeit notwendige Verwendungen tätigt, kann die notwendigen Verwendungen nur nach Maßgabe der §§ 677 ff. BGB ersetzt verlangen (§ 994 Abs. 2 BGB). Durch die Verweisung auf die Vorschriften nach §§ 677 ff. BGB kann Verwendungsersatz unter der Voraussetzung des § 683 S. 1 BGB (mit Weiterverweisung auf § 670 BGB) verlangt werden. Das bedeutet, dass sie nicht schon bei Notwendigkeit zu ersetzen sind, sondern nur dann, wenn sie dem wirklichen oder mutmaßlichen Willen des Eigentümers entsprechen. Andere notwendige Verwendungen werden nur nach §§ 684 S. 1, 818 BGB ersetzt.

Den Ersatz **nützlicher Verwendungen** kann lediglich der gutgläubige Besitzer nach § 996 BGB verlangen, allerdings nur soweit der Wert der Sache bei Wiedererlangung durch den Eigentümer noch objektiv erhöht ist. Sind die Verwendungen nicht mal als nützlich zu betrachten und stellen sich z. B. als **Luxusaufwendungen** dar, kann selbst der gutgläubige Besitzer diese Aufwendungen nicht ersetzt verlangen. Nützliche Verwendungen und Luxusverwendungen werden somit dem bösgläubigen Besitzer nicht erstattet (§ 996 BGB).

---

**Beispiel**

Z ist Besitzer eines dem E gestohlenen Kfz. Bei Erwerb war Z bösgläubig. Er lässt im Laufe seiner Besitzzeit den Wagen, dessen Lack noch in Ordnung, von der Farbe her aber etwas matt geworden ist, neu lackieren und zudem das nicht mehr gebrauchsfähige Getriebe erneuern. Stellt sich nun der wahre Sachverhalt heraus und gibt der Z dem E das Kfz heraus, so kann Z für seine Verwendungen – wenn der E geltend macht, er hätte den Wagen weder lackieren noch reparieren lassen – keinen Ersatz verlangen. Die Lackierung ist eine nützliche Verwendung, für die der Z in keinem Fall Ersatz erlangt; dagegen handelt es sich zwar bei der Getriebereparatur um eine notwendige Verwendung. Da E die Reparatur aber nicht ausführen lassen wollte, entfällt nach § 683 BGB der Aufwendungsersatz. Es verbleibt ein Bereicherungsanspruch aus § 684 S. 1 BGB.

---

[46] Palandt/*Bassenge*, § 994 BGB, Rn. 7.

Steht fest, dass der Besitzer Verwendungen i. S. d. §§ 994 ff. BGB getätigt hat,
steht ihm zunächst nur ein Zurückbehaltungsrecht nach § 1000 BGB zu, so z. B.
dem Werkunternehmer, der einen Wagen repariert hat, der von einem Nichtberechtigten in die Werkstatt gebracht wurde. Einen durchsetzbaren Anspruch auf Ersatz
der Verwendungen erhält der Besitzer erst dann, wenn der Eigentümer die Sache
wiedererlangt oder die Verwendungen genehmigt hat (§ 1001 BGB). Das Recht auf
Zurückbehaltung der Sache aus § 1000 BGB besteht also schon zu einem Zeitpunkt,
zu welchem dem Besitzer noch kein fälliger Ersatzanspruch zusteht. Hierin liegt
auch der Unterschied zu dem allgemeinen Zurückbehaltungsrecht nach § 273 BGB,
welches einen „fälligen" Anspruch auf Ersatz der Verwendungen voraussetzt. Die
Einfügung des § 1000 BGB neben § 273 Abs. 2 BGB war also erforderlich, weil
dieser – wie bereits erwähnt – einen fälligen Gegenanspruch verlangt, der Anspruch
aus §§ 994 ff. BGB erst nach den Voraussetzungen des § 1001 BGB entstehen kann.
Wenn der Eigentümer die ersatzfähigen Verwendungen innerhalb einer vom Besitzer gesetzten Frist nicht genehmigt hat, dann darf der Besitzer nach § 1003 Abs. 1
BGB die Sache verwerten, d. h. versteigern lassen und sich wegen seiner Verwendungen aus dem Erlös befriedigen.

Unabhängig von dem Anspruch auf Verwendungsersatz hat jeder Besitzer, der
mit der herauszugebenden Sache eine andere Sache als wesentlichen Bestandteil
i. S. d. §§ 93, 94 BGB verbunden hat, das Recht, die verbundene Sache wegzuneh-
men und sie sich anzueignen (§ 997 Abs. 1 S. 1 BGB, z. B. für Einbauschränke).
Dieses **Wegnahmerecht** ist für alle Verwendungen, die nicht ersatzfähig sind – vor
allem für Luxusaufwendungen – die einzige Möglichkeit des Besitzers, seine Ver-
luste gering zu halten. Das Wegnahmerecht ist nach § 997 Abs. 2 BGB ausgeschlossen, wenn die Sachverbindung im Rahmen gewöhnlicher Erhaltungsmaßnahmen
erfolgte, die Abtrennung für den Besitzer keinen Wert mehr hat oder der Eigentümer
den Wert der abzutrennenden Sache ersetzt.

## 6.6  Erwerb des Eigentums

### 6.6.1  Rechtsgeschäftlicher Eigentumserwerb an beweglichen Sachen

#### 6.6.1.1  Grundlagen
Bisher wurde ausschließlich die Rechtsstellung desjenigen behandelt, der bereits
Eigentümer ist. Nunmehr geht es um die Frage, wie Eigentum rechtsgeschäftlich
erworben werden kann. Eigentum kann durch Rechtsgeschäft, durch Aneignung,
kraft Erbrecht sowie aufgrund sonstiger gesetzlicher Regelungen erlangt werden.
Das Eigentum wird in diesen Fällen bei Vorliegen gesetzlicher Tatbestandsmerkmale
– unabhängig von der rechtsgeschäftlichen Beziehung der Beteiligten – erworben.

Im Rahmen des rechtsgeschäftlichen Eigentumserwerbs unterscheidet das Gesetz zwischen der Eigentumsübertragung an beweglichen Sachen und an Grundstücken. Der rechtsgeschäftliche Eigentumserwerb bei beweglichen Sachen vollzieht
sich nach den §§ 929 ff. BGB.

Kernelement ist die rechtsgeschäftliche Einigung über den Eigentumsübergang einerseits und die Übergabe der Sache andererseits. Während die Einigung den Veräußererwillen des Veräußerers und den Erwerberwillen des Erwerbers zum Ausdruck bringt, dient die Besitzübergabe der Publizität des Übereignungsvorgangs.

## 6.6.1.2   Einigung

Die Übertragung des Eigentums an einer beweglichen Sache erfordert nach dem Grundtatbestand in § 929 S. 1 BGB die Einigung darüber, dass das Eigentum übergehen soll. Die dingliche Einigung ist ein Vertrag zwischen Veräußerer und Erwerber, der darauf gerichtet ist, den Eigentumswechsel herbeizuführen. Es finden die allgemeinen Regeln der Rechtsgeschäftslehre Anwendung. Aus dem sachenrechtlichen **Spezialitätsprinzip** folgt, dass eine Einigung sich nur auf bestimmte Sachen beziehen kann. § 929 S. 1 BGB spricht von „… einer beweglichen Sache … ". Wenn also Sachgesamtheiten (z. B. Warenlager, Unternehmen) übereignet werden sollen, müssen die einzelnen betroffenen Sachen individuell bezeichnet werden.

Die Übereignung ist grundsätzlich **formlos** möglich, außer bei der Übereignung eines Grundstücks (vgl. Auflassung nach § 925 BGB) und kann auch bedingt (§§ 158 ff. BGB, z. B. beim Eigentumsvorbehalt nach § 449 BGB) oder befristet erklärt werden.

Der rechtsgeschäftliche Eigentumserwerb enthält also zwei Komponenten. Zum einen den rechtsgeschäftlichen Vorgang – die Einigung, gerichtet auf den Übergang des Eigentums, zum anderen den tatsächlichen Vorgang – die Übergabe -, d. h. die Verschaffung der tatsächlichen Gewalt über die zu veräußernde Sache. Die Einigung als **dinglicher Vertrag** ist von dem zugrunde liegenden Verpflichtungsgeschäft zu trennen, auch wenn diese, etwa bei Bargeschäften des täglichen Lebens, zeitlich zusammenfallen. Sie ist grundsätzlich abstrakt, d. h. sie bedarf keiner kausalen Zweckbestimmung und ist von der Wirksamkeit des Verpflichtungsgeschäfts unabhängig **(Abstraktionsprinzip)**.

Zu beachten ist, das im Rahmen der Übereignung nach den §§ 930, 931 BGB neben die dingliche Einigung als Übergabesurrogat entweder ein Besitzmittlungsverhältnis oder ein Abtretungsvertrag tritt.

## 6.6.1.3   Übergabe

### Übergabe nach § 929 S. 1 BGB

Neben der Übereignung ist erforderlich, dass der Eigentümer die Sache dem Erwerber übergibt **(Traditionsprinzip)**. Die Übergabe als der **tatsächliche Vorgang** bestimmt sich nach den Vorschriften zum Besitzerwerb. Auf diese Weise wird beim Übereignungsvorgang sichergestellt, dass Besitzlage und Eigentumslage wieder in Deckung gebracht werden. Normalerweise befindet sich die Sache im unmittelbaren Besitz des Veräußerers. Die Übergabe ist die beiderseitig gewollte Übertragung des unmittelbaren Besitzes vom Veräußerer auf den Erwerber. Die Rechtsänderung wird dadurch sichtbar, ist jedoch erst vollzogen, wenn die Erwerberseite den alleinigen Besitz hat und auf Veräußererseite kein Recht von Besitz mehr besteht. Aus praktischen Erwägungen heraus muss die Sache nicht direkt

vom Veräußerer an den Erwerber gegeben werden. Um den Interessen des Wirt-
schaftsverkehrs besser entgegen zu kommen, reicht es aus, wenn der Veräußerer die
Sache einer anderen Person, etwa einem Besitzdiener oder an einen Besitzmittler
übergibt, der sowohl auf Seiten des Veräußerers wie auf der Seite des Erwerbers
am Übertragungsvorgang beteiligt ist. Es genügt nach der Rspr. sogar, wenn ein
Dritter die Sache auf **Geheiß** des Veräußerers übergibt oder wenn die Sache auf
Geheiß des Erwerbers an einen Dritten übertragen wird.[47] Beim **Strecken- oder
Kettengeschäft** – der Verkäufer versendet die Ware auf Anweisung des Erstkäufers
K direkt an Zweitkäufer D – ergibt die Auslegung, dass kein unmittelbarer Eigentumsübergang auf den Zweitkäufer, sondern ein Durchgangserwerb des Erstkäufers
stattgefunden hat. In der Lieferung des V an D wird eine doppelte Übergabe gese-
hen, nämlich von V an K (auf Geheiß des K als Erwerber) sowie von K an D (auf
Geheiß des K als Veräußerer).[48]

### Übergabe kurzer Hand

Durch § 929 S. 2 BGB wird die Veräußerung für den Fall erleichtert, wenn der Erwerber sich bereits im Besitz der Sache befindet. Die Sachübergabe kann in diesem
Fall entfallen. Es genügt die bloße Einigung über den Übergang des Eigentums. Damit wird ein umständliches Hin und Her vermieden. Diese Form der Übergabe wird
auch „**Übergabe kurzer Hand**" *(„brevi manu traditio")* genannt.[49] Mit § 929 S. 2
BGB wird klargestellt, dass es für die Wirksamkeit der Übereignung genügt, wenn
die Besitzlage, wie sie nach der Übergabe gem. § 929 S. 1 BGB vorliegen muss,
schon vor der Einigung über den Eigentumsübergang eingetreten ist.

---

**Beispiel**

Der Leasingnehmer möchte nach Ablauf der Leasingzeit das geleaste (bereits bei
ihm befindliche) Kfz käuflich erwerben. Würde es nur § 929 S. 1 BGB geben,
müsste der Leasingnehmer dem Leasinggeber zunächst das Kfz zurückgeben
und erst dann könnte die Leasingfirma dem Leasingnehmer das Eigentum an
dem Kfz durch Einigung und Übergabe verschaffen. Für § 929 S. 2 BGB genügt
daher die bloße Einigung; vereinfacht gesprochen sagt hier der Veräußerer:
„Behalte du die Sache".

### Vereinbarung eines Besitzmittlungskonstitutes

Die Übertragung des unmittelbaren Besitzes als Tatbestandsmerkmal der Übereignung kann auch durch andere Vorgänge **ersetzt** werden. In § 930 BGB ist eine Situation geregelt, dass jemand eine Sache übereignen will, die er aber noch im Besitz
behalten und weiter für sich verwenden möchte. Hier wäre es theoretisch denkbar,
dass der Veräußerer die Sache zunächst durch Einigung und Übergabe auf den Er-

---

[47] *Wolf/Wellenhofer,* § 7, Rn. 15 zum Geißerwerb und Rn. 16 mit einem anschaulichen Fall zum
Streckengeschäft.
[48] BGH, NJW 1986, 1166; Palandt/*Bassenge*, § 929 BGB, Rn. 20.
[49] *Wolf/Wellenhofer*, § 7, Rn. 27.

werber überträgt (§ 929 S. 1 BGB) und dann mit dem Erwerber als neuem Eigentümer einen Miet- oder Leihvertrag abschließt und sich die Sache als Miet- oder Leihobjekt wieder zurückgeben lässt. Nach § 930 BGB wird nun die „Übergabe" der Sache in der Weise ersetzt, dass zwischen dem Veräußerer und dem Erwerber ein konkretes **Besitzmittlungsverhältnis** (Besitzkonstitut) i. S. v. § 868 BGB **vereinbart** wird. Dadurch wird der Erwerber zum mittelbaren Besitzer der Sache, während demgegenüber der Veräußerer (als sog. Fremdbesitzer) den unmittelbaren Besitz behält. Ein Eigentumserwerb nach § 930 BGB setzt somit eine Einigung und die Erlangung des mittelbaren Besitzes voraus. Deshalb sollte man auch immer von der Übereignung gem. § 929 S. 1 i. V. m. § 930 BGB sprechen.

**Beispiel**

Bärentreiber B möchte von dem Z ein Darlehen erhalten. Z möchte naturgemäß eine Sicherheit haben. B, der sonst kein Vermögen besitzt, verweist auf seinen Bären als Sicherheit. Beide könnten nach den §§ 1204 ff. BGB einen Pfandvertrag schließen. Das würde aber nach § 1205 BGB voraussetzen, dass B dem Z den Bären übergibt. Z „graust" bei dem Gedanken, den Bären übernehmen zu müssen. Hier hilft § 930 BGB. B und Z können damit vereinbaren, dass B dem Z das Eigentum durch Übertragung des mittelbaren Besitzes verschafft; vereinfacht gesprochen sagt er dann: „Ich behalte die Sache für dich".

Sein wichtigstes Anwendungsgebiet hat § 930 BGB durch die **Sicherungsübereignung.** Sollen einem Gläubiger, z. B. einer Bank, die einen Kredit gewährt hat, Sachen des Schuldners als Sicherheit dienen, greift die Praxis auf eine Übereignung nach §§ 929 S. 1, 930 BGB zurück. Der Sicherungsvertrag bildet die schuldrechtliche Grundlage der Sicherungsübereignung. Er regelt – als gesetzlich nicht geregelter Vertrag – typischerweise die Rechte und Pflichten der Parteien von Sicherungsnehmer und Sicherungsgeber sowie die Voraussetzungen der Art und Weise der Verwertung. Nach diesem Vertrag soll das Eigentum nur zu Sicherungszwecken verwendet werden (Sicherungsübereignung). Der neue Eigentümer ist also nur ein „Treuhänder", der das Eigentum nach Rückzahlung der zu sichernden Forderung wieder zurückübertragen muss. Im Außenverhältnis gegenüber Dritten hat der Sicherungsnehmer Eigentum an der Sache erlangt. Er kann also die Sache wirksam an Dritte weiterveräußern, ist jedoch aufgrund der schuldrechtlichen Sicherungsabrede im Innenverhältnis mit dem Sicherungsgeber verbunden. Hieraus ergibt sich für ihn als Sicherungsnehmer die Pflicht mit der Sache nur in dem vom Sicherungszweck gesteckten Rahmen zu verfahren. Er darf insbesondere die Sache nur bei Nichtrückzahlung des Kredites veräußern.

Die Sicherungsübereignung spielt eine große Rolle in der **Kreditsicherungspraxis**, wenn jemand zur Absicherung eines Kredits dem Kreditgeber das Eigentum an bestimmten Gegenständen (z. B. Fahrzeuge, Maschinen) verschaffen will, der Veräußerer die Sache aber weiter benutzen will und dies auch muss.

Das Besitzmittlungsverhältnis kann schon begründet werden, bevor der Veräußerer Eigentum und Besitz an der Sache erlangt hat. Es handelt sich hierbei um den Fall des **antizipierten Besitzkonstituts**. Das ist ein Sonderfall hinsichtlich des Spezialitätsgrundsatzes. Die Sache muss bei Begründung des Besitzmittlungsverhältnisses noch nicht bestimmt, aber auf Grund schon vorhandener Anhaltspunkte bestimmbar sein.[50] Im Zeitpunkt des späteren Eigentumsübergangs muss sie allerdings bestimmt sein. Man muss beim antizipierten Besitzkonstitut beachten, dass das Eigentum nicht direkt vom ursprünglichen Eigentümer auf den mittelbaren Besitzer übereignet wird. Vielmehr gehört es für eine „**juristische Sekunde**" (also für einen kurzen gedachten Augenblick) zum Vermögen des unmittelbaren Besitzers. Bedeutung gewinnt dies im Vollstreckungsrecht. Während dieser juristischen Sekunde können Vollstreckungsmaßnahmen der Gläubiger des unmittelbaren Besitzers wirksam werden.

---

**Beispiel**

Autohändler A hat mit der Bank B einen Darlehensvertrag abgeschlossen. A übereignet B zur Sicherheit seinen gesamten Bestand an PKWs, die sich in einer vom Vermieter V gemieteten Halle befinden. Damit A das Darlehen ratenweise zurückzahlen kann, wird er von B zur Veräußerung der Fahrzeuge im ordnungsgemäßen Geschäftsbetrieb ermächtigt (§ 185 Abs. 1 BGB). Gleichzeitig wird zwischen A und B vereinbart, dass auch alle künftig angeschafften PKWs in das Sicherungseigentum von B übergehen. Als A mit der Mietzahlung in Rückstand gerät, macht V sein Vermieterpfandrecht nach § 562 BGB geltend. Wegen des antizipierten Besitzkonstitutes ist B Eigentümer der neu angeschafften PKWs geworden. Zuvor hatte jedoch A im Wege des sog. Durchgangseigentums für eine juristische Sekunde Eigentum an den neu erworbenen Autos. Das Vermieterpfandrecht des V erstreckt sich daher auch auf das im Eigentum der B stehende Sicherungseigentum. V kann also gegenüber B sein Vermieterpfandrecht geltend machen.

---

Ist ein Dritter unmittelbarer Besitzer und der Veräußerer mittelbarer Besitzer der Sache und soll diese besitzrechtliche Lage im Falle einer Veräußerung erhalten bleiben, so wird nach § 929 S. 1 BGB i. V. m. § 930 BGB **mehrstufiger mittelbarer Besitz** begründet. Sind der Veräußerer und der Erwerber Mitbesitzer der zu übereignenden Sache, können beide vereinbaren, dass der Veräußerer Mitbesitzer bleiben soll. Die Übergabe wird auch hier durch § 930 BGB ersetzt.

### Abtretung des Herausgabeanspruches

Die Übergabe als Tatbestandsmerkmal der Übereignung kann außer durch Besitzkonstitut noch auf eine andere Weise ersetzt werden. Handelt es sich bei dem Veräußerer nicht um den unmittelbaren Besitzer, kann der Veräußerer nach § 931 BGB als „**Übergabeersatz**" seinen **Herausgabeanspruch** gegen den Besitzer der Sache **abtreten**. Ist der Veräußerer also mittelbarer Besitzer der Sache, so tritt er den Herausgabeanspruch gegen den unmittelbaren Besitzer aus dem Besitzmittlungs-

---

[50] *Wolf/Wellenhofer*, § 7, Rn. 35 ff. m. w. N.

**Abb. 6.3** Übereignung nach § 931 BGB

verhältnis gem. § 870 BGB ab. Besteht allerdings kein mittelbarer Besitz des Veräußerers, muss der Veräußerer andere ihm zustehende Herausgabeansprüche gegen den Besitzer (etwa aus § 812 BGB) abtreten. § 931 BGB dient der Erleichterung der Eigentumsübertragung. Es wäre umständlich, wenn der Eigentümer in diesen Fällen das Eigentum nur in der Weise übertragen könnte, dass er die weggegebenen Sachen zurückverlangt und dann dem Erwerber nach § 929 S. 1 BGB übereignet. In den meisten Fällen würde diese Form auch daran scheitern, dass der unmittelbare Besitzer – dem regelmäßig ein Recht zum Besitz zusteht – eine vorzeitige Rückgabe ablehnen würde (Abb. 6.3).

---

**Beispiel**

Z hat seine Wertpapiere, die er bei der Bank B in Verwahrung gegeben hat, an G verkauft. Er überträgt das Eigentum, indem er mit G vereinbart, dass dieser jederzeit von B Herausgabe verlangen kann. G ist damit einverstanden. Nachdem G den Kaufpreis gezahlt hat, verlangt er von B Herausgabe. B weigert sich, da Z sein Konto überzogen hat und seine Schuld gegenüber B noch nicht ausgeglichen hat. Z konnte hier das Eigentum an der Sache übertragen, indem er seinen mittelbaren Besitz nach § 870 BGB übertragen hat (§ 931 BGB). Es ist nicht erforderlich, dass die Bank hiervon Kenntnis erlangt hat. A konnte daher durch Abtretung des Herausgabeanspruchs (aus § 695 BGB) das Eigentum an den Wertpapieren übertragen; vereinfacht gesprochen sagt der Veräußerer sinngemäß: „Lass dir die Sache von D geben". Nach § 986 Abs. 2 BGB kann die Bank dem G als Erwerber auch die Einwendungen entgegenhalten, die sie auch gegenüber Z gehabt hätte. Die Rechtsstellung des Besitzers, der an der Abtretung nicht mitgewirkt hat, soll nicht beeinträchtigt sein.

---

### 6.6.1.4  Einigsein bei Übergabe

Die dingliche Einigung muss im Zeitpunkt der Übergabe bzw. bei Vereinbarung der Übergabesurrogate der §§ 930, 931 BGB noch fortbestehen. Unproblematisch ist dies, wenn Einigung und Übergabe zur gleichen Zeit erfolgen. Problematisch ist dies, wenn zwischen Einigung und Übergabe ein zeitlicher Zwischenraum vorliegt und der Veräußerer seine Einigungserklärung widerrufen hat. Eine Bindung an die Einigung – wie bei § 873 Abs. 2 BGB – gibt es bei beweglichen Sachen nicht;

nach § 873 Abs. 2 BGB kann die sachenrechtliche Einigung nicht mehr widerrufen werden. Der Veräußerer ist danach an die Einigung nicht gebunden.[51] Es besteht aber eine Vermutung für den Fortbestand der Einigung. Der Widerruf der Einigung ist daher erst wirksam, wenn dies für den anderen Vertragsteil erkennbar ist.[52]

### 6.6.1.5  Verfügungsberechtigung des Veräußerers

Der Eigentumswechsel tritt nach den §§ 929 bis 931 BGB nur ein, wenn der Verfügende berechtigt war, die erstrebte Rechtsänderung herbeizuführen. **Berechtigter** ist nach dem Wortlaut der §§ 929 bis 931 BGB grundsätzlich der Eigentümer. Er ist allerdings nur dann berechtigt, solange kein gesetzliches oder behördliches Veräußerungsverbot (§§ 135, 136 BGB) besteht. Berechtigt kann auch der Nichteigentümer sein, sofern die Verfügungsberechtigung kraft Gesetzes auf ihn übertragen worden ist, z. B. beim Insolvenzverwalter (§ 80 InsO) oder Nachlassverwalter (§ 1975 BGB). Verfügt der Nichteigentümer mit vorheriger Einwilligung des Berechtigten, so liegt eine Verfügung eines Berechtigten vor (§ 185 BGB). Handelt er hingegen ohne Einverständnis des Berechtigten, wird die Verfügung durch eine mögliche Genehmigung nicht zu einer Verfügung eines Berechtigten.

### 6.6.1.6  Eigentumsvorbehalt und Anwartschaftsrecht

Beim Eigentumsvorbehalt (§ 449 BGB) liegen Einigung und Übergabe vor, jedoch steht die Einigung unter der aufschiebenden Bedingung (§ 158 Abs. 1 BGB) der vollständigen Kaufpreiszahlung.[53] Der Käufer erwirbt ein **dingliches Anwartschaftsrecht** an der gekauften Sache, das mit Zahlung des Kaufpreises zum Vollrecht erstarkt. Es handelt sich hierbei um eine Vorstufe zum Erwerb des Vollrechts. Im Verhältnis zum Vollrecht (Eigentum) handelt es sich aber nicht um ein aliud, sondern um ein dem Eigentum „**wesensgleiches Minus**".[54] Der Käufer kann diese dingliche Rechtsposition übertragen oder belasten. Die Übertragung einer Eigentumsanwartschaft erfolgt nach den §§ 929 ff. BGB analog. Das bedeutet, dass ein Erwerber, der den Besitzer der Sache für den Eigentumsanwärter hält, mit der Besitzerlangung die Anwartschaft erwirbt. Das Anwartschaftsrecht besteht jedoch nur solange, als die Bedingung noch eintreten kann. Kann die Bedingung nicht mehr eintreten, weil die Kaufpreisforderung infolge des Rücktritts vom Kaufvertrag oder aus anderen Gründen untergegangen ist, so geht auch das Anwartschaftsrecht unter, weil auch das Eigentum wegen der Unmöglichkeit des Bedingungseintritts nicht mehr erworben werden kann.

---

[51] *Baur/Stürner*, § 5, Rn. 36; *Wolf/Wellenhofer*, § 7, Rn. 18.

[52] Palandt/*Bassenge*, § 929 BGB, Rn. 37 ff.

[53] Vgl. hierzu Kap. 4.2.10.3.

[54] BGHZ 28, 16, 21; *Wolf/Wellenhofer,* § 14, Rn. 11.

## 6.6.2   Rechtsgeschäftlicher Eigentumserwerb an Grundstücken

Der rechtsgeschäftliche Übertragungsvorgang bei Grundstückseigentum setzt ebenfalls einen Doppeltatbestand voraus. Nach § 873 Abs. 1 BGB ist zur Übertragung
des Eigentums an einem Grundstück – ebenso auch bei der Belastung eines Grundstücks mit einem Recht oder der Übertragung bzw. Belastung eines solchen Rechts
(z. B. einer Hypothek) – die **Einigung** zwischen den Parteien über den Eintritt der
Rechtsänderung und die **Eintragung** der Rechtsänderung in das Grundbuch erforderlich. Grundsätzlich kann die Einigung bedingt oder befristet erfolgen. Sie ist
auch an keine Form gebunden. Eine Ausnahme gilt jedoch bei der Einigung zur
Übertragung von Eigentum an Grundstücken, die auch als **Auflassung** bezeichnet
wird. Die Auflassung darf nach § 925 Abs. 2 BGB nicht unter einer Befristung oder
Bedingung erklärt werden. Die Vereinbarung eines Eigentumsvorbehalts ist – wie
bei beweglichen Sachen – ausgeschlossen. Nach § 925 Abs. 1 BGB ist für eine Auflassung eine besondere Form erforderlich. Sie muss bei gleichzeitiger Anwesenheit
beider Vertragsparteien vor dem Notar erklärt werden. Die Beurkundung erfolgt
nach den Vorschriften des Beurkundungsgesetzes. Die gleichzeitige Anwesenheit
bedeutet allerdings nicht, dass beide Parteien persönlich anwesend sein müssen.
Es genügt daher auch die Anwesenheit eines Stellvertreters. Die Begründung oder
Übertragung von Grundstücksrechten muss gem. § 873 Abs. 1 BGB im Grundbuch
eingetragen werden.

   Die Eintragung erfolgt nach § 1 Abs. 1 GBO (= **Grundbuchordnung**) durch das
Grundbuchamt. Das Grundbuch ist ein öffentliches Register, das über Grundstücke
und Rechte an Grundstücken Auskunft gibt. Es wird vom Grundbuchamt, einer Abteilung des Amtsgerichts, geführt. Im Zusammenhang mit einem Erwerb sind eine
ganze Reihe von öffentlich-rechtlichen Vorschriften zu beachten, so z. B. in Bezug
auf die Anfrage über die Nichtausübung des Vorkaufsrechts der Gemeinde oder der
Vorlage der vom Finanzamt erst nach Zahlung der Grunderwerbssteuer erteilten
Unbedenklichkeitsbescheinigung.

   Der Eintragungsgrundsatz hat zur Folge, dass zwischen einem Kaufvertrag über
ein Grundstück und dem Eigentumserwerb des Käufers eine gewisse Zeit vergeht.
Dies bringt vor allem für den Käufer einige Unsicherheiten mit sich. So ist die-
ser beispielsweise der Gefahr ausgesetzt, dass der Verkäufer noch einen zweiten
Kaufvertrag abschließt und den zweiten Käufer vor dem Erstkäufer eintragen lässt.
Der zweite Käufer wäre dann Eigentümer geworden und der Käufer hätte dann
gegen ihn keine Ansprüche mehr. Dieser Gefahr kann durch die Eintragung einer
Vormerkung nach § 883 BGB begegnet werden. Dieser Anspruch auf Eintragung
einer **Vormerkung** ergibt sich aus dem Kaufvertrag. Sobald eine Vormerkung im
Grundbuch eingetragen ist, hat das zur Folge, dass eine Verfügung, die nach deren
Eintragung erfolgte, dem Berechtigten (also dem Käufer) gegenüber unwirksam
ist. Der Verkäufer ist – wenn der Käufer nicht (voll) bezahlt – dadurch gesichert,
dass er in diesem Fall regelmäßig die Auflassung nicht erklären und auch keinen
Grundbuchänderungsantrag stellen wird. Mit der Vormerkung können nach § 883
BGB nicht nur Ansprüche auf Eigentumsübertragung an Grundstücken gesichert

werden, sondern sämtliche Ansprüche auf Einräumung und Aufhebung eines dinglichen Rechts am Grundstück oder an einem Grundstücksrecht.

## 6.7 Rechtsgeschäftlicher Eigentumserwerb vom Nichtberechtigten

### 6.7.1 Grundlagen

Bisher wurde davon ausgegangen, dass der Veräußerer einer Sache auch deren
Eigentümer oder in sonstiger Weise zur Verfügung berechtigt ist. Hier geht es um
die rechtlichen Folgen, wenn ein **Nichtberechtigter** über die Sache verfügt. Das
Problem besteht darin, dass der Erwerber im Regelfall nicht überprüfen kann, ob
der Veräußerer Eigentümer bzw. Berechtigter ist. Der Gesetzgeber hätte dieses Problem dadurch regeln können, indem er vorschreibt, dass von einem Nichtberechtigten kein Eigentum erworben werden kann. So galt im römischen Recht der Grundsatz, dass niemand mehr Rechte übertragen kann, als er selbst hat. Im deutschen
Recht ist jedoch ein anderes vorgesehen. Unter den Voraussetzungen der §§ 932 ff.,
892 BGB ist ein gutgläubiger Erwerb von Eigentum vorgesehen.

Zunächst bedarf es einer **Einigung** und das Einigsein im Zeitpunkt der Übergabe, zweitens einer **Übergabe** oder eines Übergabeersatzes, wobei die §§ 932 bis
934 BGB die Parallelregeln der §§ 929 bis 931 BGB modifizieren. Diese Regelungen über den gutgläubigen Erwerb beruhen auf dem durch den Besitz erzeugten
Rechtsschein (arg. § 932 Abs. 1 S. 2 BGB), denn im Normalfall ist der Besitzer
auch zugleich der Eigentümer. Ein Dritter soll keine langen Nachforschungen anstellen müssen. Es dient daher der Erleichterung des Geschäftsverkehrs, dass man
sich generell auf den Rechtsschein des Besitzes verlassen kann. Sollte der erzeugte
Rechtsschein im Einzelfall nicht der tatsächlichen Rechtslage entsprechen, dann
ist es gerechter, dass der wahre Eigentümer, der die Sache einem unzuverlässigen
Veräußerer überlassen hat, den Ärger hat.

Die §§ 932 ff. BGB beziehen sich nur auf einen rechtsgeschäftlichen Erwerb,
also nicht auf einen Erwerb in der Zwangsvollstreckung oder kraft Gesetzes. Dies
ergibt sich daraus, dass der Verkehrsschutzzweck der §§ 932 ff. BGB sonst nicht
erfüllt sein kann.

Weitere Voraussetzung ist, dass der Veräußerer den Besitz vollständig zugunsten
des Erwerbers verlieren muss (§§ 933, 934 Fall 2 BGB).

Vierte Voraussetzung ist die **Gutgläubigkeit** des Erwerbers an das Eigentum
des Veräußerers, nicht dagegen grundsätzlich der gute Glaube an die Verfügungsbefugnis. Der gute Glaube an die Verfügungsbefugnis kann im Allgemeinen nicht
nach § 932 BGB überwunden werden. In § 932 Abs. 2 BGB ist der gute Glaube
negativ formuliert („… der Erwerber einer Sache ist nicht im guten Glauben, wenn
ihm bekannt oder infolge grober Fahrlässigkeit unbekannt geblieben ist, dass die
Sache nicht dem Veräußerer gehört."). Durch diese Negativformulierung wird die
Beweislast umgekehrt. Der gute Glaube wird vermutet. Wer den guten Glauben

des Erwerbers bezweifelt, muss dies durch Tatsachen belegen und vor Gericht beweisen. **Grob fahrlässige Unkenntnis** liegt dann vor, wenn der Erwerber die im Verkehr erforderliche Sorgfalt in besonders schwerem Maße außer Acht lässt, d. h. wenn er ohne große Mühe die wahre Sachlage erkennen konnte.[55] Das bedeutet, dass ihm ohne besondere Aufmerksamkeit und besonderer gründlicher Überlegung erkennbar gewesen sein muss, dass der Veräußerer Nichteigentümer war. Dies bestimmt sich nach objektiven Kriterien; eine allgemeine Nachforschungspflicht besteht allerdings nicht.[56] So liegt grobe Fahrlässigkeit z. B. vor, wenn man sich beim Erwerb eines gebrauchten Kfz den Kfz-Brief nicht vorlegen lässt bzw. dieser zwar vorgelegt wird, der Veräußerer aber nicht als Halter eingetragen ist[57]; ebenso beim Erwerb offensichtlicher Hehlerware, wenn jemand ein neues Fernsehgerät im Wert von 500 für 50 € anbietet.[58] In diesen Fällen verdient der Erwerber keinen Schutz.

Maßgebender **Zeitpunkt** ist nach § 932 Abs. 1 S. 1 BGB der Eigentumserwerb. Geht der gute Glaube vor der Übergabe verloren, ist der Erwerb regelmäßig ausgeschlossen; beim Erwerb kurzer Hand entscheidet der Zeitpunkt der Einigung.

Spätere Kenntnis oder grob fahrlässige Unkenntnis (nach der Einigung und Übergabe) von der Nichtberechtigung des Veräußerers heben die Gutglaubenswirkung nicht auf. Dies gilt auch dann, wenn die Einigung nur unter einer Bedingung erfolgte (z. B. bei einer Lieferung unter Eigentumsvorbehalt). Zwar hat der Erwerber in einem solchen Fall durch Übergabe und bedingte Einigung noch nicht gutgläubig Eigentum, jedoch die Anwartschaft auf das Eigentum erworben. Zahlt der Käufer die letzte Kaufpreisrate, tritt die Bedingung für den endgültigen Eigentumserwerb ein, ohne dass der Erwerber zu diesem Zeitpunkt noch in gutem Glauben sein muss.

Beim Erwerb durch Stellvertreter ist § 166 BGB zu beachten. Der Gutglaubenserwerb erfährt im **Handelsrecht** durch § 366 HGB eine Erweiterung. In bestimmten Geschäftszweigen, z. B. beim Kommissionsgeschäft, können die Erwerber i. d. R davon ausgehen, dass der Veräußerer nicht der Eigentümer der Ware ist. Ein Schutz des guten Glaubens an das Eigentum kommt hier nicht in Betracht; grundsätzlich kann die fehlende Verfügungsbefugnis nicht nach §§ 932 ff. BGB überwunden werden. Die Kunden glauben aber an die Ermächtigung des Kommissionärs, über die Waren verfügen zu können (§ 185 BGB) und sind demnach gem. § 366 HGB schutzwürdig. Veräußert ein Kaufmann im Betrieb seines Handelsgewerbes eine fremde bewegliche Sache, so finden also die §§ 932 ff. BGB auch auf den guten Glauben des Erwerbers an die Verfügungsbefugnis Anwendung. Beim Erwerb von einem Händler können die §§ 932 ff. BGB und § 366 HGB nebeneinander zur Anwendung kommen. Ist dem Erwerber bekannt, dass der Händler Nichteigentümer ist, so kann er zwar nicht unmittelbar nach § 932 BGB, bei gutem Glauben an die Verfügungsmacht des Händlers jedoch nach § 366 HGB Eigentum erwerben.[59]

---

[55] BGHZ 10, 14, 16; 77, 274, 276.

[56] Palandt/*Bassenge*, § 932 BGB, Rn. 10.

[57] BGH, NJW 1975, 735.

[58] Palandt/*Bassenge*, § 932 BGB, Rn. 10.

[59] Vgl. im Folgenden zu § 366 HGB unter 6.7.2.

Letztlich darf die Sache **nicht abhanden** gekommen sein (**§ 935 Abs. 1 BGB**). Die hierin liegende Begrenzung des Rechtsscheingedankens wird heute überwiegend mit dem Risikoprinzip begründet. Der Eigentümer muss sich nur ein durch die Besitzüberlassung an Dritte geschaffenes Risiko zurechnen lassen.

Die **Rechtsfolgen** des gutgläubigen Erwerbs sind identisch mit denen des Erwerbs vom Eigentümer. Der gutgläubige Erwerb ist **kondiktionsfest,** sofern ein schuldrechtlicher Rechtsgrund i. S. v. § 812 Abs. 1 S. 1 BGB gegeben ist. Allerdings ist der Eigentümer nicht vollkommen rechtlos gestellt. Der Eigentümer kann dann vom Erwerber keine Herausgabe der Sache, jedoch von dem Nichtberechtigten **Herausgabe des Erlangten nach § 816 Abs. 1 S. 1 BGB** verlangen. Eine Ausnahme gilt nur für den unentgeltlichen Erwerb (§ 816 Abs. 1 S. 2 BGB), mit anderen Worten hat der Erwerber die Sache von dem Nichtberechtigte beispielsweise geschenkt bekommen, dann ist nach dieser Regelung ein Durchgriff des Eigentümers gegen den (in diesem Fall weniger schutzwürdigen) Erwerber zulässig.

## 6.7.2  Gutgläubiger Erwerb an beweglichen Sachen

### 6.7.2.1  Besitzerwerb und Gutgläubigkeit
Voraussetzung für einen gutgläubigen Erwerb des Eigentums nach § 932 Abs. 1 S. 1 BGB ist, dass der Erwerber einer Sache vom Nichtberechtigten bei Einigung und Übergabe (§ 929 S. 1 BGB) in Bezug auf das Eigentum des Veräußerers gutgläubig war. Der Erwerber muss den tatsächlichen Besitz an der Sache erlangt haben. Nicht geschützt wird dagegen der gute Glaube an die Verfügungsbefugnis des Veräußerers, seine Ermächtigung nach § 185 BGB oder in Bezug auf das Vertrauen auf die Geschäftsfähigkeit des Veräußerers, z. B. wenn jemand einen minderjährigen Eigentümer einer Sache für volljährig hält. Die Übergabe durch oder an eine Geheißperson genügt hier ebenso wie im Rahmen von § 929 S. 1 BGB.

Durch gutgläubigen Erwerb kann auch ein nicht dem Veräußerer zustehendes, jedoch als solches bestehendes **Anwartschaftsrecht** in analoger Anwendung der §§ 932 ff. BGB erworben werden. Der gutgläubige Erwerb bei Übertragung eines dem Veräußerer nicht zustehenden Anwartschaftsrechts, bei dem die §§ 932 ff. BGB analog anzuwenden sind, ist zu unterscheiden von dem gutgläubigen Ersterwerb des Anwartschaftsrechts vom angeblichen Eigentümer, bei dem die §§ 932 ff. BGB unmittelbar Anwendung finden.[60] Davon zu trennen ist wiederum der Fall, dass ein angeblich Anwartschaftsberechtigter ein in Wirklichkeit nicht bestehendes Anwartschaftsrecht veräußert. Ein gutgläubiger Erwerb kommt hier auch in analoger Anwendung der §§ 932 ff. BGB nicht in Betracht, da diese immer ein existierendes Recht voraussetzen, das nur einem anderen als dem Veräußerer zusteht.[61]

Den gutgläubigen **Erwerb kurzer Hand** erschwert § 932 Abs. 1 S. 2 BGB dadurch, dass der Erwerber den Besitz gerade vom Veräußerer (oder von dessen Ge-

---

[60] So die h. M., vgl. *Prütting,* Rn. § 33, 393; *Baur/Stürner,* § 59, Rn. 39; *Wolf/Wellenhofer,* § 14, Rn. 34 m. w. N.

[61] *Wolf/Wellenhofer,* § 14, Rn. 35.

heißperson) erlangt haben muss. Denn sonst fehlt der durch den Besitz begründete Rechtsschein. Der Veräußerer muss seinen Besitz vollständig aufgegeben haben.

Die entsprechende Gutglaubensvorschrift zu § 930 BGB ist **§ 933 BGB.** Die Begründung eines Besitzkonstituts nach § 930 BGB reicht für einen gutgläubigen Erwerb allein nicht aus. Für einen gutgläubigen Erwerb nach § 933 BGB muss hinzukommen, dass dem Erwerber die Sache von dem Veräußerer übergeben wird und er zu diesem Zeitpunkt noch in gutem Glauben ist. Es kommt also auf die Erlangung des unmittelbaren Besitzes an; der Erwerb des mittelbaren Besitzes genügt hierfür nicht. Damit wird klargestellt, dass der durch Besitz des Veräußerers begründete Rechtsschein nur dann einen Eigentumserwerb rechtfertigt, wenn der Erwerber aus der Hand des Veräußerers **unmittelbaren Alleinbesitz** an der „übereigneten" Sache erwirbt. Bei der Sicherübereignung nach § 930 BGB würde es, sofern der Sicherungsgeber als Nichtberechtigter verfügt, zu einem gutgläubigen Eigentumserwerb nach § 933 BGB damit erst dann kommen, wenn der Sicherungsgeber (z. B. eine Bank) unmittelbaren Alleinbesitz erlangt. Dies wird aber i. d. R nicht der Fall sein, denn der Zweck einer Sicherungsübereignung besteht gerade darin, dem Sicherungsnehmer den Besitz an der „übereigneten Ware" zu belassen.

Wird das Eigentum nach § 931 BGB von einem Nichteigentümer durch Abtretung des Herausgabeanspruchs übertragen, so ist gem. § 934 BGB – der entsprechenden Gutglaubensvorschrift zu § 931 BGB – zu unterscheiden, ob der Veräußerer mittelbarer Besitzer ist oder nicht. Diese Vorschrift enthält **zwei Varianten.** Ist der Veräußerer **mittelbarer Besitzer** (§ 868 BGB) einer Sache, so kann der gutgläubige Erwerb bereits dadurch eintreten, dass der Veräußerer seinen Herausgabeanspruch nach § 870 BGB an den Erwerber abtritt. In diesem Zeitpunkt hat der Veräußerer jeden Besitz verloren und der Erwerber seinen Besitz vom Veräußerer als mittelbaren Besitzer erlangt (§ 934 Alt. 1 BGB).

---

**Beispiel**

Verkäufer V hat dem Käufer K eine Maschine unter Eigentumsvorbehalt verkauft und übergeben. Diese Maschine vermietet K weiter an Mieter M. K möchte einem gutgläubigen Dritten D das Eigentum an der Sache verschaffen. Dies ist dann möglich, wenn K und D sich einig sind, dass das Eigentum auf den D übergehen soll und K müsste seinen Anspruch aus dem Mietvertrag mit M an D abtreten (§ 934 Alt. 1 BGB).

---

Die Vorschrift des § 934 Alt. 1 BGB steht damit auf den ersten Blick in einem Widerspruch zu den übrigen Gutglaubensvorschriften, insbesondere zu § 933 BGB. Nach den §§ 932, 933 BGB setzt nämlich ein gutgläubiger Erwerb voraus, dass der veräußernde Nichtberechtigte dem Erwerber den unmittelbaren Besitz an der verkauften Sache verschafft (Traditionsprinzip). Der gutgläubige Erwerber wird nicht Eigentümer, wenn ihm der unmittelbare Besitzer, dem noch die Vermutung des § 1006 BGB zugutekommt, mittelbaren Besitz einräumt. Ist der Veräußerer dagegen nur mittelbarer Besitzer, dann soll nach § 934 1. Hs. BGB mit der Abtretung des Herausgabeanspruchs der gutgläubige Erwerber das Eigentum erlangen, obwohl der

Veräußerer in diesem Fall von der Sache viel weiter entfernt ist als der unmittelbare Besitzer im ersten Fall (für den auch der Rechtsschein des Besitzes spricht).

Streitig ist, ob ein gutgläubiger Erwerb auch bei folgender Konstellation eintritt.

---

**Beispiel**

V verkauft eine Fräsmaschine an K und liefert sie unter Eigentumsvorbehalt. Noch bevor der Kaufpreises vollständig bezahlt ist, nimmt K bei C einen Kredit auf. Zur Sicherheit übereignet K dem C die Maschine unter Vereinbarung eines Besitzkonstitutes. Dabei gibt sich K als Eigentümer aus. C tritt seinerseits bald darauf alle Rechte aus dieser Sicherungsübereignung sicherheitshalber an D ab. V und D streiten um das Eigentum.[62]

---

V hat hier sein Eigentum jedenfalls nicht dadurch verloren, dass C von K gutgläubig Eigentum erworben hat. Denn der Erwerb des C erfolgte in der Form des § 930 BGB. C konnte also von dem nicht berechtigten K nach § 933 BGB nur durch Übergabe Eigentum erwerben, die jedoch hier nicht gegeben war. Erworben hat C bloß das dem K zustehende Anwartschaftsrecht. Hinsichtlich des Eigentums war C demnach bei der Veräußerung an D Nichtberechtigter. Der BGH hat in diesem sog. „**Fräsmaschinenfall**" die Voraussetzungen des § 934 Alt. 1 BGB zugunsten von D bejaht. C sei durch das mit K vereinbarte Besitzkonstitut mittelbarer Besitzer geworden und habe seinen Herausgabeanspruch an D abgetreten. Danach hat D also zu Lasten des V Eigentum erworben. Das Gericht akzeptiert dieses durch das Gesetz vorgesehene Ergebnis, weil das Gesetz selbst von einer Gleichstellung des unmittelbaren mit dem mittelbaren Besitz ausgeht und es für den gutgläubigen Erwerb genügen lässt, wenn sich der Veräußerer seines Besitzes vollständig entledigt. Diese Voraussetzung ist dagegen nur bei § 934 BGB erfüllt, aber – mangels Übergabe – nicht bei § 933 BGB.[63] V hatte zu diesem Zeitpunkt jeden Besitz verloren und der D mittelbaren Besitz erlangt (§ 934 Alt. 1 BGB).

Dieser vorliegende Wertungswiderspruch berechtigt aber nicht zu einer Angleichung des § 934 Alt. 1 BGB an § 933 BGB (durch eine Analogie) in der Weise, dass ein gutgläubiger Erwerb so lange nicht möglich ist, als die Sache im unmittelbaren Besitz dessen verbleibt, dem sie der Eigentümer anvertraut hat. Voraussetzung für eine analoge Anwendung einer Norm ist, dass eine ausfüllungsbedürftige Lücke, d. h. eine planwidrige Unvollständigkeit des Gesetzes, vorliegt. Ein Teil der Lit. möchte das Ergebnis korrigieren, in dem D nur als mittelbarer Nebenbesitzer neben V gesehen wird, so dass gutgläubiger Erwerb mangels einer entsprechenden besitzrechtlichen Position ausscheide.[64]

In der **zweiten Alternative** geht es um die Fallkonstellation, dass der Veräußerer, der als Nichtberechtigter eine Sache durch Einigung und Abtretung des Heraus-

---

[62] Vgl. BGHZ 50, 45 „Fräsmaschinen-Fall".

[63] Vgl. BGHZ 50, 45, 49 ff.

[64] *Medicus/Petersen,* BR, § 22, Rn. 558; hierzu *Jacoby/von Hinden,* § 934 BGB, Rn. 1.

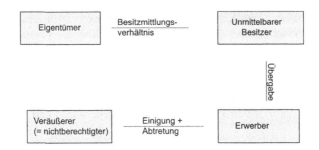

**Abb. 6.4**   Eigentumserwerb nach § 934 Alt. 2 BGB

gabeanspruchs übertragen will, noch nicht einmal „nicht mittelbarer Besitzer" der
Sache ist. Dann wird der Erwerber nach § 934 Alt. 2 BGB wird erst dann Eigentü-
mer, wenn er den unmittelbaren oder mittelbaren Besitz der Sache vom besitzenden
Dritten erlangt und zu diesem Zeitpunkt noch gutgläubig ist (Abb. 6.4).[65]

---

**Beispiel**

A hat dem B am 1.3. ein Fahrrad für eine Woche geliehen. C weiß davon. Er
veräußert das Fahrrad am 2.3. an den gutgläubigen E, dem er erklärt, er habe das
Fahrrad an B verliehen. C einigt sich mit E über den Eigentumswechsel und tritt
ihm seinen angeblichen Rückgabeanspruch gegen B ab. Am 6.3 geht C zu B und
weist ihn im Namen des A an, das Fahrrad am 8.3. nicht an A, sondern direkt an
E auszuhändigen, der es nunmehr für die Folgezeit von A geliehen habe. B lässt
sich durch das sichere Auftreten des C täuschen und handelt entsprechend. E
wird hier erst mit der Übergabe durch B, sofern er zu diesem Zeitpunkt noch in
gutem Glauben ist, Eigentümer des Fahrrades (§ 934 Alt. 2 BGB).

---

Der gutgläubige Erwerber wird also erst Eigentümer, wenn der Dritte ihm
in Anerkennung der Veräußerung den Besitz verschafft, z. B. ein neues
Besitzmittlungsverhältnis mit ihm eingeht. Dies gilt nach der Rspr. auch, wenn der
Dritte ein „Doppelspiel" treibt und nicht nur dem Erwerber den Besitz vermitteln
will, sondern auch seine besitzrechtliche Beziehung zum ursprünglichen Eigentümer
aufrechterhalten will.

---

**Beispiel**

V hat an K unter Eigentumsvorbehalt Waren veräußert und aus Vorsicht bei La-
gerhalter L eingelagert. K spielt sich schon vor vollständiger Kaufpreiszahlung
als Eigentümer auf und veräußert die Waren unter Abtretung seines angeblichen
Herausgabeanspruches gegen L an den gutgläubigen D. L schließt mit D einen
eigenen Lagervertrag ab, nimmt dann aber für V weiterhin Auslieferungen vor.

---

[65] Palandt/*Bassenge*, § 934 BGB, Rn. 4.

Die h. M. bejaht einen Eigentumserwerb des D nach § 934 Alt. 2 BGB, da D durch den Abschluss des Lagervertrages mit L alleiniger mittelbarer Besitzer geworden sei.[66]

Die Gegenansicht nimmt demgegenüber nur mittelbaren Nebenbesitz von V und D an, weil L immer noch den Weisungen des V folge. Dies reiche für § 934 Alt. 2 BGB nicht aus, da V besitzrechtlich ebenso nahe stehe wie D und deshalb schutzwürdig bleibe.[67]

Die Lehre vom Nebenbesitz wird teilweise abgelehnt. Im Fräsmaschinenfall (§ 934 Alt. 1 BGB) missachtet sie die etwa von § 1006 BGB vorausgesetzte Ausschließlichkeit des Besitzes und (anders als der Mitbesitz des § 866 BGB und der mehrstufige mittelbare Besitz des § 871 BGB) im Gesetz auch nicht vorgesehen ist. Im eben dargestellten Fall zu § 934 Alt. 2 BGB ändert die nachfolgende Beachtung von Weisungen des V durch L nichts daran, dass D zunächst alleinigen mittelbaren Besitz erlangt hat und damit nach § 934 Alt. 2 BGB endgültig Eigentümer der Waren geworden ist.[68]

### 6.7.2.2   Ausschluss des gutgläubigen Erwerbs gem. § 935 BGB

Ein gutgläubiger Erwerb nach den §§ 932 ff. BGB ist gem. § 935 BGB ausgeschlossen, wenn die Sache dem Eigentümer gestohlen worden, verloren gegangen oder sonst abhanden gekommen ist. Eine Sache ist **abhanden gekommen,** wenn der Eigentümer oder sein Besitzmittler den unmittelbaren Besitz ohne (nicht notwendigerweise gegen) seinen Willen verloren hat, z. B. bei Verlust, Diebstahl, nicht dagegen bei Verfügung auf Grund eines Irrtums oder einer Drohung.[69]

---

**Beispiel**

S wurde in einen Autounfall verwickelt. T leistet dem an der Unfallstelle bewusstlos liegenden S erste Hilfe. Als „Belohnung" für die gute Tat nimmt er sich die goldene Armbanduhr des S. Hier ist die Wegnahme ohne den Willen des S geschehen, denn S hatte, da er bewusstlos war, keinen Willen. Die Uhr ist danach abhanden gekommen.

---

Eine Sache ist auch abhanden gekommen, wenn ein Besitzdiener (z. B. ein Angestellter) die Sache ohne Einwilligung des Besitzers weggegeben hat, weil es nach § 855 BGB allein auf den Willen des Besitzherrn ankommt.[70] In diesem Fall wird das Interesse des Eigentümers an seinem Bestand höher bewertet als das Vertrauen des gutgläubigen Erwerbers. Dies hat seinen Grund darin, dass es sich bei einem Erwerb nach den §§ 932 bis 934 BGB um Sachen handelt, die mit Wissen und Bil-

---

[66] RGZ 135, 75 ff.; 138, 265 ff.

[67] *Baur/Stürner,* § 52, Rn. 24.

[68] *Jacoby/von Hinden,* § 934 BGB; Rn. 2.

[69] Palandt/*Bassenge*, § 935 BGB, Rn. 3.

[70] RGZ 101, 225.

ligung des bisherigen Eigentümers in den Verfügungsbereich des Nichtberechtigten kamen, z. B. durch ein Miet- oder Leihverhältnis. In diesen Fällen wusste der Eigentümer also, wem er seine Sache anvertraut hat. Wenn derjenige dann das Vertrauen des Eigentümers missbraucht, gehört das in den Risikobereich des Eigentümers.

Sind die Sachen des Eigentümers dagegen abhanden gekommen, erscheint es nicht gerechtfertigt, das Vertrauen des Erwerbers höher einzustufen als das Interesse des Eigentümers. Nach § 935 Abs. 2 BGB ist ein Erwerb von Eigentum trotz Abhandenkommens möglich beim Erwerb von Geld oder Inhaberpapieren sowie bei Sachen, die im Wege öffentlicher Versteigerung oder in einer Versteigerung nach § 979 Abs. 1a BGB veräußert werden. Voraussetzung ist allerdings, dass der Erwerber gutgläubig ist, d. h. den Dieb für den Berechtigten hält, ohne dass ihm grobe Fahrlässigkeit vorzuwerfen ist.

### 6.7.2.3   Gutgläubiger lastenfreier Erwerb von Eigentum

Dieser Abschnitt behandelt die Rechte eines Dritten der übereigneten Sache. Eine Sache kann z. B. durch Nießbrauch oder vertragliche und gesetzliche Pfandrechte belastet sein. Erwirbt jemand von einem Berechtigten oder Nichtberechtigten das Eigentum an einer beweglichen Sache im guten Glauben, dass sie dinglich nicht belastet sei, z. B. durch ein Vermieterpfandrecht, einen Nießbrauch oder ein Anwartschaftsrecht, dann erwirbt derjenige nach den Regeln über den Gutglaubensschutz das Eigentum an dieser Sache gem. § 936 BGB lastenfrei. Dies gilt nach § 935 BGB analog nicht, wenn die Sache dem Dritten abhanden gekommen ist.

### 6.7.3   Gutgläubiger Erwerb von Grundstücken

Ebenso wie an beweglichen Sachen ist auch an Grundstücken ein gutgläubiger Eigentumserwerb möglich. Die entsprechende Vorschrift hierfür ist § 892 BGB. Nach § 892 Abs. 1 BGB **gilt** der **Inhalt des Grundbuchs als richtig** zugunsten desjenigen, der ein Recht an einem Grundstück oder ein Recht an einem Grundstücksrecht erwirbt.

Ein gutgläubiger Erwerb ist aber in zwei Fällen ausgeschlossen. Dies ist zum einen der Fall, wenn der Erwerber bösgläubig ist. Anders als beim gutgläubigen Erwerb von beweglichen Sachen schadet für den guten Glauben nur positive Kenntnis (nicht grobe Fahrlässigkeit) von der Unrichtigkeit des Grundbuchs. Ein gutgläubiger Erwerb ist ferner dann ausgeschlossen, wenn ein Widerspruch gegen die Richtigkeit des Grundbuchs eingetragen war. Was dabei unter einem Widerspruch zu verstehen ist, bestimmt sich nach den §§ 894, 899 BGB. Wenn der Inhalt eines Grundbuchs mit der wirklichen Rechtslage nicht übereinstimmt, z. B. wenn sich nach Abschluss des Kaufvertrags und Eintragung die Nichtigkeit herausstellt, so kann jeder, dessen Recht dadurch beeinträchtigt ist und im Hinblick auf die Möglichkeit eines gutgläubigen Erwerbs die Gefahr besteht, das Recht (Eigentum) zu verlieren, einen **Widerspruch** gegen die Richtigkeit des Grundbuchs eintragen lassen. Meistens sind solche Sachen eilbedürftig, so dass die Eintragung eines Widerspruchs auch im Wege eines einstweiligen Verfügungsverfahrens erfolgen kann.

## 6.8    Sonstige Formen des Eigentumserwerbs

### 6.8.1    Überblick

Das Eigentum an beweglichen Sachen kann auch ohne Rechtsgeschäft mit dem Veräußerer erworben werden. In solchen Fällen entsteht Eigentum allein durch Erfüllung bestimmter gesetzlicher Tatbestände. So erwirbt z. B. der Eigentümer eines Grundstücks durch eine feste Verbindung einer beweglichen Sache mit dem Grundstück das Eigentum an der Sache.

Als ersten Tatbestand des originären, d. h. des gesetzlichen Eigentumserwerbs nennt das Gesetz die **Ersitzung.** Nach § 937 BGB erwirbt derjenige Eigentum an einer beweglichen Sache, wenn er sie länger als 10 Jahre (gutgläubig) in Eigenbesitz hatte. Bei Grundstücken spricht man von Buchersitzung (§ 900 BGB), wonach der Eigentümer 30 Jahre lang im Grundbuch eingetragen sein musste. Die Ersitzung ist nach § 937 Abs. 2 BGB ausgeschlossen, wenn der Erwerber bei dem Erwerb des Eigenbesitzes nicht in gutem Glauben ist oder wenn er später erfährt, dass ihm das Eigentum nicht zusteht.

Die Bedeutung des Eigentumserwerbs durch Ersitzung ist im deutschen Recht – anders als noch im römischen Recht – aufgrund der Vorschriften über den gutgläubigen Erwerb nicht besonders groß. Bedeutung könnte die Ersitzung bei abhanden gekommenen Sachen erlangen, da hier ein Gutglaubenserwerb nach § 935 BGB ausscheidet.

Weitere Möglichkeiten des Eigentumserwerbs kraft Gesetzes sind in den §§ 946 bis 951 BGB geregelt, die im Folgenden näher betrachtet werden sollen.

### 6.8.2    Grundstücksverbindung

Es kann zunächst die Konstellation in Betracht kommen, dass eine bewegliche Sache mit einem Grundstück verbunden wird. Beweglich sind alle Sachen, die nicht Grundstück- oder Grundstücksbestandteil sind. Unter Grundstücken (auch Wohnungseigentum) i. S. d. Norm versteht man abgegrenzte Teile der Erdoberfläche, die im Bestandsverzeichnis eines Grundbuchblatts unter einer besonderen Nummer eingetragen oder nach § 3 Abs. 5 GBO gebucht sind sowie deren Bestandteile.[71]

Wird eine bewegliche Sache durch eine Verbindung mit einem Grundstück zu dessen wesentlichem Bestandteil i. S. d. §§ 93 bis 95 BGB, geht sie dadurch in das Eigentum des Grundstückseigentümers über. Das Grundstückseigentum erscheint so schützenswert, dass es weder durch Verarbeitung noch durch den Einbau anderer Sachen berührt wird. Die Verbindung mit einem Grundstück nach § 946 BGB ist ein Tatbestand, der für die Lieferanten von Baumaterial besonders wichtig ist. § 946 BGB knüpft an das Tatbestandsmerkmal des wesentlichen Bestandteils an, das in den §§ 93 bis 95 BGB geregelt ist. Ein Teil einer Sache wird ihr wesentlicher Bestandteil, wenn er bei seiner Trennung von der Sache zerstört oder in seinem Wesen

---

[71] Palandt/*Ellenberger*, Überbl. v. § 90 BGB, Rn. 3.

verändert würde (§ 93 BGB). Nach der Spezialregelung des § 94 Abs. 1 BGB sind (unwiderlegbar) **wesentliche Bestandteile eines Grundstücks** alle Sachen, die mit dem Grund und Boden fest verbunden sind[72], insbesondere die auf dem Grundstück stehenden Gebäude oder die mit dem Grundstück verbundenen Früchte. Nach § 94 Abs. 2 BGB zählen hierzu auch die zur Herstellung eines Gebäudes eingefügten Sachen, auch wenn sie mit dem Grundstück nicht fest verbunden sind, wie z. B. Dachziegel, Heizkörper oder Fensterrahmen. Hierbei kommt es nicht auf die Art und Weise der Verbindung an. Entscheidend ist vielmehr der Zweck, der mit der Einfügung verfolgt wurde.[73]

Nicht zu den wesentlichen Bestandteilen eines Grundstücks gehören dagegen solche Gegenstände, die „nur vorübergehend" mit dem Grund und Boden verbunden sind. Man spricht gem. § 95 BGB auch von **Scheinbestandteilen,** z. B. die vom Mieter während der Mietzeit montierte Heizsonne, die befestigten Kinderspielgeräte im Garten während der Mietzeit oder die Baubaracke während der Bauzeit. Der Eigentümer erlangt nach §§ 946, 95 BGB kein Eigentum. Zubehör sind keine Bestandteile. Es sind bewegliche Sachen, die ohne zum Bestandteile einer Hauptsache zu werden, ihrem wirtschaftlichen Zweck dienen, z. B. das Mobiliar eines Hotels.

Unabhängig von einer festen Verbindung mit dem Boden oder der Einfügung zur Gebäudeherstellung wird eine bewegliche Sache auch dann zu einem wesentlichen Bestandteil, wenn sie im Falle ihrer Wegnahme wirtschaftlich unbrauchbar würde (§ 93 BGB).[74] Unerheblich ist, ob die Gesamtsache ihre Funktionsfähigkeit verliert. Daher ist der serienmäßig hergestellte Motor oder Austauschmotor kein wesentlicher Bestandteil eines Kfz.[75] Danach wird eine Sache (ohne feste Verbindung) auch dann zu einem wesentlichen Bestandteil eines Grundstücks, wenn sie zwar nicht der Gebäudeherstellung dient, aber speziell für ein Gebäude angefertigt wurde und anderweitig nicht mehr verwendbar ist.

---

**Beispiel**

Grundstückseigentümer E hat für sein ungewöhnlich geformtes Fenster eine Gardinenschiene speziell nach den Maßen des Fensters anfertigen lassen. Die Schiene würde bei einer Veränderung der jetzigen Form zerbrechen. Verkäufer V hat sich das Eigentum an der Gardinenschiene bis zur vollständigen Zahlung des Kaufpreises vorbehalten. Nach den §§ 946, 93 BGB steht die Gardinenschiene im Eigentum des E, da sie im Falle ihrer Wegnahme unbrauchbar würde.

Die Bedeutung von wesentlichen Bestandteilen liegt darin, dass sie nicht Gegenstand besonderer dinglicher Rechte sein können, d. h. es kann nur ein einheitliches Eigentum an der Gesamtsache bestehen. Der Zweck der §§ 93, 94 BGB besteht in der Erhaltung wirtschaftlicher Werte. Es soll z. B. ausgeschlossen sein, dass ein Bau-

---

[72] Palandt/*Ellenberger,* § 94 BGB, Rn. 2.

[73] RGZ 150, 22.

[74] BGHZ 18, 229.

[75] BGHZ 18, 226, 229; 61, 80, 81; *Jacoby/von Hinden*, § 93 BGB, Rn. 4.

unternehmer, der Eisenträger in das Haus einfügt (und deren Eigentümer er bleibt), von dem Eigentümer des Hauses die Herausgabe der Eisenträger verlangen kann.

Teilweise überschneiden sich die Vorschriften des § 93 BGB und § 94 BGB, so dass häufig dieselben Teile wesentliche Bestandteile i. S. d. §§ 93, 94 BGB sind. Überprüft man, ob eine Sache ein wesentlicher Bestandteil eines Grundstücks geworden ist, dann kann folgende Merkformel verwendet werden: § 93 + § 94 − § 95 = wesentlicher Bestandteil.

Der gesetzliche Eigentumsübergang durch Verbindung kann nicht durch vertragliche Abreden ausgeschlossen werden. So ist etwa eine entgegenstehende Vereinbarung, wie z. B. ein Eigentumsvorbehalt an den beweglichen Sachen eines Bauunternehmers unbeachtlich ist, wenn die gelieferten Sachen mit dem Gebäude fest verbunden werden. Einem Bauunternehmer steht daher als Sicherungsmittel für seine Forderung gegen den Grundeigentümer unter bestimmten Voraussetzungen u. a. die Eintragung einer Bauhandwerkersicherungshypothek nach § 648 BGB sowie ein Sicherungsmittel nach § 648a BGB zur Verfügung.

Eine Durchbrechung dieses im BGB geltenden Prinzips, dass das Eigentum an einem Grundstück sich nach den §§ 93, 94 BGB zugleich auch auf das errichtete Gebäude erstreckt und auch an Teilen des Gebäudes kein Eigentum begründet werden kann, enthalten das Wohnungseigentumsgesetz (WEG) und das Gesetz über das Erbbaurecht (ErbbauRG).

Das **ErbbauRG** ist die Rechtsgrundlage dafür, ein gesondertes Recht an einem Bauwerk zu haben auf dem Grundstück eines anderen (i. d. R einer Stadt bzw. Gemeinde). Daneben ermöglicht das **WEG** die Möglichkeit von Wohnungseigentum. Dieses setzt sich zusammen aus dem Sondereigentum an der Wohnung in Verbindung mit dem Miteigentumsanteil am Grundstück und den nicht in Sondereigentum stehenden Teilen, Einrichtungen oder Anlagen des Gebäudes.[76]

### 6.8.3  Verbindung, Vermischung beweglicher Sachen

Wird eine bewegliche Sache mit einer anderen (beweglichen) Sache derart verbunden, die nach der allgemeinen Verkehrsauffassung als **Hauptsache** anzusehen ist, so wird der Eigentümer der Hauptsache auch **Alleineigentümer** der anderen Sache (§ 947 Abs. 2 BGB). Maßgebend ist, ob die übrigen Bestandteile fehlen könnten, ohne dass das Wesen der Sache dadurch beeinträchtigt würde.[77]

---

**Beispiele**

So wird der Lack, mit dem Gartenmöbel angestrichen werden, wesentlicher Bestandteil der Gartenmöbel als Hauptsache; entsprechendes gilt für den Kotflügel, der an einen PKW angeschweißt wird.

---

[76] Vgl. im Folgenden unter 6.9.1.
[77] BGHZ 20, 159, 162.

Werden bewegliche Sachen so miteinander verbunden, dass keine von ihnen als Hauptsache der einheitlichen Sache angesehen werden kann, vielmehr alle nach § 93 BGB gleichermaßen als wesentliche Bestandteile der einheitlichen Sache erscheinen, so werden nach § 947 Abs. 1 BGB die bisherigen Eigentümer der einheitlichen Sache **Miteigentümer** im Verhältnis des Wertes der verbundenen Sachen.

Werden bewegliche Sachen miteinander untrennbar **vermischt oder vermengt,** dann finden gem. § 948 Abs. 1 BGB die Vorschriften des § 947 BGB Anwendung. Nach § 948 Abs. 2 BGB steht der Untrennbarkeit gleich, wenn die Trennung der vermischten bzw. vermengten Sachen mit unverhältnismäßigen Kosten verbunden sein würde.

Eine untrennbare **Vermischung** betrifft vor allem die Herstellung von chemischen Verbindungen und Lösungen, wo die einzelnen Sachen ihre körperliche Abgrenzung verlieren und sich materiell nicht mehr trennen lassen. Bei der **Vermengung** behalten die Sachen zwar ihre körperliche Abgrenzungsfähigkeit, sie lassen sich aber mangels natürlicher Unterscheidbarkeit oder Kennzeichnung nicht mehr dem bisherigen Eigentümer zuordnen, z. B. Getreide, Baumaterial.[78] Die Folge ist, dass die Eigentümer der vermischten bzw. vermengten Sachen Miteigentümer werden, es sei denn, dass eine Sache als Hauptbestandteil anzusehen ist.

### 6.8.4   Verarbeitung

§ 950 BGB lässt den Verarbeiter, der aus vorhandenem Material eine neue bewegliche Sache herstellt, das Eigentum auch dann erwerben, wenn das verarbeitete Material einem anderen gehört.[79]

Wer durch Verarbeitung oder Umbildung eines oder mehrerer Stoffe eine neue bewegliche Sache herstellt, erwirbt das Eigentum an der neuen Sache, sofern nicht der Wert der Verarbeitung oder Umbildung erheblich geringer ist als der Wert des Stoffes (§ 950 Abs. 1 BGB), z. B. bei der Einschmelzung von Goldabfällen. Stellt jemand auf diese Weise eine neue Sache her, so verlieren die Eigentümer der Rohstoffe oder Halbfertigprodukte ihr Eigentum an den Hersteller, unabhängig davon, ob der Hersteller in Bezug auf das Eigentum an den verarbeiteten Stoffen gut- oder bösgläubig ist und ob der Stoff abhanden gekommen ist.[80] Auch ein erklärter Eigentumsvorbehalt des Warenlieferanten erlischt.

---

**Beispiel**

Der Metzger M stiehlt von dem Bauern B eine Kuh. Die Kuh hat einen Wert in Höhe von 200 €. Er schlachtet sie und verarbeitet das Fleisch zu Würsten und Steaks im Wert von 400 €. B kann nicht als Eigentümer Herausgabe der Fleischwaren verlangen, da das Eigentum an der Kuh durch die Verarbeitung durch M

---

[78] Palandt/*Bassenge*, § 948 BGB, Rn. 3.

[79] *Wolf/Wellenhofer*, § 9, Rn. 2 zur Anerkennung des Arbeitsaufwandes als Erwerbsgrund.

[80] Palandt/*Bassenge*, § 950 BGB, Rn. 4.

untergegangen ist. Der „Materialwert" ist nicht erheblich höher, sondern liegt sogar erheblich unter dem Wert der Verarbeitungsleistung.

Das Gesetz sieht den Eigentumserwerb aufgrund einer Be- oder Verarbeitung nur bei beweglichen Sachen vor (§ 950 BGB). Grundstücke erscheinen dabei als so wertvoll, dass durch ihre Bearbeitung das Eigentum nicht verloren gehen soll (§ 946 BGB). Der Eigentumserwerb nach § 950 BGB hat Vorrang vor den §§ 947, 948 BGB.[81]

Voraussetzung ist, dass durch die Be- oder Verarbeitung eine **„neue Sache"** hergestellt worden ist, die sich durch die Art ihrer Erscheinung wie durch ihren Gebrauchszweck nach der Verkehrsauffassung von den Ausgangsstoffen unterscheidet.

---

**Beispiele**

Werden Anzüge oder Kleider aus Stoffen hergestellt, Pullover aus Wolle, Handtaschen aus Leder, so sind diese Produkte nach ihrer äußeren Erscheinung und nach ihrem Gebrauchszweck neu i. S. d. Regelung. Entsprechendes gilt, wenn Möbel aus Holz oder Reifen aus Gummi hergestellt werden. Neue Sachen entstehen auch durch Beschreiben, Bedrucken, Bemalen von Papier und anderen Materialien. Keine neue Sache wird dagegen hergestellt, wenn diese nur nach Auftrag repariert (z. B. eine Kfz-Reparatur, selbst wenn sie sehr umfangreich ist), gepflegt oder zerstört werden soll.[82]

---

Der Wert der Arbeitsleistung darf aber nicht erheblich geringer sein als der Sachwert. Bci Gleichwertigkeit von Arbeitswert und Sachwert oder bei einem nur leicht geringfügigeren Arbeitswert tritt der Eigentumserwerb zugunsten des Verarbeiters ein. Der BGH hat bei einem Verhältnis von Stoffwert zu Verarbeitungswert von 100:60 einen erheblich geringeren Arbeitswert angenommen und deshalb einen Eigentumserwerb verneint.[83]

Der Eigentumserwerb tritt zugunsten des Herstellers ein. Hersteller ist, wer nach der Verkehrsauffassung die Organisationshoheit über den Produktionsprozess inne hat und das Verwendungsrisiko der hergestellten Sache trägt. Der Hersteller kann auch andere für sich arbeiten lassen. Maßgebend ist, dass er den Produktionsvorgang beherrschen und beeinflussen kann, d. h. der Unternehmer, nicht dagegen die Arbeitnehmer.

Der Erwerb des Eigentums durch den Hersteller kann das Eigentum der Materiallieferanten zerstören, die sich zur Sicherung ihrer (noch nicht vollständig bezahlten) Forderung das Eigentum an ihren Sachen vorbehalten haben. Zur Vermeidung dieser Rechtsfolge werden so genannte **Verarbeitungsklauseln** vereinbart. Mit diesen Klauseln verspricht der Produzent nicht für sich, sondern für die Lieferanten herzustellen. Der BGH hat solche Klauseln anerkannt, weil § 950 BGB nicht insgesamt

---

[81] BGH, NJW 1995, 2633.

[82] Palandt/*Bassenge*, § 950 BGB, Rn. 3; *Wolf/Wellenhofer*, § 9, Rn. 5.

[83] BGHZ 56, 88; BGH, NJW 1995, 2633.

dispositiv sei, die Person des Herstellers aber durch Parteivereinbarung bestimmt werden könne. Die Folge ist, dass die Lieferanten als Hersteller anzusehen sind und das Eigentum an der neuen Sache erwerben.[84] Nach a. A. kann an zugunsten eines noch nicht bezahlten Materiallieferanten nur eine vorweggenommene Sicherungsübereignung des neuen Produktes vereinbart werden.[85]

In der Kreditpraxis spricht man hier von einem „**verlängerten Eigentumsvorbehalt**". Sieht man § 950 BGB als nicht abdingbar an, dann könnten sich die Lieferanten die neue Sache nach § 930 BGB durch die Vereinbarung eines antizipierten Besitzkonstitutes übereignen lassen (bzw. zu Miteigentum bei mehreren Lieferanten). Veräußert der Abnehmer die verarbeitete Ware, solange sie noch im Eigentum der Lieferanten steht, so kann sich an den durch Weiterverarbeitung verlängerten Eigentumsvorbehalt ein verlängerter Eigentumsvorbehalt für den Fall der Weiterveräußerung mit Vorausabtretung der Kaufpreisforderung gegen den Dritterwerber anschließen.

### 6.8.5 Ausgleichsansprüche

Derjenige, der nach den §§ 946 bis 950 BGB durch Verbindung, Vermischung oder Verarbeitung einen Rechtsverlust erleidet, vor allem den Verlust des Eigentums, kann nach § 951 Abs. 1 BGB von demjenigen, zu dessen Gunsten die Rechtsänderung eingetreten ist, Vergütung in Geld verlangen. Dieser Ausgleichsanspruch bestimmt sich nach den Vorschriften über die ungerechtfertigte Bereicherung; die Wiederherstellung kann nicht verlangt werden (§ 951 Abs. 1 S. 2 BGB). Bei dem Anspruch aus § 951 Abs. 1 S. 1 BGB handelt es sich um eine **Rechtsgrundverweisung** und nicht um eine bloße Rechtsfolgenverweisung.[86] Es wird also nicht nur für den Umfang des Anspruchs auf die §§ 818 ff. BGB verwiesen, sondern es müssen auch die tatbestandlichen Voraussetzungen des § 812 BGB gegeben sein. Insbesondere muss der Rechtsverlust „ohne rechtlichen Grund" erfolgt sein. Durch § 951 Abs. 1 S. 1 BGB wird deutlich, dass die von den §§ 946 bis 950 BGB geregelten Veränderungen zwar grundsätzlich erhalten bleiben sollen, dass sie aber „keinen rechtlichen Grund" für den Rechtsverlust bilden. Weitergehende Rechte bleiben nach § 951 Abs. 2 BGB unberührt, z. B. nach einem Rücktritt vom Vertrag oder Ansprüche aus unerlaubter Handlung.

### 6.8.6 Fruchterwerb, Aneignung, Fund

Weitere Formen des originären Eigentumserwerbs sind diejenigen des **Fruchterwerbs** nach den §§ 953, 954, 956 BGB, wonach die Erzeugnisse und Bestandteile einer Sache mit der Abtrennung dem Eigentümer der Sache zustehen. Hat der

---

[84] BGHZ 20, 159, 163 ff.; BGH, NJW 1989, *3213. Wolf/Wellenhofer*, § 9, Rn. 13 ff.

[85] Palandt/*Bassenge*, § 950 BGB, Rn. 9.

[86] BGHZ 55, 176, 177; *Jacoby/von Hinden*, § 951 BGB, Rn. 1.

Eigentümer der Sache einem Dritten ein dingliches Nutzungsrecht an der Sache überlassen, z. B. einen Nießbrauch an einem Grundstück mit Obstanbau, dann erwirbt der Nutzungsberechtigte mit deren Trennung auch das Eigentum. Das gleiche gilt, wenn der Eigentümer jemandem schuldrechtlich die Aneignung gestattet, z. B. einem Pächter.

Ein weiterer, praktisch jedoch nicht sehr bedeutsamer, Fall eines Eigentumserwerbs ist die **Aneignung** nach den §§ 958 ff. BGB. Eigentümer durch Aneignung wird derjenige, der eine herrenlose Sache in Eigenbesitz nimmt. „Herrenlos" sind Sachen, die niemand gehören, z. B. in erster Linie Luft, Meerwasser oder in Freiheit lebende wilde Tiere (§ 960 BGB). Herrenlos sind aber auch Sachen, an denen der Eigentümer in der Absicht, auf sein Eigentum zu verzichten, den Besitz aufgibt (§ 959 BGB; „**Dereliktion**"). Die Dereliktion stellt das Gegenstück zur Aneignung dar. Es handelt sich bei der Aneignung um einen reinen Realakt, so dass auch der Minderjährige, der auf der Straße einen Regenschirm findet und diesen als Spielzeug behalten will, Eigentum daran erwirbt, vorausgesetzt der Eigentümer hatte ihn absichtlich liegen gelassen.

Unter den Voraussetzungen des § 965 BGB kann auch der **Finder** einer verlorenen Sache an dieser Eigentum erwerben. Verloren gegangen sind solche Sachen, an denen zwar kein Besitz, wohl aber noch Eigentum besteht. Regelmäßig sind solche Sachen verloren, wenn sie dem Besitzer ohne seinen Willen und nicht nur vorübergehend abhanden gekommen sind. Wenn der Besitzer weiß, wo sie sich befinden und die Möglichkeit der Wiedererlangung besteht, dann ist die Sache i. S. d. Vorschrift nicht verloren gegangen. Der Eigentumserwerb des Finders tritt allerdings nicht sofort ein. Vielmehr entsteht zunächst ein gesetzliches Schuldverhältnis zwischen dem Finder und dem Empfangsberechtigten, i. d. R der Eigentümer.

Weitere Pflichten des Finders sind z. B. die Anzeigepflicht (§ 965 BGB), die Verwahrungspflicht (§ 966 BGB) und die Ablieferungspflicht (§ 967 BGB). Als Rechte des Finders entstehen Ansprüche auf Aufwendungsersatz nach § 970 BGB und auf Finderlohn nach § 971 BGB. Sie werden geschützt durch ein Zurückbehaltungsrecht nach § 972 BGB.

Ein Eigentumserwerb ist schließlich auch durch Hoheitsakt möglich, so insbesondere im Rahmen von **Zwangsversteigerungen** und im **Enteignungsverfahren**.

## 6.9 Sonstige beschränkt dingliche Rechte

### 6.9.1 Überblick

Der Prototyp des dinglichen Rechts ist das Eigentum. Die Rechtsordnung erlaubt darüber hinaus dem Eigentümer, einzelne Herrschaftsbefugnisse aus dem umfassenden Recht „Eigentum" abzuspalten.

Das **Erbbaurecht** nach dem ErbbauRG statuiert eine Ausnahme von dem in § 94 BGB erwähnten Grundsatz, dass die mit Grund und Boden fest verbundenen Teile zu den wesentlichen Bestandteilen des Grundstücks gehören, also nur die Möglichkeit, Eigentum an einem Grundstück und nicht an einem darauf stehenden Gebäude zu haben. Es ermöglicht die Bebauung eines Grundstücks, ohne dass demjenigen,

der das Haus darauf baut, das Grundstückseigentum zustehen muss. Es ist ein beschränkt dingliches Recht am Grundstück, das die Nutzung eines Grundstücks zum
Zwecke der Errichtung und des Habens eines Bauwerks (§ 1 ErbbauRG) auf Zeit,
i. d. R auf 99 Jahre, gewährt; es genießt den Schutz durch Art. 14 GG.[87]

Das ErbauRG trennt nun zwischen Grundstück und Gebäude und behandelt das
Erbbaurecht „wie ein Grundstück". Das Bauwerk selbst ist dann nicht wesentlicher
Bestandteil des Grundstücks, sondern des Erbbaurechts (§ 12 ErbbauRG) und steht
im Eigentum des Erbbauberechtigten. Das Erbbaurecht kann auch belastet werden,
z. B. mit einer Grundschuld. Für das Erbbaurecht wird ein besonderes Erbbau-
grundbuch geführt. Der Erbbauberechtigte zahlt an den Eigentümer einen laufenden
Erbbauzins. Erlischt das Erbbaurecht, so fällt das Bauwerk dem Grundstückseigentümer zu, der dafür eine Entschädigung zu zahlen hat (§ 12 Abs. 3, 27 ErbbauRG).

Das **Wohnungseigentum** ist ebenfalls eine Ausnahme von dem Grundsatz des
BGB, dass wesentliche Bestandteile nicht Gegenstand besonderer Rechte sein
können (§§ 93, 94 BGB). Die Wohnungsnot nach dem 2. Weltkrieg führte zum
**Wohnungseigentumsgesetz** (WEG) von 1951. Nach Maßgabe des Gesetzes kann
an Wohnungen das Wohnungseigentum und an nicht zu Wohnzwecken dienenden
Räumen des Gebäudes das Teileigentum begründet werden.

Wohnungseigentum ist das Sondereigentum an einer Wohnung i. V. m. einem
Miteigentumsanteil am gemeinschaftlichen Eigentum als einer untrennbaren Einheit. Der Wohnungseigentümer hat also Alleineigentum an seiner Wohnung und
einen ideellen Miteigentumsanteil an allen sonstigen gemeinschaftlichen Einrichtungen, z. B. Keller, Hauseingang, Dachboden. Der Wohnungseigentümer hat (verständlicherweise) nicht die gleiche Freiheit wie der Alleineigentümer. Er unterliegt
als Mitglied einer Wohnungseigentümergemeinschaft deren Beschlüssen und Regelungen. Das Gesetz sieht vor, dass das Wohnungseigentum durch Vertrag zwischen
den Miteigentümern des Grundstücks oder durch Teilung eines schon bebauten
Grundstücks durch den Alleineigentümer begründet wird. Die Wohnungseigentümer beschließen die Angelegenheiten, die Gemeinschaftseigentum betreffen, in der
(mindestens einmal jährlich stattfindenden) Eigentümerversammlung. Die Wohnungseigentümergemeinschaft braucht zur Durchführung der laufenden Geschäfte
der Instandhaltung und der Verwaltung der gemeinschaftlichen Gelder einen Verwalter, der weitreichende Befugnisse hat. Der BGH hat die Wohnungseigentümergemeinschaft als **rechtsfähigen Verband sui generis** anerkannt.[88]

Das Eigentum kann zugunsten eines anderen Rechtsinhabers belastet werden. Bei
diesen Rechten handelt es sich um **beschränkt dingliche Rechte.** Die beschränkt
dinglichen Rechte wirken wie das Eigentum als absolute Rechte gegenüber
jedermann. Sie werden als absolut wirkende Rechte nach § 823 Abs. 1 BGB als
„sonstiges Recht" geschützt. Beschränkt dingliche Rechte gewähren auch die gleichen Abwehr- und Herausgabeansprüche wie das Eigentum. Wegen des im Sachenrecht geltenden „numerus clausus der Sachenrechte" kommt allerdings nicht jede
beliebige Beschränkung des Eigentums mit dinglicher Wirkung in Betracht. Das

---

[87] BVerfG, NJW 1989, 1271; *Wolf/Wellenhofer*, § 3, Rn. 48.
[88] BGH, NJW 2005, 2061; *Wolf/Wellenhofer*, § 2, Rn. 24 ff. m. w. N.

Gesetz stellt vielmehr einen begrenzten Katalog an beschränkt dinglichen Rechten zur Verfügung. Nach dem belasteten Objekt lässt sich folgende Einteilung vornehmen. Im Wesentlichen handelt es sich bei diesen beschränkt dinglichen Rechten um **Nutzungs- und Sicherungsrechte.**

### 6.9.2  Nutzungsrechte

Nutzungsrechte gewähren insbesondere **Dienstbarkeiten.** Dienstbarkeiten an Grundstücken sind beschränkt dingliche Rechte, die die Befugnis enthalten, das Grundstück im weitesten Sinne zu nutzen. Im Gesetz wird dabei zwischen Grunddienstbarkeiten, beschränkten persönlichen Dienstbarkeiten und dem Nießbrauch differenziert.

Eine **Grunddienstbarkeit** (§§ 1018 ff. BGB) gewährt dem Eigentümers des sog. herrschenden Grundstücks das Recht, das belastete Grundstück in mehrfacher Weise unmittelbar oder mittelbar zu nutzen. Ein unmittelbares Nutzungsrecht enthält die erste Variante („dass dieser das Grundstück in einzelnen Beziehungen nutzen darf"), z. B. als Wegerechte oder Weiderecht zugunsten des Eigentümers des Nachbargrundstücks. Eine Grunddienstbarkeit kann in der zweiten Variante auch vorsehen, dass auf dem Grundstück bestimmte Handlungen nicht vorgenommen werden dürfen. So kann ein Grundstück mit einer Baubeschränkung in der Weise belastet sein, dass es dem jeweiligen Eigentümer verboten ist, höhere Gebäude zu errichten. Letztlich kann als dritte Variante auch die Ausübung eines Rechts, das sich aus dem Eigentum an dem belasteten Grundstück ergibt, ausgeschlossen sein, z. B. durch einen Verzicht, nach § 906 BGB übermäßige Immissionen zu untersagen. Das bedeutet, dass eine Grunddienstbarkeit stets auf ein Dulden oder Unterlassen, nicht aber auf ein positives Tun des Eigentümers des dienenden Grundstücks gerichtet sein darf. In der Praxis spielen Grunddienstbarkeiten eine große Rolle, z. B. im Rahmen der kommunalen Infrastruktur (z. B. Durchführung von Über- und unterirdischen Leitungen über private Grundstücke) oder als grundbuchrechtlich abgesicherter Konkurrenzschutz, z. B. Nichtausübung eines bestimmten Gewerbes.[89]

Unter einer **beschränkten persönlichen Dienstbarkeit,** die mit der Grunddienstbarkeit vergleichbar ist, versteht man die Belastung eines Grundstücks in der Weise, dass derjenige, zu dessen Gunsten die Belastung erfolgt, berechtigt ist, das Grundstück in einzelnen Beziehungen zu benutzen oder das ihm eine sonstige Befugnis zusteht, die den Inhalt einer Grunddienstbarkeit bilden kann (vgl. § 1090 BGB). Die Besonderheit besteht hier darin, dass sie zugunsten einer bestimmten Person besteht. Sie ist aus dem Grund auch nicht vererblich und nicht übertragbar (§ 1092 BGB; vgl. § 1093 BGB zum dinglichen Wohnrecht).

Unter einem **Nießbrauch** versteht man die Belastung einer Sache in der Weise, dass derjenige, zu dessen Gunsten eine Belastung erfolgt, berechtigt ist, die Nutzungen der Sache zu ziehen (§§ 1030 ff. BGB). Nießbrauch als das umfassendste dingliche Nutzungsrecht kann außer an beweglichen Sachen auch an Grundstücken (§ 1030 BGB) und an Rechten (§ 1068 BGB) eingeräumt werden. § 1085 BGB

---

[89] Palandt/*Bassenge*, § 1018 BGB, Rn. 23 m. w. N.

spricht zwar vom Nießbrauch am Vermögen. Der Nießbrauch muss aber auch hier nach dem Grundsatz der Spezialität an jedem einzelnen Gegenstand eingeräumt werden; das Vermögen als solches kann nicht Gegenstand eines Nießbrauchs sein. Der Nießbrauch hat praktische Bedeutung als so genannter Versorgungsnießbrauch. So kann etwa der Eigentümer seine Vermögensgegenstände (z. B. ein Haus) im Wege der vorweggenommenen Erbfolge schenkweise auf einen anderen, insbesondere seine Kinder, übertragen und sich an diesen Gegenständen zu Lebzeiten den Nießbrauch vorbehalten, um aus den Nutzungen seinen Lebensunterhalt bestreiten zu können.

Von den dinglichen Nutzungsrechten sind die **Baulasten** zu unterscheiden. Baulasten sind die vom Grundstückseigentümer aufgrund einer öffentlich-rechtlichen Willenserklärung freiwillig übernommene öffentlich-rechtlichen Verpflichtungen gegenüber der Baurechtsbehörde. Es handelt sich um Pflichten, die mit dem Grundstück verbunden sind und ein Tun, Dulden oder Unterlassen beinhalten können, das sich nicht schon aus öffentlich-rechtlichen Vorschriften ergibt. So können mit Hilfe von Baulasten etwa Zufahrten zu Grundstücken gesichert werden, die keine unmittelbare Verbindung zu öffentlichen Straßen haben.

Nach den beschränkt dinglichen Rechten, die ein Nutzungsrecht zum Gegenstand hatten, geht es im Folgenden um solche beschränkt dinglichen Rechte, die Sicherungsrechte beinhalten bzw. als Kreditsicherungsmittel dienen können. Neben Grundstücken, die die sicherste Kreditgrundlage bilden, kommen auch bewegliche Sachen als Sicherheiten in Betracht.

### 6.9.3 Sicherungs- und Verwertungsrechte

#### 6.9.3.1 Bewegliche Sachen

Bei beweglichen Sachen ist zunächst das Pfandrecht zu nennen. Das **Pfandrecht** ist ein Kreditsicherungsmittel. Zur Sicherung von Forderungen können bewegliche Sachen verpfändet werden. Das Gesetz hat diese Form der Kreditsicherung ausführlich in den §§ 1204 bis 1258 BGB geregelt. In der Kreditsicherungspraxis ist das Pfandrecht häufig jedoch nicht zweckmäßig, da die Begründung eines Pfandrechts an beweglichen Sachen die Übergabe der Sache voraussetzt. Aus dem Grund behilft sich die Praxis mit dem Instrumentarium der **Sicherungsübereignung** nach § 930 BGB. Auch Rechte, insbesondere Forderungen, können verpfändet werden (§§ 1273 bis 1296 BGB). In der Praxis werden Forderungen jedoch häufig nicht verpfändet (wegen der Anzeigepflicht nach § 1280 BGB an den Drittschuldner), sondern durch die **Sicherungsabtretung** ersetzt. Bedeutsamer ist das **Pfändungspfandrecht** an Rechten und Forderungen (§§ 828 ff. ZPO).

#### 6.9.3.2 Grundpfandrechte

**Grundlagen**
Zu den Grundpfandrechten zählen die **Hypothek,** die **Grundschuld** und die **Rentenschuld.** Allen Grundpfandrechten ist gemeinsam, dass der Gläubiger die Zahlung

einer bestimmten Geldsumme „aus dem Grundstück" verlangen kann (vgl. §§ 1113, 1191, 1199 BGB). Schuldner der gesicherten Forderung und Eigentümer des belasteten Grundstücks müssen nicht identisch sein. Deshalb spricht das Gesetz teilweise vom Schuldner oder vom Eigentümer. Der Grundstückseigentümer schuldet nichts, sondern haftet nur. Die Verwertung des Grundstücks durch den Grundpfandgläubiger kann jedoch nur zugelassen werden, wenn ihm das Grundpfandrecht zusteht und er das Recht auch geltend machen darf. Es stellt sich hier z. B. die Frage nach dem wirksamen Erwerb des Grundpfandrechtes. Weiterhin kommt es auf die Fälligkeit an. Vor Fälligkeit ist der Grundpfandgläubiger nicht zur Geltendmachung des Verwertungsrechtes befugt.

Die Beurteilung, ob die vielfältigen Voraussetzungen des Verwertungsrechtes vorliegen, kann nicht allein dem Gläubiger überlassen werden. Wegen der Bedeutung des Grundstücks für den Eigentümer muss der Gläubiger vielmehr eine Klage erheben, auf Grund dessen das Gericht prüft, ob der Eigentümer wegen des Grundpfandrechtes die Zwangsvollstreckung in sein Grundstück dulden muss. Dies ergibt sich aus § 1147 BGB mit § 704 Abs. 1 ZPO. Die Klage richtet sich somit nach § 1147 BGB auf **Duldung der Zwangsvollstreckung.** Das Gericht prüft, ob dem Gläubiger das Pfandrecht zusteht und der Eigentümer die Zwangsvollstreckung in das Grundstück dulden muss und stellt dies ggf. in einem klagestattgebenden **Urteil** fest.

Außer dem Urteil kommt in der Praxis noch die **vollstreckbare Urkunde** nach § 794 Abs. 1 Nr. 5 ZPO in Betracht. In der Praxis ist es üblich, dass sich der Grundstückseigentümer bei der Hypotheken- oder Grundschuldbestellung in einer notariellen Urkunde (der Grundschuldbestellungsurkunde) auch hinsichtlich seines persönlichen Vermögens der sofortigen Zwangsvollstreckung unterwirft. Der Vorteil für den Gläubiger (regelmäßig einer Bank) besteht darin, dass dieser damit über einen vollstreckbaren Titel verfügt und ein gerichtliches Klageverfahren dann nicht erforderlich ist. Der Grundstückseigentümer ist allerdings im Falle der Zwangsvollstreckung nicht rechtlos, sondern kann sich mit Einwendungen im Rahmen einer Vollstreckungsgegenklage nach § 767 ZPO wehren.

Die Verwertung des Grundstücks erfolgt nach den gesetzlichen Bestimmungen des Zwangsvollstreckungsrechts. Die zwangsweise Verwertung von Grundstücken ist im Zwangsversteigerungsgesetz (ZVG) geregelt. Als Verwertungsformen sieht das Gesetz die Zwangsversteigerung (§§ 15 ff. ZGV) oder die Zwangsverwaltung (§§ 146 ff. ZVG) vor. Das Grundpfandrecht erlischt, wenn der Gläubiger durch Verwertung des Grundstücks befriedigt ist.

In der **Zwangsversteigerung** wird das Grundstück durch das Vollstreckungsgericht (§ 1 ZVG) in einem öffentlichen Termin versteigert und dem Meistbietenden zugeschlagen (§ 81 ZVG), der durch den Zuschlag das Eigentum erwirbt (§ 90 ZVG). Das Grundstück wird hier in seiner gesamten Substanz verwertet und der Erlös dem Gläubiger in Höhe des festgelegten Geldwertes ausgehändigt.

Bei der **Zwangsverwaltung** wird dagegen vom Vollstreckungsgericht ein Verwalter eingesetzt (§ 150 ZVG), der die Nutzungen des Grundstücks in Geld umzusetzen hat. Der daraus erzielte Erlös wird an die dinglichen Gläubiger verteilt. Die Zwangsverwaltung belässt also dem Eigentümer das Grundstück und verwertet nur die Nutzungen. Sie empfiehlt sich für den Eigentümer als das mildere Mittel dann, wenn nur geringere Beträge, z. B. Zinsen, beizutreiben sind.

Aus dieser Wirkung ergibt sich die praktische Bedeutung der Grundpfandrechte als **Kreditsicherungsmittel.**[90] Das Grundpfandrecht macht Bodenwerte für Kreditzwecke nutzbar. Der auf diese Weise gesicherte Kredit wird auch als Boden- oder Realkredit bezeichnet. Grundpfandrechte sind im Allgemeinen sicherer als Personal- und Mobiliarsicherheiten (Bürgschaft, Eigentumsvorbehalt, Sicherungsübereignung), da das Grundstück nicht verloren- oder untergehen kann. Zudem ist bei Grundstücken erhöhte Publizität gewährleistet. So sind Eigentumsverhältnisse und die Belastungen, insbesondere die Grundpfandrechte, aus dem Grundbuch ersichtlich. Vor diesem Hintergrund ist verständlich, dass sich professionelle Kreditgeber (Banken, Sparkassen, Bausparkassen, Hypothekenbanken) die Kreditvergabe häufig von der Bestellung eines Grundpfandrechtes, meistens einer sog. Grundschuld, abhängig machen.

Ein Grundstück kann mit mehreren beschränkt dinglichen Rechten belastet sein, sei es mit mehreren Grundpfandrechten oder daneben mit einer Dienstbarkeit oder einem Nießbrauch. Im Falle einer Kollision bestimmt sich die **Rangfolge** nach der Rangstelle. Die Rangstelle ist insbesondere dann von Bedeutung, wenn der Erlös nicht ausreicht, alle Grundpfandrechte abzudecken. Das Recht an erster Rangstelle wird vor dem Recht an zweiter Rangstelle befriedigt. Der Erwerb einer Rangstelle bestimmt sich grundsätzlich nach dem Zeitpunkt, in dem das dingliche Recht ins Grundbuch eingetragen wird, wobei die Eintragung der Vormerkung ausreicht. Das Rangverhältnis unter mehreren Rechten, mit denen ein Grundstück belastet ist, bestimmt sich, wenn die Rechte in derselben Abteilung des Grundbuchs eingetragen sind, nach der Reihenfolge der Eintragungen. Sind die Rechte in verschiedenen Abteilungen eingetragen, so hat das unter Angabe des früheren Tages eingetragene Recht den Vorrang; Rechte, die unter Angabe desselben Tages eingetragen sind, haben gleichen Rang (§ 879 Abs. 1 BGB).

Gesetzessystematisch ist die Hypothek am ausführlichsten geregelt. Die Regelungen zur Grundschuld sind kurz gehalten worden, da im Wesentlichen auf das Recht der Hypothek verwiesen wird. Obwohl in der Praxis der Grundschuld aufgrund der Unabhängigkeit von der zu sichernden Forderung die größte Bedeutung zukommt (z. B. werden ca. 90 % aller Kredite mit Grundschulden gesichert), soll aus didaktischen Gründen die Hypothek zuerst behandelt werden.

**Hypothek**

Unter einer Hypothek versteht man eine Grundstücksbelastung in der Weise, dass an denjenigen, zu dessen Gunsten die Belastung erfolgt, eine bestimmte Geldsumme zur Befriedigung wegen einer ihm zustehenden Forderung aus dem Grundstück zu zahlen ist (§ 1113 Abs. 1 BGB). Dem Hypothekengläubiger stehen damit sowohl Hypothek als auch eine Forderung zu. Der Unterschied zwischen der Hypothek und der Forderung besteht darin, dass die Haftung für die Hypothek zwar auf das betreffende Grundstück beschränkt ist, aber nach dem Rangprinzip des Grundbuchs er-

---

[90] *Klunzinger,* S. 570 ff. anschaulich zu den Kreditsicherungsmitteln.

folgt, d. h. dass die Hypothek bei guter Rangposition eine große Sicherheit gewährt. Die Forderung hingegen muss ohne Rangschutz und in Konkurrenz mit anderen Gläubigern aus dem Gesamtvermögen des Schuldners befriedigt werden.

> **Beispiel**
>
> Grundstückseigentümer E hat seinem Gläubiger G zur Sicherheit eine Hypothek bestellt. E zahlt nicht. G möchte sich aufgrund der Hypothek an den teuren PKW des E halten. Hypothekarisch haftet dem G nach § 1113 Abs. 1 BGB nur das Grundstück. Will G in den PKW vollstrecken, muss er seine Forderung geltend machen, für die E mit seinem Gesamtvermögen haftet.

Die Formulierung „wegen einer ihm zustehenden Forderung" zeigt, dass die Hypothek das Vorliegen einer bestimmten Forderung voraussetzt, also ihrer Rechtsnatur nach **akzessorisch** ist. Reduziert sich die Höhe der zu sichernden Forderung oder besteht sie nicht (mehr), z. B. wegen fehlender Geschäftsfähigkeit oder einer Anfechtung, dann reduziert sich die Hypothek in der betreffenden Höhe bzw. entfällt vollständig. Der Grundsatz der Akzessorietät bedeutet auch, dass Hypothekengläubiger und Forderungsgläubiger niemals zwei verschiedene Personen sein können. Der Hypothekengläubiger ist stets identisch mit dem Forderungsgläubiger.[91] Der Schuldner der zu sichernden Forderung und der Eigentümer des belasteten Grundstücks brauchen dagegen nicht identisch zu sein. Aus dem Grund spricht das Gesetz im Hypothekenrecht teilweise vom Schuldner, teilweise vom Eigentümer.

Man unterscheidet zunächst Verkehrshypothek und Sicherungshypothek. Die Verkehrshypothek kann wahlweise als Brief- oder als Buchhypothek bestellt werden.

Die **Briefhypothek** entsteht durch **Einigung** des Grundstückseigentümers mit dem Forderungsgläubiger und **Eintragung** der Hypothek ins Grundbuch (§ 873 BGB). Vom Grundbuchamt wird für die Hypothek nach Eintragung regelmäßig ein Hypothekenbrief erteilt (vgl. § 1116 BGB; §§ 56 ff. GBO). Es handelt sich dabei um eine öffentliche Urkunde, die – wie das Grundbuch – alle wichtigen Angaben über die Hypothek enthält. Der Gläubiger erwirbt die Hypothek erst mit Erlangung des Hypothekenbriefes von dem Grundstückseigentümer (§ 1117 Abs. 1 S. 1 BGB). Es gelten die §§ 929 ff. BGB; zusätzlich kennt § 1117 Abs. 2 BGB für den Hypothekenbrief eine spezifische Form des Übergabeersatzes, die so genannte Aushändigungsvereinbarung, mit welcher der Gläubiger ermutigt wird, sich den Hypothekenbrief vom Grundbuchamt aushändigen zu lassen. Zur Geltendmachung der Hypothek ist die Vorlage des Hypothekenbriefes erforderlich (§§ 1160, 1161 BGB). Mit der Ausstellung eines Hypothekenbriefes wird die Übertragung der Hypothek erleichtert, da sie auch „außerhalb" des Grundbuchs erfolgen kann; demgegenüber steht ein gewisses kostenverursachendes Verlustrisiko.

Die **Buchhypothek** entsteht ebenfalls durch Einigung des Grundstückseigentümers mit dem Forderungsgläubiger und Eintragung der Hypothek ins Grundbuch

---

[91] *Prütting*, § 54, Rn. 628 ff.

(§ 873 BGB). Die Einigung muss dahin gehen, dass die Erteilung des Hypothekenbriefes ausgeschlossen ist. Das bedeutet, dass eine Buchhypothek nur durch Einigung und Eintragung in das Grundbuch übertragen werden kann. Jedoch kann bei
der Buchhypothek durch eine Einsicht in das Grundbuch festgestellt werden, wer
Gläubiger ist. Bei der Briefhypothek ist das nicht unbedingt der Fall, dass der im
Grundbuch eingetragene Gläubiger auch tatsächlich noch der Hypothekengläubiger
ist, da eine Übertragung – wie oben erwähnt – auch außerhalb des Grundbuchs
erfolgen kann.

Neben der Verkehrshypothek ist die **Sicherungshypothek** zu nennen. Es geht
hier um den Grad der Akzessorietät. Wie der Name bereits sagt, steht hier der Sicherungszweck stärker im Vordergrund. Dies hat zur Folge, dass sich das Recht des
Gläubigers allein nach der gesicherten Forderung bestimmt. Es gibt keinen gutgläubigen Erwerb, d. h. keinen Schutz eines auf das Bestehen der gesicherten Forderung
vertrauenden Erwerbers. Die Vorschrift des § 1138 BGB, die eine gewisse Durchbrechung des Akzessorietätsprinzips bedeutet, gilt hier nicht (§ 1185 Abs. 2 BGB).
Die Sicherungshypothek ist nach § 1184 BGB streng akzessorisch. Der Vertrauensschutz hinsichtlich des Vorliegens einer Forderung entfällt. Eine Sicherungshypothek soll nicht übertragen werden; daher ist ihre Bestellung nur als Buchhypothek
möglich. Sie ist für den Schuldner sicherer, nicht aber für den Gläubiger oder Erwerber einer Hypothek. Als Sicherungshypotheken müssen z. B. die Bauhandwerkersicherungshypothek (§ 648 Abs. 1 BGB) und die Wertpapiersicherungshypothek
(§ 1187 S. 2 BGB) bestellt werden.

Eine Sonderform einer Sicherungshypothek ist die **Höchstbetragshypothek**
(§ 1190 BGB). Sie ist zweckmäßig, wenn Forderungen aus laufenden Geschäftsbeziehungen in der Höhe ständig wechseln, aber hypothekarisch gesichert sein sollen,
d. h. es wird ein Höchstbetrag angegeben, bis zu dem Betrag Befriedigung aus dem
Grundstück erlangt werden kann. Sie ist in der Praxis weitgehend durch die Sicherungsgrundschuld verdrängt.

Für das **Entstehen einer Hypothek** müssen damit neben den allgemeinen
Voraussetzungen des § 873 BGB folgende Voraussetzungen gegeben sein: das
Bestehen einer Forderung (§ 1113 BGB), eine dingliche Einigung (§ 873 BGB), die
Ausstellung und Übergabe des Hypothekenbriefes (oder Vereinbarung nach § 1117
Abs. 2 BGB) – oder die Vereinbarung als Buchhypothek mit Ausschluss der Brief-
erteilung sowie eine Eintragung der Rechtsänderung im Grundbuch sowie letztlich
die Berechtigung des Verfügenden (ggf. gutgläubiger Erwerb nach § 892 BGB).

Nach § 1147 BGB haftet das belastete Grundstück insoweit, als die Befriedigung
des Gläubigers im Wege der Zwangsvollstreckung erfolgt. Zum **Haftungsverband
der Hypothek** zählen aber nicht nur das Grundstück als solches (einschließlich
seiner wesentlichen Bestandteile), sondern auch die in § 1120 BGB genannten
Gegenstände. Hierzu zählen die vom Grundstück getrennten Erzeugnisse und die
sonstigen Bestandteile, soweit sie nicht mit der Trennung in das Eigentum eines
anderen als des Grundstückseigentümers oder des Eigenbesitzers des Grundstücks
gelangt sind und das Zubehör des Grundstücks, soweit es nicht im Eigentum eines
anderen als des Grundstückseigentümers steht.

Die Hypothek wird dadurch **übertragen,** dass die **gesicherte Forderung abgetreten** wird (§ 1154 Abs. 1 S. 1 BGB). Mit der Abtretung der Forderung geht dann kraft Gesetz die Hypothek als Nebenrecht auf den Zessionar über (§§ 401 Abs. 1, 1153 Abs. 1 BGB). Zu beachten ist, dass die Forderung nicht ohne die Hypothek und die Hypothek nicht ohne die Forderung übertragen werden kann; eine separate Übertragung eines der beiden Rechte ist nicht möglich (§ 1153 Abs. 2 BGB). Bei der Briefhypothek muss bei der Abtretung der Forderung die Abtretungserklärung des ursprünglichen Gläubigers in schriftlicher Form vorliegen und der Hypothekenbrief übergeben werden (§ 1154 Abs. 1 BGB); die Eintragung des neuen Gläubigers ist nicht erforderlich. Die Übertragung der Buchhypothek erfolgt durch einen formlosen Abtretungsvertrag nach § 398 BGB und einer Eintragung des neuen Gläubigers in das Grundbuch (§ 1154 Abs. 3 BGB).

Einen **gutgläubigen Erwerb einer Hypothek** ermöglicht § 1138 BGB, wenn die Forderung nicht existiert oder einem Dritten zusteht. Besteht die Hypothek aus anderen Gründen nicht, so kann sie nach § 892 BGB gutgläubig erworben werden.

Der Gläubiger kann von verschiedenen Personen bezahlt werden. Es kann der Schuldner sein, der Eigentümer oder ein Dritter, der nicht Eigentümer ist. In allen drei Konstellationen ist das Schicksal der Hypothek unterschiedlich. Allen drei Fallkonstellationen ist gemeinsam, dass der Gläubiger wegen der Akzessorietät seine Hypothek als Folge der Zahlung verliert.

Zahlt der Eigentümer des belasteten Grundstücks, der auch Schuldner ist, dann erlischt der Anspruch des Gläubigers nach § 488 BGB. Die Hypothek geht auf den Eigentümer über und wird – die Forderung ist nach § 362 BGB erloschen – zur **Eigentümergrundschuld** nach §§ 1163, 1177 BGB; ohne Forderung besteht keine Hypothek. Sofern ein Hypothekenbrief erteilt worden ist, muss der Gläubiger diesen nach § 1144 BGB herausgeben. Daneben ist der Gläubiger verpflichtet, durch seine Zustimmung zur Löschung der Hypothek das Grundbuch zu berichtigen (§ 894 BGB).

Hat der Eigentümer, der aber nicht der Schuldner der zu sichernden Forderung ist, eine Hypothek zugunsten des Gläubigers an seinem Grundstück bestellt, und zahlt an diesen, dann geht die mit der Hypothek gesicherte Forderung nicht nach § 362 BGB unter, sondern nach § 1143 BGB auf ihn über. Entsprechend erlischt auch nicht die Hypothek. Diese folgt akzessorisch nach § 1153 BGB der Forderung und geht auf den Eigentümer über. Da die Forderung weiterhin existiert, verwandelt sie sich in diesem Fall auch nicht in eine Eigentümergrundschuld, sondern bleibt ausnahmsweise **Eigentümerhypothek** nach § 1177 Abs. 2 BGB. Der Sinn und Zweck dieser Konstruktion besteht in der Rangsicherung. Bei Wegfall des Hypothekengläubigers wird mit der Eigentümerhypothek die Rangstelle im Grundbuch blockiert, so dass die nachrangigen Gläubiger nicht nach vorne rücken und einen ungerechtfertigten Vorteil erlangen können. Im Falle eines späteren Darlehensbedarfs kann der Eigentümer dem Kreditgeber eine günstigere Rangstelle anbieten. Die Hypothek, der keine Forderung mehr zugrunde liegt, verwandelt sich analog § 1177 Abs. 1 BGB in eine **Eigentümergrundschuld.** Zwar hat der nachrangige Hypothekengläubiger nach § 1179a Abs. 1 BGB das Recht, die Löschung, genauer die Aufhebung der auf diese Weise entstandenen Eigentümergrundschuld (und damit das Nachrücken seiner Hypothek), zu verlangen. Er kann sich aber auch mit dem Eigentümer dahingehend einigen, dass dieses Recht ausgeschlossen und der Ausschluss in das Grundbuch eingetragen wird. In einem solchen Fall kommt es nicht zum Nachrücken und dem Eigentümer ist es möglich, an Stelle der Eigentümergrundschuld eine neue Hypothek mit Rang vor den anderen aufzunehmen.

Hat ein Dritter, der weder schuldrechtlich der Schuldner noch der Eigentümer des belasteten Grundstücks ist, an den Gläubiger gezahlt, kommt es darauf an, ob er ablöseberechtigt gewesen ist, z. B. wenn er als nachrangiger Gläubiger im Falle einer Zwangsversteigerung um seine Sicherheit fürchten muss. Zahlt er an den Gläubiger, geht die Forderung nach § 268 Abs. 3 BGB auf ihn über. Wegen der Akzessorietät gilt dies auch für die Hypothek (§§ 401, 412, 1153 BGB). Ist er nicht ablöseberechtigt, erlischt die Forderung nach § 362 BGB und der Eigentümer erhält die Hypothek als Eigentümergrundschuld.

### Grundschuld und Rentenschuld

Die Grundschuld ist nach § 1191 Abs. 1 BGB eine Grundstücksbelastung, bei der das Grundstück für die Zahlung einer bestimmten Geldsumme haftet. Der Unterschied zur Hypothek besteht darin, dass die Grundschuld gem. § 1192 Abs. 1 BGB nicht vom Bestehen einer Forderung abhängt, also **nicht akzessorisch** ist. Die Vorschriften zur Hypothek sind nach § 1192 Abs. 1 BGB insoweit entsprechend anwendbar, soweit sie sich nicht auf die Akzessorietät beziehen.

Die **Entstehung einer Grundschuld** nach § 873 Abs. 1 BGB setzt eine Einigung über die Bestellung einer Grundschuld (§ 873 Abs. 1, 1191 Abs. 1 BGB), die Eintragung der Grundschuld im Grundbuch (§§ 873 Abs. 1, 1192 Abs. 1, § 1115 Abs. 1 BGB), der Fortbestand der Einigung zum Zeitpunkt der Eintragung sowie die Beteiligung des Berechtigten an der dinglichen Einigung voraus. Die Grundschuld kann ebenso wie die Hypothek als Brief- oder Buchgrundschuld bestellt werden. Im Übrigen kann auf die Ausführungen und Vorschriften zur Hypothek verwiesen werden.

Die Grundschuld ist für einen Gläubiger günstiger als eine Hypothek, weil sie nicht mit der Forderung erlischt, also von dieser unabhängig ist. Sie hat heute – wie erwähnt – in der Praxis eine erheblich größere Bedeutung.

Eine Grundschuld kann ohne jeglichen Sicherungszweck bestellt werden (sog. isolierte Grundschuld). Regelmäßig dient sie jedoch der Sicherung einer Forderung, häufig eines Immobiliardarlehens. Es besteht dann neben der Grundschuld ein zusätzlicher schuldrechtlicher Sicherungsvertrag. Dieser ist rechtlich zu unterscheiden von der dinglichen Grundschuldbestellung und dem schuldrechtlichen Kreditvertrag. Aufgrund des entsprechenden Sicherungsvertrages zwischen Grundschuldgläubiger und Eigentümer darf der Gläubiger von der Grundschuld nur entsprechend des Sicherungsvertrages Gebrauch machen **(Sicherungsgrundschuld)**; mit der Sicherungshypothek hat sie nichts zu tun. Trotz dieser im Innenverhältnis bestehenden Beschränkungen führt dies nicht – anders als bei der Hypothek durch Gesetz – zu einer Akzessorietät, da das rechtliche Schicksal des dinglichen Rechts unabhängig von der zu sichernden Forderung ist. So kann eine Grundschuld auch ohne die zu sichernde Forderung abgetreten werden. Die Sicherungsabrede be-

schränkt die Rechtsstellung des Gläubigers im Innenverhältnis. So kann z. B. bei
Erlöschen der gesicherten Forderung ein Anspruch aus ungerechtfertigter Bereicherung auf Rückübertragung der (auch nach Erlöschen der Forderung weiterbestehenden) Grundschuld bestehen. Rechtsgrundlage ist der Sicherungsvertrag bzw. § 812
Abs. 1 BGB. Der Schuldner ist in Bezug auf die Forderung nach § 404, 407 BGB
geschützt. Soweit es um die Grundschuld geht, wird der Schuldner bei der Hypothek durch §§ 1137, 1157 BGB geschützt. Dieser Schutz ist aber nach §§ 1157 S. 2
BGB eingeschränkt. Zur Risikobegrenzung können nach § 1192 Abs. 1a BGB Einreden, die dem Eigentümer aufgrund des Sicherungsvertrages mit dem bisherigen
Gläubiger gegen die Grundschuld zustehen oder sich aus dem Sicherungsvertrag ergeben, auch jedem Erwerber der Grundschuld entgegengesetzt werden. § 1157 S. 2
BGB findet insoweit keine Anwendung; im Übrigen bleibt § 1157 BGB unberührt.
Damit ist ein gutgläubiger einredefreier Erwerb bei der Sicherungsgrundschuld für
Einreden aus dem Sicherungsvertrag ausgeschlossen, wenn die Grundschuld nach
dem 19.8.2008 erworben wurde (vgl. § 1192 Abs. 1a BGB i. V. m. Art. 228 § 18
Abs. 2 EGBGB); für „Altfälle" schützt der BGH die Schuldnerinteressen auf prozessualer Ebene.[92] Diese durch das Risikobegrenzungsgesetz von 2008 aufgenommene Ergänzung im Grundschuldrecht erfolgte vor dem Hintergrund, dass Banken
zunehmend ihre Forderungen aus (teils auch notleidenden) Krediten als Paket an
Finanzinvestoren verkauft hatten, denen es oft nicht um eine langfristige Kundenbeziehung ging, sondern darum, Darlehensforderungen unter Wert zu kaufen und
sie dann kurzfristig mit der Grundschuld in der Hinterhand zu realisieren. Mit dieser
Regelung sollen „Finanzheuschrecken" Sicherungsgrundschulden nicht mehr losgelöst von Einreden aus der Sicherungsabrede erwerben können.[93]

Die **Rentenschuld** ist ein Spezialfall der Grundschuld; sie sichert nicht einen
festen Betrag, sondern eine laufende Geldzahlung. Der Gesetzgeber bezweckte mit
dieser Form der Belastung, den Bedürfnissen der Landwirtschaft Rechnung zu tragen. Darüber hinaus ist sie von Bedeutung, wo der Gläubiger nicht imstande ist, den
vollen Kapitalbetrag sofort aufzubringen.

Als dingliches Verwertungsrecht hat der Gesetzgeber auch die **Reallast**
(§§ 1105 ff. BGB) ausgestaltet. Die Reallast gewährt dem Berechtigten das Recht,
wiederkehrende Leistungen aus dem Grundstück zu verlangen, die im Gegensatz
zur Rentenschuld nicht in einer Geldschuld zu bestehen brauchen, sondern sich
auch auf Dienst- oder Sachleistungen beziehen können.

---

[92] BGH, NJW 2010, 2041.

[93] *Klunzinger,* S. 699; ausführlicher *Wolf/Wellenhofer,* § 28, Rn. 16 ff. m. w. N.

# Grundzüge der Zivilprozessordnung

**7**

## 7.1 Allgemeine Grundlagen zur Gerichtsbarkeit

### 7.1.1 Justizmonopol des Staates

Recht haben alleine genügt nicht. Rechte müssen auch durchsetzbar sein. Derjenige, der nach dem „materiellen" Recht einen Anspruch gegen einen anderen besitzt, muss in dem Fall, wenn sich der Anspruchsgegner weigert, seine Verpflichtung zu erfüllen, besondere „Spielregeln" einhalten, damit er zu seinem Recht kommt. Er muss also versuchen, seinen Anspruch mit Hilfe der Gerichte als die hierfür zuständigen staatlichen Organe durchzusetzen. Ein Anspruchsinhaber kann also einen Anspruch grundsätzlich nicht eigenmächtig im Wege der **Selbsthilfe** durchsetzen, indem er den Anspruchsgegner etwa mit Gewalt dazu bringt, den Anspruch zu erfüllen. Zum Schutze des Rechtsfriedens ist die gewaltsame eigenmächtige Durchsetzung eines Rechts nur in ganz engen gesetzlichen Grenzen zulässig, z. B. bei Notwehr (§ 227 BGB), Notstand (§§ 228, 904 BGB), Selbsthilfe (§ 229 BGB) oder dem Besitzschutz (§ 859 BGB).

Der moderne Staat nimmt für sich das **„Justizmonopol"** (Rechtspflegemonopol) in Anspruch. Aus dem Justizmonopol folgt entsprechend die Pflicht des Staates, Organe der Rechtspflege (Gerichte) zu schaffen und ein wirksames rechtsstaatliches Verfahren zu gewähren.[1]

Diese **Justizgewährungspflicht** ist öffentlich-rechtlicher Natur. Sie bedeutet die Pflicht des Staates, Rechtspflegeorgane (Gerichte) zu schaffen und ein wirkungsvolles rechtsstaatliches Verfahren zu gewähren.[2] Aus dieser Pflicht folgt ein subjektiv-öffentliches Recht des Einzelnen gegen den Staat dahin, dass die um Rechtsschutz gebetenen Organe der Rechtspflege nach Maßgabe der entsprechenden

---

[1] BVerfGE, NJW 1992, 1673; 2002, 2227.

[2] BVerfG, NJW 1998, 1475; NJW 1992, 1673.

© Springer-Verlag Berlin Heidelberg 2016
T. Zerres, *Bürgerliches Recht,* Springer-Lehrbuch, DOI 10.1007/978-3-662-49027-3_7

Verfahrensordnungen in angemessener Zeit tätig werden müssen; man spricht in diesem Zusammenhang von dem **Justizgewährungsanspruch.**[3]

Die Rspr. ist dabei besonderen Amtsträgern, den Richtern, vorbehalten (Art. 92 GG), die bei der Ausübung ihres Amtes sachlich und persönlich unabhängig sind. Sie wird durch das Bundesverfassungsgericht, durch die in diesem Grundgesetz vorgesehenen Bundesgerichte und durch die Gerichte der Länder ausgeübt.

Art. 101 GG garantiert den Anspruch auf den gesetzlichen Richter. Das bedeutet, dass durch genaue gesetzliche Bestimmungen über die Zuständigkeit von vornherein festgelegt ist, welches Gericht den Rechtsstreit zu entscheiden hat. Ausnahmegerichte sind unzulässig. Gerichte für besondere Sachgebiete können nur durch Gesetz errichtet werden. In Deutschland gibt es unterschiedliche Gerichtsbarkeiten.

## 7.1.2  Gerichtsbarkeitszweige

Nach Art. 95 GG gliedert sich die **rechtsprechende Gewalt** in eine ordentliche Gerichtsbarkeit, eine Arbeitsgerichtsbarkeit, eine Sozialgerichtsbarkeit, eine Finanzgerichtsbarkeit sowie eine Verwaltungsgerichtsbarkeit. Art. 96 GG nennt noch die Patentgerichtsbarkeit und Disziplinargerichtsbarkeit und Art. 93, 94 GG die Verfassungsgerichtsbarkeit (entsprechend den Länderverfassungen auch auf Landesebene).

Die hier zu behandelnde Zivilgerichtsbarkeit ist Teil der ordentlichen Gerichtsbarkeit. Unter der **ordentlichen Gerichtsbarkeit** wird die nach dem GVG (§§ 12, 13 GVG) bestehende Gerichtsbarkeit in Zivil- und Strafsachen verstanden. Jede dieser Gerichtsbarkeiten hat einen eigenen, gesetzlich normierten Zuständigkeitsbereich, der bei Anrufung, da es sich um eine ausschließliche Zuständigkeit handelt, genau zu prüfen ist (Abb. 7.1).

Der Begriff der ordentlichen Gerichtsbarkeit ist **historisch** begründet. Zum Zeitpunkt des Inkrafttretens des Gerichtsverfassungsgesetzes (GVG) im Jahre 1877 gab es als unabhängige, d. h. „ordentliche" Gerichte, nur die Zivil- und Strafgerichte. Die Verwaltungsgerichte und die Finanzgerichte hingegen waren noch in die Verwaltung eingegliedert. Arbeitsgerichte bestehen erst seit 1926. Sachlich sind heute „alle" in Art. 95 GG genannten Gerichtszweige („ordentliche Gerichtsbarkeit, Verwaltungs-, Finanz-, Arbeits- und Sozialgerichtsbarkeit") unabhängige und damit „ordentliche" Gerichte; gleichwohl hat sich der Begriff der „ordentlichen Gerichtsbarkeit" für die Zivil- und Strafgerichtsbarkeit als feststehender Begriff etabliert.

Aufbau und Organisation sind im **Gerichtsverfassungsgesetz** (GVG) geregelt. Es gibt Amts-, Land-, und Oberlandesgerichte als Gerichte der Bundesländer und den Bundesgerichtshof (BGH) als Gericht des Bundes. Das Verfahren nach der ZPO gilt für die bürgerlichrechtlichen Streitigkeiten, d. h. für alle zivilrechtlichen Rechtsstreitigkeiten von Bürgern untereinander und für diejenigen Sachen, die ohne Zivilsachen zu sein, den Zivilgerichten zugewiesen sind. Vor die Zivilgerichte gehören daher auch Streitigkeiten aus dem öffentlichen Recht, soweit dies gesetzlich ange-

---

[3] BVerfG, NJW 2009, 572; NJW 2004, 3320; zur Ableitung aus dem Rechtsstaatsprinzip vgl. Art. 19 Abs. 4, 20 Abs. 3, 101, 103 GG; Art. 6 EMRK.

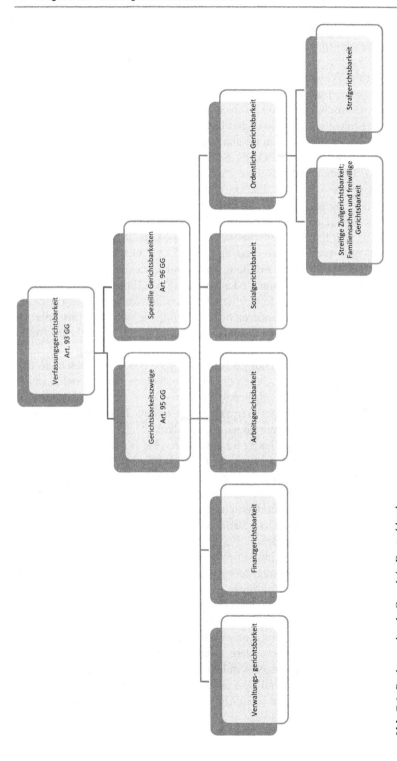

**Abb. 7.1** Rechtsprechende Gewalt in Deutschland

ordnet ist, z. B. Entschädigungsansprüche wegen Enteignung (Art. 14 Abs. 3 GG) oder Ansprüche aus Amtshaftung (§ 71 Abs. 2 ZPO).

Zu den Zivilsachen, aber nicht (mehr) zu den bürgerlichrechtlichen Streitigkeiten i. S. v. § 13 GVG zählen die **Familiensachen** (z. B. Ehe-, Kindschafts- oder Abstammungssachen) zusammen mit den Angelegenheiten der **freiwilligen Gerichtsbarkeit**. Diese sind seit 2009 im Gesetz über die Verfahren in Familiensachen und in Angelegenheiten der freiwilligen Gerichtsbarkeit **(FamFG)** geregelt. Die ZPO gilt demnach nicht mehr (unmittelbar) für Familiensachen, enthält allerdings zahlreiche **Verweise auf die ZPO**. Es besteht allerdings erhebliche Verfahrensunterschiede, z. B. im Verfahrensgegenstand, in der Einleitung des Verfahrens, in der Entscheidungsform, bei den Rechtsmitteln oder in dem Instanzenzug. Dieses Verfahren ist der besonderen Aufgabe angepasst, Rechtsverhältnisse, etwa in Familien-, Betreuungs-, Unterbringungs- und Pflegschaftssachen hinsichtlich Volljähriger (§§ 271 ff., 340 FamG), weiterhin in Nachlass-, Grundbuch- und Registersachen (Handels- oder Vereinsregister) zu regeln (§§ 342 ff. GBO, §§ 374 ff. FamG), z. B. Erteilung von Erbscheinen, Erteilung von vormundschaftlichen Genehmigungen oder Anordnung einer Betreuung oder Vornahme von Eintragungen im Grundbuch durch das Grundbuchamt. Hinsichtlich des Verfahrensablaufs besteht etwa der Unterschied u. a. wegen des besonderen öffentlichen Interesses darin, dass hier der **Grundsatz der Amtsermittlung** gilt und das Verfahren zum einen durch Antrag (statt durch Klageerhebung), zum anderen aber auch von Amts wegen beginnen kann. Die Entscheidung des zuständigen Amtsgerichts ergeht durch Beschluss und nicht durch Urteil (§ 38 FamG). Gegen die Entscheidung des Amtsgerichts ist die Beschwerde an das Landgericht gegeben (§ 58 FamFG).

Die **Abgrenzung** zur streitigen Gerichtsbarkeit erfolgt **durch** die **gesetzliche Zuweisung**. Im Verfahren der freiwilligen Gerichtsbarkeit sind diejenigen Angelegenheiten zu erledigen. die das Gesetz ihr zugewiesen hat (Enumerationsprinzip).[4] Die Bezeichnung „freiwillige Gerichtsbarkeit" ist allerdings insoweit irreführend, weil diese Verfahren in ihrem Geltungsbereich durchaus zwingend sind. So kann z. B. eine Grundbucheintragung nur nach dem Verfahren der Grundbuchordnung (GBO) erreicht werden. Es soll einfach nur deutlich gemacht werden, dass es sich um privatrechtsbezogene gerichtliche Verfahren handelt, die nicht als Zivilprozesse nach der ZPO durchgeführt werden.

Für Rechtsstreitigkeiten, die im weitesten Sinne Arbeitsverhältnisse betreffen, sind die **Arbeitsgerichte** zuständig. Der Instanzenzug reicht vom Arbeitsgericht zum Landesarbeitsgericht (als Berufungs- und Beschwerdeinstanz) bis zum Bundesarbeitsgericht (als Revisions- und Rechtsbeschwerdegericht) mit Sitz in Erfurt. Das Verfahren regelt im Wesentlichen das Arbeitsgerichtsgesetz (ArbGG), ergänzend gilt die ZPO. Zu den arbeitsrechtlichen Streitigkeiten zählen alle Streitigkeiten aus dem Arbeitsverhältnis, insbesondere Streit um Lohn, Kündigung, Schadensersatz oder Streitigkeiten über die Anwendung des Betriebsverfassungsgesetzes.

Demgegenüber sind Rechtsstreitigkeiten, bei denen es um Normen aus dem Bereich des öffentlichen Rechts geht (§ 40 Abs. 1 VwGO), grundsätzlich vor den **Ver-**

---

[4] *Schellhammer*, Rn. 1391 ff.

**waltungsgerichten** zu führen. Für Streitigkeiten, die das Steuerrecht bzw. Sozialrecht berühren, sind eigene Gerichtsbarkeiten, die **Finanz- und die Sozialgerichtsbarkeit,** geschaffen worden.

Über diesen Gerichten steht die **Verfassungsgerichtsbarkeit** (Art. 93 GG), die von den Staatsgerichtshöfen der Länder und vor allem vom Bundesverfassungsgericht (BVerfG) als höchstem Gericht in der Bundesrepublik Deutschland mit Sitz in Karlsruhe wahrgenommen wird. Das BVerfG befasst sich grundsätzlich mit verfassungsrechtlichen Fragen, denen häufig auch direkte politische Bedeutung zukommt. Es entscheidet u. a. über die Vereinbarkeit von Bundes- und Landesrecht mit der Verfassung, über Verfassungsbeschwerden von Personen wegen Verletzung der Grundrechte durch die öffentliche Verwaltung oder auch über eine mögliche Verfassungswidrigkeit von Parteien. Entscheidungen des BVerfG sind für alle Verfassungsorgane des Bundes und der Länder sowie für alle Gerichte bindend.

Privatrechtliche Konflikte müssen nicht zwingend vor einem staatlichen Gericht ausgetragen werden. Zunehmend wird die außergerichtliche Beilegung zivilrechtlicher Streitigkeiten angestrebt und ermöglicht. Die Ziele sind u. a. die Vermeidung langdauernder Gerichtsverfahren, die Entlastung der Gerichte und die größere Flexibilität hinsichtlich der Lösungsmöglichkeiten. So sieht die ZPO im 10. Buch das **Schiedsverfahren** als eigenständige Alternative vor. Es handelt sich dabei um ein privates Gericht. Durch eine einvernehmliche Vereinbarung können die Parteien bestimmen, dass ein Streitfall zwischen ihnen nicht vor den staatlichen Gerichten, sondern vor (i. d. R speziell sachkundigen) Schiedsrichtern entschieden werden soll (vgl. hierzu 7.12.4).

Grundsätzlich wird in zunehmendem Maße eine **außergerichtliche Beilegung zivilrechtlicher Streitigkeiten** angestrebt und ermöglicht. Die Gründe hierfür bestehen u. a. in der Vermeidung langwieriger kostenträchtiger Gerichtsverfahren, in der größeren Flexibilität hinsichtlich der Lösungsmöglichkeiten und in der Entlastung der Gerichte.

Zu nennen sind zunächst die von der gewerblichen Wirtschaft eingerichteten institutionellen die **außergerichtlichen Schlichtungsstellen**, z. B. bei Handwerks-, oder Ärzte- oder Architektenkammern, der Ombudsmann bei Banken oder die Kfz-Schiedsstelle der Kfz-Innung, bei denen unzufriedene Kunden ihre Einwendungen etwa gegen eine Rechnung vorbringen können.

§ 15a EGZPO ermächtigt die Bundesländer, die Zulässigkeit einer Klage von dem vorherigen Versuch einer einvernehmlichen Streitbeilegung vor einer Gütestelle abhängig machen. Möglich ist ein solcher Verfahren nur bei vermögensrechtlichen Streitigkeiten bis 750 € oder bei Nachbarstreitigkeiten oder Beleidigungsstreitigkeiten. § 15a II EGZPO enthält einige Ausschlussgründe, z. B. wenn die Parteien nicht in demselben Bundesland wohnen oder bereits einen Einigungsversuch vor einer anderen Gütestelle vorgenommen haben. Die einzelnen Länder haben von dieser Ermächtigung zur Durchführung eines **obligatorischen Schlichtungsverfahrens** nur zum Teil und inhaltlich unterschiedlich Gebrauch gemacht, z. B. Nordrhein-Westfalen, Badens-Württemberg, Hessen, Brandenburg oder Sachsen-Anhalt.[5]

---

[5] Vgl. *Oberheim*, § 6, Rn. 219.

Das **selbstständige Beweisverfahren** (§§ 485 ff. ZPO) dient der Vorwegklärung von Sachverhalten, um so ggf. einen Prozess zu vermeiden. In der Praxis dient es etwa der vorsorglichen Sicherung bzw. Feststellung von Beweismitteln, z. B. der Feststellung von Baumängeln, die durch eine dringend erforderliche Reparatur beseitigt würden. Dieses Verfahren kann im Rahmen eines Prozesses oder auch unabhängig davon bereits im Vorfeld erfolgen. Dieses Verfahren führt zu einer Verjährungshemmung. Kommt es zu einem Hauptprozess, steht dieses Beweisergebnis einer unmittelbaren Beweisaufnahme vor dem Prozessgericht gleich.

Eine weitere Möglichkeit der außergerichtlichen Streitbeilegung ist der **Anwaltsvergleich** nach §§ 796a ff. ZPO. Es handelt sich um eine besondere Form des außergerichtlichen Vergleichs, der durch Vollstreckbarerklärung – durch Gericht oder Notar – zu einem außergerichtlichen Vollstreckungstitel (§ 794 Abs. 1 4 b ZPO) führen kann. Der Anwaltsvergleich setzt keinen anhängigen Prozess voraus und kann daher auch gerade zur Vermeidung eines Prozesses geschlossen werden.

In neuerer Zeit hat in Deutschland die „**Mediation**" an Bedeutung gewonnen. Es handelt sich dabei um eine in den USA entwickelte Form der **außergerichtlichen Konfliktlösung**. Es geht dabei um den Versuch der Konfliktparteien, mit Hilfe eines sachkundigen neutralen Vermittlers – „des Mediators" – freiwillig und eigenverantwortlich eine einvernehmliche Lösung ihres Konfliktes zu erreichen. (§ 1 MediationsG). Regelmäßig handelt es sich um einen Rechtsanwalt ohne Entscheidungsbefugnis. Eine solche Mediation kann unabhängig von einem Gerichtsverfahren stattfinden („außergerichtliche Mediation"), aber auch zur Beilegung eines bereits anhängigen Gerichtsverfahrens (vgl. § 278a ZPO); entscheiden sich die Parteien für eine „gerichtsnahe Mediation" durch einen (anderen) – nur vermittelnden, aber nicht entscheidungsbefugten – Richter, ordnet das Gericht das Ruhen des Verfahrens an. Der Zweck der Mediation besteht jedoch regelmäßig in der Vermeidung eines Prozesses. Ziel ist es, herauszufinden, was die Parteien wirklich wollen. Diese Form der außergerichtlichen Streitvermittlung ist besonders bei familienrechtlichen Konflikten (z. B. Ehescheidungssachen, Angelegenheiten, die die elterliche Sorge betreffen), in Arzthaftungssachen und in anderen wirtschaftlichen Bereichen von großer Bedeutung. Das MediationsG regelt in erster Linie einheitliche rechtliche Fundamente für das Berufsfeld der Mediation, z. B. Aufgaben eines Mediators oder die Vertraulichkeitsverpflichtung.[6]

### 7.1.3  Begriff und Aufgabe des Zivilprozesses

Das Zivilprozessrecht regelt das Verfahren, mit dem der Staat seiner Justizgewährungspflicht im Bereich des Privatrechts nachkommt. Der Zivilprozess ist danach ein staatlich angeordnetes und geregeltes Verfahren vor den Gerichten des Staates zur Feststellung, Gestaltung, Durchsetzung oder zum vorläufigen Rechtsschutz der

---

[6] Vgl. Gesetz zur Förderung der Mediation und anderer Verfahren der außergerichtlichen Konfliktbeilegung (BR-Drs. 377/12); in Umsetzung der RL 2008/52/EG vom 21.5.2008 über bestimmte Aspekte der Mediation in Zivil- und Handelssachen.

privatrechtlichen Rechte des Einzelnen. Vor die Zivilgerichte gehören alle „**bürgerlichrechtlichen Streitigkeiten**" gem. § 13 GVG sowie solche Sachen, die auf Grund spezialgesetzlicher Regelung den Zivilgerichten zur Entscheidung zugewiesen sind. Nicht mehr hierzu zählen die Familiensachen, die seit 2009 im FamFG geregelt sind. Im Zivilprozess gilt das „Zweiparteienprinzip", d. h. es gibt (nur) zwei Parteien, den „Kläger" und den „Beklagten". Der Staat verfolgt also nicht von sich aus die privatrechtlichen Ansprüche der Bürger untereinander, sondern überlässt es den Bürgern selbst. Das Zweiparteienprinzip bzw. Zwei-Parteien-System lässt es grundsätzlich nicht zu, dass die Parteien personengleich sind. Auf jeder Parteiseite können mehrere Personen stehen. Sie sind dann Streitgenossen, haben aber dieselbe Parteirolle.[7]

## 7.2  Aufbau, Organisation und Instanzenzug der Zivilgerichtsbarkeit

Aufbau und Organisation der ordentlichen Gerichte sind im GVG geregelt. Vor diese ordentlichen Gerichte gehören nach § 13 GVG sämtliche bürgerlich rechtlichen Streitigkeiten und die Strafsachen. Die Gerichte (Amtsgericht, Landgericht, etc.) sind organisatorische Einheiten (Behörden), bei denen wiederum mehrere (regelmäßig gleichartige) „**Spruchkörper**" bestehen. Diese Spruchkörper sind das „Prozessgericht" (erkennendes Gericht) i. S. d. ZPO. Die Gerichte führen das Verfahren durch und fällen die Entscheidungen. Die Spruchkörper sind mit Richtern besetzt, die in ihrer Entscheidungsfindung sachlich und persönlich **unabhängig** (Art. 97 GG, § 1 GVG) und nur an Recht und Gesetz gebunden sind. Geschützt wird die Unabhängigkeit u. a. durch das Spruchrichterprivileg nach § 839 Abs. 2 S. 1 BGB. Es gibt grundsätzlich keine Amtshaftung wegen objektiv unrichtiger Rechtsanwendung.[8] Die Richter sollen grundsätzlich ihren Auffassungen von Recht und Gesetz folgen können.

Keine rechtliche (wohl aber eine faktische) Bindung besteht hinsichtlich der Rechtsprechung des BGH; es gibt aber – anders als im anglo-amerikanischen Rechtskreis – **keine Präjudizienrechtsprechung,** gleichwohl dessen Rspr. aus Gründen der Rechtssicherheit und des Vertrauensschutzes weitgehend von den Instanzgerichten berücksichtigt wird. Die Entscheidungen der obersten englischen Gerichte (House of Lords; Court of Appeal) besitzen dagegen gesetzesähnliche Wirkung.[9]

Die **Zivilgerichtsbarkeit** weist in Deutschland einen **vierstufigen Aufbau** auf: Amtsgerichte, Landgerichte, Oberlandesgerichte als Gerichte der Länder und der Bundesgerichtshof in Karlsruhe als Gericht des Bundes (Abb. 7.2).

---

[7] Vgl. *Jauernig/Hess,* § 18 VI zum „Zwei-Parteien"- System.

[8] Vgl. BVerfG, NJW 2013, 3630; *Marschollek*, Rn. 7.

[9] Vgl. *Marschollek*, Rn. 7 m. w. N.

**Abb. 7.2** Instanzenzug in Zivilsachen

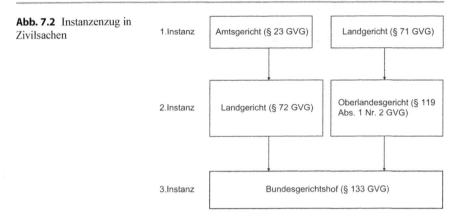

Auf der ersten Ebene sind die **Amtsgerichte**. Spruchkörper sind hier immer der Einzelrichter (§ 22 GVG). Die Amtsgerichte sind nach §§ 23, 23a GVG für alle vermögensrechtlichen Streitigkeiten **bis einschließlich 5000 €** zuständig sowie – unabhängig von der Höhe des Streitwerts – in den Fällen des § 23 Nr. 2 GVG, insbesondere für bestimmte Mietstreitigkeiten.

**Landgerichte** (LG) sind einerseits erstinstanzlich zuständig für alle anderen Streitigkeiten (vgl. § 71 GVG), also für Streitigkeiten über 5000 € sowie in den Fällen des § 71 Abs. 2 GVG, insbesondere für alle Klagen aus Amtshaftung (unabhängig vom Streitwert), andererseits (zweitinstanzlich) zuständig für Berufungen und Beschwerden gegen die Entscheidungen der Amtsgerichte in Zivilsachen (§ 72 GVG). Spruchkörper bei den LG sind die „Zivilkammern" (§ 75 GVG) mit je einem vorsitzenden Richter und zwei weiteren Richtern. Die Zivilkammer entscheidet allerdings grundsätzlich nicht als Gremium, sondern durch eines ihrer Mitglieder als Einzelrichter (§ 348 ZPO). Ausnahmsweise entscheidet die Zivilkammer nach § 348 Abs. 1 S. 2 ZPO, wenn das als Einzelrichter berufene Kammermitglied noch Proberichter ist und noch kein Jahr in Zivilsachen tätig war sowie wenn nach § 348 Abs. 1 Ziff. 2 ZPO die Zuständigkeit der Kammer nach dem Geschäftsverteilungsplan des Gerichts wegen der Zuordnung des Rechtsstreits zu den dort genannten Sachgebieten begründet ist, z. B. in Pressesachen, Anwaltssachen, Arzthaftungssachen oder Bausachen. Der Einzelrichter legt den Rechtsstreit der Zivilkammer zur Entscheidung über eine Übernahme vor, wenn die Sache besondere Schwierigkeit in tatsächlicher oder rechtlicher Art aufweist, von grundsätzlicher Bedeutung ist oder die Parteien dies übereinstimmend beantragt haben (§ 348 Abs. 3 ZPO). Umgekehrt ist eine Übertragung der Sache auf den Einzelrichter in Angelegenheiten, für die eigentlich die Kammer zuständig wäre, möglich, wenn die Sache keine besonderen Schwierigkeiten macht bzw. keine grundsätzliche Bedeutung hat (§ 348a ZPO). Der Einzelrichter tritt damit an die Stelle der Zivilkammer, d. h. er ist funktionell zuständig.[10]

---

[10] Vgl. hierzu *Schellhammer*, Rn. 1499 ff.

In handelsrechtlichen Streitigkeiten können an den Landgerichten (nicht an den Amtsgerichten) besondere „**Kammern für Handelssachen (KfH)**" gebildet werden, die mit je einem Berufsrichter als Vorsitzenden und zwei aus der kaufmännischen Praxis stammenden Personen als „ehrenamtliche Richter" besetzt sind (§ 105 GVG). Es handelt sich hierbei um eine Frage der **funktionellen Zuständigkeit**. Die Kammer für Handelssachen wird nur auf Antrag der Parteien funktionell zuständig, vorausgesetzt, dass es sich um eine „Handelssache" (§ 95 GVG) handelt. Diese (ehrenamtlichen) „Handelsrichter" (§ 45a DRiG) müssen kaufmännisch qualifiziert sein (vgl. § 109 GVG); sie werden auf Vorschlag der Industrie- und Handelskammern für die Dauer von vier Jahren ernannt (§ 108 GVG); beim Amtsgericht und Oberlandesgericht gibt es keine besonderen Spruchkörper für Handelssachen. Die Einbeziehung von ehrenamtlichen „Richtern" erfüllt dabei den Zweck, dass berufsspezifische Sachkunde eingebracht wird und damit gleichzeitig das Vertrauen der Prozessparteien in die Erfassung ihrer speziellen Situation gesteigert wird. Das Heranziehen derartiger ehrenamtlicher Richter findet man auch in anderen Gerichtsbarkeiten, z. B. in der Sozial- und Arbeitsgerichtsbarkeit, ebenso in der Form der Schöffen an den unteren Strafgerichten; äußerlich zeigt sich der Unterschied darin, dass die ehrenamtlichen Handelsrichter im Gegensatz zu den Schöffen eine Richterrobe tragen.

Beim **Oberlandesgericht** bestehen als Spruchkörper Zivilsenate (§ 116 GVG) mit einem vorsitzenden Richter und zwei weiteren Richtern (§ 122 Abs. 1 GVG). Das Oberlandesgericht, das Landgericht und das Amtsgericht sind Gerichte der Länder. Das Oberlandesgericht ist in zweiter Instanz in Zivilsachen zuständig für Beschwerden gegen Entscheidungen der Amtsgerichte in den von Familiengerichten entschiedenen Sachen und in den Angelegenheiten der freiwilligen Gerichtsbarkeit sowie für Berufungen und Beschwerden gegen Entscheidungen der Landgerichte; § 23b Abs. 1 und 2 GVG gilt entsprechend (§ 119 GVG).

Beim **Bundesgerichtshof** (BGH, § 130 GVG) bestehen als Spruchkörper Zivilsenate, die mit fünf Richtern (einem vorsitzenden Richter und vier beisitzenden Richtern) besetzt sind (§ 139 GVG). Weitere Spruchkörper (zur Sicherung einer einheitlichen Rechtsprechung) in Zivilsachen innerhalb des BGH sind der „Große Senat für Zivilsachen" und die „Vereinigten Großen Senate" (§ 132 GVG); zur Vereinheitlichung der Rechtsprechung der verschiedenen obersten Gerichte ist der „Gemeinsame Senat der obersten Gerichtshöfe" vorgesehen (Art. 95 GG). Der BGH ist zuständig für Revisionen und Rechtsbeschwerden (§ 133 GVG, § 542 ZPO).

Nach Art. 101 Abs. 1 GG ist der **gesetzliche Richter** sowohl der Spruchkörper (das Prozessgericht) sowie auch der diesem angehörige einzelne Richter. Welcher Spruchkörper für eine Sache zuständig ist und welche Richter dem Spruchkörper angehören, bestimmt sich nach dem (internen) **Geschäftsverteilungsplan des Gerichts** (§ 21e GVG). Dieser Geschäftsverteilungsplan wird durch das Präsidium des Gerichts in richterlicher Unabhängigkeit beschlossen (Selbstverwaltung). Welcher Richter innerhalb des Spruchkörpers zuständig ist, etwa als Einzelrichter oder Berichterstatter, wird durch den kollegiumsinternen Geschäftsverteilungsplan bestimmt (§ 21g GVG). Um Manipulationen auszuschließen, müssen die Geschäftsverteilungspläne die zur Entscheidung berufenen Richter im Voraus nach abstrakten

Kriterien bestimmen, z. B. nach Sachgebieten, Wohnort der Parteien oder Reihenfolge des Eingangs der Sachen.

## 7.3 Erkenntnisverfahren

### 7.3.1 Einleitung

Bevor ein Gerichtsverfahren angestrebt wird, sollten sowohl in rechtlicher als auch in wirtschaftlicher Hinsicht eingehende Überlegungen vorausgehen. In rechtlicher Hinsicht beziehen sich die Überlegungen auf die Zulässigkeit (d. h. Vorliegen der Prozessvoraussetzungen) und die Begründetheit (d. h. Schlüssigkeit des Vortrages und die Beweisbarkeit von streitigen Tatsachen). Dagegen zielen die wirtschaftlichen Überlegungen auf ein Abwägen dieser Erfolgsaussichten mit dem (Prozess-)Kostenrisiko ab. Hinsichtlich der Gerichtskosten, die sich – abhängig vom Streitwert – aus den entsprechenden Gebührentabellen des Gerichtskostengesetzes (GKG) ergeben und vor allem im Hinblick auf die Gebühren für den Rechtsanwalt, die sich streitwertabhängig nach dem Rechtsanwaltsvergütungsgesetz (RVG) bestimmen, muss ein Kläger regelmäßig in Vorlage treten. Rechtsanwaltsgebühren beinhalten nach dem RVG u. a. Verfahrens-, Termingebühren- und ggf. eine Einigungsgebühr im Falle eines Vergleichs. Oftmals kommen noch Aufwendungen für Sachverständigengutachten hinzu. Zulässig sind höhere Honorarvereinbarungen – auch von Stundensätzen (§ 3 RVG, insbesondere für die außerprozessuale Beratung, § 34 RVG); eine niedrigere Vereinbarung ist dagegen für die Prozessvertretung grundsätzlich nicht gestattet (§ 49b BRAO; § 4 Abs. 1 RVG). Grundsätzlich unzulässig ist die Vereinbarung eines „Erfolgshonorars". Wer letztlich die Kosten zu tragen hat, wird durch das Urteil bestimmt. Grundsätzlich hat sie der Prozessverlierer zu tragen (§ 91 ZPO) Ist einem Kläger nur teilweise Recht gegeben worden, so werden bestimmte Kostenverteilungsquoten festgelegt. Als Kläger sollte man allerdings auch die **Vollstreckungsaussichten** berücksichtigen. Der Vollstreckungstitel bringt nicht viel, wenn der Schuldner kein pfändbares Vermögen besitzt; in diesem Fall muss der Kläger neben seinen eigenen Anwaltskosten auch die Gerichtskosten bezahlen nach dem Motto: „Wer die Musik bestellt, bezahlt". Um das Kostenrisiko geringer zu halten, kommt es – insbesondere bei sehr hohen Streitwerten – zu sog. „Testprozessen", in denen zunächst versucht wird, nur einen kleinen Teil der gesamten Forderung einzuklagen.

Das Kostenrisiko kann üblicherweise durch den Abschluss einer Rechtsschutzversicherung gemindert werden, mit der jedoch nur bestimmte Risiken – entsprechend der jeweiligen Versicherungsbedingungen – abgedeckt werden können. Bei mittellosen Parteien gibt es die Möglichkeit der Inanspruchnahme von Prozesskostenhilfe, ggf. auch im Vorstadium eines Prozesses durch Inanspruchnahme einer kostenlosen anwaltlichen Beratung nach dem BeratungshilfeG. Nicht zu unterschätzen ist schließlich auch der eigene Zeitaufwand, der bei Rechtsstreitigkeiten erforderlich werden kann und der gerade im Hinblick auf geringere Streitwerte häufig in keinem Verhältnis mehr zu den möglichen Erfolgsaussichten steht.

## 7.3.2 Erkenntnisverfahren – Zwangsvollstreckungsverfahren

Im Rahmen eines Zivilprozesses unterscheidet man grundsätzlich zwischen dem Erkenntnisverfahren und dem Zwangsvollstreckungsverfahren. Im ersten Stadium, dem im ersten bis siebten Buch der ZPO geregelten **Erkenntnisverfahren,** das durch eine Klage eingeleitet wird, prüft das Gericht, ob der Anspruch des Klägers gegen den Beklagten tatsächlich besteht. Dieses Verfahren endet häufig mit einem Urteil (§§ 300 ff. ZPO). Durch die Urteilsformel wird der geltend gemachte Anspruch ganz oder teilweise zuerkannt oder abgewiesen. Die Urteile ergehen „Im Namen des Volkes" (§ 311 Abs. 1 ZPO).

In **Strafsachen** muss demgegenüber der hinreichend Tatverdächtige vor Gericht angeklagt werden. Die Anklage ist Sache des Staatsanwaltes. In einem Strafverfahren wird nicht abgewiesen, sondern „freigesprochen"; außerdem spricht man in einem Strafprozess vom „Angeklagten", im Zivilprozess von dem „Beklagten".

Wenn sich der unterlegene Beklagte, der nun Schuldner genannt wird, dem Urteil nicht fügt, kann der „obsiegende" Kläger, der nun Gläubiger heißt, beantragen, dass sein Anspruch durch staatliche Organe zwangsweise durchgesetzt wird **(Zwangsvollstreckungsverfahren).**

Voraussetzungen für eine Zwangsvollstreckung sind neben einem entsprechenden **Antrag** ein vollstreckbarer Titel, eine Vollstreckungsklausel und die Zustellung des Titels an den Schuldner.

**Vollstreckbare Titel** sind in erster Linie **Urteile** (§ 704 ZPO). Das Urteil muss formell rechtskräftig oder vorläufig vollstreckbar sein. So kann ein nicht rechtskräftiges Urteil unter bestimmten Voraussetzungen für vorläufig vollstreckbar erklärt werden. Es gibt außer Urteilen noch andere Vollstreckungstitel, u. a. Vollstreckungsbescheide, Prozessvergleiche oder Kostenfestsetzungsbeschlüsse, notarielle Unterwerfungsurkunden (vgl. § 794 Abs. 1 ZPO).

Ein im Erkenntnisverfahren erlangter Titel ist aber allein nicht ausreichend für die Zwangsvollstreckung. Diese kann vielmehr nur durchgeführt werden, wenn eine mit einer sog. **Vollstreckungsklausel** versehene Ausfertigung des Urteils vorliegt (§ 724 Abs. 1 ZPO). Die Vollstreckungsklausel wird vom Urkundsbeamten der Geschäftsstelle des Gerichts auf eine Ausfertigung des Titels gesetzt. Sie bezeugt das Bestehen und die Vollstreckungsreife des Titels (§ 725 ZPO).

Die **Zustellung** des Vollstreckungstitels an den Schuldner kann vor oder (spätestens) gleichzeitig mit der Durchführung der Vollstreckung erfolgen. Sie soll dem Schuldner, der zwar regelmäßig von der Existenz des Titels Kenntnis hat, nochmal Gelegenheit geben, sein Verhalten darauf einzurichten, d. h. im Prinzip als „letzte Mahnung".

Die **Durchführung** der Zwangsvollstreckung richtet sich nach der Art des zu vollstreckenden Anspruchs.

Für die **Vollstreckung wegen Geldforderungen in bewegliche Sachen** sowie für Herausgabeansprüche ist der Gerichtsvollzieher das zuständige Vollstreckungsorgan; Vollstreckungsakte sind Wegnahme, Siegelanlegung oder Versteigerung (§§ 808 ff. ZPO). Für die Vollstreckung in Geldforderungen ist das Amtsgericht (als Vollstreckungsgericht) zuständig; Vollstreckungsakte sind Pfändungs- und

Überweisungsbeschluss (§§ 829 ff. ZPO). Zuständig ist das Amtsgericht, bei dem der Schuldner seinen allgemeinen Gerichtsstand hat, als Vollstreckungsgericht; funktionell ist es der Rechtspfleger (§ 20 Nr. 17 RPflG). Bei der Vollstreckung in das unbewegliche Vermögen des Schuldners, also bei Grundstücken, Erbbaurechten oder Wohnungseigentum kommen mehrere Möglichkeiten in Betracht. Zunächst kann eine Zwangsversteigerung durch das Amtsgericht (als Vollstreckungsgericht) erfolgen; möglich ist auch eine Zwangsverwaltung und schließlich besteht in bestimmten Fällen auch die Möglichkeit der Eintragung einer Zwangshypothek durch das Grundbuchamt (§§ 866 ff. ZPO). Bei der Vollstreckung in Immobilien sind neben den Vorschriften der ZPO auch die Vorschriften des Gesetzes über die Zwangsversteigerung und Zwangsverwaltung (ZVG) zu beachten.

Die Gesamtvollstreckung, d. h. die (gleichmäßige) Befriedigung aller Gläubiger durch Verwertung des gesamten Schuldnervermögens erfolgt auf Antrag des Schuldners oder eines Gläubigers bei Vorliegen der entsprechenden Voraussetzungen im Rahmen eines Insolvenzverfahrens, gesetzlich geregelt in der Insolvenzordnung (InsO). Insolvenzgründe sind die Zahlungsunfähigkeit, die drohende Zahlungsunfähigkeit und die Überschuldung (vgl. §§ 17.19 InsO).

### 7.3.3  Ablauf des Zivilprozesses

Die Vorschriften in der ZPO gehen von einem Verfahren (in der ersten Instanz) vor dem **Landgericht** aus. Vor den Landgerichten und den höheren Gerichten müssen sich die Parteien durch einen Rechtsanwalt als Bevollmächtigten vertreten lassen (§ 78 Abs. 1 ZPO; Anwaltszwang), d. h. nur Anwälte sind insoweit postulationsfähig, also fähig, prozessual wirksam zu handeln. Im Innenverhältnis besteht i. d. R zwischen dem Rechtsanwalt und dem Mandant ein Dienstvertrag i. S. v. § 611 BGB, der eine Geschäftsbesorgung zum Gegenstand hat. Dabei ist der Rechtsanwalt grundsätzlich an Weisungen seines Mandanten gebunden, als „unabhängiges Organ der Rechtspflege" (§ 1 BRAO) aber nur insoweit, als diese nicht im Widerspruch zu seinen Pflichten als Rechtspflegeorgan stehen (vgl. zu den Grundpflichten § 43a BRAO).[11] Die Anwaltsvergütung ist im Rechtsanwaltsvergütungsgesetz (RGV) geregelt. Der Rechtsanwalt unterliegt einem Standesrecht (§ 43 BRAO, z. B. dem Sachlichkeitsgebot nach § 43a BRAO), das in der Berufsordnung (BORA) der Bundesrechtsanwaltskammer konkretisiert ist.

Für die Verfahren vor den **Amtsgerichte** gelten bis auf **einige Sondervorschriften** (vgl. §§ 495 ff. ZPO) dieselben Regeln. Vor den Amtsgerichten sind auch die Parteien selbst postulationsfähig (§ 79 ZPO); eine anwaltliche Vertretung ist nicht zwingend. Eine erhebliche Vereinfachung des Verfahrens lässt § 495a ZPO zu. Übersteigt der Streitwert 600 € nicht („Bagatellverfahren"), so braucht das Gericht eine mündliche Verhandlung nur auf Antrag zu bestimmen. In diesem Fall kann im Urteil der Tatbestand ohne weiteres entfallen; die Entscheidungsgründe können

---

[11] *Marschollek*, Rn. 18.

dann entfallen, wenn ihr wesentlicher Inhalt in das Protokoll aufgenommen ist und das Amtsgericht die Berufung nicht zugelassen hat.[12]

Der Zivilprozess lässt sich – ebenso wie andere gerichtliche Verfahren – in verschiedene Phasen einteilen.

- **Eröffnung**
  Klageerhebung (mit Entscheidung über das weitere Vorgehen)
- **Vorbereitung**
  Schriftliches Vorverfahren oder früher erster Termin (Entscheidung über den Inhalt des Haupttermins)
- **Durchführung**
  Haupttermin (Entscheidung über die Hauptsache)
- **Überprüfung**
  Einlegung von Rechtsmitteln
- **Entscheidung**
  I. d. R Beendigung durch rechtskräftiges Urteil/Beschluss

Jeder Zivilprozess beginnt mit der Erhebung einer Klage. Der Sachverhalt muss jedenfalls in groben Zügen angegeben werden, damit die Klage von einer anderen (möglichen) Klage unterschieden werden kann. Die Klageerhebung erfolgt in zwei Akten, zum einen durch **Einreichung einer Klageschrift** bei Gericht und durch die Zustellung der Klage an den Beklagten „von Amts wegen" (§§ 253 Abs. 1, 261 ZPO). Der Zivilprozess kommt also nach der **Dispositionsmaxime** erst durch Maßnahmen des Klägers in Gang („Wo kein Kläger, da kein Richter").

Die Klageschrift muss als bestimmender Schriftsatz eigenhändig – im Anwaltsprozess von einem Rechtsanwalt – unterschrieben sein (§§ 253 Abs. 4, 129, 130 Nr. 6 ZPO). Die Klageeinreichung kann auch per Fax erfolgen, wenn die Faxvorlage eigenhändig unterschrieben ist[13]; beim Computerfax gilt das nach der Rspr. auch bei eingescannter Unterschrift[14], nicht aber bei bloßer Computerschrift.[15] E-Mail als solche erfüllt nur dann die Schriftform, wenn ihr die Klageschrift mit eingescannter Unterschrift als Anlage beigefügt ist und diese Anlage vom Gericht ausgedruckt wird.[16] Durch das Justizkommunikationsgesetz von 2005 wurden die rechtlichen Voraussetzungen für die elektronische Einreichung von Schriftsätzen (§ 130a, b, c ZPO) und eine elektronische Aktenführung geschaffen. (§ 298a ZPO). Die Unterschrift wird danach durch eine qualifizierte elektronische Signatur ersetzt. Voraussetzung hierfür ist allerdings, dass bei Gericht die Voraussetzungen hierfür geschaffen werden; die entsprechenden Rechtsverordnungen sind in den Bundesländern erlassen worden. Mit dem Gesetz zur Förderung des elektronischen Rechtsverkehrs von 2013 soll die tatsächliche Nutzung des elektronischen Rechtsverkehrs verstärkt

---

[12] *Reichold*, in Thomas/Putzo, § 495a ZPO, Rn. 3.

[13] BGH, NJW 1994, 2097.

[14] BGH; NJW 2006, 3784.

[15] BGH, NJW 2005, 2086; *Schellhammer*, Rn. 28.

[16] BGH, NJW 2008, 2649.

und vereinheitlicht werden. Die neuen Regelungen sollen gestaffelt bis 2022 in Kraft treten; bis dahin sind die technischen Voraussetzungen allerdings noch nicht bundesweit gegeben.[17]

Die Klageschrift, die bei Gericht eingeht, wird organisatorisch erfasst. Es wird zunächst festgestellt, vor welche Zivilkammer die Sache nach dem Geschäftsverteilungsplan des Gerichts gehört. Die Sache erhält ein entsprechendes Aktenzeichen. Ist z. B. die 3. Zivilkammer zuständig, und die Klageschrift die 150. Sache für diese Kammer im Jahr 2014, so lautet das Aktenzeichen 3 O 150/14; O steht für Allgemeine Zivilsachen beim Landgericht; beim Amtsgericht ist C das Aktenzeichen für Allgemeine Zivilsachen. Von der Geschäftsstelle, im Prinzip dem Büro der Kammer, wird sodann eine Prozessakte angelegt, in die alle für den Prozess relevanten Schriftstücke, z. B. Zustellungsurkunden, Verfügungen des Gerichts, Schriftsätze der Anwälte, Verhandlungsprotokolle und Urteil, aufgenommen werden. Die Akte wird dann von der Geschäftsstelle dem für die Bearbeitung zuständigen Richter vorgelegt, z. B. bei einer Kammersache dem Vorsitzenden, bei einer Einzelrichtersache dem Einzelrichter.[18]

Nach ihrem Gegenstand und erreichbarem Ziel sind drei Klagearten der ZPO zu unterscheiden.[19] Mit der **Leistungsklage** will der Kläger die Durchsetzung eines Anspruchs gegen den Beklagten erreichen und verlangt deshalb, dass ein bestimmter Befehl an ihn ergeht, der vollstreckt werden kann. Eine Leistungsklage ist daher gerichtet auf eine Verurteilung des Beklagten zu einer Leistung, z. B. auf Zahlung einer Geldsumme.

Bei einer **Feststellungsklage** (§ 256 ZPO) geht es um die Feststellung des Bestehens oder Nichtbestehens eines Rechtsverhältnisses und damit um die Klärung einer Rechtslage. Ein häufiger Fall in der Praxis betrifft (im Schadensersatzprozess) die Klage auf Feststellung, dass der Schädiger zum Ersatz aller künftig entstehenden Schäden, die zum Zeitpunkt der Klageerhebung noch nicht beziffert werden können, verpflichtet ist. Im Arbeitsrecht kommt die Feststellungsklage häufig in Form einer **Kündigungsschutzklage** nach § 4 KSchG vor. Danach kann der gekündigte Arbeitnehmer innerhalb von drei Wochen nach Zugang der Kündigung Klage auf Feststellung erheben, dass das Arbeitsverhältnis durch die Kündigung nicht aufgelöst worden ist.

Eine **Gestaltungsklage** ist gerichtet auf eine (Um-)Gestaltung der Rechtslage durch eine gerichtliche Entscheidung. Es handelt sich dabei um Fälle, in denen gesetzlich bestimmt ist, dass die Auflösung Beendigung oder Umgestaltung eines bestehenden Rechtsverhältnisses nur durch gerichtliche Entscheidung zu erfolgen hat.

---

**Beispiele**

Scheidungs- und Eheaufhebungsantrag (§§ 1313 ff., 1564 ff. BGB; §§ 622, 631 ZPO), Anfechtung der Vaterschaft oder des Vaterschaftsanerkenntnisses

---

[17] *Marschollek*, Rn. 24.

[18] *Oberheim*, § 6, Rn. 221 zur organisatorischen Behandlung einer Klage.

[19] *Oberheim*, § 4, Rn. 125 ff. zum Gegenstand und Ziel der Klagearten.

(§§ 1599 ff. BGB, 640 ff. ZPO); Klage auf Auflösung einer OHG bzw. KG (§ 133 HGB); Gesellschafterausschluss (§ 140 HGB); Nichtigkeit eines Hauptversammlungsbeschlusses (§§ 117, 127, 133, 140 HGB).[20]

Mit Eingang der Klage bei Gericht tritt der Prozess in seine Einleitungsphase. Zunächst wird festgestellt, vor welche Zivilkammer die Sache nach dem Geschäftsverteilungsplan des Gerichts gehört. Die Klageschrift muss bestimmten, gesetzlich festgelegten, Anforderungen genügen. Diese muss zwingend die Bezeichnung der Parteien und des Gerichts, den Klagegegenstand und Klagegrund (§ 253 Abs. 2 ZPO) und einen bestimmten Antrag enthalten (§ 253 Abs. 2 Nr. 2 ZPO) sowie eigenhändig – im Anwaltsprozess von einem Rechtsanwalt – unterschrieben sein (§ 253 Abs. 4, 129, 130 Nr. 6 ZPO). In den Fällen, in denen kein Anwaltszwang besteht, kann die Klageeinreichung auch zu Protokoll der Geschäftsstelle des Amtsgerichts gegeben werden (§§ 496, 129a Abs. 1 ZPO).

Aufgabe des zuständigen Richters in der sog. **Eröffnungsphase** ist es, eine Entscheidung über das weitere Vorgehen zu treffen.

### 7.3.4 Früher Verhandlungstermin oder schriftliches Vorverfahren

Der Richter, der nach dem (internen) Geschäftsverteilungsplan zuständig ist, prüft zunächst die Zulässigkeitsvoraussetzungen. Welches Verfahren der Richter wählt, obliegt grundsätzlich seinem Ermessen. Wegen des Grundsatzes der Mündlichkeit (§ 128 Abs. 1 ZPO) muss zur Entscheidung über die Klage grundsätzlich ein Verhandlungstermin anberaumt werden. Die Klage ist dem Beklagten zuzustellen. Die Zustellung erfolgt regelmäßig von Amts wegen (vgl. §§ 166 ff. ZPO).

Zur Vorbereitung des Haupttermins, d. h. dem sog. **Verhandlungstermin,** hat der Richter die Wahl zwischen einem frühen ersten Termin zur mündlichen Verhandlung oder einem schriftlichen Vorverfahren (§ 272 Abs. 2 ZPO). Generelle Richtschnur für diese Ermessensentscheidung ist, auf welche Weise im Einzelfall die zur Entscheidung notwendige Sammlung und Klärung des Prozessstoffes besser herbeigeführt und die Entscheidungsreife früher erreicht werden kann.

Bestimmt der Richter einen **frühen ersten Termin zur mündlichen Verhandlung** (§ 275 ZPO), so wird dem Beklagten unverzüglich zugleich mit der Terminsladung eine beglaubigte Abschrift der Klageschrift zugestellt. Auch dieser Termin ist vom Richter vorzubereiten, z. B. durch Einholung einer amtlichen Auskunft. Regelmäßig geht diesem Termin eine gerichtliche Güteverhandlung voraus. Ist diese erfolglos und sind beide Parteien anwaltlich vertreten, so soll sich die streitige mündliche Verhandlung unmittelbar anschließen. Die Bestimmung eines frühen ersten Termins ist dann zweckmäßig, wenn der Rechtsstreit keiner weiteren umfassenden Vorbereitung bedarf, wenn eine schnelle Entscheidung zu erwarten ist (z. B. Versäumnisurteil, Vergleich) oder wenn eine weitere Vorbereitung besser durch eine mündliche Erörterung als durch ein schriftliches Vorverfahren erreicht werden

---

[20] *Lüke*, Rn. 135 ff.

kann.[21] Im **schriftlichen Vorverfahren** wird dem Beklagten die Klageschrift unverzüglich mit der Aufforderung zugestellt, binnen einer (nicht verlängerbaren) Notfrist von zwei Wochen seine Verteidigungsbereitschaft, sofern vorhanden, schriftlich anzuzeigen und – falls sie besteht – binnen weiterer zwei Wochen (Mindestfrist) eine Klageerwiderung einzureichen (§ 276 Abs. 1 und 2 ZPO). Unterlässt der Beklagte die Anzeige seiner Verteidigungsbereitschaft, so kann gegen ihn ein Versäumnisurteil im schriftlichen Verfahren möglich sein (§ 331 Abs. 3 ZPO); das Gericht entscheidet dann allein aufgrund des Klagevorbringens. Kommt es nicht dazu, so bestimmt der Richter nach hinreichender schriftlicher Vorbereitung den Haupttermin (§ 272 Abs. 3 ZPO) mit in der Regel vorgeschalteter Güteverhandlung. Das schriftliche Vorverfahren ist dann angebracht, wenn eine weitere Klärung vor dem Verhandlungstermin, insbesondere durch einen weiteren Vortrag der Parteien, notwendig erscheint.

Das Zustellungsverfahren ist in den §§ 166 ff. ZPO geregelt. **Zustellung** bedeutet ein in gesetzlicher Form zu bewirkender und zu beurkundender Vorgang, durch den dem Adressaten Gelegenheit zur Kenntnisnahme eines Schriftstücks verschafft wird (§ 166 Abs. 1 ZPO). Zugestellt werden nur beglaubigte Abschriften des zuzustellenden Schriftstückes, z. B. der Klageschrift; das Original bleibt bei den Gerichtsakten. Die Zustellung erfolgt, mit Ausnahme der Zustellung von Anwalt zu Anwalt (§ 195 ZPO) als ein öffentlich-rechtlicher Staatsakt durch amtlich handelnde Zustellungsorgane, z. B. durch den Urkundsbeamten der Geschäftsstelle (§ 168 ZPO), durch den Gerichtsvollzieher (§ 192 ZPO) oder – in der Praxis üblich – durch die Post (§§ 168 Abs. 1 S. 2, 176, 193 ZPO).[22]

Diese beiden Verfahren verlaufen in der **Vorbereitungsphase** recht ähnlich. In jedem Fall erhält der Beklagte Gelegenheit, sich zur Klage zu äußern. Nach dem Leitprinzip des § 272 Abs. 1 ZPO soll ein Rechtsstreit möglichst in einem einzigen umfassend vorbereitenden Verhandlungstermin erledigt werden; dementsprechend bestimmen sich auch die Maßnahmen des Gerichts. So haben die (anwaltlich vertretenen) Parteien insbesondere **vorbereitende Schriftsätze** einzureichen; sie sollen frühzeitig ihre Angriffs- und Verteidigungsmittel umfassend vortragen. Das Gericht ist verpflichtet in jedem Verfahrensstadium zu prüfen, inwieweit die Entscheidungsreife gefördert werden kann.

### 7.3.5  Weiterer Ablauf

Die zentrale **Durchführungsphase** ist der **Haupttermin** (§ 278 ZPO). Nach dem Aufruf zur Sache (§ 220 ZPO) eröffnet der Vorsitzende bzw. der Einzelrichter die Verhandlung und leitet sie (§ 136 ZPO). Die Verhandlung beginnt grundsätzlich mit einer **Güteverhandlung,** d. h. mit einer Erörterung des Rechtsstreits mit den Parteien zum Zwecke einer gütlichen Einigung im Wege eines Vergleichs (§ 278 Abs. 2 ZPO). Hiervon darf das Gericht nur absehen, wenn die Güteverhandlung erkennbar

---

[21] *Jauernig/Hess*, § 23 II.
[22] Hierzu *Marschollek*, Rn. 34.

aussichtslos erscheint, z. B. wenn intensive vorprozessuale Vergleichsbemühungen der Parteien bereits gescheitert sind. Die Güteverhandlung ist kein Bestandteil des Haupttermins. Sie kann auch gesondert durchgeführt werden, wird i. d. R aber zu Beginn des normalen Verhandlungstermins durchgeführt.[23]

Findet eine Güteverhandlung statt, so hat das Gericht den Sach- und Streitstand mit den Parteien (und ihren Prozessbevollmächtigten) unter freier Würdigung aller Umstände zu erörtern. Die erschienenen Parteien sollen persönlich gehört werden (§ 278 Abs. 2 S. 3 ZPO). Erscheinen beide Parteien nicht (und sind sie auch nicht vertreten), ist das Ruhen des Verfahrens anzuordnen (§§ 278 Abs. 4, 251 ZPO). Im Falle einer Einigung wird dieser Vergleich protokolliert (§ 160 Abs. 3 Nr. 1 ZPO); es handelt sich um einen Vollstreckungstitel. Der Rechtsstreit ist damit beendet. Anderenfalls wird die mündliche Verhandlung fortgesetzt (§ 279 Abs. 1 ZPO).

Die Parteien haben ihre **Sachanträge zu stellen und zu begründen** (§ 137 ZPO). Sie sind dabei nach § 297 Abs. 1 ZPO aus den vorbereitenden Schriftsätzen (§§ 129, 130 ZPO) zu verlesen oder zu Protokoll zu erklären. Der Begründung, also der Sachvortrag, ist nach § 137 Abs. 2 ZPO in freier Rede zu halten. In der Praxis ist es üblich, dass die Rechtsanwälte für Anträge und Sachvortrag weitgehend auf ihre vorbereitenden Schriftsätze Bezug nehmen (§§ 297 Abs. 2, 137 Abs. 3 ZPO) und nur noch zu besonders bedeutsamen Aspekten oder zu Fragen des Gerichts konkret Stellung nehmen.

Anschließend schildert das Gericht aus seiner Sicht den Sach- und Streitstand und hört hierzu die Parteien bzw. deren Prozessvertreter, wobei es verpflichtet ist, die rechtliche und tatsächliche Erörterung und Aufklärung des Streitstoffes möglichst umfassend vorzunehmen (§§ 136 Abs. 3, 139 Abs. 1 ZPO), um die sachgerechte Entscheidung des Rechtsstreits zu fördern und herbeizuführen. Das Gericht hat im Rahmen seiner umfassenden Aufklärungspflicht darauf hinzuwirken (§ 139 ZPO), dass die Parteien (möglichst) alle entscheidungserheblichen Tatsachen vortragen und sachdienliche Anträge, z. B. Beweisanträge, stellen. Auch in diesem Verfahrensabschnitt versucht der Richter – sofern hierzu ein Anlass besteht – auf einen Vergleich hinzuwirken (§ 278 ZPO). In den meisten Prozessen sind sich die Parteien jedenfalls über einen Teil des vorgetragenen Sachverhalts einig, z. B. über die schädigende Handlung. Insoweit ist das Gericht an den Parteivortrag gebunden. Regelmäßig bleiben aber einige Tatsachen umstritten, auf die es in der Entscheidung ankommt, z. B. ob die Verkehrsampel für den Kläger „Rot" oder „Grün" zeigte, als er vom Beklagten angefahren wurde. Dann bedarf es einer **Beweisaufnahme**. Sie soll der streitigen Verhandlung und der Erörterung des Rechtsstreits unmittelbar folgen, was allerdings die Präsenz der Beweismittel voraussetzt (z. B. Anwesenheit der Zeugen etc.). Regelmäßig wird hierfür ein neuer Termin bestimmt (vgl. § 361 ZPO).

Der Rechtsstreit kann im Termin durch Prozesshandlungen der Parteien beendet werden. Diese sind Klagerücknahme, Vergleich oder Erledigungserklärung in der Hauptsache. Falls dies nicht der Fall ist, endet der Rechtsstreit bei Entscheidungsreife (§ 300 ZPO) durch Abschluss der mündlichen Verhandlung und Verkündung

---

[23] *Schellhammer*, Rn. 500.

des Urteils, regelmäßig in einem anzusetzenden Verkündungstermin (§ 310 Abs. 1
ZPO); nur in ganz einfach gelagerten Fällen wird eine sofortige Verkündung des
Urteils vorgenommen. Die Verkündung des Urteils erfolgt dadurch, dass der Rich-
ter die vorher schriftlich niedergelegte Urteilsformel verliest (§§ 136 Abs. 4, 311
Abs. 2 ZPO).

Das **Urteil** ist in vollständiger Form abzufassen. Form und Inhalt ergeben sich
aus § 313 ZPO. Es besteht aus der Eingangsformel („Im Namen des Volkes"; § 311
Abs. 1 ZPO) als Ausfluss von Art. 20 Abs. 2 S. 1 GG, dem Urteilskopf („Rubrum",
§ 313 Abs. 1 Nr. 1 bis 3 ZPO), der Urteilsformel (Urteilstenor, § 313 Abs. 1 Nr. 4
ZPO) und den Urteilsgründen. Die Urteilsformel besteht aus:

- dem Hauptausspruch (z. B. Verurteilung, Klageabweisung)
- der Kostenentscheidung (§§ 91, 92 ZPO) und
- der Entscheidung über die vorläufige Vollstreckbarkeit (§§ 708 ff. ZPO).

Die Begründung gliedert sich in einen Tatbestand und die Entscheidungsgründe
(§ 313 ZPO). Der Tatbestand enthält dabei eine gedrängte Zusammenfassung des
Sach- und Streitstands unter Hervorhebung der gestellten Anträge (§ 313 Abs. 2
ZPO). In den Entscheidungsgründen hat der Richter darzulegen, wie er zu seiner
Entscheidung gekommen ist, d. h. welche Tatsachen er festgestellt hat und welche
Rechtsgründe maßgebend waren (§ 313 Abs. 3 ZPO). Das Urteil ist vom Richter zu
unterschreiben (§ 315 Abs. 1 ZPO).[24]

Mit dem Urteil ist das Verfahren in der betreffenden Instanz abgeschlossen. Eine
Ausfertigung des Urteils wird den Parteien von Amts wegen zugestellt (§§ 317
Abs. 1, 166 Abs. 2 ZPO). Die formelle Rechtskraft tritt ein, wenn das Urteil mit
Rechtsmitteln nicht mehr angegriffen werden kann.

An die Durchführungsphase kann sich eine **Überprüfungsphase** anschließen.
Mit Zustellung des Urteils beginnen die Rechtsmittelfristen. Gegen das Urteil kann
die unterlegene Partei, die mit der Entscheidung nicht einverstanden ist, unter gewissen Voraussetzungen und unter Einhaltung einer bestimmten Frist **Rechtsmittel**
einlegen, d. h. Berufung, Revision oder Beschwerde. Am Ende des Zivilprozesses
steht normalerweise das rechtskräftige Urteil, das als „Titel" die Grundlage für eine
spätere Zwangsvollstreckung bildet, sofern nicht vorher eine vorläufige Vollstreckbarkeit – i. d. R gegen Sicherheitsleistung – angeordnet worden ist.

## 7.4  Verfahrensgrundsätze

In jedem Zivilprozess gelten bestimmte Grundsätze, die in zahlreichen Vorschriften der Zivilprozessordnung zum Ausdruck kommen. Diese Verfahrensgrundsätze
beziehen sich teilweise auf die Stellung und Aufgaben der Parteien (z. B. Dispositionsmaxime), auf den Gang des Verfahrens (insbesondere Mündlichkeitsgrundsatz,
Öffentlichkeitsgrundsatz und Konzentrationsmaxime), auf die Beweiserhebung

---

[24] Anschaulich zum Erlass und Verkündung eines Urteils *Marschollek*, Rn. 45 ff.

(Grundsatz der Unmittelbarkeit) sowie auf das Bestreben nach gütlicher Streitbeilegung. Die Kenntnis dieser Verfahrensgrundsätze **(Prozessmaxime)** ist Voraussetzung für das Verständnis eines Zivilprozesses.

Nach der im Zivilprozess geltenden **Dispositionsmaxime** haben die Parteien grundsätzlich das Recht der Verfügung über den Streitgegenstand („Wo kein Kläger, da kein Richter"). Die Parteien haben es also in der Hand, ob ein Verfahren (durch Klage oder Antrag) überhaupt in Gang kommt, ob die Klage geändert wird, ob der Rechtsstreit z. B. durch Klagerücknahme, Anerkenntnis oder Erledigungserklärung beendet wird oder ob das Verfahren in die nächsthöhere Instanz gelangt (Parteiherrschaft). Sie behalten auch die Verfügungsmacht auch während des Verfahrens. Der Grundsatz der Privatautonomie, der das materielle Zivilrecht beherrscht, wirkt sich in dieser Weise im Zivilprozessrecht aus. Die Dispositionsmaxime ist das prozessuale Seitenstück zur Privatautonomie.[25] Die Parteien bestimmen durch ihre Anträge den Umfang der richterlichen Prüfung und Entscheidung (§§ 308, 528, 557 ZPO). Das Gericht darf den Parteien nicht mehr und nichts anderes als beantragt zuerkennen. Dem Gericht ist es selbstverständlich überlassen, der Klage nur teilweise stattzugeben oder sie ganz abzuweisen.

---

**Beispiel**

Der Kläger beantragt Schadensersatz in Höhe von 2000 €. Das Gericht darf dem Kläger in diesem Fall keinen höheren Schadensersatz zusprechen, auch wenn es dies für gerecht hält; ebenso wenig dürfte es grundsätzlich kein Schmerzensgeld zusprechen, wenn es vom Kläger nicht beantragt worden ist. Bei einem unbezifferten Antrag auf Schmerzensgeld ist eine Überschreitung der angegebenen Größenordnung möglich.

---

Die Dispositionsmaxime gestattet es dagegen nicht, im Prozesswege Rechtsfolgen herbeizuführen, die nach materiellem Recht unzulässig sind. So kann z. B. bei einer auf eine nach materiellem Recht unmögliche, gesetzlich verbotene oder sittenwidrige Rechtsfolge gerichtete Klage kein Anerkenntnisurteil erlassen oder ein dem Klagantrag entsprechender Prozessvergleich geschlossen werden.[26]

Den Gegensatz zur Dispositionsmaxime stellt das grundsätzlich im Strafprozess geltende **„Offizialprinzip"** dar, auf Grund dessen die Staatsanwaltschaft bei hinreichendem Tatverdacht zur Einleitung eines Strafverfahrens „von Amts wegen" befugt ist. Die Einleitung eines Strafverfahrens ist daher (verständlicherweise) nicht von der Zustimmung des Verdächtigen abhängig. Es gilt auch im Verfahren nach dem FamFG, z. B. für erforderliche Maßnahmen des Familiengerichts bei Gefährdung des Kindeswohls.

Nach dem **Verhandlungsgrundsatz** darf das Gericht nur die von den Parteien vorgebrachten Darstellungen seiner Entscheidung zugrunde legen; es ist weder befugt noch verpflichtet, „auf eigene Faust" Ermittlungen nach dem „wahren"

---

[25] *Lüke*, Rn. 6.
[26] Zöller/*Stöber*, § 794 ZPO, Rn. 8.

Sachverhalt anzustellen.[27] Die Parteien entscheiden danach, welcher Tatsachenstoff in den Prozess eingeführt wird. Zwischen den Parteien unstreitige Sachverhalte hat das Gericht nicht auf ihre Wahrheit hin zu überprüfen (§ 138 Abs. 3, 288 ZPO). Es gilt also das „Prinzip der formellen Wahrheit". Auch entscheiden die Parteien, ob sie für beweisbedürftige Tatsachen den Beweis antreten wollen; das Gericht darf grundsätzlich nur dann Beweis erheben, wenn eine Partei dies beantragt hat.[28]

---

**Beispiel**

Der Kläger verlangt von dem Beklagten Rückzahlung eines Geldbetrags in Höhe von 500 € mit der Begründung, es habe sich um ein Darlehen gehandelt. Der Beklagte bestreitet dies und trägt vor, es habe sich um eine Schenkung gehandelt. Der vom Kläger benannte Zeuge kann dies nicht bestätigen. In diesem Fall müsste das Gericht die Klage abweisen und dürfte nicht etwa andere Gesichtspunkte berücksichtigen, z. B. eine übermäßige Trunkenheit des Klägers, die zur Nichtigkeit seiner Willenserklärung führt (§ 105 Nr. 2 BGB). Das Gericht würde damit einen Verfahrensverstoß begehen, wenn es in diesem Fall einen Rückzahlungsanspruch aus § 812 Abs. 1 BGB bejahen würde; die Trunkenheit des Klägers ist nicht Prozessstoff geworden.

---

Der Verhandlungsgrundsatz bezieht sich nur auf Tatsachen. Dagegen brauchen Rechtsausführungen grundsätzlich nicht gemacht zu werden. Die Anwendung der Rechtsnormen ist ausschließlich Sache des Gerichts *(„iura novit curia"; „da mihi facta, dabo tibi ius")*. In der Praxis enthalten jedoch sämtliche anwaltliche Schriftsätze auch rechtliche Ausführungen, an die das Gericht selbstverständlich nicht gebunden ist, selbst wenn die Parteien diesbezüglich übereinstimmen.

**Einschränkungen** des Verhandlungsgrundsatzes ergeben sich aus der **Wahrheitspflicht** (§ 138 Abs. 1 ZPO). Die Wahrheitspflicht ist allerdings nur auf die „**subjektive Wahrheit**" gerichtet, nicht dagegen auf die „objektive Wahrheit", die eine Partei oft nicht kennt bzw. kennen kann. Der Sinn und Zweck des Verhandlungsgrundsatzes verlangt es gerade, dass die Parteien ihre Tatsachen vortragen müssen. Ein Verstoß gegen die Wahrheitspflicht ist daher nur das bewusste Lügen oder das bewusste Verfälschen eines Sachverhalts, also nur bei einem „Vortrag wider besseren Wissens".[29] Dagegen stellt das Vortragen von Tatsachenbehauptungen sowie das Bestreiten von Umständen, über die sich eine Partei nicht sicher ist und die sie möglicherweise für unrichtig hält, keinen Verstoß gegen die Wahrheitspflicht dar; ausnahmsweise unzulässig ist dies nur bei willkürlichen Behauptungen, die sozusagen „ins Blaue hinein" ohne jegliche tatsächliche Anhaltspunkte, aufgestellt wurden.

Der Verhandlungsgrundsatz wird durch die **richterliche Aufklärungs-, Hinweis- und Fragepflicht** beeinflusst (§ 139 ZPO). Die Verpflichtung des Gerichts

---

[27] BVerfG, NJW 1995, 40; BGH, NJW 1998, 159.

[28] BVerfG, NJW 1994, 1210.

[29] BGH, NJW 1998, 63; 1995, 2846; *Lüke*, Rn. 23; *Schellhammer*, Rn. 1276.

aus § 139 ZPO zielt darauf ab, dass die Parteien alle erheblichen Tatsachen vollständig vortragen (§§ 136 Abs. 3, 273 Abs. 1 ZPO), dass sie sachdienliche Anträge
stellen und dass der Streitgegenstand mit den Parteien in rechtlicher und tatsächlicher Hinsicht erörtert wird (§ 278 Abs. 3 ZPO). Die Grenzen der Aufklärungs- und
Hinweispflicht ergeben aber sich nicht eindeutig aus § 139 ZPO. Zulässig bzw.
geboten wäre etwa ein Hinweis auf die Unschlüssigkeit des Klagevortrages (auch
im Anwaltsprozess), so dass eine unsubstantiierte Klage nicht ohne Hinweis abgewiesen werden darf.[30] Jedenfalls darf das Gericht nicht auf andere Sachverhalte
bzw. neue Angriffs- und Verteidigungsmittel hinweisen oder eine Partei auffordern,
eine Erklärung abzugeben, durch die sich die materielle Rechtslage verändern würde. Unzulässig wäre ein Hinweis auf ein Anfechtungs-, Rücktrittsrechts- oder Ver-
jährungsrecht.[31]

Im Gegensatz zum Verhandlungsgrundsatz steht der besonders für den Straf- und
Verwaltungsprozess sowie auch für Familiensachen (§ 26 FamFG) typische **Unter-
suchungsgrundsatz (Inquisitionsmaxime),** nach dem das Gericht „von Amts wegen" verpflichtet ist, den „wahren" Sachverhalt zu erforschen.[32] Im Zivilprozess
besteht eine solche Pflicht nur hinsichtlich der Zulässigkeitsvoraussetzungen, bei
Rechtsmitteln oder bei Prozesshandlungen.

Der **Grundsatz des rechtlichen Gehörs** bedeutet, dass jede Partei Anspruch auf
Anhörung hat. Dieser Anspruch ist verfassungsrechtlich garantiert. Dies ergibt sich
aus Art. 103 Abs. 1 GG (ferner aus Art. 6 Abs. 1 EMRK). In der ZPO ist er nicht
ausdrücklich normiert, sondern wird als selbstverständlich vorausgesetzt. Das bedeutet, dass jede Partei das Recht hat, unterrichtet und angehört zu werden, bevor
eine Entscheidung zu ihrem Nachteil ergeht. Jede Partei hat danach Anspruch auf
Information, auf Gelegenheit zur Äußerung und auf Beachtung ihres Vorbringens,
bevor eine Entscheidung zu ihrem Nachteil ergeht.

**Ausnahmen** von dem Grundsatz des rechtlichen Gehörs bestehen z. B. in **einstweiligen Verfügungs-, oder Arrest- oder Vollstreckungsverfahren,** also dort, wo
eine vorherige Anhörung gerade dem Sinn und Zweck des Verfahrens widersprechen würde, weil das die Gefahr der Vereitelung staatlicher Maßnahmen bedeuten
könnte. Der Betroffene kann dann jedoch stets nachträglich seine Meinung durch
Rechtsbehelfe vortragen. Auf diesem Weg wird ihm dann nachträglich auch das
rechtliche Gehör verschafft.

Der **Grundsatz der Mündlichkeit** bedeutet, dass die Parteien ihre Anträge und
ihren Tatsachenvortrag in der mündlichen Verhandlung vorbringen müssen. Grundsätzlich darf nur der Streitstoff Grundlage der Entscheidung sein, der in der mündlichen Verhandlung vorgetragen worden ist (§ 128 Abs. 1 ZPO). Anträge sind zu
Protokoll zu geben; eine Erleichterung bedeutet § 129 ZPO, wonach durch einzu-
reichende Schriftsätze die mündliche Verhandlung vorbereitet wird.

In der Praxis werden in der mündlichen Verhandlung regelmäßig nur die Anträge gestellt unter Bezugnahme auf die bereits eingereichten Schriftsätze (vgl. § 129

---

[30] Vgl. *Marschollek*, Rn. 75 zu den Grenzen der Aufklärungspflicht.

[31] Vgl. zur Aufklärungspflicht Zöller/*Greger*, § 139 ZPO, Rn. 2 ff. m. w. N.

[32] *Lüke*, Rn. 14.

ZPO); sowohl Prozessparteien als auch interessierte Zuhörer bekommen mitunter kaum mit, dass soeben „streitig verhandelt" worden ist.

**Ausnahmen** bestehen insbesondere beim Erlass eines Anerkenntnisurteils (§ 307 S. 2 ZPO), beim Versäumnisurteil im schriftlichen Vorverfahren (§ 331 Abs. 3 ZPO), wenn sich beide Parteien gegenüber dem Gericht mit einem schriftlichen Verfahren einverstanden erklären (§ 128 Abs. 2 ZPO), wenn nur noch eine Kostenentscheidung zu treffen ist (§ 128 Abs. 3 ZPO), im einem vereinfachten Verfahren nach § 495a ZPO sowie bei der Entscheidung nach Aktenlage (§§ 251a, 331a ZPO). Es gilt im Übrigen der Grundsatz der Einheit der mündlichen Verhandlung. Das bedeutet, dass mehrere Verhandlungstermine in einem Prozess die sog. „einheitliche mündliche Verhandlung" darstellen.

Der **Grundsatz der Unmittelbarkeit** bedeutet, dass die mündliche Verhandlung vor dem zu erkennenden Gericht stattzufinden hat. Nach § 286 Abs. 1 ZPO entscheidet das Gericht „unter Berücksichtigung des gesamten Inhalts der Verhandlungen und des Ergebnisses einer etwaigen Beweisaufnahme nach freier Überzeugung". Deshalb dürfen nur Richter, die an der mündlichen Verhandlung teilgenommen haben, ein Urteil fällen (§ 309 ZPO); verkünden darf es auch ein anderer Richter. Grundsätzlich muss auch eine Beweisaufnahme vor dem zu erkennenden Gericht durchgeführt werden (§ 355 Abs. 1 ZPO). Sie kann in bestimmten Fällen einem beauftragten Richter (Mitglied des erkennenden Gerichts, § 361 ZPO) oder einem ersuchten Richter (z. B. Rechtshilfe, § 362 ZPO) übertragen werden, insbesondere bei der Vernehmung von Zeugen.[33] Was darüber hinausgeht, ist verboten, nach § 295 Abs. 1 ZPO allerdings heilbar. Wenn ein anderer Richter das Verfahren zwischen zwei Verhandlungsterminen übernimmt, müssen die Parteien ihre Anträge und Behauptungen in der folgenden mündlichen Verhandlung wiederholen; nicht wiederholen muss das Gericht eine Beweisaufnahme, obwohl der neue Richter sie nicht erlebt hat, sondern nur aus den Akten kennt (§ 309 ZPO). Sinn und Zweck dieser Regelung ist es, eine Entscheidung auf Grund eines unmittelbaren und persönlichen Eindrucks zu sichern (und nicht nur durch Akten oder Dritte). Allerdings muss nicht die gesamte mündliche Verhandlung und die Beweisaufnahme wiederholt werden, sondern es genügt in der nächsten mündlichen Verhandlung das Vortragen des bisherigen Ergebnisses, was in der Praxis durch die Bezugnahme auf die bisherigen Anträge und Schriftsätze geschieht. Hinsichtlich einer Beweisaufnahme sind die §§ 355 ff. und § 375 ZPO (für den Zeugenbeweis) zu beachten.

Der **Grundsatz der Öffentlichkeit des Verfahrens** ist in den §§ 169 ff. GVG (sowie Art. 6 EMRK) normiert. Sinn und Zweck dieser Regelung ist, dass eine Kontrolle der Allgemeinheit der sich vor dem Gericht abspielenden Vorgänge gewährleistet ist. Dieser Öffentlichkeitsgrundsatz besagt, dass – soweit es die örtlichen Gegebenheiten zulassen – ein Zutritt für beliebige (interessierte) Zuschauer gegeben sein muss. Dies bezieht sich daher nur auf die Saalöffentlichkeit. Nach § 169 S. 2 GVG sind Rundfunk-, Fernseh- und Filmaufnahmen während der Verhandlung unzulässig.[34] Nicht öffentlich sind Familien- und Kindschaftssachen (§ 170 GVG).

---

[33] *Oberheim*, § 1, Rn. 38; § 7, Rn. 308 zum Zeugenbeweis.

[34] BVerfG, NJW 2001, 1633.

Ein Zivilprozess dauert in der ersten Instanz i. d. R mehrere Monate, bei Berufungen oftmals bis zu einem Jahr. Die ZPO enthält schließlich einige Regelungen zur Verfahrensbeschleunigung. Ziel des Beschleunigungsgrundsatzes ist es, ein Zivilprozess möglichst zügig abzuschließen **(Konzentrationsgrundsatz).** Das Verfahren soll in einem einzigen umfassend vorbereiteten Verhandlungstermin, entweder Haupttermin oder früher erster Termin, abgeschlossen werden können. Diesem Ziel dienen Vorschriften, wie z. B. unverzügliche, kurzfristige Terminierungen (§§ 216, 272, 279 Abs. 1 ZPO), die richterliche Aufklärungspflicht nach § 139 ZPO als allgemeines Mittel des Gerichts, durch möglichst frühzeitige Hinweise, Erörterungen auf eine schnelle und vollständige Beibringung der Tatsachen hinzuwirken oder an die Parteien gerichtete Fristenregelungen für Angriffs- und Verteidigungsvorbringen, bei deren Nichteinhaltung eine Präklusion, d. h. ein Ausschluss des verspäteten Vorbringens droht (§§ 275, 276 ZPO). Die **Prozessförderungspflicht** der Parteien nach § 282 ZPO verpflichtet die Parteien, ihre Angriffs- und Verteidigungsmittel so rechtzeitig vorzubringen, wie es der sorgfältigen und auf die Förderung des Verfahrens bedachten Prozessführung entspricht. Ein wirksames Mittel, einer Verzögerung der Erledigung des Rechtsstreits durch die Parteien zu begegnen, ist die Zurückweisung verspäteten Vorbringens (§ 296 ZPO), zum einen durch Versäumung einer Frist (§ 296 Abs. 1 ZPO), zum anderen durch Verletzung der allgemeinen Prozessförderungspflicht (§ 296 Abs. 2 ZPO).

Als besonderer Verfahrensgrundsatz ist nunmehr auch das Bestreben zu werten, dass Rechtsstreitigkeiten möglichst durch eine **gütliche Einigung** beigelegt werden sollen und nicht durch ein streitiges Verfahren und Urteil. Diesem Ziel dient z. B. die grundsätzliche obligatorische Güteverhandlung vor Beginn des streitigen Prozesses (§ 278 Abs. 2 bis 6 ZPO, vgl. als Vorbildregelung § 54 ArbGG). Weiterhin zählt hierzu die generelle Verpflichtung des Gerichts, in jeder Lage des Verfahrens auf eine gütliche Beendigung des Rechtsstreits hinzuwirken (§ 278 Abs. 1 ZPO). Zu erwähnen ist schließlich noch das Schlichtungsverfahren nach § 15a EGZPO sowie die Möglichkeit der Verweisung auf eine Mediation (§ 278 ZPO).

## 7.5  Rechtshängigkeit, Streitgegenstand

### 7.5.1  Rechtshängigkeit

Eine Klage hat sowohl in materiellrechtlicher Hinsicht als auch in prozessrechtlicher Hinsicht bestimmte Wirkungen. Manche Wirkungen treten bereits mit der Einreichung der Klage bei Gericht ein, andere erst mit Zustellung der Klage an den Beklagten.

Mit der **Klagerhebung,** d. h. mit der **Zustellung der Klageschrift an den Beklagten** wird der Klageanspruch rechtshängig, selbst wenn die Klage vor einem unzuständigen Gericht erhoben worden ist (§§ 253 Abs. 1, 261 Abs. 1 ZPO). Eine Klage ist rechtshängig von der Klageerhebung an bis zur Prozessbeendigung durch rechtskräftiges Urteil, Prozessvergleich, übereinstimmender Erledigungserklärung oder durch Klagerücknahme. Rechtshängig wird nur der Klageanspruch, nicht die Einwendungen des Beklagten.

Die Rechtshängigkeit hat prozessuale (§§ 261, 263, 265 ZPO) und materiellrechtliche (§ 262 ZPO) Wirkungen. In **prozessualer Hinsicht** ist § 261 Abs. 3 Nr. 1 ZPO zu beachten. Danach ist eine spätere Klage, wenn sie den gleichen Streitgegenstand betrifft, als unzulässig abzuweisen; dies gilt auch, wenn der Beklagte dies nicht rügt. Weiterhin bleibt die Zuständigkeit des Gerichts bestehen, auch wenn sich die zuständigkeitsbegründenden Umstände nach Eintritt der Rechtshängigkeit verändert haben, z. B. wenn der Beklagte während der Rechtshängigkeit seinen Wohnsitz verlegt (§ 261 Abs. 3 Nr. 2 ZPO – *perpetuatio fori*). Letztlich ist eine Klageänderung nur noch unter bestimmten Voraussetzungen zulässig (§§ 263, 264 ZPO). **Materiellrechtlich** bewirkt die Rechtshängigkeit die Hemmung von Verjährungsfristen (§ 204 Abs. 1 Nr. 1 ZPO). Sie ersetzt eine zum Verzug erforderliche Mahnung und bedeutet u. U. eine verzugsauslösende Zahlungsaufforderung (§ 286 Abs. 1 S. 2, Abs. 3 BGB). Mit der Rechtshängigkeit entsteht auch ein Anspruch auf Prozesszinsen (§§ 288, 291 ZPO); letztlich tritt eine Haftungsverschärfung ein (§§ 292, 818 Abs. 4, 987 ff. BGB).

Mit dem Eingang der Klage bei Gericht wird die Klage anhängig. Die **Anhängigkeit** bedeutet, dass das Gericht mit der Klage befasst ist, während das Prozessrechtsverhältnis mit dem Beklagten erst durch Zustellung der Klage zustande kommt.[35] Da die Klage noch nicht zugestellt worden ist und somit noch nicht rechtshängig ist, kann man die Anhängigkeit als Vorstufe zur Rechtshängigkeit bezeichnen. Von den oben erwähnten **materiellrechtlichen Folgen** der Rechtshängigkeit wirken zwei Rechtsfolgen, nämlich die Wahrung der Klagefrist und die Hemmung der Verjährung auf den Zeitpunkt der Anhängigkeit zurück. Nach § 167 ZPO wird die Klagefrist schon dann gewahrt, die Verjährung schon dann gehemmt, wenn die Klage rechtzeitig beim Gericht eingeht und „demnächst" zugestellt wird.[36]

Das Tatbestandsmerkmal „demnächst" bezeichnet keinen bestimmten Zeitraum. Es kommt darauf an, ob der Kläger alles getan hat, was für die Zustellung nötig war und in seiner Macht lag. Die Rückwirkung kommt dem Kläger allerdings dann nicht zugute, wenn er beispielsweise den Gerichtskostenvorschuss verspätet einzahlt oder die für die Zustellung erforderlichen beglaubigten Abschriften nicht in der Klageschrift angegeben hat. Denn gegen Verzögerungen im Amtsbetrieb ist der Kläger machtlos.[37]

Auch im Mahnverfahren treten die beiden materiellrechtlichen Wirkungen der Rechtshängigkeit mit dem rechtzeitigen Mahnantrag ein, wenn der Mahnantrag „alsbald" zugestellt wird; „alsbald" ist identisch mit „demnächst" i. S. v. § 167 ZPO.[38] Auch hier hat die Partei den Zeitpunkt der Zustellung nicht in der Hand und soll durch die Verzögerung, die weder sie noch ihr Prozessbevollmächtigter verursacht hat, keinen Nachteil haben. Rechtshängig wird diese Forderung aber erst mit der Zustellung.

---

[35] *Oberheim*, § 4, Rn. 175 ff.

[36] *Hüßtege*, in Thomas/Putzo, § 167 ZPO, Rn. 1 ff.

[37] *Oberheim*, § 4, Rn. 178 ff. zum Begriff.

[38] *Hüßtege*, in Thomas/Putzo, § 693 ZPO, Rn. 2; § 167 ZPO, Rn. 1 ff.

## 7.5.2 Streitgegenstand

Jedes gerichtliche Verfahren hat einen bestimmten „Gegenstand", über den prozessiert wird und über den eine Entscheidung getroffen werden soll; im Zivilprozess spricht man üblicherweise von dem Streitgegenstand. Diesen Streitgegenstand gilt es zu bestimmen und abzugrenzen, da die Parteien wissen müssen, worüber prozessiert wird. Außerdem muss das Gericht wissen, worüber es zu entscheiden hat und es muss erkennbar sein, über welchen Gegenstand das Gericht eine Entscheidung getroffen hat. Der Streitgegenstand hat für folgende Aspekte eine **Bedeutung.**

So hängt die sachliche Zuständigkeit des Gerichts von dem Wert des Streitgegenstands ab (§§ 23 Nr. 1, 71 GVG). Der **Zuständigkeitsstreitwert** bestimmt sich nach den §§ 2 bis 9 ZPO.

---

**Beispiel**

G klagt gegen S auf Schadensersatz in Höhe von 6000 €. Das LG ist sachlich zuständig. Nach der Beweisaufnahme reduziert der Kläger den Klageantrag auf 4000 €. Das LG bleibt sachlich zuständig, da für die Wertberechnung der Zeitpunkt der Klageeinreichung maßgebend ist (§§ 4 Abs. 1, 261 Abs. 3 Nr. 2 ZPO). Anders ist es, wenn der Kläger zunächst nur 4000 € einklagt und später auf 6000 € erhöht. Hier könnte man annehmen, dass das Amtsgericht auch weiterhin zuständig ist. Hier greift aber § 506 ZPO ein. Es erfolgt eine Verweisung an das LG, wenn nur eine Partei dies beantragt; ist dies nicht der Fall, bleibt es bei der Zuständigkeit des Amtsgerichts.

---

Nach der h. M. werden Inhalt und Umfang des Streitgegenstands sowohl durch den gestellten (Klage-)Antrag als auch durch den zur Begründung vorgetragenen Sachverhalt (Klagegrund) bestimmt. Diese beiden Teile – Antrag und Sachverhalt – stehen gleichrangig nebeneinander. Das bedeutet, wenn sich einer der beiden Teile ändert, so ändert sich auch der Streitgegenstand **(prozessualer zweigliedriger Streitgegenstandsbegriff).**[39]

Nach dem prozessualen eingliedrigen Streitgegenstandsbegriff soll der Streitgegenstand maßgeblich durch den Antrag bestimmt werden. Der zur Begründung vorgetragene Sachverhalt ist lediglich ein Auslegungskriterium dieses Antrags, aber kein selbstständiges Bestimmungselement.

Dieser **Theorienstreit** ist ohne Auswirkungen, wenn die Parteien verschiedene Klageanträge stellen. Dann liegen nach beiden Ansichten verschiedene Streitgegenstände vor. Dieser Streit ist allerdings dann von Bedeutung, wenn der Kläger in einem Prozess bei gleichlautenden Anträgen die dazugehörige Begründung austauscht. Hier kommt es dann auf die Frage an, ob eine Klageänderung bzw. Klagehäufung vorliegt. Hier stellt sich dann die Frage nach der Rechtshängigkeit oder Rechtskraft.[40]

---

[39] BGH in st. Rspr., NJW 2009, 56; 2008, 3570; *Reichold*, in Thomas/Putzo, Einl. II Rn. 24, 25 m. w. N.; *Schellhammer*, Rn. 126.

[40] Zur Notwendigkeit der Streitgegenstandsbestimmung *Lüke* Rn. 160 ff.

Eine **Klageänderung** nach Eintritt der Rechtshängigkeit ist nur unter ganz bestimmten Voraussetzungen zulässig. Zu beachten sind dabei zunächst die in § 264 ZPO aufgezählten Fälle, nach denen keine Klageänderung vorliegt. Anderenfalls kann eine Klageänderung nur erfolgen, wenn der Beklagte zustimmt oder wenn es das Gericht für sachdienlich erachtet (§§ 263, 264, 267 ZPO). Nach § 260 ZPO ist die Verbindung mehrerer Klagebegehren des Klägers gegen den Beklagten in demselben Prozess gestattet, wenn für sämtliche Ansprüche das Prozessgericht zuständig und dieselbe Prozessart zulässig ist. Eine derartige **objektive Klagehäufung** liegt stets dann vor, wenn in einem Prozess mehrere Streitgegenstände rechtshängig sind. Es muss sich um unterschiedliche Klageanträge handeln oder unterschiedliche Klagebegründungen (Lebenssachverhalte, nicht nur unterschiedliche rechtliche oder tatsächliche Begründungen für denselben Sachverhalt).

## 7.6   Zulässigkeitsvoraussetzungen einer Klage

### 7.6.1   Überblick

Die Zulässigkeit einer Klage ist die Voraussetzung dafür, dass es in einem Prozess zu einer Entscheidung in der Sache selbst kommt. Das Gericht, bei dem die Klage eingereicht ist, befasst sich daher als erstes mit der Frage, ob die Klage zulässig ist. Die **Zulässigkeitsvoraussetzungen** lassen sich unterteilen in

*   echte Prozessvoraussetzungen,
*   Sachurteilsvoraussetzungen und
*   Prozesshindernisse.

Fehlt es an einer echten Prozessvoraussetzung, wird die Klage erst gar nicht zugestellt; es entsteht erst gar kein Prozess. Die **echten Prozessvoraussetzungen** liegen regelmäßig vor. Nur bei ganz schwerwiegenden Mängeln fehlen diese, z. B. bei einer fehlenden Unterschrift bei Klageeinreichung oder wenn der Beklagte der deutschen Gerichtsbarkeit nicht untersteht (§ 18 GVG).

Die deutsche Gerichtsbarkeit erfasst alle Personen, die innerhalb der BRD ihren Aufenthalt haben, unabhängig von ihrer Staatsangehörigkeit (Territorialitätsprinzip), ausgenommen die sog. Gerichtsfreien oder Exterritorialen (vgl. §§ 18 ff. GVG, z. B. Mitglieder diplomatischer Missionen, Mitglieder konsularischer Vertretung, Staatsoberhäupter oder Truppen).[41]

Aufgrund der räumlichen Beschränkung der Staatsgewalt ist es nicht möglich, dass die deutschen Gerichte im Ausland tätig werden, ebenso wie ausländische Gerichte nicht im Inland tätig werden dürfen. Zivilrechtliche Ansprüche gegen Personen, die im Ausland leben, muss der Gläubiger in dem international zuständigen Land nach dem dort vorgesehenen nationalen Verfahrensrecht durchsetzen. Zustellungen und Beweisaufnahmen können grenzüberschreitend nur im Wege

---

[41] Vgl. *Lüke*, Rn. 58.

der diplomatischen Rechtshilfe erfolgen. Muss der Titel in einem Land vollstreckt werden, ist zusätzlich ein besonderes Zulassungsverfahren, die sog. Exequatur (für Deutschland gem. § 722 ZPO) erforderlich.

Für **grenzüberschreitende Rechtsstreitigkeiten innerhalb der EU** gelten besondere Regeln. Diese genannten Beschränkungen sind durch die justizielle Zusammenarbeit der EU-Mitgliedsstaaten in den vergangenen Jahren zumindest in Teilbereichen entfallen. Für die Rechtsstreitigkeiten innerhalb der EU gelten für die Frage der internationalen Zuständigkeiten die EG-Verordnung Nr. 44/2001 über die gerichtliche Zuständigkeit und Anerkennung und Vollstreckung von Entscheidungen in Zivil- und Handelssachen (**EuGVVO** vom 22.12.2000). Es enthält im Rahmen seines Anwendungsbereichs spezielle Regeln zur Zuständigkeit. Weitere Verordnungen der EU betreffen u. a. das Verfahren zur Vollstreckung von Vollstreckungstiteln, ein Europäisches Mahnverfahren sowie ein europäisches Verfahren über geringfügige Forderungen. Ferner sind – in Umsetzung entsprechender EG-Richtlinien und Verordnungen – Regelungen über die Zustellung (ins EU-Ausland), die Möglichkeit einer grenzüberschreitenden Beweisaufnahme und Prozesskostenhilfe in einem **neuen 11. Buch der ZPO** (§§ 1067 ff. ZPO) geschaffen worden; ebenfalls dort geregelt ist der sog. Europäische Vollstreckungstitel. Dieser bedeutet, dass ein in einem normalen Zivilprozess erwirkter Titel als Europäischer Vollstreckungstitel bestätigt werden kann und dann in den Mitgliedsstaaten vollstreckbar ist, ohne dass dort eine weitere Zulassungsprüfung erfolgt. Weitere Verordnungen betreffen das familienrechtliche Verfahren.[42] Ist in einem Zivilprozess Gemeinschaftsrecht anzuwenden, z. B. die EuGVVO, und stellt sich heraus, dass die Auslegung zweifelhaft ist, muss das Gericht die betreffende Rechtsfrage dem EuGH in Luxemburg zur bindenden Vorabentscheidung nach Art. 267 AEUV vorlegen; bis dahin ist das Verfahren gem. § 148 ZPO auszusetzen.[43]

Als **Sachurteilsvoraussetzungen** bezeichnet man die übrigen Voraussetzungen für die Zulässigkeit einer Klage. Das Fehlen von Sachurteilsvoraussetzungen hat zur Folge, dass es keine Entscheidung zur Sache gibt. Die Sachurteilsvoraussetzungen müssen im Zeitpunkt der letzten mündlichen Verhandlung vorliegen. Liegen sie nicht vor, ist die Klage wegen Unzulässigkeit durch Prozessurteil abzuweisen. Dementsprechend beschränkt sich auch die Rechtskraft nur auf die prozessualen Fragen, über die eine Entscheidung getroffen wurde. Da eine Entscheidung über den geltend gemachten Anspruch nicht erfolgt, könnte der Kläger – unter Vermeidung der prozessualen Mängel – zu einem späteren Zeitpunkt erneut Klage erheben.

**Prozesshindernisse** sind die Zulässigkeit betreffende Einreden, die nur auf Rüge des Beklagten zu berücksichtigen sind; wenn sie durchgreifen, führt dies ebenfalls zu einer Abweisung der Klage wegen Unzulässigkeit (vgl. nur die verzichtbaren Rügen nach § 269 Abs. 3 ZPO; fehlende Kostenerstattung nach § 269 Abs. 6 ZPO oder die Schiedsgerichtsklausel nach § 1032 ZPO).

Gegenstand der folgenden Ausführungen sind nun die Sachurteilsvoraussetzungen. Die wesentlichen Sachurteilsvoraussetzungen betreffen die **Zuständigkeit** des

---

[42] *Oberheim*, § 6, Rn. 278 ff. anschaulich zum EU-Verfahren.

[43] Zöller/*Greger*, § 148 ZPO, Rn. 3.

Gerichts, die Zulässigkeit des Rechtsweges, die **Ordnungsmäßigkeit der Klageerhebung,** die Parteien (z. B. Partei- oder Prozessfähigkeit) sowie den **Streitgegenstand** (z. B. Rechtsschutzbedürfnis). Die Reihenfolge der Prüfung bestimmt sich in
der Praxis nach prozessökonomischen Gesichtspunkten; unproblematische Punkte
werden zweckmäßigerweise vorrangig geprüft.[44]

In einer Klausur ist nur auf die problematischen Zulässigkeitsvoraussetzungen
einzugehen. Soweit der Sachverhalt keine Angaben enthält, ist von der Zulässigkeit
auszugehen. Anders ist dies in Klausuren im öffentlichen Recht. Hier sind grundsätzlich die wesentlichen Zulässigkeitsvoraussetzungen zu prüfen.

## 7.6.2  Sachurteilsvoraussetzungen

### 7.6.2.1  Zulässigkeit des Zivilrechtsweges
Die **Zulässigkeit des Zivilrechtsweges** betrifft die Frage, ob für eine Streitigkeit
der Rechtsweg vor einem Zivilgericht gegeben ist (vgl. §§ 13, 17 GVG). Vor die
Zivilgerichte gehören alle „bürgerlich rechtlichen Streitigkeiten" gem. § 13 GVG
und solche Sachen, die kraft spezialgesetzlicher Regelung den Zivilgerichten zur
Entscheidung zugewiesen sind, z. B. die Enteignungsentschädigung (Art. 14 Abs. 3
GG) oder Ansprüche aus Amtshaftung (§ 839 BGB i. V. m. Art. 34 S. 3 GG).

### 7.6.2.2  Sachurteilsvoraussetzungen
Ist der Zivilrechtsweg gegeben, geht es um die Frage der **Zuständigkeit** des angerufenen Gerichts. Man unterscheidet dabei grundsätzlich die sachliche und die örtliche Zuständigkeit. Die **sachliche Zuständigkeit** betrifft die – im GVG geregelte
– Abgrenzung der erstinstanzlichen Zuständigkeit zwischen Amtsgericht und Landgericht. So gehören vor die **Amtsgerichte** Streitigkeiten mit einem Streitwert bis
einschließlich 5000 € (§ 23 Nr. 1 GVG) sowie die in §§ 23 Nr. 2 GVG zugewiesenen
Sachen, etwa Mietstreitigkeiten über Wohnraum.[45] Zinsen (als Nebenforderungen)
wirken sich dabei auf den Streitwert nicht aus. Vor die **Landgerichte** gehören alle
Streitigkeiten, die nicht den Amtsgerichten zugewiesen sind (§ 71 Abs. 1 GVG),
also grundsätzlich alle Klagen mit einem Streitwert über 5000 € sowie Klagen aus
Amtspflichtverletzungen (§ 71 Abs. 2 Nr. 2 ZPO). Das Landgericht kann auch als
zweite Instanz zuständig sein für die Berufung bzw. Beschwerde gegen Urteile bzw.
Beschlüsse der Amtsgerichte.

Das Verhältnis der ordentlichen Gerichte zu den Arbeitsgerichten ist keine Frage
der sachlichen Zuständigkeit, sondern eine Frage nach der Zulässigkeit des Rechts-
wegs (§§ 17 ff. GVG, 48 ArbGG). Die sachliche Zuständigkeit der Arbeitsgerichte
ergibt sich aus § 2 ArbGG. Stellt sich heraus, dass es sich um eine Streitigkeit aus
einem Arbeitsverhältnis handelt, hat das Gericht die Sache von Amts wegen an das
Arbeitsgericht zu verweisen (§ 17a GVG).

---

[44] *Reichold,* in Thomas/Putzo, Vorbem. § 253 ZPO, Rn. 14.

[45] *Hüßtege,* in Thomas/Putzo, § 23 GVG, Rn. 6.

Die Zuweisung von handelsrechtlichen Streitigkeiten am Landgericht an eine Kammer für Handelssachen (§§ 93 ff. GVG) ist dagegen keine Frage der sachlichen Zuständigkeit, sondern eine Frage der internen Geschäftsverteilung (§§ 21a ff. GVG) innerhalb der sachlichen Zuständigkeit des Landgerichtes.

Sachlich zuständig ist immer das Gericht als Ganzes, nicht die einzelne Abteilung oder der einzelne Richter. Bei „Unzuständigkeit" erfolgt daher eine „Abgabe" an die zuständige Kammer und keine Klageabweisung.

Die **örtliche Zuständigkeit** ist in der ZPO geregelt. Der **allgemeine Gerichtsstand** richtet sich bei natürlichen Personen nach dem **Wohnsitz des Beklagten** (§§ 12, 13 ZPO) und bei juristischen Personen und anderen parteifähigen Organisationsformen nach deren **Sitz** (§§ 17, 18 ZPO). Im allgemeinen Gerichtsstand kann eine Person mit allen gegen sie erhobenen Klagen verklagt werden, sofern nicht für die Klage ein anderes Gericht örtlich zuständig ist (§ 12 ZPO). Die Tatsache, dass hinsichtlich der örtlichen Zuständigkeit auf den Beklagten (§ 12 ZPO) abgestellt wird, hat ihren Grund darin, dass der Beklagte, der gegen seinen Willen in den Prozess gezogen worden ist, nicht vor einem „auswärtigen" Gericht verklagt werden soll, was für ihn mit erheblichen Nachteilen verbunden sein kann. Neben den allgemeinen Gerichtsständen gibt es aber auch **besondere Gerichtsstände,** die eine örtliche Zuständigkeit begründen. Der Kläger hat unter mehreren Gerichtsständen die Wahl (§ 35 ZPO), sofern nicht ein ausschließlicher Gerichtsstand (mit zwingendem Vorrang) besteht. Es gibt als besonderen Gerichtsstand z. B. den Gerichtsstand des Erfüllungsortes (§ 29 ZPO) und den Gerichtsstand der unerlaubten Handlung (§ 32 ZPO). Der Kläger hat unter mehreren zuständigen Gerichten die Wahl (§ 35 ZPO: möglich ist ein „forum shopping", z. B. in Pressesachen („fliegender Gerichtsstand der Presse"). Ein **ausschließlicher Gerichtsstand** besteht nach § 24 ZPO bei Immobilien betreffende Ansprüche sowie in Mietsachen: (§ 29a ZPO)

In gewissen Grenzen ist eine **Gerichtsstandsvereinbarung (Prorogation)** zulässig. Sofern es sich um eine vermögensrechtliche Streitigkeit handelt, für die keine anderweitige ausschließliche Zuständigkeit angeordnet ist, können Kaufleute (§§ 1 ff. HGB) oder juristische Personen des öffentlichen Rechts eine Gerichtsstandvereinbarung (§ 38 ZPO) treffen. Häufig werden in Allgemeinen Geschäftsbedingungen solche Gerichtsstandklauseln verwendet. Handelt es sich aber bei dem Vertragspartner des AGB-Verwenders nicht um einen Kaufmann, ist die Klausel für diesen (häufig zur Überraschung des Verwenders) nicht bindend. Die örtliche Zuständigkeit bestimmt sich dann nach den allgemeinen Vorschriften. Die Zulässigkeit solcher Vereinbarung gilt grundsätzlich auch in nichtvermögensrechtlichen Streitigkeiten (vgl. § 40 Abs. 2 S. 1 Nr. 1 ZPO).[46]

Ein Gerichtsstand kann auch – sofern keine ausschließliche Zuständigkeit vorliegt – durch eine **rügelose Einlassung** des Beklagten zur Hauptsache begründet werden (§ 39 ZPO). Das bedeutet, dass auch ein an sich unzuständiges Gericht zuständig wird, wenn der Beklagte dies nicht oder nicht rechtzeitig rügt.

---

[46] BGH, NJW 1983, 1323; zur Gerichtsstandvereinbarung im kaufmännischen Verkehr Zöller/ *Vollkommer*, § § 38 ZPO, Rn. 17 ff.

### 7.6.2.3  Ordnungsmäßigkeit der Klageerhebung

Wie bereits erwähnt, setzt eine ordnungsgemäße Klageerhebung voraus, dass die Klageschrift den zwingenden Erfordernissen des § 253 Abs. 2 ZPO entspricht. Zunächst müssen das Gericht bezeichnet und die Parteien (namentlich) genannt werden und eine bestimmte Angabe des Gegenstandes und des Grundes des erhobenen Anspruchs; weiterhin ist ein bestimmter Antrag anzukündigen. Das Gericht muss also feststellen können, welche Entscheidung der Kläger begehrt. Das bedeutet, dass etwa bei Zahlungsklagen der Betrag genau zu beziffern ist oder bei Klagen auf Herausgabe einer Sache diese genau bezeichnet ist.

Eine Ausnahme von dem Bestimmtheitserfordernis wird bei solchen Zahlungsklagen gemacht, bei denen die genaue Bezifferung des Klägers nicht möglich oder aus besonderen Gründen nicht zumutbar ist. Der wichtigste Fall in der Praxis betrifft die Klage auf ein „unbeziffertes, angemessenes Schmerzensgeld".

Letztlich muss der Sachverhalt angegeben werden. Es reicht aus, wenn der Sachverhalt „in groben Zügen" angegeben wird, damit die Klage von einer anderen (möglichen) Klage unterschieden werden kann; Schlüssigkeit wird gerade nicht verlangt.[47]

---

**Beispiel**

Der Kläger verlangt von dem Beklagten Schadensersatz in Höhe von 5000 € mit der Begründung, dass der Beklagte ihn durch eine unerlaubte Handlung verletzt habe, durch die ihm der geltend gemachte Schaden entstanden sei. Diese Begründung reicht nicht aus, da der Kläger keine Tatsachen vorgetragen hat. Der Kläger hätte jedenfalls angeben müssen, um welchen Vorfall es sich handelte, z. B. einen Verkehrsunfall oder eine Tätlichkeit. Die Klage ist daher als unzulässig abzuweisen. Der Kläger muss also Tatsachen vorbringen, auf die sich die Klage stützt („da mihi factum, dabo tibi jus" = Gib mir die Tatsachen, dann gebe ich dir das Recht).

### 7.6.2.4  Parteifähigkeit

Parteien des Zivilprozesses sind diejenigen Personen, von denen und gegen die im eigenen Namen Rechtsschutz begehrt wird. Es gilt der **formelle Parteibegriff.** Es kommt somit nicht auf die materiellrechtliche Beziehung zum Streitgegenstand an. Über die Stellung als Partei entscheidet allein die Bezeichnung in der Klage. Parteifähigkeit bedeutet die Fähigkeit, Partei, also Kläger und Beklagter sein zu können.[48] Grundsätzlich ist parteifähig, wer **rechtsfähig** ist, d. h. alle natürlichen und juristischen Personen des privaten und öffentlichen Rechts (§ 50 Abs. 1 ZPO). Die OHG, KG und die Partnerschaftsgesellschaft sind zwar keine juristischen Personen, jedoch kraft ausdrücklicher Regelung parteifähig.[49] Parteifähig sind darüber hinaus

---

[47] § 253 Abs. 2 Nr. 2 ZPO; *Reichold*, in Thomas/Putzo, § 253 ZPO, Rn. 10.

[48] *Jauernig/Heß*, § 19 I.

[49] §§ 124 Abs. 1, 161 Abs. 1 HGB; zur PartG und EWIV Zöller/*Vollkommer*, § 50 ZPO, Rn. 17 ff.

auch die politischen Parteien (§ 3 ParteienG), die Gewerkschaften[50] und die Arbeitgeberverbände.[51] Die Gesellschaft bürgerlichen Rechts ist, soweit sie im Rechtsverkehr Rechte und Verpflichtungen eingeht („Außengesellschaft") rechtsfähig und insoweit auch im Zivilprozess aktiv und passiv parteifähig.[52] Auch der nicht rechtsfähige Verein ist aktiv und passiv parteifähig (§ 50 Abs. 2 ZPO).

### 7.6.2.5 Prozessfähigkeit

Die **Prozessfähigkeit** ist die Fähigkeit, einen Prozess selbst oder durch einen selbst bestellten Vertreter zu führen.[53] Nach § 52 ZPO ist eine Person prozessfähig, soweit sie **voll geschäftsfähig** ist. Der Begriff knüpft damit an die Geschäftsfähigkeit an. Es besteht aber ein wesentlicher Unterschied zwischen beiden Begriffen. Das Prozessrecht kennt nur die volle, keine partielle Prozessfähigkeit.

Im materiellen Recht gibt es dagegen eine beschränkte Geschäftsfähigkeit. So ist z. B. ein 6-jähriges Kind parteifähig (§ 50 ZPO), da es rechtsfähig ist. Es ist allerdings nicht prozessfähig, da nach § 51 ZPO die Prozessfähigkeit auf der Geschäftsfähigkeit basiert, die nach § 104 Nr. 1 BGB zu verneinen ist. In einem Rechtsstreit muss dieses Kind durch den gesetzlichen Vertreter, i. d. R durch die Eltern, vertreten werden, was gem. § 56 ZPO als Prozessvoraussetzung zu beachten ist. In bestimmten Bereichen gibt es dagegen eine partielle Prozessfähigkeit, z. B. im Rahmen von §§ 112, 113 BGB.

### 7.6.2.6 Prozessführungsbefugnis

Die Prozessführungsbefugnis ist die Befugnis, über das behauptete, im Prozess streitige, Recht im eigenen Namen einen Rechtsstreit zu führen (§ 51 ZPO). Die Prozessführungsbefugnis ist daher regelmäßig gegeben, wenn der Kläger behauptet, selbst Inhaber des geltend gemachten Anspruchs zu sein.

Nicht zu verwechseln ist die Prozessführungsbefugnis mit der **Aktiv- und Passivlegitimation** (Sachlegitimation) auf der anderen Seite. Für die Prozessführungsbefugnis kommt es nur darauf an, ob der Kläger „nach seiner Behauptung" ein eigenes Recht geltend macht. Dagegen bezieht sich die Aktiv- und Passivlegitimation auf die Begründetheit, d. h. ob der Kläger nach materiellem Recht tatsächlich Inhaber der geltend gemachten Forderung und der Beklagte wirklich der Verpflichtete ist.

Es gibt nun auch Fälle, bei denen jemand im eigenen Namen über ein (erkannt) fremdes Recht prozessiert. Diese Fälle werden als **Prozessstandschaft** bezeichnet. Allerdings ist eine Prozessstandschaft nur in bestimmten Fällen zulässig, da eine sog. Popularklage ausgeschlossen sein soll.

Man unterscheidet die gesetzliche und die gewillkürte Prozessstandschaft. Wichtige Fälle der **gesetzlichen Prozessstandschaft** sind z. B. die **Partei kraft Amtes,** etwa der Insolvenzverwalter (§ 80 InsO), der Testamentsvollstrecker (§§ 2212,

---

[50] BGHZ 109, 15.

[51] *Hüßtege*, in Thomas/Putzo, § 50 ZPO, Rn. 5, 6.

[52] BGH, NJW 2002, 1207; 2001, 1056.

[53] *Hüßtege*, in Thomas/Putzo, § 51 ZPO, Rn. 2.

2213 BGB), der Zwangsverwalter (§ 152 ZVG) oder der Nachlassverwalter (§ 1984 BGB).[54] Ein weiterer Fall ist die gesetzliche **Prozessstandschaft im eigenen Interesse** des Prozessstandschafters.

---

**Beispiele**

Mitgläubiger nach § 432 BGB; Miteigentümer nach § 1011 BGB; Miterbe, der nach § 2039 BGB auf Leistung an die Erbengemeinschaft klagt; Ehegatte im Falle des § 1368 BGB, Gesellschafter bei der *actio pro socio.*

---

Das Recht zu Unterlassungsklagen zu Zwecken des Verbraucherschutzes für bestimmte Wirtschafts-, Wettbewerbs- oder Verbraucherschutzvereine gem. § 8 UKlaG **(Verbandsklagen)** bedeutet keine gesetzliche Prozessstandschaft. Diese Verbände haben per Gesetz **eigene Unterlassungsansprüche** (und nicht nur eine Prozessführungsbefugnis).

Eine **gewillkürte Prozessstandschaft** bedeutet die Geltendmachung eines fremden Rechts im eigenen Namen auf Grund einer **Ermächtigung** des Rechtsträgers. Sie ist gesetzlich nicht geregelt und unter bestimmten Voraussetzungen zulässig. Zunächst bedarf es eines Einverständnisses des Rechtsinhabers, d. h. einer Verfügungsermächtigung i. S. d. § 185 BGB, d. h. die Übertragung der Verfügungsbefugnis über das Recht bzw. den Anspruch. Weiterhin muss der gewillkürte Prozessstandschafter ein eigenes rechtsschutzwürdiges Interesse an der Rechtsverfolgung haben, das fremde Recht im eigenen Namen geltend zu machen. Damit ist gemeint, dass die angestrebte Entscheidung die eigene Rechtsstellung des Prozessstandschafters günstig beeinflusst.

Diese Einschränkung will vermeiden, dass der Rechtsträger als einziger Informant im Fall einer gewillkürten Prozessstandschaft als Zeuge aussagen kann, was als Partei nicht möglich ist. Auch bedarf es einer Offenlegung bzw. Erkennbarkeit der Prozessstandschaft.

Letztlich darf sie den Prozessgegner nicht unzumutbar beeinträchtigen.

---

**Beispiel**

Der Sicherungsgeber klagt eine an den Sicherungsnehmer abgetretene Forderung für diesen ein (durch eine evtl. Tilgung wird auch seine Rechtsstellung günstig beeinflusst); der BGB-Gesellschafter macht einen Schadensersatzanspruch der Gesellschaft geltend; die Krankenkasse macht den Schadensersatzanspruch des Versicherten geltend; der Mieter verfolgt den Herausgabeanspruch des Eigentümers; der Insolvenzschuldner verfolgt einen Masseanspruch.[55]

---

[54] Vgl. zum Begriff Partei kraft Amtes *Jauernig/Hess*, § 18 V 4.
[55] *Schellhammer*, Rn. 1233; *Oberheim*, § 2, Rn. 79 ff.

### 7.6.2.7   Postulationsfähigkeit

Mit Postulationsfähigkeit bezeichnet man die Fähigkeit, in einem Prozess wirksame Prozesshandlungen vornehmen zu können, z. B. Anträge zu stellen. Sie ist in den Verfahren vor den Landgerichten, Oberlandesgerichten und dem BGH **(Anwaltsprozess,** § 78 ZPO) den zugelassenen Rechtsanwälten vorbehalten; in den Verfahren vor dem Amtsgericht besteht kein Anwaltszwang, d. h. hier sind neben den Anwälten auch die Partei selbst **(Parteiprozess)** als auch zahlreiche andere partei- und prozessfähige Personen postulationsfähig. Rechtsanwälte können heute in Zivilsachen an allen Amts-, Land- und Oberlandesgerichten auftreten; eine Singularzulassung gibt es heute nur noch beim BGH.

### 7.6.2.8   Rechtsschutzbedürfnis

Das Rechtsschutzbedürfnis fehlt, wenn der Kläger kein rechtliches Interesse daran hat, die mit der Klage beantragte Entscheidung zu erwirken. In diesem Fall ist die Klage als unzulässig abzuweisen. Der Beklagte soll bei einem fehlenden Rechtsschutzbedürfnis nicht mit einer Klage belastet werden; außerdem soll die Arbeitskraft der Gerichte nicht unnötig in Anspruch genommen werden. Das Rechtsschutzbedürfnis ist je nach Klageart unterschiedlich zu beurteilen.

Bei einer **Leistungsklage** ist das Rechtsschutzbedürfnis **grundsätzlich gegeben** und braucht nicht besonders dargelegt zu werden, weil es bereits aus der Nichterfüllung des behaupteten Anspruchs folgt, z. B. Zahlung, Lieferung, Unterlassung oder Herausgabe einer Sache.[56] **Ausnahmsweise** liegt kein Rechtsschutzbedürfnis vor, wenn der Kläger bereits einen vollstreckbaren Titel auf die Leistung gegen den Beklagten besitzt, z. B. eine vollstreckbare Urkunde i. S. v. § 794 Abs. 1 Nr. 5 ZPO. Weiterhin fehlt ein Rechtsschutzbedürfnis dann, wenn für den Kläger ein wesentlich einfacherer, kostengünstigerer und gleich sicherer Weg zur Durchsetzung seines Anspruchs besteht als die Erhebung der Leistungsklage.[57]

---

**Beispiel**

K hat gegen V ein Urteil auf Übergabe und Übereignung einer beweglichen Sache erwirkt. Vor der Vollstreckung tritt K seinen Anspruch an D ab. D erhebt Klage auf Übergabe und Übereignung der betreffenden Sache. Hier fehlt das Rechtsschutzbedürfnis. D hat zwar einen materiellrechtlichen Anspruch aus §§ 433, 398 BGB. Allerdings ist die Klage unzulässig, weil D die Möglichkeit hat, das Urteil, das K bereits gegen V erwirkt hat, nach § 727 ZPO auf sich umschreiben zu lassen; einer neuen Klage bedarf es in diesem Fall also nicht.

---

Grundsätzlich zulässig sind **Teilklagen.** Das bedeutet, dass der Kläger zur Verringerung seines Kostenrisikos nicht den vollen von ihm behaupteten Anspruch, sondern nur einen Teil davon einklagt. Der Nachteil besteht allerdings darin, dass die Verjährung nur hinsichtlich des geltend gemachten Betrags gehemmt ist. Die

---

[56] BGH, NJW-RR 1993, 1130.
[57] *Schellhammer,* Rn. 146.

Erhebung von Teilklagen ist unzulässig, wenn dies rechtsmissbräuchlich (§ 242 BGB) ist, z. B. wenn der Kläger eine Forderung in mehrere Teilklagen aufteilt, um eine Zuständigkeit des Amtsgerichts zu erreichen, z. B. Aufteilung einer Forderung in Höhe von 10.000 € in zwei Klagen zu je 5000 €, um die Berufungssumme zu unterlaufen.[58]

Auch bei **Gestaltungsklagen** ist das Rechtsschutzbedürfnis **grundsätzlich gegeben.** Durch eine Gestaltungsklage wird eine Rechtsänderung eines Rechtsverhältnisses durch richterliche Entscheidung angestrebt. Die Parteien können die Gestaltung des Rechtsverhältnisses gerade nicht selbst vornehmen, sondern müssen sich eines Prozesses bedienen.

---

**Beispiele**

Auflösung der OHG (§ 133 HGB), Ausschluss eines Gesellschafters (§ 140 HGB), Eheaufhebung und Ehescheidung (§§ 1313, 1564 BGB), obwohl letztere formal nicht mehr „Klage", sondern mit „Antrag" geltend zu machen ist (§§ 631, 622 ZPO).

---

Bei **Feststellungsklagen** (§ 256 ZPO) ist das Rechtsschutzbedürfnis stets **besonders festzustellen.** Der Kläger muss ein „rechtliches Interesse an einer baldigen Feststellung" haben. Das setzt voraus, dass eine tatsächliche Unsicherheit ein Rechtsverhältnis gefährdet und dass die begehrte Feststellung geeignet ist, diese Gefährdung zu beseitigen.[59] Es soll das Bestehen oder Nichtbestehen eines Rechtsverhältnisses oder die Echt- oder Unechtheit einer Urkunde festgestellt werden.[60] Das Rechtsschutzbedürfnis fehlt, wenn der Kläger dasselbe Ziel mit einer Leistungsklage erreichen kann. Der Grund besteht darin, dass im Rahmen eines Feststellungsurteils nur über Bestehen oder Nichtbestehen eines Rechtsverhältnisses entschieden wird und es keinen vollstreckbaren Titel auf Leistung gibt. Kommt der Beklagte dem Feststellungsurteil nicht nach, wird ein zweiter Prozess – auf Leistung – erforderlich. Diese unnötige Belastung (der Gerichte) soll vermieden werden.

---

**Beispiel**

V wird von S durch einen Verkehrsunfall verletzt. V erleidet einen Sachschaden in Höhe von 1000 € und einen Personenschaden; letzterer kann noch nicht beziffert werden. V klagt gegen S sowie dessen Versicherung auf Feststellung, dass sie verpflichtet sind, ihm alle aus dem Verkehrsunfall entstandenen und zukünftig noch entstehenden Schäden zu ersetzen. Hier ist eine Feststellungsklage grundsätzlich zulässig, als V seinen Schaden noch nicht beziffern kann. Es bleibt ihm überlassen, auch den zu beziffernden Schaden im Wege der Leistungsklage geltend zu machen. Das besondere Feststellungsinteresse ergibt sich für den Kläger

---

[58] *Schellhammer*, Rn. 142.

[59] BGHZ 69, 147; BGH, NJW 1996, 2500; NJW 1999, 3775.

[60] BGH, NJW 2001, 3789.

zum einen daraus, dass der Anspruch zu verjähren droht. Zum anderen kann der
Kläger u. U. aus Beweisgründen eine spätere Leistungsklage nur noch schwer
durchsetzen. Er müsste also in Höhe von 1000 € eine Leistungsklage erheben.
Eine Feststellungsklage auch über den bereits bezifferten Sachschaden ist nach
der Rspr. ausnahmsweise dann zulässig, wenn erwartet werden kann, dass der
Beklagte bereits dem Feststellungsanspruch entsprechen und leisten wird[61], etwa
wenn es sich bei dem Schädiger um eine öffentlich-rechtliche Körperschaft handelt sowie allgemein dann, wenn die Feststellungsklage prozessökonomischer
ist, d. h. den Streit einfacher, umfassender und sachgemäßer erledigen kann.[62]

### 7.6.2.9 Fehlen anderweitiger Rechtshängigkeit

Eine Klage ist unzulässig, wenn bereits über diesen Streitgegenstand ein Prozess
geführt wird, d. h. wenn diese Sache anderweitig rechtshängig ist (§ 261 Abs. 3
Nr. 1 ZPO; Einrede der Rechtshängigkeit). Das bedeutet, dass die Parteien **keinen
identischen** Prozess vor einem anderen Gericht anstrengen können (§ 322 Abs. 1
ZPO).[63]

Eine Klage ist ebenfalls unzulässig, wenn dieser Rechtsstreit **bereits rechtskräftig entschieden** worden ist. Bei Identität des Streitgegenstandes ist nach der h. M.
die materielle Rechtskraft eine negative Prozessvoraussetzung, die zur Prozessab-
weisung führt (*„ne-bis-in-idem-Lehre"*).[64]

## 7.7   Schlüssigkeit der Klage

Neben der Zulässigkeit der Klage kommt es vor allem darauf an, ob die Klage
schlüssig ist. Der Begriff ist im Gesetz nicht ausdrücklich erwähnt. Es geht hierbei
um die Frage, inwieweit das Vorbringen des Klägers ausreicht, die von ihm gewünschte Rechtsfolge herbeizuführen, inwieweit sein Vorbringen somit schlüssig
ist. Ausgangspunkt ist dabei der Antrag des Klägers, der sein Begehren enthält,
die von ihm gewünschte Rechtsfolge beschreibt und damit den Umfang der gerichtlichen Prüfung bestimmt (§ 308 Abs. 1 ZPO); ein unklarer Antrag ist ggf. vor
einer inhaltlichen Prüfung auszulegen.[65] Steht das Begehren des Klägers fest, so ist
nach den hierauf gerichteten und möglicherweise in Betracht kommenden Rechts-
grundlagen zu suchen. Bei Leistungsklagen geht es um die **Anspruchsgrundlagen.**
Liegen diese vor, dann sind die vom Kläger vorgetragenen Tatsachen hierunter zu
subsumieren. Das bedeutet, dass sich der Aufbau der Schlüssigkeitsprüfung nach
den materiellrechtlichen Anspruchsgrundlagen bestimmt. Neben materiellrechtlichen Fragen ist aus prozessualer Sicht häufig zweifelhaft, ob der Tatsachenvortrag

---

[61] BGH, NJW 2001, 447, 448.

[62] BGH, NJW 1996, 2725.

[63] BGH, NJW 2001, 3713; *Reichold*, in Thomas/Putzo, § 261 ZPO, Rn. 10 ff.

[64] BGH, NJW-RR 1997, 1; BGHZ 93, 287;*Jauernig/Hess*, § 62, II m. w. N.

[65] *Oberheim*, § 9, Rn. 429.

inhaltlich ausreicht oder ob er zu pauschal ist.[66] Die Klage ist **schlüssig,** wenn die vom Kläger vorgetragenen Tatsachen – als wahr unterstellt – den von ihm geltend gemachten Anspruch nach materiellem Recht ergeben.[67] Dies ist Mindestvoraussetzung für die Begründetheit der Klage (§ 331 ZPO). Das Gericht prüft demnach, ob die Klage schlüssig ist, d. h. ob die vorgetragenen Tatsachen, „wenn sie wahr wären", den Klageantrag überhaupt rechtfertigen kann. Ist das nicht der Fall, wird die Klage abgewiesen. Auf die Einlassung des Beklagten oder Beweisfragen kommt es dann nicht mehr an.[68] Die rechtliche Prüfung geht damit der tatsächlichen Prüfung vor. Ergibt die Prüfung, dass das Vorbringen des Klägers unschlüssig ist, d. h. ergibt sich aus seinem eigenen Vortrag kein Anspruch, so ist die Klage als unbegründet abzuweisen. Es kommt dann auf den Vortrag des Beklagten nicht mehr an. Die Schlüssigkeitsprüfung spielt u. a. auch für die Frage eine Rolle, ob gegen einen säumigen Beklagten ein Versäumnisurteil erlassen werden kann (§ 331 ZPO).

---

**Beispiel**

Gläubiger G klagt gegen Bürge B aus einer mündlich erklärten Bürgschaft (§ 766 BGB). B, der kein Kaufmann i. S. v. §§ 1 ff. HGB ist, bestreitet die Abgabe einer Bürgschaftserklärung. Würde das Gericht in diesem Fall Beweis erheben über die Tatsache der mündlich abgegebenen Bürgschaftserklärung, wäre die Klage letztlich doch abzuweisen. Selbst wenn der Kläger eine solche mündliche Zusage beweisen könnte, wäre die Bürgschaftserklärung wegen eines Formmangels nichtig gewesen. Es ist also unerheblich, ob der Beklagte eine derartige Erklärung abgegeben hatte.

---

Kommt man dagegen zu dem Ergebnis, dass der Vortrag teilweise schlüssig ist, so ist weiter zu prüfen, inwieweit der Vortrag des Beklagten **erheblich** ist. Stellt das Gericht fest, dass es auf die bestrittenen Tatsachen ankommt, muss bei entsprechenden Beweisangeboten darüber Beweis erhoben werden, welche der unterschiedlichen Tatsachendarstellungen zutrifft, um so zu einer Entscheidung zu kommen.

## 7.8 Verhalten des Beklagten

### 7.8.1 Einlassung

Der Inhalt der Erheblichkeitsprüfung ist abhängig von der Form der Verteidigung. Soweit Tatsachen **nicht bestritten** oder **zugestanden** werden, sind diese vom Gericht als „wahr" zu unterstellen. Man spricht hier von einem unstreitigen Sachverhalt. Es gilt das bereits erwähnte Prinzip der „formellen Wahrheit". Man geht davon aus, dass die jeweils andere Partei schon widersprechen wird, wenn etwas nicht

---

[66] *Oberheim*, § 9, Rn. 429 ff. m. w. N.

[67] BGH, NJW-RR 2003, 70; BGH, NJW 2002, 2862.

[68] Zur Verhandlungsmaxime *Jauernig/Hess*, § 25 III.

stimmt. Daraus entwickelt sich das, was im Allgemeinen als „Prozessstoff" bezeichnet wird, d. h. alles das, was die Parteien vortragen.

Im Regelfall wird der Beklagte dem Tatsachenvortrag des Klägers widersprechen. Seine „Geschichte" kann sich nun ganz anders anhören als die des Klägers. Soweit sich die Sachvorträge nicht decken, spricht man von einem **streitigen Sachverhalt.** Bestreitet der Beklagte die klägerische Behauptung, handelt es sich um einfaches Bestreiten, gibt er hierzu eine abweichende Sachdarstellung, so spricht man von einem „substantiierten" Bestreiten. Das Bestreiten ist grundsätzlich erheblich und nötigt den Kläger zum Beweis der bestrittenen klagebegründenden Tatsachen. Der Beklagte kann gegen den Anspruch Einreden erheben, insbesondere „anspruchsvernichtende" Tatsachen vortragen.

Das Gericht muss also Beweis erheben, wenn die Klage schlüssig ist und der Beklagte die vom Kläger vorgetragenen Tatsachen bestreitet bzw. nicht bestreitet, aber weitere rechtserhebliche Tatsachen vorbringt, die vom Kläger bestritten werden. Das Gericht geht hier in entsprechender Weise vor. Es unterstellt zunächst die vom Beklagten vorgetragenen Tatsachen als „wahr". Sind sie geeignet, die Ansprüche des Klägers zu Fall zu bringen, sind sie erheblich **(Erheblichkeitsprüfung).**

---

**Beispiel**

Der Kläger beantragt, den Beklagten zur Zahlung von 1000 € zu verurteilen. Zur Begründung trägt er vor, er habe dem Beklagten eine Sache verkauft. Die Klage ist schlüssig aus § 433 Abs. 2 BGB. Der Beklagte kann sich wie folgt auf die Klage einlassen. Er bestreitet den Vertragsabschluss als solchen. In diesem Fall ist Beweis über die streitige Tatsache des Vertragsabschlusses zu erheben. Bestreitet der Beklagte nicht den Vertragsabschluss, behauptet er aber, dass er bereits gezahlt habe (Erfüllung gem. § 362 BGB), muss hierüber Beweis erhoben werden.

---

Bringt der Beklagte Einreden vor, d. h. Gegenrechte, dann sind die hierfür erforderlichen Voraussetzungen vom Beklagten zu beweisen. Beruft sich z. B. der Beklagte einer Kaufpreisklage auf vorhandene Mängel beim Kauf, fehlendes Verschulden bei einem Schadensersatzanspruch aus § 280 ff. BGB oder Verjährung, dann muss er hierfür Tatsachen liefern. Zu unterscheiden sind **rechtshindernde Einwendungen,** die bereits die Entstehung des Anspruchs verhindern, z. B. §§ 104 ff. BGB (Geschäftsunfähigkeit), §§ 125 ff. BGB (Formmangel), § 134 BGB (Verstoß gegen ein gesetzliches Verbot), § 138 BGB (Sittenwidrigkeit) oder die §§ 119, 142 BGB (Anfechtung wegen Irrtums) und die **rechtsvernichtende Einwendungen,** die die Vernichtung eines einmal wirksam entstandenen Anspruchs zur Folge haben, z. B. § 362 BGB (Erfüllung), § 372 BGB (Hinterlegung), § 389 BGB (Aufrechnung) oder § 275 BGB (Unmöglichkeit). Zu nennen sind weiterhin die **rechtshemmenden Einwendungen** (Einreden im privatrechtlichen Sinne). Letztere bezeichnet man als Gegenrechte. Solche Leistungsverweigerungsrechte lassen den Anspruch weiter bestehen, hemmen aber seine Durchsetzung, z. B. die Einrede der Verjährung (§ 214 BGB), die Einrede des Zurückbehaltungsrechts (§ 273 BGB), die Einrede des nicht erfüllten Vertrages (§ 320 BGB) oder die Einrede der Vorausklage des Bürgen (§ 771 BGB).

Die ZPO verwendet den Begriff der Einrede generell für die Geltendmachung von Gegenrechten. Dagegen werden im BGB die rechtshindernden und die rechtsvernichtenden „Einreden" als **Einwendungen** und nur die rechtshemmenden ebenfalls als **Einreden** (Leistungsverweigerungsrechte) bezeichnet.

Einwendungen sind im Prozess **von Amts wegen** zu berücksichtigen, (rechtshemmende) Einreden nur, wenn sich der Beklagte ausdrücklich auf sie beruft.

Bei Zahlungsklagen kommt es häufiger vor, dass der Beklagte seinerseits eine Forderung gegen den Kläger hat und die **Aufrechnung** erklärt. Die Prozessaufrechnung ist allerdings eine aufwändige Verteidigung. Der Beklagte „opfert" damit seine Gegenforderung. Dies wird er aber nur tun wollen, wenn es sein einziges Verteidigungsmittel ist und er den Prozess auf andere Weise nicht gewinnen kann. Deshalb macht er die Aufrechnung regelmäßig nur hilfsweise geltend, also für den Fall, dass alle anderen Verteidigungsmittel nicht eingreifen. Über die Geldforderung darf das Gericht nur entscheiden, wenn es die Klageforderung bejaht. Die **Hilfsaufrechnung** ist buchstäblich das letzte Verteidigungsmittel. Das Urteil darf nicht offen lassen, ob die Klageforderung bestanden hat oder durch Aufrechnung erloschen ist; es würde den Umfang der Rechtskraft (§ 322 Abs. 2 ZPO) vernebeln. Das Rechtsmittelgericht ahndet diesen Fehler von Amts wegen. Es kommen jedoch auch andere Reaktionsmöglichkeiten in Betracht, die im Folgenden betrachtet werden.

Der Beklagte kann sich auch insoweit wehren, indem er selbst die Initiative ergreift und eine **Widerklage** erhebt.[69] In diesem Fall erhebt er seinerseits eine Klage gegen den Kläger. Es handelt sich um eine echte Klage, nur mit entgegengesetzten Parteirollen; der Beklagte ist (Wider-)Kläger und der Kläger ist (Wider-) Beklagter. Voraussetzung ist, dass die Hauptklage rechtshängig ist, die Widerklage einen selbstständigen Streitgegenstand hat, und ein Sachzusammenhang (einheitliches Lebensverhältnis) zwischen Klage und Widerklage besteht.[70]

Auch der Kläger wiederum wird zu den Ausführungen des Beklagten Stellung nehmen. Die Stellungnahme des Klägers auf die Klageerwiderung wird üblicherweise als **Replik** bezeichnet (u. U. folgt noch eine **Duplik** des Beklagten). Interessanterweise stellt sich der Sachverhalt auf diese Weise mitunter sehr unterschiedlich dar.

### 7.8.2  Säumnis

Reagiert der Beklagte nicht oder erscheint er nicht im Verhandlungstermin, muss der Rechtsstreit auch in diesem Fall entschieden werden können. Dieser Gedanke steht hinter den §§ 330 ff. ZPO. Die Mitwirkung der Parteien wird zwar nicht erzwungen, jedoch sollen sich für die säumige Partei auf Grund dieser Obliegenheitsverletzung Nachteile ergeben. Erscheint der Beklagte nicht, so kann das Gericht auf Antrag des Klägers unter den Voraussetzungen der §§ 330 ff. ZPO ein **Versäumnis-**

---

[69] Vgl. Zöller/*Vollkommer*, § 33 ZPO, Rn. 1 ff.
[70] BGH, NJW 2001, 2094.

**urteil** erlassen. Der Richter entscheidet dann also allein nach den vom Kläger vorgetragenen Tatsachen; die Beweisstation fällt also weg (§ 331 ZPO).

Die **Voraussetzungen** für den Erlass eines Versäumnisurteils gegen den Beklagten sind ein Antrag des Klägers auf Erlass eines Versäumnisurteils und die Säumnis des Beklagten. Eine Säumnis liegt vor, wenn die Partei im Verhandlungstermin trotz ordnungsgemäßer rechtzeitiger Ladung (§ 335 Abs. 1 ZPO) nicht erscheint bzw. – im Anwaltsprozess – nicht durch einen Rechtsanwalt vertreten ist oder nicht verhandelt. Weiterhin ist die Schlüssigkeit zu prüfen. Liegt diese vor, ergeht ein Versäumnisurteil gegen den Beklagten in dem Umfang, wie der Kläger es beantragt hat (§ 331ZPO). Das Versäumnisurteil ist ein echtes Sachurteil. Aus dem Grund müssen die entsprechenden Voraussetzungen vorliegen.

Fehlen Sachurteilsvoraussetzungen, ist also die Klage nicht zulässig, so erfolgt, wie auch sonst im normalen streitigen Verfahren, eine Klageabweisung durch Prozessurteil. Ist die Klage dagegen zwar zulässig, aber nicht schlüssig, so wird sie abgewiesen (§ 331 Abs. 2 Hs. 2 ZPO). Es handelt sich um ein normales Sachurteil, nicht um ein Versäumnisurteil.

Eine Besonderheit besteht beim schriftlichen Vorverfahren. Wenn der Beklagte dem Gericht nicht rechtzeitig angezeigt hat, dass er sich gegen die Klage verteidigen will (vgl. § 276 ZPO), trifft auf Antrag des Klägers das Gericht die Entscheidung ohne mündliche Verhandlung (§ 331 Abs. 3 ZPO); das Nichtanzeigen der Verteidigungsbereitschaft steht im Prinzip anstelle der Säumnis im Termin. Dieser Antrag wird regelmäßig schon in der Klageschrift gestellt.

Erscheint der Kläger in der mündlichen Verhandlung nicht, so wird auf Antrag des Beklagten die Klage durch Versäumnisurteil abgewiesen (§ 330 ZPO). Auf die Schlüssigkeit des Vortrags kommt es dabei nicht an. Grundlage für ein Versäumnisurteil gegen den Kläger ist nicht der Sachvortrag einer der Parteien, sondern allein die Tatsache der Säumnis.

Gegen ein **Versäumnisurteil** kann der Beklagte **Einspruch** (§ 338 ZPO) bei dem Gericht, dass dieses erlassen hat, einlegen. Die Einspruchsfrist beträgt zwei Wochen und beginnt mit der Zustellung des Versäumnisurteils (§ 339 ZPO). Das Gericht prüft die Zulässigkeit des Rechtsbehelfs. Ist dies der Fall, wird der Prozess in die Lage zurückversetzt, in der er sich vor Eintritt der Versäumnis befunden hat (§ 342 ZPO). Der Rechtsstreit kommt dadurch nicht in die höhere Instanz. Ergibt sich nach einer Verhandlung die sachliche Richtigkeit des Versäumnisurteils, ergeht ein Urteil mit dem Tenor, dass das „Versäumnisurteil vom (Datum) aufrechterhalten wird" (§ 343 S. 1 ZPO).

Erscheint dagegen der Beklagte in dem auf dem Einspruch anberaumten Termin (nicht erst in einem der folgenden) wieder nicht, dann ergeht auf Antrag ein **zweites Versäumnisurteil** (§ 345 ZPO), durch das der Einspruch verworfen wird; entscheidend ist allein die erneute schuldhafte Säumnis. Gegen dieses zweite Versäumnisurteil gibt es keinen Einspruch mehr (§ 345 ZPO), sondern nur noch Berufung (§ 514 Abs. 2 ZPO).

Gegen eine Klageabweisung bei Unzulässigkeit oder Unschlüssigkeit der Klage, also gegen das **unechte Versäumnisurteil,** gibt es nicht den Einspruch, sondern die allgemeinen Rechtsmittel, also die Berufung.

Sind beide Parteien säumig, kann das Gericht sich vertagen, d. h. einen neuen Termin bestimmen (§ 227 ZPO), es kann das **Ruhen des Verfahrens** anordnen (§ 251a Abs. 3 ZPO) oder eine **Entscheidung nach Aktenlage** treffen (vgl. § 251a Abs. 1, 2 ZPO).

### 7.8.3  Anerkenntnis

Der Beklagte kann den Anspruch anerkennen. Dann ergeht ein **Anerkenntnisurteil** (§ 307 ZPO), ein zusprechendes Urteil allein aufgrund des Anerkenntnisses; auf die Schlüssigkeit kommt es dann nicht mehr an. Der Beklagte trägt grundsätzlich die Kosten (§ 91 ZPO). Ein sofortiges Anerkenntnis erspart dem Beklagten allerdings die Belastung mit den Prozesskosten, wenn er keine Veranlassung zur Klage gegeben hat (§ 93 ZPO), z. B. wenn der Kläger vor Fälligkeit geklagt hat. Ein Anerkenntnisurteil setzt neben der Verfügungsbefugnis der Parteien das Vorliegen der Sachurteilsvoraussetzungen voraus; das Anerkenntnis muss unbedingt, uneingeschränkt und vorbehaltlos erfolgen.

### 7.8.4  Erledigung der Hauptsache

Es kann z. B. vorkommen, dass der Beklagte nach Zustellung der Klage bis zum Termin oder im Termin den Anspruch des Klägers erfüllt, d. h. freiwillig bezahlt. Der Kläger hat nun kein Interesse mehr an der Fortsetzung des Prozesses. Seine Klage müsste, da der Klageantrag gegenstandslos geworden ist, da sein Anspruch nicht mehr besteht, abgewiesen werden. Eine Klagerücknahme (§ 269 ZPO) würde ihn mit den Kosten belasten. Das Gesetz gibt dem Kläger in diesem Fall die Möglichkeit, die Erledigung der Hauptsache zu erklären. Stimmt der Beklagte dieser Erklärung zu, d. h. bestätigt der Beklagte, dass der Rechtsstreit gegenstandslos geworden ist **(übereinstimmende Erledigungserklärung),** dann darf das Gericht in dieser Sache nicht mehr weiter verhandeln. Die Rechtshängigkeit erlischt. Das Gericht entscheidet dann nur noch durch Beschluss über die Verteilung der inzwischen entstandenen Prozesskosten nach billigem Ermessen unter Berücksichtigung des bisherigen Sach- und Streitstandes (§ 91a ZPO). Dabei sind die allgemeinen Grundsätze des Kostenrechts heranzuziehen (vgl. §§ 91 ff. ZPO). Es ist dabei entscheidend zu berücksichtigen, welche Partei ohne die Erledigung die Kosten zu tragen gehabt hätte, d. h. also welche Partei voraussichtlich im Rechtsstreit unterlegen gewesen wäre. Eine lediglich **einseitige Erledigungserklärung** des Klägers führt dagegen nicht zu einer Beendigung des Rechtsstreits, sondern hat nur zur Folge, dass sich sein ursprüngliches Begehren in ein Feststellungsbegehren ändert, nämlich auf Feststellung der Erledigung der Hauptsache. Es handelt sich um eine Klageänderung. Die Hauptsache ist erledigt, wenn die Klage nach der Zustellung ohne Zutun des Klägers unzulässig oder unbegründet wird, z. B. aufgrund der verspäteten Erfüllung durch den Beklagten.

### 7.8.5 Prozessvergleich

Der Beklagte kann sich auch mit dem Kläger gütlich einigen und einen Prozessvergleich (§ 794 Abs. 1 Nr. 1 ZPO) schließen, in dem beide Teile von ihrer ursprünglichen Forderung etwas nachgeben. Das Gericht hat auf einen Vergleich hinzuwirken, wobei darauf zu achten ist, dass nicht der Verdacht der Bevorzugung einer Partei entsteht oder sich die Parteien zu einem Vergleich genötigt fühlen. Anderenfalls besteht die Gefahr einer Ablehnung wegen Befangenheit oder der Anfechtbarkeit des Vergleichs. Der Prozessvergleich wird dann gerichtlich protokolliert und kann unter Umständen auch als Titel in der Zwangsvollstreckung verwendet werden. Der Prozessvergleich ist einerseits ein materiellrechtlicher Vertrag nach § 779 BGB, andererseits aber auch eine Prozesshandlung. Beides ist untrennbar miteinander verbunden. Daher muss sowohl ein wirksamer Vertrag, aber auch eine wirksame Prozesshandlung vorliegen. In der **Praxis** ist der Prozessvergleich von **großer Bedeutung;** ein großer Teil der streitigen Prozesse wird durch einen Vergleich beendet.[71]

## 7.9 Beweis

### 7.9.1 Beweisbedürftigkeit

Das Gericht muss zu einer Sachentscheidung kommen. Kommt das Gericht nach der Schlüssigkeitsprüfung und der Erheblichkeitsprüfung zu dem Ergebnis, dass es auf bestimmte streitige Tatsachen ankommt, muss über die **streitigen entscheidungserheblichen Tatsachen** also Beweis in einem **Beweisverfahren** erhoben werden. Die Partei kann den Beweis unmittelbar oder mittelbar führen. Der ZPO ist es gleich, wie die Partei das Gericht überzeugt. Der unmittelbare Beweis erlaubt einen direkten Schluss auf das Vorliegen bzw. Nichtvorliegen eines gesetzlichen Tatbestandsmerkmals.

> **Beispiel**
>
> Geht es um Anspruch auf Schadensersatz wegen Körperverletzung (§ 823 Abs. 1 BGB) und sagt Zeuge X aus, er habe gesehen, wie der Beklagte den Kläger mit seinem Auto angefahren und verletzt hat, dann handelt es sich um einen unmittelbaren Beweis.

Der mittelbare Beweis erlaubt dagegen nur Schlussfolgerungen auf das zu beweisende Tatbestandsmerkmal. Der Kläger trägt in diesem Fall also Hilfstatsachen vor, die darauf schließen lassen, dass die bestrittene Haupttatsache wahr sei.[72] Diese Hilfstatsachen nennt man Indizien (= Anzeichen; **Indizienbeweis).**

---

[71] Vgl. *Marschollek*, Rn. 260 zum Prozessvergleich.
[72] Vgl. *Reichold*, in Thomas/Putzo, Vorbem. § 284 ZPO, Rn. 11.

---

**Beispiel**

Geht es um den eben erwähnten Anspruch auf Schadensersatz wegen Körperverletzung (§ 823 Abs. 1 BGB) und ist diesmal kein Zeuge vorhanden, könnte
ein Beweis auch mittelbar, also durch Indizien, geführt werden, z. B. der linke
Kotflügel weist eine Beule auf; eine mikroskopische Untersuchung ergibt, dass
sich Stoffreste vom Anzug des Klägers am Auto des Beklagten befinden oder
Farbspuren des Wagens am Anzug des Klägers.[73]

---

**Keines Beweises** bedürfen zugestandene, unstreitige und nicht wirksam bestrittene
Tatsachen. Ausnahmsweise bedürfen auch streitige und erhebliche Tatsachen im
Prozess keines Beweises. Hierzu zählen u. a. die offenkundigen Tatsachen (z. B.
geographische oder historische Fakten) und die bereits bewiesenen Tatsachen, z. B.
wenn das Gericht bereits nach 5 von 15 Zeugenaussagen von der Wahrheit der Klä-
gerbehauptung überzeugt ist.

Weiterhin sind Tatsachen, die Gegenstand einer **gesetzlichen Vermutung** sind,
nicht beweisbedürftig. Allerdings kann diejenige Partei, zu deren Lasten die gesetzliche Vermutung geht, grundsätzlich den Beweis des Gegenteils führen, soweit dies
nicht besonders ausgeschlossen ist (§ 292 ZPO). Auch Tatsachen, für die der sog.
„Beweis des ersten Anscheins" (=*prima-facie*-Beweis) spricht, sind grundsätzlich
nicht beweisbedürftig. Der *prima-facie*-Beweis führt nicht zu einer Beweislastumkehr, sondern zu einer Beweiserleichterung. Danach kann aus unstreitigen Tatsachen nach allgemeiner Lebenserfahrung, d. h. aus allgemeinen Erfahrungssätzen
bei typischen Geschehensabläufen, auf das Vorliegen der bestrittenen Tatsache geschlossen werden. Der Beweis des ersten Anscheins ist daher auch geeignet, das
Gericht zu überzeugen (§ 286 ZPO), allerdings nur vorläufig. Der Gegner hat die
Tatsachen vorzutragen, die auf eine ernsthafte Möglichkeit eines atypischen Ge-
schehensablaufes hinweisen. Dann liegt die Beweislast wieder beim Beweisbelasteten, also i. d. R beim Kläger. Der Anscheinsbeweis ist angewandte Lebenserfahrung. Es handelt sich um eine besondere Art des Indizienbeweises. Der Unterschied
dieser sehr ähnlichen Formen besteht darin, dass sich der Anscheinsbeweis erschüt-
tern lässt, der Indizienbeweis nicht; der Anscheinsbeweis ist im Prinzip eine abge-
schwächte Form des Indizienbeweises.[74]

---

**Beispiel**

Gerät ein Autofahrer auf die Gegenfahrbahn und kommt es demzufolge zu einem
Unfall, so spricht der erste Anschein für ein Verschulden des Fahrers. Der Beklagte müsste in diesem Fall die ernsthafte Möglichkeit einer anderen Unfall-
ursache behaupten und beweisen, für die er nichts kann, z. B. für fehlerhafte
Bremsen.

---

[73] Vgl. BGHZ 53, 245 ff.; BGH, NJW 1983, 2034.

[74] *Schellhammer*, Rn. 518.

Weiterhin bedürfen solche Tatsachen grundsätzlich keines Beweises, die nach § 287 ZPO festgestellt werden, insbesondere Schadensschätzung oder Tatsachen, deren Beweis die gegnerische Partei schuldhaft vereitelt hat, z. B. wenn der Beklagte sich weigert, dem Kläger die nur ihm bekannte Anschrift eines Zeugen mitzuteilen. Im Falle der Beweisvereitelung ist streitig, ob dann die Tatsache als erwiesen angesehen werden kann oder ob eine Beweislastumkehr eintritt oder nur eine Beweiserleichterung.[75]

Die Parteien führen das Beweismittel durch einen **Beweisantrag** für eine bestimmte Tatsachenbehauptung (Beweisthema) in den Prozess ein. Grundsätzlich ist ein Beweisantrag heute nur noch für den Zeugenbeweis (§§ 373 ff. ZPO) erforderlich. Das Gericht ist daher trotz der Verhandlungsmaxime grundsätzlich berechtigt, von Amts wegen eine Beweisaufnahme durchzuführen. Grundsätzlich sind die angetretenen Beweise zu erheben. Ein Beweisantrag kann nur ausnahmsweise abgelehnt werden.

Die Anordnung der Beweiserhebung trifft das Gericht i. d. R durch einen **Beweisbeschluss.** Darin sind der Beweisführer, das Beweisthema und das Beweismittel zu benennen (§ 359 ZPO). Darüber hinaus kann der Beweisbeschluss eine Terminsbestimmung, die Anordnung des persönlichen Erscheinens der Parteien (§ 141 Abs. 1 ZPO), die Ladung des Zeugen oder Sachverständigen und die Anforderung eines Kostenvorschusses (§ 379 ZPO) enthalten. Die Beweisaufnahme hat grundsätzlich vor dem zu erkennenden Gericht stattzufinden.

### 7.9.2  Beweismittel, Beweisarten

Der **Strengbeweis** ist auf die Herbeiführung der **vollen richterlichen Überzeugung** von der Wahrheit der zu beweisenden Tatsache im förmlichen Beweisverfahren (§§ 335 ZPO) gerichtet. Der Strengbeweis ist grundsätzlich im Verfahren auf Erlass einer Sachentscheidung erforderlich. Die Beweisaufnahme ist hier weitgehend typisiert.

Es sind **fünf Beweismittel** zugelassen: Augenschein des Richters, Zeugen, Sachverständige, Urkunden oder Parteivernehmung (Abb. 7.3).

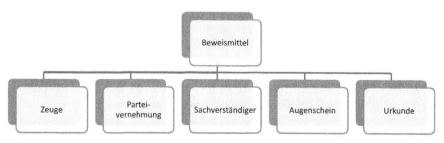

**Abb. 7.3**  Beweismittel

---

[75] *Reichold*, in Thomas/Putzo, § 286 ZPO, Rn. 18 ff.

Demgegenüber ist der – gesetzlich nicht geregelte – **Freibeweis** zwar ebenfalls auf die volle richterliche Überzeugung gerichtet, braucht aber nicht im Verfahren und mit den Beweismitteln des Strengbeweises geführt werden. Verfahren und Beweismittel stehen im Ermessen des Gerichts, z. B. durch eine telefonische Vernehmung eines Zeugen oder Einholung einer amtlichen Auskunft. Freibeweis ist zulässig bei Einverständnis der Parteien (§ 284 S. 2, 3 ZPO), in Prozesskostenhilfesachen (§ 118 Abs. 2 ZPO), bei der Feststellung der Prozessvoraussetzungen oder im Beschwerdeverfahren.

Die **Glaubhaftmachung** (§ 294 ZPO) bedeutet eine Beweisführung, die dem Richter lediglich die Vorstellung **hinreichender Wahrscheinlichkeit** vermitteln soll. Die Glaubhaftmachung ist dort möglich, wo sie gesetzlich zugelassen ist, z. B. beim Arrest- und einstweiligen Verfügungsverfahren (§§ 920 Abs. 2, 936 ZPO). Als Beweismittel kommen hier auch eidesstattliche Versicherungen (auch der Partei selbst) in Betracht.

Nach der **Beweisrichtung** ist zwischen dem Hauptbeweis und dem Gegenbeweis zu differenzieren. Die beweisbelastete Partei muss die Tatsachen nachweisen, die die Tatbestandmerkmale der für sie günstigen Norm ausfüllen. Es ist volle richterliche Überzeugung erforderlich. Mit dem Gegenbeweis will der Prozessgegner tatsächliche Behauptungen der anderen Partei widerlegen. Er bezieht sich auf das „Nichtvorliegen" der beweisbedürftigen Tatsache. Dieser hat bereits dann Erfolg, wenn die richterliche Überzeugung von der Wahrheit der beweisbedürftigen Tatsache erschüttert ist, denn dann ist der Hauptbeweis nicht erbracht.[76]

Der **Beweis durch Augenschein** (§§ 371 ff. ZPO) erfolgt durch die unmittelbare Wahrnehmung von beweiserheblichen Tatsachen durch das Gericht. Gegenstand des Augenscheins sind Personen und Sachen, Zustände und Vorgänge. Dabei geht es nicht nur um die Wahrnehmung durch „Besichtigung", sondern auch mittels der anderen Sinne, z. B. Geruch, Geschmack oder Tastsinn.

---

**Beispiele**

Geräusche oder Gerüche, z. B. bei Nachbarrechtsstreitigkeiten; Ortbesichtigung bei Verkehrsunfällen, Besichtigung des Bauobjekts bei Baumängeln sowie jede andere sinnliche Wahrnehmung, d. h. also alles, was nicht „gelesen" werden kann, z. B. Lichtbilder, Skizzen, technische Aufzeichnungen.

---

Unter **Urkunden** i. S. d. §§ 415 ff. ZPO versteht man nur lesbare, schriftlich verkörperte Gedankenerklärungen[77]; eine Unterschrift ist nicht erforderlich. Beweis durch Urkunden kann nur erbracht werden, wenn diese dem Gericht vorliegen. Die Ankündigung zur Vorlage erfolgt zwar häufig. Meistens ist dies nicht erforderlich, weil die Parteien den Inhalt der Urkunde unstreitig werden lassen.

---

[76] BGH, NJW 2001, 1096, 1099.
[77] *Reichold*, in Thomas/Putzo, Vorbem. § 415 ZPO, Rn. 1 ff.

Es können auch **Zeugen** zur Bestätigung der Behauptung als Beweis angeboten werden (§§ 373 ff. ZPO). Als Zeuge kommt jeder in Betracht, der nicht Partei ist oder als gesetzlicher Vertreter vernommen wird.[78]

> **Beispiel**
>
> Im Prozess gegen eine OHG werden die Gesellschafter als Zeugen benannt. Die vertretungsberechtigten Gesellschafter scheiden als Zeugen aus. Sie werden als Partei (§ 455 ZPO) vernommen; anderes gilt für die nicht vertretungsberechtigten Gesellschafter der OHG (auch KG).

Als Zeuge, nicht als Partei vernommen werden weiterhin der Streithelfer oder der Streitgenosse.[79] Der Zeuge soll vor Gericht über vergangene Tatsachen aussagen. Dabei ist entscheidend, ob der unter Beweis gestellte Streitpunkt für den Zeugen mit seinen Sinnen wahrnehmbar war. Wertende Rückschlüsse aus tatsächlichen Gegebenheiten oder die Beantwortung von Rechtsfragen sind nicht Gegenstand einer Zeugenvernehmung. Ebenso sollte der Zeuge nicht über hypothetische Entschlüsse vernommen werden. Das Gericht darf z. B. den Zeugen nicht fragen, ob die Parteien einen Werkvertrag abgeschlossen haben oder ob der Beklagte schuldhaft gehandelt hat.

Das Beweisthema könnte etwa wie folgt lauten: „Hat der Beklagte dem Kläger am 1.8… mündlich versprochen, eine Gartenhütte zu bauen". In einem Verkehrsunfallprozess könnte die Frage lauten: „Wie kam es am 1.8… zu dem Unfall der Parteien an der Kreuzung Gartenstraße/Schweizerstraße in Frankfurt"?

Zeugen obliegt die Pflicht, sich auf die Aussage durch Nachforschungen vorzubereiten (§ 378 ZPO), zum Termin zu erscheinen (§ 380 ZPO), vollständig und wahrheitsgemäß auszusagen (§§ 390, 395 ZPO) und auf Verlangen den Eid zu leisten (§§ 390, 391 ZPO).

Zu diesen Pflichten gibt es Ausnahmen: Nicht erscheinen müssen der Bundespräsident, Minister, Abgeordnete. Nicht aussagen müssen Angehörige und Vertreter freier Berufe, soweit ihnen ein Aussageverweigerungsrecht zusteht (§§ 383 ff. ZPO), z. B. bei Ehegatten, nahen Verwandten oder Lebenspartnern i. S. d. LPartG; keinen Eid müssen Jugendliche unter 16 Jahren leisten.

Zeuge ist auch der **sachverständige Zeuge** (§ 414 ZPO). Dass er für seine Wahrnehmung eine besondere Sachkenntnis braucht, macht ihn noch nicht zum Sachverständigen. So ist z. B. der Arzt Zeuge, wenn er über Art und Umfang der Unfallverletzung seines Patienten aussagen soll. Sachverständiger ist er, wenn das Gericht von ihm Diagnose, Therapie und Heilungschancen erfahren will oder wenn er den Patienten für das Gericht untersucht hat und über das Ergebnis berichten soll.

Auch die prozessunfähige Partei kann Zeuge sein, da sie nicht als Partei vernommen wird; auch Kinder können daher Zeugen sein.

Der Zeugenbeweis ist ein unsicheres Beweismittel, da die Wahrnehmungsfähigkeit und die Erinnerungsfähigkeit der Personen ebenso begrenzt sind wie die

---

[78] Zöller/*Greger*, § 373 ZPO, Rn. 1.
[79] *Schellhammer*, Rn. 599.

Fähigkeit, das Erinnerte objektiv zu schildern. Diese Fähigkeit nimmt grundsätzlich ab, je länger der Vorgang zeitlich zurückliegt. Die Vereidigung eines Zeugen ist im Endeffekt eine Ermessensentscheidung des Gerichts (§ 391 ZPO); Kinder unter 16 Jahren sind nicht eidesfähig.

Ein weiteres wichtiges Beweismittel ist das **Sachverständigengutachten** (§§ 402 ff. ZPO). Der Sachverständige soll sich nicht wie ein Zeuge über in der Vergangenheit liegende Tatsachen äußern, sondern dem Gericht die Kenntnis von abstrakten Erfahrungssätzen vermitteln **(Sachverständigenbeweis)**. Er wird damit als „Hilfsorgan" des Gerichts tätig.[80] Das Gericht entscheidet über die Einholung eines Sachverständigengutachtens nach pflichtgemäßem Ermessen. Wenn sich das Gericht auf Grund eigener Sachkunde in der Lage sieht, die Streitfrage zu beantworten, kann auf die Einholung eines Sachverständigengutachtens verzichtet werden. Ein Sachverständigengutachten wird häufig in Arzthaftungprozessen und Bauprozessen eingeholt. Dem Gericht steht es frei, ob es sich ein Gutachten in schriftlicher Form erstatten lässt (Regelfall) oder den Sachverständigen im Termin anhört (§ 411 Abs. 1 ZPO). Mitunter kann das Gericht den Sachverständigen auch zur Erläuterung eines schriftlich erstellten Gutachtens zum Termin laden (§ 411 Abs. 3 ZPO). Der Unterschied zum sachverständigen Zeugen besteht darin, dass der Sachverständige durch einen anderen ersetzt werden kann, der Zeuge dagegen nicht, da er eine gerade von ihm gemachte Wahrnehmung bekunden soll.

Das **Privatgutachten,** das eine Partei vorlegt, ist noch kein Beweismittel, sondern nur Parteivortrag; als Gutachten ist es nur mit Zustimmung beider Parteien verwertbar.

Die **Parteivernehmung** (§§ 445 ff. ZPO) ist grundsätzlich nur unter engen Voraussetzungen zulässig. Es handelt sich auch um ein Beweismittel wie der Zeugen- und Sachverständigenbeweis. Das Gericht würdigt die Parteiaussage frei. Die ZPO unterscheidet vier Arten der Parteivernehmung, diejenige auf Antrag des Gegners (§ 445 ZPO), diejenige auf eigenen Antrag (§ 447 ZPO), die Parteivernehmung von Amts wegen (§§ 448, 613 ZPO) und die Schätzungsvernehmung (§ 287 Abs. 1 S. 3 ZPO). Die Parteivernehmung muss noch zulässig sein, wenn das Gericht sie durchführt. Unzulässig ist die Parteivernehmung zum Gegenbeweis (§ 445 Abs. 2 ZPO) oder im Urkundsprozess zum Beweis der Anspruchsvoraussetzungen (§§ 592, 595 Abs. 2 ZPO). Mitunter ist sie jedoch das einzige Beweismittel. Nach § 445 ZPO (Parteivernehmung auf Antrag des Gegners) kann die beweisbelastete Partei beantragen, dass der Gegner als Partei vernommen werde, wenn sie ihren Beweis noch nicht vollständig geführt hat oder keinen anderen Beweis anbieten kann. Die Parteivernehmung (des Gegners) ist damit subsidiär. Die Parteivernehmung wird meist wenig erfolgversprechend sein, da der Gegner wohl kaum eine von seinem Parteivortrag abweichende Aussage machen wird.

Ihre eigene Vernehmung erreicht die beweisbelastete Partei nur mit Zustimmung des Gegners (§ 447 ZPO). Aber welcher Gegner wird schon auf diese Weise einen Prozess verlieren wollen. Das Gericht kann von Amts wegen über eine streitige Tatsache auch die beweispflichtige Partei vernehmen.

---

[80] BGHZ 62, 59; BGH, NJW-RR 2007, 357.

Dies ist allerdings nur in Ausnahmefällen möglich (§§ 447, 448 ZPO). So ist diese nur möglich, wenn der Gegner hierin einwilligt (§ 447 ZPO) oder wenn vorher ein Anfangsbeweis geführt wurde und damit für die zu beweisende Tatsache zwar eine gewisse Wahrscheinlichkeit spricht, die zum Beweis erforderliche Überzeugung des Gerichts aber noch nicht erreicht ist (§ 448 ZPO).

Die Parteivernehmung ist **zu unterscheiden** von der **Parteianhörung**. Diese ist kein Beweismittel, sondern sie soll lückenhaftes Parteivorbringen ergänzen. Die Parteiangaben sind nur streitiger oder unstreitiger Parteivortrag, den der Richter normalerweise nicht als Beweis würdigen darf. Parteivernehmung und Parteianhörung unterscheiden sich auch äußerlich dadurch, dass eine Parteivernehmung durch Beweisbeschluss angeordnet und protokolliert werden muss (§§ 450 Abs. 1, 160 Abs. 3 Nr. 4 ZPO).

### 7.9.3 Beweiswürdigung

Die Beweiswürdigung ist ausschließlich Sache des Gerichts. Das bedeutet, dass der Richter auf der Grundlage von Verhandlung und Beweisaufnahme „nach freier Überzeugung" zu entscheiden hat, ob er eine tatsächliche Behauptung für wahr hält oder nicht (§ 286 Abs. 1 ZPO). Die Behauptung ist **bewiesen,** wenn das Gericht **von ihrer Wahrheit voll überzeugt** ist. Absolute Gewissheit wird nicht verlangt. Ausreichend ist ein „für das praktische Leben brauchbarer Grad von Gewissheit". Nicht ausreichend ist jedenfalls eine überwiegende Wahrscheinlichkeit.[81] Der Richter kann z. B. einer Partei mehr Glauben schenken als einem Zeugen oder einer uneidlichen Zeugenaussage mehr Glauben schenken als einer Aussage unter Eid. Die Gefahr einer (zu) subjektiven Beurteilung wird abgemildert durch die Vorschrift des § 286 Abs. 1 S. 2 ZPO, wonach der Richter die Gründe anzugeben hat, die für seine Entscheidung maßgebend waren. Die Entscheidung darf nicht willkürlich sein; die Gesetze der Logik binden auch das Gericht.[82] Freier ist der Richter bei der Ermittlung des Schadens und seiner Höhe. Hier kann der Richter u. U. ohne Beweisaufnahme hinsichtlich der bestrittenen Tatsache unter Würdigung aller Umstände nach freier Überzeugung entscheiden (§ 287 ZPO).

Hat das Ergebnis der Beweisaufnahme den Richter nicht von der Wahrheit oder Unwahrheit der beweisbedürftigen Tatsache überzeugt, entsteht ein „non-liquet". Der Richter kann nun die Parteien „nicht ohne Urteil nach Hause schicken". Er muss ein Urteil erlassen, das zu Lasten der beweisbelasteten Partei ergeht.

### 7.9.4 Beweislast

Ebenso wie es Angelegenheit der Parteien ist, dem Gericht die entscheidungserheblichen Tatsachen vorzutragen, so ist es auch ihre Aufgabe, die Beweismittel für die

---

[81] BGH, NJW 1998, 2971; *Lüke*, Rn. 257.
[82] BGH, NJW 1998, 2736.

(noch) streitigen Tatsachen zu beschaffen. Der Beweislast kommt in zahlreichen Prozessen eine entscheidende Bedeutung zu, weil sich häufig bestimmte Behauptungen nicht beweisen lassen. Der Richter, der die Parteien in diesem Fall – wie erwähnt – nicht einfach „nach Hause schicken" kann, muss eine Entscheidung treffen können. Als **Regel** gilt, „**dass jede Partei für das Vorliegen der tatsächlichen Voraussetzungen der für sie günstigen Rechtsnormen die Beweislast trägt**". Das bedeutet, dass der Kläger die anspruchsbegründenden Tatsachen beweisen muss und der Beklagte die Beweislast für alle Tatsachen trägt, die eine rechtsvernichtende, rechtshindernde oder rechtshemmende Wirkung haben. Die Partei verliert den Prozess, wenn sie für eine beweisbedürftige Tatsache keinen Beweis antritt (subjektive Beweislast bzw. Beweisführungslast) oder wenn das Ergebnis der Beweisaufnahme das Gericht nicht von der Wahrheit oder Unwahrheit der beweisbedürftigen Tatsache überzeugt hat; dieses *„ non-liquet"* geht zu ihren Lasten.[83]

Diese Regel zur Beweislastverteilung wird durchbrochen, soweit gesetzliche Vorschriften eine andere Beweislastverteilung anordnen, z. B. §§ 179, 345, 363, 932, 2236 Abs. 3 BGB oder gesetzliche Vermutung eingreifen (z. B. § 476 BGB). Eine weitere Durchbrechung erfolgt dort, wo gesetzliche oder tatsächliche Vermutungen eingreifen oder in Sonderfällen, z. B. bei der Produzentenhaftung. So muss bei der Produzentenhaftung nach gefestigter höchstrichterlicher Rechtsprechung der Hersteller beweisen, dass ihn hinsichtlich des Produktfehlers kein Verschulden trifft (**Beweislastumkehr**).[84] Vertraglich vereinbarte Beweislastregeln sind grundsätzlich nicht ausgeschlossen, unterliegen aber ggf. einer Überprüfung nach den §§ 307 ff. BGB.

## 7.10 Rechtsmittel

### 7.10.1 Grundprinzipien

Unter einem Rechtsmittel versteht man einen den Parteien gewährten prozessualen Rechtsbehelf, um eine gerichtliche Entscheidung, vor allem ein Urteil, anzufechten und ihre Nachprüfung durch ein höheres Gericht zu erreichen. Charakteristisch für ein Rechtsmittel ist zum einen das Hinausschieben der formellen Rechtskraft (**Suspensiveffekt**). Zum anderen führt es zur Überleitung des Prozesses in eine höhere Instanz (**Devolutiveffekt**).

Rechtsmittel sind in diesem Sinne nur die **Berufung, Revision** und **Beschwerde**; zu letzteren zählen die sofortige Beschwerde (§ 567 bis 572 ZPO) und die Rechtsbeschwerde (§§ 574 bis 577 ZPO).

Die rechtspolitische Bedeutung der Rechtmittel besteht zum einen in der verstärkten Garantie für eine richtige und gerechte Entscheidung. Vor allem aber führt der Instanzenzug mit seiner Konzentration der Rspr. bei höheren Gerichten und schließlich beim BGH zu einer notwendigen Rechtsvereinheitlichung und Rechtsfortbildung.

---

[83] Zur Beweislast *Lüke*, Rn. 275 m. w. N.

[84] Vgl. *Marschollek*, Rn. 292 zu den Durchbrechungen des Grundsatzes.

Der Einspruch gegen ein Versäumnisurteil oder der Antrag auf Wiedereinsetzung in den vorigen Stand sind keine Rechtsmittel i. S. d ZPO. Ebenfalls nicht zu den Rechtsmitteln zählt die Dienstaufsichtsbeschwerde. Mit diesem Instrumentarium soll der Dienstvorgesetzte des Richters zum Einschreiten gegen Pflichtverstöße veranlasst werden. Wegen der richterlichen Unabhängigkeit kann sie sich nur auf Äußerlichkeiten der richterlichen Tätigkeit beziehen.

Die Zulässigkeit eines Rechtmittels hängt davon ab, ob es **statthaft** ist, d. h. nach seiner Art in Betracht kommt. Zudem müssen die Form und bestimmte Fristen beachtet werden. Weiterhin hängt die Zulässigkeit davon ab, ob der Rechtsmittelkläger beschwert ist. So ist der Kläger beschwert, wenn die angefochtene Entscheidung von der von ihm beantragten abweicht. Der Beklagte ist beschwert, wenn die angefochtene Entscheidung für ihn nachteilig ist.

---

**Beispiel**

A klagt gegen Z auf Zahlung in Höhe von 9000 €. Wird Z zur Zahlung verurteilt, ist Z beschwert, nicht A. Wird die Klage abgewiesen, so ist A beschwert, nicht Z. Wird Z zur Zahlung in Höhe von 4000 € verurteilt und die Klage im Übrigen abgewiesen, sind beide beschwert, Z in Höhe von 4000 € und A in Höhe von 5000 €.

---

Grundsätzlich hängt die Zulassung des Rechtsmittels vom Gericht der angefochtenen Entscheidung ab. Über die Begründetheit darf also erst entschieden werden, wenn die Zulässigkeit feststeht. Für die Einlegung von Rechtsmitteln gilt grundsätzlich das Verbot der „*reformatio in peius*" (§§ 528, 557 ZPO; sog. Verschlechterungsverbot). Das bedeutet, dass die angefochtene Entscheidung nicht weiter abgeändert werden darf als dies beantragt ist. Die einzige Gefahr bei der Einlegung eines Rechtsmittels besteht im Endeffekt darin, dass es – abgesehen von den Kosten – erfolglos bleibt. Zum Nachteil kann das Urteil grundsätzlich nicht mehr abgeändert werden. Eine Ausnahme besteht dann, wenn der Gegner ein Anschlussrechtsmittel einlegt. Eine Abänderung des Urteils zuungunsten des Rechtsmittelklägers kann der Rechtsmittelbeklagte aber durch ein eigenes Rechtsmittel – falls ein solches zulässig ist – oder durch ein Anschlussrechtsmittel (Anschlussberufung, Anschlussrevision) mit erleichterten Zulässigkeitsvoraussetzungen erreichen.

---

**Beispiel**

A klagt gegen Z auf Zahlung in Höhe von 9000 €. Z wird zur Zahlung in Höhe von 4000 € an A verurteilt; im Übrigen wird die Klage abgewiesen. Legt A Berufung ein, bleibt es im Falle der Unbegründetheit der Berufung bei der Verurteilung des Z (Zahlung von 4000 €). Eine weitergehende (oder vollständige) Abweisung der Klage ist nicht möglich. Legt nur Z Berufung ein, kann er bei Erfolglosigkeit nicht zu einer höheren Zahlung als 4000 € verurteilt werden; etwas anderes gilt – wie erwähnt – dann, wenn der Gegner ein Anschlussrechtsmittel einlegt.

## 7.10.2 Berufung

Die Berufung (§§ 511 bis 541 ZPO) findet gegen die in der ersten Instanz erlassenen Urteile statt. Sie dient der **Kontrolle des erstinstanzlichen Urteils auf Fehler.** Es findet keine umfassende Neuverhandlung des Prozesses statt, sondern es erfolgt eine Überprüfung auf Rechtsfehler und/oder durch konkrete Anhaltspunkte belegte Zweifel an der Richtigkeit und Vollständigkeit der Tatsachenfeststellung (§ 520 ZPO). Dementsprechend ist der Prüfungsumfang des Berufungsverfahrens begrenzt (§ 529 ZPO). Im Übrigen werden die Feststellungen der ersten Instanz auch der Berufungsentscheidung zugrunde gelegt.

Die Berufung ist nach § 511 ZPO **statthaft** gegen Urteile des Amtsgerichts und erstinstanzliche Urteile des Landgerichts, und zwar zum einen als streitwertabhängige Berufung (§ 511 Abs. 2 Nr. 1 ZPO), wenn der Berufungskläger **mit mehr als 600 € beschwert** ist und er in der Berufungsinstanz mehr als 600 € verlangt (Wert des Beschwerdegegenstandes).[85] Zum anderen gibt es die streitwertunabhängige Berufung bei Berufungszulassung durch das erstinstanzliche Gericht (§ 511 Abs. 2 Nr. 2 ZPO). Die **Zulassung der Berufung** durch das erkennende Gericht ist statthaft, wenn die Rechtssache grundsätzliche Bedeutung hat oder die Fortbildung des Rechts oder die Sicherung einer einheitlichen Rspr. eine Entscheidung des Berufungsgerichts erfordert. Die Zulassungsberufung soll einen Rechtsmittelzug grundsätzlich bis hin zum BGH ermöglichen; eine Nichtzulassungsbeschwerde ist nicht vorgesehen.

Die Berufung ist **form- und fristgerecht** einzureichen (§§ 517 ff. ZPO), und zwar innerhalb eines Monats durch Einreichung einer Berufungsschrift beim Berufungsgericht *(judex ad quem,* §§ 517, 519 ZPO), also nicht beim erstinstanzlichen Gericht *(judex a quo)* nach Zustellung des Urteils. Berufungsgericht ist entweder das Landgericht bei Urteilen des Amtsgerichts (§ 72 GVG) oder das Oberlandesgericht bei Urteilen des Landgerichts (§ 119 GVG).

Die Berufung ist zu **begründen** (§ 520 Abs. 1 ZPO). Sie muss Berufungsanträge enthalten. Die Berufung kann darauf gestützt werden, dass die Entscheidung auf einer Rechtsverletzung beruht oder dass Fehler bei der Feststellung des Sachverhalts vorliegen; neue Angriffs- und Verteidigungsmittel können nur noch in ganz engen Grenzen (vgl. §§ 529 ff. ZPO) vorgebracht werden.

## 7.10.3 Revision

Die Revision (§§ 542 bis 566 ZPO) führt zu einer **Überprüfung** der Berufungsurteile (LG/OLG) allein **in rechtlicher Hinsicht durch** den **Bundesgerichtshof (BGH).**

Die Revision ist nur statthaft als **Zulassungsrevision,** entweder **durch das Berufungsgericht** (im Berufungsurteil unabhängig vom Wert) **oder** auf Grund einer erfolgreichen **Nichtzulassungsbeschwerde** der durch das Berufungsurteil

---

[85] *Jauernig/Hess,* § 72 V zur Beschwer des Rechtsmittelführers; *Lüke,* Rn. 386.

beschwerten Partei (wenn das Berufungsgericht die Revision nicht zugelassen hat)
**durch den BGH**. Sie ist also unter diesen Voraussetzungen gegen alle, d. h. auch
gegen Berufungsurteile des Landgerichts, möglich.

Eine Revision ist nach § 532 Abs. 2 ZPO nur zuzulassen, wenn die Sache grundsätzliche Bedeutung hat oder wenn die Fortbildung des Rechts oder die Sicherung
einer einheitlichen Rechtsprechung eine Entscheidung des BGH erfordert. Revi-
sionsgrund kann damit nur eine Rechtsverletzung sein (§ 545 ZPO). Neues tatsächliches Vorbringen ist in der Revisionsinstanz grundsätzlich ausgeschlossen (§ 559
ZPO). Bei Entscheidungsreife aufgrund rechtlicher Erwägungen folgt ein Endurteil
des BGH. Sofern eine Entscheidung einer weiteren tatsächlichen Aufklärung erforderlich macht, erfolgt eine Zurückverweisung an das Berufungsgericht, das dann an
die rechtliche Beurteilung durch den BGH gebunden ist. (§ 563 ZPO). Zu beachten
ist, dass es keine Präjudizien-Rspr. im deutschen Recht gibt und über diese Bindung
hinaus die Instanzgerichte nicht an die BGH-Rspr. gebunden sind.

Urteile des Amtsgerichts und des Landgerichts können unter bestimmten Voraussetzungen im Wege der sog. **Sprungrevision** – unter Verzicht auf die dazwischen liegende Berufung – mit der Revision angefochten werden (§ 566 ZPO).

Für die Einlegung der Revision gelten dieselben Fristen wie bei der Berufung
(§§ 548, 549 ZPO). Der Revisionsanwalt begründet die Revision schriftlich innerhalb einer zweimonatigen Begründungsfrist, die mit Zustellung des vollständigen
Berufungsurteils beginnt und verlängert werden kann (§ 551 Abs. 2 ZPO). Das
Urteil der Berufungsinstanz muss auf der geltend gemachten Rechtsverletzung beruhen, was in den Fällen der absoluten Revisionsgründe gem. § 547 ZPO unwiderlegbar vermutet wird.

## 7.10.4  Beschwerde

Die **sofortige Beschwerde** (§§ 567 bis 572 ZPO) ist das statthafte Rechtsmittel
gegen Entscheidungen der Amtsgerichte und Landgerichte als erstinstanzliches Gericht, die nicht in Form eines Urteils, sondern als **Beschluss** ergangen sind (§ 567
ZPO). Der Berufung entsprechend dient die Beschwerde der Kontrolle und Berichtigung der erstinstanzlichen Entscheidung. Die Einlegungsfrist beträgt **zwei
Wochen** (§ 569 ZPO), einzulegen entweder beim Gericht, dessen Entscheidung
angefochten wird oder beim Beschwerdegericht, entweder das LG oder das OLG.
Da sich dieses Rechtsmittel grundsätzlich gegen weniger wichtige Entscheidungen
richtet, ist das Verfahren auch flexibler und nicht so formell.

---

**Beispiel**

Beschluss nach § 91a ZPO; Ablehnung der öffentlichen Zustellung; nicht zulässig ist die Beschwerde aber gegen einen Beweisbeschluss oder einen Ver-
tagungsbeschluss.

Gegen Beschwerdeentscheidungen, Beschlüsse von Berufungsgerichten und Beschlüsse der Oberlandesgerichte ist bei gesetzlicher Bestimmung oder Zulassung
die (revisionsähnliche) **Rechtsbeschwerde an den BGH** statthaft. Sie ist binnen
einer Frist von einem Monat nach Zustellung des anfechtbaren Beschlusses einzulegen. Nach §§ 576, 577 ZPO erfolgt eine Überprüfung nur in rechtlicher Hinsicht;
eine Entscheidung hierüber ergeht stets durch Beschluss.[86]

## 7.11  Rechtskraft

Zweck des Prozessinstitutes der Rechtskraft ist der Rechtsfrieden und die Rechtssicherheit. Ein Urteil, gegen das nicht fristgemäß Rechtsmittel eingelegt wird oder
gegen das ein Rechtsmittel gar nicht zulässig ist, wird rechtskräftig. Die Entscheidung des Gerichts ist unanfechtbar geworden. Sie darf weder von diesem Gericht
noch von einem anderen Gericht abgeändert werden. Der Prozess ist beendet. Man
spricht in diesem Zusammenhang von der **formellen Rechtskraft.**[87]

   Während die formelle Rechtskraft die Parteien daran hindert, das Urteil nochmal
mit Rechtsmitteln anzugreifen, führt die **materielle Rechtskraft** des unanfechtba-
ren Urteils dazu, die Entscheidung über den Streitgegenstand hinzunehmen und zu
befolgen. Jede neue Klage, Verhandlung, Beweisaufnahme oder Entscheidung über
diesen Streitgegenstand ist unzulässig *(ne bis in idem)*.[88] Die materielle Rechtskraft
setzt die formelle Rechtskraft voraus, d. h. nur ein formell rechtskräftiges Urteil
kann materielle Rechtskraft auslösen.[89] Die Rechtskraft wirkt objektiv, soweit über
den erhobenen Anspruch entschieden worden ist (§ 322 Abs. 1 ZPO) und subjektiv,
da sie grundsätzlich nur zwischen den Parteien („inter pares") wirkt. In zeitlicher
Hinsicht bezieht sie sich auf den Sachverhalt, der im Zeitpunkt der letzten Tatsa-
chenverhandlung vorgelegen hat.

   Nur in Ausnahmefällen besteht die Möglichkeit, ein Urteil im Wege einer Nich-
tigkeitsklage oder durch eine Wiederaufnahme des Verfahrens zu beseitigen (vgl.
§§ 579, 580 ZPO).

## 7.12  Besondere Verfahrensarten

### 7.12.1  Mahnverfahren

Ein besonderes Verfahren innerhalb des Zivilprozesses ist das Mahnverfahren
i. S. d. §§ 688 bis 703d ZPO. Das Mahnverfahren ist in der Praxis von großer Bedeutung, da es ein abgekürztes Verfahren ist, das auf eine schnelle und einfache Art
(weitgehend durch EDV-Bearbeitung bei zentralen Mahngerichten) die Erlangung

---

[86] *Marschollek*, Rn. 329.

[87] *Jauernig/Hess*, § 61 II.

[88] BGH, NJW 1986, 1046; 1985, 2533 (st. Rspr.).

[89] BGH, NJW 1995, 967; NJW 1993, 334; hierzu *Jauernig/Hess,* § 62.

eines Vollstreckungstitels, und zwar eines Vollstreckungsbescheids i. S. v. § 794
Abs. 1 Nr. 4 ZPO, in denjenigen Fällen ermöglichen soll, in denen der Gläubiger
mit Einwendungen des Schuldners gegen den geltend gemachten Anspruch nicht
rechnet. Das Mahnverfahren ist nur bei **Zahlungsansprüchen** in EURO zulässig
und die Leistung darf nicht von einer noch nicht erfolgten Gegenleistung abhängig
sein. Der Antragsteller reicht den formularmäßigen Antrag auf Erlass eines Mahnbescheids beim Amtsgericht seines allgemeinen Gerichtsstands ein (§ 689 Abs. 2, 3
ZPO). Inzwischen sind bundesweit bestimmte Amtsgerichte als zentrale Mahnge-
richte für größere Gerichtsbezirke bestimmt (§§ 689, 703 ZPO); der Zweck besteht
in der Vereinfachung der EDV-Bearbeitung; Rechtsanwälte können Mahnanträge
nur noch in maschinenlesbarer Form erstellen.

Der funktionell zuständige Rechtspfleger am Amtsgericht (§ 20 Nr. 1 RPflG)
prüft grundsätzlich nur, ob die Voraussetzungen für einen Mahnbescheid vorliegen.
Es erfolgt daher nur eine eingeschränkte Schlüssigkeitsprüfung dahingehend, dass
der Anspruch hinreichend individualisiert und nicht erkennbar ungerechtfertigt ist.
Es wird nicht geprüft, ob der Anspruch tatsächlich besteht (§ 692 Abs. 1 Nr. 2 ZPO).
Liegen die Voraussetzungen vor, wird aufgrund des Antrages ein **Mahnbescheid**
erlassen.

Die Zustellung eines Mahnbescheids macht den Anspruch noch nicht rechtshängig. Sie wahrt allerdings die Klagefrist, wenn das Gesetz dafür keine Klage verlangt
und hemmt nach § 204 Abs. 1 Nr. 3 ZPO die Verjährung, nach § 167 ZPO sogar
rückwirkend auf den Zeitpunkt der Einreichung des Mahnbescheids, wenn die Zustellung des Mahnbescheides „demnächst" erfolgt.[90]

Gegen den Mahnbescheid kann der Antragsgegner, der bislang nicht angehört
wurde, innerhalb von zwei Wochen nach Zustellung **Widerspruch** einlegen (§ 694
ZPO). Der Widerspruch bedarf keiner Begründung. Bei rechtzeitigem Widerspruch
endet das Mahnverfahren. Die Sache wird dann je nach Streitwert an das für das
streitige Verfahren zuständige Amts- oder Landgericht abgegeben (§ 696 Abs. 1
ZPO). Dadurch wird die Sache im streitigen Verfahren rechtshängig. Der Anspruch-
steller, der nun als Kläger bezeichnet wird, hat den Anspruch im Rahmen einer
Klageschrift zu begründen (§ 697 Abs. 1 ZPO). Das Verfahren läuft dann nach den
üblichen Regeln ab.

Wird dagegen nicht fristgemäß Widerspruch erhoben, so erlässt der Rechtspfleger auf Antrag den **Vollstreckungsbescheid** (§ 699 Abs. 1 ZPO). Er steht einem
für vorläufig vollstreckbar erklärten Versäumnisurteil gleich; er ist auch ein Vollstreckungstitel.

Der Antragsgegner kann gegen diesen innerhalb von zwei Wochen ab Zustellung
**Einspruch** erheben (§§ 700 Abs. 3, 339 Abs. 1 ZPO). Ist das nicht der Fall, wird
der Vollstreckungsbescheid rechtskräftig. Der Antragsteller erhält also einen voll-
wertigen und endgültigen Vollstreckungstitel. Wird Einspruch eingelegt, so endet
auch das Mahnverfahren. Der Rechtspfleger gibt auch in diesem Fall die Sache an
das zuständige Gericht ab. Auch hier hat eine Klagebegründung zu erfolgen. Das
Verfahren läuft dann genauso ab wie nach Erlass eines Versäumnisurteils.

---

[90] Vgl. *Schellhammer*, Rn. 1875.

Sind Gläubiger und Schuldner in verschiedenen Mitgliedsstaaten der EU ansässig, kann eine unbestrittene Geldforderung schnell und kostengünstig im **europäischen Mahnverfahren** tituliert werden. Ziel ist die Erlangung eines Europäischen Zahlungsbefehls. Für diese gelten nicht die §§ 688 ff. ZPO, sondern eine besondere EU-Verordnung und die §§ 1087 bis 1096 ZPO.

### 7.12.2 Prozesskostenhilfe

Ein Zivilprozess kostet regelmäßig einen nicht unerheblichen Aufwand an Zeit und Geld. Der Kläger muss dem Gericht zunächst einen Kostenvorschuss leisten. Auch der beauftragte Rechtsanwalt wird regelmäßig einen Kostenvorschuss verlangen. Unterliegt der Kläger im Prozess, hat er die gesamten Kosten, d. h. auch die (Rechtsanwalts-)Kosten der Gegenseite, zu tragen (§ 91 ZPO). Vor den Amtsgerichten als Familiengerichten sowie bei den Landgerichten und den höheren Instanzen (OLG, BGH) besteht Anwaltszwang. Das bedeutet, dass sich die Parteien durch Rechtsanwälte als Bevollmächtigte vertreten lassen müssen. Nur Rechtsanwälte sind postulationsfähig, d. h. nur sie können wirksame Prozesshandlungen vornehmen.

Nun hat nicht jeder die finanziellen Mittel, um einen Prozess zu führen. Besitzt jemand einen an sich durchsetzbaren Anspruch, könnte der wirtschaftlich Schwache im Hinblick auf das Kostenrisiko vor einem Prozess zurückschrecken, wenn die Sach- und Rechtslage nicht ganz eindeutig ist. Der finanziell Stärkere hätte hingegen die Möglichkeit, seinen Gegner durch die Drohung mit einem aufwändigen Prozess einzuschüchtern.

Dieses Kostenrisiko kann durch die sog. **Prozesskostenhilfe** (PKH) nach den §§ 114 ff. ZPO beseitigt oder verringert werden. Sie soll als Teil der staatlichen Sozialhilfe einer wirtschaftlich schlechter gestellten Partei die Rechtsverfolgung oder die Rechtsverteidigung ermöglichen. Die PKH dient somit der Realisierung des Justizgewährungsanspruchs und der Waffengleichheit der Parteien im Prozess. Sie ist eine Ausprägung des Sozialstaatsprinzips und des Rechtsstaatsgrundsatzes (vgl. Art. 20 GG).[91] Sie ist von erheblicher praktischer Bedeutung. Es wird in ca. 10 % aller erstinstanzlichen Zivilprozesse PKH beantragt.

Durch den Antrag auf PKH wird ein **selbstständiges Verfahren** eröffnet, auch wenn der Antrag auf PKH häufig mit einer Klage verbunden wird. Das Gericht prüft das Vorliegen der Voraussetzungen und bewilligt die PKH oder weist sie zurück (§§ 114 ff. ZPO). Die Entscheidung ergeht immer durch Beschluss und ohne mündliche Verhandlung. Regelmäßig wird zunächst ein PKH-Antrag gestellt unter Beifügung eines „Klageentwurfs". Dann wird die Klage erst zugestellt, wenn über den PKH-Antrag positiv entschieden worden ist. Die PKH wird vom Gericht auf Antrag bewilligt, wenn die weiteren Voraussetzungen erfüllt sind, d. h., dass die Rechtsverfolgung **hinreichende Aussicht auf Erfolg** bietet und **nicht mutwillig** erscheint. Aussicht auf Erfolg hat das beabsichtigte prozessuale Vorgehen bereits dann, wenn die Entscheidung von schwierigen Rechts- und Tatfragen abhängt. Eine

---

[91] BVerfGE 81, 347.

negative Beweisprognose und damit eine Ablehnung des PKH-Antrages sind nur dann zulässig, wenn ein für den Antragsteller günstiges Beweisergebnis sehr unwahrscheinlich ist. Mutwillig ist alles, was eine bemittelte Partei vernünftigerweise lassen würde, weil ihr das Geld zu schade ist.[92]

---

**Beispiel**

Mutwillig wäre eine Klage auf Leistung Zug um Zug, wenn feststeht, dass der Kläger seine Gegenleistung nicht erbringen kann; mutwillig wäre die Erhebung einer unstreitigen Klage vor dem LG anstatt einen Mahnantrag beim AG zu stellen.

---

Erforderlich ist weiterhin, dass die Partei nach ihren **persönlichen und wirtschaftlichen Verhältnissen** die Kosten der Prozessführung nicht, nur zum Teil oder nur in Raten aufbringen kann. Die Frage der Mittellosigkeit wird anhand der §§ 114, 115 ZPO beantwortet. Es erfolgt eine Berücksichtigung der Einkommens- und Vermögensverhältnisse der Partei nach sozialrechtlichen Grundsätzen und einer amtlichen Tabelle. Vor der Gewährung der PKH muss die Partei ihr Einkommen abzüglich Steuern, Versicherungsbeiträge, Werbungskosten, notdürftigen Lebensbedarf, Unterkunft und besonderen Belastungen einsetzen (§ 115 Abs. 1 ZPO; §§ 28 Abs. 2, 82 Abs. 2 SGB XII) sowie ihr Vermögen, soweit ihr das zumutbar ist (§ 115 ZPO; § 90 SGB XII).

Wird PKH bewilligt, ergeben sich die Folgen aus § 122 ZPO. Die Partei hat die Gerichtskosten und die Kosten eines ihr beigeordneten Rechtsanwaltes (§ 121 ZPO) nach Maßgabe des Bewilligungsbeschlusses nicht, zum Teil oder nur in Raten zu zahlen. Trotz PKH bleibt jedoch ein Kostenrisiko. Im Falle des Unterliegens kann der (obsiegende) Gegner seine Kosten, insbesondere seine Anwaltskosten, erstattet verlangen (§ 123 ZPO). Der Staat nimmt damit dem Bedürftigen nicht das Prozessrisiko ab.

Hiervon zu unterscheiden ist die Beratungshilfe. Die Beratungshilfe ist eine zweckmäßige Ergänzung der PKH. Das **Beratungshilfegesetz** verfolgt den Zweck, dass auch einkommensschwache Bürger die Möglichkeit haben, sich **außerhalb eines gerichtlichen Verfahrens** anwaltlich beraten lassen können; der Honoraranspruch des Rechtsanwaltes wird bei Vorliegen der Voraussetzungen des Beratungshilfegesetzes zum großen Teil von der Staatskasse übernommen.[93]

Das Kostenrisiko kann weiterhin reduziert oder beseitigt werden durch den Abschluss einer **Rechtsschutzversicherung,** die im Rahmen ihrer Versicherungsbedingungen die Anwalts- und Gerichtskosten übernimmt. Möglich ist weiterhin ein Abschluss eines sog. **Prozessfinanzierungsvertrages** mit einem entsprechenden Finanzierungsunternehmen, das gegen eine quotenmäßige Beteiligung (nur) im Erfolgsfall die Prozesskosten übernimmt.

---

[92] Vgl. *Schellhammer*, Rn. 1781.
[93] *Jauernig/Heß*, § 23 I.

### 7.12.3    Urkunden- und Wechselprozess

Eine weitere besondere Verfahrensart im Zivilprozess ist der Urkunden- und Wechselprozess (§§ 592 bis 605a ZPO). In diesem Verfahren können Ansprüche auf
Zahlung einer bestimmten Geldsumme und auf Duldung der Zwangsvollstreckung
geltend gemacht werden, wenn sämtliche zur Begründung des Anspruchs erforderlichen Tatsachen **durch Urkunden bewiesen** werden können. Andere Beweismittel (z. B. Zeugenbeweis, Sachverständigenbeweis) sind nicht zugelassen. Zweck
dieser Prozessart ist es, für Ansprüche, die durch Urkunden belegt werden können,
ein erleichtertes summarisches Verfahren zur schnellen Erlangung eines zunächst
nur **vorläufigen (Vollstreckungs-)Titels** zu schaffen (sog. **Vorbehaltsurteil).** Zu
diesem Zweck wird der Prozess in ein Vor- und Nachverfahren aufgeteilt. Das Vorverfahren ist der eigentliche Urkundsprozess. Im Vorverfahren sind die Parteien
auf den Urkundsbeweis und die Parteivernehmung beschränkt. Die Verteidigungsmöglichkeiten des Beklagten sind dadurch eingeschränkt. Erst im Nachverfahren
– einem ordentlichen Verfahren – fällt diese Beschränkung der Beweismittel weg.

### 7.12.4    Schiedsgerichtsverfahren

Die ZPO sieht weiterhin die Möglichkeit vor, dass der Rechtsstreit aufgrund einer
Vereinbarung der Parteien auf ein privates Gericht, einem Schiedsgericht, übertragen werden kann (§§ 1029 Abs. 1, 1030 ZPO). Die Schiedsverfahren sind von
erheblicher praktischer Bedeutung in internationalen privat- und wirtschaftsrechtlichen Rechtsstreitigkeiten. Die Regelungen in §§ 1025 ff. ZPO lehnen sich an ein
**UNO-Modellgesetz** an.[94]

Für die Vereinbarung eines Schiedsverfahrens können mehrere Gründe sprechen. Es kann insbesondere dann vorteilhaft sein, wenn es sich um schwierige,
komplexe wirtschaftsrechtliche Streitfragen handelt oder auch um Streitfragen, in
denen ausländisches Recht eine Rolle spielt. Ein weiterer Grund kann auch darin
bestehen, dass die Parteien kein öffentliches Verfahren möchten. Der wesentliche
Vorteil eines derartigen schiedsrichterlichen Verfahrens, ist jedenfalls ein relativ
unbürokratischer, flexibler und schneller Ablauf.[95]

Voraussetzung für ein Schiedsverfahren ist der Abschluss eines **Schiedsvertrages** (§§ 1029 ff. ZPO). Die Parteien bestimmen Zahl und Personen; anderenfalls
besteht es aus drei Schiedsrichtern. Regelmäßig werden Personen mit hohem Sachverstand auf dem relevanten Gebiet ausgesucht. Zu den schiedsfähigen Ansprüchen
zählen grundsätzlich alle vermögensrechtlichen sowie nichtvermögensrechtliche
Ansprüche, über die die Parteien einen Vergleich schließen können. Grundsätzlich
ausgeschlossen sind z. B. Schiedsvereinbarungen über Wohnraummietverhältnisse
(§ 1030 Abs. 2 ZPO). Durch den Schiedsvertrag wird eine Klage vor den staatlichen
Gerichten unzulässig. Wird vor Gericht Klage erhoben in einer Sache, die Gegen-

---

[94] *Jauernig/Hess*, § 92 I.
[95] *Oberheim*, § 14, Rn. 868 ff.

stand einer Schiedsvereinbarung ist, so hat das Gericht die Klage als unzulässig abzuweisen, sofern der Beklagte dies vor Beginn der mündlichen Verhandlung zur Hauptsache rügt, es sei denn, das Gericht stellt fest, dass die Schiedsvereinbarung nichtig, unwirksam oder undurchführbar ist (§ 1032 Abs. 1 ZPO).

Zu unterscheiden ist der Schiedsvertrag von einem **Schiedsgutachtervertrag**. Der Schiedsgutachter soll nicht den Rechtsstreit entscheiden, sondern nur bestimmte entscheidungserhebliche Tatsachen feststellen.

Die Parteien bestimmen den/die Schiedsrichter (§ 1035 ZPO). Über das Verfahren können die Parteien eine Vereinbarung treffen, müssen sich allerdings im Rahmen bestimmter gesetzlicher Vorgaben halten, z. B. durch Beachtung des Gleichbehandlungsgrundsatzes oder durch zwingende Gewährung rechtlichen Gehörs (vgl. § 1042 ZPO). Das Verfahren endet grundsätzlich mit einem **Schiedsspruch** (§ 1056 Abs. 1 ZPO). Schließen die Parteien einen Vergleich **(Schiedsvergleich)**, so beendet das Schiedsgericht auch das Verfahren (§ 1053 ZPO). Der Schiedsspruch hat unter den Parteien die gleiche Wirkung wie ein **rechtskräftiges gerichtliches Urteil** (§ 1055 ZPO).

Die Zwangsvollstreckung ist allerdings erst möglich, wenn der Schiedsspruch durch die staatlichen Gerichte für vollstreckbar erklärt worden ist (§§ 1060, 1062 ZPO). Er stellt dann einen vollstreckungsfähigen Titel (§ 794 Nr. 4a ZPO) dar. Das Schiedsverfahren steht damit im Endeffekt unter der Kontrolle der staatlichen Gerichte.

## 7.12.5 Arrest und einstweilige Verfügung

Grundsätzlich ist eine Leistungs-, Feststellungs- oder Gestaltungsklage auf einen dauerhaften und endgültigen Rechtsschutz gerichtet, und zwar auf die rechtskräftige Feststellung einer Rechtsfolge, die als Grundlage einer Zwangsvollstreckung dient. Die Erreichung dieses Ziels kann sich durch einen langwierigen Prozess erheblich verzögern. In manchen Fällen käme ein (erstinstanzliches) Urteil zu spät. So kann es passieren, dass der Vollstreckungstitel, den der Kläger nach langer Prozessdauer in der Hand hat, nun faktisch nichts mehr wert ist, weil der Beklagte zwischenzeitlich keine Vermögenswerte mehr besitzt. In den Fällen, in denen eine künftige Vollstreckung gefährdet ist oder wegen einer sonstigen dringenden Angelegenheit (z. B. Unterhaltszahlungen, Vornahme bzw. Duldung dringender Reparaturen im Mietverhältnis) eine sofortige Regelung erforderlich ist, besteht ein Bedürfnis nach vorläufigem Rechtsschutz.

Diesem Bedürfnis wird durch das Arrest- und einstweilige Verfügungsverfahren i. S. d. §§ 916 bis 945 ZPO Rechnung getragen. Es handelt sich um ein **besonderes Eilverfahren,** das eine **vorläufige Sicherung oder Regelung von Rechten und Rechtsverhältnissen** (aber noch keine endgültige Erledigung) zum Ziel hat. Das Arrest- und einstweilige Verfügungsverfahren ist im 8. Buch der ZPO über die Zwangsvollstreckung geregelt. Von der Dogmatik her betrachtet ist das ungenau, weil es sich hierbei um beschleunigte, vorläufige Erkenntnisverfahren mit

Sonderregeln für die Vollstreckung handelt. In den Fällen, in denen selbst für die-se „Eilverfahren" keine Zeit mehr bleibt, ist der Gläubiger „ausnahmsweise" zur Selbsthilfe berechtigt (§§ 229 bis 231 BGB).

Bei **Ansprüchen auf eine Geldleistung** bzw. Ansprüchen, die in eine Geldleis-tung übergehen können, besteht für den Antragsteller die Möglichkeit, im Wege des Arrestes (§§ 916 ff. ZPO) eine vorläufige Sicherung des Anspruchs zu erreichen. Da es sich um ein normales Erkenntnisverfahren handelt, gelten die allgemeinen Prozessvoraussetzungen. Zuständig ist das Gericht, bei dem die Hauptsache an-hängig gemacht werden kann. Das Verfahren beginnt mit dem Arrestantrag des Gläubigers. In diesem Antrag hat der Gläubiger den **Arrestanspruch** und **Arrest-grund schlüssig darzulegen und glaubhaft** zu machen. Objektiv betrachtet muss die künftige Zwangsvollstreckung wegen dieses Geldanspruchs gefährdet sein. Die besondere Dringlichkeit liegt etwa dann vor, wenn der Schuldner Vermögensgegen-stände „verschleudert", „verschiebt" oder eine kurzfristige Übersiedlung ins Aus-land beabsichtigt ist. Hierbei genügt es, dass der Antragsteller sein Recht durch eine eidesstattliche Versicherung glaubhaft macht (§ 920 ZPO); ein voller Beweis ist also nicht erforderlich.

Das Gericht kann ohne mündliche Verhandlung (durch Beschluss) entscheiden. Gibt es dem Arrestgesuch statt, so ergeht ein **Arrestbefehl**. Gegen diesen kann der Schuldner Widerspruch einlegen (§ 924 ZPO). Bei Zurückweisung des Antrags kann der Gläubiger sofortige Beschwerde nach § 567 ZPO erheben. Erfolgt die Entscheidung nach einer angeordneten mündlichen Verhandlung, kann das Gericht durch Urteil einen Arrestbefehl erlassen oder das Gesuch zurückweisen (§ 922 ZPO). Gegen diese Urteile ist eine Berufung statthaft.

Eine **einstweilige Verfügung** sichert die künftige Vollstreckung wegen eines Anspruchs **„auf eine andere Leistung als auf Geld"** (§§ 935 ff. ZPO). Es geht um die Sicherung eines individuellen Anspruchs. Sie wird als Parallelfall zum Ar-rest unter den gleichen Voraussetzungen (Vorliegen von **Verfügungsanspruch** und **Verfügungsgrund)** erlassen. In der Praxis liegt der Hauptanwendungsbereich der einstweiligen Verfügung heute im Wettbewerbsrecht und im Presserecht.

---

**Beispiel**

Unterlassung ehrverletzender oder kreditschädigender Äußerungen; Unterlas-sung unzulässiger Wettbewerbshandlungen; Sicherung des Anspruchs auf Her-ausgabe einer Sache; Anspruch auf Eintragung einer Bauhandwerkersicherungs-hypothek.

---

Eine einstweilige Verfügung kann auch zur Regelung eines einstweiligen Zustands zur Sicherung des Rechtsfriedens erlassen werden (§ 940 ZPO, **Regelungsverfü-gung),** z. B. die Regelung von Grenz-, Besitz- oder Mietstreitigkeiten. Zu beach-ten ist, dass der Arrest und die einstweilige Verfügung grundsätzlich nicht auf eine endgültige Befriedigung des Gläubigers ausgerichtet sind. Sie dürfen die Haupt-sache nicht vorwegnehmen, sondern dienen nur der vorläufigen Sicherung eines Anspruchs, über den im anschließenden Hauptverfahren entschieden wird.

> **Beispiel**
>
> Der vorleistungspflichtige Bauhandwerker befürchtet, dass der Bauherr den geschuldeten Werklohn nach Abnahme nicht zahlen wird und das Baugrundstück weiter mit Grundpfandrechten belastet. In diesem Fall muss er den Bauherrn nicht erst auf eine Bewilligung einer Bauhandwerkersicherungshypothek nach § 648 BGB verklagen, sondern kann in kürzerer Zeit durch eine einstweilige Verfügung nach § 935 ZPO, §§ 883, 885 BGB die Eintragung einer Vormerkung seines Anspruchs auf Bestellung einer Bauhandwerkersicherungshypothek erzwingen.

Die Sicherung des Anspruchs auf Herausgabe einer Sache erfolgt durch die Anordnung, dass der Schuldner die Sache an einen Dritten, z. B. einen Gerichtsvollzieher, zur Verwahrung herauszugeben hat. Erfüllung erreicht der Gläubiger grundsätzlich jedoch erst durch die Zwangsvollstreckung.

**Ausnahmsweise** zulässig sind daher vorläufige Maßnahmen, die den Anspruch nicht nur sichern, sondern bereits erfüllen. Diese Ausnahmen fasst man unter dem Begriff **Leistungsverfügung** zusammen. Es handelt sich im Wesentlichen um drei Fallgruppen, die Herausgabe einer Sache nach verbotener Eigenmacht, die Unterlassung von Rechtsverletzungen (z. B. im Wettbewerbsrecht) sowie die Zahlung von Unterhalt oder Schadensersatz in akuter Not.[96]

Der Verfügungsgrund – Gefährdung des Anspruchs, Dringlichkeit der Regelung – ist grundsätzlich glaubhaft zu machen. In bestimmten Fällen muss dieser allerdings nicht besonders glaubhaft gemacht werden, wenn z. B. die Eintragung einer Vormerkung oder eines Widerspruchs als Sicherungsmittel im Grundbuch erstrebt wird (§§ 885 Abs. 1 S. 2, 899 Abs. 2 BGB). Die Gefährdung des Anspruchs ergibt sich bereits aus dem Grundbuchsystem, insbesondere wegen der Möglichkeit des gutgläubigen Erwerbs durch Dritte. Für das Wettbewerbsrecht ist § 12 Abs. 2 UWG zu beachten.

Sowohl Arrest als auch die einstweilige Verfügung sind risikoreiche Verfahrensformen. Für den Schuldner wirken sie sich nachteilig aus, wenn das Gericht sie ohne mündliche Verhandlung anordnet. Wer einen Arrest oder eine einstweilige Verfügung befürchtet, versucht deshalb, sie zu verhindern oder wenigstens eine mündliche Verhandlung zu erzwingen. Zu diesem Zweck sendet der Schuldner dem Gericht der Hauptsache und dem Amtsgericht der Zwangsbereitschaft eine **Schutzschrift,** in der er sich vorsorglich gegen den drohenden Arrest- oder Verfügungsantrag verteidigt. Hat das Gericht auf Grund einer schlüssigen Schutzschrift starke Zweifel, kann dies zur Folge haben, dass der Antrag abgelehnt wird, jedenfalls eine Entscheidung nicht ohne mündliche Verhandlung ergeht.

Die Vollziehung von Arrest oder einstweiliger Verfügung sind auch für den Gläubiger riskant, insbesondere dann, wenn sich nachträglich herausstellt, dass sie ungerechtfertigt erlassen worden sind. Die Vorschrift des § 945 ZPO soll diesbezüglich einen Ausgleich verschaffen, indem sie grundsätzlich eine Schadensersatzverpflichtung des Antragstellers anordnet.

---

[96] Vgl. *Schellhammer*, Rn. 1948 ff.

# Literatur

*Bamberger, H.G., Roth, H.*, Kommentar zum Bürgerlichen Gesetzbuch, Bd. 1, 3. Aufl., München 2012, zit.: BaRoth/Bearbeiter

*Bamberger, H.G., Roth, H.*, Kommentar zum Bürgerlichen Gesetzbuch, Bd. 2, 3. Aufl., München 2012, zit.: BaRoth/Bearbeiter

*Baur, J., Stürner, R.*, Sachenrecht, 18. Aufl. München 2009

*Brox, H., Walker, W.-D.*, Allgemeiner Teil des Bürgerlichen Rechts, 38. Aufl., Köln, Berlin 2014, zit.: Brox/Walker, BGB AT

*Brox, H., Walker, W.-D.*, Allgemeines Schuldrecht, 39. Aufl., München 2015, zit.: Brox/Walker, SchuldR AT

*Brox, H./Walker, W.-D.*, Besonderes Schuldrecht, 39. Aufl., München 2015, zit.: Brox/Walker, SchuldR BT

*Eltzschig, J., Wenzel, J.*, Die Anfängerklausur im BGB, 3. Aufl., Heidelberg 2007

*Erman, W.*, Handkommentar zum Bürgerlichen Gesetzbuch, Bd. I, 14. Aufl., Münster 2014, zit.: Erman/Bearbeiter

*Jacoby, F., von Hinden, M.*, Studienkommentar BGB, 14. Aufl., München 2013 (begründet und bearbeitet bis zur 11. Aufl. von Jan Kropholler)

*Jauernig, O.*, Bürgerliches Gesetzbuch (Kommentar), 15. Aufl., München 2014

*Jauernig, O., Hess, B.*, Zivilprozessrecht, 30. Aufl., München 2011

*Kindl, J., Feuerborn, A.*, Bürgerliches Recht für Wirtschaftswissenschaftler, 2. Aufl., Herne 2012

*Klunzinger, E.*, Einführung in das Bürgerliche Recht, 16. Aufl., München 2013

*Köhler, H.*, BGB – Allgemeiner Teil, 38. Aufl., München 2014, zit.: Köhler, BGB AT

*Körber, T.*, Zivilrechtliche Fallbearbeitung in Klausur und Praxis, JuS 2008, 289–296

*Loewenheim, U.*, Bereicherungsrecht, 3. Aufl., München 2007

*Looschelders, D.*, Schuldrecht Allgemeiner Teil, 12. Aufl., Köln 2014, zit.: Looschelders, SchuldR AT

*Looschelders, D.*, Schuldrecht Besonderer Teil, 10. Aufl., Köln 2015, zit.: Looschelders, SchuldR BT

*Lüke, W.*, Zivilprozessrecht, 10. Aufl., München 2011

*Marschollek, G.*, ZPO (Alpmann-Schmidt), 20. Aufl., Münster 2015

*Medicus, D.*, Allgemeiner Teil des BGB, 10. Aufl., Heidelberg 2010, zit.: Medicus, BGB AT

*Medicus, D., Petersen, J.*, Bürgerliches Recht, 24. Aufl., Köln, Berlin 2013, zit.: Medicus/Petersen, BR

*Medicus, D., Petersen, J.*, Grundwissen zum Bürgerlichen Recht, 10. Aufl., Köln, Berlin 2014, zit.: Medicus/Petersen, BR-GW

*Medicus, D., Lorenz,, S.*, Schuldrecht I (Allgemeiner Teil), 21. Aufl., München 2015, zit.: Medicus/Lorenz, SchuldR I

*Medicus, D., Lorenz,, S.*, Schuldrecht II (Besonderer Teil), 17. Aufl., München 2014, zit.: Medicus/Lorenz, SchuldR II

*Musielak, H.-J, Hau, W.*, Grundkurs BGB, 13. Aufl., München 2013

© Springer-Verlag Berlin Heidelberg 2016

T. Zerres, *Bürgerliches Recht*, Springer-Lehrbuch, DOI 10.1007/978-3-662-49027-3

*Oberheim, R.,* Zivilprozessrecht für Rechtsreferendare, 10. Aufl., München 2014

*Oetker, H., Maultzsch, F.,* Vertragliche Schuldverhältnisse, 4. Aufl., Heidelberg 2013

*Palandt, O.,* Bürgerliches Gesetzbuch, 75. Aufl., München 2016, zit.: Palandt/Bearbeiter

*Prütting, H., Wegen, G., Weinreich, G.,* BGB Kommentar, 10. Aufl., Köln 2015, zit.: PWW/Bearbeiter

*Prütting, H.,* Sachenrecht, 35. Aufl., München 2014

*Rüthers, B., Stadler, A.,* Allgemeiner Teil des BGB, 18. Aufl., München 2014

*Schellhammer, K.,* Zivilprozess, 14. Aufl., Heidelberg 2012

*Schmidt, R,* BGB Allgemeiner Teil, 10. Aufl., Bremen 2014

*Thomas, H., Putzo, H.,* Zivilprozessordnung, 34. Aufl., München 2013, zit. Bearbeiter, in Thomas/Putzo.

*Tonner, K.,* Vertragliche Schuldverhältnisse, 3. Aufl., Baden Baden 2013

*Wandt, M.,* Gesetzliche Schuldverhältnisse, 6. Aufl., München 2014

*Wieling, H.J.,* Sachenrecht, 5. Aufl., Heidelberg 2007

*Wolf, M., Neuner, J.,* Allgemeiner Teil des Bürgerlichen Rechts, 10. Aufl., München 2012, zit.: Wolf/Neuner, BGB AT

*Wolf, M., Wellenhofer, M,* Sachenrecht, 29. Aufl., München 2014

*Wörlen, R., Metzler-Müller, K.* BGB AT, Einführung in das Recht, Allgemeiner Teil des BGB, 13. Aufl., Köln 2013; zit.: Wörlen/Metzler-Müller, BGB AT

*Zöller, R.,* Zivilprozessordnung, 30. Aufl., Köln 2014, zit.: Zöller/Bearbeiter

# Sachverzeichnis

© Springer-Verlag Berlin Heidelberg 2016
T. Zerres, *Bürgerliches Recht*, Springer-Lehrbuch, DOI 10.1007/978-3-662-49027-3

Printed by Books on Demand, Germany